扫码穿越时空，AI陪你

多维度解锁中国历史

※本页面展示的是本书与RAYS出版融合云平台打造的可聊天互动、可视化、可听化的数智化“现代纸书”，扫码可获取关于中国历史的更多拓展知识与解读，如相关的历史动画，以及本书的电子书、有声书和作者历史观提炼，并可免费享受AI随心问服务（AI小书童）。

1

少年爱读中国史

蒙昧时期至三国魏晋

插图版

李定一 著

重庆出版集团 重庆出版社

本著作物经北京时代墨客文化传媒有限公司代理，由传记文学出版社股份有限公司授权，在中国大陆出版、发行中文简体字版本。

版贸核渝字（2023）第042号

图书在版编目（CIP）数据

少年爱读中国史 ： 插图版 / 李定一著. -- 重庆 ：
重庆出版社, 2025.2
ISBN 978-7-229-16763-9

Ⅰ. ①少… Ⅱ. ①李… Ⅲ. ①中国历史－青少年读物
Ⅳ. ①K209

中国版本图书馆CIP数据核字(2022)第068486号

少年爱读中国史（插图版）

SHAONIAN AI DU ZHONGGUOSHI (CHATU BAN)

李定一　著

出　　品： 华章同人
出版监制： 徐宪江　连　果
责任编辑： 何彦彦
责任校对： 陈　丽
营销编辑： 史青苗　刘晓艳
责任印制： 梁善池
装帧设计： 李　一

重庆出版集团
重庆出版社　出版
（重庆市南岸区南滨路162号1幢）
北京博海升彩色印刷有限公司　印刷
重庆出版集团图书发行有限公司　发行
邮购电话：010-85869375
全国新华书店经销

开本：710mm×1000mm　1/16　印张：43.5　字数：693千
2025年2月第1版　2025年2月第1次印刷
定价：158.00元（全四册）

如有印装质量问题，请致电023-61520678

◎ 编者按

我们为什么要读历史？

“何以中国？何以中国人？” 2023年《开学第一课》的这一主题，是一代一代少年必须解答的“成长课题”。

这一问题的答案，在于过去。我们之所以是现在的自己，一定与我们的过去相关，过去塑造了现在的我们，历史是我们所有人的必修课。但很多人对历史课兴致缺缺，厌恶枯燥乏味的年代与事件，痛恨让人头昏脑涨的意义和结论。这样一来，我们对于历史的了解，就只剩熟知的历史故事了，或许我们根本没学习过“历史”。

在历史故事中，秦始皇是个暴君，因为他“焚书坑儒”，残害儒生，但如果知道了“焚书”和“坑儒”是两件事，二者之间不存在因果关系，也没有直接关联，且秦始皇坑的是方士和术士，我们会不会想重新认识秦始皇，追问他为什么“焚书”和“坑儒”？如果把时间线拉长，站在大历史的时空下，从“书同文”和大一统的角度再来评价“焚书”和“坑儒”呢？可见，历史是复杂的，决定事物走向的影响因素有很多，也很庞杂。学习历史，不只是为了了解历史的真相，更是为了让自己迅速地在时间长河里找到坐标，认识自己，了解世界。

身为中国人，首先要了解自己的历史。我们国家的历史悠久，几千年连续不断，历史书籍也汗牛充栋，想要理清大大小小的历史事件，并不是一件容易的事情。对于刚刚开始学习历史的青少年来说，一部能“快速、清晰地了解本国历史”的通史作品很有必要。

李定一先生的《中华史纲》就是这样一部作品，它被誉为“大众愿意读、读得懂、读得下去的中国通史杰作”，讲述了起于上古传说时代，止于近代辛亥革命巨变，5000余年的历史变迁。这是一部充满思考的书。李定一在自序中坦言：“读历史的主要目的之一是理解史事的因果关系。”他在梳理历史事件之间的因果关系时，将前因后果、好坏优缺、影响波及剖析得透透彻彻。在叙述过程中，他还会时不时来个发问，调动读者的积极性，启发读者思考，使读者从被动接受历史知识，变为主动思考历史。比如，同样是宦官专权，他启发读者思考东汉、唐末和明代的宦官专权的不同之处。他还非常善于运用对比手法，几乎每一个知识点，都会上下串联，东西对比，引导读者发现全新的意义。比如，他认为引起隋朝民众叛乱的，不是修建大运河，而是隋炀帝三征高句丽的失败；终北宋之世，耗竭宋廷人力、财力最甚者是西夏而非辽；“郑和下西洋”并非为了寻找建文帝，而是寻找对付强大的帖木儿帝国的同盟……熟悉的历史，经由他的叙述，变得别有味道，就像是熟悉的景物，站在平地、高楼和飞机上看到的是截然不同的景象。

李定一先生叙述历史的方式颇似司马迁，精炼而犀利，常常只用几百字，便将一个王朝几百年的兴衰变迁、历史人物几十年的生平和多面复杂的个性传神道出，浓淡分明。这种讲述方式既有助于读者快速而清晰地了解中国历史，也教授了一种认识、学习历史的方法。故而，编者将这部入门级的通史作品重新装帧成了插图版［《少年爱读中国史（插图版）》］。书中包括了中国历史的总体知识和必要的细节，每个主题内容不过十多页，这种长度非常符合孩子专注力的发展特点，既能让孩子们学到相关的知识，又不会因为看书时间太长，而导致专注力涣散。书中插入的各种资料图片，在佐证历史的同时也拓展了知识点。丰富的图片，也可以降低阅读难度，激发孩子们的阅读热情。

人生有起点，阅读也有。一部好的作品，为你奠定认知的好起点。好，现在就一起出发学习历史吧！

◎自序

三十余年前笔者曾立下宏愿，希望能撰写一本大众都能够阅读而且愿意读下去的中国史。少年气盛，不自知孤陋，历时两年余，积稿盈寸矣。当年曾自订四项原则以自策勉。

第一是必须将古籍融会贯通，通过缜密思考，用现代的文体叙述古代的事物，绝对革除堆砌大段古文，敷张而成书的做法。堆砌古文，固可表示著者知识之渊博，于读者而言，则有不知所云之感。不幸此类史籍充斥坊间，有的甚至是剪刀加糨糊、随意拼凑的作品，焉能不使一般追求国史知识者望书兴叹。

第二是对史事的排列组合，尽可能地按发生的时间次序叙述。因为读历史的主要目的之一是理解史事的因果关系，或许可以从中获取些许经验。如果叙史时天马行空，上下古今畅论一气，纵或偶有所得，然于一般读者而言，史事尚未认知，焉能从中领悟其“真理”？此类以“一家之言”而鸣世之著作，亦曾风靡一时，于一般读者而言亦仅得随声附和，颇似寓言中所说的皇帝的新衣，不能不说美极了。

第三是要以极郑重的态度选择所要叙述的事物，易言之，即我们所要叙述的不是“过去的事都是历史”的那种历史，而是“我们今日所需要知道的过去的事”的历史。很多史家都承认“一切历史都是当代史”，因为他们都是根据现代人的眼光来选择史事和析绎史事。举例以明之：唐代日本“遣唐使”之事，在唐代绝不受重视，宋以后的史家更不理会此事，但清末民国初之后的史家将之大肆渲染成中国文化如何如何影响日本。又如明世宗时的“大礼之议”，乃是“皇考”之争，《明史》的记载连篇累牍，煞有介事，今日读者读之则有不知所云之感。如何采择过去的史事、人物等加以浓淡分明的叙述，需要史学家的智慧，还需要史学家真正博古通今、学贯中西。

第四是篇幅不可过长。当年笔者将书稿字数拟订为五十万字左右，主要是估计一位有正常工作的人，每日抽空阅读，能在一周内读完为适宜。大家都知道写历史不怕篇幅长，要抄多少都有供应；问题在于如何简，更重要的在于“简得其当”。简得其当的标准很难定，这便是最绞尽脑汁、耗费心血的功夫。笔者曾因某人或某事应配置在何处、如何叙述萦绕于心，久思不能决，拂之亦不能去，甚至玩麻将时亦入侵，其恶可知。

工作两年余，笔者检视成绩“惨”然，除第一项勉强做到之外，其余三项均力不从心，尤其篇幅臃肿不堪，是真正眼高手低的作品。懊丧之余，笔者从史才、史学、史识、史意（“史意”一词乃章学诚首创，即史之意境）等方面一一反省，自知不逮。此后工作方向转换，但数十年来每浏览国史书籍，若有所感触，辄笔之于卡。五年前检视累积之物，似略有所得，重拾旧业之念油然而生。原因很简单，我虽顽劣寡陋仍如昔日，但已年近古稀，即将退归田园，汰于学界之外，在未消失于茫茫史学界之前，桑榆之年总不能坐耗时光，因此抱定入地狱的心情撰写此书。三十余年前的手稿，可用者十不得一二，若干纸张已朽，只得糊贴在稿纸上始免破碎。纸且如斯，人何以堪。

“中国”亦可当作地名解释，“中华”则含有历史文化传统之意。故今日之国人，无论其政治主张如何歧异，但都坚守着“中华”二字不放。因此本书杜撰“中华世界”一词，因中国文籍中所说的“天下”，与今人所谓“世界”同义。本书的主旨即叙述中华世界的历史。“纲”是纲要，自知无法周详耳。

全书共分为六编，其中第六编叙述自鸦片战争到辛亥革命为止的历史，选用拙著《中国近代史》者约五分之三，改订小错误，补充若干新意见，编组亦重作安排。

本书是为一般渴望知道国史者而著，对专家来说实不值一哂，故引文均未注明出处。因为笔者功力浅薄，绝大多数引文均据“二十五史”、《资治通鉴》，读者欲进一步探索，可查正史之本传或有关本纪、书与志。本书所引者均极短少，有时仅数字，目的在于增加语意及含义。如果加注出处，篇幅要额外增加三分之一，省去之后，于读者无碍，专家自可查证。

有一鄙见以为颇为重大的问题，即皇帝的年号问题。从公元前163年汉文帝开始使用年号（年号的起源还有其他说法——编者注），到汉武帝每隔数年改一次年号，至明太祖一帝仅用一个年号为止，一千五百六十一年间，共有六百七十一个年号。年号是计算时间的基准，如果不清楚每个年号所代表的时间，当别人提到某个年号时，自是茫然不知何义；如用几个年号去列论某一史事演变的历程，则等于说天书，让人不知所云。一千五百多年间有六百七十一个纪年单位，实在可怕。汉武帝在位五十四年，有十一个年号；唐高宗在位三十四年，有十四个年号；武则天建周之后共十五年，有十三个年号，有一年两个年号者。随意更改的年号是读中国历史的极大障碍。当年标点"二十五史"及《资治通鉴》的诸君子，未趁此将年号改为帝王纪年，附以公元，是一大失策。若干史家喜用年号叙史论事，自以为典雅，实则迂腐浅陋（他们也常犯错，例子很多）。本书援孔子作《春秋》用"鲁隐公元年"之义，彻底废除徒以代表皇帝个人愚昧无知而复困扰后学的年号，用汉武帝二十二年（前119）代替元狩四年。某几个有特别意义的年号，在有需要时会特别说明，如建安、永嘉、贞观之类。

笔者自知才质朽陋，素不敢为天下先，唯独废弃年号一事，甚盼史学界诸子不因人废言，竭力推行，造福后学，庶几有裨于国史之了解与研究；何况笔者所提倡的是夫子之道，所反对的是愚昧迷信的皇帝们的行径。

关于《中华史纲》的参考书方面，实在不胜枚举，只能用"浩如烟海"一词来形容。笔者几十年来浏览的前贤与时贤的杰作颇多，包括专门的学术论著与专著以及一般性之通史作品。凡拜读到的作品，均使笔者或直接或间接，或多或少地受到裨益，谨铭谢意。至于本书的疏漏舛误，自知不免，亦祈匡正，是祷。

铜梁李定一谨识

1986年6月28日

目录

第一编

中华民族文化形成时期

◈ 第一章　蒙昧时期

神话：先民心目中的“历史”　/ 002

五帝：传说时代　/ 009

◈ 第二章　三代：历史的肇始

夏代（前 2070—前 1600）/ 017

殷商（前 1600—前 1046）/ 021

西周（前 1046—前 771）/ 031

◈ 第三章　春秋时代（前 770—前 481）

霸政的兴起　/ 040

霸政的发展　/ 045

各国的变化　/ 050

◈ 第四章　战国时代（前 481—前 221）

战国变法图强　/ 053

诡谲的国际斗争　/ 059

社会的激剧变动　/ 064

孔子：民间讲学的创始者　/ 066

诸子百家，百花齐放　/ 074

第二编

中华世界之创始与发展——秦汉三国与魏晋（前 221—317）

◈ 第五章　“中华世界”的创始

秦王政时期（前 246—前 221）/ 084
秦始皇时代（前 221—前 210）/ 089
对秦始皇的评论　/ 092
复古与维新的斗争（前 209—前 202）/ 098

◈ 第六章　中华世界的确立与发展

文景之治：大一统局势的奠定 / 105
武帝的兴革　/ 109
中华世界的巩固　/ 114
王莽兴起的背景　/ 119
王莽时代：一个理想的破灭　/ 123

◈ 第七章　衰颓时期（25—220）

光武帝的政策　/ 132
黯淡迷惘的士风　/ 135
外戚、宦官与名流　/ 142
长期分裂的前奏　/ 147

◈ 第八章　大分裂的序幕

曹操的志事　/ 152
三国的人物　/ 158
三国鼎立　/ 163
西晋：统一的幻象　/ 167

◈ 第九章　中华文化概述

农业情况　/ 172
工商业发达　/ 176
学术与科技　/ 180

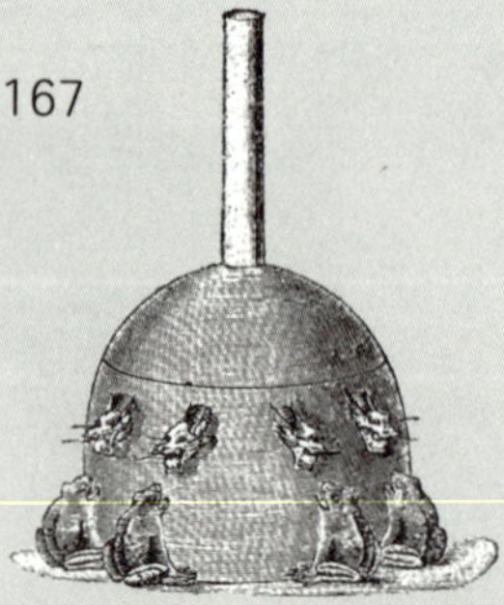

第一编

中华民族文化形成时期

第一章　蒙昧时期

⊙ 神话：先民心目中的“历史”

在文字没有被发明以前，人类用语言相互表达心意，同时将他们对大自然变化的印象以及求生存的经验辗转相传，世世代代传下去。这种口口相传的经验，日积月累，经验越多，知识日益丰富，人类也日益进步。能够多方搜求并累积前人的知识，甚至进一步发现新的求生存的知识，是人类能够从草木榛榛，日夜都要应对大自然的变化以及与毒蛇猛兽搏斗的原始状态中走出来，逐渐改进生存条件的主要原因。十个口，便是“古”，在文字被发明以前的“古”代，即是口口相传的时代。

传说难免夸大失实，掺杂了许多想象与附会。四五十万年积累下来，传说距离真事越来越远，变成荒诞不经、全然不可置信的神话。

神话是否全是无稽之谈呢？根据研究神话的学者的诠释，神话象征一个民族隐藏在内心深处的理想与期望，它是大众共通的美梦。日有所思，才会夜有所梦，这中间的隐晦周折很复杂，但并非绝对不可理解。例如盘古开天辟地的神话，最早的文字记载是三国时东吴徐整的《三五历纪》。书中写道：盘古在混沌如鸡蛋的黑暗中过了一万八千年，混沌中的清者上

盘古开天辟地

升为天，浊者下降为地。盘古头顶天，脚踏地，一日而九变。天日高一丈，地日厚一丈，盘古亦日长一丈。如是者一万八千年，天已高，地已厚，二者相距九万里。此时盘古已死，他的气息化为风云，声音变成雷霆，左眼成为太阳，右眼成为月亮，血液化为江河，筋脉变成暗河，肌肉变成生长五谷的土壤，四肢五体化作四极五岳，发髭化为星辰，皮毛变成草木，齿骨变作金石，精髓化为珠玉，汗水变作雨露，身上的寄生虫变成人类。

这个神话的含义是宇宙的万事万物都是由“人”物化而成的，蕴含着人是宇宙主宰者的暗示。这与印度神话中普鲁沙神死后口中生出婆罗门，手臂生出刹帝利，两腿生出吠舍，双脚生出首陀罗的寓意迥然有别，后者表示人分阶级是与宇宙俱生的。据基督教的《创世纪》所述，上帝手创宇宙，凭着自己的喜怒主宰地上万物的生成或毁灭。他创造的人——亚当和夏娃，因为背叛了他，被他逐出了伊甸园，并被诅咒永远痛苦。与中国、印度的神话都不同，基督教的创世神话将宇宙和人都置于一个有无上权威的万能的神之下。诚如精研神话的学者所说，神话象征一个民族隐藏在内心深处的共通理想与期望，不同的民族有不同的梦。中国文化、印度文化与西方文化的本质差异，我们可以从这三种迥然不同的神话中略窥端倪。许多学者都一致认为中华文化的特质是人文精神，从这一点来看，盘古的神话就不是毫无意义的。

以上不过是纯粹就“神话学”的立论来分析神话，而考古学家和史学家则从另外的角度看神话，因为除了代表一个共通的美梦的神话，还有许多口口相传的神话。从地下发掘出来的遗物，能够帮助学者解答一些问题；依据人类文化发展的历程，配合古史记载，也能帮助学者寻找到些许曙光；印证二者的关系，更是学者殚精竭智的鹄的。

帮助人们对中华上古历史有更进一步的了解，考古学家的贡献实远胜史学家。近六十余年（此处的六十余年是相对于本书的写作时间而言——编者注）来的考古研究取得了丰硕的成果，虽然学者们在某些问题的推断上并不一致，他们对遗物、遗址的解释也有出入，但我们已能根据他们的著述，勾勒出人类在中华大地上活动的概略历程。

我们不用繁杂的地名年代、难懂的专业术语来困扰读者，也不依据遗址发掘的先后顺序来叙述，仅根据考古学家大致同意的遗物、遗址的时代次序，描绘出先民在中华大地上演进的历程的轮廓。

自1921年开始，迄今已六十余年，中外考古学家有计划或常人无意中发现的先民遗址，几乎遍布全中国，包括南方的香港。

中国境内最有名也是最早的“人类”遗骨化石是“北京猿人”（1929年在北京附近的周口店发现）的化石。北京猿人又名“中国猿人北京种”，是介于人与猿之间的原始人类，大约生存于五十万年前。经过几年的发掘，考古学家共得到五块比较完整的头骨，其他体骨二十七件，牙齿一百五十七

北京人复原头像

北京人顶骨低平，前额后倾，眉脊粗壮，颧骨高突，吻部前伸，其特征与猿相近。

枚，这些遗骨分属于四十多人。此外，考古学家发现了一万件以上的粗制石器及大量的兽骨化石，还发现了火灰遗烬及木炭，另有植物种子及果核。兽骨之中以鹿骨最多，约占百分之七十，其他为豹、穴熊、剑齿虎、狼、象、犀牛、骆驼、水牛、野猪、马等动物的。北京猿人似乎已能用投掷的武器狩猎，因为在上述的兽骨中，有凶猛的肉食动物的和奔跑速度很快的野兽的。

北京猿人男子的平均身高为一百五十六厘米，女子的平均身高为一百四十四厘米，比现在的华北人矮小；其脑容量平均为一千零四十三毫升，比爪哇猿人的脑容量（约九百毫升）大，比现代中国人的脑容量（平均一千四百毫升）小。

北京猿人已有控制火的能力，能烤肉吃，又能采集朴树的果实。将果核锤破，压碎果仁，调成食物，这与今天南美土著印第安人制作此类食品的初步程序相同。他们制作的石器很粗糙，属于“旧石器时代”。总之，世界上的考古学家一般都承认，北京猿人有“文化生活”，虽然很原始。其他地区的猿人，如爪哇猿人、海德堡人等，是否有文化生活现在还不确定。

1960年后，考古学家在山西芮城县匼河村发现了旧石器遗址十一处，只有石器和动物化石，无人类遗骨。考古学家经研究发现，匼河村旧石器遗址的石器在制作技术上不如北京猿人制造的石器，且遗址内没有用火的痕迹。三年后，考古学家在陕西蓝田发现了一块猿人的下颌骨，该猿人与北京猿人同属直立人，后来被命名为“蓝田中国猿人”。蓝田猿人与北京猿人在体质上有若干差异。

根据上述两个发现，有学者设想北京猿人与爪哇猿人属于同类（Species），北京猿人是爪哇猿人从西南迁移到北京附近的，可能途经云南、贵州、四川、陕西、山西等地，因为在两百万年前，南洋群岛和亚洲大陆是连在一起的。

不管这些旧石器时代的猿人从何处来，但他们确实消失了，至少现在可以如此说。消失的原因，自然有一些假设，其说不一，笔者不拟赘述。

综合中国旧石器时代的发掘结果，值得注意的有四点：

一、他们（旧石器时代的猿人）生存的地区很广，不仅限于北京一地。

二、他们有文化生活，似较同时代其他地区的猿人文化为高。

三、他们不仅食肉，也享用植物。

四、他们生存的年代很久远，可能一两百万年前便已在中国繁衍了。

我们再以中国史籍对蒙昧洪荒时代的记载与上述几点相印证：

所谓“三皇”，说法很多：有谓天皇、地皇、人皇（又作泰皇）者；有谓燧人氏、伏羲氏、神农氏者；也有在伏羲氏之后加上女娲氏、神农氏者；也有将神农氏和黄帝列入三皇者；说法很多，所有记叙均怪诞不经。但澄心细析，三皇也者，可能是先民心目中印象最深刻、最景仰怀念的氏族的传说，经过几十万年的口口相传，就成为全然不可信的神话。三皇的传说——神话，就是先民心目中的历史，有关的记述五光十色，有四点值得注意：

一、三皇来自各方，天皇起于昆仑，是西方；地皇兴于熊耳、龙门，是中部；人皇出于旸谷、九河，是东方。

二、每“皇”都有很多“头”，天皇有十二个头，大约是十二个兄弟或部落；地皇有十一个头；人皇有九个头。

三、每一“皇”所“统治”的时间都很长：如天皇有兄弟十二，各自“统治”一万八千年；地皇有兄弟十一，也各自“统治”一万八千年；人皇

神话中的昆仑及其宫殿楼阁 明代画作，作者不详

传一百五十世，合四万五千六百年；合计便达四十五万九千六百年，与北京猿人的生存时间极为接近。有说自盘古开天辟地至“获麟”（春秋时期鲁哀公十四年，前481年），共二百二十七万六千年，几乎与考古学家所推想的北京猿人从南方向北迁徙的时间接近。

四、三皇而用“氏”名之者，自是指文化发展的阶段，燧人氏排序靠前，证明先民深知他们的祖先很早便知道用火烤肉吃。

先民不知道任何一件发明或改进都是经年累月，积千千万万人之力，经漫长岁月历练的结果，绝非一人一朝一夕之功。但千千万万年传说附会浮夸的累积，使得积千千万万人之力的发明变成某个“圣人”的创造发明，然后人们将这些圣人神化，神话就诞生了。我们可以很理性地分析这些神话。

先民茹毛饮血，生吃动物，腥臊恶臭，肠胃常患病。后来逐渐有人知道用火做熟食。若干年后，先民发明“钻木取火”，不靠天然火而能控制火，人人均享受其利，辗转相传，若干年后，便形成了一个圣人——燧人氏。至于钻“木”如何能取火，恐怕真是神话。

《庄子》和《韩非子》都是战国时期的著作，作者们在讨论上古的历史时态度严谨而颇合理。他们认为“上古之世，人民少而禽兽多”，人民不堪鸟兽龙蛇的伤害，于是一位圣人诞生了：他在树上架房屋，以躲避毒蛇猛兽

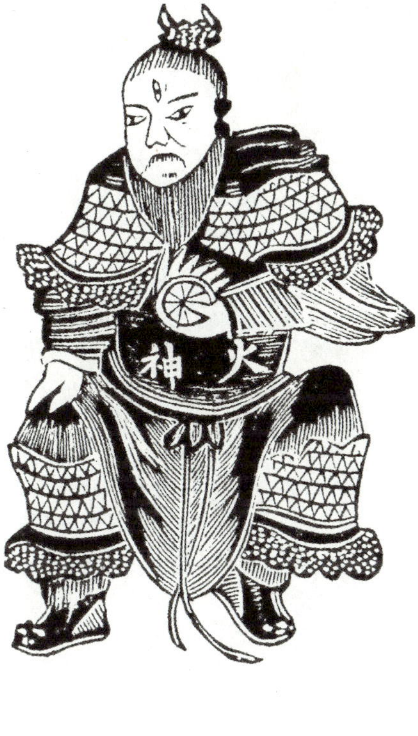

燧人氏

燧人氏在今河南商丘一带钻木取火，教人熟食，结束了远古人类茹毛饮血的历史，开创了华夏文明，被后世奉为“火祖”，位列三皇之一，被尊称为“燧皇”。

的伤害，这位圣人便是有巢氏。有巢氏与燧人氏的先后问题很难确定，大约人向鸟类学习，以求安全的历史很悠久，范围也很广泛。

关于伏羲氏的传说较多，说“他”首先发明渔网以捕鱼，是生产技术的改革者；又教民豢养野兽，使之成为家畜，从此先民不至于因人口增加、野兽稀少而遭受饥饿的威胁，脱离全靠采集渔猎的生活而步入游牧或者畜牧时代。食物日益充足，人类不必终日为寻求食物而忙碌，从而有余暇从事其他工作，人类文化进步的基础便更坚实了。

相传伏羲氏还有许多创制，如画八卦、教音乐、定嫁娶之礼，并设官守以司民事，等等。八卦大体上只是用几个简单的符号以表示山川风雨等自然事物，说它是最早期的“文字”似乎有些夸张。总之，伏羲氏所代表的是游牧时期，先民已经由榛榛狉狉的采集生活时期，进入可以局部控制自己生活需求的时期，学者名之曰“新石器时代”。

伏羲氏之后是女娲氏，据说她是伏羲的同胞妹妹，传十四代，因神农氏勃兴而绝。游牧生活逐水草而居，迁徙不定，形成母系社会，所谓“先民知有母，而不知有父”，正是女娲氏时期的写照。农业兴盛后，“女娲氏”自

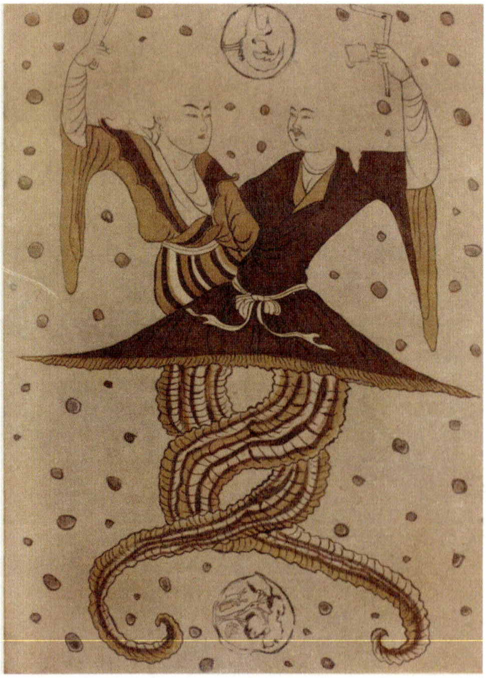

伏羲女娲图

图中的伏羲、女娲人面蛇身，相互对视，蛇身交缠，头上绘日，尾间绘月，周围绘满星辰。构图奇特，寓意深奥，富于艺术魅力和神秘色彩。女娲手中执规，伏羲手中执矩，象征着生产工具和社会秩序。

然要消失。

有人将神农氏列入“三皇”，也有人将之并入“五帝”，这些实无关宏旨，“他”（神农氏）在历史上的意义是农业文化的肇始。我们已知道北京猿人用果仁做食物，证明先民很早以前便习惯以植物充饥。采集野生的稻麦等食物，对先民来说是极方便的，且来源丰富。经过多年的观察，先民自然联想到种植，因而发明耕作用的工具。这一切发展农业的过程，需要很长的时间，将这一过程归功于一个人的创造发明，自是神话。

传说神农氏首先教人鉴别土地的燥湿、肥硗、高低，教人观察气候，选择五谷的类别，并制作耕稼的工具如耒耜等，这表明了农业技术发展的情况。又说“他”曾“遍尝百草”，发现草药；定日中为市，组织以物易物的交易。又曾征讨不听命令的“诸侯”——“诸”字代表复数，“侯”是各地的酋长。大约到了农业社会时期，散布在各地的部落之间已经有了很松散的联系，与从前各部落间互不相属有别。各部落公推“共主”，共主有维持部落间秩序的责任，这种共主后来被称为“帝”。

我们将考古学家对中国旧石器时期的考古发掘成果，与中国史籍中有关上古时期的神话互相参证，冷静探索，不要牵强附会（如说北京猿人便是燧人氏之类），可使蒙昧晦暗的远古历史透露出些许曙光。我们在中华历史的探索上真正跨了一大步——五十万年。

⊙ 五帝：传说时代

五帝的历史，多是根据传说而记载于史籍的，记载这段历史的是《史记》。司马迁是一位态度严谨、辛勤切实的史学家，近乎神话式的材料，他大都摒除而未采用，故他对三皇的神话只字未提。《史记》中有《五帝本纪》，“五帝”即黄帝、颛顼、帝喾、帝尧、帝舜五人。《五帝本纪》叙述十分简略，难免掺杂一些浮夸和附会之辞，但大体上是可信的。后来考古学家在河南安阳发掘出殷墟的各种遗址、遗物，特别是遗物上的甲骨文，证明《史记》所载的殷商史都相当正确，因此我们更加珍视司马迁的记载。先秦诸子包括孔、孟都提到过五帝。孔、孟都不失为有理性的哲人，对于他们的话，我们不能忽视。这一类的记载，连《史记》在内，均显含糊笼统。所以我们虽据古史叙述五帝的历史，但是还要辅以地下发掘而得的考古成果，才能对当时的史实有一些概略的了解。

五帝的年代，根据专家的推算，黄帝“即位”于公元前2674年，至夏禹即位（前2070），共六百余年。关于五帝的年代，各家说法并不一致，不过出入不太大。

黄帝大约生活于四千六百余年前，当时的共主神农氏的后裔已衰，诸侯互相侵伐，暴虐百姓，而神农氏的后裔不能征，于是“生而神灵，弱而能言，幼而徇齐（动作快速），长而敦敏，成而聪明”的公孙轩辕乘势而勃兴。他领导了两次生存大战，一次是与炎帝战于阪泉，一次是与蚩尤战于涿鹿。两次胜利为公孙轩辕赢得了无比的威望，诸侯遂尊公孙轩辕为天子，以代神农氏，是为黄帝。司马迁说是因“有土德之瑞，故号黄帝”，这是“五德终始说”兴起以后的观点，不足信。能够使黄土大沃原上的农业发达，也许是“黄帝”称号的解释之一；喜着黄色丝织的衣服，也可能是原因之一。

黄帝时代是农业文化有长足进步的时期，农业文化发展的许多必要条件当时大概都已具备，因此后世将这一切农业文化发展的必要条件，都归功于黄帝一个人。我们不必去讨论“黄帝”有此能力的可能性，不妨将他的作为当作距今四千多年的中国历史文化的概况去了解。

物质生活条件的改善是先民的主要愿望，历法是农业发展的必要条件。黄帝时代人们对天文已有相当的了解，观察日月星辰与气候变化的关系与规律，故有历法，因历法而知道顺四时之所宜而播种各类粮食。当时的五谷是黍、稷、菽、麦、稻。农具的改良与杵、臼的发明，均显示黄帝时代的农业文化较神农氏时代原始的农业文化有长足发展。

此外，汇集于黄帝一身的创制很多。黄帝的史官仓颉观鸟兽之迹而造字，所造之字即原始的象形文字。黄帝命大挠作甲子，以为纪年的准绳。黄帝始作宫室明堂，当时先民在农业定居后建有供居处的房屋。所谓房屋，是掘出的土坑，深约两三米不等，四角有柱，高出地面，上盖茅草，坑内黑黝黝的；黄帝将宫室建在地上，光线充足，是为明堂，平民仍住在土坑里。黄帝还改进了交通运输工具，刳空巨木做舟；另发明车，用牛或马拖曳。

黄帝的正妃嫘祖教民植桑育蚕缫丝，将蚕丝染成各种颜色，制成衣裳

（麻的发明似乎较丝早）。黄帝另制成各式冠冕，用衣服和冠冕的式样与颜色来区分尊卑贵贱。黄帝还有许多发明，如金属货币、指南车、各式乐器、弓矢、棺椁等，不一而足。黄帝集多种发明于一身的遐想，他代表了中华历史文化新阶段的肇端，“黄帝”是这一新时代的代表名称。

帝颛顼是黄帝的孙子，帝喾是黄帝的曾孙，史书上关于此二帝的记载，除了风调雨顺，“莫不服从”，其余极简略。大概颛顼战胜过另一强大的诸侯共工氏。据说共工氏居住在河畔，常用壅塞或溃决百川的方法取胜。

帝喾死后，子挚继位，封异母弟放勋为唐侯。九年后，唐侯放勋立，是为帝尧，又称唐尧。唐尧如何取得其兄的帝位，说法颇多。有谓唐侯德盛，挚自动让位，《史记》只说：“帝挚立，不善。”“不善”作何解，“不善”之后发生了何事，《史记》一概从略。帝挚即位时尧七岁，尧从七岁到十六岁如何能“德盛，而诸侯归之，（挚）乃率群臣造唐而致禅”？这显然是三代以后美化五帝的结果。特别是尧、舜既成为后世君主的模范，如何能夺兄长的帝位？司马迁含糊其词，足见其严谨。

据说唐尧活了一百一十六岁，真正在位一百年，值得记的大事有：

帝尧画像

尧是谥号，其本名祁放勋。在其主政期间，派神箭手大羿射日，派鲧治水，并且制定历法，推广农耕，整饬百官，还开创了禅让制。

一、历法的改进，定每岁为三百六十五日，并设置闰月。

二、陶器技术的进步。

三、洪水为患。

四、“禅让政治”。

孟子曾经提到“当尧之时，天下犹未平，洪水横流，泛滥于天下。草木畅茂，禽兽繁殖；五谷不登，禽兽逼人；兽蹄鸟迹之道，交于中国”；又说：“当尧之时，水逆行，泛滥于中国，蛇龙居之，民无所定，下者为巢，上者为营窟……使禹治之……然后人得平土而居之。”以上两段话将唐尧时天下的情况描述得很清楚，即农业文化已到了被毁灭的边缘。洪水的故事，每个民族都有传说，且多近似神话，中国历史上的洪水故事很逼真，神话成分极少。

有人向帝尧推荐共工治水，帝尧发现共工无能。四岳复举鲧（鲧是帝颛顼的儿子，是帝尧的叔伯辈）治水，尧初不同意，后命鲧试治之，“试而无功”，并未施处罚。到舜摄天子位，亲自视察，“视鲧之治水无状”，乃杀鲧于羽山，命鲧子禹治水。孟子说是尧“使禹治之”，与《史记》记载略异。

禹汲取他父亲失败的教训，改防堵为疏导。他跋山涉水去观测，并立木为标记，确定工作方针。他领着各地的民工，带着工具，不分寒暑晴雨辛勤地工作。因为辛劳过度，他的指甲竟被磨秃，腿上的汗毛也被磨光，手上和脚上都是厚茧。禹终因劳动过度而成为跛子。与他一起工作的两位重要助手，一位名契（商的始祖），他的工作是在治水之前纵火焚烧畅茂的草木，以驱走逼人的毒蛇猛兽。另一位是弃（后稷，周的祖先），在尧时即以精于农耕闻名，他追随禹工作，洪水平后，教导人民稼穑，新得的沃地，即可以生产。禹治水十三年，曾三过家门而不入，公而忘私，令人感佩。人民从苦难绝望之中（洪水成灾已百余年）重得安居乐业，由衷地尊称他为“伟大的禹”。

英国史学家汤因比说世界各民族于发展过程中均遭受挑战，有的民族能克服挑战而继续进步，有的民族不能克服挑战便停滞下来，不再进步。洪水是各民族遭遇的最普遍、最严重的挑战，许多民族不能克服洪水所加诸的灾难，其文化便停止发展，停留在洪水前的状态。非洲和南洋群岛以及澳大利亚等地的土著或民族，在与现代文明接触以前，几千年毫无进步，原因即在于此。所以，大禹是对中华民族最有功绩的伟人，孟子仅将大禹与后稷同誉为颇富同情心的人，何其陋也。

“禅让”是中国历史上世代相传的最为人所赞美与钦羡的帝王美德。据《史记》记载，尧年老，便询问大臣关于继位人选的事。大家说：“嗣子丹朱开明。”尧曰：“吁！顽凶，不用。”再推共工，尧仍不同意；再推鲧，尧仍“不可”。大臣说，不妨一试。试之九年，“功用不成”。次年，尧知道舜很孝顺，有才能，于是将自己的女儿娥皇和女英一齐嫁与舜，以便就近观察。然后尧委以舜各种大政，舜均应付裕如，如是者二十年，尧乃命舜“摄行天子之政”。舜受命后出巡，平服了四方强项诸侯，如三苗与共工，并杀掉鲧（势在必杀），天下咸服。八年后，尧崩，三年之丧毕，舜让避丹朱而到南方，但“诸侯朝觐者，不之丹朱而之舜，狱讼者不之丹朱而之舜”，于是舜曰：“天也！”乃回来就天子位。这便是成为千古美谈的“禅让”。从尧舜到春秋时期有一千四五百年，“禅让”的可信度如何，自然值得商榷。如将禅让当作春秋时代一般人对政治的愿望与理想的寄托去理解，也就无须深究了。

舜居于虞，故称虞舜。舜在位五十年，值得一书的大事有二：

第一是政府扩大，职官的分工专责较细致。从黄帝到帝尧，“中央政府”的职官，似多只与授时（历法）和稼穑有关。所谓“羲”，是天官，掌授时；“和”是地官，掌农事。另有“四岳”，地位很高，天子有大事，常与其商议。《史记》中常见“岳曰”“岳应曰”。“共工”，是专司治水的。虞舜起用当时有名的贤人“八恺”“八元”，共十六族。八恺主后土，是地官司土，后世的司徒、大司徒即由此得名，禹即属八恺之一。“八元”主布五教于四方，所谓五教，即父义、母慈、兄友、弟恭、子孝。由于舜的“父顽、母嚚、弟傲”，他身受其苦，所以他特别注重调理家庭关系，这便是后世的教化工作。举凡农事、水利、渔猎、音乐、赏罚、祭祀、四裔等，舜均设官分职，让他们各有专责。舜一共任命二十二人，并订下三年一考功绩、三考定黜陟的制度。于是“四海之内，咸戴帝舜之功……天下明德皆自虞帝始”——“皆”字很重要。

第二是“禅让政治”。一切经过，与尧将天子位禅让与舜大致相似，禹依样画葫芦，即天子位。

以上是根据史籍而对五帝史事所做的扼要叙述，举凡古代地名、人名以及专有名词，笔者均尽量省略，因为它们对现代国人来说已无多大意义。史籍所遗留下来的各种矛盾疑难的考核，是专家们的事，我们不用浪费心神。

我们再参证地下史料来看这一段历史。自发现北京猿人遗址以后，考古学家陆续发掘了其他遗址、遗物，最有名的是周口店山顶洞的考古发现。洞中有男女老幼头骨化石七个，体骨数十件，动物化石及遗物甚多。据专家们的解释，洞中的男女老幼大概是一家人，男性老者约六十岁，身高一百七十四厘米，脑容量一千五百毫升，体形与现代的华北人并不相似。似是一妻一妾的两位女性亦非同种，一个近黑人，一个近白人，所以考古学家说山顶洞老人的家庭是由黄、白、黑三种人所组成。另有一成人、一青年、一五岁孩童及一新生婴儿（可能还是胎儿），他们大约生活在两万五千年到十万年前之间。

他们的生活方式，已不十分简单。他们知道缝纫，遮蔽身体，保暖御寒；他们大概从事渔业，能够生火，烧煮食物；他们也知道贸易，从远处取蚌贝，采赭石，装饰衣服及身体，他们大概也习惯于埋葬死去的眷属。（李济《中国民族之始》，《大陆杂志》第一卷第一期）

专家们认定他们没有原始中国人的任何痕迹，他们“原属外来的、流动

人面鱼纹彩陶盆

人面鱼纹彩陶盆是新石期时代仰韶彩陶工艺的代表作之一，多作为儿童瓮棺的棺盖，是一种特制的葬具。

彩陶双连壶

彩陶双连壶，是仰韶文化大河村类型彩陶中唯一的一件联腹壶，堪称新石器时代仰韶文化的艺术精品。

的部落，攻击他们以及最后消灭他们的人实为周口店的土著，这些周口店的本地人却是真正的原始中国人的代表”（引同前）。那么，有没有“真正的原始中国人”的遗址被发现呢？

考古发现的河南“裴李岗文化”是目前中原地区发现的最早的新石器时代遗址之一（精制的石器同粗制的陶器时代）。考古学家用碳十四科学方法测定，推测其距今约七八千年。考古发掘出土了多种石制的农业生产工具，手工制的陶器也相当多，陶器有纹饰，甚至有少许彩绘，烧窑的温度已可达到九百多摄氏度。此外出土的还有大量的猪和狗的骨骼以及植物种子，另有大量的谷物，可能是粟类。因此有人推断裴李岗文化是仰韶文化的前驱，似是神话中的神农氏演进到黄帝时代的过渡期。

1921年，瑞典考古学家安特生在河南渑池县仰韶村发现文化遗址，遗址面积很大，东西近五百米，南北超过六百米，文化层的堆积平均在三米左右。考古学家发掘出的遗物甚多，而以彩色陶器为主，故仰韶文化又被称为彩陶文化。以后数十年，考古学家在中国各地包括香港在内，陆续发现仰韶型的遗址很多，据发现报告统计在一千个以上。据碳十四测定，仰韶文化存在于公元前5150至前2960年间，比国史所载的黄帝时代还早。通过对这些遗址的研究，我们得到的肯定的认识有下列数点：

一、以农耕生活为主。所种植者最初有粟，并有蔬菜，后又有稻，家畜有猪、狗。居住遗址中有的并留存若干野兽，如豹、犀牛、野牛，间或杂有马、兔等。

二、聚居村落者颇多，另有埋葬死人的坟地。一个遗址可以包括廿座以上的房屋，不过不一定是同时建筑的。

三、居住的房屋有时作圆形，有时作方形或长方形。有的在地面上建筑，有的掘入地下而一半在地面上。另外又在地下深掘窖穴，以备储粮食或其他用品。

四、小儿以瓮罐埋葬，成人另有葬地，以单人仰身直肢者为多。

五、工业内容有制石、制骨、纺织、陶业等各种不同的专业；建筑和木器的制作也需要专业的训练。

六、埋葬中常有殉葬物，大概已有鬼神的信仰。

七、彩陶的存在也可证明艺术已经有所表现了，有若干发掘品似乎是为装饰人身的。

八、有一房数屋，并有数人合葬的坟墓，可见这时的社会已经有家族的组织，并有村落聚居的习惯，同时这也可以证明，群居组织可能又大于家族社会团体。［李济《中国上古史》（待定稿），第一本］

上引李济对仰韶文化分析后的肯定说明，使我们对四千九百余年前中国中原地区的文化有了初步认识。据推断，黄帝约晚于仰韶文化的末期三百年，但这三百年相对于人类文化的进展来说几乎没有差别。李济认为《史记·五帝本纪》中有些记载，“恰与史前考古所得的结论相符。……传说的黄帝的年代为公元前2700年上下，正是现代的史前考古所列的新石器时代的晚期，而涿鹿及阪泉的所在地，研究历史地理的人都把它们放在现在河北省的北界边缘地带，可能在野生的小米之区，并接近草原地带的邻近民族。传说中的黄帝与蚩尤的战争，大概是华北区各农村部落初次的联邦结合，借以防御蒙古草原的各部落的南侵而形成的”（引同前）。考古学家用考古学的成果去印证历史记载的真实性，至足珍视。这里关于涿鹿与阪泉所在地的说法，史学家并不完全同意，笔者在此处不做进一步讨论，但五帝时代代表中国新石器时代的晚期、农业文化的初期，是大致可以确定的。

第二章　三代：历史的肇始

⊙ 夏代（前2070—前1600）

自大禹即天子位（前2070）到桀为商汤所代（前1600），夏代传十七君，共四百七十年，是中华有文字记载历史的开始。刻有文字的“九鼎”之一于东周显王三十三年（前336）不幸没于泗水，秦始皇曾派人到泗水打捞而未得。九鼎至战国时已毁失，今人不得见耳。晚于大禹不过五六百年的殷墟的甲骨文所用的文字已超过五千个，确实可以认定的在一千个字左右。殷代的文字，并不限于象形，已具备六书的类型，假借字很多，形声字也在萌芽。据专家们估计，原始文字演进到殷墟文字的程度需要两千年。最近所出土的文字，据说早于甲骨文一千年，但研究报告尚未发表，所以我们说夏代已有相当进步的文字并非大胆的假设。我们现在固然还没有发现“夏文”，但司马迁以及比他早的哲人常常提到夏史，他们是否能看到夏文现在很难说，不过《史记》述五帝的历史既然有若干真实性，那么距司马迁更近的历史，应该具有更高的可信度。

史载大禹是黄帝的四世孙，这一说法很难肯定，但大禹的祖上世代都是部族之长，则系事实。禹治水的功绩铭刻人心，无论是由于舜的“禅让”，还是民众的拥戴，他能成为天子，似是大势所趋。禹用疏导的方法治水成功后，中原地方（大致指河南、河北及山西南部、山东西部、安徽北部地方）出现了九块大的陆地，即“九州”。大禹均亲临，记载其特产。后人误以为九州分布于全中国，认为大禹不可能到过那些地方（20世纪20年代的疑古派便持此看法），并由此怀疑大禹治水之事。其实地名随着移民迁徙并不罕见，今之美国便有很多英国地名，不足为怪。

洪水治平之后，农业振兴，兼顾历法，故夏的历法最完备。其历法以建寅为正月，即今日农历的正月，合乎四季寒暑的顺序，每年一闰月，世称夏历。夏成为农业文化民族的自称。春秋时，管仲曾对齐桓公说：“诸夏亲昵，不可弃也。”管仲不说“诸周”而言“诸夏”，可见文化观点的“夏”在人们心目中的地位胜过了政治观点的“周”。

夏初的另一桩大事是称王，不用类似盟主的“帝”的称呼，并使王位（天子是尊称）由一家族世代传下去。人民怀念禹而拥禹子启，据众口说，“吾君帝禹之子也”。王位世袭于是形成。当然有人反对。有扈氏不服，发动战争，最终被消灭，“天下咸朝”，但问题并未解决。启做了十年天子而崩，传位儿子太康，太康即位不久便被有穷氏后羿所逐，从此流亡在外。到少康攻灭后羿的臣子寒浞（寒浞杀后羿而自立为王，凡四十年）而复国。由此可见，王位世袭制度实行初期所遇到的阻力仍然相当大。

夏代可称是中国铜器时代的肇始，铸九鼎便是显著的实例。中国初有金属的记载，远在黄帝与蚩尤之战时，距大禹六百余年。金属最早可能用于武

蛋壳黑陶杯

龙山黑陶文化的典型器物。杯壁薄如蛋壳，最薄处不到一毫米，质地却十分坚硬，但仅重约四十克。

器，次及祭器，然后是用具。蚩尤的“铜头”是否为青铜，尚不可得知。夏代已进入青铜时代，有考古明证。有关夏代的文字记载很简略，《史记》中的《夏本纪》除了略记大禹、启及亡国的桀，多是某王崩，某王立……如此而已。

最初，一般学者均将在山东龙山发现的黑陶文化疑为夏文化。同时河南安阳殷墟之后岗，掘出上层为灰陶，中层为黑陶，下层为彩陶，因此大致可以确定彩陶时代早于黑陶时代，黑陶时代早于灰陶时代。不过，黑陶文化是否根源于彩陶文化，灰陶文化是否和黑陶文化一脉相承，考古学家们仍有不同的推断，至今尚无定论，因此有彩陶（仰韶文化）代表五帝时代、黑陶（龙山文化）代表夏代、灰陶（安阳殷墟）代表殷商的推论。殷墟是殷商遗址已毋庸置疑，但龙山的黑陶文化是否为夏代遗址，迄今为止仍无定论。考古学家穷研历代史籍记载，想找出蛛丝马迹，再用锄头去寻出答案。

1959年，由徐炳昶率领的考古队在河南偃师二里头发现了一个规模很大的遗址，研究结果认为其很可能是夏代遗址，因此暂定名为“夏墟”，并称之为“二里头文化”。

二里头文化分布的区域很广，以河南西部为中心，西到陕西东部，东到安徽西部，南到湖北，很符合夏代活动的区域。出土的遗物中有真正的青铜礼器，其他尚有金属的武器、工具、用具和饰物。根据碳十四的测定，考古学家推测其年代为公元前2080年至前1620年，与古书所记的夏的年代颇符合。

考古学家对二里头的青铜礼器（爵，酒器）的制作进行研究，发现其由

“天下第一爵”

图中是在二里头遗址出土的乳钉纹青铜爵，是迄今为止发现的中国最早的青铜酒器。

四件块范连合而成，制作过程复杂，由此可见二里头的青铜礼器是一种精密详确、技艺熟练的产品。安阳所发现的高一百三十三厘米、重八百七十五公斤的方鼎，也是以同样方法制成的。

二里头出土的陶器上刻有与殷墟出土的甲骨上的文字近似的“符号”，例如“羌”字。有人称之为“陶文”。这些“符号”有的可以辨认，但它们只是作为辨别之用，而不是对事的记叙，称之为原始的文字略有些不妥。

最受重视的是二里头附近出土的宫殿遗址，宫殿建筑在高出地面近一米的土台上，殿堂长约三十米，宽约十一米，面积达三百四十多平方米，殿堂前的大庭面积约五千六百平方米，足可容纳上万民众。据估计，必须动员大量工人，才能建造出如此气派的建筑，显然，这里存在一个强有力的权力中心。根据其他种种迹象，考古学家认为，二里头是到目前为止，中国首次在考古学上发掘出的有明显权力中心的文化。认定二里头文化即夏代文化的学者颇多，但仍有人认为它属于商代文化，他们认为商代的“先公先王”（即在汤未代桀为王以前的祖先）即“二里头时代”。不过商代的先公先王似乎没有如此强大的权威。

我们不妨综述几句，夏代的农业文化发展很顺利，工艺也很有进步，青铜时代已开始，王权已相当强大，许多人将之视为中华历史文化的序幕，是极有理由的。

二里头遗址发现的“陶文”

⊙ 殷商（前1600—前1046）

自来史家均称汤武开国后称商，传十九王，五迁之后至盘庚再迁殷，始称殷。其实并非如此。商的始祖契是帝喾的儿子，曾经辅大禹治水有功，官至司徒，封于商，赐姓子。商地大约在河南东部，在夏的东面。契传十四世而至汤。在伐夏桀前夕，“汤曰：吾甚武，号曰武王”，故称汤武。汤武代桀而称天子后，当天子前的封号“商”已不用，“商”成为供奉祖先的宗庙所在地，称“大邑商”，是地名；而国号为殷。《史记》对盘庚以前的“商”均称殷，书中有“殷复兴”“殷复衰”“殷衰”等字样，而《史记·殷本纪》这一篇名更是证明其国号是殷而非商的铁证。盘庚即位前，已是“诸侯莫朝”，盘庚乃由河北迁回河南，“复居成汤之故居……行汤之政，然后百姓由宁，殷道复兴，诸侯来朝”。可见盘庚是回到殷，殷是故都。一般所谓盘庚迁殷，始用国号殷，实误。事实上“商”是其始封的小地方的名称，商汤成为天子后，“大邑商”只是作为宗庙祭祀之地而已。有的史学家说“殷商”者，就是指住在殷地的商人，也说得通。习称的“夏商周”三代，应该改为“夏殷周”才符合史实。

手持戟、坐在女仆背上的夏桀

商与夏是两支平行发展的文化，夏的中心在河南中西部，商则在河南东部一带发展，他们的政治关系则是：商是夏的诸侯之一，夏王是天下共主，即天子。

自契始封商到汤武传十四世，均父传子，绝无例外；自汤武放桀而为天子后，共三十王（汤武的太子未立而卒），多数是兄终弟及，最后五王均是父传子。

传统上对汤武革命是否是顺天应人的仁义之举，人们有不同的说法。除却孔孟儒家外，先秦诸子在自己的著作中，如庄子的《盗跖篇》、荀子的《正论篇》、韩非子的《说疑篇》，均一致谴责商汤的篡夺行为，认为汤武革命是趁火打劫、以下犯上的叛乱。韩非子将舜、禹、汤、武四位儒家尊奉的圣王都列入一丘之貉，他在《说疑篇》中说道：舜逼尧，禹逼舜，汤放桀，武王伐纣，此四王者，人臣弑其君者也，而天下誉之。察四王之情，贪得人之意也；度其行，暴乱之兵也。倒是与儒家势同水火的墨子说汤是受“天命”。

关于汤的佐命大臣伊尹与汤的关系，人们的说法亦不一致，连《史记》也有两种迥然相反的说法：一说伊尹原是地位不高的官，用尽各种方法接近汤；一说伊尹是有名的平民，汤访顾了五次才获得他的辅佐。有人根据历史学家对甲骨文卜辞的研究，推测伊尹是一方部落之长，与汤联合打败了桀。汤死后，以下两世均短命（两王共七年），伊尹乃立汤之孙太甲，太甲立三年，“乱德”，伊尹乃幽之于桐宫，伊尹自摄王位。三年后太甲悔过，伊尹乃迎归，复为天子。这个美妙极了的故事首先见于《孟子》，《史记》采用之，但是《竹书纪年》（晋咸宁五年，即279年，汲郡人不准盗发战国魏襄王墓，得竹简史册，故名）的记载则完全不同。《竹书纪年》记载：伊尹放太甲于桐宫，自立为天子，三年后太甲自桐宫逃出，杀伊尹，复王位，但仍绥抚伊尹的儿子们，发还伊尹的财产给他们。

夏开国不久有伐有扈氏的战争和后羿的篡国，殷开国不久有伊尹的故事，大致都显示一个新政权在创立者死后政权不稳定的情势，与周武王死后的管蔡之乱是同一情况，不足为奇。伊尹的故事虽经孟子美化，我们仍然对之存疑。

殷代的历史，因有河南安阳小屯殷墟的发现，遗址、遗物同甲骨文的大量出土，而使人们对之有了较详确的认识。

远在清朝，安阳一带的农民耕作时，常从泥土中发现残破的甲骨，他们并不重视，而是随手弃之。后来有人将这些甲骨碾磨成粉，谓可治疗创伤。遂有人将之当作龟板龙骨卖与药铺，每斤制钱六文。1899年，京官王懿荣发现甲骨上有契刻文字，他虽不认识，但知是一种篆文以前的古文，乃加以收购。于是商人亦赴安阳采集。王氏于八国联军入京后自杀，家属以所集甲骨数千件售与刘鹗（即《老残游记》著者刘铁云）。1903年，刘鹗著《铁云藏龟》一书问世，是为甲骨文研究的第一本著作。此后中外人士（不一定是学者，有爱古董的人）大量收集甲骨，他人也胡乱发掘。直到1928年，国民政府中央研究院才组织人员系统发掘，至1937年为止，十年间共发掘十五次，收获十分丰富，单是甲骨便有十万片左右（被碾磨成药粉的不知有多少）。此外陶器、铜器、玉器、人骨、兽骨、墓穴、棺椁、窖穴、版筑基地等，甚多。帝王墓穴中的珍贵器物，多已为人盗过，存留极少。因为大家一致确信这是盘庚以后殷的都城，所以称为“殷墟”。

殷代是我们暂时公认为中国有文字记载历史的开始。殷墟的发现，震撼了中国及世界史学界，其中最重要的发现是甲骨文，即刻在龟腹甲与牛胛骨上的殷文字。史称“夏尚忠，殷尚鬼，周尚文”，确是一语破的。殷人认为鬼神管理人世间的一切事情，因此他们任何事情都向鬼神请示，叫作占卜。占卜的方法是将龟甲兽骨削平，在一面钻凿，但不钻透，然后在钻处用火灼烧，另一面现出的裂痕叫作“兆”；卜人将所问之事刻在兆旁，据兆而述鬼神的意旨，日后应验如何，也刻在上面。刻字均涂以朱墨，这些文字，便是甲骨文，所以甲骨文又被称为“卜辞”。占卜的人多数是当时奉王命而行之的史官，天子有时也亲自占卜。占卜之事为天子所独享，其他人等均不得行之，因此卜辞只是国王对于宗教信仰的记载。占卜的事项，写刻卜辞的多少，也全由国王的兴致而定。以安阳小屯为国都的殷王有十二位，天子的兴致各殊，因此留下来的卜辞的质量也就迥异。有的国王问的事很琐碎，诸如王后生男育女，王子生病，自己的牙痛是哪一位祖先降下的惩罚，上天能不能多降甘霖，等等，不一而足。有的国王不如此啰唆，仅占卜祭祀、征伐、狩猎、出巡、卜旬、卜夕的例行公事。国王所关心的事，自然不能代表全部的殷代历史，而我们今日所能看到的甲骨文，又只是劫余的一少许。甲骨文

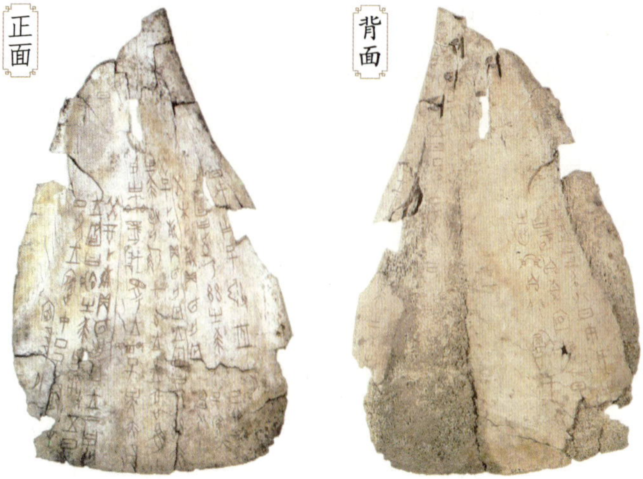

祭祀狩猎涂朱牛骨刻辞

这是一块牛胛骨板记事刻辞。骨板正面刻辞四条，背面两条，共一百六十余字，字内填朱。正面记述了四件事，背面记载天象情况，这片刻辞保存完整，对于研究商代的社会历史和天文气象有很高的价值。

专家董作宾说：这号称十万片的卜辞，我们现在能见能用的又不到五分之一，就这样“从宽”估计，那么甲骨文所能代表的殷代文化，也不过百分之一。用这百分之一的材料，却希望能写出百分之一百的殷代文化史，那岂不是做梦？（董作宾《中国古代文化的认识》，《大陆杂志》第三卷第十二期）。

虽然如此，流传到后世的殷代纸上史料更是贫乏之至，殷墟出土的文物版筑可以补充和订正纸上记载之处确实不少。专家们精研这些瑰宝，向我们提供了许多有关殷史珍贵的知识。我们参证一些古史的记载，结合考古的成果，分别就殷代的政治形态、社会组织、生活情况、工艺技能等项做一概略叙述。根据这些叙述，我们可以追溯以前史料贫乏的五帝及夏的文化发展，也可以借以推测周代文化的本源。

殷代的王权已相当强大，属于国王直辖的土地——王畿已很广大，人多地广，不是任何诸侯所能匹敌的，关于这一点，由其宫殿及王墓的建筑可知。王墓的遗物中，最令人震惊的是殉葬的武士，荷戈执干，动辄成百上千，足见王权之盛。中央政府的主要官员很多，据记载有所谓“六太”，即太宰、太宗、太史、太祝、太士、太卜；“五官”，即司徒、司马、司空、司士、司寇；“六府”，即司土、司木、司水、司草、司器、司货；“六工”，即土工、金工、石工、木工、兽工、草工；等等。此未必可尽信，可能有后人的“补充”。见于甲骨文的官名有二十余种，如宰、史、臣、小臣、旅、尹、卜、工、马、射、多亚、兽正、牛正、宅正等，足见政府所管辖的事务之多。王置左、右、中三师，究竟有多少兵马，不得而知，但观殉葬的武士的人数之多，可推想属于国王的军队人数一定不少。将士都拥有锐利的青铜武器、刀剑戈矛等。战争时国王征兵从一千到三万不等，这种征兵叫“登人”或“登众人”，国王自称“余一人”，自汤武到纣王都是如此，这大概是后来君王自称“寡人”的来源。如果某人受命处理某事，史官称之为“协王事”，王自称“协朕事”，可见一切庶政都是王事，称之为君主专制也不为过。王室宗庙所在地一直是契的始封之地——商。殷人“盘游无度”，盘庚以前常迁都，但宗庙不能迁，国王每年祭祀仍要到商地去，这个地方叫“天邑商”，卜辞叫“大邑商”。大邑商是殷的宗教中心，不是政治中心。

王畿以外有“四方”，称东土、南土、西土、北土。每“方”之下，散布着若干诸侯，那些强大的诸侯，被称为“伯”，所谓“方伯”，即一“方”之雄之意。诸侯之外，也有称方的，如人方、土方、虎方、鬼方等。各地名称很多，卜辞中可识的地名有五百多个，连不可识的在内，几近一千个。殷代诸侯的次序并不是后来的公、侯、伯、子、男五等爵位，伯是一方之雄，侯大约是天子派到各地主持防守的职官。诸侯国对殷王有征伐、守边、纳贡、服役等各种义务。当时殷王所统治的地域，现在仍不很清楚，但由卜辞所见地名之多，可见相当广大，但绝没有超出黄河中下游及淮河区域。诸侯也叛服无常，所以殷王常有命其他诸侯征伐或亲征的记载。战争的俘虏，偶亦做祭祀的牺牲，但不常见，主要是用做奴隶，执贱役或用于耕作与战争。自由的农工占大多数，奴隶人数不多，不可因此称之为奴隶时代，因为有时一次战争所俘虏的人不过十五六人而已，多的也不过数千人。

殷人是聚族而居，有说族即今之“镞”字，是一武装系统之意。每族是一个社会单元，叫作“氏”，每氏族均有一名称，如陶氏、徐氏、萧氏等，名号很多。因氏已分散四方，这种氏的名号发展到后来便成了“姓”。“姓”一字在甲骨文中没有女旁，是“生”字。四方杂处后，姓才发生。殷代已是父系社会，重男轻女的观念已存在，生男称“嘉”，生女说“不嘉”。

从事农业是殷人主要的生产方式，家畜或田猎之猎物不是食物的主要来源，家畜主要是供祭祀的，田猎是王室贵族的一种娱乐，捕鱼的记录很少。农产品主要有大米、小米、高粱和麦子。酒是祭祀中的不可缺少之物，犬也与牛、羊、猪同为供奉祖先的佳肴。因此可见活人也一定经常享用这些祀典之物。史称殷人“沉酗于酒”，并谓酗酒是纣（帝辛）亡国的原因。殷人有吃狗肉的习惯，祀典中通常都有犬。

除农业之外，殷人的商业也很发达。殷人已经开始使用交易媒介货币，他们的货币是一种海贝，十个贝为一“朋”，小块的玉似乎也是货币。从他们拥有的各地特产去分析，殷人的贸易经济一定很发达。殷墟中有西域的和田玉，长江以南的金、锡、丹砂、绿松石，东海的鲸骨、南洋的大龟，用作货币的贝也是南海的产物。

殷人的生活似是相当进步，卜辞中与衣有关的衣、巾、裘、帛、蚕、丝、桑等字都留传了下来。男子的服饰及样式大体是交领、右衽、短衣、短裙；女人已在脸上抹红，对头发的装饰很重视，发上有象牙梳和骨或玉制的笄，有的妇女头上插着几十根笄，头饰比头还高。男女的裙上都常有各种鸟兽形状的饰物，走起路来琅珰作响。

从殷人烹饪食物的用具和装盛食物的餐具种类之繁多来看，殷人的饮食

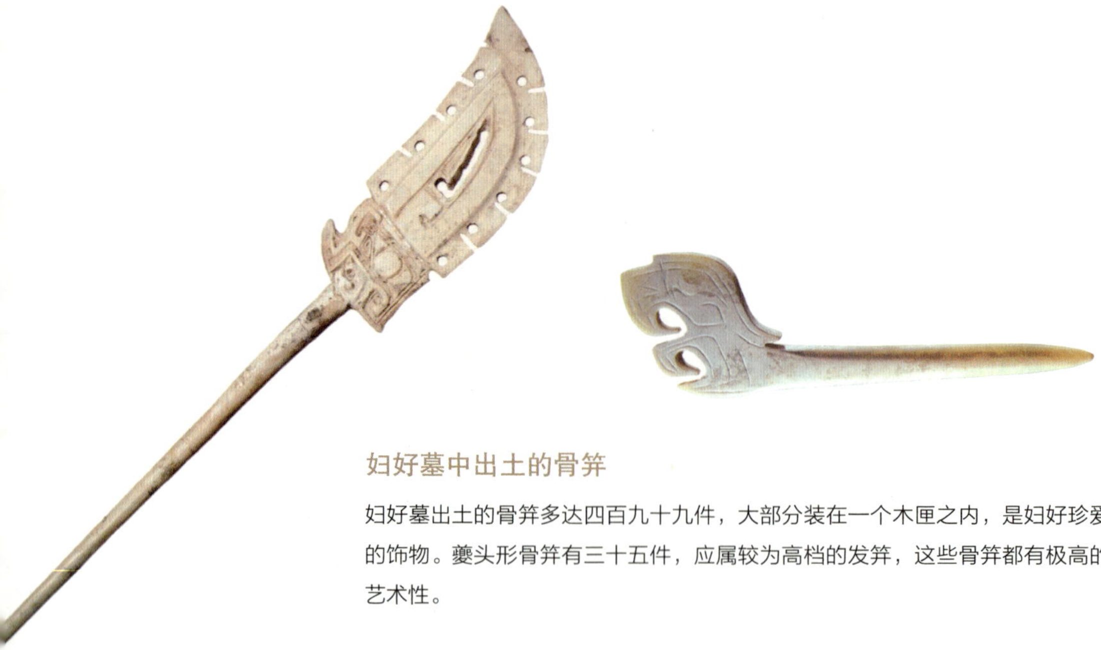

妇好墓中出土的骨笄

妇好墓出土的骨笄多达四百九十九件，大部分装在一个木匣之内，是妇好珍爱的饰物。夔头形骨笄有三十五件，应属较为高档的发笄，这些骨笄都有极高的艺术性。

已经可谓精致。食具有青铜器和陶器两大类。青铜器主要用于祀典。陶器的食具很考究，有饰纹、图案，盛鱼的“豆”（高脚盘）中还绘有生动的鱼儿图案。这一切都说明他们早已摆脱了饥则食的时代。

一般殷人住的房屋仍是半穴居，即向黄土地下挖一直径丈余，深约两三米的圆坑，上盖茅草。王室的宗庙宫室则全都建在地上，面积广阔，规模宏大。考古学家发掘出的这类地基很多，上面的建筑如何，只有推想了。

行的方面，舟车已很普通，车是用牛、马或象拖曳，也有单独乘马代步的可能。兵车是半圆形，人从车后出入，一车四马。有时远征长达三四十日。

殷代遗留下来的工艺品很多，单以青铜器而言，有礼器、用器、兵器、装饰品等，制作精巧，种类繁多，不及备举。镶嵌物有玉、蚌、象牙、绿松石等原料。大理石的立体雕刻十分精美。用玉或骨制成的装饰品，上面雕刻有各种飞禽走兽，栩栩如生，均足以说明殷人的雕刻技艺精湛。

殷代的科学知识，我们可以从他们的天文和历法而推知一二。根据卜辞的记载，殷人于恒星外已注意到行星的运行，对于时、日、月的记法都有一

玉象

妇好墓中的这尊玉象造型小巧可爱，长六厘米，高三厘米，身体肥硕，长鼻上伸，小眼细眉，大耳下垂，身上饰有花纹。

跪坐玉人

妇好墓中的这座玉人一丝不苟地雕琢出了商人的样貌、衣饰、发型，近乎写实，是了解当时衣饰的最珍贵的资料。

定的规律。殷代的历法，月分大小，大月三十日，小月二十九日；每四年一闰月，初置闰月于当闰之年末尾，称“十三月”，后废十三月，而置闰月于当闰之月之后，重复月名。殷代的每年记为三百六十五又四分之一日，已很精确。

以上是我们根据殷墟而对殷代文化所做的鸟瞰，下面再印证记载与考古发现，对殷史做一回顾。

史书上除了记载汤放夏桀于鸣条（南方未开化的地区）以及太甲与伊尹的故事，其他记载很少。殷人“盘游无度”是事实，何以常迁都，我们推测，不外乎三个原因：

一、黄河仍不时有水患，迁都避河水的泛滥。

二、殷人尚保持游牧遗风，没有“定都”的观念。

三、殷人迷信，用迁都的方法避祸求福。

以上解释都只能算是猜测，想得到比较可信的解释，恐怕还得等待新史料的出现。在盘庚再迁回汤武的故都以前的三百年间，可以考证的殷人迁都一共有八次（一说五迁）。

盘庚迁殷到帝辛（纣王）的二百五十四年间，礼制上有四次大的波动，可视为保守派和革新派的斗争，前者是旧派，后者是新派。新旧两派之争，可分为四阶段：

第一阶段是旧派当权，主张遵循传统，自盘庚以后的五代国王属之，以武丁最著名，主张一切要恪守先王的成规，“殷国大治”，“殷道复兴”。

第二阶段是武丁死后，两传至祖甲的新派。《史记》说祖甲“淫乱”，但卜辞中显示他继位之后，立刻毅然实施改革计划，如祀典的制订、历法的改革、文字的更易、卜事的整顿等。一般守旧的史臣认为这是乱了传统成法，对此表示非议。

祖甲在位三十三年，他死后，三传至武乙又恢复古制，是第三阶段。

第四阶段再恢复新制，是殷代最后两王帝乙同他的儿子帝辛时代。

如此反复的政治内争，是殷亡的主要原因之一。早就对殷虎视眈眈的周人，正好利用殷王朝新旧两派的政争，趁其互相攻讦之机，收容殷室失意的政客，探得殷人虚实。

根据卜辞，我们确定新派是合理的维新，旧派是顽固守旧。举一例而言，旧派坚持要有一个“十三月”，新派则主张将闰月置于当闰之月之后。旧派的祀典极为混乱，新派将不适合的祭祀一概废除。帝乙、帝辛父子再次推行新法，并加以修订，使之更为完美，“也可知殷末两帝是如何的英明果断了”（董作宾《甲骨学五十年》）。

卜辞中“英明果断”的纣王（帝辛），在文字记载中却是最残暴无道、集万恶于一身的君主。所以，我们对于先秦诸子对尧、舜、禹、汤、桀、纣等史事的看法，也应持比较客观的态度。子贡说过一句公道话：“纣之不善，不如是之甚也！”（《论语·子张》）卜辞佐证了子贡的话。

司马迁在记载纣王个人时，说他“资辨捷疾，闻见甚敏；材力过人，手格猛兽；知足以距谏，言足以饰非；矜人臣以能，高天下以声，以为皆出己之下”。这四十三个字，为我们刻画出了一位英勇果敢、博闻强识、傲视天下的君主。司马迁另又叙述他如何奢靡放纵，“好酒淫乐，嬖于妇人”，用极刑对付反对他的大臣，所以有“大师、少师乃持其祭乐器奔周”之事，这些人大多是殷的旧派。

周的始祖后稷名弃，是帝喾元妃姜嫄所生。据说姜嫄在野外践踏巨人的足迹有孕而生弃，以为不祥，弃之。此弃婴受到各种奇异现象的保护，“姜嫄以为神”，遂收回养之，以初欲弃之故名之弃。即周的始祖后稷与纣王的祖先契同为帝喾之“子”。

契（殷的始祖）的母亲是帝喾的次妃，裸浴时吞食玄鸟的蛋而生契。殷、周的祖先原是“兄弟”，周的祖先的地位似乎还高于殷的祖先，因为弃是元妃所生，契是次妃所生。这种神话很普通，大同小异。

弃长大成人后以擅长农耕闻名，尧任之为“农师，天下得其利”。舜时弃仍主农事，封于邰，号后稷，赐姓姬。后稷与契，同是佐禹治水有功的人。后稷的子孙世代务农，也兼游牧，因为种种今天尚不明白的原因，逐渐向西迁徙，最后定居在陕西渭水一带。九世之后，到了古公亶父（后追尊为太王）时期，又为北方的游牧部族（鬼方）所逼，古公亶父乃率领族人迁居岐山（今陕西岐山境内）。那是一片肥美的平原，周人歌咏它：“田园多么肥沃，物产多么甘美！”太王自然精于农事，四处来归的民众日多，据说两年之内人口增加了五倍，有了一万五千户人民。

太王有子三人，即长子太伯、次子虞仲、三子季历。按照周的继承法，爵位传长子，但季历最贤。季历的长子昌，很受祖父（太王）的钟爱。于是太伯等自我放逐到蛮夷之地，以便季历可以承继爵位。太伯逃得很远，成为吴国的开国始祖。季历承位（后追尊为王季），大败鬼方。这是一个决定性的胜利，不仅消除了周的生存威胁，而且竭力扩大了周的势力。于是季历建宗庙、宫室、城郭，仍自认周是殷的诸侯。

被季历征服的部族，由于学习耕稼，生活得以改进，自是对周心悦诚服，歌颂周的德政。此时周已俨然成为西方之强大者，殷王乃封之为“西伯”。这时的殷王是纣王的祖父文丁，他对西方新兴的势力十分重视，但又认为东方夷人的势力也不可忽视，所以虽然与周之间有征战（卜辞中常有“寇周”的记录），但对西方仍以羁縻为主。周于太王初得沃原发展势力时即有“翦商”宏图，但强弱悬殊，只好表面上仍臣服于殷，且与之通婚，以吸收殷的文化，并探知殷的虚实。文丁并不糊涂，便趁季历入朝的时候，将他拘留起来，使之困死于殷。季历死于殷之后，太王所预测“我世当有兴者，其在昌乎”的昌继位，即有名的周文王，也是殷的西伯。

从古公亶父经季历到姬昌，经历仅三代，周却从不过三千户的默默无闻的部族，勃兴而成为西方之强者，使殷王感受到威胁，并非偶然。姬昌行仁政，笼络各地诸侯，礼贤下士，各地的能人志士纷纷到周去求安身立命之所，包括若干事纣王的大臣在内，连当时有名的伯夷、叔齐兄弟也来归西伯。崇侯虎警告纣王说：“西伯积善累德，诸侯皆向之，将不利于帝。”纣王一如其祖父文丁，乘西伯入贡时，将他囚于羑里达七年之久。据说在这七年的监禁期中，西伯推衍八卦而成《周易》。西伯被囚，周人表面上自是十分恭顺。大约此时东南方均有变乱，纣王不愿两面作战，对西方仍采取绥抚政策，遂礼释姬昌，赋予他“得征伐”的权力，并要他照顾南方江汉一带的诸侯。西伯也献洛西之地五百里，请纣王废酷刑，纣王许之。此举可谓一举两得，既示恭顺于纣王，复得天下人的赞美。

西伯归国后，加紧了笼络诸侯的工作。诸侯间有争执或有狱不能裁决的，都到西伯处求教。释归后的几年之内，他大败犬戎，并灭掉四个忠于殷的诸侯，包括导致他被囚的仇人崇侯虎在内。灭崇之后，西伯便自岐迁都到崇的旧地，建丰邑及镐京（均在今西安）。文王在位五十年，晚年已经“三分天下有其二”，可见其声势之壮盛。他死之前十年已显明表示要伐殷，“布王号于天下”，立法度，易正朔，追尊祖父古公亶父为太王，父季历为王季。一说此事发生在武王伐殷之后，文王的尊号亦定于是时。《史记》对这一段史事的记载含糊不清。

据说文王享年九十七岁，有十子，长子伯夷考早死，次子发即位，即武王。传说武王即位时已是八十三岁高龄，在位十年而崩。他继承父亲的遗志，跃跃欲试，先试探了一次诸侯的背向，用车载文王的木主，观兵于盟津，诸侯来会者不理想，乃还师。数年后，各事已准备周全，内部也很安定，武王得姜姓太公望辅助；姜，即羌，大约取得羌人的合作是周人向东用兵的先决条件。

一切准备就绪后，武王乃遍告诸侯：“殷有重罪，不可以不毕伐。”遂率戎车三百乘（每乘十人到二十人）、勇士三千人及甲士四万五千，渡河至盟津，诸侯全都来会。于是武王发表宣言（《尚书·泰誓》），列出纣的罪状多条，其中有“断弃其先祖之乐”的罪名，这是示好殷的旧派。诸侯的武力也很强大，有戎车四千乘。纣发兵七十万，双方战于牧野，这便是有名的“牧野之战”。“牧野之战”从黎明开始，到黄昏便宣告结束。大约殷兵毫无斗志，全部崩溃投降。纣王自焚而死，他的两位宠妾也自杀了。武王先揖谢诸侯，再安抚殷人，然后往纣王尸首上射了三箭，轻轻用剑击了一下，再斩下纣的头，悬在大白旗上。对那两个妇人，武王也施以同样的对待，只是悬其头在小白旗上。周武王于是宣布“受天明命”，“革殷”而为天子，时为公元前1046年（周历二月）。

⊙ 西周（前1046—前771）

自武王代商到幽王为犬戎所杀，传十二君，共二百七十五年，史称西周。平王放弃他祖先凭借立国的根据地，迁到周的敌人麇集的洛邑，周逐渐失去天下共主的地位，史称东周。从平王到赧王五十九年（前256），计五百一十四年。东周名存实亡，治史者均将之列入春秋、战国时代。

殷人自契以来有将近千年的历史，民族性很强，故武王封纣子禄父（武庚）于殷，以统治殷人，但他使弟弟管叔、蔡叔、霍叔三人监视之，号曰

周公辅佐成王画像石

“三监”。此外武王又分封了许多宗室、姻亲、功臣为诸侯。这些诸侯率领士兵，选择分封地区内地形良好的地方筑城郭、修宗庙、建宫室、辟农田，筑成一个诸侯国。民众即士兵、庶民，也是农民；战时诸侯则是将帅，这很像一种武装殖民。新的诸侯国多半在东方，其目的在于加强周人对于东部的控制力。

武王灭殷后四年便逝世了，周朝随即遇到王位承继的难题。百年来周本实行父传子的承继法，但并不一定传长子，如太王传位少子王季（季历），便是一例。文王有十子，三子管叔鲜，四子周公旦，五子蔡叔度，八子霍叔处。武王病笃时，鉴于天下初定，非才德俱隆之人不足以担此大任，所以想将王位传于周公，因武王诸弟中，以周公最贤，且一直在中央辅政，并未出封在外。周公主张父传子的办法，所以推辞再三，武王始传位于子诵，即成王，由周公辅政。管叔、蔡叔都是开国的功臣，对于成王的嗣位与周公的辅政均表不满。他们认为成王既不能震慑天下，王位承继便可援商朝兄终弟及的先例实行传弟，传弟的话首先轮到的应是管叔，而不是周公。所以他们认为立成王而自居辅政，是周公的阴谋，遂散布谣言，说“周公将不利于孺子”。周公解释无效之后，周朝王室便因为王位承继的问题展开了一场骨肉相残的恶战。

管、蔡为了达到攫取王位的目的，竟煽动殷人及仍旧忠于殷的各部族，与禄父联合一致，反抗周朝。这一叛变使全国震动，周朝岌岌可危，周公不得不亲自东征。管叔及禄父不久即兵败被杀，而东方的奄国（今山东境）仍顽强抵抗。周公东征三年，大部分时间均耗费在攻克奄国上。东方反周的势力被彻底消灭后，周公为杜绝后患计，遂采取新措施：

一、周公以镐京偏西，不易震慑东方，遂建东都洛邑（今洛阳），将民族意识强烈的“殷顽民”强制迁徙到洛邑居住，使其“密迩（接近）王室”，无法作乱。周王每年赴洛邑一次，以防殷民叛乱。周王定镐京为“宗周”，新建的洛邑为“成周”。

二、将另一部分殷民予以分散隔离。封文王九子康叔统治殷人的根据地（殷朝过去的王畿），国号卫；封纣王的庶兄微子启于商丘，以治该地殷民，国号宋。

三、在东、南、北各方新封若干诸侯，以便与西方的王室遥相呼应。其中重要的诸侯有：

（一）封周公之子伯禽于奄国旧地，国号鲁，以震慑这个东方反抗最顽强的地区；

（二）封开国元勋太公望之子丁公于鲁国北境，国号齐；

（三）封功臣召公奭之子姬克于齐国北境，国号燕；

（四）封唐叔于夏墟（今山西东南部），国号晋；

（五）封聃、随、申、息、蔡等国以屏障南服（今河南南部及湖北）。

周人的势力不止扩张到东方。从今天的地理疆域来看，西起陕西西部，东到山东，南到长江，北到河北，都星罗棋布地布满了周朝王室、功臣与亲戚及商朝归附的旧诸侯国。诸侯国的确切数目不得而知，可考者约有一百三十余个。各国诸侯每年亲自朝觐周王一次，并进贡各地的方物，周王对诸侯讲习分封的意义及使命。各国新君嗣位，要由周王正式册封后才能被视为诸侯。不听王命的，周王可征召其他诸侯的军队去讨伐。

武王与周公对周的政治组织有一个很大的兴革，即封建制度的创立。封建制度的主要目的是扩张周人的势力，控制遥远的东方，并包围“殷顽民”；与此同时，解决嫡长承继制确立之后，其他各子的出路问题。

封建制度是以周朝王室为核心，向四方发展所组成的一种宝塔式的政制体系。周天子是塔尖顶，王室的兄弟、叔伯、姻亲、功臣及一部分归顺的旧部族等分封为诸侯，构成宝塔的次级；各诸侯国的君主，以土地分封其本支的骨肉为“大夫”（大夫在朝任职时称“卿”，卿不世袭）；大夫复以土地分封其宗亲，称“贰宗”。卿大夫与贰宗为封建组织的基层，其最下一层是亦兵亦农的庶人；此外，尚有少数为贵族家所豢养的“士”及奴隶。士乃贵族禄养，专门用以作战，介乎贵族与平民之间；奴隶是战争的俘虏或罪犯，为贵族服役或从事生产，这两类人的数目都不多。

在封建制度下，所有的贵族都是一个区域世袭的统治者兼地主，他们对封主有朝觐之仪、纳贡方物之义与出兵助征伐之责。天子在各诸侯国设有“命卿”以监督政事，但在王室的声威逐渐降低乃至消逝后，命卿也就随之成为装饰品，一切大权都落入诸侯与“陪臣”（诸侯直接任命的臣僚）手中。天子直辖的领土称为王畿，周朝的王畿是指镐京或洛邑及其周围约莫一千里见方的地区，畿内亦有无数小诸侯，各自为政，真正属于王室的土地其实不多。王室的地位尽管崇高，但是实力并不是特别强大，它在诸侯听其号召的前提下行使共主的权威。所以事实上，周天子不过是各部族（以王室宗亲为主）联盟的盟主而已。

与封建制度相辅而行的是“宗法”。宗法的产生盖托始于崇敬祖先的传统与嫡长子承继制度的确立。“宗”，即祖先之庙，天子、诸侯、大夫、贰宗都要祭祀祖先，但由于贵贱、亲疏有别，所祭的祖先亦不同。各人应祭何祖，周朝制定了一套极严格、统一的法规以资遵守，秩序俨然，史称宗法。简单言之，宗法便是周代贵族祭祀祖先的法规。

按照宗法，天子由嫡长子承继，子孙一系相传，为百世不迁之“宗统”，祭开国的始祖。此外的兄弟，均称“别子”，分封为诸侯，称“大宗”。大宗的嫡长子嗣位为诸侯，为“大宗宗子”，大宗宗子以始封之别子为祖，大宗之地位百世不迁。大宗宗子的其他兄弟亦称别子，受封于外为大夫，成立“小宗”，嗣立之嫡长为“小宗宗子”，其子孙以始封为大夫之别子为祖。小宗的旁支子孙传若干代后即变成庶人，丧失贵族地位。小宗宗子统辖小宗所繁衍的各宗人；大宗宗子统辖大宗宗子及小宗宗子所繁衍的各宗人；天子则统辖各大宗宗子而为天下“宗主”。所以，纯粹从宗法的观点去看周代的国体，我们可以说封建制度是将家族政治化后的一种政治组织，所谓天子，是支配同族群体的族长而已！

从周人始祖后稷的传说中，我们可以推测周人是一个擅长农业的部族，精于农耕，居住在土地肥沃、物产丰盛的泾渭平原上，过着为其他部族所羡慕的富裕安适的生活。在武王克殷及周公东征后，大战已经过去，各部族之间的纠纷慑于王室的声威已平息，游牧部族的侵略亦因农业部族的互助而被遏阻。于是一般人民都在封建和宗法的维系下，享受安居乐业、和平宁谧的生活，形成了后世羡称的“成康之治”。在物质生活得到适当满足之后，精力充沛的周人开拓进取，他们将前代流传下来的文物制度加以整理、消化，并进而发扬光大。古史上所说“周尚文”，便是周人已经创造了丰富的精神文化之谓。周人的精神文化的总汇，即周公的制礼作乐。

礼，是社会上一切公私人事活动的规范，人们生活的方式，社会国家组织的方法。有了礼，人们的行为才能有所遵循，社会秩序方可纳入常轨，文化才可能更进步。周礼包罗万象而内容琐细繁杂，因此颇受后人之批评，但其仪文礼数中所蕴含的精义，确可让后世之人窥知周代文化进步的情形。就广义的礼而言，举凡中央政府组织及各级官吏的职掌，乡村地方自治的规章，田地授受及沟洫的划分，商贾关榷的稽征，城郭宫室、道路建筑的格式与方法，衣服冠冕的等级颜色，宴会饮食精粗数量的规定，人兽疾病求医治疗的历程，王室与诸侯及诸侯与诸侯的关系，疆土的区分，人生各种活动的规范等，都属于礼的范畴。且针对这些，周礼中都有极详尽细密的仪文，自天子至庶人均须遵守。这些繁文缛礼都寓有深意，并非毫无价值的死规则。譬如饮酒时有“酒礼”，每献酒一次，宾主之间便有许多礼节，要相互拜一百次之后，一杯酒才能下肚，所以日夜饮酒亦不会醉酗。酒礼胜过严格的禁酒令，周朝以礼治天下而被后人歌颂的原因也在于此。

狭义的礼系指礼节。祭祀用的礼节为“吉礼”，丧葬用的礼节为“凶礼”，朝聘会同用的礼节为“宾礼”，军事上用的礼节为“军礼”，婚事及宗族姻亲宴会用的礼节为“嘉礼”。

配合各种礼节的音乐与舞蹈称为“乐”，乐代表人们在进行各种活动时的真情流露，所以乐不仅是声音而已，还配有表情。

礼乐可以陶冶人的气质，去除生活中粗野放纵的行动，促进人类在精神生活方面的发展。礼乐是人类创造高级文化的基础。后世对周公推崇备至，将他与尧、舜、禹、汤、文、武、孔子等人同尊为圣人，除了景仰他赫赫的勋业与高尚的道德，最主要的原因是他制礼作乐的伟业对后世影响深远。

当然，从现代人的观点来看，周公一人是否能创制出如此精密完备的礼乐？《周礼》《仪礼》等书是否为周公的著作？礼乐在当时究竟推行到何

青铜觥 周康王时期

觥是古代汉族盛酒器，流行于商晚期至西周早期。椭圆形或方形器身，圈足或四足。带盖，盖做成有角的兽头或长鼻上卷的象头状。有的觥会做成动物状，头、背为盖，身为腹，四腿做足。“觥筹交错”，便是来自此器物。

种程度，是否仅为一纸具文而已？这些疑问都是值得郑重研讨的，不过，周代已经有文字记载，孔子距周公不过四百余年，对历史态度相当严谨的孔子决不致凭空臆造出一个伟大的圣人。孔子对周公的描述可能有附会或夸张之处，这一点也曾被春秋战国时期其他博学多才的人所驳斥。诸子百家中不推崇周公的伟业，甚至反对他的人也有，但是没有否认周公史迹的言论。所以我们可以说即使礼乐之兴不是周公一人的功劳，但由周公启迪遂得集其大成，绝对是事实。

教育是以礼乐治天下的首要工作。周代的教育分“国学”与“乡学”两类，贵族子弟入国学，乡学是“小学”。国学，即大学，教人修己律人的道理，主要的科目是礼、乐、射、御、书、数，合称“六艺”；小学教人洒扫应对、敬老事长等科目。平民子弟入乡学，六艺成了贵族专有的学问。

西周为青铜器极盛时代，传于后世的钟鼎甚多，冶铸精致，器上多刻有极富艺术价值的图画与文字，那些文字世称“金文”。金文的结构与殷商甲骨文的不同，笔画亦较甲骨文繁饰，“六书”（文字形成的六种方式：象形、形声、指事、会意、转注、假借）均已具备。除了铭刻在钟鼎上，周人还会用笔墨将文字书写在竹片上，竹片长约两尺四寸，每片只书一行，约二三十字。将竹片连缀起来，称为“方策”。策，即“册”字，方策即书籍。负责将各种重要事迹加以记载并保存这些记载的人，统称“史官”。王室和诸侯处都设有史官，史官之职均世袭，积年累岁，史官便成为最有学问的人。

关于周人的衣食住行的情形，我们也可有一概略的了解：

在周代，丝、帛、裘、葛等已普遍应用。贵族对于衣饰都很讲究，他们常设有专门为他们采集衣料、染织颜色和缝裁衣服的官吏。他们参加各种不同的仪式时，其服饰均须变换。衣服的式样及衣服上的色彩花纹，均按贵贱尊卑而有极严格的规定。平民则不分贫富，一律不得在衣履上饰有采章；材质则不限定，因为丝、帛等物平民都可自己生产。

周人的食物，以五谷为主。政府对于粮食出产量与人口数量之间的比例均有统计，常贮藏剩余粮食，以备凶荒之年。平民必须农耕，并豢养牲畜；不从事耕畜生产的人，祭祀时不得用牺牲与五谷。贵族的饮食十分精致，各种烹调食物的方法都已具备，食物的种类更是繁多，山珍海味、兽肉及瓜果等名称见之记载者，不下四五十种。姜、桂等佐料，也做调味去腥之用了。食前先盥手，然后用匕首切分食物，再用手把食物放进嘴里。吃饭时的规矩很严，啃肉骨头的动作是被禁止的。

在居住方面，周人较殷人有显著的进步，平民的住宅已经建筑在地面上了，不似殷人的半穴居。他们的房舍通常有五个内室，每个内室约三平方米，有储藏室，有搁置祖先遗物与神主之室，有庭院与窗户，家畜则豢养于庭院中。每家均有井以备饮用。室内的空气与光线大抵良好，地面亦必相当清洁，因为他们皆是席地而坐。贵族居住的房舍都很广阔，因为妻妾子女很多，有事实上的需要。贵族除宫室之外，尚有宗庙与奉祀“社稷”的庙宇。“社”是土地之神，“稷”是五谷之神，均是与农耕部族生存最有关系的神主。

周朝王畿与散布在各地的诸侯国之间，以及各诸侯国之间都筑有大道，道旁植树，最窄的道路可容牛马通过，最广的可容三辆车同时并进。一辆车宽约二米五，而最宽的道路达七米五。周代作战几乎以兵车为主，每车最多可载士兵二十余人，每一“军”有车五百辆，足见当时造车技术的精良与车辆的普遍。

周代妇女的地位相当低下，多妻制度很盛行，甚至庶人也常纳妾。至于贵族的女儿出嫁为王后或诸侯夫人时，年已及笄的姊妹与侄女都要陪她嫁去做姬妾，称为“娣”。妇女的主要工作是家务与纺织，即使天子的嫔妃每年也要按规定制作若干布帛。婚姻凭父母之命，媒妁之言，男女双方都不能自主。贞操的观念尚未树立，不过男女之防已经有了，按规定男女之间是不可以互相敬酒的。

在周代，全国的土地理论上都是属于贵族所有，贵族将一定量的土地分配给平民耕种，称为“私田”。平民除了耕种私田，还要帮助贵族耕种贵族直属的土地——“公田”。通常是将土地分为等量的九份，呈“井”字形，中央一份为公田，四周八份为私田，各私田到公田的距离相等，助耕时很方便。公田的收获归贵族所有，等于纳税；贵族对于平民则负有指导农事的责任。这种制度史称“井田制”。战国时代的人将井田制理想化，认为每井为九百亩，每份一百亩，实际上并不是如此整齐划一。因为土地有肥瘠之分，地形也有畸零之别，没有办法做到普遍的规律化。这种纳田赋的方法，称为“助”。

成王、康王两朝四十余年，为西周极盛时代。昭王时，曾受成王册封的“荆蛮”楚国日益强大，逐渐有凌迫周人在汉水流域所建立的诸国的趋势。昭王南巡，溺死于汉水，周人讳其事，但传说系楚人所害。穆王曾向西方扩张，获得相当的成功，王室的声威为之一振。传至厉王，厉王暴虐无道，激起周人的反抗，人民发动叛变，厉王出奔彘，乱民更欲杀王太子静，太子静幸得召公保护得免于难。

王位虚悬期间（十四年），周公与召公两人执政，史称“周召共和”。共和元年为公元前841年，《史记·十二诸侯年表》从这一年开始，将之后每年发生的大事都加以记载，所以共和元年常常成为史家推算古史上年代的基点。

太子静即位为宣王，他饱经忧患，即位后颇欲有所作为，一面修明内政，一面征讨各地的游牧部族，都成效可观。到他在位的最后数年间，西戎日益猖獗，曾五败王师。幽王嗣立，犬戎之乱爆发，周室被迫东迁，西周封建帝国遂告解体。

幽王因为宠信褒姒，废王后与太子宜臼，立褒姒为后，并以褒姒子伯服为太子。废王后与太子出奔外家。申侯对于女儿及外孙的遭遇感到不满，乃联络犬戎攻幽王。在里应外合的情况下，镐京陷落，幽王被杀，褒姒被俘。犬戎本是出没于王畿西南方的游牧部族，一旦占领镐京，极尽掳掠与烧杀之能事，于是周人三百余年所经营的都城悉遭破坏，王畿内的人民亦饱受蹂躏，宜臼只得在少数别具野心的诸侯的拥戴下，即位于洛邑，是为平王（前770—前720年在位）。犬戎之乱是西周封建帝国解体的关键点，对此后的历史有极深远的影响：

一、平王引狼入室，周人身受其祸，均深恨之。各地诸侯亦不齿平王的行为。平王登宝位，举行大典时，身为诸侯道义上的领袖鲁国不朝贺，这足以证明舆论对平王的不满。平王既失周人的根据地，而洛邑当地居住者即所谓“殷顽民”的后裔，他们对于周王室绝无好感。周王室失掉实力后盾，而又威信扫地，自然很难再担负起天下共主的重任。

二、周代的文物制度主要保存在镐京。镐京既惨遭破坏，鲁国是周公后裔的封地，其所保存的文物较多，于是鲁国便成为当时文化水准最高的国家。

三、平王将为犬戎所窃据的残破不堪的王畿之地，交付给拥戴有功的秦襄公，许秦若能驱逐犬戎，便可领有其地。秦人经过二三十年的奋斗，终于达到目的，再经过两百多年的养精蓄锐，便凭借“关中”之地，进而问鼎中原，开始缔造其统一的伟业。

孔子以鲁隐公元年（前722，平王东迁之后四十八年）开始，至鲁哀公十四年（前481）止，据鲁史作《春秋》，兼及其他国家大事，共二百四十一年（前722—前481）；由平王元年（前770）到鲁隐公元年有四十八年，是从西周到春秋的过渡时期。所以我们仍将平王东迁后的历史列入春秋时代，故历史上的春秋时代有二百八十九年（前770—前481），与《春秋》一书涵盖的年代有出入。（关于春秋时期的结束时间，本书作者李定一没有采用现在我们通用的“前476年”，而采用了孔子所著的《春秋》终止的时间，即“前481年”。由于春秋战国的分界线有多种说法，我们对于作者的选择予以尊重和保留。——编者注）

第三章　春秋时代（前770—前481）

霸政的兴起

平王既失掉诸侯的信仰，同时又缺乏恢复控制诸侯的能力，封建帝国遂难逃崩溃厄运。按照周公所订的制度，王室是维持封建帝国的重心，各国国内政权的转移和列国争执的仲裁，均唯共主之命是听。诸如篡弑、兼并等各种事件，绝对禁止发生，有违背的，共主可以用武力制裁。

平王的行径很难不被人讽评为弑父篡位，于是上行下效，列国发生内乱，篡弑频仍。最先内讧的是卫国的州吁弑其君桓公，其次是鲁公子翚弑其君隐公，此后，宋、陈、晋、郑、齐等国，莫不发生篡夺君位的流血事件。平王及其承继人无力制裁，连主持正义的谴责之辞都没有，一律视若无睹。

继列国内乱而发生的是诸侯互相征伐，并进而实行兼并，开其端者为郑庄公。郑庄公的祖父郑桓公曾为周司徒，死于犬戎之乱；其父武公以兵力助平王东迁有功，仍为平王司徒。继位的庄公为一枭雄，恃其在周室之地位，欲乘共主衰微时机扩张势力，时常向四邻挑衅。其侵陈、伐宋、入许诸事，均为列国争战之肇端。他甚至宣称“周之子孙，日失其序”“天而既厌周德矣”等。周桓王不满郑庄公之跋扈，免去其司徒职位，于是周、郑之间有

“缥葛之战”（发生在今河南长葛境内）。桓王率领陈、蔡、卫诸国（均姬姓）伐郑，郑庄公亦公然率兵迎敌，周王的军队战败，桓王受伤。周天子与诸侯交战，不能胜而且负伤。此役是历史的转捩点，时为前707年，距平王东迁仅六十三年。从此列国纷争，强国吞并弱国，国际无和平公道，封建帝国的体制连形式都无法维持了。

缥葛之战使共主威信扫地，故三年之后，僻处南方的楚子熊通遂僭号称王，即楚武王，自是王号已不为周室所独占。楚国除了想在南方自成一政治体系，并有染指中原的企图。楚始封于周成王，因地处南荒，不为周人所重视。后来楚国逐渐扩充势力，周昭王及宣王两朝时周、楚之间均有兵事，楚人北侵暂受遏阻，但其向长江中上流的发展并未停止。至熊通称王时，楚国的疆土已经北至今汉水流域及长江中游北岸一带地方（楚初都丹阳，在今湖北秭归县境）。楚武王于缥葛之战后一年北进伐随（在今湖北随州），并谓：“我蛮夷也，今诸侯皆为叛，相侵或相杀，我有敝甲，欲以观中国之政。”从此楚武王积极向北开拓，肆无忌惮地兼并周室分封在汉水流域的小国。其嗣君文王（前689年立），更翦灭申、邓、息三国（在今河南南阳、邓州、息县），楚国问鼎中原的门户由是敞开。楚人北侵，首当其冲的是郑国，从此郑国兵祸连年，国运悲惨不堪，郑人开始尝到“射王中肩”的恶果了。

当楚人侵略的先锋开始北进时，中原诸国又同时遭受各游牧部族的侵扰。原来周初的封建本是周人的武装拓殖，这些拓殖者在城郭之内发展农业文化，城郭之外广漠无垠的平原上仍然有很多游牧部族出没。农业文化的人自称“诸夏”，而称各游牧部族为蛮、夷、戎、狄，蛮夷戎狄与诸夏间的区别不在于血缘，而在于生活方式。诸夏有宗庙、社稷、宫室，束发而冠，衣襟在右边；蛮夷戎狄没有固定的居住地，当然无宗庙、社稷、宫室之累，不戴冠，衣襟在左边。“被发左衽”是夷人最通常的特征。如果蛮夷改变生活方式，立即便能成为诸夏；诸夏若改行夷礼，亦随即成为夷狄。所以华、夷可以通婚，可以联盟。晋文公重耳的母亲是犬戎狐姬，齐桓公三个夫人之一乃徐夷，甚至周襄王也娶有狄后；齐、晋、卫、鲁等国都有与夷狄联盟作战的记载。

当封建帝国的秩序运行正常时，华、夷之间相安无事，各自按照自己的生活方式生存发展。及至平王东迁后，犬戎在丰邑和镐京饱掠的消息在夷狄间不胫而走，于是游牧部族对于诸夏财富大启觊觎之念。诸夏却不能在王命号召之下团结抵御，复自相攻杀，自是“戎狄横行”的最好机会。自平王晚年到齐桓公初年（齐桓公立于前685年），前后约五十余年，游牧部族四处侵扰，诸夏备受蹂躏，农业文化几有遭受毁灭的危机，“霸政”遂应运而生。首倡霸政的是齐桓公和管仲。

齐国的疆土大约相当于现在山东北部，包括胶东半岛一带。齐国因为地理条件优越，有捕鱼与煮盐之利，复因适宜桑、麻生长，纺织业发达。《史记》曾记载齐国始封之君“太公至国，修政，因其俗，简其礼。通商工之业，便鱼盐之利，而人民多归齐，齐为大国”。故齐国很早以前便是一个富强国家。太公望（姓姜）本是传说中周朝的开国元勋，在管蔡叛乱后，周公封之于齐，自有特别倚重其镇抚东方各地之意，是则齐国亦隐然有自异于其他诸侯的地方。平王东迁后，齐国的情势与其他各国的相同，曾遭受北戎侵略，曾并吞附近小国，也曾发生内乱。齐桓公便是在内乱中获得君位的人。

齐襄公在位时，政令不修，有远见的人都预知“乱将作矣”。鲍叔牙在说了这一句话后，便偕同齐襄公的庶弟公子小白出奔莒。果然公孙无知作乱，弑襄公自立，管仲亦奉公子纠（小白庶兄）出奔鲁。不久无知复被杀，齐国君位虚悬，小白与纠都想登位。结果，小白抢先归国，是为桓公。公子纠被杀后，管仲由其政敌兼知己鲍叔牙推荐，得桓公重用，主持齐政，运用齐国富强的基础和其特有历史传统的地位，创立霸政。

霸政的要义是要诸侯服从共主的命令，停止内讧，团结一致抵御戎狄的侵扰，拯救岌岌可危的农业文化。他们提出的口号是“尊王攘夷”“抑兼并”“禁篡弑”。但是当时王室实际上已失去了领导的地位，也没有恢复的能力，势必要由新的领袖出而代替担负周天子放弃已久的责任。无疑，齐桓公与管仲都想由齐国来担负起这个艰巨的时代使命。

齐国图霸之前在国内做了许多准备工作。管仲执政后，首先进行经济改革。政府鼓励平民垦殖荒地，改良农业技术，并增加鱼、盐及纺织品的生产，拓殖国外市场，予各国到齐国贸易的商人以种种方便。政府又设法控制“货币”（当时仍处于以物易物之阶段，唯通常用作交易标准的实物有布、帛、盐、米等），以调节社会的财富。行之数年，齐国生产突飞猛进，社会繁荣，人民安居乐业，政府财力充裕。同时，管仲改组国内行政，加紧训练军队，于是齐国便一跃而成为非常富强的国家。

要诸夏团结，必须召集各国会议，订定大家遵守的盟约，讨论尊王攘夷的有关办法，这种国际会议的召集人兼主席，即是“霸主”，这种政治，史称霸政。霸政也可以被视为在封建解组的情况下，各诸侯国的统治者试图延续封建体系的一种努力。其异于封建者，仅共主不再是由一个固定的王室世袭担任，而是由强有力的诸侯设法争取。霸主便是一个不一定世袭的共主而已。

齐桓公在实行霸政的过程中，试图使诸侯在齐国的号召下团结一致，于是便将被人冷落了七八十年的周天子抬出来，以资号召。桓公欲攻宋，乃先遣派使臣觐见周釐王，请求天子兴师向宋问罪，表示“礼乐征伐应出自天子”之意。釐王受宠若惊，自然出兵伐宋，周兵未到，宋已对齐屈服，但名义上总算是天子征伐的成功。于是桓公召集“鄄之会”，请天子派人参加，表示此次会议是共主征伐诸侯之后而召开的会议。应召赴会的国家很多，齐国遂借此取得诸侯的实际领导权。同时因为桓公以身作则，尽量在礼节上尊敬天子，诸侯既震慑于齐国的实力，又深刻感受到戎狄的威胁，亦愿意在名义上服从王室，实际上则接受齐国的领导，抵御外侮，于是桓公便名正言顺地成为各国的领袖。

“尊王”仅是“攘夷”的手段。诸夏团结之后，攘夷工作的基础始告奠定。山戎侵燕时，桓公亲自出征，大获全胜。齐国所获的战利品中有许多山戎历年劫掠而得的宝器，管仲劝桓公送给鲁国，保存在周公庙里，也因此而得到各国的敬重。

周惠王十六年（前661），黄河北岸太行山的狄人突然大举侵略，进攻邢国（今河北邢台境），桓公往救，狄人已饱掠而归。次年，狄人再度入侵卫国（都城在今河南淇县，时黄河行北道，淇县正处黄河北岸），气焰万丈。卫懿公阵亡，卫都被攻陷，少数残存的难民在宋国救兵的掩护下渡过黄河，卫国遂亡。齐桓公的援军虽然未能及时赶到，但他赠送了许多物资与卫国难民及新立的卫戴公，使卫国能够在黄河南岸一个地方暂时偏安。狄人灭卫后，再度攻邢，桓公早已得到消息，乃联合曹、宋两国军队驰援。救兵到达时，邢都已陷，联军继续前进，将狄人驱逐，但邢都已残破不堪，邢人恐惧狄人再侵，遂将国都迁到齐国边界附近的夷仪（今山东聊城境内）。桓公为邢人的新都修筑城垣，并将狄人仓皇逃遁时丢下的邢国的器物交还邢国。次年，桓公复邀集数国共同替卫国另建新都。于是，这两个被狄人灭了的国家在诸夏的同情协助之下都得到了安顿。《左传》称“邢迁如归，卫国忘亡”都是桓公的功劳。狄人见诸夏团结坚强，不敢再肆行无忌，黄河南岸从此不再受到游牧部族的侵扰，农业文化得免于覆亡，所以孔子说：“微管仲，吾其被发左衽矣！”

戎狄的凶焰被遏阻后，桓公乃倾全力策谋对付另一个较戎狄更强大的侵略势力，即自称“我蛮夷也”的楚国。自楚武王开始，楚国即锐意北侵。楚文王灭掉申、邓、息后，遂以之为经略中原的基石，积极北进。当齐桓公正图霸中原的时候，楚国国内有几年内乱，到周惠王六年（前671），楚成王立。十年后，楚国国内问题已告解决。楚成王眼见中原戎狄横行，遂启野心，重振其先人所定的北进政策。时狄人猖獗，桓公正忙于拯救邢国与卫国，楚人认为机不可失，于是接连三次向郑进攻，欲强迫郑国为楚国附庸。桓公亦深知楚国实力强大，不可轻侮，将邢、卫安顿妥帖后，连忙召开两次“国际会议”，决定伐楚方略。周惠王十八年（前659），楚国迫郑已急，桓公召开第一次谋伐楚的会议。次年，在齐桓公召开第二次会议时，属于楚国势力范围以内的江、黄两国亦远道来参加，桓公乃在会议上宣布伐楚计划。是年冬，楚再伐郑，郑文公支持不住，准备屈服，幸为大夫孔叔以“齐方勤我”为理由劝阻。

周惠王二十一年（前656）春，齐国联合鲁、宋、陈、卫、郑、许、曹等八国联军南征，先进攻楚的附庸蔡国（今河南新蔡县境），蔡军溃败，联军乘胜推进楚国境内。楚自武王以来，利用中原混乱局面蚕食鲸吞，无往而不利，骤然见到各国联军浩浩荡荡挺入国境，不禁胆怯，未敢应战，乃遣使求和。管仲代表联军谴责楚国何以不遵守向周天子进贡的礼法及昭王南征不返的原因何在。楚使承认未入贡的罪过，表示今后愿意恢复，但拒绝对三百余年前的历史疑案负责。联军对于战争的胜负亦无把握，见楚国既已表示屈服，遂在召陵（今河南漯河境）与楚订立盟约，楚国承认齐国的霸权，停止北侵。“召陵之盟”以后十年是桓公一生事业的鼎盛时期。周襄王七年（前645），管仲病故，两年后桓公逝世，齐国发生内乱，诸公子争夺君位，互相残杀达一年之久。最后齐国借宋襄公之力平定变乱，嗣子昭继位为孝公，但此时齐国国力亏损，不能再做霸主了。

⊙ 霸政的发展

齐桓公逝世到晋文公立（前636）相距八年。这八年间，最先是宋襄公企图做霸主，但诸侯知道宋的实力不敌楚，不敢听从号召。宋襄公竟与虎谋皮，请楚成王合作代邀各国，成王佯允。襄公正欲一尝霸主滋味，轻车简从赴盂开会，为楚国伏兵所执，同时楚发兵攻宋，幸宋有准备，楚国才未得逞，又得鲁僖公求情，襄公才被放归。宋襄公仍不甘心，见郑国于齐桓公去世后即附楚，郑文公且亲赴楚朝见，乃召集卫、许等数国联军伐郑，与楚国救兵相遇于泓水。宋襄公禁止联军在楚军渡河未毕和阵式未整列以前进攻，结果联军大败，襄公伤股。宋人对襄公大加责难，襄公辩解道："君子作战时，敌人受伤后不可再伤之，不俘虏头发已斑白的敌人；古代用兵，不在险阻的地方攻击敌人。我虽然是亡国之余（宋乃殷后），但也不能在敌人尚未成列以前便下令进攻。"

"泓水之战"后六个月，襄公因伤逝世（前637，召陵之盟二十年后）。在宋襄公图霸未成的这段时期里，诸夏又恢复了桓公以前的情势，互相攻伐，楚国则节节进迫，戎狄又开始活动，中原局势空前恶劣。其大事如齐攻鲁，鲁请楚伐齐；邢联狄攻卫，卫灭邢；周王亦联狄攻郑；郑、陈、宋附楚；等等，足以说明当时的情况是如何紊乱，如何与齐桓公时代不同。正在这个时候，晋国开始走上历史舞台。

晋国始封之君为成王弟叔虞，封疆在今山西汾水上游，都于唐（今太原市境），为周室北疆重要屏障。汾水流域狄人势力甚大，晋人为图生存，自然常与之争战不休。三百余年来与戎狄斗争的结果，使得晋人接受了一些戎狄文化，渐与诸夏疏远。九传至穆侯，穆侯将国都向南迁于翼（今山西翼城南），原因不外是戎狄的威胁日渐增加和晋人沿着汾水流域向南开拓。至犬戎之乱后，晋国便毫无忌惮地兼并邻近各小国，锐意扩张领土，汾水流域差不多全部纳入晋人势力之下，晋遂成为大国。平王东迁后二十五年（前745），晋昭侯将翼都以南百余里的重镇曲沃分封给叔父成师（号桓叔）。桓叔修明内政，深得民心，实力日益强大，晋国遂相当于分裂为两个国家。周釐王三年（前679），齐桓公首次会诸侯时，曲沃武公灭晋，尽以灭晋所得的宝器贿赂王室，周天子遂正式册封武公为晋侯。武公受封后两年去世，子献公嗣位。

晋在春秋初年内讧最严重，献公嗣位后，为杜绝乱源，乃尽杀群公子（宗族），迁都于绛（今翼城东），将都城大加修筑，以防叛变。晋献公还将军队由一军扩充至两军（每军约一万两千五百人），以便向外发展。在他统治晋国的二十六年中，他先后灭掉霍、耿、魏、虞、虢等国，使晋国的疆土从汾水流域延伸至黄河南岸及今陕西中北部。献公卒于齐桓公晚年（前651），他逝世时，晋国领导诸夏的基础已经奠定，但因诸子争立，国内局势动荡不安，“取威定霸”的事业还得由他娶戎女所生的儿子重耳（晋文公）去完成。

晋文公因避国内政争，于四十三岁时率领数十人出亡在外，归国嗣位时已六十二岁。流亡在外十九年，文公遍历各国，曾亲晤齐桓公、宋襄公、楚成王、秦穆公等人，对于中原文化及国际政治有深刻的了解。文公及其随从既然接受了中原文化的熏陶，知道了霸政的重要，故返国得位后，一改晋国不理诸夏事务、只顾吞并弱小的政策（齐桓公、宋襄公屡次大会诸侯，晋国未曾参与一次，各国也视晋国为异类），奋而担负起尊王攘夷的责任。

文公得位后，首先做的一件大事是勤王。时周襄王被胞弟带迫走，困居郑国边境。文公出兵讨伐，擒带并杀之，使襄王复王位，“求诸侯莫如勤王”的工作便顺利完成。“尊王”之后的晋国令各国刮目相看，诸侯自然希望晋国

晋文公复国图 南宋画家李唐绘

图中描绘的是宋襄公赠予重耳马二十乘的情景。

能继续齐桓公的霸业。晋文公及其大臣们亦积极整顿内政，扩充军队（成立三军），教养人民；在外交上拉拢秦国，联络齐国，以楚国为假想敌。

时楚成王威震中夏，诸侯不敢撄其锋，只有宋国敢悖楚从晋，但宋国立刻遭到楚国的攻击。晋则率兵讨伐附楚的曹、卫两国；楚将子玉率楚、陈、蔡等国联军北进，与晋、宋、齐、秦联军遭遇于城濮（卫境，今山东鄄城西南），楚军凭借丘陵险阻列阵，晋文公见此，信心动摇，其舅父子犯说："战也，战而捷，必得诸侯。若其不捷，表里河山，必无害也。"文公明白退可以守的形势后，始决心应战。

周襄王二十年（前632），双方战于城濮，楚军大败，收兵归国，晋军亦未穷追。城濮之战是楚人向北侵略所遭受的第一次军事挫败，晋文公遂威震中夏，受楚欺凌的各国乘势脱离楚国，转而拥护晋国。战后晋文公亲自朝王，奉献楚国俘虏及战利品。从此，晋文公便成了名副其实的霸主，诸夏的形势复趋于稳定。

城濮之战后八十余年间，晋、楚两国为争夺中原的领导权而引起的大战共有三次，互有胜负。城濮之战后三十五年有邲之战，楚胜；又二十二年有鄢陵之战，晋胜；又十八年有湛阪之战，晋胜。

在这两大势力对峙的国际局势下，一般小国的命运最悲惨。附楚时，晋要讨伐，服晋后，楚又来攻，真是左右为难。其中受战祸最惨重的是郑、宋两国，因为这两国地处要冲，为控制中原的枢纽。也正因为身受战祸，才有了由宋国发起的两次和平运动：第一次和平运动在周简王七年（前579），由宋人华元撮合晋、楚两国签订互不侵犯的友好条约，但三年后，楚国便毁约攻郑。第二次和平运动在周灵王二十六年（前546），宋人向戌与晋、楚的执政有私交，乃出面呼吁和平，在宋都召集各国开"弭兵大会"。盟约中将晋、楚的势力范围划定，尚未附晋或附楚的国家，则成为两国共同的附庸国。参加盟约的有楚、晋、宋等十国。

"弭兵大会"后，晋、楚之间的长期斗争总算告一段落，此后四十余年的国际局势大体上能维持和平状态，直到长江下游的吴、越勃兴，平静的局面才被打破。

吴乃周太王之子太伯与仲雍（即虞仲）为了顺从父亲欲传位与弟王季，而远遁到蛮荒之地后所创立的国家。吴开国后即与中原文化隔绝，习于"文身断发”的蛮夷生活。传十九世而至寿梦，时晋国采纳楚降人申公巫臣的计策，实行联吴以制楚的政策，由申公巫臣率领一“军事顾问团”到吴国，帮助吴人提升战争技术（申公巫臣使吴约发生在“弭兵大会”之前三十余年）。“弭兵大会”后两年，吴公子季札到各国游历观光，对中原文物称羡不已。自此以后，吴国在军事上和文化上突飞猛进，开始威胁楚国东北边疆。

周敬王九年（前511），楚国降人伍员（伍子胥）向吴王阖闾提供攻楚的战略。伍员说：“楚国当权者众多而均自负，不能有统一之政策。吴国如果分军为三路，一路军进攻，楚必以全国之大军出战，俟楚军出战，我军即撤归，楚军回师，我军复出击，楚军必不得安宁。如此数次使楚军疲于奔命，而又从各处进扰，使楚人摸不清我军之真正目标。等到楚军疲惫不堪之后，始以三路大军同时出击，必可大胜。”

吴王采纳了伍员的“游击战略”，企图使楚国永无宁日。五年后（前506），阖闾大举伐楚，五战皆胜，攻入楚都郢（楚文王迁都郢，今湖北江陵北）。楚昭王逃奔随，吴军跟踪追击，要求随将楚王献出，除了控述“周之子孙在汉川者，楚实尽之”的历史仇恨以激动随人，还以汉阳的土地归随利诱之。随人不愿乘人之危，拒绝了吴国的要求。吴军因后方有越人捣乱而不敢深入，遂大肆劫掠与破坏后撤退。

次年，秦国见吴国势力膨胀太快，恐危及本国安全，乃应楚臣申包胥之请出兵助楚攻吴，楚始复国。

当吴始为楚的边境威胁时，楚国亦联越以制吴。

据说越是“禹之苗裔”，夏帝少康封庶子无余于会稽（今浙江绍兴），与中原完全隔绝，也是一个“文身断发，披草莱而邑焉”的国家。申公巫臣使吴后，楚人才开始注意到越国。周景王八年（前537）始有越附楚伐吴的记载，从此楚、越一直保持着联盟对吴的关系，因为吴是两国共同的敌人。

吴军攻入楚都郢时，越乘其后方空虚攻入吴境，吴、越仇恨日深。十年后，吴王阖闾伐越，越王勾践拼死战斗，阖闾受伤而死，子夫差嗣位，立志报仇。

周敬王二十六年（前494），吴伐越，勾践惨败，退保会稽求和，夫差踌躇满志，以为越无力再起，乃许越求和。吴既胜越，后顾无忧，乃图谋问鼎中原。吴曾侵陈伐鲁，筑城于邗（今扬州境内），进窥淮水流域，并联合鲁国进攻齐国，声威不可一世。

当夫差锐意北进之时，勾践一面卑辞厚币，以结纳吴王亲信大臣；一面生聚教训，暗中做好攻吴的准备。

周敬王三十八年（前482），当夫差大会诸侯于黄池（今河南封丘县西南），欲做诸夏霸主之际，越人乘虚攻陷吴都（一说在今江苏苏州市）的消息传来。自后吴势不振，为越所灭，夫差自杀。勾践乘战胜余威，挥兵北渡淮河，大会诸侯于徐州（今山东滕州市），会后返国，将淮水上游土地赠给楚，泗东方百里地赠给鲁，归吴所侵地于宋。这种漂亮的举动深得各国拥护，勾践遂成中国霸主。

勾践死后，越势渐衰，各国亦因长期争霸和兼并，国内政治、经济、社会、文化等各方面都发生变化，无暇注意国际事务，所以此后六七十年间，国际局势相当平静，各国在这种平静的局面下酝酿着一些重大的变革，从而使春秋时期蜕变到战国时期。

吴王夫差矛和越王勾践剑

吴王夫差和越王勾践都是春秋末期叱咤风云的人物，也是一对生死冤家。吴王夫差矛、越王勾践剑正是那段历史的见证。

⊙ 各国的变化

春秋时期两百余年霸政的演进，对各方面的影响归纳起来，分叙如下：

首先，周初封建，农业文化本限于诸侯所建的“国”以内。所谓国，即筑土为城圈，城圈内有宫室、宗庙、山林川泽，还有平时耕稼、战时当兵的平民。诸侯之亲属亦以国为中心而建立类似的城圈。此外广袤无垠的黄、淮大平原上，尽是出没无常的游牧或渔猎部族。故当时中原的农业文化，只有据点的逐渐增加，没有面的发展。平王东迁后，蛮、夷、戎、狄四处侵扰，其在攻破城圈大肆劫掠与蹂躏诸夏之余，亦开始了解农耕生活的富裕和稳定，自然萌生钦羡之意。且华、夷既时常通婚媾，复有“国交”，蛮、夷、戎、狄受到农业文化的影响，进而放弃游牧、渔猎生活，接受农业生活，乃极自然之趋势。加之各国霸主以霸政创兴后，诸夏大体上团结一致，彼等既不能恃掠劫为生，乃逐渐定居于城圈之外从事耕稼。城圈内的人见“野”里已无威胁，而人口增加，城圈内容纳不了，遂也迁到城圈外开拓耕地，且人数日益增多。于是戎狄被消灭于无形，农业文化则由城圈之内转到城圈之外，城市和乡村由是形成，而农业文化也就有了面的发展。

其次，经过两百余年的争霸战争，各国内部亦发生变化，国家组织因之改观。原来各国贵族分封在外的都邑，按照规定，最大的不能超过“国”的三分之一，后来因为兼并的原因，诸侯常将新得的土地分赐予同宗子弟或有勋业的异姓功臣。这些分封在外的氏族，常乘国君暗弱或内乱的机会竭力扩充实力，彼此之间为了利害冲突亦常发生战争和兼并的事件，而诸侯无力干涉。积久之后，国家的政权遂逐渐旁落于少数势力雄厚的贵族手中，各国诸侯变成有名无实的国君。

卿大夫擅权之事，春秋诸夏各国均有，而以齐、晋两国最显著。

齐国的田氏本陈国贵族，于春秋初年因避内乱逃奔齐。田氏五传至田乞，田乞出任齐景公大夫，施惠平民，收纳人心。田乞还私自交好晋大夫范氏、中行氏，联络外援，并救济齐国的贫困公族。于是齐国的贵族、平民无不交口歌颂田乞，田氏益强。景公去世后，田乞以武力废嗣君，另立亲于田氏之阳生为悼公。时为周敬王三十二年（前488），吴王夫差大会诸侯于黄池之前六年。自后，齐国大权完全落入田氏手中，只待时机到来，田氏乃正式取齐君之地位而代之（前386）。

晋国自献公开始，为了防止内乱，用各种方法将同宗贵族全部消灭掉，留在国内的公族只有献公的儿子们。献公晚年嬖宠骊姬，杀太子申生，其他各子人人自危，相率出亡外国。自此以后，除了预定继位的嗣子，其他各公子被遣送到各国居住，几乎成为晋国定例。在这种情形下，晋国自然没有公族攘权的危机，异姓的卿大夫却因之获得秉政的机会。在国君逝世而承继人未定，或新君幼弱的时候，卿大夫自然容易擅权。这些异姓贵族大多是历朝功臣的后裔，因为世代都建功立业（晋因长期争霸之故，卿大夫之功业易见），家族地位日益巩固。春秋中叶，晋国有地位之世卿大族已有十家，彼此斗争兼并，结果到“弭兵大会”时期只剩下六家，政出其门，即所谓“六卿专政，公室已弱”。六卿复党同伐异，争夺政权，无暇再顾及国际政治，此即自“弭兵大会”后，晋国退出争霸战争的原因。六卿剧烈争战，败者阖族被杀，如是者延续了百年。至周贞定王十六年（前453），六卿兼并的结果是仅存赵、魏、韩三家，晋地除曲沃与绛两孤城之外，均为三家分占，晋君反而到三家朝见，以求自保。至周威烈王二十三年（前403），周王室正式册封三家为诸侯，晋遂分裂为赵、魏、韩三国。有些史家亦以此年为战国时期开始之年。十七年后，田和被周天子正式册封为齐侯。

由卿大夫而取得国君的地位，此事并不是一蹴而就的，中间卿大夫们不知经历多少斗争，受到多少磨炼，才能生存，才有机会使本族强大，进而凌驾他族，最终攫取君权。长时间的艰辛争斗，使他们深切地了解到组织松弛、层层分封的封建政体绝不能适应新环境，所以他们在自己的封疆之内竭力推行中央集权，不再将土地分封给臣属世袭领有，而是直接派人治理，地方主管的升降黜陟，全视其才能与政绩而定。如此一来，行政效率被提高，君主权力被加强，声势自然迥异于墨守封建传统的家族。卿大夫既然用人唯才，于是平民中的佼佼者纷纷被收揽，被用来增加势力，这些人后来成为“家臣”。有才干的家臣，随着“主人”权势的扩张，逐渐在政治上取得重要地位；一般依赖宗法关系而拥有特权的贵族，自然遭受无情的淘汰。

依赖宗法血缘关系而保有特权的贵族一旦开始没落，阶级的藩篱遂被打破，人们便得到了从事不同职业的自由。按照三代以来的制度，职业是世袭的，即所谓“士之子恒为士，农之子恒为农，工之子恒为工，商之子恒为商”。到了春秋时期中叶，以履亩而税之的方式代替井田制度下的助耕公田，是促使农民自由转业的一大动力。原来助耕公田的办法到春秋末年已弊窦丛生，因为农民多数仅致力于私田，公田收成减少。至周定王十三年（前594）时，鲁国已有废去助耕，按农民私田收获而征收定额田赋的改革（即实行“初税亩”田赋制度）。政府不管耕田者为谁，只要耕者纳税即可。于是土地可以自由转移。到中央集权形成后，农民正式脱离贵族羁绊，成为君主所委派的地方官治理下之人民，不再是贵族之私属，自然可任意转业。农人都能冲破“世守其业”的藩篱，其他工、商各界更不问可知。还有许多没落贵族的子孙，也被迫不能再继续祖先的荣华，纷纷择业谋生糊口。于是封建制度下社会阶层的限制，终于被破坏无余。

除了上述各种演变之外，春秋末年，因为贵族阶级的崩溃，贵族文化亦随之没落，民间自由讲学应运崛兴，蔚然成风，使春秋战国时期成为我国学术思想光辉灿烂时期，这一内容留待后面再讨论（见第四章第三、四节）。

各国到春秋末年即开始酝酿各种变化，蜕变时自然蛰伏不动，所以自越王勾践去世后的国际大局平静无波。一旦变革完成，各国遂脱颖而出，展开了一个崭新的局面——战国时代。

王子午鼎

春秋时期，周王朝仅仅拥有今河南西北部的一隅之地，方圆不过六百余里，地窄人寡，大大衰落。各诸侯国纷纷割据称雄，不再朝见周王，周王统率诸侯的权利也是名存实亡。楚庄王甚至向周定王的使者询问祭天地的鼎的大小轻重，意在灭周自立，此即“问鼎”一词的来源。王子午鼎代表了春秋晚期楚人独特的审美。

第四章　战国时代（前481—前221）

⊙ 战国变法图强

战国时期就其朝代时序而言，为东周之晚期。其起始年代多有分歧，唯止于秦始皇统一六国之年（前221）则无异论。《春秋》终于周敬王三十九年（前481），若以是年为春秋时期之结束，则战国时期应自前481年至前221年。孔子门生左丘明据《春秋》著《左传》，止于周贞定王元年（前468），较《春秋》多叙十四年史实。若以《左传》之终即战国之始，则战国时期应自前468年至前221年，计两百四十七年。汉司马迁根据秦史，继《春秋》之后叙战国历史，即托始于周贞定王元年，此说较易为人所接受。

宋司马光撰《资治通鉴》，以《史记》据秦史所叙《左传》以下数十年事略而有误，乃认为战国历史起始于周威烈王二十三年（前403），即周王正式册封韩、赵、魏为侯之年。故亦有以前403年为战国时期之始者。

清顾炎武（顾亭林）谓周显王三十五年（前334）“六国以次称王，苏秦为从长。自此之后，事乃可得而纪。自《左传》之终以至此，凡一百三十三年，史文阙轶，考古者为之茫昧”。又谓春秋与战国之历史情势大相径庭，“此皆变于一百三十三年之间，史之阙文，而后人可以意推者也”。顾氏似欲以此一百三十三年为从春秋演“变”到战国的过渡时期。如果我们重视时代特征，以时代演进的历史特质当作划分时代的准绳，则顾炎武之说法自亦有其价值。

至于战国时期之命名，乃汉刘向本先秦所记战国时事重加校编，定名为《战国策》，因书名时，理由与《春秋》同。

战国初期各国均忙于整顿内部，力图自强。大家都明白，国际局势已今非昔比，弱肉强食的趋势越来越显著，一个不能自强的国家，只有毁灭一途。自强之道，首在“变法”，即要彻底废弃封建传统，改弦易辙，重新采用一套能适应当时环境的新办法。变法遂成为战国初年的狂潮。

首先厉行变法的是魏国最早受到正式册封的君主魏文侯。由于实际斗争的经验，魏文侯最先体会到富国强兵的重要性，所以他大量延揽各阶层的优秀人才，积极进行改造国家的工作。如像子夏、田子方、段干木、李悝、吴起、西门豹、乐羊子等人，都受到他的敬重，得到他的专任。其中李悝的贡献最大。李悝，魏人，曾任魏文侯相。他为政不重教化，而着重于如何集中君主权力和增加生产之道。他认为国君之要务首在维持治安，故他作《法经》六篇，对盗贼之惩处、审判、劾捕、囚禁等皆详加规定；轻狡、博戏、不廉（贪污）、淫侈等罪犯，亦有法令裁制。贵族与平民在法律面前完全平等，封建制度至是在魏国被从根本上铲除，君主对全国的控制力得到增强。李悝又施行“尽地力”以增产富国之措施。他督促农民改良耕稼方法，奖励农民开垦荒地，减收赋税（征收成的十分之一），并保护农民的收益（丰年由政府收购余谷，荒年平价售出）。魏国实行李悝的政策后国势大盛，成为战国初期的强国。唯因领土有限，先天不足，魏文侯虽有虎视各国之雄心，究竟力不从心。

魏文侯变法成功之后，各国纷起效仿。最先因变法而称雄于各国的，当推楚国。曾在魏文侯手下立过战功的吴起（卫人），认为（文侯去世后）嗣位的武侯听信谗言，将不利于他，遂逃奔至楚。楚悼王知吴起之才能，用以为相，实行新政，时在周安王十八年（前384）。楚国于一百二十余年前被吴攻破后，元气大伤，幸吴、越世仇，楚才得以乘机恢复国力，嗣后虽不能再称霸中国，但蚕食附近小国仍有余力。故到战国初年，楚已灭黄、顿、胡、陈、蔡、杞、莒等国，疆土日增，唯整个国家老大陈腐，不足有为。吴起首

吴起画像

吴起，战国初期军事家、政治家，与孙武连称“孙吴”，著有《吴子》。《吴子》与《孙子》合称《孙吴兵法》，在中国古代军事典籍中有重要地位。

先说服楚悼王压制贵族，并建议强迫一部分贵族迁到边远空旷的地区去，贬废疏远的贵族，淘汰坐食公帑的冗官，驱逐一班游谈无据的闲人，将节省下来的财物用来养兵。他又下令一切贵族的封邑再传三代后便要将土地归还国君。吴起的政策实行之后，楚国大振，对外战争接连取得胜利。但仅及三年，悼王去世，平素最恨吴起的贵族乘机报仇，将之射杀于王尸之旁。嗣君继位后，借毁坏王尸的罪名，屠杀贵族七十余家及其全族。经过这一次流血政争，楚国的封建势力一扫而空，吴起的政策在楚国仍得以推行。

自田和代齐后，齐国内政已有极大的变革，君主权力增强，平民参政机会日多。传两世而称王号，即齐威王。威王严惩不肖官吏，奖掖贤才。他曾烹杀无才能的大夫，破格擢升有才能的大夫，足见君主权力之隆。齐威王复整军经武，屯防四疆，国境安辑，燕、赵等国人民相率迁徙到齐国者达数千家，足见其富强。时魏文侯之孙惠王迁都大梁（开封），欲图霸中国，齐威王乘魏、赵战争之机两败魏国，齐势遂震慑天下，代魏而成为战国初期头等强国。其嗣君宣王、湣王两世均能保持国势，称雄诸侯，唯秦已因变法之故日渐强盛，形成秦、齐相对局势。

韩国于受正式册封后，即决定向中原扩张势力，于周安王二十六年（前376）灭郑，韩势遂大。但魏国已抢先一步，国势凌驾于韩国之上，韩人只得向魏低头，随着魏国攻赵。到齐威王胜魏后，韩始脱离魏的羁绊。后韩国任用申不害主政，变法图强。申不害只求保全个人禄位，并无宏图大才，韩国国势仍难大振。

三家分晋时，赵国最强。自魏用李悝等人厉行富国强兵之政策成功后，魏、赵遂成水火，极不相容，赵的国势亦难振发，连国都邯郸亦被魏军占领达两年之久。赵求救于楚，楚人大概不敢远征，口头答应，但援兵迟迟不发。赵乃转求救于齐，齐用孙膑的战略，攻魏本土以救赵，赵国的厄运才得以免除。赵在魏的威胁下，始终不能抬头，一直要等到四十余年后赵武灵王大力改革军事，赵国才有称雄一时、扬眉吐气的机会。

在各国纷纷变法图强的过程中，素来闭关自守，很少与闻国际争执的秦国，也顺应时代潮流开始变法。在叙述其变法之前，让我们对秦国以往的历史做一个回溯。

秦姓嬴，因替王室养马有功，周孝王六年（前886）始受封于秦（今甘肃天水境），不过附庸小国。秦国因地处西陲，四周均为戎狄，常年与游牧部族斗争，故民风强悍。

犬戎之乱时，秦襄公派兵扈从平王东迁有功，得升为诸侯。时王畿丰、镐一带已被犬戎窃据，平王自顾不暇，无法收复，复以其地已遭犬戎极度破坏，再无攻夺的价值，乃慷慨赐予秦襄公，令其自行驱逐犬戎。不出二十年，秦文公竟大败犬戎，收复平王弃地，奠定立国基础。然四境戎狄气焰仍盛，丰、镐残破，恢复亦非易事。故春秋初年，秦国在诸夏的心目中仅是一个无足轻重的半开化国家。直到平王东迁一百一十余年后，即齐桓公二十七年，秦穆公即位（前659），始有过问中原事务的意图。秦穆公得到楚人百里奚、宋人蹇叔、晋人由余（戎人）等外国人才的辅助，国势渐盛，开始向东拓展。他曾三度扶立晋君（晋文公是其中之一），意图在晋国树立亲秦的政权；曾俘获过晋惠公（献公的继承人），因而取得晋国在河西（今陕西沿黄河一带地区）的领土；又翦灭黄河西岸的小国梁与芮，得到东进的前哨站。他又乘晋文公新丧的机会，潜师以袭郑，与郑商人弦高相遇于途中，幸弦高机警，冒称郑国早已知道秦国的阴谋，一面将所贩之牛十二头犒赏秦军，一面派人回郑告警。秦军知偷袭的计划不售，怏怏而归。晋人虽在国丧期中，亦以“一日纵敌，数世之患”为理由出兵截击。秦军大败，统帅全部被俘，旋由晋襄公嫡母文嬴说项而得放归。秦穆公力图复仇，然终不能胜晋，只得放弃东进政策，转向西边发展，翦灭十二戎国，辟地千里，将今陕西西北部一带的游牧部族全数置于其控制之下，从此秦国才成为一个大国。秦穆公因为有这一番勋业，后来秦民竟将他神化，认为秦统一天下之事在穆公时便受了天命。

秦穆公的后继者大都平庸无闻，直到战国初年，秦国一直实行闭关自守的政策，偶尔参与国际事务，也只居于次要地位。在“弭兵大会”中，秦国差一点儿被别人当作楚的附庸国，由此可见当时秦国的国际地位。战国初年，秦国内乱迭起，适值魏国锐意扩张之期，于是魏人乘其内乱，向秦进攻，秦国因之失掉河西之地。

周显王八年（前361），秦孝公嗣位，秦国从此面目一新。孝公即位之初，下令全国，征求“有能出奇计强秦者，吾且尊官，与之分土”。在魏国宦场不得志的公孙鞅（卫国的远支贵族）听到秦国征求贤才的消息，乃挟带李悝的《法经》赴秦应征。公孙鞅一连与孝公长谈三次，最后说动孝公遵从他的建议，实行变法。

公孙鞅所推行的新政的总目标是富国强兵。要达到这个目的，首要增加

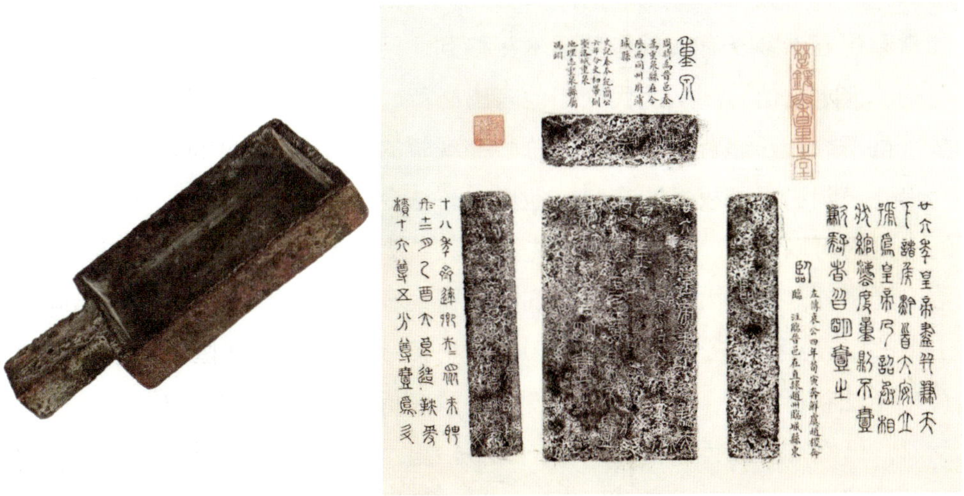

战国商鞅方升和铭文拓片

这是泰国的铜制量器。方升底部的铭文加刻了嬴政统一度量衡的诏书，与商鞅变法的时间相隔一百二十三年，这意味着方升从一国的标准转变为天下的标准，而秦国正是在这百余年的时间内，逐渐强大，成了天下霸主。

生产以富国，于是他下令首先实行富国政策：

一、一家有两男以上而不分居者，加倍缴纳赋税。

二、耕田、织布成绩优良者，可以免除许多差役和赋税；生产不力或不事耕织者罚充公家的奴隶。

三、凡毗邻各国人民移民到秦国者，一律由政府赐以田宅。

其次是强兵政策。公孙鞅下令：

一、只有有军功的人才有资格得到爵禄，爵位的等级完全按照军功的大小决定，即使国君的宗室也不例外。

二、个人的生活享受，包括田地、住宅、臣仆、侍妾、衣服等，亦按爵位的等级区别，不得越轨。

三、无军功者，即使富有，也禁止享受。

四、逃避公战者，罚充公家的奴隶；私相斗殴者，分轻重处罚。

五、将全国人民以五家（一伍）或十家（一什）编为一组，互相监视。一家犯法，同组诸家须检举告发，藏匿不告者腰斩；检举本组以外的奸恶，与斩敌首同赏；匿奸者与降敌同罪。

公孙鞅恐怕民众不相信他能执行所颁布的命令，便在国都南门竖了一根木头，悬赏十金与移木到北门之人。无人相信有如此高昂的搬运费，鞅乃增加赏额到五十金。有人试将那根木头移到北门，果然得到五十金。这便是有名的“徙木立信”。从此民众知他言出必行。贵族中对他心怀不满者自然很多，虽不敢公开违背新法令，但总心存观望的态度。适太子驷犯法，公孙鞅乃借此表明法不避权贵的态度，他说：“法令之所以不能贯彻，实因居高位的人以为可以免于处罚，自身率先犯法。”太子是嗣君，固不可施刑，但法治绝无例外，乃以太子所应受的刑罚处罚太子的师傅。经过这两件事，秦国上下都知道公孙鞅赏罚严明，绝无通融例外，遂一致遵守法令，不敢敷衍。

新法初行之时，秦人均感不便，向政府诉苦的人很多，公孙鞅不顾一切反对，仍然雷厉风行。行之十年，道不拾遗，山无盗贼，民勇于公战，怯于私斗，国富兵强，于是从前反对的人也变为拥护者了。新政已著有成效后，秦孝公便思向外发展，乘魏国新败于齐（孙膑第一次围魏救赵后一年，前352年，即桂陵之战）的机会，亲率军攻魏，大胜而归。过了两年，秦迁都咸阳，统一全国度量衡，改组地方行政组织，设立三十一县，将封建制度下各封区之间的田埂与围墙一律毁除（即“开阡陌”），听任人民自由开垦。十年之后，公孙鞅再伐魏，先用诈术俘获魏军统帅公子卬，再继以大军攻击，使魏国全军覆没。孝公以公孙鞅勋业盖世，特以商（今陕西商洛境）、於（今河南西峡境）等地封之，号曰“商君”，位同列侯，所以后人称他商鞅，又以他本为卫国人，亦称他卫鞅。败魏之后两年，孝公去世，太子驷嗣位为惠文王，平素怨恨商鞅的人向新君诬告，说他谋反。商鞅逃到魏国，魏人将他送归秦，秦人车裂之，并杀其全族。商鞅在秦当权二十年，秦国在他的铁腕之下已经彻底被改变，故商鞅虽死，但他的政策仍能继续推行，不致中断。秦国经过这一次变革，国势日强，日后统一的基础由是奠定。

⊙ 诡谲的国际斗争

战国国际大势，大体上可分成四个时期。

第一时期自三家分晋到“马陵之战”（即前403—前341），计六十二年。其时各国多集中力量整顿内部，使国体从松弛的封建国家蜕变成崭新的君主集权国家，所以国际竞争尚不十分剧烈。在这段时期里，魏国因为率先变法成功，兵力强盛，故开疆拓土，攻城略地，都收获颇丰，成为战国初年第一强国。魏国是想统一三晋后，再图他国。周烈王七年（前369），魏侯始改惠王，其野心勃勃，志之所在，自不待言。不意齐国出面干涉，魏国统一三晋的计划遭受阻碍。秦孝公变法后，即以东进为国策，魏国在齐、秦两面夹攻之下，虽疲于奔命，但并不气馁。周显王二十八年（前341），魏使庞涓伐赵，赵求救于齐，齐用孙膑计，第二次围魏救赵，派兵直捣魏都大梁，魏军回救，两军战于马陵，魏军溃败，赵围得解。商鞅闻魏败，复亲率兵伐魏，俘魏公子卬。自此魏国国势开始衰败。

第二时期自马陵之战到乐毅破齐（即前341—前284），计五十七年，为齐、秦争雄时期。齐威王初次败魏后，即改称王号（前356），其子宣王继位后，国势大盛。魏国鉴于秦势日强，乃对齐表示让步。周显王三十五年（前334），齐、魏两国国君捐弃前嫌，互相承认为王，表面上是联合对秦，骨子里仍各怀鬼胎，自谋发展。就齐国而言，秦国与之相距遥远，不会直接威胁本土，其和魏之目的在于纾后顾之忧，以便侵略宋、燕等地时，不受魏之干扰，私心何尝不希望秦、魏互相攻战，以牵制魏军。魏国因地处四方要冲，国境无天险可守，鉴于以往两面作战之教训，不得不用外交技巧以除去一方之威胁，故表面上向齐屈服，又暗中以实贿赂秦，期与秦妥协，再乘机图发展。

秦惠文王在位二十七年（前337—前311），其间魏国曾数次暗中割地与秦，使秦国的势力伸展至今山西与河南一带，发展到虎视中原、伺机而动的形势。就秦国而言，除去遥远的齐国，足以与它抗衡的只有魏、楚两国。所以秦设法离间魏与齐、魏与楚、齐与楚的关系，以孤立齐国，逐个击破魏、楚。魏国首先落入圈套，白白奉送了许多军事与经济要地。周慎靓王五年（前316），秦使司马错伐蜀（今四川），并灭巴（今重庆）、苴（今陕西汉中）两国。此役成功后，秦国除拥有巴、蜀的铜、铁、竹、木、食盐之富源之外，还可从长江上游顺流而下，直捣楚国，占有威胁楚国的地理优势。

在秦国气焰日高的情势下，大家都警觉到“虎狼之国”的威胁，起而提议各国团结一致对付秦国。据史书记载，提议联合抗秦的是苏秦。秦国在西方，各国联合抗秦是南北的结合，称为“合纵”。关于苏秦其人，有很多史料证明是后来策士伪造的，我们暂且不必去深究。不过在当时的国际局势下，相信提倡合纵政策的人必不在少数，我们姑且暂以苏秦为这种理论的象征代表，以便叙述。据说商鞅死后四年（前334），苏秦即倡合纵之说，至周慎靓王四年（前317）苏秦被齐宣王杀掉为止，合纵之说流行了十余年。在这十余年中，各国曾数度联合攻秦，均因步调不一致而未著成效。秦国则倡“连横”以抵制合纵，即各国应与秦国联合，以求安全之意。秦国的这种外交政策的倡导者是张仪。

最热心合纵的是楚怀王。周慎靓王三年（前318），楚联合赵、韩、魏、燕四国攻秦（齐未参加）。魏首先背约，而燕在齐虎视眈眈之下，又距秦遥远，参加战争不过是一句空话，目的只在联楚制齐，所以实际参战的只有楚、韩、赵三国。联军大败于修鱼，证明合纵之说仅是一种美妙的理论，经不起实际的考验。此后二十年间，秦便将楚当作主要敌人，用尽各种诡谲伎俩，终将四百余年以来屹立南方的一大强国“软化”慑服。秦用张仪之计“收拾”楚国的经过，是战国时期列强纵横捭阖，不顾信义道德的典型例子。

秦国最恐惧的是齐、楚联合。为了破坏两国关系，张仪亲使楚国，对

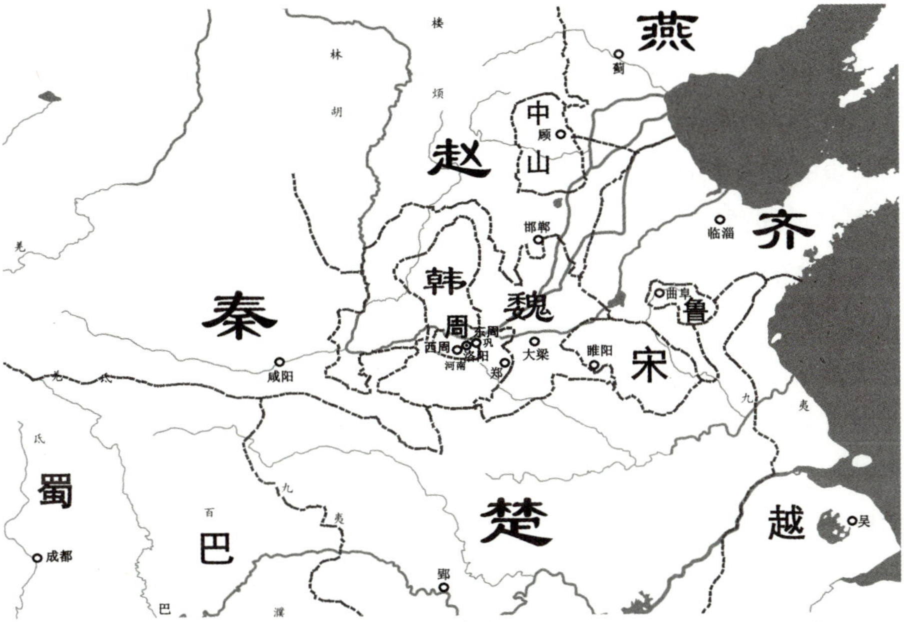

战国七雄示意图

楚怀王说：“大王如能与齐国绝交，秦愿献商、於之地六百里（从前商鞅封邑）与楚，秦、楚并结为姻亲，永远为兄弟之国。”贪小利的怀王听信了这番甜言蜜语，遣使与齐绝交，派人与张仪同赴秦取报酬。张仪回秦后，称病拒绝与楚使见面。怀王以为秦国还不相信齐、楚绝交之事，于是再派使臣到齐国，将齐宣王辱骂了一番。齐宣王大怒，与楚决裂，转而联秦。到此地步，张仪乃见楚使，并询以“何以还不去接收自某处到某处广袤六里的土地”。怀王发觉自己被骗，于是发兵攻秦，齐人袖手旁观，秦军大胜，斩首八万，楚失汉中地。齐、楚绝交后，合纵之势已毁坏无余，此后，秦、楚接连数战，楚屡战屡败，无法抗秦，自后楚虽欲与齐复交，但被秦施计破坏。至周赧王十二年（前303），齐、韩、魏联军伐楚，楚使太子横质于秦，讨得秦救兵，三国军因秦、楚复修好乃退兵。次年，楚太子横与秦大夫私斗，杀之，逃归楚。秦人以此为借口联合齐、韩、魏攻楚，楚大败。此后张仪更不敢放松对楚国的警惕，屡次攻伐，楚不能支持，乃改弦易辙，以太子横质于齐，求齐帮助。秦昭襄王不愿功亏一篑，约怀王与之相会，面结盟约。怀王入秦，为秦伏兵所执，被迫以藩臣之礼朝见秦昭襄王，并被要求割巫、黔中两地（今湖南及湖北西部）作为释放条件，而且要先割地再放归。怀王愤而拒绝，遂被拘留。太子横自齐归楚，嗣位为顷襄王。两年后，怀王逃至赵，赵禁其入境，后为秦俘回，次年病死于秦。秦人将他的尸体送归，楚人同情他一生悲惨的遭遇，如悲亲戚。怀王事件之后，各国对秦国狡诈狠毒的行径有了进一步的认识。不过，无论舆论如何，秦国已去掉一个主要的敌人了。

秦国慑服楚国后，下一个对付的对象便是齐国。自马陵之战后，齐国便成为东方的霸主，只因未感到秦的威胁，遂将北方的燕国视为主要敌人，更打算在秦、楚两强相斗之中坐收渔利，所以对合纵政策并不热心，而将主要目标放在与燕的斗争之上。燕国的始封祖为周武王时的召公奭，春秋时闭关自守，未与闻外事，其史事亦不详。战国初年燕僖公伐齐得胜，燕始露头角，向外扩充，成为大国。周显王四十六年（前323），燕主称易王，积极参加国际斗争，遂与齐国不相容。当秦国倾力“收拾”楚怀王之时，齐国乘燕内乱伐燕（前314），占领燕都达三年之久。燕国经此巨创，不再为齐之患，齐势更盛。楚怀王受秦侮弄致死之年，齐湣王率韩、赵、魏、宋伐秦，秦人不敢应战，割河东三城求和，合纵政策至此似有复活可能。秦人岂能坐视，乃自称西帝，遣使尊齐为东帝，欲借此长齐湣王的傲气，并离间齐与各国的关系。苏代识破了秦人的阴谋，竭力劝阻，故齐王称帝二日即自动取消帝号（前288）。此时齐湣王趾高气扬，野心勃勃，两年后攻楚，得淮北之地，再西侵三晋，欲消灭微弱不堪的周室，自为天子。

齐国势力急剧膨胀，各国莫不岌岌自危，恐惧万状，于是以燕为主体的秦、赵、韩、魏、燕联军大举攻齐（前284），与齐兵战于济西。齐兵大败，齐湣王出亡不成，为莒人所杀。燕将乐毅攻入齐都临淄，大肆破坏。齐全国七十余城，除莒以及即墨之外，悉为燕所占领。即墨守将田单奋死力战守着孤城，两军正相持不下，以复仇雪耻为己任的燕昭王突然逝世，嗣君素与乐毅不睦，遂以骑劫代将，乐毅奔赵。田单知乐毅已去，遣使求和，使燕军不防，后用奇计大破燕军。据说是以牛千余头，缚刀于牛角，牛尾束油带燃之，牛怒，狂奔燕阵，齐兵继之，杀骑劫，燕军溃败，七十余城全部收复（前279）。齐国经此战后，元气大伤，国势从此一蹶不振。

第三时期自乐毅破齐到长平之战（即前284—前260），计二十四年，为秦、赵争雄时期。赵国自战国以来即受制于魏，魏衰后，在外交上则大多追随齐国，偶乘国际有利时机出动，其目的不外略占小便宜，并无雄图。赵国北部的中山国，本春秋白狄后裔所建，周显王晚年（前334—前321之间）已称王，国势颇强，常与赵为敌，是赵不敢放胆向外发展的主要因素。赵武灵王以屡与中山斗争之经验，欲改作胡服以便骑射，以胡人的战术制胡人。经过一番激烈的辩论后，赵武灵王于周赧王八年（前307）下令改着胡服，以便骑射，赵军的战斗力骤臻强大。十一年后，赵灭中山，后顾无忧，国势大振。迨齐国衰微后，秦已睥睨天下，屡攻楚，得利甚多，不可一世，环顾宇内，实力尚足与抗衡者，仅余赵国。秦昭襄王自即位以来，对外侵略到处成功，仅在赵国遇到坚强抵抗，二十六年间，只得赵三城。秦昭襄王三十七年（前270）秦为赵所败。又八年，秦攻韩上党（今山西长治境），上党守将以之降赵，赵人毫无畏惧，公然接受韩将的投降，这是当时其他各国绝不敢做的事。赵人的挑衅，秦国哪能容忍。次年，秦、赵两军战于长平（今山西晋城境），赵倾国出动，欲与秦一决雌雄。大将廉颇知秦军远征，利于速战，遂深沟高垒，坚守不出。秦人无法，次年派人以千金至赵行反间计，赵王中计，以赵括代廉颇。赵括一反廉颇战略，反守为攻，秦将白起佯败，赵军追击，白起出奇兵断赵军粮道，秦昭襄王知赵军已入围，赐人民爵一级，将年十五以上的男子全部征赴前线，赵军被围四十六日，突围不成，竟至人人相食。后赵括战死，赵卒四十万人只有投降。白起恐赵复兴，乃用计而尽坑杀

白起画像

白起，秦国名将，与廉颇、李牧、王翦并称为战国四大名将。白起为秦国统一六国做出了巨大的贡献，于长平之战重创赵国主力，坑杀四十余万赵军。受封为武安君。后因功高震主，得罪应侯，接连贬官，被赐死于杜邮。

之！赵国壮丁经此一役几乎死尽，战国七雄的局势至此结束，六国已成了秦的俎上肉，只待秦王政来择肥而噬了。

长平之战后四十年，为秦灭六国时期，即战国的第四时期。

⊙ 社会的激剧变动

战国时期是中国历史上社会变动最剧烈的时期之一。各国内部竞相发起的图强变法，与国际上弱肉强食的频仍战争，是促成各种剧变的主要原因。

第一是战争性质的改变。原来春秋时期各国军队由宗族组成，“宗”的意思即共同在一个庙宇内祭祀；“族”的意思即在同一旗帜下作战，所以各宗族自成一作战单位；换言之，即春秋时期的军旅都由贵族充任，作战是贵族的特权之一。这种贵族性质的军队，将士安坐在车上出征，只宜在平原上驰骋，军队的数目也有限，如晋、楚等大国亦不过革车四千乘，数万人。贵族式的战争，雍容有礼，宋襄公在泓水之战后所发表的言论便是典型代表。

各国变法后，宗族不再是军队的组成单位，士兵主要是由农民征调而成，将帅由国王选拔有军事才能的人担任，步兵与骑兵起而代替革车，征战的目的只在争夺土地与消灭敌人，顾不得什么礼让和仁义。各国所畏惧的“虎狼之秦”，便是“尚首功”（士兵的战功以斩获敌人首级的多寡论赏）的国家，每次战役斩首的数目，动辄十万或二十万。各国兵力亦大大加强，齐、楚、赵、秦等国竟拥兵百万，次等国家也有五六十万强兵。战争的残酷更是史不绝书，诚如刘向《战国策·序》所形容：“暴师经岁，流血满野。父子不相亲，兄弟不相安。夫妇离散，莫保其命。”这种全国性生死存亡的战争，对于当时人民生活的影响之巨，真是无法估计。

第二是中华文化的广被四裔。春秋初年，中华文化势力所及的区域，大体上仅限于黄河中下游一带，到楚、吴、越相继吸收中原文化后，长江流域及东南沿海才开始开化。战国时期弱小的国家已被兼并殆尽，七雄相埒，各不相下。各国为了增强国力，便向四境发展，其中以楚、秦、燕、赵四国开疆拓土的成就最大。楚国灭越（前334），得长江下游及今浙江等地，继而向长江上游开拓，势力达于今湖南及四川东部。秦惠文王时秦南向入蜀，将今四川、重庆等地并入秦的版图之内。赵武灵王灭中山后，继续向北扩张，得今山西北部及内蒙古、河北一带。燕用名将秦开击败胡人，势力达到今河北、内蒙古及辽河流域。到战国末期，中华的疆域已较前广袤甚多。

第三是经济的变革。战国时期各国为了增加生产，遂开阡陌，废井田制，允许田地自由买卖，于是土地私有制正式确立，土地兼并的现象亦随之发生。失掉田地的农人除了沦为佃农或雇农，只有两条出路，一是投身军旅，变成职业兵；一是转业到工商界。各项工业遂有取之不竭的劳工，这是当时各国工商业发达的主要原因之一。战国时期的名商巨贾很多，最著名的有冶铁成业的郭纵、煮盐致富的猗顿、畜牧起家的乌氏倮。这些商贾岂特富埒王侯，而且“结驷连骑，束帛之币，以聘享诸侯，所至，国君无不分庭与之抗礼”。甚至不可一世的秦王政也曾为一个有钱的四川寡妇清筑“女怀清台”，以示对她致富才干的崇敬。

工商业的发展带来货币的使用与都市的兴盛。春秋时尚无货币流通的记载，国与国之间的馈赠与君主对臣下的赏赐均限于实物，至战国初年始有货币流通。当时的货币大致分两种，即铜钱与金（即铜）。金以“镒”或“斤”为单位，国与国之间的馈赠动辄金千镒，甚至有达万镒。都市人口激增，《战国策》所载各国游士的说辞，如“临淄之途，车毂击，人肩摩，连衽成帷，举袂成幕”等语，虽不免于浮夸，然都市之兴盛确系事实。

第四是社会阶级的瓦解。春秋时期封建制度逐渐崩溃，社会上职业世守的传统遂不能维持，所谓“农之子恒为农”的现象已不多见，平民有了择业的自由，这是打破封建社会阶级制度的先声。至战国时期，由于国际兼并与国内变法，若干国破家亡的贵族，与因变法或政争失败的贵族，都沦为平民。各国在富强第一的政策下竞相延揽人才，平民中的佼佼者由布衣崛起位至卿相者数目日增。于是国家大政不再为世族独揽，平民获得参政的机会。平民之中杂有的破落贵族，自足以提高平民的智识水准。至各国变法次第完成，厉行法治后，社会阶级的鸿沟逐渐缩小。此乃我国历史演进过程中迥异于其他民族历史的主要之处。

第五是养士之风盛行。传统社会对于人们的束缚一旦解除，人们的才智乃得到自由施展的机会。司马迁所云“礼抗万乘，名显天下，岂非以富耶”的巨商，自然是这种平等自由竞争社会下崭露头角的英杰。

一般怀有政治长才与政治野心，甚至有“鸡鸣狗盗”一技之长的人士，在各国国君竞相罗致人才的风尚下不断涌现。一位默默无闻之徒，往往仅凭一夕谈话说动国君，平步青云成为“一怒而诸侯惧，安居而天下息”的风云人物。这些周历各国以猎取高官厚禄的人，即为“游士”。各国国君或贵族大臣对于他们不问其品质如何，一律不敢得罪，一则恐怕因此蒙上不礼贤下士的声名，使有真才实学的国士们驻足不前，同时被菲薄了的游士说不定会在他国飞黄腾达起来，那就麻烦无穷了。田无择（田子方）教训魏文侯的儿子魏子击道：“亦贫贱者骄人耳，富贵者安敢骄人？国君而骄人，则失其国；大夫而骄人，则失其家……夫士贫贱，言不用，行不合，则纳履而去耳，安往而不得贫贱哉！”这几句话足以说明当时各国养士成风以及士气高涨的原因。

战国初期礼贤下士的仅限于各国君主，到后来贵族大臣亦竞相养士，如齐国的孟尝君、赵国的平原君、楚国的春申君、魏国的信陵君、秦国的吕不韦等人，都名重一时，门下食客动辄数千。当时对一个政治人物的评价，竟以他养士数目的多寡为标准。

除了上述各项变迁，还有肇始于春秋，大盛于战国的民间自由讲学。

⊙ 孔子：民间讲学的创始者

在第二章第三节里，我们已经概略叙述了周公及其同时代的政治家们如何制礼作乐，如何用礼乐来治理天下的经过。从此以后，在封建社会之下，天下贵族都遵循一定不易的规范，过着特有的生活。

贵族生活中最重要的两件大事是祭祀与战争，因此凡是贵族，自幼便得学习可担负起这两大任务的知识。这些贵族必须学习的知识归纳起来，有礼、乐、射、御、书、数六项，称为“六艺”，所以六艺是封建时期唯一的学问，贵族是封建社会“学术”的垄断者。

六艺之中，以礼最为复杂，包罗万象。特别是“祭礼”，仪节繁多，规范最严，祭祀时祝祷的祭文更是类别繁多，一般贵族很难全部了然而不陨越。于是负责保存历年各项祭文以备参考并熟习祭典仪文的史官，还有在宗庙主持各种祭典的“宰”与“相”，便成为封建时期最有“学问”的人物。

周天子的主要职责在于维持礼法的正常运行，对于不遵守礼法的诸侯，天子有权惩处；诸侯在其封疆内，也负有监督国内大小封君遵守礼法的责任。因此，无论在共主或诸侯的政府中，各种职掌都与礼法有关；共主或诸侯的政府都负有维持贵族特有生活方式的职责。运行贵族生活方式既然是当时唯一的学问，各级政府又负有维系和解释这种生活方式的职责，则封建时期的所谓学术，自然尽在政府之中。周天子政府的地位最高，所以我们称封建时期的学术为“王官之学”。换言之，王官之学是贵族文化，也是自三皇、五帝、禹、汤、文、武、周公以来，所累积而成的我国古代文化之总称。

犬戎之乱（前771）将丰、镐一带彻底破坏，封建文化的重心所在遭此浩劫，文物荡然无存，继之以平王东迁，王命不行于天下，无人再能负责维持礼制的正常运行。各国贵族遂逐渐遗忘传统礼制，礼法由是大乱。在封建社会逐渐崩溃的过程中，贵族文化也随之动摇。春秋初年，礼法既乱，非礼的现象虽常发生，但尚无人敢于反对礼制，各国贵族在表面上仍然要遵守他们内心所不愿遵守，而事实上亦无法了解的礼，自然只有求助于他人。各国贵族门下遂有了一批“助人君，顺阴阳，明教化者也。游文于六经之中，留意于仁义之际，祖述尧舜，宪章文武”的专家，这一类受贵族供养的专家顾问，当时被称为“儒”。换言之，所谓儒，仅是对春秋时期因为时势的需要而产生的一种新兴行业的称呼。

最初的儒者，大抵是由破落的贵族担任，此后战争日益频繁，各国贵族对于无裨益于实际的礼法越来越不熟习，对儒者的需求遂随之增加，于是平民中亦有人开始学习从前为贵族所专有的知识，准备投身在贵族门下谋生，由是遂有民间“讲学”的兴起。民间讲学是我国文化发展过程中一个极重要的关键点，从此学术不再为少数人所垄断而普及于大众，个人思想也从一固定不易的准绳中脱颖而出，有了自由发挥的机会。

初期民间自由讲学所讲的内容，并未超出贵族文化六艺的范畴，所讲的也仅限于应用技术方面。一般学者只要能“通一艺”，求得贵族的垂青，能当一个儒（顾问）便满足了。对于礼法蕴含的精义，当时讲学的人并不感兴趣。这种现象要到孔子之时才有所改变。

孔子的先世本宋人，他的十世祖弗父何是宋国的嗣子，是鄙弃君位的贤

孔子画像 明代仇英绘

人。弗父何的曾孙正考父官至上卿，为宋国名臣。其后世子孙因国家发生内乱，家族残破，遗支避难迁居鲁国。始迁鲁的祖先，大概是正考父的玄孙防叔。防叔的孙子孔纥孔武有力，曾为鲁国立下不少战功，晚年续弦娶颜氏女而生子丘，即孔子。

孔子（前551—前479）降生于鲁国曲阜（关于孔子降生的月日，其说不一，颇有争论，后将9月28日作为孔子诞辰纪念日）。由于父母早丧，家境贫寒，为了谋生，他只得在贵族家中担任卑微的职务，做管理仓库、饲养牛羊之类的事。生活清苦的孔子仍然好学不倦，只要知道他人有一技之长，便向之请教，所以三十余岁时便已精通六艺，成为当时鲁国有名的“学者”，门下拥有许多贵族和平民弟子。孔子的抱负并不仅限于讲授六艺，他更进一步阐发礼制所蕴含的宗教、政治及伦理等各方面的精义，批评当时的人因不了解礼之义理而做出许多虚伪、靡费的非礼行为。为了这个目的，孔子便特别强调礼制的历史源流，深邃探讨礼制所蕴含的哲理。孔子研究阐述的结果，使正在崩溃中的封建社会与贵族文化，在为一般人所误解和轻视的情况下，得到有力的维护。孔子自然笃信他自己的理论，所以他一面讲学以宣扬他的理论，训练理想的实行者（弟子），一面积极从事政治活动，希望得到明君的信任，从而将他的理想实现。

最适合孔子施展政治抱负的环境是鲁国。除去鲁国是他的祖国之外，鲁国还是周公后裔所建的国家，在丰、镐被毁，文物佚散后，各国中以鲁国所保存的古文化最多。孔子曾说：“吾观周道，幽、厉伤之，吾舍鲁何适矣！”韩宣子至鲁，始看到《易象》与《春秋》，亦承认周礼尽在鲁，足见鲁是当时文化水准最高的国家，应该是最易接受孔子理论的地域。但鲁国的政治情况与春秋末年其他各国的情况相似，巨室大夫擅权，国君成为傀儡，大夫又受制于家臣，并无实权。各巨室复争权夺利，内乱不已。孔子十余岁时，鲁国的巨室是鲁桓公的后裔“三桓”（即孟孙氏、叔孙氏、季孙氏三家）把持国政，当时大家所重视的是现实的利害，谁也不理会孔子那一套迂阔的理想。何况在孔子看来，鲁国的礼法也有问题。他入太庙每事必问的原因，并非不知各种礼制而不耻下问，实因鲁太庙的礼器与礼事有很多不合于礼，多有僭越之处，所以故意提问以讽示而已。他看到季孙氏僭用天子礼乐，不禁愤然说：“是可忍，孰不可忍！”

鲁国的情势如此，孔子自是一筹莫展。

周敬王二年（前518），鲁内乱，昭公被逐，孔子见事势已不可为，乃率领一群学生出游到齐国，时年三十四岁。齐景公对这位来自鲁国的“礼学”权威十分敬重，听到他“君君、臣臣、父父、子子”那一套综核名实的政治哲理，也能似懂非懂地连称“善哉”。但他所希望听到的，并不是这类迂阔的哲理，而是如何使齐国立致富强的捷径。至于孔子的“天下有道，则礼乐征伐自天子出；天下无道，则礼乐征伐自诸侯出”的观念，更非当时国君所能接受的。所以孔子在齐国住了八年，生活虽然过得优裕，却没有一展所怀的机会。

周敬王十一年（前509），鲁定公即位，孔子自齐归鲁。数年后，季孙氏的家臣阳虎作乱，制服三桓，挟持定公，成为鲁国的独裁者。阳虎知道孔子在社会上的声誉甚隆，很有借重他以增加自己声势的意思。同家臣合作，自与孔子平素的政治主张矛盾，所以他很委婉地谢绝了阳虎邀请他出仕的暗示。三年后，阳虎被驱，季孙氏也想借重孔子以收揽人心，便请他出仕为司寇。

孔子三年司寇任内所做的最重要的大事是“隳三都”，就是拆毁三桓都城的城郭。虽然费了很大的气力，但未竟其功。孔子其他的政治主张，也因为没有实权，而不能被贯彻。孔子只得辞职，再度出游，希望找到实现理想的机会。

此次出游，孔子访问了卫、宋、陈、楚、曹、郑诸国，历时十四年。孔子这次出游不但没有遇到明君，反而遭受了许多磨难：在宋时，他差一点儿被人杀害；过匡时，曾遭到阳虎荼毒的匡人将他误认为阳虎，使他饱受一场虚惊；在陈、蔡边境时，粮食断绝，他和学生们饿到站不起来。种种厄运并未使孔子气馁，他仍有“知其不可为而为之”的信心。但是岁月不居，六十八岁时，孔子只得放弃追求行道于天下的工作，归返鲁国。

这时的孔子已成为鲁国的元老，对于国政有很大的发言权，但他已无意仕途，转而整理文化典籍。他每日孜孜不倦地删《诗》《书》、定《礼》《乐》、赞《周易》、修《春秋》，教授学生。数年后孔子逝世，享寿七十三岁。

孔子被葬于其降生地曲阜，其族人及弟子依孔墓而居，世代奉祀不绝。孔子的故居，被辟为庙堂，内藏他的遗物，孔门弟子继续在其中学习礼乐。

孔子想实现他的理想以匡救时代的宏愿失败了，但他的理想并未随着他生命的终结而消逝。他对中国历史文化深邃悠久的影响，绝非三言两语所能

孔子弟子像（部分） 唐代阎立本绘

道尽。至于儒家的思想，真是包罗万象，经纬万端。后世哲人据之推衍出的各种解释，更是多如牛毛。试一观宋代理学兴起后的四朝学案（即宋、元、明、清八九百年间学者对儒家学理的阐释），便知笔者所说绝非虚言。因此我们这里只能就孔子对后世的贡献略陈一二，聊供参考。

一、孔子是中国历史上第一位使平民能够接受教育的人。在孔子以前，只有贵族能受“王官之学”的陶冶，平民的工作是耕牧与当兵打仗，即使传说中周公的“小学”也不外教人洒扫应对等日常礼节，谈不上“教育”二字。孔子则是不分贫富贵贱，一律施教。学费是按各人的具体情况量力缴纳，有时只要意思一下便可以了。这件事现在看起来很平常，在当时实是一大革命。从此，贵族世代为贵族，平民世代为平民的传统被打破，“士之子恒为士”的职业世袭制也发生变化，此后布衣便有机会为卿相而傲王侯了。

所谓“孔子门下弟子三千人”的说法，并不是说孔子一直教授着如此众多的学生。孔子三十余岁便开始传授六艺，到七十三岁逝世，授徒生涯将近四十年。有的学生从学时间很短暂，大概学得一二“艺”可以谋生便离开了；有的孜孜不倦，长久追随孔子研习，后者人数不多，史称“孔门七十二贤”，但这些人也不是全部同时在孔子门下受教。《论语》所载向孔子提问题的学生人数并不多，两次出国周游时（约有二十四年），两马一车，相随的弟子也不会很多。无论如何，一个人在四十年间独自教授约三千名学生，其规模之大，时间之长，也能震古烁今了。

二、孔子将古代（周公距孔子四百余年）遗留下来的文献加以通盘整理，去其糟粕而存其精华。他删《诗》《书》、定《礼》《乐》、赞《周易》，并据鲁史作《春秋》。用现代的眼光来看，“六经”就是孔子编著的用以教育大众的教科书。“五经”（《乐经》失传）也就成为此后中国治学门径的基础书籍，这种情况持续了两千多年，直到民国（1912）才开始转变。明清虽用八股文、“四书”取士，但对学者来说，治学仍宗“五经”。

删定典籍的工作犹在其次，孔子最重要的贡献是为贵族文化的总汇“礼”阐发其蕴含的哲理。他认为那些繁缛的仪节并不止于形式上死板的排场，每一种仪节都有其所以然的哲理，它们是维护社会秩序，使之融洽合理的工具，是人际关系自然流露的表征。真感情才是“礼之义”。无意义的礼，是虚伪的做作。“酒礼”的真实用意，上文已有叙述。以儒家最重视的

问礼老聃 出自《孔子圣迹图》

后世对此事一直有争议，但早在汉代孔子问礼于老子之事已是石画像的常见内容之一。

“丧礼”而言，为人子者如与父母感情深厚，父母去世后一定会非常悲痛与怀念，自然不会对美食、华服、结婚、狂欢舞会等事感兴趣。这种心理状态，要用时间去慢慢调整。孔子认为父母亡故后儿女的那种悲痛的心情，要花费三年的时间才能逐渐忘怀，如果儿女对父母有深厚的感情（用来表征这种感情的字叫作“孝”）的话，父母亡故后就应该“守孝三年”，否则心里会感到不安。孔子有位学生很固执地说，不遵守丧礼的规定，他心里也能感到“安”。孔子的回答是，你如果“心安”，你便自为之。可见孔子心中的礼不是“规定”如此如此，而是“描述”人性是如此如此而已。后世很多人认为儒家是顽固迂腐的教条主义者，这实是误解，至少是对孔子的误解。

三、孔子主张遵从理性，反对迷信，“子不语怪力乱神”一语，是最有力的说明。“祭如在”即是说明，祭典的原理是对祖先或鬼神的怀念与敬畏，事实上鬼神并没有真的来大吃一顿祭品。孔子从不讨论鬼神的有无问题，他认为鬼神之事渺茫，一个人最好专心人事，将人事做好便够了，所以他非常幽默地说：“未能事人，焉能事鬼？”他甚至对人死后的事也拒绝表示意见，他说：“未知生，焉知死。”他也一反历代讲“天道”如何如何的传统，只说“天道远，人道迩”。他偶尔也提到“天”，如“天厌之，天厌之”，这个“天”，是普通名词，有“大家都”之意。他也说“五十而知天命”，此处的“天”，意思是“大自然”。一个人到了五十岁，应该知道他这一生所能有的作为了。孔子的这种思想是当时的革命思想，也奠定了此后中国知识分子非宗教、非迷信、尊重理性的文化传统。西方直到17世纪中国文化传入后，启蒙运动发生，才开始突破宗教迷信而有理性主义。孔子对人类文化的贡献实很深远。

四、孔子教导学生，德育、智育、体育并重。与周公所创的国学、小学的内容不同，他教门下弟子以六艺，便涵盖德、智、体三大项目，但最终的目标是“仁”。何谓仁？孔子认为一个人最初与其他的人接触是在家庭，自然而然地对父母兄弟产生感情。对父母的那种感情叫作“孝”，对兄弟的感情叫作“悌”。人若能将对父母兄弟的那种感情扩而充之至对其他的一切人以及万事万物，便是“仁”。如何能达到仁人的境地呢？孔子认为只要心存忠恕即可，忠恕之道是“己欲立而立人，己欲达而达人；己所不欲，勿施于人”。尽力助他人是忠；为他人着想时，能将自己假设成他人是恕；能行忠恕，便是仁。所以孔子最得意的弟子颜渊说，夫子的思想很单纯，就是行忠恕之道而已。作为老师的孔子完全同意这一句话。

在《论语》里，“仁”字一共出现了一百零九次，可见孔子对仁之重视。我们再仔细体会：“仁”字是会意二人，一人是你我个体的人，一人是理想的人，是人的概念；个体的人与理想的人合而为一，即仁；做到“仁人”是儒者的大目标，天下自然就太平了。所谓“儒”，到孔子之后，便逐渐成为教育家的称呼。在孔子时已有“小人儒”与“君子儒”的分别，前者是只学得一技之长，在政府中混饭吃的“儒者”；后者则是以教育他人的德、智、体为职业，以化育众人为鹄的的“儒者”。了解此一事实，便可对秦始皇“坑儒”与汉武帝的“尊崇儒术”（注意“术”字）有较确切的了解。

上述四点，是我们仅就历史的观点来看博学多识的孔子的主要贡献，不及其他。

孔子也是史学家，他对《春秋》十分重视，认为后世对他的评价只凭《春秋》一书即可。《春秋》代表了孔子对政治规范和道德准绳的看法，有褒有贬。叙述史事并不一定要根据事实，而是要符合孔子的律则，要为“尊者”和“亲者”隐瞒一些实情。东汉的王充和唐初的刘知几都对这种治史态度予以了坦率的批评。刘知几提出“十二未谕”，即十二点质疑，例如周惠王十一年（前666），晋献公召周惠王到河阳去见他，用见诸侯的礼而不用觐见天子的礼会见周惠王，孔子说“以臣召君，不可以训”，故《春秋》书为“天子狩于河阳”。周惠王跑大老远到晋国去打猎，史家如何解释？关于这一类问题，本书不拟做过多讨论，知孔子或罪孔子，各人自有所见。

孔子是一个人，他的言行自有许多可资讨论的地方。他的言论脱口而出，有时互相矛盾，如像可以去兵，可以去足食，而不能对民无信，因为“民无信不立”。不知道饥饿的人民会不会推想到政府的信用问题？“去足食”以后还有无人民？他又说“百姓不足，君孰与足”，前后自相矛盾。他对饮食的要求很苛细，“割不正不食”犹在其次，肉一定要切得很细，肉酱不合口味也不吃等，禁忌很多。不知他在陈绝粮时是如何度过的！宰予昼寝，他便用“朽木”“粪土”去责骂他。其实一个人昼寝的原因很多，如有晚上工作的习惯，或习于午睡，似乎不至于严重到用“朽木”“粪土”等词去责骂，这算循循善诱吗？至于将所有的女子都视为和小人一样难养的人，恐怕也难免有过分武断之讥。

总之，孔子自有他永恒的贡献，也有很难为人所谅解的言行，推崇孔子是十全十美的圣人与贬低他，都是不恰当的。我们不要盲目崇拜两千多年前一位圣人的一切，也不能苛求一位禀赋极高的智者仁者。他是人类智慧的结晶，虽然也掺有些许杂质。

⊙ 诸子百家，百花齐放

孔子开创了民间自由讲学的先河，中国学术思想史上的一个黄金时代便开始出现。它光芒四射，灿烂夺目，成为人类文化发展史上最富丽的时代。与和它差不多同时的希腊文化相比较，前者无论是从质上讲，还是从量上讲都远远超过后者。它萌芽滋生于那政治上极卑劣残酷的战国时代（前481—前221）。

第一位崭露头角的思想家、实干家是墨翟。墨翟的身世很难确定，一说“墨者”是受过“墨刑”的人，即面额刺字纹，抹以墨，罚为工人之人；另一说是平民的通称，因平民称“黔首”，平民无冠，头是黑色的。这些解释并不重要，我们从墨家的理论及行为中也可推断出他们确实代表当时的劳苦大众。

墨翟大约是墨家创始人中最著名的人物，所以我们不妨称他为墨子。墨子的生卒年代不能确定，他大约生活在公元前490到前413年之间，孔子死后五六十年出生的可能性很大。墨子是宋人，在鲁的时间很长。据《淮南子·要略》说，“墨子学儒者之业，受孔子之术，以为其礼烦扰而不说（悦），……故背周道而用夏政。”他最初也是儒家的生徒，后来另创新派，效仿夏尚忠，以大禹作为榜样，从“夏政”。

墨子所处的时代正是旧社会已经崩溃，新秩序尚未建立起来的过渡时代，他所看到的全是种种不合理的现象，因此他提出一个崭新的理论，以拯救当时的“天下”（世界）。他认为一切社会制度，都应当是为“天下之大利”，一切攻城略地、杀人盈野的战争，都违反了“天下之大利”，所以他主张“非攻”。统治阶层的奢靡，生前死后的浪费，也违反了“天下之大利”，所以他主张“节用”。墨子最反对儒家所重视的葬礼，他认为与其将财富耗费在死人身上，曷若使活人分享；如果人人都在父母庐墓旁守孝三年，谁去耕田？谁去劳作？“天下之大害”莫过于大国侵略小国，大家族欺凌小家族，强者压迫弱者，总而言之，不外是人与人之间的斗争。斗争的根本原因在于彼此不相爱，故墨子提出“兼爱”作为解决人类问题的关键。如果对世上的一切人都一视同仁地相爱，不因亲疏贵贱而有等差，则整个社会上劳逸不均、贫富悬殊、浪费和困窘、嫉妒和仇怨、冲突和战争就会完全消失，这才是理想的社会。在这个理想的社会里，由万国所推选出的最贤德的人做天子，天子领导人类走向康庄的大道，这便是“尚同”；天子执行“天志”，鬼神也掌握赏善惩恶的权力，所以墨子又用《明鬼篇》来加强他的学说。从这一点来看墨家，他们的思想似乎又略带宗教的意味。

墨子不独有建立一个新社会的理想，他也努力工作以求其实现。据说他有数百名忠实的徒众（通称为“墨者”）。墨者是一个组织严密的团体，其成员非常勤劳，生活极其节俭。他们吃极其粗粝、难以下咽的食物，穿最敝劣的衣服，摒弃一切奢靡浪费，过着苦行僧似的生活。他们不仅接受军事训练，而且学习各种工艺技能。据说墨子曾费时三年造了一具“木鸢”，只飞了一天，这大约是有关人类制造的飞行物的最早记载。

关于墨者力行其道的事迹，脍炙人口的有两件事：

一是阻止楚攻宋。楚惠王用名匠公输般制造攻越城墙的武器“云梯”，将用以攻宋。墨子在鲁闻讯，即派弟子禽滑釐率三百余人携带守城的防御武器到宋布防，自己则步行十日十夜到楚国劝楚王罢兵，并当着楚王之面演习攻守之术。公输般攻城之术已尽，墨子之守具尚有余。楚王无可奈何之下，想出将墨子杀掉的办法，墨子乃告以禽滑釐已在宋，楚遂罢兵。

另一件是墨者助楚贵族阳城君守城的故事。此时墨子已死，墨者的领袖“巨子”孟胜率领一百八十余名墨者拼死守城，誓与城共存亡。殉城前孟胜派一名弟子逃出围城去传令继任巨子者，该弟子完成使命后，回到阳城自杀，以遵守他与城共存亡的诺言。经过此役，墨者也就“绝墨者于世”了（《吕氏春秋·上德》）。

通过以上两件事，我们可见墨者的实践工作和侠义风范。

有学者认为，“墨子乃一平民化之孔子，墨学乃平民化之孔学”（萧公权《中国政治思想史》），实大可商榷。墨者以“天下之大利”为立论基点，“孔学”不言利而倡仁义；墨者莫不身体力行其道，孔门之士只求“佐人君”，当助手；墨学主有鬼神，儒者绝口不谈鬼神。孔学无法平民化，就如同姓孔的不能改姓张一样。在传统制度崩溃的时代背景下，孔子将旧制度加以理论化、理想化，以教育家的身份传播他的学说。墨子受惠于孔子的民间讲学，懂得学问，获得知识，站在劳苦大众的立场，从根本上将孔子的那套学说连根否定，另立新说。二者都悲天悯人，都想匡时济世，但出发点是两个极端。所以有学者将之分为左、右两派，并列儒家为温和的右派，因为他们也反对贵族，墨家则为温和的左派。

总之，儒、墨两家都是战国时代百花齐放的创始者，儒家首创民间自由讲学的局面；墨家在自由上加以发挥，激荡出重重波澜。

墨子死后，经过阳城之役，墨者精英丧失殆尽，再加上派系分裂，从此墨者一蹶不振，逐渐自历史舞台上消失，只留下墨子的学说供后世研讨。孔子死后，儒家也分为八派。据韩非子的记述，“孟氏之儒”只是八派之一（《韩非子·显学篇》），但后世都以孟子为儒家的正宗，将孟子与孔子并称。

孟子是孔子的孙子子思门人的学生，他成人时天下之学“不归杨，则归墨”。杨就是杨朱，这位当时声势烜赫的大思想家的著作已失传，后世之人只能从他人的引喻中获知他的“为我”主义。他认为人生的最高鹄的是使自己能安适地活下去，“不以天下之大利易其胫一毛”。他唾弃儒、墨两家为济世而奔走呼号的言行。孟子生于此时，所以他积极的行动是弘扬儒家，消极的工作是要驳斥杨、墨的学说。

孟子（约前385—前304）名轲，邹国人，出生时距孔子逝世已近百年。他的声誉很隆，周游列国时有车数十辆，从者数百人，与孔子之一车两马不可同日而语。齐宣王时孟子仕齐为卿，俸禄丰厚，生活宽裕，但无所事事，于是去齐赴梁，梁惠王以其迂阔亦不用。盖当时正是商鞅、吴起、孙膑等人得势之际，任他孟子理论宏远，辩才无碍，但国君所重视的是富国强兵之道，对仁义不感兴趣。孟子“乃退而与万章之徒，序《诗》《书》，述仲尼之意，作《孟子》七篇”。孟子也是想参与实际政治一展抱负而未如愿的哲人，但他的思想对后世产生了深邃的影响。

孟子论政，提出“民为贵，君为轻”，“天视自我民视，天听自我民听”的大道理，这是对传统的君权神授与君位世袭观点进行革命的理论。因此他经常提到尧、舜，万分推崇“禅让”。他的理想政治是行“王道”，与当时流行的“霸道”相反。王道即普及教育。他认为仁、义、礼、智四项美德，是人与生俱来的“四端”，仁是对他人有同情心，义是有羞恶心，礼是有辞让心，智是有是非之心。是故人性本是善的，教育的目的，是要使人能

孟子画像

充分发展其善的本性。他与主张“性无善与不善之分”的告子的辩论十分精彩，至足显示他的辩才与智慧。

孟子发扬孔子的学说，并广为宣传。由于他很活跃，享寿又很高（八十三岁），所以声名大，学生众多，被人视为儒家思想的弘扬者。人们常将他与“孔子”并称为“孔孟”。他谴责墨子的“兼爱”如禽兽，不免有些武断；与梁惠王讨论时，他将国王问的“何以利吾国”，推衍到士大夫亦因之可以谈何以“利吾家”的“宏论”，也让我们难以理解。国王对国家有利的希冀岂可与士大夫对家有利的企望相提并论？这大概与战国时代士人习于雄辩有关。

略晚于孟子的大儒有荀子（约前313—前238）。荀子名况（“卿”是当时人们对人的尊称，似乎不是他的字），赵人。少时即负时誉，仕于齐，被谗奔楚，楚春申君以为兰陵令，亦遭解职，遂死于兰陵。荀子一生也崇敬孔子，钦羡周制，提倡礼义，力反强暴诡诈之术。荀子在儒家学派中的地位不亚于孟子，但他的思想与孟子的有根本上的差别。他认为“人性恶，其善者伪也”，因此不能任由人性自然发展，必须用礼制去规范之。盖人生而必须合“群”，人在群之中，必分工合作，乃可图存。但人性生而有好利、嫉妒、贪欲等恶性，必须以礼制之，而后社会安定、民众幸福。故“礼者养也”。

荀子认为应该将人分为四个等级，按照其能守礼义的程度决定，即所谓大儒、小儒、众人、奸人四类，等级不能世袭。他说：“虽王公士大夫之子孙，不能属于礼义，则归之庶人；虽庶人之子孙也，积文学，正身行，能属于礼义，则归之卿相士大夫。”这种思想是超越孔孟的。

礼制既为王道之本，谁去执行礼制？荀子提出“尊君”的主张。他说，“天子者势位至尊，无敌于天下……生民之属莫不振动服从”，而“天之立君，以为民也”。无上权威的天子，是为民而存在，为执行礼制而存在的。因此他反对只讲法治，亦重人治。他曾说大禹的法仍存在，夏却亡了国。他非常强调人存政举、人亡政息的史例。后世的小人儒（追求名望的儒者），窃取荀子尊君的皮毛曲阿专制淫暴的君主，此固非荀子所能逆睹也。

孔子对鬼神含糊其词，孟子也倡天命之说，但荀子彻底加以否定，认定一切政治人事都与天道神鬼无关。他有一句有名的话：“天行有常，不为尧存，不为桀亡。”人世间一切贫穷疾病、祸福、灾旱、瘟疫、怪异，都受人事的左右，与天道无关。他说：“唯圣人为不求知天！”这是中国历史上最明确的人定胜天的名言。

荀子的中心思想仍属儒家，他的两位著名的学生，即韩非与李斯，却发展他的学说而成为法家。李斯是一位实干的政治家，并无理论可言，韩非则是集法家之大成的人物，法家也是战国时代最盛行的一派。法家的渊源可上溯到齐桓公时代的管仲，但世传的《管子》一书，系后人伪造，不足信。战国时的李悝、慎到、田骈、商鞅、申不害等都是颇有法家气概的人，据说均有著述，但大多已佚失。韩非集法家之大成，流传后世的《韩非子》五十五篇，乃战国时法家思想之总汇，我们姑且将韩非视为法家的创始人。

韩非（卒于前233），韩国的贵族，曾受教于荀子，口吃，但善著书立说，曾向韩王安建言，王不用，故退而著书。今存五十五篇中，内或有后世增添，但大致均可信为韩非之作。《史记》称秦王政（即秦始皇）读到韩非的文章，曾说：“嗟乎，寡人得见此人，与之游，死不恨矣！”可见韩非理论之动人。李斯与韩非同学于荀子，自认不如韩非，乃告秦王此韩非也。秦王遂因之急攻韩，韩王乃遣韩非入秦。秦王得到韩非很高兴，但未信用，原因不详，大概韩非不太能言善道也是原因之一。李斯等人嫉而谗之，韩非遂下狱死。司马迁“独悲”韩非能写《说难》那种好文章，而不能逃过被杀之命运，特将《说难》全文录入《老子韩非列传》中。

韩非的思想集数百年法家思想，其中心思想是尊君。君主握“信赏必罚”的大权，刑与赏是君主的“二柄”。因为人性恶，导之以仁义道德行不通，但君主若能严格运用“二柄”，则“为人臣者畏诛罚而利庆赏”，上下贯彻，人主可无为而治。他特别提出为君主的三大要素，即“势、术、法”。

所谓势，即是“权”与“力”。权者，法令也，力者君主之地位也，君主要利用崇高的地位去执行法令。所谓术，即驾驭属下的方法。他提出“行七术”“去五壅”“防八奸”等要点。“七术”是诡诈的驭下策略；“五壅”是预防臣下可能叛乱的情势；“八奸”是君主要特别防范的足以为害的人和事态，例如，“同床”是后妃内宠，“民萌”是指臣子私下示惠于民众等。各种法令，特别是赏罚的条例，必须简明易懂、严格执行。术要密藏于君主内心深处，不可公开；法则是要人人知道，使之深入人心。所以韩非反对儒家，视之为“以文乱法”；他又斥墨家为“以武犯禁”。他认为国家必须发展国力，仁义、兼爱等空洞口号无裨于实，“力多则人朝，力寡则朝于人”。

总之，法家是在战国时期弱肉强食的环境下应运而生的，他们反对“法先王”的儒家，主张全部言行都应辅佐君主一统天下。韩非死后十二年，秦始皇完成统一大业。

先秦四大主流思想中的儒、墨、法三家对政治社会都抱持积极的入世态度，只有道家例外。

道家创始人老子的身世，因为《史记》将孔子曾向之“问礼”的周守藏史老聃与楚国苦县人李耳混为一人，从此就开始出现了混淆。司马迁说老子活了两百余岁，是“以其修道而养寿也”，近乎神话。总评是：“老子，隐君子也”，又与曾为守藏史矛盾。后世因此对老子的身世聚讼纷纭，甚至有人根本否定老子的存在。事实上，很可能那个时代有两位有名的老头子，或者是两位都姓“老”的名人。作《道德经》的老子，不可能对礼有兴趣，又哪能活两百多岁。很显然老聃和李耳是两个人，一个是知礼的老学者，一个是隐世的哲学家。

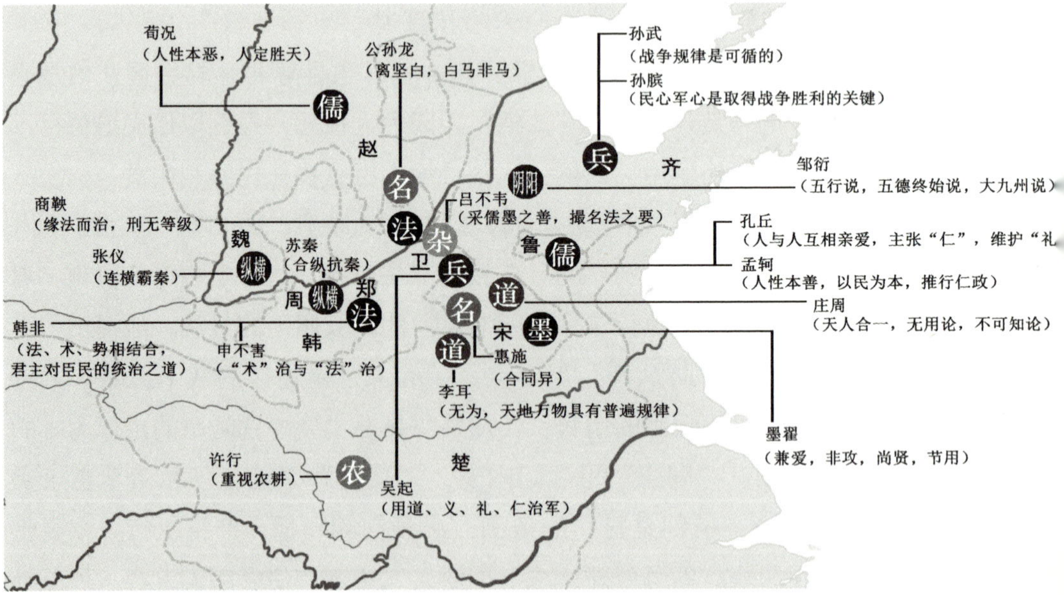

春秋战国时期的主要学派

春秋时代世间已有很多“隐君子”，孔子和他的弟子便遇见过几次，这些人对儒者的不劳动、不生产，四处游说以谋一枝栖的行径十分鄙视。他们不著书立说，更没有声名。这类隐士数目大概不少，李耳将这些人的思想菁华整理出来，就是《道德经》。从《道德经》所载的文辞，我们可以看出它绝非春秋时代的作品，很可能是战国晚期的作品。《道德经》约有五千字（汉墓出土的帛书小篆本及隶书本，与世传本略有出入），全书属于形而上学的哲理甚多，不属本书论述范围。它提出的理想社会没有道德准绳和制度秩序，一切归返大自然，用“无为”作为达到理想社会的手段，无为便是无不为。

与老子思想类似的是庄子（约前369—前286），名周，宋人。他并不是绝对的隐士，曾经做过家乡的小吏，但无意显达。楚威王慕名想聘请他，为其所拒。《庄子》一书寓言很多，常用浅近的譬喻去说明深邃的哲理，辞藻瑰丽，文思诡奇，其内容哲理深邃，可谓文学瑰宝。他的主要立论是“齐物”，即“天地与我并生，而万物与我为一”，因此人世间所有的毁誉、是非、得失、成败、生死等现象，七情六欲等心态，都不存在。他用了许多譬喻去阐明，他那庄周梦见蝴蝶，抑或蝴蝶梦见庄周的名喻，至足说明他对一切世事的看法。他与老子都反对人为的一切文物制度，以返璞归真为理想。他们的著作中常提到“道”字，故人称道家。

除了儒、墨、法、道四大思想宗派，春秋战国时期尚有五派学说，笔者在此处亦略提梗概。

阴阳家是齐人邹衍（约前305—前240）所倡。他的著作十余万言均佚亡，他的学说后世所知的只剩下“大九州说”和“五德终始说”。在邹衍以前，“中国”之人认为禹贡九州之外是汪洋大海，海与天接。邹衍认为天下共有九大州，三三并列，海洋环绕之；每大州均有九小州，亦三三并列，中间是海洋；正中一大州名赤县神州，此大州之正中一小州即中国，中国为天下八十一分之一。“大九州说”后来便成为中国的世界观。“五德终始说”的主题是“五行”，即万物皆由金、木、水、火、土五行构成。金可克木、木可克土等至理，后来西汉人将之应用到朝代兴衰的政治理论上，所产生的影响非其始料所及。

“名家”有惠施及公孙龙两人。惠施，宋人，是庄子的好友，据说他的著作很多，但均失传，只留下《庄子》中所记载的十几句话。我们只知道他认为一切时空同异都是相对的，例如天地不算大，毫末不为小。公孙龙与惠施差不多同时代，赵人，留下五篇著作。他在个体（实）与概念（名）之间反复辩论，有名的“白马非马”论题，即“马”是一个概念，它包含各色的马，“白马”只是一个个体，它不能代表马的概念。这种在名实之间申论的持论者，我们称为名家，其学说类似后世的逻辑学。

此外，尚有提倡自食其力，君臣并耕的“农家”许行（楚人，约前390—前315）；喜用寓言小说以劝人为善的“小说家”宋钘（约前360—前290）；游说诸侯以博取个人权位的“纵横家”公孙衍、张仪等人。儒、墨、法、道、阴阳、名加上上述三家，通称“九流”。秦王政时的权臣吕不韦网罗各国人才，汇集各家学说，以“天下非一人之天下，乃天下人之天下”的理想，集体创作了《吕氏春秋》。班固以其杂糅诸说，称之为“杂家”。“九流”加上杂家，世称“十家”。其实诸子之学并不限于“十家”，如孙武的著作《孙子》对军事学的贡献不可忽视。申不害的为官之术，也成一家。实际情况是百花齐放。

历代中国史家忽视了最重要的“文学家”，我们在此特别提出。关于“百家争鸣”中的“百家”，古今史学家不特别提出“文学家”，可能是因为他们不涉及学术思想，但若就其建树与对后世的影响而言，自不可纯就狭义的学术思想而定取舍。抒发人类真情的《诗经》就是最早的文学作品，《乐经》配合真情流露，是天籁，是至性的韵律，自然也是文学。“六经”中有两经属于文学，而且是“纯文学”。孔子酷爱自然的言行不少，事实上他也是一位造诣极深的文学家，只不过其文学成就为他博大精深的哲理所遮掩而已。庄子亦然，他的文章之瑰丽，下笔之绮奇，情思之飘逸，想象之浪漫，均令人叹为观止。《庄子》一书是中国文艺的瑰宝。撇开孔、庄，最重要的还有屈原（名平，楚人，战国末期人）的《楚辞》。研究文学史的人都能轻易指出，《楚辞》是两汉以后中国文学作品，一切诗词歌赋的圭臬，所有文学创作的尾闾。因此，我们很郑重地指出，在春秋战国时代，学术思想，包括象征民族文化的文学在内，都为后世树立了楷模。

本编自神话传说的洪荒时期，一直叙述到战国末期，中华民族文化的雏形已经被奠定，“中华世界”也即将出现于历史舞台，和与它差不多同时期的“罗马世界”东西辉耀，为人类缔造文化。

第二编

中华世界之创始与发展
——秦汉三国与魏晋

（前221—317）

第五章 “中华世界”的创始

⊙ 秦王政时期（前246—前221）

春秋战国扰攘五百余年，仁人志士辈出，百家学说杂陈，分歧繁复，算得上五花八门。虽然众说纷纭，各持一端，但大致上有一共识：不支持分裂与战争，而主张天下一统才能纾解生民的疾苦，达到富庶的理想社会。自孔子、墨子以至荀子、韩非，莫不抱持同一理想，他们之间，只在达到目标的手段上有差异，鹄的则相同。问题是谁能担负起这个时代重任？周天子和霸主都已随着时代的演变而逝去，战国七雄经过两百余年的残酷斗争，只剩下了齐、楚、秦三雄相峙。齐、楚分别自燕、吴勃兴后，国力大损，有后顾之忧（参阅第四章第二节），难担大任。一般有抱负的人，多将目光集中在西陲的秦国，寄望秦能实现他们的天下统一的理想。

秦自孝公（前361—前338年在位）用商鞅变法后，二十余年间，便以一个崭新的面目出现。秦惠文王（前337—前311年在位），承继他父亲的“囊括四海之意，并吞八荒之心”（汉贾谊语），以统一天下为职志。他首先大胜秦的死敌魏国，取得“河西”之地（前330），并重用张仪（前309年卒）。公元前325年称王。此后，秦东向慑服韩、赵、魏，南取汉中与巴蜀，疆土日广，国

秦朝杜虎符

兵符是君王授予臣属们兵权后，调动军队的信物，虎符由左右两半组成，左右两部分合上以后是一个完整的猛兽形象，多是老虎。“信陵君窃符救赵”偷的就是虎符。

势日盛。秦昭襄王在位五十六年（前306—前251），在国际上诡谲狡诈，纵横捭阖，参与大小战役多次，无往而不利。据《史记》所载的数字，昭襄王时代秦国在战争中“斩首”的敌军达九十六万之多，赢得了“虎狼之国”的恶名！事实上他已奠定秦翦灭六国的基础，开创了秦统一“世界”的局面，只等瓜熟蒂落了。

秦昭襄王死后两传，共四年，他年仅十三岁的曾孙嬴政即位，嬴政即二十六年后首创“中华世界”的秦始皇（前246—前221—前210年在位），此时上距使秦国脱胎换骨的孝公之死已九十二年。

秦王政冲龄即位，一切大政全委之他父亲生前的好友吕不韦（前235年自杀）。吕不韦，卫人，侨居赵都邯郸，是大富商。他对为质在赵的秦公子子楚很感兴趣，视之为“奇货可居”。子楚是秦昭襄王太子安国君的二十多个儿子之一，因是庶出，甚受冷落，生活清苦。吕不韦运用他的谋策与财富，活动安国君最宠幸的华阳夫人而使子楚为世子，即王太孙。安国君（孝文王）在位数月而逝世，子楚便顺利登上声威显赫的秦国王位，是为庄襄王。为了报答吕不韦对他的恩德，庄襄王任吕不韦为丞相，封文信侯，食邑十万户。庄襄王在位不到三年而薨，吕不韦自然掌握大权。

这个时候正是“魏有信陵，楚有春申，齐有孟尝，赵有平原”的时代，吕不韦以秦之强大亦当效法养士，乃大肆招致，有食客三千。吕不韦养的士，比上述四公子的水准高，他们不只是一批“鸡鸣狗盗”之徒而已，其集体创作的《吕氏春秋》包罗“天地万物古今之事”，便是明证。王安石讽评孟尝君乃“鸡鸣狗盗之雄耳”，确是至论，但王安石大概基于传统对秦的成见，不提吕不韦养的士。其实以吕不韦所养的士与因养士流名千古的四大公子所养的士的品质相较，不啻霄壤。

吕不韦门下宾客三千，济济多士，最显著的是来自楚国上蔡的李斯。他初为地方政府小吏，到兰陵去“从荀卿学帝王之术，学已成”，认为六国皆弱，不能建功立业，向老师荀子辞行时说“故诟莫大于卑贱，而悲莫甚于穷困”，遂西行入秦。适秦庄襄王薨，李斯为吕不韦所赏识，“任以为郎”。数年后，李斯因缘得见秦王政，说以天下大势：“今诸侯服秦，譬若郡县，夫以秦之强，大王之贤……足以灭诸侯，成帝业，为天下一统，此万世之一时也。”秦王信其言，任以高位。李斯乃阴遣人赴各国，用威胁利诱的方法，在各国布置奸细，挑拨离间各国君臣关系，为“天下一统”做准备工作。这些“阴遣谋士”，无疑很多都是吕不韦从各国“招致”来的宾客，他们为秦的统一立下大功。他们自然也都是当时顺应时代潮流的活跃人士。

即位九年后，秦王政发现青春守寡的太后的姘夫嫪毐谋反。叛乱迅即被敉平。秦王收回被太后僭夺的权柄，做了名副其实的国王后，自然容不下权倾一时的相国（相国是秦王政对吕不韦的尊称）吕不韦。一年后，秦王免不韦丞相职位（嫪毒被杀于秦王政九年九月，次年十月不韦被免相职，两件事相距一年），遣其到封邑蓝田居住，但“诸侯宾客使者”仍然络绎不绝于途，到蓝田去谒见吕不韦。秦王见他声势不衰，恐惧其潜力，便命吕不韦全家迁到边远的四川去，不韦乃自杀。他的宾客数千人偷偷地将他安葬在洛阳的北邙山，可见他受人敬重的程度。

差不多与吕不韦罢相同时，秦国发生了“郑国渠”事件。郑国是韩国有名的水利专家，韩王派他去说动秦王修筑一条沟通泾水和洛水的水渠，以利灌溉，其真正的目的是增加秦军东征的交通不便和消耗秦人的民力，减少秦国对外战争的力量。这个工程背后的阴谋为秦人发觉，但秦王仍继续开渠，因为它确实对秦有大利。这件事使秦人警觉到，尽管外国人在秦国说得天花乱坠，骨子里说不定都有不利于秦国的阴谋。秦人本对蜂拥而来的外国人满怀妒忌与疑惧，吕不韦及郑国渠事件更使秦人振振有词，他们纷纷献议秦王逐客，“客”就是外国人。秦王遂下“逐客令”，亦应被逐的李斯上书抗辩。他陈述秦国由弱小而富强的历史，说明秦国得以富强，完全是任用外国人之功，现在已有统一天下的形势而驱逐外国人，此举无疑是“借寇兵而赍盗粮”，是利敌而损己的措施。他的结论是：“士不产于秦，而愿忠者众。今逐客以资敌国，损民以益仇，内自虚而外树怨于诸侯，求国无危，不可得也。”秦王信其言，取消逐客令，各国精英仍留秦效力，新客亦络绎不绝。

新来秦的外人中，魏人尉缭颇值得一提。他建议秦王用三十万金去贿赂各国的权臣，破坏他们联合一致抵御秦国的计划，“则诸侯可尽”。秦王采用了他的计策，终能各个击破，完成一统天下的伟业。秦王礼贤下士，对各国才俊非常尊重。以他对待尉缭为例，他见尉缭时十分礼貌，“衣服饮食与同”。尉缭描述这位君王是高鼻大眼，面目悍勇，声音高亢，性情冷静而狠毒，一旦占优势，必赶尽杀绝，生活上则节俭而谦卑。又说：“我（尉缭）不过一平民，然见我时竟常待我如上宾，可见其用心之深。”我们可以据此想象出中国历史上那位旷世大帝年轻时的神情与风采。

根据上面所述，我们知道二十二岁的秦王能够戡定祸生肘腋的嫪毐的叛乱，并不简单。嫪毐内有大权在握的太后，外有相国吕不韦支持，权力大到“事无大小皆决于毐”的程度，如果不是秦王事前警觉，临事果决，焉能神速戡平嫪毐及其众多的党羽？处置吕不韦没有引发任何株连政局的剧变，足见秦王的手段圆通宽宥；能如此轻易地去除一个像吕不韦那样的权臣，亦足以显示秦王的政治长才。对李斯谏逐客的从善如流，继续修建郑国渠以及尉缭所叙述的秦王的节俭谦恭的德行，在在均足以让我们知道秦王政是一个何等人物。

秦朝铜车马

秦陵出土的铜车马是中国考古史上发现最早、体形最大、保存最完整的青铜车马，也是最大的组合型青铜器，被誉为“青铜之冠”。

三十岁的时候秦王首灭邻近的韩国，在接下来的九年时间里，他将其余五国次第翦灭。即位二十六年后，秦王统一了天下（前221）。

春秋战国仁人志士的共同理想是大同世界，天下一家。任何一国都有担负起这个使命的可能，但何以会落在一个偏远的一向被视为半开化的秦国肩上呢？这得从秦穆公（前659—前621年在位）说起。周平王东迁，将周室赖以勃兴的沃土遗弃给秦人。秦人经过一百一十年与戎人连续不断的严酷斗争，养成了坚韧团结的民族性格。穆公霸西戎后，后顾无忧，国境有天然险要，不受春秋时代各国征伐的影响，故国力充沛，还可以伺机扩张国土而不虞报复。如此默默无闻近三百年，华夏已进入战国时代，秦孝公用商鞅变法（参看第四章第一节），将秦从贵族统治的封建国家，转变为君主集权的法治国家，秦国立即脱颖而出，故孝公便已经有“席卷天下，包举宇内，囊括四海之意，并吞八荒之心”。孝公死后十三年，惠文公改称王，昭襄王在位五十六年的大事，上文已叙述，事实上他已经距君临天下不远了。昭襄王死后数年，李斯说“诸侯服秦，譬若郡县”，便是明证。秦王政亲政后英明有为，遂使先圣先哲的理想——天下一统，由理想而成为事实。他缔造了“中华世界”。

这里也附带提一下司马迁言之凿凿的秦始皇的真正父亲是吕不韦的故事。笔者且将《史记·吕不韦列传》中的这一段话全录如下：吕不韦取邯郸诸姬绝好善舞者与居，知有身。子楚从不韦饮，见而说之，因起为寿，请之。吕不韦怒，念业已破家为子楚，欲以钓奇，乃遂献其姬。姬自匿有身，至大期时，生子政，子楚遂立姬为夫人。

《秦始皇本纪》对此事则只说：“襄王为秦质子于赵，见吕不韦姬，悦而取之，生始皇”。“有身”即怀孕，“大期”即十二个月（《史记集解》《索隐》均释如此）。我们认为《史记》的记载十分可疑，原因如下：

首先，女人自知有孕，最早在受孕后两个月左右，如此则“子政”出生必是早产。是否不足月的早产，子楚焉能不知，焉有遂立可疑的赵姬为夫人之理？这正好证明子楚对他儿子的身份绝无疑问。怀孕十二月，是比十月多二月，更证明不是早产。其次庄襄王（子楚）薨时，世子政已十三岁，就算当时的铜镜照得不是十分清楚，庄襄王无法与儿子的相貌相比较，至少他可以将儿子的面容与吕不韦的面容相比较。如果儿子真是吕不韦的血肉，庄襄王绝对不会毫无察觉。再说“有身”一事，除不韦与赵姬两人知晓之外，谁能知道？他们两人能说出来吗？司马迁摭拾道路传闻，据以为史，不足取。

⊙ 秦始皇时代（前221—前210）

秦王政用十二年时间翦灭六国，三十九岁时一统天下，结束战争频仍、民不聊生的列强争斗局面，缔造了天下一统的大同世界。从天下一统到他去世，一共十二年。这短短的十二年，是中国历史上变动最剧烈、影响最深远的时代。说秦始皇是中华民族和中国历史的创造者，绝非过分。至于后世对他的评论，下节当有剖析。

我们前面已经屡次提到秦始皇是顺应时代潮流，将四五百年来华夏各国哲人的理想加以实现。反对这类崇高理念的人，只是极少数抱残守缺的各国残余贵族。他们只是为了自身的特权利益做垂死的挣扎，附和他们的也仅限于其所豢养的死士。这类所谓慷慨悲歌之士，因受恩深重而愿为恩主个人利益效死。

要了解秦始皇十二年间的施政，必须充分认知秦始皇一切措施的大目标——天下大同，让人民永远享受和平幸福。基于这个理想，我们可以将其政策分为积极的与消极的两方面去叙述。

达到天下大同与息兵鹄的的积极政策有两个重点：

第一是废封建，置郡县。自战国开始，各国陆续废除贵族世领封邑而直接派人治理；攻占一地或灭一国，常有“县之”“以为郡”的记载。县是动词，即由国君委派不世袭的人去治理之意。“春申君言于楚王曰：‘宜阳大县，名曰县，其实郡也’”，可见郡县早已存在。郡与县的差别，大致由人口、面积及地势决定。秦统一后的第一个问题是如何重新规划郡县的系统，结果是分天下为三十六郡，每郡辖县若干。第二个问题是国君是否应在郡之上分封人去世袭地管辖，即要不要再行封建。秦的民族主义者以丞相王绾为首，认为齐、燕、楚三国旧地太远，请立诸王子为王以统治之。秦始皇命群臣开会讨论，大家一致赞成，只有外国人李斯反对。李斯认为周代开国所封宗室很多，但后代疏远，互相攻击如仇敌，争战不休，现在既然一统，封建遗祸，非“安宁之术”。秦始皇于是说：天下共苦，战斗不休，以有侯王。赖宗庙，天下初定，又复立国，是树兵也，而求其宁息，岂不难哉！廷尉议是。

这四十个字，将秦始皇对历史了解之深刻与认识之正确，为生民和平养息的抱负以及以天下为公的胸襟全部道出。汉高祖匹夫得志，大封子侄，遂有“七国之乱”；晋武帝权臣得位，大封司马氏，立召“八王之乱”。后者诱导“五胡乱华”，使中华文化险遭覆灭，乃短视与自私的结果，罪莫大焉。将刘邦、司马炎同秦始皇相比较，鄙陋与圣德立见。自《汉书·地理志》认为废封建而“荡灭前圣之苗裔，靡有孑遗”，严责秦始皇废封建之不当开始，后世腐儒祖述其说，竟列废封建为秦始皇的罪状之一，是非公道何存！《文献通考》的著者、宋元学者马端临略为秦行郡县辩护（《文献通考》卷二百六十五），清王夫之（王船山）亦批评封建世袭治民之不合理，称赞郡县选拔人才治理之制度为“天下之大公”（《读通鉴论》卷一）。封建之要义在诸侯王世袭统治，朱熹批评封建时说：“以汉诸王观之，其荒纵淫虐如此，岂可以治民？”（《朱子语类》卷一百八）当今之世，仍有人以秦始皇废封建为罪过，复何言！

廿六年皇帝尽并兼天下诸侯黔首大安立号为皇帝乃诏丞相状绾法度量则不壹嫌疑者皆明壹之

秦权

权，就是度量衡器，商承祚认为它是天平的砝码，也有人认为是杆秤的秤砣。秦始皇用当时的最高法令形式——“诏书”，统一了度量衡。其上的文字为李斯所创造的小篆。秦始皇时期的权大都是实心，而秦二世时期的权高体小钮，多为一斤重，因此身底部凹陷，空腹如钟。

第二是“三同政策”，即“书同文，车同轨，行同伦”。春秋战国时的国家，每国都有五六百年独自发展的历史，形成了独特的民族性：例如“齐东野人之语”，是形容齐人浮夸；守株待兔，揠苗助长，是表示宋人愚昧；虎狼之秦，是表示秦人的凶猛狡诈。各国之间大致有共通的语言文字，那仅限于知识分子在国际交涉场合使用，一般人都只使用自己国家的方言和文字。吴越的语言文字，就与中原各国的相差很大，这一点可由留下来的前五世越歌证明。楚人称历史为“梼杌”（音），哺乳曰“谷”，老虎称“菟”，欢喜用“兮”字；晋人称历史曰“乘”，鲁人则曰“春秋”。这与十六七世纪以前的西欧很相似，国际共通的语言文字是拉丁语，但各国均自有其语言文字，到基督教大分裂（1517）后，各国用自己的文字写《圣经》，那些文字才逐渐演变为后来的欧洲各国文字。秦始皇的“书同文”与此相同。所以他命李斯作“小篆”，以秦国文字为基础，参照六国文字，创造出整齐划一的文字。

文字统一使中国文化得以顺利传播和弘扬。在他为帝的十二年中，他有五年时间都在“全世界”巡视。他在各地立了许多石碑，碑上刻上他的意旨，主要是为了宣扬政教，另外，也有树立文字统一的鹄的。他死后三年秦便覆亡，但他不朽的事业永远嘉惠后世。

“车同轨”的工作，当时称为“驰道”。以国都咸阳为中心，东至于燕齐，南达吴楚，北极甘泉，真是“江湖之上，滨海之观，毕至（都可到达）”。道广五十步，每三丈植一青松。驰道的气魄之大，远超过通到罗马的条条大路。交通方便，四通八达，自有军事功能，但也使货畅其流，是天下一统的必要基础。

一统天下之后两年，秦始皇听从“鲁诸儒生”的建议，封禅泰山，有《梁父铭》：皇帝临位，作制明法……贵贱分明，男女礼顺，慎遵职事。

这便是要实施同一的法制，整齐人伦关系的“行同伦”。关于“行同伦”，史籍记载寥寥数语，只揭橥其主旨。像这样的石刻碑文很多，传下来的有七处，主旨多在统一各国参差不齐的制度与风俗文化。

上述三项是统一的根本政策。此外，秦始皇每灭一国，便将该国的宫殿图绘出，在咸阳按图建造，象征这天下的首都包罗了天下各地具有代表性的建筑。同时，秦始皇徙各国的富豪十二万户到咸阳居住，使咸阳在实质上成为天下首都。秦始皇又在阿房山上建立一座巍峨的大殿，作为群臣朝会之用。据说殿的上层可坐一万人，下层可竖立十六米高的大旗。阿房宫动工不到三年，秦始皇便逝世了。他对咸阳的建设，仍是朝着天下一统的方向进行的。

修筑长城是国防建设，也是文化防线建设。华夏各国连年争战时期，北方游牧部族已日益壮大。战国时期，北境各国已分别按照自身的需要，修筑城墙以资防御。秦始皇一统天下后，便以整个天下的防御为目标通盘策划，将各段城墙连贯起来，称曰长城，作为文明与野蛮的分野。长城乃秦始皇所首建（现在的长城主要筑于明代）。

消极的工作是尽力减少战争发生的可能性，即如何维护天下和平。

秦始皇一统天下后的第一件大事是将天下所有兵器收集到咸阳，用这些兵器熔铸成十二座金人，每座金人约高十六米，足长两米，皆衣夷狄服，各重约二十四万公斤，置于宫廷中，可视之为“和平之像”。当时兵器多为铜制。前汉时人们将金人置于长乐宫前，后汉董卓熔其十座以铸钱，发了一笔财。董卓之罪大矣。4世纪时前秦苻坚毁其余两座。

另一件工作是毁去所有堤防。数百年来，各国为防御国土及用河水作为武器（阻碍下游国家灌溉或决堤以洪水淹没敌国，此类事件在《国语》《战国策》中比比皆是），建筑了许多堤防。秦始皇将应毁者毁，应疏者疏，使河川畅流，各地均受其惠。此外各国原有的要塞堡垒、城墙，均一律夷平，使野心家不得凭借作乱。这一切都为了弭兵，为了和平。短短十二年，秦始皇为天下所做的事实在够多了，但是在他统治下的人为什么要反对他，后世的人为什么对他有无数恶评？自有缘由。

⊙ 对秦始皇的评论

从上文所述，秦始皇顺天应人，为天下万世谋福利，大家理应歌颂他，拥戴他，但刚好相反，当世之人诟骂他的王朝为“暴秦”，后世之人更是将他视为专制残酷暴君的代表。我们冷静地分析，当时的人痛恨他的主要原因有三：

一、各国民族主义在作祟。多数人虽然希冀天下一统，共享太平日子，但被征服后的心理反应也很复杂。张良是韩国真正的贵族，他要刺杀秦始皇，为的是替韩国报仇。有名的“楚虽三户，亡秦必楚”，显示楚人对秦痛恨之深。秦昭襄王将楚怀王的尸体送还楚国时，楚人全国哀悼，项羽入关后对秦的大肆报复，皆与这种心情有关。换言之，数百年政治思潮主流虽是大同主义，但亡国之恨、故国情怀很难顷刻完全从人们心里抹去。秦始皇用人，尽量不分国籍，唯才是举，但仍有很多人隐逸不出，张耳、陈余、范增等人都是例子。对知识分子而言，民族情操是不会被轻易忘怀的。

二、秦自商鞅变法彻底实行法治，一举而将贵族政治消灭，其政治结构、社会风气、人生价值，全部丕变。到前221年时，秦国已贯彻推行法治一百三十余年，法治成为秦的定型。其他各国在战国时期亦先后变法，但绝不像秦国那样彻底，有的只是局部改变。如赵武灵王的“胡服骑射”只偏重军事；吴起在楚国的改革只着重削弱贵族的特权；其他诸国变法的重点多限于加强国君的权力，与秦国的变法大异其趣。严格地讲，如以秦的变法做准绳，其他各国的“变法”只能被视为改革。一旦秦制推行至天下，各地、各阶层的人自是极不适应。商鞅有孝公全力支持在秦国实施法治，最初三年也遭到强烈反对，后来虽然平服，孝公死后，变法已行之二十余年，反对商鞅的势力仍然非常强大，他们对商鞅恨之入骨，必欲置之死地，可见变法阻力之大。天下各地的社会背景与人情风俗极其复杂，不似当年秦国之单纯，秦始皇不能因时因地制宜，又未必有如商鞅之能者逐步施行秦制，自然引起天下各阶层的强烈反感，但他们震慑于秦的声威，敢怒而不敢言，故怨声载道；秦廷加以强力镇压，自然会被视为残暴。大家只感到“暴秦”的压力，却忘记了战争的灾难！

三、秦自封建国家蜕变而出，有若干封建时代的意识形态仍不能完全摆脱，最重要的是仍按传统制度，要民众为政府贡献劳力——徭役。国土小时，民众服劳役往返数日，多亦不过十余日，多于农隙为之，所以徭役并不被视为苦事。天下一统后，疆土扩大，服役时行程有逾千余里者，往返需时太多，遂为民间极痛苦之事。行程辽远，淫雨洪水常成为不可预知的阻碍，而据秦法，误期者斩，这便是陈胜和吴广揭竿而起、死中求生的原因。秦始皇求治心切，他自己跋涉奔波，每日必披阅一定量的公事，勤政而不爱民。修驰道、筑长城、戍南疆、建设首都等，动辄役民数十万，过分使用民力，是天下沸腾、人心动荡的主因。苛政猛于虎，是大家共同的感觉。

以上三点是秦始皇虽然顺应潮流，使先圣先贤的理想得以实现，为生民谋永久福利而仍为当时大众所诟骂和痛恨的主要原因。但为何后世之人也几乎异口同声地视之为专制残暴君主的代表人物呢？其原因分为一般性的原因与特殊原因两类。一般性的原因如下：

一、秦始皇及二世享国仅十五年而亡，并无孝子贤孙长久促使无耻的文人去颂扬其祖先“圣德睿哲”“宽仁内蕴”“天质英毅”等“圣德”，又无争宠的佞臣芟削其丑恶谬妄的言行。所以关于秦始皇的评论，遗留下来的只有六国遗老宣泄其对秦深恶痛绝的言论。这些言论，有的有部分理由，有些仅是情感的发泄。再加上承继朝代的人们，必定要歌颂开国之君“宽仁爱人”、除暴安良的圣德，于是将一切丑恶猬集秦始皇一身，以宣扬卑陋不文的汉高祖的伟大。汉代收集秦始皇的“丑德”，甚至对他的身世，对他母亲的“败德”之事，均大肆渲染。

笔者曾询问过现代医师，年轻力壮的正常男人将胡须拔掉之后果如何？据云只要男性内分泌正常，胡须迅即复生。司马迁谓吕不韦将嫪毐的胡须拔除，使之冒充宦者入宫，成为太后的姘头。事之谬妄，宁有胜于此者乎！以司马迁之贤，尚且如此，何况其他人！与秦始皇遭遇最相似的是隋文帝（581—604年在位）。隋文帝被唐代魏徵在《隋书》中形容成“素无学术，无宽仁之度，有刻薄之资”之人。如果隋也如唐有二百八十九年的天下，

秦小篆体十二字砖

阿房宫遗址出土。砖文为：海内皆臣，岁登成熟，道无饥人。事实证明，秦朝只做到了“海内皆臣”，由于过度使用民力，最终造成国人起义，秦朝因此而灭亡。

这位廓清华夏、统一了分裂两百八十余年的中华之伟人，一定是“天纵英资”“德过三皇”“功高五帝”“圣德无量”了。“二十五史”的著者良莠不齐，所以我们对史籍中的这一类记载要有适度的警觉。将那类记载进行过滤，才能比较接近事实。对于史书中关于秦始皇评价的记载，我们也应该进行过滤。

二、秦厉行法家政治而又国祚短暂。汉初是黄老之治，与法家思想是两个极端。汉武帝（前140—前87年在位）以后，则儒术盛行，大家都避免谈法治，主要原因是以秦为鉴，认为行法治会很快亡国。即令有人行法治，也是“貌儒实法”，表面上仍然要批评法家。因为法治受到后人歧视，厉行法治的秦始皇自然与法治分不开。“人治”从此便成为中国文化的主流，成为中国政治根深蒂固的传统。这个桎梏没有被解除以前，秦始皇便得受人唾骂。我们认为秦始皇“贻祸”中国最深远的地方，是他为后世树立了一个行法治便享国不久的恶劣先例，使得中国政治长久厉行人治，而且君主在行人治专制时还振振有词！

三、一般腐儒或者理想主义者，借怀古幽思之情斥责秦始皇。孔孟美化古代，实因目睹当时之世争名攘利，骨肉相残，鱼肉生灵，乃借古讽今，赞颂尧、舜、禹三代和周公之治，怀念熙熙和和、揖让有礼的封建时代。孔孟的动机原未可厚非，但后世未能深悉其理，将孔孟的美梦当作真实的历史去顶礼膜拜，认为秦废封建乃今世一切罪恶之源，遂诟病秦始皇之废封建。他们既然将“封建制度”当作最完美、最理想的制度，当然无法体会秦始皇为生民恒久享受和平之福的崇高理想，竟责骂秦始皇不恢复腐败的封建制为罪恶。

此外如深责秦始皇上尊号，欲传万世以及求长生之药等事，均迂腐陋见。屈原《离骚》即自称“帝高阳之苗裔兮，朕皇考曰伯庸”，足见皇、帝、朕三称谓，屈原以楚国一大夫即可用，何以秦始皇一用，便是妄自尊大？谁人做了皇帝不希望传之无穷，日本皇帝也以万世一系为荣，西方一世二世之称极正常，未闻以为狂妄者。至于求长生不死之药，只能说明秦始皇是一个人，有常人共同的欲望，今人呼“万岁”，西人叫“长寿”（long life），亦同此理，何足深责。

除了上述的一般原因，尚有最为后世所诟病和痛责的“焚书”“坑儒”

两事。对于这两件事，我们应研求真相。

焚书之事源于始皇三十四年（前213）秦始皇大宴群臣于咸阳宫，有位官员上前歌颂秦始皇一统天下，废封建，“使人人自安乐，无战争之患，传之万世”的功德。同席有博士七十人，都是秦始皇罗致的各地的博学之士，其中从东方来的博士淳于越（齐人）表示反对，他认为秦始皇贵为天子，“而子弟为匹夫”，一旦有人造反，“何以相救哉”。他的结论是“事不师古而能长久者，非所闻也”，“师古”，即恢复封建。这是大事，秦始皇不愿专断，乃令大臣会议（他常举行这样的会议）。丞相李斯提出自己的意见，大意是说：三代也不师法五帝，因为时代演变，各代情势不同，治理的方法迥异。淳于越所说乃三代之事，何足效法？而今天下一统，法令统一，人民应该勤力农工，士人应该学习法令。现在士人不学现行之法令而学古代，以古代为标准来反对当代，蛊惑民众，至为不当。昔日列国纷争，游士备持其所学，胡言乱语，不求实际。现天下一统，若仍任由各家私学用各种尺度去议论，去沽名钓誉，哗众取宠，造谣生事，如此则政府将失去威信，各人成群结党，天下又乱。因此他主张：臣请史官非秦记皆烧之，非博士官所职，天下敢有藏《诗》《书》百家语者，悉诣守、尉杂烧之。有敢偶语《诗》《书》者弃市，以古非今者族，吏见知不举者，与同罪。令下三十日不烧，黥为城旦。所不去者，医药、卜筮、种树之书。若有欲学法令者，以吏为师。

我们分析一下这道命令，有五点值得注意：

一、各国的史书要全部被烧毁，这与“书同文”及天下一统有关联。

二、博士所主管的分内的书不焚。博士官所职，包罗《诗》《书》百家言，其所主管的分内之书是政府要保存的各类书籍。

三、“偶语”不是偶然之意，《史记集解》释为“聚语”，《史记正义》释为“对也”，能互相谈论《诗》《书》的很稀少，因此“偶语”大概是讲授之意，即聚众宣扬以古非今的理论。

四、“城旦”刑是白昼守城，夜幕筑城，刑期四年，罪并不重。

五、“有欲学法令，以吏为师”，即博士及地方官吏均可读书，亦均有书。

换言之，即秦始皇的焚书令并非毁灭各家书籍，而是在当时的情势下，将《诗》《书》百家言的保存者加以限制，将学习的范围加以规范。他的主要目的在于严禁以古非今者，主张恢复封建。聚众宣传《诗》《书》百家言以作“全盘古化”活动是否应严加禁止，我们若与秦始皇易地而处，亦可得到答案。这绝不是后世所谓文字之狱。

至于坑“儒”，与焚书是全不相干的另一件事。“焚书坑儒”四字连在一起，似乎焚书与坑儒互为因果关系，这种观点是绝对错误的。“坑儒”之事发生在焚书之次年（前212），事情的起因是术士卢某（卢生）用荒诞神奇的言辞蛊惑秦始皇，要秦始皇隐匿其居住的宫殿，“无令人知，然后不死之药殆可得也”。秦始皇听信了卢生的话，隐匿居处之地，只在咸阳宫见群臣。秦始皇并未因此得到不死之药，卢生害怕谎言被戳穿，乃与韩生和侯生商议后逃走，并传播了一些辱骂秦始皇的话。卢生说“始皇为人，天性刚戾自用”，一统天下之后，更骄妄自大，每日必批阅一百二十斤文书，“贪于权势至如此，未可为求仙药”，最后一句话全是为自己圆谎。秦始皇自然大怒，将“方士”“术士”召集起来，加以审问。这些人互相告发，共得四百六十余人。秦始皇欲使今后世人不再受骗，将这些方士、术士全数坑于咸阳，“使天下知之，以惩后”。此事与焚书完全无关，且坑的不是“儒士”，而是术士。《史记》和《汉书》的“儒林传”中均毫不含糊地明白记载秦始皇“坑术士”，从无一字说他坑了“儒士”或暗示他坑了“儒士”。当然，即使是骗子，也罪不至死，我们绝不赞同秦始皇的处置。其实，秦始皇并不是嗜杀之人。综观秦始皇一生，统一天下以前，平定嫪毐之乱杀二十余人。统一天下之后，有一次他在山上望见丞相李斯的车骑太多，评其“弗善”，有人告诉李斯，李斯乃减少车骑。秦始皇审讯侍从是谁泄露了他的话，不得其人，乃将当时在身旁之人尽杀之。又有刻石曰“始皇帝死而地分”，秦始皇派人搜查，不得刻石之人，乃将居住在石旁之人杀死。如此等等，大约都不会很多。此外史书无一字记载秦始皇嗜杀，他对六国的后裔与贵族一律赦免，连当面提出复古建议的淳于越也无受处分的记载。与明太祖朱元璋屠杀了五万余朝廷官吏相比，秦始皇真应“自愧不如”。秦始皇并未兴任何文字狱，也没有坑儒生，是少数不屠戮功臣的开国君主之一。

秦始皇下令“焚书”之后不到三年便去世了，一年后陈胜起兵，天下大乱，故挟书律实际推行不久，且私藏书之罪不重，私人藏书仍多。《史记》载陈余“好儒术”，郦生“好读书”，陆贾“时时前说称《诗》《书》”，足见民间《诗》《书》仍流传。秦始皇坑术士之后，儒家照样被任用。陈胜起兵后，秦二世召博士三十余人征询意见，博士“皆引《春秋》之义以对”，似乎三十余人全是儒家，包括汉初著名的儒者叔孙通在内。后来叔孙通率领弟子百余人投奔刘邦，更足见所谓百家言均“火于秦”，秦始皇屠杀儒者之说是后世虚构的。焚书坑儒的真相是如此，我们宜尊重事实。

⊙ 复古与维新的斗争（前209—前202）

前210年七月，秦始皇带着他宠爱的少子胡亥出巡到沙丘（今河北邢台市境），病甚，乃命宦官赵高赐书长子扶苏，命其继位。遗诏已封但未遣使发出，秦始皇崩。李斯、赵高等人，因恐天下震动秘不发丧，兼程赶回咸阳。遗诏及玉玺均在赵高手中，赵高乃对秦始皇同巡之幼子胡亥说，长子承继帝位后，你“无尺寸之地，为之奈何”。胡亥说，“明君知臣，明父知子”，君父之命如此，只有服从。赵高说：“当皇帝与当臣属，差别很大，岂可同

兵马俑

兵马俑是制成兵马（战车、战马、士兵）形状的殉葬品。秦始皇陵及兵马俑被誉为“世界第八大奇迹”。其人物基本上以现实生活为基础塑造，十分逼真，从中可以了解到秦人的生活状态。

日而语？”胡亥说：“废兄而立弟，是不义也；不奉父命，是不孝也；靠他人成事，是无能也。如此则天下不服，自身既危险，社稷也将不保。”赵高乃举商汤杀桀和周武王伐纣的历史典故，称天下都赞美商汤和周武王的行为。胡亥最终被说动。赵高又去说服丞相李斯，说辞很长，无非是扶苏当权后必重用蒙恬等理由。最后，李斯“仰天而叹，垂泪太息曰：‘嗟乎，独遭乱世，既以不能死，安托命哉！’”。李斯既已屈服，赵高乃矫诏赐扶苏死，并解除蒙恬的兵权。扶苏自杀，蒙恬被囚，不久被杀。胡亥即位，称二世皇帝（前209—前207年在位）。

二世与赵高商议如何“安宗庙而乐万姓，长有天下”之策，赵高建议他将二十多位兄弟杀尽，把先帝的大臣除绝，重新任用心腹。二世听之，其兄弟姊妹二十余人全被残杀，与赵高有仇的大臣蒙毅（蒙恬之弟）自然不能幸免于难。于是法令变得更加苛刻，群臣人人自危，“欲畔者众”。二世同时加紧修驰道，筑阿房宫，赋税加重，戍徭频仍。（前209年）七月，陈胜、吴广遂揭竿而起。陈胜起兵后天下大乱，其后一年之中，朝廷完全陷于赵高计划谋害李斯的政治阴谋斗争之中。二世恶闻天下叛变之事，故人均告以“不足忧”。一年后，二世将李斯腰斩于咸阳市。李斯临刑前对他的儿子说：“而今想同你们一起在家乡行猎作乐已不可复得矣！”李斯被杀后一年零一个月，赵高逼二世自杀，欲自立为帝，群臣不附，乃立二世侄儿公子婴，废去帝号，改称秦王。四十六日后，楚将刘邦入咸阳，秦王降。又月余，楚将项羽至，杀秦王婴及“秦诸公子宗族，屠咸阳，烧宫室，虏子女”，一反秦始皇灭六国之作风，应了“亡秦必楚”那句话。

从前面两节的叙述，我们知道秦始皇是坐在火药上面，仅仅由于他的严慎及声威，所以没有引发爆炸。他统治天下的时间太短暂，实际上不过十年，而他又求功太急，百端齐举，民力不胜负担，大家敢怒而不敢言。他希望长生不老，四十余岁时不想立太子，到病笃时才命长子扶苏继位，遂为赵高所乘。赵高是赵国人，因罪受宫刑而为宦者，因侍候有方，颇受秦始皇赏识，曾因犯罪被蒙毅判罪，秦始皇赦之再入宫，为宦官二十余年。秦始皇明察秋毫，赵高自无法弄权。赵高极受秦始皇倚重，秦始皇将玉玺交由他保管，由此可见他受重用的程度。赵高既与蒙家有仇，自极不愿见扶苏继位，而由蒙恬、蒙毅当权，所以策划阴谋，使胡亥登大宝。陈胜起兵，火药已引

阿房宫图（局部） 清代袁耀绘

袁耀将山水与楼台结合，以开阔邈远的川峦之景烘托殿宇之巍峨壮丽，这幅描绘想象中的“天下第一宫”的画作风格工细绮丽，意境开合自如，令人生发思古之幽情。

发，秦的基础深厚，虽然大军全在北方防匈奴，又于南方征百越，关中空虚，但大将章邯临时发囚犯，仓促成军，也能连战皆捷。陈胜起兵不过六月，章邯便歼而杀之，叛军声势最浩大的项梁也被击杀，可见秦要敉平变乱的力量仍存在。不过，一年之中，全中央政局陷于赵高、李斯的斗争中，二世虽不一定是坏人，但庸碌无能。李斯死后，由于赵高专政，名将章邯投降项羽，从此关中门户大开，秦国以“崤函之固”也挡不住刘邦的大军。

从前209年陈胜起兵，到前202年项羽自杀于乌江（今安徽和县境），刘邦统一天下，前后八年之间，群雄并起，其中兴衰强弱、纵横捭阖的故事很多，大体不外弱肉强食、争权攘利而已，不必详究。这一场长达八年的混战，大致可分为三个时期：

第一时期是自陈胜起兵到刘邦、项羽入咸阳，秦朝灭亡为止（前209—前206），共三年余。大泽乡是陈胜起事的倡始地。陈胜是出身卑微的工人，被征召去做戍卒，因大雨不能如期到达戍地渔阳。按秦法，误期者斩，陈胜只得死里求生。于是九百人一条心，斩木为兵，揭竿为旗，首倡叛秦之师。后豪杰蜂起，火药库被引发。

与陈胜情况类似的还有刘季（刘邦）。刘季亦出身卑微，父母均无名字，据说“刘媪”在雷雨中被蛟龙“于其上”，有孕而生刘季（贵后始名邦），季是排行最幼之意。刘季长大后游手好闲，不务正业，后当上泗水亭长，大约料理一百户人的民事。任亭长时，刘季与同事“无所不狎侮，好酒及色”。他到酒店醉饮，支付酒资时很慷慨，多付数倍，到年终结账时却一文没有。沛县县令宴请贵客吕公时，贺礼不满千钱者坐堂下，刘季入贺，称送万钱，也是一句空话。谁知吕公很欣赏这位放荡不羁、大言炎炎的青年，竟将自己的女儿（即后来著名的吕后）许配给他。刘季以亭长的身份押解刑徒到骊山做工，途中逃亡者很多。刘季自忖到骊山时刑徒势必逃光，但无计可施。他思来想去，决定痛饮大醉后将刑徒全部释放，只是如此一来，自己也只有亡命一途。其中壮汉十余人愿随刘季逃亡，从此刘季沦为盗贼，聚众日多，达数十百人（司马迁隐约其辞，不敢明说刘季为匪之事）。及陈胜起兵，

张良画像

张良与韩信、萧何并称为“汉初三杰”。传说他在下邳圯上得黄石公传授《太公兵法》，随后苦学十年，终成大器。

刘季得朋友萧何的内应，率领部下回到沛县，威胁沛人杀县令，遂入城被推为沛公，祭黄帝与蚩尤，打出红旗（因曾造谣说自己是“赤帝子”）。此后刘季攻城略地，颇有斩获。旋即刘季归项梁部下，同时交纳上了项梁的侄儿项羽。陈胜与刘季同属一类，是地地道道的平民，他们在秦的徭役及严法之下被迫铤而走险，只有一个目的，即抗秦求生存。

另一类抗秦的势力是六国的后裔，因为秦始皇未实行赶尽杀绝的政策，所以六国贵族均残存各地，一旦时机来临，他们便风起云涌，纷纷打出复国口号以资号召。这一类集团很多，且以项梁为代表。项家世代为楚将，最后统率楚军抵抗秦始皇的楚将是项燕，他战死后，楚人对他很怀念。项燕的儿子项梁并未受到秦的连坐，但因杀人之故，逃罪至吴县（今苏州）。因为他父亲的声名赫赫，所以吴中有财势之人都奉他为首领，他也暗中准备伺机而动。他的侄儿项羽跟随他学了一点兵法的皮毛，但项羽身材魁伟，力能扛鼎，吴中青年都很畏惧他。陈胜起，项梁认为时机已到，于是杀郡太守而起兵，精选士兵八千人，渡江北上，转战今江苏、河南、山东之间。项梁并用范增的计策，在牧羊场中找到楚怀王的孙儿名心者，立之为王，仍称“楚怀王”。这种利用大众故国情怀心理来号召的策略，可谓极高妙。在六国的复国斗争中，以楚的声势最大，依附到楚旗下的群雄很多，刘邦亦是其中之一。韩国贵族的后裔张良说动楚怀王封韩国公子为韩王。

不属于上述两类的野心家如张耳、陈余之流，“报父兄之怨，而成割地有土之业”者，亦不在少数。他们攻城略地，互相杀伐，不必细表。这个大混乱的情况，到刘邦、项羽入咸阳而告一段落。

第二时期是楚称霸天下时期（前206—前205）。项梁起兵后连战而胜秦师，心骄而轻秦兵，部将宋义劝他不听，不久他便被秦将章邯击败，最终战死。那位楚怀王不知自己只是傀儡，任命宋义为统帅，结果宋义被项羽在统帅帐中斩首，怀王只有封项羽为统帅，项羽时年二十五岁。项羽统率各路大军与秦军战于涿鹿，大败秦军，诸侯震慑。项羽威震四方，俨然成为群雄领袖。入关之后，项羽除烧杀劫掠外，又实行复古，大肆封建，自封为西楚霸王，尊怀王为义帝，另封十八国王，复国的国复，割地有土的有土，似乎均达到目的。刘邦被封为汉王，封地在今陕南及四川。刘邦假作服从，暗中准备攻击项羽。项羽既复封建，行霸政，自然要负责维护他所建立的秩序。他一面命人将义帝杀死，一面南征北讨，征伐不服从的王国。项羽行军所至仍然是杀人放火、掳掠妇女，大众为其残忍的天性所苦，怨恨之至。而此时刘邦已有张良为佐，计谋甚多。张良家族世代为韩相，张良无疑属于复国派。刘邦起兵不久即遇张良，但两人目标不同，所以张良去助韩公子成恢复韩国。项羽为霸王后，挟韩王到楚都彭城，不使就国，继贬之为侯，终于杀之。张良的理想成泡影，始投奔刘邦。张良是世家子弟，博览群书，大概娴于法家、道家思想，与刘邦左右识见浅陋的从者不同。有了张良，于刘邦而言，真是如虎添翼。于是刘邦趁楚霸王骄蹇暴戾、人心叛离的时机，利用项羽弑义帝的口实，联络若干诸侯伐楚，楚汉相争的局面展开。

第三时期即楚汉相争时期，历时三年余（前205—前202）。由于项羽的恣睢横暴，诸侯心生叛离。能够与项羽分庭抗礼的是刘邦，他趁项羽陷于东方战争之际，回师关中，并吞领有秦国旧地三王国——雍、塞、翟，即所谓“三秦”，获得进可攻、退可守的有利地势。刘邦再而翦灭位于今河南西部的两国，于是纠合诸侯大军，号称五十六万大军，声讨项羽害死义帝的罪行。联军攻入楚都彭城，但乌合之众终不敌项羽的精兵，刘邦最后只剩下左右十余骑狼狈逃走。一年余后，汉军重振，刘邦重用韩信，向东方进攻服从楚的齐国。战胜项羽的援兵后，汉军遂在楚的后方树立势力，东西夹击楚军。楚、汉在荥阳、成皋之间相持不下达数月之久，最后双方议和以鸿沟为界，以东属楚，以西归汉。刘邦已打算西归，张良等人以为机不可失，应乘胜追击，终于逼项羽在乌江边自刎。于是诸侯请刘邦“上皇帝尊号”，时为前202年。司马迁为纪年方便计，自秦亡后，楚汉相争时期均用汉纪元，故汉高祖元年为前206年，比刘邦实际称帝早了四年。

楚汉相争初期，双方实力悬殊，然后势力消长。刘邦能由楚汉相持到灭楚进而一统天下，其主要原因在于楚代表复古运动，要恢复封建，扶植享有特权的贵族。这种政策在颠覆秦二世时有很强的号召力，一旦秦灭亡，六国残余贵族成为新权贵，他们便不顾民间死活，陆续挑起争权攘利的战争，人民不得不再次饱受战乱带来的痛苦，任由兵灾蹂躏，战火摧残。大家虽然不一定怀念秦的统治，但他们渴望大一统，对复古运动痛心疾首则已举世一致。人们普遍希望消灭战争、永享和平，大一统再度成为时代主流。项羽为楚贵族之后，二十四岁起兵，次年手刃宋义后即威震天下，一心一意只想复仇和复古。到他三十一岁自杀，其七八年的事迹，莫不表现了他的贵族气质。他很重名器，所以官印在手中抚摸到快磨光时（这是过胜其实的形容，自不可信），官爵还没有封出去；他在战争中虽残暴，却很礼遇士人；他在作战时也很讲求享受，带了美女同行；他并不虐待敌人的家属，虏获了刘邦的父亲与妻子，但议和时送回。刘邦正好与项羽相反，他对爵位并不太看重，只要谁对他当时有利便封之；他战争时很宽大，体恤平民的痛苦，对秦人毫无复仇之心，却十分轻侮士人；他虽然也好色，但军中无美女。刘邦并不是什么“天纵英资”“神明天授”之人。《史记》将他描写得很平庸，说他只是“仁而爱人，喜施，意豁如也，常有大度”而已，刘邦是一个平常人，一位平民中的佼佼者，所以他能顺应时代潮流，顺利完成时代所赋予的使命。我们可以这么看，项羽是复古派，刘邦是维新派；楚汉相争的结果，是进步的势力消灭了保守的势力。汉高祖要去完成秦始皇创造世界的理想，他做到了，不过换了另一种方法！

项羽与虞姬之事被后世渲染成英雄美人的故事。其实虞姬不过是项羽在虞那个地方所掳掠的美女。项羽兵败后，美女自知在乱兵中的命运，她的“自杀”未必是为英雄“殉情”（《史记》未叙虞姬自杀之事）。刘邦才是英雄，他大体上为中华生灵缔造了将近四百年的和平，直到董卓入长安（189）为止。在这一段时期里，除了因天灾而有的战乱，野心家割地称雄，特权者为维护特权而发起的战争偶尔也发生，但除了王莽末年的战乱，其他战争规模都不大，时日也短暂。刘邦是英雄，因为他顺应时代，为生民创造了有利的形势。

第六章　中华世界的确立与发展

⊙ 文景之治：大一统局势的奠定

汉高祖（前202—前195年在位）建立的王朝，自前202年至公元8年，共二百一十年。新莽代汉十五年，光武帝继起，再用汉的名称，史称后汉，因《后汉书》而得名。两汉亦有称西汉、东汉者，似不如称前汉、后汉妥洽。

汉高祖凝合天下各国平民的力量所建立的大一统政权，与秦始皇以一国之力并吞其他各国而建立的大一统政权相比，在实质上，在意识形态上，均迥然不同。因此秦始皇一面要积极推行天下一家的工作，一面要防止各国反叛。汉高祖以天下人而统一天下，他不必去推行什么统一的工作，只要继续推行秦始皇已经规划好的大方针，顺应天下万众一心的和平愿望便够了。天下人所希冀的政府最好是没有政府，人民安居乐业，共享和平。与高祖共同兴兵“除暴乱”的人全是平民出身，如陈平、陆贾等是无业游民，樊哙卖狗肉，周勃在丧事中吹箫，娄敬替人赶车。地位稍微高一些的，如曹参和任敖也不过曾在监狱任职，职位最高的萧何是沛县“主吏掾”。唯一附从的贵族是张良，但他是在韩王成被项羽杀害，复国梦想彻底无望之后才死心塌地归附刘邦，时刘邦已为汉王矣。到此时天下一统已是天经地义，所以项羽一

汉高祖刘邦画像

出自乾隆年制《历代帝王像真迹》。

死，大家自然便再拥出一位皇帝。这位皇帝也毫不犹豫地施行将政府所管的事减少到最低程度的政策，这便是无为而治的“黄老之术”。

汉高祖将秦的徭役及各种苛法全部废除，但政府组织则因袭秦制。这个制度历代沿袭下来，各代对之均有损益，即使官名相似，职掌亦有变异。因为中国以后各朝代的政制都以秦汉的雏形为蓝本，故笔者在此扼要简叙之。

中央政府的最高官是三公九卿。三公为大司徒、大司马、大司空。

大司徒，即古代的“司土”，总理庶政，有时称相国，多数称丞相或宰相，有时置左、右丞相各一人，是三公之首。

大司马，古名“司马”，一直管军事，又称太尉。武帝以总理内廷诸务的“大将军”兼大司马职务。大司马的权势凌驾于大司徒之上，因为大将军均是外戚的缘故，这种情况到后汉才有所改变。

大司空，由古代的“司工”演变而来，至秦汉时主纠弹的责任，又名御史大夫。

九卿：太常，主管宗庙祭祀，后亦兼主教化，博士在秦汉均属太常卿管理；光禄勋，主管宫廷门禁，又称郎中令；卫尉，又称中大夫令，主管宫廷警卫；太仆，主管皇帝的舆服车马；大鸿胪，又称典客，主管朝觐外交；廷尉，又称大理，主管皇帝对百官的司法；大司农，又名治粟内史，主管全国农政五谷；宗正，又称宗伯，主管皇族之事；少府，服务于内廷，主管皇帝生活琐事，有尚衣、尚食、尚席、尚浴、尚书等次级主管，尚书亦称中书，替皇帝主管个人文书，这个卑微职务的演变变化惊人，以后再述。

综观九卿的职掌，多属以皇帝为中心之事务，这与秦制脱胎于封建贵族制度有关。九卿的官名，后代一直保留，逐渐演变成主管执行事务的衙门，或者偶尔说几句话的“言官”。此外尚有“列卿”，地位低于九卿，官额无定数，如掌理藩属的典属国，负责首都秩序的执金吾等。

武职以太尉最高，其下为将军，以职掌不同而分别冠以称号，如伏波将军、楼船将军等；将军之下为校尉，亦分别有称号，如越骑校尉、胡骑校尉等。由此可见，武职已经有了今日将、校、尉的雏形。

汉在地方实行郡县制，郡置郡守，又称太守，“掌治民、进贤、劝功、决狱、检奸”等职务，下置长史、郡丞等以助理之。因地方特殊形况亦有变通，如地在开垦屯殖区，则置农都尉，地在边境则以都尉为太守。郡下之县分两类，万户以上之县，置县令；万户以下置县长，以县尉、县丞佐之，与秦制同。

汉代的俸禄全以米计算，三公号称万石，实给每月谷三百五十斛；九卿号称两千石，月给谷一百八十斛；列卿及郡守亦两千石，月给谷一百二十斛。最低的官号称百石，每月实得谷十六斛。因此我们知道汉代的若干“石”只代表官员的品级，并非俸禄之实数。

汉高祖是被七个国王共同拥戴为皇帝的，这七个诸侯王分别是齐王韩信、淮南王英布、长沙王吴芮、赵王张耳、梁王彭越、韩王信、燕王卢绾，他们的领地占天下土地之一大半，刘邦的帝位十分不稳固。因此，刘邦费尽心机，将这些异姓诸王一一翦除（长沙王吴芮未除），而代之以他的兄弟子侄，最终共封十国，并且规定只有姓刘的才可以被封王。王国的领地大者逾百城，小者亦三四十城，形同割据，与周代封建层层分封不同。有军功的则被封为“列侯”，食邑若干户，很少有超过万户的列侯，开国元勋萧何也不过一万五千户。这种列侯虽多到一百四十三人，但只坐收租税而已，不足为患，为患的是刘邦的亲人。

刘姓诸王专制一方，官制与中央相同，仅太尉改为中尉，除了丞相一职由皇帝任命，其他一切官吏皆由国王任命。中央派来的丞相孤孤单单的，并不能掌实权治理国事，所以汉初的诸侯王实际上形同独立王国，叛变很难避免，高祖死后四十年即有“七国之乱”。“七国之乱”是高祖的侄儿吴王濞，纠合六位刘家子孙反对刘邦的孙子汉景帝（前156—前141年在位）的统治。叛变三个月内便被平定，景帝乘势对各国大事改制，将丞相更名为“相”，大小官吏任用权收归朝廷，从此诸侯王军政大权全失。汉朝到七国之乱结束后才算真正统一，那时距高祖即帝位已四十余年。

汉高祖凝合天下的平民所组成的政府，除因短见和自私而实行大封宗室的政策而外，一切施政大体上均能顺应人心，符合天下人的愿望。自开国以来，政府大体均实行黄老之治，做到了与民休息，脍炙人口的“文景之治”（前179—前141）是其成果。五十余年的休养生息，使天下生民真正舒了一口气。

秦始皇及二世不恤民力，民众之痛苦已不堪言状，再加上十二年混战——我们用尸积如山、血流成河等词去形容当时战争的残忍，并非夸大。前205年两次楚汉大战，被挤落进河中的汉兵，每次竟十余万人，由此可见一斑。高祖于天下已定之后经过一座昔日繁荣、人口达三万的大城，发现城中留下的人口仅有五千，所谓“十室九空”，并非虚言。汉高祖唯一要做的事是培养社会元气。汉高祖在位十二年后崩，太子继位为惠帝（前194—前188年在位）。惠帝暗弱无才，由饱经忧患的吕后干政。吕后盱衡全局，对外隐忍（匈奴之事，本章第三节将叙述），对内绥抚。惠帝在位八年而早逝，吕后临朝称制，为中国首任“女皇”（前187—前180年在位）。吕后先后任萧何、曹参等人为丞相。萧何、曹参二人均小吏出身，深知民间疾苦，一切遵守“清静而民自定”的黄老之术，“使黎民得离战国之苦，君臣俱欲休息乎无为”。吕后的政策是“填以无为，从民之欲而不扰乱，是以衣食滋殖，刑罚用稀”。至于吕后僭夺刘家皇权和残忍对待情敌，与其施政无关。我们必须承认文景之治是吕后政策的延续，吕后也是汉初大一统政府的奠基者，因高祖死后到文帝继位之间的十六年的关键时期是由她主政的。

文帝（前179—前157年在位）为高祖中子，即位时年已二十四岁。文帝出生后不久父亲便做了皇帝，但成年后的文帝毫无膏梁子弟的习气。他在位二十三年，一切施政均以节俭朴实、与民休息为主。比如文帝曾想修一座“灵台”，匠人估计需要百金建筑费，文帝认为是十家中人之产，遂不筑。

他衣服朴素，宠爱的慎夫人也“衣不曳地”。贵妇人均长裙曳地，有人提携，自不能工作。他为自己预筑陵寝，不以金银铜锡作装饰，均用瓦器；又挖山为坟，不筑坟，以免役民。他还提倡农桑，开垦田地，藏富于民。他征税，仅征百姓收入的三十分之一，竟有十一年未征收田赋。《史记》叙述文帝时政府仓库的陈米之多，竟至腐烂不可食的程度。景帝（前156—前141年在位）统治十五年，虽略用刑名之法，但节约爱民一如其父。有了这自惠帝以来五十余年的休养生息，汉人对长期以来百般凌侮中华的匈奴不必再委屈求和了。黄老之治自有其弊端，亟待清整。景帝将有关对外与对内的两大重任，留给他十七岁的儿子——汉武帝去处理。

⊙ 武帝的兴革

文帝时，洛阳才子贾谊洞烛先机，对汉初的政情，例如诸侯王的跋扈和匈奴的威胁等，最早提出警语。他在《陈政事疏》中提出用礼乐教化以补法令之不足、太子必须受良好的教育等主张。文帝很赏识贾谊，但世胄大臣很保守。文帝不能重用贾谊，乃派他做长沙王和爱子梁怀王的太傅（老师）；

汉武帝画像

选自《三才图会》。汉武帝是中国封建王朝中杰出的君主之一，但晚年因穷兵黩武和巫蛊之祸备受批评，不过他敢于直面自己的过失，是第一个用“罪己诏”进行自我批评的皇帝，后重拾汉初的息兵养民、轻徭薄赋的国策，为之后西汉极盛之世的“孝宣中兴”奠定了基础。

同时任晁错做太子的老师。景帝在位时也曾请学者王臧教太子，所以武帝一即位即重用王臧为郎中，任王臧的同学赵绾为御史大夫，欲开始改革。太皇太后窦氏是文帝后，笃信黄老之术，便对其加以干涉。赵绾乃奏请“勿奏事太皇太后”，窦太后大怒，将赵、王下狱，二人自杀。汉武帝即位六年后，窦太后崩，武帝始放手从事改革。武帝诏求贤良文学之士，前后求得人才百余人，其中董仲舒最受武帝赏识。有名的《天人三策》即是治《春秋》有名的董仲舒三次回答武帝提问的记录。汉武帝七年（前134）朝廷再举贤良，六十六岁的公孙弘得中。太常将公孙弘的回答置于下等，但武帝亲擢为第一，并拜公孙弘为博士。董仲舒、公孙弘对武帝的影响很大。

《天人三策》主要是问：一、天下何以会乱？二、既乱之后如何而能治？三、既治之后，如何才能长治久安，永享太平？董仲舒、公孙弘二人的回答均不外兴仁义、重教化，并夹杂一些五德终始的理论，董仲舒的结论是：

《春秋》大一统者，天地之常经，古今之通谊也。今师异道，人异论，百家殊方，指意不同，是以上亡以持一统，法制数变，下不知所守。臣愚以为诸不在六艺之科、孔子之术者，皆绝其道，勿使并进。邪辟之说灭息，然后统纪可一而法度可明，民知所从矣！

武帝采纳董仲舒的建议，立“五经博士”。博士之名早在战国时即有，秦始皇甄选天下博学茂材七十人为博士，无实际职务，但备朝廷咨询，很似近代的顾问职位。汉承秦制，亦设博士，流品庞杂，占梦、卜筮均有。高祖溲溺儒冠，轻侮儒者，故汉初博士中通儒术者远不如秦始皇之时，但有通阴阳五行之人在内。董仲舒是景帝时的博士，以治《春秋》著名，是以史学家的身份入选的。“五经”也不是只有儒家研究，严格地讲，除“三礼”（《周礼》《仪礼》《礼记》）而外，其他四经，各家均在研究。“五经”集中国传统学术之大成，讲的是修身齐家之道，与百家各持一端以之驰说不同。故董仲舒认为国家应支持正当学术研究，对百家则应任其自然发展，不必由政府供养。故他的“罢黜百家”，只是将百家从博士群中去掉，并无禁止其在民间发展的意思。

儒者重视教育（参看第四章第四节），故教育被称为“儒术”。教育的内容，因人而异。“儒家”讲儒学，主要是根据“三礼”及《论语》《孟子》的哲理，也涉及《春秋》及“三传”。武帝“尊崇儒术”，是重视教育，因百家不讲求教育，只有儒家发挥教化之功。儒术与儒家的分别，我们必须弄清楚，前者是方法，后者是哲理。譬如今天多设大学是重视教育，可设教育系，也可设电机系等，均是教育青年。汉代的学科不如今天之复杂，儒术与儒家很难被严格划分，只不过尊崇儒术之余，儒学自然也沾光。这只表示汉初儒家地位太低，常受轻侮与迫害，高祖侮辱儒生及王臧、赵绾下狱自杀是最显著的例证。武帝受过教育，深知教育的重要性，他认为教育是治国的根本，所以要尊崇它，这与将儒家思想定于一尊的说法有极大的不同。武帝选拔人才要孝廉之人，要贤良方正之人，都以有良好教养为标准，绝没有以是否通儒为准则，这一点见诸史籍，班班可考。

所以汉武帝的“罢黜百家，独尊儒术”，只是提倡教育，即政府不再用公帑去养不重视教化的“学人”而已，汉武帝并没有钳制思想和压迫学术自由之意。董仲舒也从未做过如此之建议！武帝十分敬重董仲舒，但并未让他在中枢任职，而是派他去做兄长易王的相，希望他能教育那位“素骄、好勇”的兄长。仲舒因好阴阳五行之说，被人诬告，后被判死刑，武帝特赦之，迁胶西王相。不久后，董仲舒称病归家，闭门著述，作品以《春秋蕃露》最著名，“蕃”字今作“繁”。董仲舒被推崇为大儒，他对后世中国政治的影响极深远，甚至有人认为他的地位仅次于孔子。

遵循“以教化为治平”的基本原则，朝廷在五经博士之下设“弟子”五十人，一年考一次，通一经者可任地方政府之吏或中央政府之郎。朝廷又经常诏令郡国举孝廉及贤良方正，对这些人任以官职，盖欲逐渐实现以受过教育的人充当官吏的目标。于是，博士弟子人数日益增加，百年后到汉成帝晚年时已达三千人之多，他们使汉朝政府在实质上发生了变化。

一般史家认为武帝最重要的政治改革是布衣可以为卿相。高祖订定“非功不侯，非侯不相”的铁则，做丞相者应是军人或其后裔。丞相总揽全国大政，竟为一群人所包揽，为汉初极不合理的制度。公孙弘首次以布衣出任丞相，是在武帝十四年（前127），这在制度上是一大变革，事实上也不简单。

公孙弘，山东人，出身贫贱，少时为狱吏，曾因犯罪而被免职，靠养猪为生，年四十“乃学《春秋》杂说”，二十年后武帝招贤良文学之士，应对称旨，为博士。后弘出使匈奴，未尽职，武帝怒其无能，弘乃称病回家。

其后朝廷复征贤良文学之士，因为地方推荐，弘固辞不得乃应征，对策甚合武帝意，被置第一，从此一帆风顺，数年间官至御史大夫。公孙弘为人甚工心计，他妒忌董仲舒治《春秋》比他高明，便设法排斥。公孙弘侍候武帝很圆通，甚受赏识。拜相之前，公孙弘先被封为平津侯，食邑六百五十户，盖武帝只废除掉“非功不侯”之制。此后布衣为相，均先封侯。公孙弘为相六年，年八十终于相位。继起布衣为相的六人，均尸位素餐而已。丞相无事可做，相府破烂也不修整，到后来沦为马厩、车库或奴婢宿舍。即使如此，六人中除了石庆，皆因罪被杀。所以我们认为武帝以布衣为丞相的主要鹄的不在于破格用贤材，而在于不满政治上丞相总揽天下庶政的传统，不愿皇帝的权力有人掣肘，所以任用“布衣”作装饰品，以便一切出自宸断。这是治汉史者所不能不察的。

黄老之治在社会经济及地方政治各方面所滋生的弊端很严重，问题丛生，亟待兴革。

最为突出的是土地兼并问题。汉代的土地有“公田”“私田”之分，公田属于皇室，多属籍没秦代宗室贵族的土地，主要集中于关中，也有少数散布各郡国的无主的山林川泽属于皇家。公田均租佃与农民，其收入为皇家所有。各功臣也常被赐“汤沐邑”，收入由功臣世代享用。也有强买民田的大臣，如萧何以丞相之尊，强买民田数十万（一说这是萧何避祸的方法，表示无大志，只争小利）。功臣的田地，介乎公私之间，仍然租与农民，与皇帝同为地主。私田属于旧日的地主，在战乱时逃亡的地主，汉高祖即帝位后即诏令其可以回籍照旧领有原有田地。其余荒芜无主的田地，政府则将之分配给退伍的官兵。汉代统计户口很严，户籍编制详确，政府据以征税和征役。政府对田税征十五分之一，后减半征收，为三十分之一；丁口税政府对成人每年征一百二十文，徭役不多，均可出钱代替。但承平日久后，人口增加，田地收入不足，在富人利用高利贷巧取豪夺的情况下，贫穷的农民最先出卖土地，再出卖妻子，最后出卖自身为奴隶，以免沦为饿殍。盖各地豪强与狡吏猾民结合，武断乡曲，政府行黄老之治，不闻不问，豪强之徒越来越嚣张，兼并的土地也越来越多，奴婢成群，动辄成百上千人。政府征收的赋税再轻，真正获益的只是大地主，而非农民。所以有人形容汉代对待人民优惠于三代，但豪强之残暴超过秦代。董仲舒说：“贫民常衣牛马之衣，而食犬彘之食。”他主张“限民名田”，名田即私人田地，建议私人拥有的田地不得超过三十顷（每顷一百亩），但此建议推行阻碍大，遂未实行。

文帝时晁错便已察觉到这种情况，他建议实行边境屯田的政策，既可解决耕田不足的问题，亦可充实边防。文景之时虽也实行屯田，但规模很小，没有实际作用。到武帝时因对匈奴的战争，从军事及军粮供应的角度讲，均需向西北屯田，朝廷便要求戍边的大军同时从事垦殖。前119年卫青、霍去病大败匈奴后，西北边境六十万大军全数屯田，同年朝廷将国内贫民七十二万五千口移殖到边境新得的土地上开垦，以后又陆续将各地囚徒、奴婢、下贫、恶少年等强制移到边疆屯田。这虽然是治标的办法，但至少纾解了农民在“文景之治”下的悲惨境况。

战国时期各国的工商业已很发达，商人的社会地位很高，吕不韦不过是例子之一。秦始皇也重视富商，他为四川一位富有的寡妇清筑“女怀清台”以示表扬。汉代的工业以鼓铸、煮盐牟利为厚。其他如畜牧、制造、运输等亦相当发达。这些行业都需要大量工人，奴工的来源一是用金钱购买，一是藏匿农村逃亡之人。隐匿庇护各地逃亡人士的市井之徒，时人称为“侠”。这类闾里之侠，肝胆相照，生死相许，成为城市中的大势力。他们人多势众，任意做各种违法牟利之事，官府侧目，莫之能禁。有时富贾与任侠联手，互相利用，鱼肉善良，武断乡曲。他们最有兴趣的是占据矿山冶铁、冶

“万石”仓印

印面阴刻“万石”二字，是西汉时期粮仓管理的物证。谷物入仓，“万石”为一仓，由县啬夫或丞会同粮仓主管人员以及乡吏一起在铺平的粮食表面加盖此印，平整堆放的粮食表面就会出现凸起的“万石”印文，以此为封定标志，出仓时便于检验粮食是否有扰动痕迹。

铜。铁已是当时制造各种农具的主要原料，冶铁获利甚厚。当时巨贾不仅冶铜，而且设厂铸造货币！邓通据有今汉中、四川等地的矿山，大量铸钱，吴王濞亦兼营盐铁。当文景之际，吴、邓所铸的钱通行天下。武帝将冶铁、煮盐收归国营，不再由商人操纵，略解生民疾苦。

在政治上，除三公九卿之外，朝廷同时设置刺史。刺史地位很低，秩六百石（县令为一千石），但权力很大。刺史每年巡行，以抑制豪强的闾里之侠及地方官吏之不法者为主要任务，然后向皇帝报告，也足使豪强及猾吏略为敛迹。

武帝在内政方面还有一些新猷，如废除以十月为岁首的秦历，改用夏正（农历）；随便改年号也是从他开始（文帝初建年号，景帝改元一次），他在位五十四年间一共用了十一个年号。武帝随意改年号，理由很多，如“今郊得一角兽”，便改年号为“元狩”；封泰山，便改年号为“元封”。此后中国皇帝年号繁多，给当时人记事及后世纪史带来许多不便，且毫无意义，故本书一律摒除所有年号，恢复《春秋》以来的纪年法，改纪某帝在位之第几年（后附公元纪年）。

武帝对内的工作，受到他对外政策的影响，他对抗匈奴的战绩，对中华历史自极有贡献。

⊙ 中华世界的巩固

战国时期中华世界分崩离析，北方的游牧部族因居于寒苦之地，或贪欲南方的产物，或因天灾的原因导致食物缺乏，故常向南劫掠，秦、赵、燕等国便屡受其扰。秦始皇一统天下之后不久，即分别向南北用兵，以求去除中华世界的威胁。始皇三十二年（前215），秦始皇命蒙恬率兵三十万北击匈奴，占领河套一带，随后筑城四十四座，使谪戍充之，并筑长城以防匈奴南侵。始皇三十三年（前214），秦始皇发兵五十万攻略岭南地方，置桂林、象、南海等郡。秦始皇死后，中原内战八年，匈奴乘机夺回“失地”。同时匈奴也出现了一位雄才大略的单于冒顿，他东击东胡，西灭月氏，领土扩张到相当于今日蒙古国以及中国东北、内蒙古、陕西、甘肃、新疆的一部分，成为泱泱大国。汉高祖即位后，匈奴攻破韩王的都城马邑，韩王信降匈奴，此人应该是中国历史上第一位名副其实的“汉”奸。在他的指引下，冒顿的大军南侵欲攻太原，高祖亲自领兵迎击，时值大风雪，汉军士卒手指冻断者十之二三，匈奴又故意以羸弱之兵示汉，以骄汉军。高祖中计，进兵平城，被匈奴精兵四十万围于白登（今大同境），七日之后，乃以和亲而解围（前200）。

所谓“和亲政策”，是以汉公主嫁给单于，陪嫁妆奁很丰富，规定汉朝每年赠送丝织品、酒米等物若干给女婿单于。“和亲”公主多数是宗室的女儿假冒，单于并不真正计较，只要嫁妆丰厚，能按期收到礼物便满足。冒顿自是心鄙汉室。高祖死后，冒顿遣使致书寡妇吕后曰：“两主不乐，无以自虞，愿以所有，易其所无！”可谓轻侮之至。吕后大怒，欲发兵击匈奴，樊哙主战，季布斥之曰白登之耻时哙为上将军而无能解围，今欲以十万人“横行匈奴中”，是当面胡说，“可斩”。吕后遂忍下这口气，遣使告诉冒顿，说自己已是“年老气衰，发齿堕落”的老太婆，请单于不要误听人言。这便是贾谊所称的“可为流涕”之事。汉室之所以如此忍辱负重，主要原因在于匈奴边界太辽阔，控弦之士三十万，飘忽不定，来如兽聚，去如鸟散，汉室无法控制战争，战争的主动权全部被匈奴所掌握。汉初国力疲弱，也是原因。

汉武帝八年（前133），窦太后死后两年，武帝认为汉对匈奴和亲以求苟安，但匈奴仍侵扰不已，于是询问群臣“今欲举兵攻之，如何”。王恢等人赞成，诱单于去马邑城卖马，暗伏兵三十万于其旁。单于入塞，见牛羊遍野而无牧人，心有所疑。雁门一位小吏告诉单于有伏兵事，单于乃引兵还。匈奴兵不过十万，三十万汉兵不敢追击，故统帅王恢下狱死。“马邑之谋”后，汉与匈

汉代青铜车马纹带版

图中描绘的是一个游牧的匈奴家庭。

奴决裂，维持了六十多年，一共“和亲”七次的“和平”自然终止。

四年后（前129），匈奴入侵，卫青、李广等人率兵出击，仅得小胜（斩七百匈奴兵）。此后十年间汉朝与匈奴在塞外进行大小战役十次，共斩虏十余万人。匈奴将领土分为三部分，单于在中央设“王庭”，下辖东、西两部，东部由左贤王治理，西部由右贤王治理，左贤王常由太子担任。前121年，昆邪王惨败于霍去病，单于大怒，欲杀昆邪王，昆邪王遂率四万余人降汉，汉朝声威大震。两年后（前119），卫青、霍去病各将骑兵五万，步兵“数十万人”踵后，跨越大沙漠。卫青与单于大战，斩虏近两万人。霍去病一路亦大胜，斩首七万余，匈奴三十万控弦之士已所余无几。八十余年来的威胁完全被解除，武帝确实一雪汉高祖“白登之耻”。单于逃到漠北，从此“漠南无王庭”，此时距“马邑之谋”十五年。武帝耗费十五年的时间完成这个艰巨的任务，他知人善任，信赏必罚，是取得胜利的原因之一。当然最重要的是汉经过休养生息，国力充沛之故。就对匈奴作战最重要的马而言，汉初天子座车不能找到四匹同色的马，将相或乘牛车。六七十年后，养马已很普遍，武帝马厩中有马四十万匹。武帝二十二年（前119）大破匈奴之役，出动马匹二十余万，声势浩大，非当年文帝所能想象。

武帝为对付匈奴，从匈奴降人口中得知匈奴西边的月氏国是匈奴的仇人，于是征求人去联络月氏，此即有名的张骞通西域的源起。

冒顿单于征服西域各国，置僮仆都尉统之，向各国征收赋税，并以月氏王头为饮器。武帝推想月氏必仇匈奴，故欲联之。张骞以郎应募（前138），经过匈奴境时被俘。单于询知其使命，笑说：“月氏在吾北，汉何以得往使？吾欲使越，汉肯听我乎？”于是张骞被留下，赐妻，且生子。十余年后张骞逃到大宛，仍保存着武帝颁赐给他的使节。大宛王知汉富饶，欲通不得，见骞大喜，遣赴月氏（已改名为大月氏）。大月氏已征服大夏，生活舒适，不作复仇打算。骞留年余，不得要领，乃图归汉，途中又为匈奴所获。年余后，单于死，匈奴内乱，张骞乘乱逃归。张骞出国时同行百余人，在外十三年，归时仅余两人（按《汉书·张骞传》如此记载，计算年数略有不符）。张骞向武帝报告西域形势很详，都记载在《汉书·西域传》中。

张骞第二次出使西域（前119），情况与第一次迥异，因河西走廊之匈奴已降汉，所以一路通行无阻。“将三百人，马各二匹，牛羊以万数，赍金币帛直数千巨万，多持节副使，道可，便遣之旁国”，其主要目标是厚赂乌孙，欲断匈奴右臂。目的虽未达到，但乌孙派了数十人赴长安“报谢”。西域人首次到中国，窥见汉之广大。从此西域使节络绎不绝于途，中国与西域交往频繁，为中西交通史创下新纪元。年余后，张骞死，因他曾被封为博望侯，所以以后凡是派到西域的使节均称为博望侯。此后武帝曾数次用兵西域，虏楼兰王，破姑师国，以其地封汉将为浞野侯与浩侯，并进兵深入西域之大宛，杀其王。汉的势力直达西域各国。

自窦太后死后，武帝即向东南用兵，先后征服今福建、两广、越南北部、云贵等地的独立王国及西南夷区，同时进兵东胡（今东北各省）而领有朝鲜。

秦灭六国后，燕、赵、齐三国之人避乱而至朝鲜者数万人，燕人卫满亦亡命者之一，他聚众千余人，击破朝鲜王箕准而自称王。汉初视满为外藩，以事羁縻。卫满之孙右渠为王时，引诱汉逃亡之徒颇多，也不入贡。武帝三十二年（前109），右渠杀汉辽东东部都尉何谯。武帝乃向朝鲜用兵，次年灭朝鲜，杀右渠，置四郡以治之。

武帝晚年（前90）与匈奴战争曾遭受一次大挫败，名将李广利率七万骑兵与匈奴战，大败降敌，后为单于所杀。时武帝已六十七岁，四十余年南征北讨，耗竭国力过甚，同年又有骨肉之变，皇太子最终惨死。面对李广利之败，这位饱经风霜的老人觉得“军士死略离散，悲痛常在朕心。……当今务在禁苛暴，止擅赋，力本农”。此后武帝只求有国防，不再事征讨，不再“扰劳天下”。匈奴虽然打了一次胜仗，但受乌孙国自西面的威胁，国内又遭天灾，人畜损失很大，后来又有内乱，最终选择臣服于汉，此时距武帝之死已三十余年。

综观汉武帝一生事业，对中国而言可谓极为深远。他是一位非常突出的领袖，总括而言有五点：

一、大破匈奴，使岌岌可危的中华世界不受威胁或甚至不被消灭而获得安全发展，与罗马帝国为蛮族覆亡，从此欧洲沦入黑暗时期不同。匈奴不是脆弱易制的敌人，单于也知重用汉降人，深知彼此的优点与弱点，也很善于利用。数百年后（5世纪）他们横扫欧洲，被视为“上帝之鞭”，由此我们便知匈奴并非易与之辈，更陪衬出汉武帝的伟大。

二、他征服东南沿海及西南内陆地方，将这些地方纳入中华世界之内，加速这些地方的文化进步，也奠定了今后中国疆土的基础。后世之人心目中的中国，为汉武帝所首创。

三、他通西域的功绩，更非一言两语所能尽。许多西域的特产和乐器传入中国，中国的特产如丝绸等也传到欧洲。汉武帝派张骞通西域是世界文化史上的一件大事。

四、他在朝鲜置郡县，使中国文物制度大量传入该地，虽然王莽时朝鲜脱离中国的直接统治，但朝鲜文化仍然与中国文化有极密切的关系。

五、他在经济政策上的创兴。

武帝为了筹集战争军费及革除时弊，他在经济政策上有许多创兴。首先是统一天下杂乱无章的货币。前文已经提到，文景之时朝廷任人铸造钱币，于是质量各异的货币通行各地，民众计算不便犹在其次，任由巨贾豪强剥削确是苦不堪言。武帝将铸钱之权全部收归中央，将在市场上流通的参差不齐的钱币全数收回重铸，划一质量，每钱重五铢，人称“五铢钱”。这个彻底的改革使国库收入增加，大众也受惠。另外是将各地豪强借以鱼肉民众和牟利自肥的盐、铁、酒三项收归国营。朝廷在有关地区设置“盐官”，将制盐

胡汉交战画像砖

画像砖是用拍印和模印方法制成的图像砖，其图画通常以生活或重大政治事件为主要题材，部分内容可与史书相印证。汉朝对匈奴进行长期战争，统治者又把对外战争的武功视为荣耀，因而“胡汉交战”就成为画像砖的题材之一。画中的汉朝官兵正与胡兵格杀，双方短兵相接，战斗激烈。

工具租与盐商，并对此征取税金，严禁民间私制盐具。“铁官”主持采冶及铁器的制造和售卖；“榷酤”是酿酒及售酒。从此盐业、铁业、酒业不再受商贾操纵。朝廷从盐业、铁业、酒业中获得的收入，主要用于对外战争。还有“平准”“均输”法。朝廷在京师设官买卖天下货物，贱则买，贵则卖，调剂生产及物价，称为平准；按照朝廷规定，各地上贡到京师的贡品，不必运到京师，而运到价高的地区出售，称为均输。武帝的经济政策，从某种程度上说，是富国裕民的善政。

秦始皇是中华世界的缔造者，汉武帝是中华世界的守护者，他们二人对中华民族历史的贡献辉耀古今。后世若干史家纯从与民休息的黄老之术的观点出发，以儒家“亲亲而仁民”为准绳，严责两人劳民过甚、“穷兵黩武”，甚至将“秦皇汉武”视为虐民以逞的代表。他们忘记了如果没有秦皇汉武，他们如何能够安坐在家里讲仁义说孔孟！

⊙ 王莽兴起的背景

献议汉武帝设立五经博士及博士弟子的董仲舒还发展了一套政治理论，即“五德终始说”。此说源于战国末期的阴阳家邹衍，阴阳家属于“助人君，顺阴阳，明教化”的儒家的支流，他们的思想带有神秘色彩。“五德终始说”的大意是木、火、土、金、水为“五行”，五行相生相克，各代开国之君均代表一行，亦即一德，每德各有一色。如青帝是木德，赤帝是火德，黄帝是土德，白帝是金德，黑帝是水德。代表某德的圣人出世，天必降某一祥瑞；圣人承受天命，必须易服色、更制度、改正朔等，然后向天禀告（封禅），完成使命。各王朝之德，有如四季循环迭替。天降灾异以示德衰，圣人便要修德，向天表示悔改，并应物色新圣人，将国禅让与他，于是新圣人受天命，如此循环下去，五德终始。秦始皇便相信这一套，自命为水德；刘邦斩白蛇兴义师，自称是火德赤帝之子。汉初对汉王朝是何德也曾引起争论，到武帝时才决定是土德。董仲舒往这种带有神秘色彩的说法中注入儒家思想，并将之理论化，使其成为政治哲学的主流。

董仲舒的中心思想是“天人合一”，其推论颇与盘古开天辟地的神话

占卜栻盘

按照阴阳五行学说制成的天盘和地盘，代表了汉朝人对天地的认识。圆形的天盘可以转动，其正中心为北斗七星，内圈刻十二神将，外圈刻二十八星宿。方形的地盘内圈刻天干、地支，外圈刻二十八星宿。占卜时，转动天盘，观察栻盘显示的天象，再按阴阳五行学说，推断占日的吉凶。

类似。人之有耳目亦犹天之有日月。天有常恒，人亦如之。帝王是人，也是天为人而设者，故“王者欲有所为，宜求其端于天”。人必与天相应才有祥瑞，反之必有灾异。天意并非渺冥不可得而知之者，祥瑞与灾异即是天在表示意见。三代之所以太平，是因为符合天意，故不妨“迹之古，返之天”，即以古为范，达到天人合一。所以人们称这种思想为“复古更化”。我们从董仲舒“天人合一”的理论背后，隐约可窥见儒家轻君的思想，对于无上权威的君主，他们用符不符合天命规范他，用天人能否合一去控制他。“五德终始说”的重点有二，一是皇权不是绝对的；一是王朝不是永久的。改朝换代是天经地义的原则，这是对“顺天承运”“万世一系”观念的挑战。

董仲舒大概死于武帝中期，他的政治学说却深入人心。武帝死后九年（前78），就有人上书请武帝的儿子昭帝让位，最终上书者被杀。十八年后（前60），又有人请宣帝禅让，亦被诛。由此可见董仲舒的政治理论已为时人所信崇。对于一种当时人士咸以为合理的理论，死罪并不能遏止它的影响力，它只待时机成熟，自然水到渠成。就如同秦始皇统一天下一样，王莽使五德终始说得以实现。

承继武帝的昭帝（前86—前74年在位）为武帝幼子，八岁即位，由大将军霍光辅政，年仅二十而崩，无子。武帝之太子冤死，有劫余之孙名病已者遗存，武帝因痛悔逼死儿子，故对此血骨养视甚厚。刘病已此时已十八岁，颇受教育，遂被迎立为帝，是为宣帝（前73—前49年在位）。宣帝可谓来自民间，他在位时承继武帝遗志，西联乌孙，大破匈奴（前71）。又十六年，匈奴以五万众投降（前55），单于被封为王，近一百三十年的斗争遂正式告一段落。宣帝后为元帝（前48—前33年在位），元帝笃信阴阳五行之说，相信“安民之术，本由阴阳”，认为天灾人祸，皆由于“阴阳未调”。他将博士弟子的人数增加到三千人，要与孔子门下三千弟子媲美。他本人喜欢历史，兼具音乐修养，能自作曲吹洞箫。《汉书》认为他不如其父宣帝，汉代之衰从他开始。而一般人则认为汉政之衰由成帝刘骜（前32—前7年在位）肇始。

元帝的皇后王政君为太子妃时即生刘骜，刘骜甚得祖父宣帝宠爱，被称为“太孙”，“常置左右”。三岁时祖父崩，刘骜便是太子，可见其自幼极受娇养。长成后刘骜酗酒好色，元帝不满，很想将他废掉，另立宠妃傅昭仪之子定陶恭王为太子。皇后王氏时已失宠，幸赖长兄王凤竭力挽救，又由侍中史丹竭力谏阻，元帝“亦以先帝尤爱太子，故得勿废”。成帝即位后，自然对舅父心存感恩，立即任王凤为大司马大将军辅政，次年同时封另六位母舅王崇、王谭、王商、王立、王根、王逢时为侯。王太后有兄弟八人，唯弟王曼早死，未得封侯的殊荣，但曼妻则领着幼儿王莽住在宫中，王太后对这个自幼失怙的内侄自是疼爱。此时的王家，诚如刘向所说：“今王氏一姓乘朱轮华毂者二十三人。……大将军（凤）秉事用权，……尚书九卿，州牧郡守，皆出其门，……排摈宗室，孤弱公族，其有智能者，尤非毁而不进。历上古至秦汉，外戚僭贵未有如王氏者也。”当“王氏一门”权倾天下，据九侯五大司马之要职，骄奢淫侈的行为令人人侧目的时候，只有一人例外，那就是尊养在深宫的王莽。

王莽自幼从陈参学《礼经》，故“被服如儒生”。其为人恭俭有礼，勤学博览，孝事母亲，善养寡嫂及孤侄。他外结交英俊，内则善事诸叔伯。大伯父王凤有病，他侍疾左右，亲自尝药，蓬头垢面，连续数月衣不解带。故王凤临死之前，将王莽托付给成帝及王太后，王莽从此开始了他的政治生涯。王莽甚得诸叔伯的爱护，叔父王商甚至请皇帝将自己的食邑分封给王莽。当时的名士陈汤等人均颂扬他，由是成帝更看中他，任他为侍中，负责皇室宿卫。王莽的地位愈高，他待人愈谦冲，舆马衣裘都散施宾客，家中无所余留。王莽广交名士、公卿大夫，于是在朝的推荐他，在野的赞颂他。王莽的声誉日隆，开始逐渐超过他那显贵的长辈了。不久，叔父大司马王根称病告退，荐王莽自代，时王莽三十八岁，已位极人臣（前8）。

王莽任大司马后，躬行节俭一如昔日。他聘请贤良出任官吏，将自己的所有收入全部分赠给士人享用，且较从前更节俭。他母亲生病，公卿列侯遣夫人问疾，王夫人出迎，布衣短裙，见者以为是女仆，后知是大司马夫人，无不惊异。王莽的德行自然受到国人的景仰与歌颂。

次年成帝崩（前7）。成帝在位二十六年，天灾人祸接踵而至，“黎民屡困于饿寒”，农村破产，民众生活困苦到死者“不能自葬”的程度。成帝时徭役繁重，累死者甚众，造成了天下匮竭的情势。皇帝本人更腐化，常微服出游，“出入市里郊乡，远达旁县，斗鸡走马，自称富平侯家人”。身为皇帝却以“富平侯家人”身份在市井冶游，成帝放荡失体的行为，开后世昏君失德之先例。他与赵飞燕姊妹的故事，更是流传甚广，充分显现了他的荒淫无道。总之，说成帝开启了汉政之衰并非虚言。

成帝十九岁即位，四十五岁崩，妻妾众多而无子嗣，所以由侄儿入继大统，即为哀帝（前6—前1年在位）。哀帝自幼即知“王氏一姓”之骄恣，即位一个月便对王家开刀，将王根“遣就国”，将王况（王商的儿子）免为庶人，将王氏一族荐举的官员一律免职。王莽在成帝在位的最后一年升为大司马，他大概那时已有改革的计划，惜成帝不久死去。哀帝即位后，这个改革计划被提了出来：

一、限制贵族及平民拥有的私有土地，每家拥有的土地均不得超过三十顷。

二、诸侯王贵族的奴婢最多不能超过两百人。

但新外戚丁、傅两家反对。丁家是哀帝的母家，傅家是皇帝的祖母家，裙带关系比成帝的更复杂。为了傅太后（又号皇太太后）与王太皇太后在未央宫宴会的席次问题，王莽曾大发脾气，骂傅太后“藩夷，何得与至尊（王太后）并”，另设坐。傅太后自是“大怒”，哀帝当然袒护自己的祖母。王莽不安于位，称病去职。哀帝在言辞及赏赐上很优待他，遣其就新都侯国。王莽在封邑韬光养晦三年，他的一个儿子杀了奴婢，他逼其自杀，足见其治家之严。三年中上书替他讼冤的大臣“以百数”，应贤良试的人在对策中也多歌颂王莽的功德，又值日食，按照五德终始说的理论，日食是天降灾异的“异”，故群臣均主张征召王莽入朝。时傅、丁两太后均薨，哀帝乃召王莽入京侍候王太皇太后，大司马仍为董贤。提起董贤，大家都会联想到“断袖”的故事。哀帝即位时二十岁，董贤十七岁，他们同居宫中，董贤“常与上（哀帝）卧起……又召贤女弟以为昭仪，位次皇后，……昭仪与贤及妻旦夕上下，并侍左右”。这二男二女的关系复杂至极，班固寥寥数十字，写尽哀帝之秽行。

哀帝与董贤的关系是私德，可不深论，但哀帝将国库中的上品全赐予董贤，并为之建一祖坟，类似皇陵，又为之建宅第，“穷极技巧”，甚至董家仆人皆受上赏，“所费以万万计，国为空虚”，那就严重了。更严重的是哀帝竟册封这位年方二十二岁、毫无政治经验的董贤为大司马，册封文中用了“允执厥中”的话，此乃尧将王位禅让与舜时对舜的勉词。尤其令人骇异的是哀帝曾明确表达过“禅让”之意。某次哀帝在宫中饮宴，同座有董贤的父亲及亲属，还有备宿卫的侍中王闳兄弟。哀帝酒后竟对董贤说：“吾欲法尧禅舜，如何？”王闳乃进言：“天下乃高皇帝天下，非陛下之有也，……天子无戏言！”哀帝默然不悦，将王闳赶了出去，不准他再“侍宴”。此事如今看来确实骇人听闻，但在当时并非如此。董仲舒的学说已流行了一百二三十年，五德终始说早已深入人心。汉代政治腐败，灾害迭出，旧德已衰，新圣人将出已为人心所向往。皇帝亲自向一位无德的“圣人”提出禅让，才是大家震惊的原因，而不是汉德是否已衰，新圣人会受命与否的问题。

王莽便是在这种情势下应运而出的。他要将董仲舒等人崇高的政治理念加以实现。

⊙ 王莽时代：一个理想的破灭

哀帝死后，王太后立即罢黜董贤，董贤即日自杀，王莽复出任大司马，迎元帝庶孙、中山孝王之子为帝，即平帝（1—5年在位）。平帝年仅九岁，由王太皇太后临朝称制，以大司马王莽辅政。太后时年七十二，一切大政均由王莽总揽。从此时开始直到公元23年王莽为长安商人所杀为止，前后二十四年，均为“王莽时代”。平帝五年，孺子婴三年（6—8），王莽是有实无名的皇帝，这八年是配合五德终始说新圣人受命的过渡时期。王莽的改革自平帝时便开始，从平帝即位至王莽正式称帝为止，为兴革的第一时期，王莽称帝的十五年为第二时期。

第一时期的兴革比较温和，以行善政、减少刑罚方面的不合理之处为主，并未触及社会经济的根本问题。这一时期最重要的举措是有关教育方面的。王莽首先扩充中央的太学，将博士人数定为每经五人，另增加《乐经》，形成“六经博士”，所以博士共三十人。博士弟子的名额也由三千个增至一万余个，并由此形成中国历史上最早的规模最大的太学。当时朝廷也很重视地方教育，郡国的教育机构称“学”，县的教育机构称“校”，均各设经师一人。今日“学校”一词，即由此而来。朝廷在乡设“庠”，在聚（小乡）设“序”，各设授《孝经》经师一人，后之“庠序”亦得名于此。当时所谓“圣人以孝治天下”，“百行孝为先”，是王莽要净化民俗、教化民风的基本主旨。他又征求天下精通天文、历算、医药、乐律、方技、训诂等各方面的人才，将他们集中在京师，让他们贡献其所学。学者及学术，不限于“六经”，凡是拥有专门知识与技术的人才，他都重视。在他看来，教育是立国之本，教育才是人类争取真正平等的唯一途径。他为太学建筑宏大的校舍，为学生修建宿舍万余间。

此外，王莽还做了很多嘉惠民众的事，特别是在法律方面。妇女若非自身犯法，不受株连，这一条法律不知解除了多少无辜妇女的冤屈；男子八十岁以上，七岁以下，若非家人犯大逆不道之罪，除非有诏命令逮捕，否则均不得被拘押。他曾捐献巨额私产赈济灾民，并用私产在京城修筑房屋二百间供贫民居住。他又大封宗室和功臣的后裔，高级官吏年老退休后可食原俸禄的三分之一。这些德政中，有的观念很进步，不只是示惠大众而已。其中妇女不受株连一项最为突出。当时的普通妇女绝对不会参加政治活动，更不可能去上书歌颂王莽，王莽如此做，纯粹出于他的良知的呼唤。王莽拒绝接受“赏田”后，全国先后有四十八万七千五百七十二人上书请“亟宜加赏”。这些人不是王莽用钱“收买”来的，而是用他的德政换来的。人心向背，是“天人合一”政治哲理的根本。

公元6年王莽为“摄皇帝”，天下出现了许多符策，不外是说汉德已衰，新圣人已出现。这些玩意儿，多数是揣摩王莽心思以求荣利之徒，为了迎合王莽造出来的，也可能是王莽授意为之。总之，为争取政权而制造形势，比起用杀人盈野、庐舍为墟的争战去夺取政权，似乎不止略胜一筹。手段也许不是十分光明，但古今中外哪有用光明手段攫取政权而成功的例子。王莽用政绩去收买人心，与现今议员、总统用政绩或“政纲”去赢得选票并无二致。王莽为人类政治史创下新纪元，他要用“上书”（选票）人数的多少作为取得政权的依据。英国在1867年大改革之后，有选举权的人数还不过全国人口的百分之一。前汉末年，上书歌颂王莽的有四十八万多人，若将这一情况视为王莽获得了四十八万多张选票，我们便可明了王莽做皇帝的理由了。

时机成熟后，王莽于公元9年受禅。按照五德终始说，王莽须做“改正朔，易服色”等官样文章。这原本不重要，但他一开始便做得过度。他将他在古书中学得的古代官名，一一改用到当时的官制上，如三公改称“大司马司允”“大司徒司直”“大司空司若”，九卿的名称也大肆变动，如大司农改称纳言、少府改称共工、大鸿胪改为典乐等。又称“天无二日，土无二王”，诸侯王均改称为公，四夷封王者，均改为侯。这一切均引起时人的不满。匈奴改称侯，更是给他带来了很大困扰。

他最重要的改革，是推行新经济制度，这是他的理想，他的抱负。他根据先圣先贤的启示，要为大众的福利、社会的公平进步而改革。他要将自

制盐

酿酒

图中是汉代画像砖，展示的汉代制盐和酿酒的情形。

文、景时代便已产生，后来愈演愈烈的社会经济的不公平现象铲除。第一件大事是土地改革。开国之初，他便下诏，先叙述农民在土地兼并下的悲惨命运：身无立锥之地，卖身为奴婢，“与牛马同栏”，“父子夫妇，终年耕耘，所得不足以自存”；再形容那些豪强，“奸虐之人，因缘为利，至略卖人妻子，逆天心，悖人伦”。这真是字字血泪，是当时千千万万大众发出的心声。因此他下令将天下的土地全部收归公有，定名为“王田”。王田制度的要点如下：

一、土地国有，私人不得买卖。实行耕者有其田的政策。

二、男丁在八口以下的家庭有田不得超过九百亩，超过的田地要分给他人。

三、无田地的人，政府给每人分田一百亩。

四、现有奴婢不得再行买卖，用冻结奴婢的数目使奴婢买卖终止。

如有用言论反对这个制度的，“投诸四裔”，即将之驱逐出境。

第二项重大的经济改革是实施“六筦”（《汉书·食货志》作“六斡”），即盐、酒、铁，铸钱、冶铜、织布，名山大泽的特产，五均赊贷，六项与一般人民生活有关的物资，由政府管理，不使奸商操纵。“六筦”与武帝时期的平准、均输类似，不过范围较广。“六筦”中的最后一项是五均，它的目的是“齐众庶，抑兼并也”，即平均财富，防止财富集中。朝廷在长安及另外四大都市设置五位均官，每处置交易丞五人、钱府丞一人，他们的任务有二：

一、民众于市场买卖五谷、布帛、丝棉等物，如果物价贱于“平价”时，均官按其成本价收买，不要使售者亏本。物价贵过标准，由均官以“平价”出售与民众。“平价”按各地实情，每三个月议订一次，目的是防止商人垄断物价，剥削平民。

二、民众因祭祀或丧事急需用钱时，可以向均官借款，祭祀订十日归还，丧事三月归还，均不取利息。百姓经营生业亦可借款，但利息不超过纯赢利的十分之一。这是打击吃人骨髓的高利贷者。

若干人习惯将王莽的第二项经济改革称为“五均六筦”，观念混淆，使学者费解，笔者特释之如上。

王莽实行的经济措施还有：

王莽改制时期的钱币

王莽建新朝，托古改制，滥发货币，他在位十三年，共进行过四次货币改革，发行钱币多达二十多种，其中最为特别的国宝金匮“直万”，其形制特犹如一把打开财富宝藏的金钥匙。据考，该钱当时仅铸六十枚，现存世稀罕，极为珍贵。

一、对游手好闲、不事生产的人征税，每人年纳税布一匹，不能纳布者，由县官征服劳役，但提供衣食；

二、荒芜田地而不耕者，城中住宅有空地而不植树者，均征三夫之税，即纳布三匹之意；

三、其他各种行业如渔猎、畜牧、巫、医、卜、祝、旅舍、成衣、方技等凡有收入之行业，政府均征纯利的十分之一，颇似今天之所得税。

以上扼要叙述了王莽的经济改革。对于王莽的改革，我们不能不敬佩其胸怀确实如民胞物与一样纯正，但是他的改革失败了。失败的原因，与光武帝刘秀等人所说的“篡汉”无关，而是由于王莽本身的学识与才能均有问题。

王莽笃信五德终始说，该学说认为圣人为帝，必须崇古与顺天。王莽认为自己是受命于“天”为皇帝，自然要崇古以治天下，因此开口闭口不离《周礼》《诗》《乐》，尧、舜、禹三代，泥古不化到将当时的王爵与古代的“王天下”的王相同，因此要取消四夷所“僭”之王号。他即位的次年（10），匈奴单于求故玺（王玺），他不与，匈奴“遂寇边郡，杀掠吏民”。高句丽及西南夷的王玺自然也要被换成侯印，高句丽国王和西南夷王也都叛离。王莽对外用兵并未成功，前后八年，军用浩繁，黎民痛苦，怨声载道，民心大去，而王莽本人却常通宵不眠地研究古籍。

王莽的经济改革政策正确，而所任非人。六筦的长官，“皆用富贾，……乘传求利，交错天下。因与郡县通奸，多张空簿（造假账），府藏不实，百姓愈病。……猾吏滑民并侵，众庶各不安生”。富商摇身一变成为经济官，再与地方官勾结，百姓受到的剥削与凌辱，更甚于畴昔。不能知人善任，又食古不化，是王莽失败的主要原因。此外，他下令改革时考虑欠周详，一遇到阻碍又不得不更张，这种朝令夕改的作风，也是其改革导致民众怨声载道的原因之一。例如禁止田地私相买卖这一条政策，在实际执行过程中一遇到阻碍难行，旋即停止。最显著的例子，莫若货币的改革。王莽要模仿周钱“有子母相权”，遂废除自武帝以来流通了百余年的“五铢钱”，另铸各种货币，除铜钱有大小共十种外，又发行金、银、龟、贝、布等货币，共计二十八种之多，人民使用不便，引起经济紊乱，“于是农商失业，食货俱废，人民涕泣于市道”。王莽于是废除一切新币，只留大小钱两种，但民众仍不相信，散布谣言大钱也要被废除，故民众多私用五铢钱，朝廷虽重罚也无法禁止。

在这种情况下，一遇到很严重的灾荒，变乱不安势必爆发。自新莽九年（17）开始，旱灾、蝗灾、水灾连年发生，各地饥民涌入关中求食的有数十万人之多，暴风雨来临了。最先叛乱的是淮河一带凤阳等地以及为子报仇的吕母，叛乱旋即被平定。而规模较大的叛乱有两股：

一、绿林军。由于荆州一带连年大旱，民众以草根为食，于是江夏郡新市（今湖北京山境）人王匡、王凤啸聚饥民于绿林山，随后到处劫掠粮食，官兵进击大败。绿林兵不久便逾五万人，形成一大势力。

二、赤眉军。赤眉军由以琅玡（今山东临沂境）人樊崇为首的饥民所组成，于新莽十年（18）起兵，不到一年便啸聚万余人，自赤其眉，以别于官兵，故称赤眉。由是各地饥民与亡命之徒合流，“各领部曲，众合数百万”。但他们多无政治野心，只“转掠求食”而已。

在天下纷扰、民变风起云涌之际，王莽却下令转输各地粮食到边境，征召西北各郡兵丁数达百万，准备讨伐不愿被封为侯的匈奴。王莽同时派遣无能的统帅率领军纪废弛的大军十余万人去平定叛乱，结局是全军覆没，统帅更始将军廉丹阵亡（22）。这时，居住在南阳郡蔡阳县（今湖北枣阳境）、自称是景帝后裔的刘縯、刘秀兄弟乘时起兵，加入赤眉军的支派。

刘縯生性慷慨，喜结交天下俊雄，他的二弟刘秀“性勤稼穑”，并无大志，但相貌长得很“谨厚”。是时南阳附近之新市、平林亦有叛军，声势很大，刘氏兄弟乃聚众七八千人与之联合。平林军中有汉宗室刘玄，亦是刘氏兄弟族兄，颇有势力，号更始将军（同一时期赤眉军有王凤、王匡，新朝有太师王匡、大将更始将军廉丹；刘玄亦号“更始”，学者易困惑，特附识于此）。他说动军中诸首领以恢复汉室为号召，共同拥戴自己为皇帝，但刘縯认为王莽未灭以前若骤立刘氏为皇帝，则拥众数十万的赤眉军必另立帝（后赤眉军果然立刘盆子为帝），不若暂时称王，以免反王阵营内讧。但刘縯的建议未被采纳。刘玄即帝位，号更始。刘玄即帝位时，“群臣”向他朝贺，他“羞愧流汗，举手不能言”。随后刘玄更是滥封左右，除三公之外，其余尽皆九卿将军，“由是豪杰失望，多不服”。而王莽的号称百万（实际上只有四十二万人）的征讨大军已围昆阳，更始军惶恐无策，多作逃亡计，独刘秀力战却敌，击杀官军统帅王寻。“昆阳之战”使刘秀声威大震，奠定了他日后当皇帝的基础，其时他二十九岁。莽军大败后，天下震动，各地野心家“翕然响

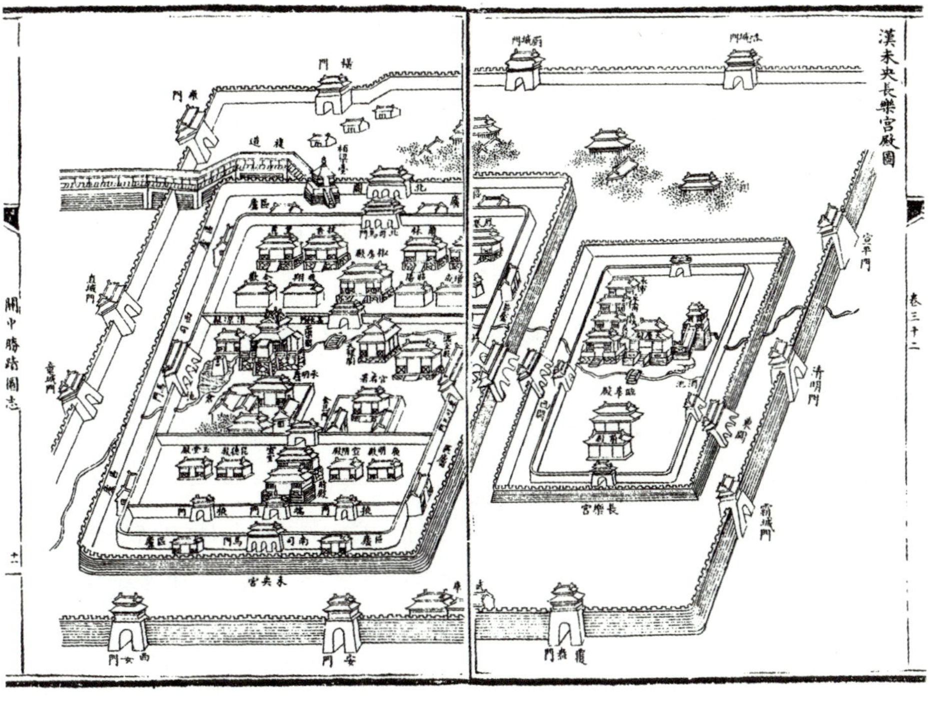

汉未央长乐宫殿图　清代毕沅绘

应，皆杀其牧守，自称将军，用汉年号以待诏命，旬月之间，遍于天下”，并散布谣言，说王莽毒杀汉平帝。王莽召集群臣，将他当年告天，祈用自己的生命换取平帝生命的策文，“泣以示群臣”。形势至此，哭泣已无用。两个月后，响应刘玄的绿林军入长安。王莽临死前尚称“天生德于予，汉兵其如予何”，他真是与“五德终始说”共始终！王莽是被一位名叫杜吴的商人（一说是商县人）所杀，商人自然最痛恨他的政策。

昆阳之战后，刘縯、刘秀兄弟功高震主，而刘縯为人锋芒太露，刘秀曾屡劝其早图刘玄，刘縯不听，终为刘玄所杀。统兵在外的刘秀于胞兄被杀后，竟亲向刘玄谢罪，不为胞兄服丧，“饮食言笑如常”，真有过人之量。刘玄不斩草除根，拜刘秀为破虏大将军，并封他为武信侯。刘秀顶着更始的名号，恩威并用，扩张势力，两年之间，领地大增，黄河以北全归他所有。击杀王莽的乱军只焚毁了未央宫，留着一座两百余年来建设得金碧辉煌、繁华无比的首都，拱手奉与刘邦的子孙刘玄。刘玄在长安见群臣，羞答答地低着头，用手刮座席，不敢仰视。将官有来朝稍迟的，他便问“掠劫的成果如何”。左右侍从均王莽时旧人，闻此，“惊愕相视”。刘玄军在长安烧杀劫掳，大肆破坏，使一座巍峨繁荣的城市变为废墟。更始三年（25），赤眉军也拥立姓刘的皇帝刘盆子入长安。刘玄降后被杀，赤眉军将刘玄对长安的摧毁工作彻底完成，使长安陷入“不有人行”的境况。这个时候，刘秀叛更始而自称帝（25），年号光武，后谥曰世祖。

刘秀在胞兄被杀后饮食言笑如常，但独居时不食酒肉，深夜哭泣，对刘玄自极痛恨，故赤眉军逼长安时他即叛玄称帝（25—57年在位）。此后刘秀十年南征北讨，削平群雄，恢复前汉疆土，史称后汉，又因建都洛阳，在长安之东，又称东汉。

随着王莽死亡的不仅是一个个人，而且是一个理想。这个理想有三个中心思想：

一、任何朝代都一定会灭亡，不可能由一家一姓的人永远统治下去。

二、政权的转移，要用和平方式的“禅让”，不用战争来取得政权。

三、任何政权都要重视天意，天视自我民视，民心即是天意。

王莽遵循这三点而获得政权，但在刘秀的引导下，王莽的行为被人们称为“篡”，“篡汉”的王莽被认定为罪大恶极。将近两百年的敷说便成为定论。后世君主希冀万世一系，自然要鼓吹“反篡”，自然要反对五德终始说，因为篡位和五德终始说二者都是保证子子孙孙永远做皇帝的死敌。班固将王莽这位“圣人”比为“奸慝”，责其“流毒诸夏，乱延蛮貉”。班固是后汉人，如此评论王莽不足为怪。宋司马光作《资治通鉴》，每于重要人事之后，用“臣光曰”加以评论，独王莽之后，借用班固的“赞”去评王莽，自己不敢赞一词，似是良知与避祸两者在内心斗争的结果。没有一个皇帝愿意看到鼓吹皇帝自动下台的言论，以司马光之贤尚且如此畏缩，更何况他人。皇帝非常喜欢痛骂王莽的人，而今皇帝早已逝去，现代的史家仍然为汉哀帝等那种刘邦的不成材的子孙抱不平，谴责王莽“篡汉”，实可喟叹！所以史学家钱穆说：“这不是王莽个人的失败，是中国史演进过程中的一个大失败。”（《国史大纲》）诚哉斯言。

第七章　衰颓时期（25—220）

⊙ 光武帝的政策

刘秀二十岁左右时曾到王莽所建的太学读书，“受《尚书》，略通大义”。当时他生活很苦，与一姓韩的同学合资买了一头驴，靠出赁驴补贴用度。他归家后耕种很勤，所以算是耕读出身。在战事中，刘秀也不忘宣讲《诗》《书》，被人们誉为文武全才。刘秀为帝之后，左右亦多用儒生，有名的邓禹是他在太学时的同学。这位素无大志的太学生一旦得志，心中所想的只有一件事，就是如何巩固政权，让子子孙孙永享天下。因此，他开

光武帝刘秀　阎立本绘

国之初的政策也遵循此一大目标推行，应可分为消极的与积极的两方面。前者是收拾人心和中央集权，后者是如何连根铲除五德终始说。

巩固政权的要着是分封宗室功臣。刘秀封宗室为王，所有功臣均封为侯，“皆占美县”，要他们“长为汉藩”。同时通令天下，废除王莽繁复的法令，恢复五铢钱以便民。民众所希望的是粮食与和平，和平已得，粮食只要勉强足够，骚乱自息。中央集权以集中兵权最为重要，所以他诏令各地方的轻车、骑士、材官、楼船均罢黜。前两种是平地作战用，材官类工兵以及楼船（是水师），均于秋收后分别操练，以备征召。刘秀兄弟原是凭借地方兵丁起事，深知地方武力易为野心家利用，故不要郡国兵接受军事教育，目的是中央集权。朝廷一旦将这些从未受过军事训练的平民“驱之以御强敌”，便有如驱猪羊去进攻虎狼。地方兵缺少训练，作战无能，后来朝廷改用胡兵，平民更大受其蹂躏，这是光武帝中央集权的后果之一。

权力集中于洛阳，洛阳政府的权力复集中于皇帝。汉代的三公是政府的最高权力所在，武帝临终时昭帝年幼，以霍光为大司马大将军辅政。大司马是三公之一，大将军是总揽王室事务的总管，一身而兼政府高职与王室总管要职，从此“大司马大将军”便成为政府最有权势者的称号。光武帝自然不能容许这个大权独揽的职位存在，于是将大司马改称太尉，禁止由大将军兼领，所以后汉的三公为：大司徒、大司空、太尉。三公名位虽高，一切大权却转移到“尚书台”掌管。尚书本属少府，是在宫内侍候皇帝文书方面事宜的宦官，武帝时已开始受重用。司马迁受宫刑后即在内廷掌此职事，负责皇帝的私人文书。尚书台置尚书令一人，俸禄千石，与县令相等，职位虽低，权力很大，直接受命于皇帝。中央对地方政治的管理也遵循同一思路，加强控制。前汉的地方政制是郡国和县的两级制。武帝置刺史，禄六百石。刺史地位很低，每年出巡全国十三州后，回长安向皇帝报告“强宗豪右”及各郡国两千石太守的政绩，有皇帝耳目之意。前汉末改刺史为州牧，秩两千石，职务与刺史相同，如有参劾，经由三公核实，然后由皇帝决定黜陟。光武帝去州牧之名，复称刺史，仍秩两千石，有固定治所，不需每年亲自到京，可遣使入京直接向皇帝报告本州各郡国事宜，由皇帝独自裁决惩奖，不经由三公。由是后汉地方政制逐渐形成三级制（州、郡、县），十三州刺史的权力日益强大，形成后来尾大不掉的割据势力，为后汉晚期分裂局面铺道路，是三国互峙的先声。

皇帝对地方军权、中央政权及地方政权的控制力加强后，确保刘家天下的消极工作已安排妥当，积极的工作亦奋力不懈。这方面的措施，可分为两点来叙述，它们对后来的历史演进有深邃影响。

首先是必须彻底铲除五德终始说。要将这种“大逆不道”的“邪说”自人的内心彻底铲除，需要对人们进行“洗脑”工作。光武帝知道，仅用严刑峻法不一定能收到预期的效果，所以他集中力量抨击王莽，歌颂“汉德”。在他的统治下，一般阿谀的文人大作“美汉诬莽”的文章，将王莽“篡汉”渲染成旷古绝今的大罪恶。用和平的方式转移腐败无耻的政权罪大恶极，是阴谋夺取；用杀人盈野、庐舍为墟的战争夺得政权，才是正大光明的。为了实现一个崇高的政治理念并实践一个政治理想而当皇帝是卑污秽行；只为了要享“九五之尊”而当皇帝是顺天承运，恢复刘家的家天下是“中兴”！甚至王莽近四十年的德行（王莽三十八岁辅政，其在此之前十余年之言行，已为天下赞誉，被杀时六十八岁），均被诬为“佞邪之材”（班固语）的所为，是在欺骗世人。一个人能历时四十年言行一致，不亦奇哉！周公也只“骗”了十几年。王莽的一切既被否定，而且十恶不赦，无人敢再提倡五德终始说，一姓天下应传之万世之理念自然确立，后世的皇帝谁不珍视这个“理念”，谁不锐意呵护？

其次是默默转移后汉士人的风尚。光武帝首先提出一个响亮的口号：“表彰气节”，即所谓忠臣不事二主，能死心塌地地忠于一家王朝被渲染成为天经地义之事。其次是扩大前汉的察举制，使士人在政治上有出路。前汉的贤良方正与孝廉，标准很多，茂材异等、文学高第、可使绝域、明阴阳灾异、习先圣之术、孝悌力田等均可入选，不定期限与人数。被举者多为现任官吏。光武帝则诏令各大官吏每岁荐举若干人，茂材的标准有四：一、德行高妙，志节清白；二、经明行修；三、明晓法律，足以决疑；四、刚毅多略，遇事不惑。

在这四项标准中，第一项是有气节，其余三项是一技之长，可做公务员而已。每年均有百余人被举。气节是道德问题，很难定出划一的标准，视举者的主观自行决定，后流于浮滥。标榜气节，可以升官发财，于是大家趋之若鹜，重气节遂成为东汉士人的风尚。气节表现在人与人之间的关系上。人与人之间有五种关系，即父子、兄弟、夫妇、朋友、君臣，除夫妇一伦当时不受重视外，另加上师弟一伦，五伦便成为后汉人所重视的气节。人际关系的表现，属个人的道德修养范畴，道德修养达到一定程度，便符合人际关系的要求。但若想出类拔萃，特别受人重视而声名四播进而被选拔，那就得另辟蹊径，互相竞争。道德成为竞争之目标，虚伪造作随之而生。总之，表彰气节开始不过是光武帝消弭五德终始说的手段，光武帝的鹄的确已达成，不过流弊很深远。

光武帝为巩固政权而进行的正本清源的措施，已如上文所述。我们对于他的评析，是纯粹从对中国历史演进历程的进化抑或退化来看，不受后汉人及其承袭者观点的影响。纯就做皇帝而言，光武帝不失为一位好皇帝。他生长于民间，深知民生疾苦，又“粗通大义”，故虽在军中犹“投戈讲义，息马论道”。即帝位后他选贤进能，与民休息，唯恐不逮。做皇帝满三十年，群臣进言要他封泰山以纪盛德，他回答说：“即位三十年，百姓怨气满腹，吾谁欺？欺天乎？”以这种胸怀治天下，我们不能不对他表示敬佩。刘秀没想到后世想欺天的人还真不少呢！如果地方官员遣人到洛阳歌颂他的盛德，他视为“虚美”，将来人的头发剃光，并将其罚到边区屯田。天下出现祥瑞之事，群臣请他“改元”，他不许，“常自谦无德”。他早上视朝，过午始罢，然后与文武大臣讨论大政，夜半始就寝。太子劝他“颐爱精神，优游自宁”，他回答：“我自乐此，不为疲也。”经过他三十三年的统治，生民复苏。后世歌颂光武帝为一代明主，不为过分。

⊙ 黯淡迷惘的士风

光武帝除了表彰气节，也很尊重儒术。他说：“吾理天下，亦欲以柔道行之。”柔道颇似王道，即不行霸道之谓也。他三十三年的统治，但求抚辑流亡，宁和为上，很少更张。他对文士很尊重，大功臣如邓禹即他在太学读书时的同学。“退功臣而进文吏”，是光武帝开国用人的大原则。对中央及地方教育，他无甚大兴革，因王莽的提倡教育已为他造就了足够的人才。王莽时太学生多至一万八千人，博士三十六人，助教七十二人。学生宿舍万区，“雨不涂足，暑不暴首”，学风盛极一时。

光武帝对教育虽无甚兴革，但对太子及宗室的教育很重视。他令通《尚书》的学者桓荣教太子，桓荣因之居宫中五年；又命钟兴授太子及宗室《春秋》，封钟兴为关内侯，钟兴辞以无功，他说：“教训太子及诸王侯，非大功耶！”

太子继位，是为明帝（58—75年在位）。明帝秉承光武帝遗风，遇学者尊敬有礼，对他的老师桓荣更是礼遇有加，老师生病，他亲到病榻旁问疾。明帝且亲赴太学讲学，“冠带缙绅之人，围桥而观听者，盖亿万计”。他讲的内容，史无明文，“亿万”是言民众也，大概好奇者居多。光武帝也曾到太学，但限于与诸博士讨论经义，不似明帝的铺张。

太学生入学的资格，初仅限于六百石官员以上的子弟。四五十年后，安帝（107—125年在位）时太学生人数已增至三万余。顺帝（126—144年在位）时建筑了二百四十栋大学舍，有房间一千八百五十个。学生入太学的资格放宽，可经考试补弟子。另有专为王室贵族设立的学校，规模很小。知识分子人数增多，各人兴趣与师承不尽相同，逐渐形成派系。有今古文及谶纬等争

汉代石画像《讲经图》拓片

西汉石画像《文翁讲经图》

汉代富贵人家子弟争相学经，以为仕宦之道，相互问难是流行的学经形式。

论发生，议论纷纭，本是属于学术性的讨论。聚集在洛阳的士人既多，耳濡目染，对政治发生兴趣，各持一端放言高论，臧否朝政。因他们不负实际政治责任，故其议论被称为“清议”。笔者且叙今古文之争及谶纬之学如下。

自置五经博士及博士弟子后，武帝为了恢宏圣道，下诏令天下献书，并设抄写图书之官，使中央有规模颇大的图书馆。成帝好学，特派人到各地求遗书，不限定儒学，举凡诸子百家之书，无所不求，包罗万象。最终所集之书十分杂乱，亟需整理，成帝乃分别派人校清。后成帝任命光禄大夫刘向校经传、诸子、诗赋，步兵校尉任宏校兵书，太史公尹咸校天文、五行、卜筮，侍医李柱国校医药，由刘向总其成。每书校竣，刘向必撰一“录”述其主旨，辨其谬误，上奏成帝。此项工作尚未完成，刘向便去世了，剩下工作由其子刘歆继之。刘歆在天禄阁工作，博览群书，综其要旨，而撰《七略》，即辑略、六艺略、诸子略、诗略、兵书略、术数略、方技略，共三万三千零九十卷。《七略》类似今之图书分类目录提要。这些珍贵的图书在王莽被杀后，为刘玄等人所焚毁，这是继项羽之后中华文化遭遇的第二次大焚书。

今古文经籍之争，肇端于刘歆在襄助父亲校书时，“发现”一部用古体文字书写的《春秋左氏传》，随后又陆续发现古体文字版的《毛诗》《逸礼》《尚书》，其内容与当时用汉代隶书所写的有出入。刘歆认为左丘明乃孔子及门弟子，他之好恶与夫子的相接近；公羊、谷梁在左丘明之后，所写均得之传闻，自不若左丘明可靠；故公羊、谷梁，不如左氏。这便是后世将公羊与今文经学家混为一谈之原因。到刘歆继父任职之后，他便奏请朝廷将自己所发现的古文经书三种（《尚书》被剔除）在太学置学官讲授，列为科目之一。哀帝要他先与博士们讨论后再决定，没想到博士们成见很深，竟然拒绝出席会议。刘歆于是很愤慨地写了一封书斥责各位博士，这便是有名的《让太常博士书》。刘歆在书中痛斥这些博士们“因寡就陋，……犹欲抱残守缺，挟恐见破之私意，而无从善服义之公心。或怀妒嫉，不考实情，雷同相从，随声是非”。博士们对刘歆的痛骂置之不理，盖刘歆的说法也有问题。刘歆说汉武帝时鲁恭王拆孔子家宅欲改建宫室，发现古文《逸礼》及《尚书》。孔安国献书与武帝，因遭“巫蛊之祸”（即戾太子被诬自杀事），故未为之立博士，现在群书中发现，可见自有其来源。鲁恭王破孔子家宅而出现古文经书之事，《史记·孔子世家》未载，司马迁为当时史家，岂能忽视此等大事；其次鲁恭王死于武帝十三年（前128），巫蛊之祸发生于武帝五十年（前91），中间相距至少三十七年，即使有孔安国献书之事，亦不可能受三十七年后巫蛊之祸的影响而未立古文经书博士。因此很多人认为所谓古文经书是刘歆伪造出来的，目的在于打击流行经学家（今文经学家）唯我独尊的局面。这个争辩一直延续下来，是经学家之间的论题。大家各持一端，至今论争未已。

至平帝时王莽辅政，刘歆受重用，于是他请政府将《左氏春秋》《毛诗》《逸礼》等古文经立为官学，古文经盛行一时。此后古文经书陆续出现，《易经》（《周易》）《论语》《孝经》《诗经》等均有古今文之分。后汉一反王莽的提倡，将博士中讲古文经者剔除，只立今文经博士十四名，但私家讲学则不禁止，如服虔、马融、郑玄等名学者，在民间讲古文经，从学者亦众。

古文经书出现之后，大约在新莽中期，又有纬书出现。其说谓孔子的著述分经、纬两种，经书已为大家所稔知，纬书现在才发现。所谓“纬”，附在“经”之后，所述均为经书中之预言神话，因此纬中全是谶语，故称为“谶纬”。如“亡秦者胡也”“始皇死而地分”等流言，是早期的谶语，即民间所流行的神秘的预言而已。

纬书是围绕着经书而有的谶语。有《诗纬》《书纬》《易纬》《礼纬》《春秋纬》《孝经纬》《论语纬》七种之多，据说均是孔子的“著作”，内容全是荒诞不经的神话。例如说孔子某日见赤虹自天而降，化为三尺长的黄玉，上刻刘季要做皇帝，于是便预为刘邦制礼作乐，以备他做皇帝时遵行。其怪谬如此，难怪有人请求禁止。但若干帝王深信之，因谶纬早谕示刘秀是真命天子，刘秀为帝后，自然要提倡此说。光武帝爱读谶文，甚至“多以（谶纬）决定嫌疑”。廷臣会议灵台建筑在何处为宜时，亦“欲以谶决之”。桓谭反对，光武帝大怒曰：“桓谭非圣王法，将下，斩之。”光武帝竟视谶纬为圣王之法，可见后汉谶纬之学的声势。到南北朝时，谶纬才被视为邪说而被禁止。隋炀帝（605—618年在位）下令焚毁纬书，遗留下来的只有《易纬》八种。明、清学者自群书中辑其逸文，得若干零星谶纬之文，这些文字都是给儒家哲理蒙上一层神怪外衣的鬼话。

后汉知识分子在学术思想上卷入支离破碎的古今文之争与神秘色彩浓厚的谶纬之学的浪潮中，将治国平天下的大义、个人对社会国家的责任等至理，一一抛到九霄云外，加之朝廷以表彰气节推波助澜，因此后汉的士人只知有家庭、朋友、师生，没有分毫对社会国家的责任感。在这种衰颓的气氛中，黯淡的世风下，却有一个例外，他便是《论衡》的著者王充（27—约97）。

王充所处的时代正是上文所叙的文化上的黯淡时代。他出身贫困，幼年丧父，仍有志于学，遂到洛阳去入太学。据他自述，太学教授钦定的今文经典不能满足他的求知欲，故他常到洛阳市中的书店去看书，从而接触到太学所不讲习的百家之言及古文经书。当他站在书店里阅读诸子百家“杂说”时，道上常有鲜车怒马疾驰而过。王充饱读书籍，感触颇多，遂返回家乡会稽以教授生徒为生。他一面奉养寡母，一面将自己的思想结集成书，即《论衡》。

《论衡》原超过百篇，今仅存八十四篇。王充不仅反对谶纬之说，称之为“虚妄之言”，而且警告世人，不要迷信圣贤之言。他说：“夫贤圣下笔造文，用意详审，尚未可谓尽得实；况仓卒吐言，安能皆是？……案圣贤之言，上下多相违，其文前后多相伐者，世之学者不能知也。”他一语惊人，打破盲目崇拜圣贤的一切的教条，对当时学官或学者奉为圭臬的经典予以严厉的批判。

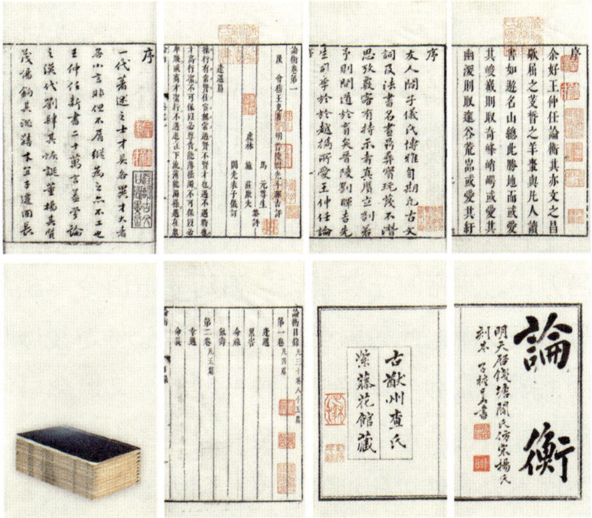

《论衡》书影

明天启六年（1626）钱塘阎光表刻本。《论衡》是王充的代表作品，也是中国历史上一部不朽的无神论著作。后人称《论衡》书是“博通众流百家之言”的古代小百科全书。

在《问孔》与《刺孟》两篇文章中，他用证据批评两位圣人。从标题上看，《问孔》篇似乎很客气，实际上是“明问实反”。王充对这位天字第一号的大圣人也咄咄逼人，笔下毫不留余地。但他并非全盘否定孔孟的学说，只不过告诉世人圣人“仓卒吐言，安能皆是”。他就这一点而举的例子，是孔子回答子贡问政时说要“去食存信”，回答冉子则说“先富后教”，岂不自相矛盾？何况人民饥饿时易子而食，析骸而炊，有何“信”可言？他只要世人了解圣人不是“皆是”而已。王充的言论在当时不受重视，并未掀起波澜，但也颇受瞩目。王充晚年时皇帝曾派车去征召他到洛阳，但被他婉辞了。

后汉末年，大名士蔡邕（133—192）在苏州得到一部《论衡》，视之为珙璧，常引用王充的理论与人谈论；稍晚的经学家王朗（死于228年）为会稽（王充的家乡）太守时，也得到一部《论衡》，秘藏不示人，回到许都（今河南许昌东）后时发精辟独到之论，时人均认为王朗“不见异人，必得异书”。可见王充的著述在当时并未普遍流行。我们现在谈到王充时将他视为后汉思想界的一朵奇葩，实际上他的思想在当时学界的洪流中不过是稍纵即逝的微波而已。

自王莽败亡，中华知识分子以天下兴亡为己任的那种磅礴之气已受到致命的斫伤，再加上朝廷的表彰气节政策，与今古经文之争及谶纬之学三大洪流的相互激荡，后汉的士风逐渐走上一条极为特出的蹊径。清代史学家赵翼特论后汉重名节的原因：“盖当时荐举、征辟，必采名誉，故凡可以得名者，必全力以赴之，好为苟难，遂成风俗。”（《廿二史札记》卷五《东汉尚名节》条）真是一语破的。后汉士人之所以尚名节竟至荒谬绝伦的程度，原因只有一个：可因此成名而博得利禄。他们“全力以赴之”的“特立独行”之事迹，赵翼且叙且评，颇为允洽，兹择要略述如下：

一、服父母及举主之丧。汉初重孝，然尚少为父母服丧三年者，至前汉末年有人为父母服丧三年，因而名显京师。宗室中有服丧三年者，得加封食邑万户。平帝时王莽辅政，朝廷发布诏令，规定官吏六百石以上者均需为父母服丧三年，此只限于公务员。后汉时为父母服丧三年已是普通行为，无由因而成名获利，遂有母死服丧三年，又追念早年丧父幼时未尽孝道，再补三年，共服丧六年之久。甚至有服丧二十余年者。孔融进而提出对在父亲墓前哭而不哀者处以死刑的建议。除为父母服丧之外，还有为“举主”（即荐举人到朝廷去做官的恩人，又称“恩主”）服丧，有人竟弃官而去为恩主服丧三年，由是而显名。

二、兄弟让爵。即有爵之父死后应由长子袭爵，而长子辞让爵位与其弟。有的让爵者，蒙皇帝批准；有的皇帝不准，“被逼”受爵。故赵翼说：“夫以应袭之爵，而让以鸣高，即使遂其所让，而已收克让之名，使受之者蒙滥冒之讥。有以处己，无以处人。况让而不许，则先得高名仍享厚实，此心尤不可问也。”他将让爵之徒的奸猾心态剖析得淋漓尽致。

三、兄弟推让遗产。李充有兄弟六人同居，其妻存有私房钱，故主张兄弟分产，李充允诺，于会亲友议析产时跪告母亲实情，并痛斥己妻，因此之故，李充被征为博士。又有许武者，以弟籍籍无名，乃分家产，自取肥田广宅，以劣贫者分与弟弟许宴、许普，弟仍敬事兄如常，由是得克让之名，遂得举为孝廉。及弟弟成名后，许武乃会宗亲泣道其事，尽还前所非分侵吞之田宅，许武也因此名声大噪。

四、报私仇。此类事例颇多，如苏谦为司隶校尉李暠判罪，死于狱中，其子苏不韦与宾客掘地道至李暠寝室，适李暠如厕，乃杀其子与妾。再疾驰至李暠父墓，斩李暠父亲尸之头，以祭父亲苏谦。有因兄被杀而白昼行凶杀仇者，有为朋友报杀父之仇而杀人者，有为“恩主”报仇而杀其仇者。目无法纪，而时人赞之。赵翼责之为“缪戾之极矣！……而不自知其非也”。

此外如避聘不就，以让亲属；一介不取或散财以济他人；等等，均是卓特之行，均足以扬名天下，取得禄位。后汉士人所推崇的名节有三大特色：

一、只重视人际关系，忽视社会国家责任感和法律道德（所以才有杀人妾子、斩人父尸之举）。

二、只有个人恩怨。主从的关系超越一切，恩主的恩仇成为一己的恩仇。换言之，他们心目中的忠义，只是对个人的忠义。

三、他们将道德作为竞争的目标和博取利禄的手段，因此虚伪造作，无所不用其极。

寡廉鲜耻的伪君子成为社会楷模，在这种风气之下，后汉士人的“清议”也就可想而知矣。诱导士风走上这条道路的始作俑者是光武帝刘秀，他的政策是成功了，五德终始说被彻底消灭了，代之而兴的却是一个颓废迷惘的知识分子群体，他们游离寄生在是非不分、虚诬诈伪的世界中。

⊙ 外戚、宦官与名流

汉光武帝开国的一切施政，都是以如何能保持政权为目的，他个人兢兢业业，持盈保泰，摒除所有浮夸虚伪的措施。就当时的天下情况而言，这些措施确是对症下药。光武帝在政治上将皇帝的权力加以扩充，创建了中华历史上首次由君主一人大权独揽的制度，巩固了其后世子孙统治天下的基础。但这种君主专制制度的必要条件是君主英明练达，岂料刘秀的子孙多数短命。后汉共十二帝，名义上统治了一百九十六年，实际上自董卓入长安（189）后，皇帝便成了可怜虫，实际的皇权统治只有一百六十余年。再除掉开国的光武帝（三十三年）、明帝（十八年）、章帝（十三年）、和帝（十七年）四帝的统治共八十一年外，余下的八十多年共历八帝。这八位皇帝即位年龄最大的只有十五岁，最幼的仅百日；或为两岁幼儿，其余多为十岁左右儿童。做皇帝时为无知童稚而复夭寿，八位皇帝中除傀儡皇帝汉献帝之外，只有一人活到三十六岁，有三帝无子。这一群儿童，如何能“英明练达”去大权独揽！

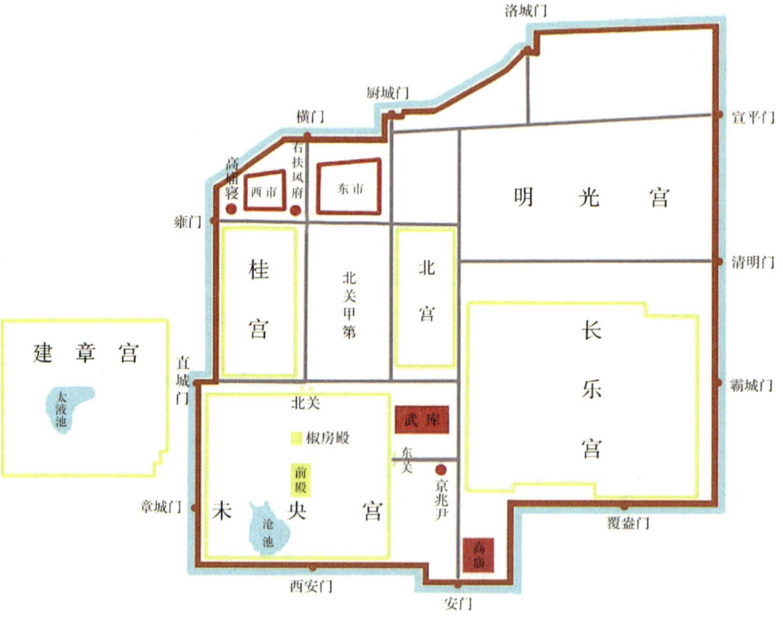

汉代长安城布局

在这种情况下，政权自然由小皇帝的母亲或名义上的母亲掌握。这些年轻的寡妇，被尊为皇太后。她们自幼生活在世宦之家，嫁与皇帝或太子，居住在深宫之中，对于天下国家大事和民生疾苦可谓茫然无知，大权一旦落到她们手中，她们自是惶惶然手足无措，只有求助于人。她们唯一可求助而又信赖的只有可以自由出入宫禁的父兄，也是儿皇帝的外祖父与舅父们，即“外戚”。等到皇帝年长结婚，皇后的父兄成为新外戚。如果太后不像王政君（元帝后）那样活到八十几岁，王家的外戚可以长期受到庇护，皇帝一定会联络新外戚打倒老外戚，也就是皇帝联络自己妻子的父兄们去打倒自己的外祖父与舅父们。后者早已当权，党羽众多，势力强大，儿皇帝只有用不离左右而又可私自出入宫禁的宦官去暗中策动朝中反对老外戚的力量。后汉因有王莽的前车之鉴，朝臣对外戚弄权素无好感，外戚秉政自然树立了不少敌人。何况在勤王的大前提下，朝臣自然乐于帮助皇帝将有权势的外戚消灭，宦官因此很受皇帝重视。由于皇帝夭寿，太后的命也不够长，于是相似的故事循环上演，殊少例外。外戚有更迭，此兴彼衰，一家倒下去，另一家又兴起来；而宦官却不然，他们自成一利害与共的集团，长幼相传，每参与一次皇帝与外戚的斗争，便增加一分历练，也增加了他们在朝廷中的一些党羽。宦官每立功一次，便接受皇帝的酬劳而获得一些权势，如此日积月累，他们的势力浸渐强大，夺权的能力也历练日精。当时名流领导的“清议”，均拥皇帝而贬外戚，没有想到所拥戴的实际上是宦官。自殇帝（106）至灵帝（189），光武帝所希冀能专制天下的七位皇帝，实际上都是外戚和宦官的傀儡。

宦官的源流颇久，《周礼》中即有“阉人”“寺人”的称呼，他们服务于宫廷。“阉尹”是阉人的主管，主要职务是防守王室内部。赵高为秦二世之师，又为太尉。汉初设“中常侍”，吕后置“大谒者”，可以出入寝室，凡此等等，均是受过腐刑（又称宫刑）在宫中服务的男性；因为并无正式官位，只称为“做官的人”——宦者，亦称为“宦官”，宦官并不是表示歧视之意的称呼。多数宦官是俘虏或犯罪的人受刑而成，司马迁受宫刑后入宫为武帝掌私人文书，即是例子。武帝晚年常在宫中宴游，不常与朝臣接触，尚书、中书的权力日大。担任此类职位者，有时亦有士人，如班固的祖父曾在成帝时任中常侍。后汉自光武帝开始，宫中全部用受宫刑的宦者，自是宦官独存内廷，自成集团。明帝八年（65）左右，皇帝设中常侍四人、小黄门十人（前汉有黄门令管宦者，故亦称宦者为黄门），后扩充为中常侍十人、小黄门二十人，其他无职称的宦官人数也相当多，观后来袁绍尽杀宦官（189）两千余人便可知。

外戚与宦官的权力斗争，以桓帝十三年（159）外戚梁冀被宦官单超、唐衡等五人杀死为划分，前期宦官权势不大，隐晦弄权。梁冀死后，单超等五人被皇帝封侯，世称“五侯”。从此宦官骄横暴敛，权倾天下。下面引的话，可见当时宦官声势嚣张的情况：（宦官）举动回山海，呼吸变霜露。阿旨曲求，则光宠三族；直情忤意，则参夷五宗（五服内之宗亲）。……若夫高冠长剑，纡朱怀金者，布满宫闱；苴茅分虎（封侯之意），南面臣人者，盖以十数。府署第馆，棋列于都鄙；子弟支附，过半于州国。……所以海内嗟

《御制外戚事鉴》 明宣宗皇帝撰

明宣宗为训诫外戚恪守臣道，令杨荣从历代正史中摘抄有关外戚的史料，制成《御制外戚事鉴》。图中讲述的即是梁冀的故事。

毒，志士穷栖。（《后汉书·宦者列传》）

从梁冀被宦官杀死到袁绍尽诛宦官计三十年，此三十年为宦官专恣的极盛时期。

除外戚与宦官之外，后汉政治上另有一势力，可与上述势力颉颃的“清议”力量是由名流所领导的太学生所形成的。后汉士风以人伦气节相砥砺，上节已有叙述。这批人士包括若干重要官员，在早期多是反对外戚专政，疏谏母后擅权，不畏强权，置生死于度外，因此获罪被杀或自杀者。他们忠心耿耿，拥戴王室。外戚虽专擅，但多少有士大夫出身的背景，排斥异己固不遗余力，而对舆论清议却尚略有虑忌。故他们对反对者虽加以镇压，大致上尚不过分。至梁冀败后，宦官专恣，势力遍天下，“子弟支附，过半于州国”，以致“海内嗟毒，志士穷栖”。换言之，无论地方中央，都满布宦官的势力，各地的士人都在宦官的毒爪之下，受到荼毒与迫害。宦官的来源不外是罪犯与贫穷者，或丧风败德无法容身闾里之无赖，他们原本殊少受士大夫那一套道德操守熏陶，一朝得势便穷凶极恶，横征暴敛，肆行无忌。他们根本不在乎舆论清议，只知道攫取权力，而清议却去反对他们，结果如何可想而知，那便是世所熟知的“党锢之祸”。

桓帝（147—167年在位）时的外戚窦武（皇后之兄）有鉴于宦官势力强大，乃折节下士，廉洁恭俭，用皇室赏赐分赠太学诸生，笼络名士，颇为清议所归，自亦为宦官所忌。当时领袖群伦的人士，有所谓“三君”“八俊”“八顾”“八及”“八厨”。窦武、刘淑、陈蕃为“三君”，“言一世之所宗也”；李膺等八人为“八俊”，“言人之英也”；郭林宗等八人为“八顾”，“言能以德行引人者也”；“及者，能导人追宗者也”；“厨”者，“言能以财救人者也”。这些人名满天下，尤其李膺、陈蕃更是个中翘楚，太学生均称“天下模楷李元礼（李膺），不畏强御陈仲举（陈蕃）”。有人替李膺驾一次车，便认为这是自己一生中莫大的荣幸，如到李府被延见，被人们视为“登龙门”（比喻由鱼而成龙之意），身价涨十倍，可见其声誉之隆。这些名士疾恨宦官之专横，力主制裁，最终引起党锢之祸。

桓帝十九年（165），朝廷任命李膺为司隶校尉。宦官张让的弟弟张朔为野王县令，贪残无道，甚至杀孕妇，知李膺威严，乃逃罪张让家，藏于合柱中。李膺率兵至张让宅，破柱捕张朔，审讯完即杀之。张让诉冤于帝，桓帝以膺有理，亦无可奈何。诸宦官因此不敢出宫门，帝怪问其故，宦官“叩头泣曰：‘畏李校尉。’”。宦官与名士积怨日深，伺机报复。

桓帝二十年（166），有名张成者号称擅长占卜，推算朝廷将大赦天下，遂教子杀人。李膺逮捕之，但张成与宦官有勾结，竟被开释。李膺怒，乃以他罪将张成处死。张成的党羽乃上书朝廷，指控李膺“养太学游士，交结诸郡生徒，更相驰驱，共为部党，诽谤朝廷，疑乱风俗”。桓帝震怒，捕李膺等二百余人入狱。陈蕃上书直谏，桓帝便以陈蕃“辟召非其人”，将他免职。此为第一次党锢之祸。次年窦武等人请皇帝赦罪，桓帝乃赦李膺归田里，对其禁锢终身。

后桓帝崩，十二岁的灵帝（168—189年在位）即位，外戚窦武与名士陈蕃（时为太傅）合谋诛宦官，事败被杀（168），次年即有第二次党锢之祸。

此事肇端于督邮张俭弹劾宦官侯览，奏书被侯览截留，张俭乃迁怒而杀侯览之母，并杀其家属宾客百余人（169）。侯览乃唆使人上控张俭等“共为部党，图危社稷”，株连李膺、虞放等百余人。宦官遂在小皇帝的名义下兴大狱，李膺等百余人均考死狱中，妻子徙边，禁锢及于五属。张俭案初发，李膺时居家乡襄城，乡人劝他逃亡，他说：“事不辞难，罪不逃刑，臣之节也。吾年已六十，死生有命，去将安之？”乃诣诏狱，考死。李膺可算得上是后汉名士中的佼佼者，言行一致，不亏名节！政治高压之下，反对宦官的声浪并未停止，乃又有党狱。灵帝五年（172），宦官的爪牙段颎（司隶校尉）捕太学生千余人。四年后（176），又有党狱：永昌太守曹鸾以党人之故被杀，“党人门生故吏，父兄子弟在位者，皆免官禁锢”。几次党锢之祸，使后汉的精英斫丧殆尽，宦官的权势煊赫无比，党羽遍布中央与地方。达官显宦，全是宦官之爪牙；宦官鱼肉天下，天下人莫敢颉颃。名流是书生，秀才不会造反，但积薪之下，星星之火可以燎原。士人的反抗完全被平息之后八年（184），巨鹿人张角之黄巾军首先揭起叛乱的旗帜，吹响了中华世界分崩离析的号角，也促成了一百二十余年后，边疆杂居的胡族大乱中华的契机。

⊙ 长期分裂的前奏

外戚与宦官的斗争，双方壁垒分明，名流初期拥护宦官对抗外戚，是基于不知底细，以为是忠于皇室而反对揽权的外戚，不知隐匿在皇帝幕后的是宦官。至梁冀被杀，宦官由于政治斗争经验增多与多年培植党羽的结果，势力强大，气焰嚣张，名流始转而与外戚合作，陈蕃、窦武合作失败，仍是失败在洛阳中央军事受宦官控制。到灵帝崩（189），外戚何进与名流袁绍、袁术兄弟合谋诛宦官，乃召当时以悍勇著名的并州刺史董卓率兵来洛阳。董卓的兵未到，宦官侦悉何进等人的计划，先发制人，何进被杀。袁绍及何进部属合攻宫廷，袁术放火烧南宫，袁绍入北宫逮捕诸宦者，无论少长均杀之，凡两千余人。宦官领袖张让等挟少帝（四月至八月在位）逃出宫，为尚书卢植所逼，悉投水死，后汉的宦官至此被彻底清除，外戚亦因何进之死而被消灭。此时董卓已率兵入洛阳，旋即废少帝，另立少帝的同父异母弟、年仅九岁的陈留王为献帝（190—220年在位），从此后汉名存实亡地维持了三十一年。外戚、宦官、名流持续斗争近百年的局面结束，名流与军阀争夺天下的局面开启，名流也需拥兵自持，因此名流与军阀也就无甚差别了。

自董卓入洛阳到隋文帝一统天下（189—589），整整四百年，中国重新陷入分崩离析的状况中，与周平王东迁到秦始皇统一（前770—前221）的五百五十年的状况相差无几，这算得上是中国的第二次大分裂。第二次大分裂的因素与发展，较春秋战国时期要复杂得多，关于这些，容后叙述，我们现在要分析造成这种形势的原因。

第一是后汉地方官权力很大。郡守的地位很高，秩两千石，与九卿地位相等，政绩好声望高，可得征召入京为丞相，中央政府的高官，亦可出任为郡太守。郡太守可独自选任属吏，不受中央管制，所属低级官吏，限用本郡人，高级职员则不受籍贯限制，所以郡守可以笼络天下人才。前汉有郡尉主军事，后汉地方军不受军事专业训练，故郡尉被取消，地方武力直接受太守控制。太守主持全郡军政自不待言，财政亦由其自由支配，只是每年派人到丞相府汇报而已，任期也无限制。事实上，他们俨如一个独立王国的国王，只是不能世袭而已。

郡之上有州牧，由武帝时的刺史演变而来。武帝设刺史秩仅六百石，为皇帝耳目，权力虽大，但职位低，做刺史九年而善尽职守者，才可迁升为郡太守或国相。后汉改秩两千石，地位提高，同时有治所。灵帝时因地方不靖，乃改刺史为州牧，主管该州所辖各郡。全国共有十三州、郡国一百有余，每州辖七八郡不等，州牧便成为雄踞一方的势力。

第二是由于后汉士风重名节，对恩主报恩的观念深入士大夫阶层，士大夫们逐渐形成以个人为中心的道义集团。郡守可自任属吏，又可选举孝廉，孝廉要向恩主报恩，属吏对主官竟比之为君臣关系，属吏要忠于他们的所谓“君”。有一位太守贪赃枉法被下狱，朝廷拷问他的属吏以求罪证，属吏竟以“臣不能谤君，子不能责父”作答。有一位县令闻知他的恩主要经过县境，乃去迎候，因稍迟未得见面，遂弃其官守，追见其恩主。这一类事例很多。因此，在后汉的士人心目中，没有一个中央政府的观念，只有效忠于个人的“热忱”，这种政治上的离心力是分裂的原动力。

第三是后汉以门第与士族为中心的分裂情势。察举孝廉与报恩两件事交互影响，使得后汉的门第形成。郡太守察举孝廉并无客观标准，全由自己主观决定。太守为了向当初荐举他为孝廉的恩主报恩，最佳的回报是也推举恩主的子弟为孝廉，如果其人在本郡，荐举是极简单的，如果其人不在本郡，也可辗转请托以求达到目的。于是有地位的人家，其地位越来越高，声势越来越大，犹如滚雪球一般，仕途遂逐渐为一个个大家族所垄断。这些大家族成为门第，门第也就是政治权势的重心所在。门第相当多，又有大小之分，互相也可声气相通，结成一股一股的力量，成为政治上的离心力。

上述三种因素互相影响，再加上黄巾军起兵与军阀董卓将中央政府彻底摧毁，分裂的情势自然便出现了。董卓之乱是中国大分裂的前奏曲。

董卓是陇西（甘肃东部）临洮人，他的父亲曾任地方军官。他“性粗猛有谋”，少年时交游羌人，与其将领交结后归乡务农，又结交各方豪杰；且董卓孔武有力，长于骑射，颇为边境羌人所惧。他于桓帝末年从军，破叛羌，拜郎中，得赐缣九千匹。但他并没有将皇帝的赏赐据为己有，而是将之悉数分与部下，所以甚得士卒拥戴。灵帝十七年（184），黄巾军起兵，西北边疆亦乱，董卓有战功，数年之间，手握兵权，其所辖之域俨然汉室西北重镇。灵帝二十二年（189），灵帝已病重，调升董卓为并州牧，嘱其将兵权交与皇甫嵩，为卓所拒。他说士卒“恋臣畜养之恩，为臣奋一日之命”，不愿被调走，于是驻兵河东，“以观时变”，盖已野心勃勃矣。待何进召他入京，他闻命立即率兵入洛阳。时宦官已全部被杀尽，董卓在郊区迎得少帝，旋即废之，立献帝，杀何太后（灵帝之后，少帝之母，何进之妹）。董卓废帝弑后的专横行径破两汉历史纪录，是军阀横行的开始。

董卓以边区豪强立军功而坐大，暴戾恣睢成性，一朝得势，横行无忌。他任令士兵烧杀淫掠，无所不用其极，“淫掠妇女，剽掳资物……人情崩恐，不保朝夕”。他甚至发掘刚葬不久的灵帝皇陵，以掠取殉葬宝物；更奸淫公主，以屠杀百姓为乐。承平了一百六十余年的洛阳人在董卓和他的凉州兵的肆虐下，如同堕入鬼蜮。董卓的暴行骇人听闻，“废帝弑后”等事立刻传遍天下，于是各地纷纷起兵讨贼。董卓一不做，二不休，干脆将废帝弘农王杀掉，放弃洛阳，驱“洛阳人数百万口于长安”，因长安接近他的根据地凉州。他离开洛阳前放火烧毁所有宫室、宗庙、官府及住宅，并令吕布发掘历代皇陵及公卿以下坟墓，劫掠墓中财物，使洛阳“二百里内无复孑遗”。董卓对洛阳的暴行，只有项羽当年在咸阳的行为可比拟。自光武帝以来一百六十余年，洛阳已成为天下重心，当时遭此破坏，重心失去，遂使重建

汉代错银铜牛灯

该铜牛灯设计精美，独具匠心，当灯火点燃时，所产生的烟尘通过烟管导入灯座腹腔中的清水被溶解，从而确保室内空气的清新，是王室器物。

右盐主官印

西汉武帝时实行盐铁专卖，由中央直接选派地方盐铁官，盐铁收入上缴国库。这枚全国罕见的“右盐主官”巨印是东汉时东莱郡官府为收取盐税和监督私盐发卖时用的封盐大印，在国内十分罕见，对研究我国悠久的盐业史特别是对研究东汉盐政意义重大。

中央政府的困难增加了一层。

董卓西迁到长安，自以为十分安全，气焰更嚣张，服饰已类似皇帝，一家老小，俱为显贵，髫龄儿童，均获封侯。他自筑“万岁坞”于长安城外，高厚七丈，储粮三十年，自云：“如事成，则可雄踞天下；不成，守此亦足以终老。”董卓曾于宴饮时杀数百人，先断其舌，次斩其手足，次挖其眼睛，再用镬煮之，使其慢慢死去，而他“饮食自若”。百余年后“五胡乱华”时期，胡人的残忍堪与董卓相比拟。董卓如是横暴行事两年余，天下群雄纷纷揭起讨董义师的旗帜，各自招兵买马，扩张一己势力，彼此之间尔虞我诈，对于“董贼”却未动分毫。董卓之败，败在身在虎穴的若干人的谋略下。

原来董卓也知道表面上尊重名流，以收揽人心。他“素闻天下同疾阉官诛杀忠良”，所以“忍性矫情，擢用群士”，对于“幽滞之士，多所显拔”，一时间朝廷的高官中名流很多，如吏部尚书周珌、侍中伍琼、长史何颙、尚书令王允等，皆名重一时的清流。董卓鸩杀弘农王欲西迁，周珌、伍琼“固谏”，为董卓所杀。至于王允，年少时即露头角，被郭林宗赞为“王佐才也”；中年为官，亦以敢与宦官对抗著名，数次濒于被处死的边缘，均大义凛然，为天下所景仰。灵帝崩，何进召王允入京，合谋诛宦官，任尚书令。董卓欲迁都长安，王允悉收政府典籍及图书运到长安备用。初迁都时，董卓尚留洛阳，长安之事悉由王允做主。史称王允“矫情屈意”，“故得扶持王室于危乱之中”，及见董卓之毒祸日深，篡逆之迹已显，乃设法诛之，暗中筹划，阴结董卓心腹吕布，刺杀董卓于宫门。“长安中士女卖其珠玉衣装市酒肉相庆者，填满街市”，长安人的狂欢，自可想象，但问题没有得到根本解决，更大的灾难接踵而至。

初董卓命其女婿牛辅率部将李傕、郭汜等统兵在今河南一带作战，董卓被诛后，牛辅亦为部下支胡赤儿所杀，支胡赤儿斩其首到长安报功。李、郭二人以王允系并州人，尽杀军中数百名并州人。牛辅被诛后，二人恐惧，遣人至长安求赦免，王允以一年内不能大赦两次，拒之。二人乃铤而走险，率兵数千，直奔长安，沿途乱民和之，至长安时已有众十余万人。长安破后，吕布率兵逃走，王允被杀，李、郭二人均任要职，操纵朝政。二人纯粹董卓部将，剽悍横暴。在他们的统治下，“长安中盗贼不禁，白日掳掠，……而其子弟纵横，侵暴百姓。是时，谷一斛五十万，豆麦二十万，人相食啖，白骨委积，臭秽满路”。193年，李傕以兵围皇宫，虏献帝至兵营，乱兵入宫洗劫，放火焚毁宫殿、官府及大宅。李、郭二人复又火并，战斗不休，死者无数。献帝恳求东迁洛阳，请求十次后，李傕乃许。东迁途中，险阻丛生，至大阳时，只余数十人，献帝饥饿不堪，幸得太守张杨接济，乃得乘牛车到安邑，遂以为都城。护驾有功的，纷纷向献帝求官，献帝有求必应，因为刻官印来不及，乃“锥画”之以代印信。献帝辗转再逃，终抵洛阳，大权落入韩暹手中。韩暹的政敌密召兖州牧曹操入卫，曹操“以洛阳残荒”，移帝至许昌，从此刘家的皇帝成为曹操的傀儡者二十四年，三国鼎立的局面由是逐渐形成。是年郭汜为部将所杀，两年后李傕亦被诛。

董卓迁献帝到长安时，户口尚有数十万人，经李、郭之乱，“强者四散，羸者相食，二三年间，关中复无人迹”，可见凄凉之甚。军阀带来的人吃人的悲惨世界，结束了后汉的政争，也熄灭了照耀全国的两颗灿烂明灯——洛阳与长安的光辉，万方景仰的政治文化中心已随军阀的狂飙而逝，中国到处都可以成为“国都”了。中华世界长期分裂的前奏已弹完，长期分裂的序幕即将揭开。

第八章 大分裂的序幕

⊙ 曹操的志事

董卓入洛阳之前五年，即汉灵帝十七年（184），黄巾军起兵，天下分裂的局势已显其端倪。巨鹿人张角自称大贤良师，用符水咒语替人治病，得民众信仰，乃畜养弟子，十余年间有徒众数十万人，势力遍全国，并制造谶语云：“苍天已死，黄天当立；岁在甲子，天下大吉。”灵帝十七年（甲子年），张角起兵，旬日之间，天下响应，京师震动，闻风而起兵叛乱者不可胜数，每股大者两三万，小者六七千，其中以张燕一股声势最大，拥众近百万人，号黑山贼。赖皇甫嵩、朱俊、袁绍等人之力，政府军力战经年后始将张燕的主力镇压下去，但其余党仍流扰地方。各地方官及名流因讨伐黄巾军、黑山贼之故，遂开练兵以求自保之风。在平乱的过程中，若干有才华的野心家开始崭露头角，其中以袁绍、袁术、曹操、刘备等人值得注意。袁氏兄弟昙花一现，毋庸多述，曹操是这段历史的主要缔造者之一，不可忽视。

曹操（155—220）的父亲曹嵩是宦官曹腾的养子，官至太尉。曹操“少机警，有权术，而任侠放荡，不治行业”，当时以廉洁正直著称的名臣桥玄一见异之，谓操曰：“天下将乱，非命世之才不能济也，能安之者，其在君

曹操画像

出自《中国历代帝王图》，现藏于神户市博物馆。

乎！”李膺的儿子瓒为东平相，在曹操微时异其才，瓒临终时叮嘱自己的儿子：“时将乱矣，天下英雄无过曹操。”即要求儿子不要去依附他人，只求庇于曹操。大约曹操微时便超群轶类，为识者注目。曹操年二十举孝廉，为洛阳北都尉。灵帝爱幸的宦官蹇硕的叔父犯法，曹操即杀之，遂为世所称赞。及窦武、陈蕃被诛，曹操上书为二人辩护，竟称“奸邪盈朝”；以后不畏权势，数次上书痛陈朝政之非，遂声誉鹊起，名满朝野。黄巾军起兵，曹操奉命讨伐，有战功，升任济南相，辖十余县。县吏恃有权贵在朝而贪赃枉法，曹操乃奏免其八，“奸宄遁逃，窜入他郡。政教大行，一郡清平”。朝廷征召曹操为东郡太守，曹操称病归故乡，在乡下建房居住，春夏读历史书，冬秋行猎，勤习文治武事。时西北韩遂叛变，天下骚动，朝廷征召曹操入洛阳，拜其为典军校尉。他曾与何进等合谋欲诛宦官。及董卓入京，素慕曹操之盛名，委操为骁骑校尉，欲加以重用。曹操深知董卓终必覆败，不就职，变易姓名出关逃走。曹操过中牟县（今河南西）时，亭长疑其为亡命之徒，捕之送县令（未名，但绝非陈宫）。时县令已得董卓缉拿曹操之命令，但属下知其为曹操，以为值此乱世，“不宜拘天下雄俊”，乃请县令释放之（县令并未同逃）。至陈留，曹操得孝廉卫兹散家财资助，聚众五千人。时各方群雄纷纷聚兵“讨董”，举袁绍为盟主，曹操率兵附之，从此展开了他一生南征北讨、纵横捭阖的“安天下”事业。

叙史至此，势得插入几句闲话。按脍炙人口的《三国演义》描写，曹操拒绝接受董卓的高官厚禄而出逃，在逃亡途中发生了两件大事，即中牟县令陈宫义释曹操并与之一起亡命和曹操杀吕伯奢全家，这两件事后来进入戏本，更深入人心，竟被一般人视为真实史事，实宜一提，以符史实。《三国志》绝无一字提及这两件“事”，仅南朝宋裴松之注《三国志》引用晋人王沈《魏书》（已佚）中的记载：（曹操）以卓终必覆败，遂不就拜，逃归故里。从数骑过故人成皋吕伯奢，伯奢不在，其子与宾客共劫太祖（操）取马及物，太祖手刃击杀数人。

郭颁的《魏晋世语》云（著者系东吴人）：太祖过（吕）伯奢，伯奢出行，五子皆在，备宾主礼，太祖自以背卓命，疑其图己，手剑夜杀八人而去。

孙盛的《杂记》云：太祖闻其食器声，以为图己，遂夜杀之，既而凄怆曰：“宁我负人，勿人负我。”遂行。

从裴松之注所引王沈的记载来看，曹操是自卫杀人，《魏晋世语》之“疑其图己”，似是将王沈的记载冲淡，将吕家五兄弟的行动改说成被曹操察觉了计划；孙盛的《杂记》所载则玄之又玄，岂有“闻其食器声”，遂以为图己的道理？至于那“凄怆曰”不知是谁告诉孙盛的。王沈写的是历史，似较《魏晋世语》与《杂记》更可信，何况三文均无杀吕伯奢之事，此事完全是罗贯中的面壁虚构。

三国故事自唐代即在民间流传甚广，《三国志平话》在元代即有刻本，相关的故事、杂剧不下十余种。罗贯中乃汇合数百年来民间流传之故事与杂剧而成《三国志通俗演义》（即《三国演义》）约七十五万字之小说，真真假假，掺和在一起。从文学的角度来看，《三国演义》是一部好著作；用历史的尺度来度量，其中很多故事令人啼笑皆非。他所创作的貂蝉的故事，很美，但只是文学创作。《三国演义》说关羽在曹操封侯时坚持要冠上“汉”字，其实“汉寿”是地名，“亭侯”是爵秩，《三国演义》中将“汉寿亭侯”念成“汉、寿亭侯”，可以刻画出关羽对汉室的忠心，但不是历史。《三国演义》中这一类的“创作”很多，不胜枚举，我们不欲用史实去损伤文学的完美，但也不愿看到用虚构代替史实。

在袁绍领导下的讨董“义师”十余万人的领袖们，各怀鬼胎，并无进攻之意。曹操独自攻董军，兵败受伤，因此声望更隆。

献帝三年（192），青州黄巾余党约百万人攻入兖州，兖州官吏迎曹操领兖州牧。曹操迫降黄巾军，受降卒三十万，选其精锐组成青州兵，曹操兵势始强大。后曹操迎献帝都许昌（196），建设宗庙宫室，汉朝便在曹操手中“安定”下来。献帝成为傀儡，曹操“挟天子以令诸侯”，但天子之令不能出都门。当时群雄各据一方，除曹操之外，势力强大的英豪有十七人（有一州或由两三人分据）。此后十二年，曹操全力各个击破北方群雄，其最著者如自立为皇帝的袁术（197—199年在位，国号“仲家”）、割据四州的袁绍及剽悍的徐州牧吕布等人。

至献帝十九年（208），北方已大致统一在曹操的势力下，曹操乃欲翦灭雄踞南方的孙权与刘备。曹操先降荆州之刘琮，沿长江东下，大败刘备，图以水陆夹击孙、刘，有名的“赤壁之战”遂爆发了。

赤壁之战以曹操的失败结束。曹操受此挫败，于是放弃武力统一的冀望，三大势力鼎立的局面形成。此后曹操曾数次攻打孙权，均无大斩获，直至献帝三十年（219）孙权与刘备决裂而向曹操称臣，形势略有改变。但其时时不我与，一世枭雄曹操享寿六十六，在洛阳逝世。他死后不到一年，儿子曹丕受汉禅，史称魏文帝。汉代最后一位皇帝，九岁即位，当了三十一年傀儡的献帝，禅位后被封为山阳公，食邑万户，十四年后，享寿五十四而卒。

曹操在中国历史上是一位颇受争论的人物，被许多人称为“奸雄”、大坏蛋。原因有三：一、不忠于刘家天下。二、受《三国演义》的影响。三、下诏求贤才能士而不以道德为标准。

第一个原因，本书第七章第一节于叙述光武帝时已有阐明。第二个原因，上段亦已解说。《曹瞒传》（已佚）对曹操颇多微词，与郭颁《魏晋世语》均为魏国之敌国即东吴的史家所作，自难尽信。曹操小字“阿瞒”，《曹瞒传》以此为名而为曹操立传，若称之为“谤书”，似非过甚。第三个原因最重要，是真正治史的人应予以重视的。

曹操在献帝二十一年（210）、献帝二十五年（214）、献帝二十八年（217）先后下了三道求才的诏令。

第一道诏令，要各地方官不必一定限定“廉士”才举出，要“唯才是举”。

第二道诏令称“有行之士未必能进取，进取之士未必能有行”。

第三道诏令要求各郡守对人才中如有“负污辱之名，见笑之行，不仁不孝而有治国用兵之术，其各举所知，无有所遗”。

换言之，不仁不孝不廉与乎操行为世人鄙夷之人，只要有治国用兵之术，他都要任用。这三道诏令确是骇人听闻，因为历来政府用人均以德行为首，而今只用才能，剔除所有基本的道德要求，真是旷古绝今的奇闻。如果我们检视一下后汉中期以后一百余年来社会上所谓道德，我们会发现道德已经走向虚伪的道路（见第七章第二节），所谓“孝廉”，并非全体真正既孝且廉，孝廉之行不过是做出来的猎取功名利禄的手段。曹操的诏令是针对当时盛行的虚伪造作的世风而发，当时的人可能了解其真谛，但后世的人，单纯就这些诏令所提示的内容来评论，自不免诟病丛生了。与曹操同时代的“竹林七贤”的“反道德”言行，与曹操的求才诏，是异曲同工。前者要“返璞归真”，属于个人道德的范畴；后者不受虚伪道德的影响，属于公众事务的范畴。时代变迁，个人的言行容易了然，公众事务牵涉太复杂，自不易体会。这是曹操“不德”的主因。

至于曹操个人，在四十岁迎献帝都许昌以前（196），不畏权阉、不附权奸、志节高超、匡时济世的言行，见诸史籍，班班可考，连《曹瞒传》亦推

胡笳十八拍图

蔡文姬为陈留郡国人，东汉著名学者蔡邕的女儿。其父蔡邕被害后，蔡文姬被南匈奴所掳，在胡人中生活十二年。建安年间，北方趋于统一，曹操出于对故人的怜惜与怀念，遣使者以金璧将蔡文姬从匈奴赎回，命其整理蔡邕所遗书籍四百余篇，为中国文化的传播做出了贡献。

崇其“不避豪强”的政绩。在上述“求才诏”之外，曹操还下过一则有关教育之令。献帝十四年（203），曹操下令：自丧乱以来，十有五年，后生者不见仁义礼让之风，吾甚伤之。其令郡国各修文学，县满五百户置校官，选其乡之俊造而教学之，庶几先王之道不废，而有以益于天下。

可见他也提倡“仁义礼让之风”与“先王之道”。献帝二十一年（210），曹操的权势煊赫，人人均以为他将取而代之，天子自为。事实上他想称帝也易如反掌。在谣言四起的时候，他发表了一篇“自白书”，向天下“勤勤恳恳叙心腹”。原文稍长，笔者兹扼要叙其要旨如下：

首先他自述平生并无大志，二十岁得举孝廉后，最大的志向只是做一个有为的郡太守，为民兴利除弊。后偿所愿为济南相，“始除残去秽，平心选举，违迕诸常侍（高级宦官），以为豪强所忿”，故称病辞职，归隐家乡（今安徽亳州）郊外，与世相遗。但边疆乱起，他被皇帝征召为将领，此时也只望立功封侯，所以自题墓碑称“汉故征西将军曹侯之墓”。俟董卓之乱，他起兵讨贼，应募之兵很多，但他不愿兵多，因为“兵多意盛”，不愿因武力而招祸。当时其手下之兵不过三千人而已，最主要的原因是“本志有限”，自己并无定天下之野心。及至破黄巾军，降其众三十万，兵力始强大，此时袁术、袁绍已有叛汉自立为帝之意图，他始有平定天下之心。“身为宰相，人臣之贵已极，意望已过矣”，“设使国家无孤，不知当几人称帝，几人称王”。他使人民得到和平，免于战乱。这些话距事实不远。

次举历史上的先例，说齐桓公、晋文公之所以垂名后世，全在其能侍奉周天子；周文王三分天下有其二，仍能服侍殷纣王，为后世赞颂；蒙恬将兵三十万而不叛秦，以一家三代均受秦恩故也。他一家不止三代受汉室重任，岂可如谣传所说“有不逊之志”。他将这些肺腑之言告诉家人，“使他人皆知之”。曹操是后汉士人，自不愿被讥为王莽。

最后他说明了不能解职归封邑去颐养天年的原因。如果他归武平侯国养老，他人掌军权会对他肆意报复。为子孙及国家计，他不能解职归政。在迫不得已的情势下，“是以不得（不）慕虚名而处实祸”。曹操坦直说明历史上一个掌握大权经年的人，不能飘然退出权力圈子的原因。后世这种例子很多。

政治人物的话，可靠性有多少不必深论。曹操此文确有其独特之处，他并没有自吹“天赋异禀”“少有澄清天下之志”等，他的坦白爽朗在政治人物身上也不多见。据说他少年时的朋友批评他是“治世之能臣，乱世之奸雄”，但他确是生逢乱世！他被世俗视为大奸大恶的代表人物，又岂是这位曾经提倡过“仁义礼让”及先王之道的人生前所能预料得到的！

⊙ 三国的人物

刘备（161—223）是三国时期另一位受人瞩目的人物，他受人重视的原因有二：一是他揭起汉室后代的旗号，以复兴汉室为号召，有刘秀成功的先例，故受时人注目，若干笃信“忠臣不事二主”思想的人对他刮目相看；二是他有一位真正是“天下奇才”的诸葛亮做首辅，人们爱屋及乌，刘备沾了光。

刘备自称是汉景帝之子中山靖王之后，景帝之死到刘备出生有三百年之久，要攀上血缘关系实在渺茫，但刘备竟能加以运用，作为号召，亦足见其颇有政治手腕。刘备的出身与曹操的迥异，他自幼孤贫，与寡母一同“贩履织席为业”，虽未受多少教育，但野心很大，儿时即想过皇帝瘾。他年十五始行学，但“不甚乐读书，喜狗马、音乐，美衣服……好交结豪侠，少年争附之”。后来他得到两位富商的资助，用以“合徒众”，首批徒众中有关羽与张飞，遂一变而为地方上的小豪强。黄巾军起兵后，刘备成为蜂起的各方英杰之一，立下一些战功，在群雄争权夺利的战争中逐渐崭露头角；又因颇有宽厚的声名，受人重视，势力日增。在与吕布战争大败后，刘备乃投降曹操，曹操很看重他，任之为豫州牧，人称他为“刘豫州”自此始。当时曹操的谋士程昱对曹操说：“观刘备有雄才而甚得众心，终不为人下，不如早图之。”曹操回答：“方今收天下英雄时也，杀一人而失天下之心，不可。”不仅如此，曹操反升刘备的官，“礼之愈重，出则同舆，坐则同席”。一次同饮时，曹操推重刘备说：“今天下英雄，唯使君与操耳！”刘备大惊，竟“失匕箸”。何至于如此惊惶？因为他正与献帝的舅父董承勾结，欲杀曹操。曹、刘两人的立身处世迥然不同。

刘备密谋失败后逃到下邳。献帝十一年（200），刘备为曹操所败，关羽被生擒，后投降曹操，稍后逃归刘备。刘备辗转到荆州，依附州牧刘表，驻在一个小县新野。蜇居新野六七年后，他三顾茅庐请到诸葛亮（207）。刘表卒，子刘琮继为州牧，时刘备因人心归附，拥众十余万人。曹操计划南征时，刘备欲据江陵以抗曹兵，曹操遣轻骑五千，一日一夜行三百里追击之于当阳长坂坡。刘备弃妻子，率诸葛亮、关羽、张飞、赵云等数十骑逃走（此为刘备第四次“弃妻子”，一次为吕布所虏，三次为曹操所虏），逃到夏口与刘表长子刘琦会合，有众万余人，欲南逃苍梧（今广西境），依附老朋友苍梧太守吴臣。孙权惧为曹操所败，乃遣鲁肃晤刘备，说其联兵破曹。刘备大喜，即遣诸葛亮谒孙权，“结同盟誓”，旋即发生赤壁之战（208）。曹军败后，刘备得寄寓荆州，管辖数郡，勉强安顿下来。会刘琦卒，孙权上表推荐刘备为荆州牧，“权稍畏之，进妹固好”（210）。孙权不惜以年方及笄的胞妹去结纳年已五十岁的刘备，可见孙权是诚心与之联合对抗曹操的。

次年（211），曹操欲伐汉中，益州（今四川境）牧刘璋迎刘备入蜀，两年后刘备取而代之，自领益州牧，以关羽治荆州。吴与蜀虽曾为荆州有龃龉，但因有共同敌人曹操之故，并未决裂。数年后（219），刘备派兵攻下汉中，遂进位为汉中王，领有今陕南、四川、两湖一带，地域富饶而地势险要，益以诸葛亮的才能，声势壮大，有与曹操抗衡的情势。正是因为自恃蜀国国力强盛，荆州守将关羽骄蹇自大，不理会联吴制曹的基本政策，开罪孙权。孙权乃向曹称臣（219），袭关羽，擒而斩之。自是蜀吴战端遂开。

此处说一说诸葛亮。刘备以“帝室之胄”标榜而崭露头角，奋斗了十余年不能成气候，托庇于刘表，寄人篱下六七年，一筹莫展，“思贤若渴”。由于徐庶的推介，刘备知诸葛亮之名，命徐庶约同诸葛亮来会见，徐庶告以此人不会屈身干谒，只可亲往求见，“三顾草庐”（207）之美谈由是而来。刘备自“有孔明，犹鱼之有水”，其结果如诸葛亮与刘备初次见面所预言（《隆中对》）。数年后，刘备取得荆州与益州，以之为根据，得以雄踞一方。如果没有诸葛亮的运筹帷幄，只凭其在家乡结识的草莽人物如关羽、张飞等，刘备在历史上不会有一席之地。

诸葛亮原籍琅琊，父亲做过郡丞，不幸早死。后叔父诸葛玄任豫章（治所在今南昌）太守，诸葛亮与兄弟同往豫章。诸葛玄去职后往依刘表，不久亦卒。诸葛亮遂在南阳城郊曰隆中之地，“躬耕陇亩”，交往的挚友三人读书均求“精熟”，独诸葛亮只观“大略”。他对徐庶等三人说，你们三人为官可至州牧或太守。三人反问其前途，诸葛亮“但笑而不答”，自然以澄清

武侯高卧图 明宣宗朱瞻基绘

《三国演义》第三十八回，写刘、关、张三人三顾茅庐，在屋外等诸葛亮睡醒。“又立了一个时辰，孔明才醒，口吟诗曰：‘大梦谁先觉，平生我自知。草堂春睡足，窗外日迟迟。’”此图就是取其意而作。

天下为己任。故刘备三顾草庐，诸葛亮献出《隆中对》，畅论天下大势。他认为曹操“挟天子以令诸侯”，“不可与争锋”；“孙权据有江东，已历三世，国险而民附，贤能为之用，此可以为援而不可图也”；可图的唯荆州与益州，如据有此两州，而后“西和诸戎，南抚夷越，外结好孙权”，修明内政，俟势力强大后，以荆州攻洛阳，以益州图关中，“则霸业可成，汉室可兴矣”。刘备并未尽信诸葛亮之言，取得荆、益两州后，并未“西和诸戎”以安定后方，又因关羽之骄蹇而与孙吴启衅，以致大败，失去荆州，蹙处益州，完全退居守势。

刘备三顾草庐的时候，是一位年届四十七岁的落魄英雄，寄在刘表篱下的新野县，手下只有数千名残兵败将；诸葛亮则不过年仅二十七岁的山野匹夫。两人能一拍即合，并不足异。盖前者在极端失意失势之余，聆听高论，虽似画饼充饥，至少燃起一线希望；后者虽然“不求闻达于诸侯”，但素有大志，何况刘备是“帝室之胄”，有刘秀的先例。复兴汉室是当时若干士大夫视为金科玉律之事，诸葛亮自然会抱定“鞠躬尽瘁，死而后已”的心情，离开隆中去度过他余下的二十七年。

诸葛亮出山后不到一年即有长坂坡之败，随后又有赤壁之战，刘备获得荆州，两年后入益州，旋即取刘璋而代之；诸葛亮被任为军师将军，位尊而权轻，可见刘备对他并未委以重任。及至关羽被东吴擒杀，刘备不信诸葛亮《隆中对》所订东吴“可以为援而不可图”的外交基本原则，为吴将陆逊大败，逃至白帝城（今重庆奉节附近），病笃，将诸葛亮从成都召来，临终时谓亮曰：“若子嗣可辅，辅之；如其不才，君可自取。”呜呼，是何言哉！以孔明之立身行事，岂可能有篡窃之行！刘备的这一句真心话，道破了十余年来诸葛亮在刘备心目中的地位。刘备死后，诸葛亮始领益州牧，开府治事十年。刘备死后他才有机会将内政外交怀抱付诸实行，“且遣使聘吴，因结和亲，遂为与国”，“率众南征”“七擒孟获”的故事便发生在此时。这两件大事，均在刘备死后立即施行。

刘备虽有诸葛亮之辅佐，仍只能偏安一隅，不能如汉光武帝“复兴汉室，还于旧都”，其原因有三：

一、刘备虽颇有宽厚之名，然才能不及刘秀。刘秀自起兵即显露出军事天才，能以少胜众，反败为胜。刘备则在战争中多狼狈逃亡，很有“弃妻子”的本领与经常为人所收容的德行。故刘秀能于两年内成帝业，而刘备东逃西窜十余年后方得割据一方。

二、刘秀受过正规教育，而刘备则相反，喜狗马兼爱穿漂亮衣服而已。因此刘秀可容天下人才，刘备只有一个诸葛亮还要心怀猜疑，另外两位“寝则同床，……侍立终日”的关羽同张飞均不过是当年未起兵时的“徒众”，自然粗鄙不文。对这种人过度亲昵，会产生对真正人才排拒的后果。

三、刘秀的对手不过是昏庸怯懦的刘玄与草寇行径的王凤、王匡，而刘备的敌人曹操、孙权则是一代英豪。于刘备而言，可谓我生不辰，故虽有诸葛亮这种天下奇才辅佐，也只是一个“老阿斗”！

刘备依为股肱的关羽与张飞，他并未与他们在桃园结拜，只是“恩若兄弟”而已。“羽年长数岁，飞兄事之”，张飞并未兄事刘备。关羽是河东郡解县人，亡命到涿郡，成为刘备的“徒众”之一。刘备为曹操效力，合攻吕布。关羽闻吕布手下秦宜禄妻子的美名，求曹操在破吕布后以秦妻赐之，操允许之。吕布破后，曹操未履行诺言，关羽乃数次向曹操提及此事。曹操想秦妻必定很美，乃着人引见，果然是绝世佳人，遂留下自享。关羽“心不自安”，不久离开曹操，回到刘备身边。

献帝十一年（200），曹操攻袁绍，其时刘备依附袁绍。刘备兵败，关羽又被擒，再投降曹操，被曹操拜为偏将军。关羽为曹操立功，被封为汉寿地方的“亭侯”，“亭侯”是起码的爵位。关羽以刘备与他“誓以共死”，故再逃归刘备。曹操“左右欲追之”，曹公曰：“彼各为其主，勿追也。”赤壁之战后，刘备以关羽为襄阳太守。

时西北名将马超为曹操所逼投降刘备，关羽即驰书诸葛亮，“问超人才可谁比类”？诸葛亮知道关羽好虚名，“乃答之曰：‘孟起（超）兼资文武，雄烈过人，一世之杰，黥、彭之徒，当与益德（张飞）并驱争先，犹未及髯之绝伦逸群也’”。关羽美须髯，故诸葛亮谓其髯绝伦逸群。“羽省书大悦，以示宾客。”从这一小段记载中，我们一则可见关羽之骛虚名，二则可见诸葛亮应对刘备股肱的苦心。

献帝三十年（219），刘备得汉中，进位为汉中王，关羽亦在樊城大胜曹仁、于禁，由是更加气焰万丈，骄蹇不堪。麋芳、傅士仁素嫌关羽轻己，阴有叛羽之计。时曹操已暗中以利诱孙权，嘱权攻荆州。孙权欲巩固与刘备的联盟，想娶关羽之女为媳，关羽辱骂其使谓“虎女焉配犬子”，不许婚。孙权被辱大怒，遂降曹操，阴诱麋芳等人降叛关羽，进据江陵。关羽腹背受敌，与子关平同被斩首。孙权将关羽首级送与曹操，曹操以亭侯之礼葬之。

张飞，字益德（又作翼德），刘备的同乡，是“雄壮威猛，……万人之敌”的人物，喜欢杀人，“又日鞭挞健儿”。刘备曾告诫张飞，但他毫不理会。魏文帝曹丕二年（221），刘备攻吴，命张飞率兵万人到江州会师。后张飞为部将所杀，叛将持其首级奔孙权。陈寿批评关、张二人曰：“关羽、张飞皆称万人之敌，为世虎臣；羽报效曹公，飞义释严颜，并有国士之风。然羽刚而自矜，飞暴而无恩，以短取败，理数之常也。”

清人入主中国，自视为金人的后裔，对于抗金的岳飞被尊为武圣人颇不自安。且时人多好读《三国演义》，清人遂因势利导，改尊关羽为“武圣人”，以小说对关羽忠于“结拜兄弟”的描述，去潜移默化岳飞忠于民族国家的精神，以期有利于其统治。这个釜底抽薪之计相当成功。清政府已随风而逝（1911），它残留在民间的恶劣虚相，何时消失?

孙坚是雄踞江东的东吴第一世，年十七即有勇武之名。汉灵帝五年

（172），孙坚聚兵千人讨贼，有功为县丞。黄巾军起兵时，孙坚为四方蜂起的豪杰之一。灵帝十九年（186），西北边疆有乱，朝廷派司空张温征讨，张温请调孙坚参与。张温召董卓（时为并州刺史）入询，卓后至，且“应对不顺”。孙坚历数董卓不法之处，主张即斩之以立威信，张温不听，孙坚却以此知名当世。三年后董卓之乱起（189），孙坚自为讨董激烈人士。董卓惮其猛壮，派人与之议和亲，并许其家属以高官显位，孙坚的回答是董卓逆天无道，誓必夷其三族，否则死不瞑目。孙坚眼见各路“义军”只知争权攘利，无心讨贼，常为之泣下。

献帝三年（192），孙坚单骑出巡，为刘表伏兵射杀，年仅三十七岁。长子孙策募得数百人入袁术帐下。术甚奇之，常叹曰：“使术有子如孙郎，死复何恨！”乃以其父原有兵卒千余人归孙策。从此孙策转战江东，兵力日盛，占领江东六郡。曹操为笼络孙策，以侄女许配给孙策之幼弟孙匡，并举其二弟孙权为茂才。献帝十一年（200），曹操与袁绍相持于官渡，孙策欲袭许昌迎献帝，正准备中，又单骑出巡，为刺客所重伤而死，时年二十六岁。孙策统兵纵横江东时，年仅十八岁，宜乎人皆不称其官位，而称为“孙郎”也。他临死前告诉弟弟孙权：“举江东之众，决机于两阵之间，与天下争衡，卿不如我；举贤任能，各尽其心，以保江东，我不如卿。”孙权的志向不大，只在“保江东”而已。他长兄的部属周瑜、张昭、鲁肃皆一时之选，在这些人的辅佐之下，他确实达成了保江东的任务。

⊙ 三国鼎立

献帝十九年（208），赤壁之战后，天下三分的形势形成。刘备打着复兴汉室的旗帜，聚焦了一部分势力，但不承认汉献帝真正代表汉室，所以反抗许昌发出的诏令，名正言顺地割据一方。孙权承受父兄两代余荫，只求“保江东”，保江东的对立面是统一，其目标与刘备的利害一致，所以“借荆州”与刘备，希望能从刘备的口号中获得雄踞一方的借口。在南方两个强人的联合下，曹操铩羽而归，只得退而抚恤流离，屯田兴农，求“贤人君子与之共治天下”。

同时陕甘一带，自董卓之后，均为军阀窃据，曹操乃开始征讨，平定马超、韩遂等军阀。马超兵败途穷，投奔刘备，成为刘备帐下猛将。后曹操四次南征孙权，均无功而还。曹操对匈奴仍采取绥抚政策。献帝二十七年（216），南匈奴单于来朝，曹操“待以客礼”。边疆有叛乱者，曹操亦皆能敉平（218）。到曹操逝世前一年冬，孙权以受尽关羽凌辱为由，向献帝称臣（219），并上书说天命，意即请曹操当皇帝。曹操以权书示群臣曰：“是儿欲踞吾着炉火上耶？”次年曹操薨，享年六十六岁。

世间对于曹操的评价，聚讼纷纭，原因诸多，笔者在本章第一节中已有剖析，但曹操个人的政治生涯也是其为人轻鄙的原因之一。他名义上虽未“篡汉”，但实际上他视汉献帝为一傀儡。曹操要杀伏后及其满门，皇后被牵着经过献帝面前，泣请相救，献帝回答道：“我自己也不知命在何时！”可见汉献帝是连傀儡也不如的待宰羔羊。曹操自己不背篡位之名，要做周文王，篡位由他的儿子去做；他对政敌冷酷无情，不择手段而又要沽名钓誉，宜乎人称之为奸雄。《三国演义》集民间传说之大成，书中的故事真伪掺杂，前已说明，但它至少表明一点，即大众唾弃曹操型的人物。但若撇开这两点不论，曹操也有值得一提之处。

他个人才华绝世，可称得上允文允武。他年轻时不惧权阉，成名后不受董卓高官厚禄的诱惑，为铲除权奸而奔走呼号，实足受人敬重；他政治生涯的转折点，是在迎献帝到许昌（196）以后，其挟天子以令诸侯的行径，

曹操墓石牌

安阳高陵，即西高穴大墓，于2009年被认定为曹操墓。曹操墓内出土大批刻铭石牌，记录了随葬器物的名称和数量，推测应该是遣策。这种以石牌形式出土的遣策，在我国尚属首次发现。

为人所不齿，所以当时的人骂他“名为汉臣，实汉贼也”。他不敢违背当时的政治道德传统而篡汉，又贪图权势，想一手遮天。汉光武帝能爽直地对阿谀他的大臣说：“吾谁欺，欺天乎？”曹操想欺瞒天下，故不为世所容。倘使他当年真正自立为天子，他在历史上的地位，虽不一定能与司马炎（晋武帝）、杨坚（隋文帝）、赵匡胤（宋太祖）等人等量齐观，但肯定不会太低。因这些人虽然都是“篡”，却是明目张胆地篡，曹操矫揉造作过分，中国大众厌弃这种人！后世之人对他政治上的评价，连刘裕、萧道成等人都不如，良有以也。

赤壁之战后，曹操在内政上以休养生息为主。他“甚忧”民生凋伤，所以积极屯田，一切用度以节俭为主。后宫不衣锦绣，帷帐屏风破烂时加以修补，茵被只求取暖，绝无装饰；凡战争所得“美丽之物”，均赐功臣，从不自享。他恐怕死后群臣有厚葬之议，故预先自制寿衣，四箱而已，并“无藏金玉珠宝”。他给女儿的嫁妆，均用黑色的屏帐，从婢不过十人。这些看似是小节，但古今富有四海的人，有多少人能做到？此外，对于年龄在七十岁以上，十二岁以下的孤苦妇孺以及残废之人，他均保证“廪食终身”。相对于数十年来的丧乱，这一举措无疑是难得的德政。

曹操死后，其长子曹丕立即废汉献帝，自立为帝（220—226年在位），是为魏文帝。曹丕称帝即三国鼎立的开始。魏国传五主，共四十六年（220—265），后为司马炎所代。刘备得到魏文帝即位的消息，又听到汉献帝遇害的谣传，便也称皇帝，终于实现了他童年的梦想。蜀国共传二主，至后主刘禅降魏，凡四十三年（221—263）。孙权当时名义上仍受魏册封为吴王，后始“叛”魏称帝。吴国共传四主，共五十九年（222—229—280），最后亡于晋。故真正的三国鼎立只有三十五年（229—263）。

在这五六十年间，三国纵横捭阖，尔诈我虞，联甲制乙之事虽层出不穷，但并无新奇之处，不值一提。笔者只将对后世历史有较大影响的史事，扼要综述如下：

首先是魏吏部尚书陈群创“九品中正制”（220）。每州设大中正，郡设小中正，将辖区内各级官员分为九品，即上中下三等，每等再分上中下三级。九品系按人之才德决定，但事实并非如此。中正决定人之品等，并不根据其贤愚，而是以其家世为准绳，这是将后汉以来的门第制度化。后汉举孝廉，虽视其家世（门第）决定，但仍有例外，至实行九品中正制，不仅确定门第，而且将门第分类，世代相承，故有“上品无寒门，下品无世族”之实况。也就是说政权永远被一类人包揽，一个人的政治前途与社会地位由其家世血统决定，而非由其个人的才德决定。这种政治与社会地位世袭的制度近乎阶级的划分，对东晋及南朝二百多年的历史发展有着深邃的影响。

陈群是当时的名臣，学识、道德均为世所推重，曾以反对曹操恢复“肉刑”著名，他何以会倡立如此不合理的制度？细察陈群家世，可作部分解释。陈群的祖父陈寔是灵帝时的大名士，曾遭受党锢之祸。何进主政时，引用天下名士，陈寔以老病辞，不屈节。陈群的父亲陈纪官至九卿，著书数十篇，世称《陈子》，他死后，各方人士参加葬礼者三万人，其中有位至三公九卿而披麻戴孝执子孙礼者数人。陈群本为大世家子弟，他以如此出身而创九品中正制，并不令人意外。

三国时期另一件值得一提的事是西南及东南沿海的开发。

诸葛亮的《隆中对》即提出“西和诸戎，南抚夷越”的主张，他的主旨在于先安定巴蜀的后方，再进图中原。刘备在取得巴蜀之后，一意北图汉中，并未遵循诸葛亮的计划，诸葛亮在当时也无实权。及刘备死后（222），诸葛亮始掌大权，立即率兵南征。他以德威使孟获“不复反”，孟获部众乃南迁至今云南一带。巴蜀后方底定后，诸葛亮始全心治蜀。他死后四十余年，《三国志》的著者陈寿评述道：“（亮）于是外连东吴，内平南越，立法施度，整顿戎旅，工械技巧，物究其极；科教严明，信赏必罚，无恶不惩，无善不显；至于吏不容奸，人怀自厉，道不拾遗，强不侵弱，风化肃然也。”确是至论。巴蜀虽在秦时已受中原文化熏陶，且是工艺中心之一，大文豪扬雄、司马相如等均来自巴蜀，但真正使“沃野千里，天府之土”变成“天府之国”的人，应是诸葛亮。他为巴蜀奠定了繁荣的基础，再以此为中心，使中华文化逐渐向西南延展扩充。

东吴孙权经营长江中下游自不遗余力，同时对南方的“夷贼”也时加征讨。孙权曾遣吕岱南征苍梧、郁林等地的叛军（239）。吕岱后任“镇南将军”，他叙述当时“百越”鄙陋的风俗人情，将百越之人称为“虫豸”。盖当地男女于集会时即可结为夫妇，父母不能禁；兄死弟妻嫂；“男女裸体，不以为羞”。总之，按照吕岱的叙述，今两广及福建一带地方，当时虽受东吴统治，但教化未及，仍是野蛮状态，他的工作是“章明王纲，威加万里，大小承风”。吕岱的功勋在于开化东南地区，他清身奉公，坐镇交州时妻子在家饥乏。256年，吕岱以九十六岁高龄去世，他是中国向东南开发的功臣。

最后，也是影响最大的事是胡人在边境杂居所引起的问题。这个问题由来已久，不过自董卓入洛阳后，中国内部分裂日益严重，终于引起震撼中华历史的“五胡乱华”。这桩史事的原原本本，笔者将在第九章第一节叙述。

⊙ 西晋：统一的幻象

晋的统一实是幻象，因为总共只有三十八年（280—317）。在这短暂的时期中，又发生了历时十六年的“八王之乱”（291—306），八王之乱结束前两年，乱象已萌。晋惠帝十五年（304），匈奴人刘渊已起兵称王，四年后称帝，建国号曰汉（308），这是“五胡乱华”的先声。“五胡乱华”亦即史称的“永嘉之乱”，永嘉是晋怀帝（307—313年在位）的年号。晋实际统一的时间只有十年，所以我们说它的统一是幻象。一个“新”的王朝何以只是昙花一现，除了外来的因素，主要的内在因素有二：一是这个所谓新兴王朝，其统治阶级事实上是一个已经腐败了的官僚集团，不是来自民间的新兴力量；二是自三国以降，精英知识分子逐渐由积极的干政与参政，变为逃避现实、脱离人群。腐败的官僚集团，不能容纳士人中的精英，最终只有变本加厉地陈腐下去。内伤过甚，外邪一侵，王朝便如摧枯拉朽般崩溃无余。

晋的王业开创于司马懿（179—251）。司马家族上推四代均为仕宦，司马懿的曾祖父、祖父均为郡太守，父亲司马防官至京兆尹（首都市长），司马懿少年时即负盛名。汉献帝十二年（201），曹操欲征司马懿为官，司马懿以病辞，再征之，始入朝，初出任文学掾，后被任为曹操丞相府主簿（主任秘书），可见他之受器重。史称他“聪亮明允，刚断英特”，大概是事实。他与曹操所立的“世子”曹丕（即魏文帝）结纳，因而“每与大谋，辄有奇策，为太子所信重”。曹操对这位“内忌而外宽，猜忌多权变”“有雄豪志”的司马懿却不放心，他曾警告儿子曹丕说：“司马懿非人臣也，必预汝家事。”曹丕不信，事事回护司马懿；司马懿也善收敛，勤勤恳恳治事，甚至“夜以忘寝”；因此曹操不再有去除他的心思。

魏文帝代汉后，司马懿更受重用。文帝五年（224），司马懿首次领军权，时年已四十六岁，到他七十三岁逝世为止，二十七年间，他一直手握兵权，屡立战功。文帝在位六年而崩，遗命以司马懿、陈群、曹真三人辅政，并告太子：“有间此三公者，慎勿疑之。”此后数年，司马懿与诸葛亮的数次战争更增加了他的声望与权势，至诸葛亮病死于五丈原（234），他的声誉更隆，后升任为太尉，成为全国最高军事长官。当时他的政敌大将军曹爽任用颇有理想抱负的何晏、邓飏等人，欲对时政有所改变，被司马懿所杀，名流被株连者数十人，均被诛三族（249）。经此一事，司马懿已是魏事实上的统治者，不亚于当年曹操在许昌的地位。两年后他死去，长子司马师承继其权位。

司马懿历仕曹家四代四十余年，前十六年仅参与大政，魏文帝五年始获军权，在文武两途均有潜力。他积四十余年政治上钩心斗角、挑拨离间、装疯卖傻的经验，真算得上中国历史上罕有的老奸巨猾的政客。他装病骗曹爽的那一幕很精彩：魏齐王曹芳任用曹爽、何晏等人欲有所改革，司马懿反对，乃称病不朝（247），暗中却准备对付曹爽等人。曹爽派李胜以赴荆州任职之故，请见辞行，欲探实情。司马懿令两位婢女将自己扶出见客，手持衣落地，用指指口，示意口渴，婢进粥，懿饮粥时，粥皆沿口流到胸前，以示衰弱。又对李胜说：“你既被派到并州，该地近胡人，宜多警备。”李胜告以乃赴荆州，非并州，司马懿仍装糊涂，以示神志错乱。李胜退而告曹爽曰：“司马公尸居余气，形神已离，不足虑矣！”曹爽信了李胜的报告，不复设防，遂为司马懿所杀。由此可见，司马懿是一位上乘演员。

他的两个儿子司马师（208—255）与司马昭（211—265）随侍其左右，在耳濡目染、耳提面命的熏陶下，均有二三十年的政治经验。诛曹爽之“深谋密策”，司马师即参与之，而且全靠其平日所密养死士三千人，才成大事。

司马师当权不过五年即逝，由其弟司马昭继之。司马昭秉政十年，灭蜀后两年离世。这十年间，他的政治地位可以“司马昭之心，路人皆知”一语道尽。他死后，其子司马炎承继为晋王，时司马炎已三十岁，即后来的晋武帝（236—265—290）。司马炎出生时，祖父已权倾天下，所以他年仅数岁即被封为北平亭侯。他自幼生长在富贵锦绣之家，交往皆豪门世胄，是一位完全与世间隔离的公子哥儿，也是中国历史上极罕有的并非来自民间的开国之君（元、清两代情况不同），所以他的儿子晋惠帝（290—307年在位）才会在听说天下饥荒时，说出“何不食肉糜”那种匪夷所思的话来。

综上所述，我们知道司马氏一家官僚，以权诈狡谋取得权势，他们不代表新兴的领导力量，只是由极腐败的世族蜕化而成。他们在官僚集团的阴灵中摸索前进，所以人们对它寄予任何光明的期望都是幻梦一场。

中国的士人对政治有相当大的影响力，后汉的大多数士人虽然因汉光武帝提倡名节而逐渐抛弃对社会国家的责任，但对政治的是非，仍有不少士人挺身而出，加以评论，甚至不惜身家性命，慷慨赴义。在后汉末年的历史中，我们不难发现这类精英分子令人敬佩的事迹。到了魏晋官僚当政的时代，若干士人视从政为畏途。为求避祸，他们或放浪形骸，或遗世隐居，前者即有名的“竹林七贤”，后者如孙登、夏统等隐逸山林，不问世事。且以阮籍为代表，显示他们的特质。

阮籍（210—263）是标准的三国时期的人物。阮籍的父亲曾任职于曹操，颇知名于世。阮籍“本有济世之志，以身逢魏晋之世，名士多遭诛杀，于是不与世事”，“遂酣饮以为常”。曹爽知其贤，召他为参军，籍以病辞，归居田里。年余曹爽即为司马懿所杀，何晏等名流均被诛戮。阮籍逃过一劫，“时人服其远识”。司马懿复征为官，司马昭曾为他的儿子司马炎（晋武帝）求婚于阮籍，阮籍连醉六十日，无法交谈乃止。钟会屡次以时政相询，想从他的话中找出毛病以便治罪，“皆以酣醉获免”。所以他的狂饮，完全是为了自卫。

阮籍反对世俗的礼节，母亲的死讯传到时，他正与人对弈，对弈者请停止，他不愿中途而废，既而饮酒二斗，举杯大号一声，吐血数升，可见他丧母之痛苦。他曾说：“礼岂为我辈设也！”其所著《大人先生传》，形容朝廷的大官们与裤裆中的虱子相同，那些人躲在裤裆的破缝中、坏絮里，自以为合乎礼法，“君子之处域内，何异夫虱之处裈中乎”。及他凭吊楚汉相峙之古战场，叹曰：“时无英雄，遂使竖子成名。”他有真感情，但厌弃虚伪的礼法；有入世的抱负，但以酣醉逃避，始得善终于家。另一位与他齐名的嵇康，因为说话得罪了钟会，为司马昭所杀，不知酣醉逃难，时人哀之。

另一类隐逸之士如孙登，住在郊野土窟中，夏则编草为裳，冬则披发为被。孙登好读《易经》，善弹弦琴。司马昭派嵇康去见他，同游三年，终无一语，临行始告康："子才多识寡，难乎免于今之世矣！"他看准嵇康一定会被杀，原因在于"才多识寡"，所谓"识"，是指不了解其身处之时代也。

夏统是南方人，幼孤贫，及长宗族劝其求仕，他认为此乃"浊代"，只能学沮、溺（孔子时之隐士），从此不再与宗族相见。后因母病至洛阳买药，偶遇当时的权臣贾充。贾充奇其才，试以声色犬马诱之，夏统无动于衷。贾充等人皆说他是"木人石心"，只得任其归会稽，后不知所终。

在当时，像阮籍一样愤世嫉俗或如孙登般遗世独立的知识分子究竟有多少，不得而知。不属于这两类的知识分子，不是如何晏、嵇康般被诛戮，便是如钟会等人般同流合污，渗入官僚集团成为爪牙。钟会之类的廉耻丧尽之徒的

南朝竹林七贤与荣启期砖画

此画分为两幅，嵇康、阮籍、山涛、王戎四人一幅，向秀、刘伶、阮咸、荣启期四人一幅。人物之间以银杏、松槐、垂柳相隔。画家有意描写"相与为散发裸身之饮"的不为世俗礼节所拘的情形。士族知识分子自由清高的理想人格在这块画像砖上得到了充分体现。

丑恶面目，在“五胡乱华”时暴露无遗，他们的命运十分凄惨，有谁怜！

皇室的陈腐与士风的颓废是晋室统一局面成为昙花一现的基本因素；促成“五胡乱华”出现的催生剂是司马家族骨肉自相残杀的“八王之乱”。

晋武帝代魏为帝后，鉴于曹魏孤立而亡，故大封宗室二十七王国，大国两万户，拥兵五千人；次国万户，兵三千；小国五千户，兵一千五百人。文武各官皆由国王自命，形同割据一方的军阀。晋武帝于统一后十年而崩，次子即位为晋惠帝。

晋惠帝的生母杨艳（杨琼芝）临死前为保护儿子将来继承皇位，向晋武帝推介她叔父杨骏的女儿杨季兰继为皇后。晋惠帝即位后，杨季兰被尊为太后，与媳妇贾皇后不合。杨琼芝当年为儿子择媳妇时，权臣贾充为巩固权势，使人贿赂琼芝，求其女贾南风为太子妃。武帝看中卫瓘的女儿，认为贾充女“丑而短黑”，不可，但琼芝固请而允之。贾南风是八王之乱的祸首，即历史上有名的妒忌凶残、荒淫而多权诈的贾后。据记载，她曾手杀数人，“以戟掷孕妾，子随刃堕地”，又曾四处搜寻美男子，载入宫中寻乐，厌即杀之。其中一幸存者形容她“年可三十五六，短形青黑色，眉后有疵”。这位淫荡凶残的贾后擅权后，先诛杨骏，再废杀杨太后，召汝南王司马亮（司马昭异母弟）入洛阳，再诛之。如此反复屠杀，最后贾后亦被杀。

八王之乱结束前两年，匈奴人刘渊已起兵称王（304）。晋武帝短视自私的分封宗室所带来的大灾难，使中华民族惨遭蹂躏，使中华文化濒于毁灭的绝境。面对历史的伤痛，人们油然而缅怀当年秦始皇不分封宗室时说的那几句高瞻远识、以生民之心为心的话（见第五章第二节）。

第九章　中华文化概述

◎ 农业情况

截至“五胡乱华”，中华民族已在中华世界成功地发展出灿烂的文化，与那辽远的“罗马世界”的文化互相辉映，照耀古今。因此我们需要对到晋代为止的中华文化做一概述。秦以前我们视之为“古代文化”，两汉的文化奠定了中华文化的雏形，中间虽经“五胡乱华”而演变到唐代，民族文化新陈代谢，经历五六百年（4世纪—10世纪），中华文化的基本形态并未改变。所以我们要对这四五百年文化方面的发达做一概述。

中华世界文化发展的基础是农业，所谓“民以食为天”，“衣食足而后知荣辱”，实乃至理名言。衣食足后才有余闲从事文化工作，所以我们先谈农业。中国自“五帝时代”（前2674—前2070）即开始以农业为主的生产，到“五胡乱华”为止，已有将近三千年的历史，所以纯就农业而言，其生产已经达到相当高的水准。本节只做一综合性之叙述，无法缕陈细节。

先谈一下直接与农耕相关的农业技术。据《汉书·艺文志》的记载，当时已有农书九种，计一百一十四篇，可谓相当丰富。耕田的器具，有耜、镰、椎等八九种之多，除极少数贫苦的农民所使用的农具为木制之外，大多数农民使用的农具均为铁制。用牛耕田的方法在黄淮流域极其普遍，故牛为农村的动力。耕田的方法是二牛三人为一组，二牛各挽一犁，二人执犁，一人在前导牛，两犁平排并耕。也有一牛挽三犁，三人各执一犁的耕田法。据说用此法，每日可耕田百亩。人们还在犁间置盛种子之器，且耕且摇，种子漏下入土，即犁即下种，效率很高。汉武帝伐匈奴需要大量的牛肉以供军食，耕牛缺乏或遇牛瘟（后汉章帝时有大牛瘟）时，则另有人耕之法。田地间町垅的划分、栽种的距离、覆土的厚薄等均有定制，甚至已经有“休耕”制和“轮耕”制。这与20世纪中期，西方农业科学技术传入中国以前的农业情况几乎一样，可见当时农业技术进步的情形。

农民也有副业，如养鸡、猪、牛、羊，或种蔬、果、桑、麻等。农作物自以稻、麦、小米为主，间或有新品种传入，如胡豆、胡麻、胡桃等物，新传入的作物名字均冠以“胡”字。

水利灌溉与农业有不可分割的关系。春秋、战国时代，各国竞相修筑沟渠，并常有以水利作为对付邻国之武器的记载。秦始皇开郑国渠及李冰父子在成都平原的治水，都是兴水利以利农事的先例。两汉筑水塘、修石洫（沟渠）、开水渠以利灌溉之事，史不绝书。最有名的是汉文帝时蜀郡太守文翁的穿渠引水，汉武帝之建白渠规模也很大。此外汉代人还知道“掘堰储水”“凿井出水”“筑堤节水”等寻求水源与节约用水的方法。到后汉中叶，水利工作与牛耕开始扩展到江南，更进而传到珠江流域。当年的水利工程遗留到今日的，最著名的为秦李冰父子所修建的都江堰，即使以现代的眼光去评价它，也是工程浩大、技术高超。

农业向西北扩展推广的屯田政策也受重视。汉初的“陵寝移民”，主要是平衡东西经济。为防御匈奴，边疆必屯驻大兵，大兵所需粮糈，不能全靠后方供应，因为所需粮糈数量庞大，运输很困难。所以文帝时晁错建议实行屯田政策，即所谓“移民实边”，即在西北荒凉的边区建筑城堡、修筑房屋，将罪人、奴婢、饥民或无地可耕之人，连同其家属，迁移至新筑之城，并给他们发放耕牛、农具及种子。这些移民平时垦耕城堡附近的土地，有警则防守城堡。无配偶者，县官“买予之”，以便其子子孙孙均屯田戍边。

汉武帝时屯田政策更为重要，屯田规模因而急剧扩展。从匈奴新获的土地，多先施行“军屯”，军人垦殖一年有积谷之后，再发中原无业游民及囚徒等，包括各地的“恶少年”去接替耕殖，土地即为耕者所有。当时西北边防军有六十万众，悉就地屯田，粮食力求自足。军屯制扩展到今青海、新疆等地。到汉武帝末年，朝廷大规模移民至西北，有一次竟迁徙关东贫民及奸猾吏民七十二万五千口到西北地区，使农业文化在西北地区扎下根基。边防军之给养即靠屯田农民的赋税。

后汉继续实行屯田边区的政策，唯对匈奴的控制动摇。新崛起的羌人对屯田猜疑，故自汉顺帝（126—144年在位）起，遂复无边境屯田之事，但农业文化已扩展到西北。

与农民切身利害相关的是土地分配与赋税问题。秦末天下大乱，农民膏锋刃者不下数百万，又益之以荒年，米贵达一石五千，“人相食，死者过半”，故汉初无主荒地甚多。天下底定后，亡命深山残存的孑余与退伍的士兵均复员为农。政府亦竭力培养生产劳力，轻徭薄赋是汉初黄老之治的基本政策，但这种少干预的政策导致了土地兼并。盖安分守己的农民在狡民滑吏、强宗豪右的巧取豪夺之下逐渐失去耕地，只得变卖妻子儿女乃至自身为奴。政府任令这种情况自由发展，不加干预。故董仲舒形容当时的农民“衣牛马之衣，而食犬彘之食”，“文景之治”的轻徭薄赋使地主而非真正的农民得到实际利益。

汉武帝的改革并不彻底，其主要目的在于抑制垄断盐、铁、酒的大商人，以补助支出浩繁的军费，对于农民生计，政府只施行移民实边的消极政

汉代画像砖上的养马图

冷兵器时代，骑兵极为重要。汉武帝征服河西地区后，派兵屯田驻守，并指定这里为官方的战马培育基地，给当地带去了大量人口，在当地人的帮助下，汉军培育战马的能力也大为提升。

策，并无根治的方策，所以才有王莽的土地改革。

王莽改革的失败，引发了持续七八年的战争与灾荒，汉王朝的人口大量减少，从某种程度上暂时纾解了土地问题。后汉新兴的宗室功臣，却趁此时机大量兼并田地。光武帝的外戚樊重即拥有田地三百余顷，权贵巧取豪夺土地之事在后汉极为普遍，外戚窦宪甚至以贱价强购公主的田园。汉明帝知道此事后大怒，他说贵为公主者尚被“枉夺，何况小人哉”。但这种现象并未消失。灵帝二年（169），益州刺史的弟弟侯览曾先后夺人住宅三百八十一所，田地一百八十顷，并修建宅第十六所，真是骇人听闻。后汉末年的仲长统（179—220）曾经在他的《昌言·损益篇》中提出“欲张太平之纲纪”，只有实行井田制，可见当时土地分配问题严重到何种程度。黄巾军起兵时（184），仲长统已五岁，他自幼身经战乱，提出实行井田制大概是有感而发吧。

两汉的田赋最初是沿秦制十五而税一，汉景帝二年（前155）改为三十而税一，后汉光武帝初年十而税一，不久仍恢复旧制，为历代田赋最轻者。“算赋”（丁口税）规定民众年十五至五十六，年纳一百二十钱，称为一“算”。“更役”是力役，民年二十三至五十六有接受军事训练的义务，此役至光武帝时被废除。“口赋”规定七岁到十四岁之人，年纳二十钱；“户赋”是以户口为单位，每户年纳二百钱，是纳奉与食邑的王侯。一般来说，农民的负担并非过分沉重，但据《汉书·食货志》的分析，汉代农民的生活很困窘。一个五口之家耕田百亩，岁收粟米一百五十石，纳税十五石，五口年食九十石，余下四十五石折合钱一千三百五十。春秋之祠用钱三百，衣每人费三百，再加上其他支出，余下不足四百五十。不幸遭遇疾病死丧，便只有负债了。如果再遇上荒歉，只有借高利贷，最后或出卖土地，或卖身为奴，或铤而走险，流为盗贼。王莽时的绿林军、赤眉军，汉灵帝时的黄巾军，都是在这种情况下形成的。

中国农民的三大敌人是兵祸、天灾、剥削。其中以兵祸最为可怕，庐舍为墟，尸积如山，安土重迁的农民，只有任由他人蹂躏与屠宰。其次是天灾，但中国地势辽阔，全国同时连年遭遇荒歉的时候不多，可以互相调剂。唯有兵祸再加上天灾，才是致命伤，而二者有时又互为因果。至于剥削则是司空见惯的事，狡民滑吏与强宗豪右都以善良的农民作为剥削的对象。先用高利贷，再巧取豪夺田地是最常有的手段。汉武帝建立刺史，纠劾郡国守相

“六条”的前三条，所叙的正是农民被压迫的实情：

一、强宗豪右田宅逾制，以强凌弱，以众暴寡。

二、不奉诏书，倍公向私，旁诏守利，侵渔百姓，聚敛为奸。

三、烦扰刻暴，制削黎元（民众），为百姓所疾。

如果上述三个敌人同时出现，便是野心家利用农民铤而走险的时机。野心家多不是农民，只是利用农民之人。野心家多用迷信、宗教作为凝聚的力量。所谓“农民起义”，再造成连年兵祸，为其他善良的农民带来悲惨的命运——遭到大屠杀的仍是农民。兵祸天灾之后，人口减少，复员安定，若干年后，类似的情况再度发生，这便是在历史的一治一乱中中国农民命运的循环。

⊙ 工商业发达

汉武帝将盐铁收归国营之事，前文已述（第六章第二节）。铜在两汉的主要用途有四：铸兵器、铸祭器、铸货币与日常用具，因为用途很广，需要量大，所以政府有“铜官”的设置。

前汉时的兵器多为铜制，贾谊即建议汉文帝收集全天下的铜“以作兵器”，用我们的“弃财”去对付匈奴。近代考古学家在玉门关古长城遗址发现了许多青铜箭镞和汉简，推证都是前汉遗物。后汉则似乎没有再用铜做兵器。前汉贵族对铜器很珍视，故宗庙的祭器多用铜器，铜质器皿种类繁多，以祭祀用的为主。铜器上多有“款识”，载明铸者姓名、铸造年代及重量。到后汉时，铜器已不复为贵族所珍视，平民已普遍使用铜器，故铜矿的开采仍很盛，公营的铜厂仍存在。两汉对铜最大的消耗是铸货币。据估计，汉元帝（前48—前33年在位）时国库库存铜钱近四百亿，尚不计流通于民间的铜钱，可见铜的需求量巨大。至于日常铜质器皿，目前考古发掘的遗物种类繁多，食器、厨具等家庭日常用品应有尽有，我们在这里就不一一备述了。

此外的金属以金、银为主。汉代的黄金产量很大，皇帝赐臣下多用黄金，动辄赏赐数千金或万金（一说实际是铜）。汉高祖赏陈平金四万斤，韩信赠漂母金千斤，王莽末年国库存金六十万斤。贵族多用金、银做装饰品及器物，衣服、刀剑亦饰以金银珠宝。后汉时巴蜀即有专造金银饰物的工厂，镀金的技术已被发明，谓之“涂黄”。金、银也偶尔被铸成货币，但并不普遍流通。冶金及制造黄金饰物需要相当高的科技水平，我们可以通过两汉的黄金饰物，推想两汉的科技已达到很高的水准。

纺织业在两汉取得了长足的进步，产量也很高。前汉皇帝常有赏赐臣民布帛的记载，不是赏赐一两人，而是以全国老年、鳏寡孤独、孝悌力田者为对象。如汉文帝赐天下年九十以上者每人帛两匹，汉武帝赐贫民帛一匹，汉宣帝赐鳏寡孤独年高者帛一匹等。这类记载很多。汉武帝时期政府一年由均输得到的帛有五百万匹，武帝一次出巡就分赐各地帛一百余万匹。传统的田园生活是男耕女织，纺织是民间副业。当然也有大规模的纺织工厂，因而致富者颇不乏人。蜀郡（今四川境）和齐郡（今山东境）的纺织业最有名，有“蜀布齐缣”之称。张骞通西域，在大夏看到的蜀布，是经印度转运到中亚的。汉皇室设有东西织室，专制皇家御用品，以丝织品为主，每年费用五千万钱。后汉的纺织业很发达，皇帝也常以缣帛赐人，人民赎罪亦用缯帛。后汉时东西两织室已废，但仍有“织室丞”之设。光武帝喜欢越布单衣，曹操曾特差人到蜀地买蜀锦。

两汉的纺织机的构造如何，不得其详。据说已有织特别花纹的织机，用一百二十个镊子可以织出蒲桃锦、散花绫等美丽图案的丝织物。中亚所发掘的汉墓中残存的彩绢绣品，展示了当时的美术风格及完美技术。汉墓中还发现了毛织品的地毯。20世纪70年代，考古学家在中国出土的汉墓中发现了十

“五星出东方利中国”护膊

新疆和田古墓出土的汉代蜀锦织锦护臂上，清楚地织有上下两行汉隶文字：“五星出东方利中国”。这一重大的考古发现，后来被誉为20世纪中国考古学最伟大发现之一。

分完整的丝织品，其美术设计之优美与技术之优异，令人赞美不已。织锦而外已有刺绣，贵族以为衮服。棉花在东汉时始传入中国，光武帝喜欢穿的越布单衣是否即最早的棉衣，不得而知。

纸的发明对文化的发展有巨大的贡献。在古代中国，书契多写在竹片上，谓之简，将简串在一起，谓之册。到汉代有缣帛代替竹简者。1973年，长沙马王堆汉墓出土了帛书《老子》，一为小篆文，文中不避刘邦之讳，故为汉高祖（前206）以前的作品；一为隶书本，避汉高祖讳而不避汉惠帝“盈”讳，大约写于前194至前180年之间，可见秦末帛已作书写之用。唯帛贵简重，故汉和帝时（89—105年在位）宦官蔡伦改进造纸工艺。他用树皮、麻头、破布、渔网合制成“纸”，于汉和帝十七年（105）上奏纸成，大家以其价廉而方便，多采用之。但政府的文书，仍然用竹简，至少到汉顺帝中叶（136—141）仍如此，因为我们发现过当时的汉简。

总之，两汉对工艺技能竭力提倡，当时的十大重要城市均设有“工官”，除了征收捐税，主要是主持工厂。当时工厂的规模都很大，经营的范围也很广，如漆器、酿酒、造船、砖瓦以及儿童玩具等，不一而足。

随着工艺的进步，奢侈品增多，商业随之发达。汉初社会凋零，民间企求的只是太平温饱的日子，没有欲望，也没有购买力。经过四五十年的休养

柏林博物馆的蔡伦像

鉴于蔡伦的巨大贡献，韩国、瑞士、澳大利亚、匈牙利、英国和阿拉伯等国家均建有蔡伦纪念馆。日本西鸣村建有蔡伦宫，供奉着蔡伦和被尊为“纸神”的朝鲜高僧昙征的神像。

生息，社会复苏，盐、铁、酒等巨商富贾产生，加上土地兼并，若干失去土地的农民流入城市，加入手工业生产及商业经营的行列，形成“农不如工，工不如商，刺绣文不如倚市门”的现象。由是若干工商业发达的大城市蓬勃发展，如长安、洛阳、天水、临淄、成都、邯郸等都是当时的大都市，王莽时有东、南、西、北、中五都。各大都市的情况，无从确考，大体是各种行业集中于一“市”。长安有“九市”，经商的要向政府登记“市籍”，因为经商的丁口税是“倍算”（二百四十钱）。未登记而经商称“私贾”，私贾犯法，可被驱逐。商人在法律上的地位低，汉高祖曾有“贾人不得衣丝乘车，重租税以困辱之”的贱商政策以及“市井子弟，亦不得为官吏”的规定，但事实上“钱能通神”，汉文帝时晁错形容大小商人的神气：

> 商贾大者积贮倍息，小者坐列贩卖，操其奇赢，日游都市，乘上之急，所卖必倍。故其男不耕耘，女不蚕织，衣必文采，食必粱肉；亡（无）农夫之苦，有阡陌之得。因其富厚，交通王侯，力过吏势，以利相倾；千里游遨，冠盖相望，乘坚策肥，履丝曳缟（高级丝织品）。此商人所以兼并农人，农人所以流亡者也。

商人不仅可以穿丝织品，而且他们穿的是高级丝织品；商人不必做官，但势力比官吏还大。所以晁错说：“今法律贱商人，商人已富贵矣；尊农夫，农夫已贫贱矣。”商人贵到“封君皆低首仰给”（司马迁语）的程度，他们垄断市场，甚至提高物价一倍以敲诈皇帝。商人的过分嚣张是随着工艺技术的进步而逐渐形成的。王莽的新政即针对这种现象而为，商人对王莽恨之入骨，最终将他杀死。光武帝时也有人献议抑商才能使人回到农村，尽地力然后国兴，主张禁止商贾为官吏，自不为光武帝所采纳，因为光武帝本人便做过米商。政府任令商业自由发展，所以后汉时期工商业都很兴盛。洛阳因是国都，代替长安而成为五都之首。由于工业的进步，奇技淫巧之奢侈品充斥各地，商人甚至被称为“淫商”。都市中高利贷很流行，政府有时也向民间贷款，民众照样需要付利息，所以后汉的商业特别兴盛。

由于两汉工业进步，张骞通西域带去的物品为西域各地人所羡慕。张骞回国时，乌孙即派了数十人随同他到长安，从此中国与中亚有了密切的贸易往来。从《居延汉简》及考古学家在中亚一带的发现，我们知道两汉商人的足迹已经远至今伊朗国境，即所谓“丝绸之路”（Silk Route）。王莽时，西域各国叛离中国，交通中断。到后汉明帝十六年（73），汉人再次兵临西域，中国工艺品也因此得以再度输入。罗马人当时想直接同中国进行贸易（主要是丝绸），但为想垄断贸易的安息所阻，当时的罗马人还以为丝生长在某种树上。

海上的贸易，这时期也很发达。由印度商人及阿拉伯商人为中介，中国产品也通过船舶经红海或波斯湾而转运到罗马。后汉时，中国与朝鲜、日本及南洋各地的交通也相当频繁。有交通就有贸易，故当时的中国人自称或被人称为“汉人”。事实上，“汉人”一词最初只是“汉朝人”的意思。农、工、商的发达，带动了中国的对外贸易，对外贸易的拓展又刺激了国内技艺的进步，这两种互为表里的因素，使中华文化对人类物质文明有了辉煌的贡献。

⊙ 学术与科技

人类为了满足自身在物质上与精神上的欲望而做出的努力的总成果，我们称为“文化”。因此，我们可将文化分为物质文明与精神文明两部分来叙述。本章前两节所述的可称为物质文明，下面拟概述这四百年间中华世界所创造的精神文明，包括学术、历史、文学与科学。

两汉的学术思想，大体上不脱离春秋战国诸子百家的范畴，由于项羽焚书及汉初挟书律的存在（汉惠帝四年，前191年，始废挟书禁令）。挟书律在秦始皇时代事实上只实行了四年，在汉代倒实行了十六年之久。我们从汉高祖将儒者的帽子拿来盛小便的故事，便可推想儒者在汉初学术界的地位。据说当时天下的书，只有占卜之书而已。此后（前191后），时人根据残编断简加上个人的记忆，陆续整理出许多典籍，诸子百家的著述也逐渐完备。可以说两汉是典籍修补与整理的时期。在这种情况下，典籍自然出现分歧，互诋对方错乱纰缪之事在所难免。经过澄清，留存传下来的《尚书》两家、《诗经》三家、《论语》两家，“春秋三传”家数更多。

武帝用董仲舒言“罢黜百家，独尊儒术”，只就政府对学术的辅导政策而言，只是政府不再设立主讲百家之博士而已，没有钳制思想的意思，百家学说照样在民间流行。故汉武帝时代是思想绝对自由的时代（第六章第二节）。刘歆整理国家图书馆所著的《七略》，包罗百家学说。其后班固在《艺文志》中记有道三十七家，九百九十三篇；法十家，二百一十七篇；名七家，三百六十篇；墨六家，八百六十篇；纵横十二家，一百零七篇；农九家，一百一十四篇；小说家十五，一千三百八十篇；杂二十家，四百零三篇。从这些数字中，我们可以看出百家言之兴盛，证明汉武帝从未钳制思想，汉儒整理旧籍很勤勉。这是他们在学术上的伟大贡献。关于今古文之争与乎谶纬之说前已略及（第七章第二节），笔者在此处不再赘述。

两汉的经学大师，如董仲舒、孔安国、刘向、刘歆、马融、郑玄、何休、服虔等，除了极少数在理论上有所补充发挥，多属疏证训诂专家，“传业者浸盛，枝叶繁滋，一经或至数百万言，大师众至千余人，盖利禄之路然也”。《汉书·儒林传》中的这几句话，可谓一语破的，道尽了汉代学术风尚的真相。

汉代的史学为后代立下规范，应受重视。《尚书》只是史料，章学诚的“六经皆史”，也只是将史料与历史混为一谈的说法。孔子修鲁史作《春秋》，以主观道德标准写历史，毁誉兼有，至少开私人撰史之风。《左传》《国语》记当时各国大事，事为一篇，各自独立，并无体系连贯，亦可视为史料而非有体系规范之历史著述。有体系规范之历史著述，自司马迁之《史记》始。

司马氏自周宣王（前827—前782年在位）时即为史官，传至司马谈为汉史官。司马谈自称“太史公”，他因不能参加汉武帝封禅的盛典，“发愤且卒”，临死前泣告儿子司马迁，望其能承父志，继续孔子修《春秋》的志事。父亲死后两年（前108），司马迁为太史令，他“网罗天下放失旧闻，略考其行事，综其始终，稽其成败兴坏之纪，上计轩辕（黄帝），下至于兹”而成书。司马迁在父亲去世以前即漫游大江南北，足迹远达巴蜀等地，对于历史上有的遗迹多做实际考察。他为太史令后，得亲炙“金匮石室”之典籍，前后至少十八年（前109—前91），中间遭李陵之祸。他受腐刑“而无愠色”，盖在忍辱完成他那部“究天人之际，通古今之变，成一家之言”的巨著——《史记》。

司马迁画像

《史记》共有本纪十二、表十、书八、世家三十、列传六十九（不含《太史公自序》）、自序一篇，共一百三十篇，计五十二万六千五百字。本纪、世家是以帝王、公卿、诸侯为主体，叙述萦绕其中心之史事。列传分为三类，以一人或数人合传者五十三；以各人特质分类的列传者十，如儒林、货殖、游侠、酷吏、滑稽等，每篇七八人不等；另有匈奴、东越、南越、朝鲜、西南夷及大宛外国列传六。班固虽然也批评《史记》，但亦承认司马迁“有良史之才，服其善序事理，辨而不华，质而不俚；其文直，其事核，不虚美，不隐恶，故谓之实录”。十篇年表，考核精密，贡献甚大。至于书八篇，礼、乐、律、历、天官、封禅、河渠、平准，综述自黄帝以迄汉初两千余年来法制、社会、经济、天文、地理之变迁，包罗万象，令人叹服。《史记》本身是不朽巨著，尤其重要的是它开创了历史著作的体例，此后中国的史书（二十四史），均以之为蓝本。司马迁可以被尊为“中国史学之父”。

《汉书》是经四人之手完成的，前后凡五六十年。班彪是首著汉史之人，他受光武帝之命，撰写汉武帝以后的历史。“彪乃继采前史遗事，傍贯异闻，作后传数十篇。”班彪于光武帝三十年去世（54），其子班固于汉明帝初年受命为史官，继续父亲未完成的工作，至汉章帝七年（82），历时二十余年，成《汉书》一百篇，纪自高祖以迄王莽二百三十年间事。但八表及天文志尚未完成，即受窦宪之事的牵累入狱而死。班固的妹妹班昭，夫姓曹，世称曹大姑，奉汉和帝之命就东观阁藏书续成之。班昭的学生马融推荐

班昭画像

班昭是史学家班彪之女，班固、班超之妹。在班超去世后奉命续修《汉书》，著有《女诫》。

其兄马续“继昭成之”。《汉书》的体例全袭《史记》，但只述汉史，故称为断代史。以后各代修史，师法《史记》的体例，断代为史却宗《汉书》。故汉代的史学被中国后世史家奉为圭臬。

文学是人类精神生活品质进步的表征。汉代承继春秋、战国传留下来的文学遗产，特别是《楚辞》《诗经》及《庄子》瑰丽飘逸的文章，汉人在和平盛世的优裕环境之下，充分发展他们的文学长才。

两汉最发达的辞赋，主要是由《楚辞》推衍而成的一种文体，是一种堆砌辞藻、雕饰词汇、铺张浮蔓而成的韵文。赋只求文采靡丽、对仗工稳，对于内容并不讲求；只是描绘太平盛世的荣华壮丽、奢靡享受而已。《楚辞》因著者身处离乱之世，不自主地抒发自己对社会民生疾苦的至情，所以有人比喻汉赋有似翠华满头、艳装繁饰的贵妇，楚辞则是淡妆轻抹、临轩幽思之少妇，二者不同，时代背景使然。汉赋的著者辈出，著名的如贾谊、司马相如、刘安、扬雄等二十余人，据记载有四百余篇之多，甚至汉武帝本人也曾作赋两篇。流传下来的汉赋很少，因为它们只是美奂绝伦的木偶，没有灵魂，没有感情，但汉赋对后世的文风与文体极有影响，从后汉末年一直流行到唐朝韩愈（768—824）“文起八代之衰”后才逐渐消逝的骈体文，便是受汉赋影响而成的文体，其遗风延续了七八百年，令人震惊！不过骈体文与汉赋也有差别，亦不乏具有至情与内容者。

诗在中国文学史上占据极重要地位。诗是汉代始创，虽然它导源于《诗经》与《楚辞》。《诗经》与《九歌》本是民歌民谣，是大众抒发感情的载体。最初的歌谣，只不过唱出他们内心的喜乐幽怨与希冀，后逐渐发展成为五言诗。五言诗没有平仄与“绝”“律”的法则，很像信口道出的歌词，流传至今的《古诗十九首》可为代表。那种朴实爽朗的风格，与辞赋的雕琢浮夸形成对照。如左思的《咏史》诗：“郁郁涧底松，离离山上苗。以彼径寸茎，荫此百尺条。世胄蹑高位，英俊沉下僚。地势使之然，由来非一朝。”该诗直如说话一般，道尽不平之气。诗的发展，到唐代而规模灿然，成为中国文学的瑰宝。

与诗平行发展的还有“乐府”。主持皇家音乐的乐官，为皇室吉庆典礼所奏的歌谣，配上乐调，即为“乐府”。我们现在只知道当时的乐章有清调、平调、瑟调、楚调四种，合称“相和四调”。乐调已失传，歌辞传下来的也很少。后世的“歌”，如李白的《将进酒》与宋代的词，很难说与乐府没有关联。

两汉的艺术品流传至今的很多，如彩色壁画、板画、石雕、铜铸钟鼎、

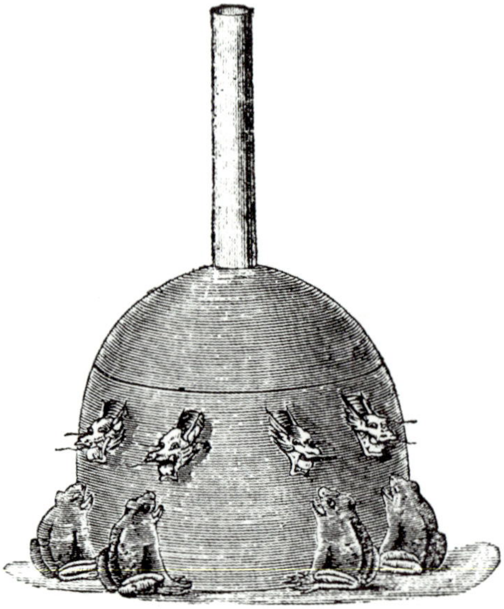

候风地动仪　地震学家约翰·米尔恩构想

浮雕等。从考古学的观点来看，这些艺术品至足显示了当时技艺的进步；从纯艺术的眼光来看，只能就艺术发展的历程去作评价。

两汉的科学成就也值得一提。历法与农业的进步有密切的关系，历法的精确，则倚赖天文学，故汉代的天文学很发达。最著名的天文学家是张衡（78—139）。他的宇宙观是“天”包“地”，天为圆形，地在其中，与另一派认为天在上覆盖下面的地的理论不同。前者被称为“浑天说”。我们现在看浑天说当然很幼稚，但地的四周都是天的想法，却接近事实，在当时，浑天说确是大胆的假设。张衡“穷研阴阳”而作“浑天仪”，能相当准确地测出若干主要星辰的移动。他后来又制造出“候风地动仪”，可以测出远地的地震。据记载，张衡远在洛阳能测出甘肃的地震。史称他的地动仪，“验之以事，合契若神”。浑天仪的制作法，没有记载；地动仪有一百四十余字的描述，是用铜制成，极尽玄机之妙。能够创造出如此精密的仪器，可见张衡的科学素养之高，特别是数学能力之强，也显示了后汉的技艺水准之高。最令人惊异的是，张衡还是当时著名的文学家，他写的洋洋洒洒数千言的《思玄赋》，脍炙人口。张衡又曾任太史令，兼通史学。

两汉及魏晋历史的演进，使中华文化奠定雏形。到“五胡乱华”之后，中华文化发生了剧烈的变动，整个中华历史展开了崭新的动向，此后的历史笔者将在下一编叙述。

少年爱读中国史

2

南北朝至隋唐两宋

插图版

李定一 著

重庆出版集团 重庆出版社

目录

第三编

新陈代谢时期——北方游牧民族内迁与南北朝（317—589）

◈ 第十章　大动乱局势（304—439）

西晋边境的情势　/ 002

匈奴称雄时期　/ 007

羌氐称雄时期　/ 012

北魏的统一　/ 017

◈ 第十一章　江南的开发与繁荣——东晋

南渡后的政局　/ 022

东晋的北伐　/ 029

南朝的政局　/ 034

新天地中的旧文化　/ 045

◈ 第十二章　旧文化的再生

孝文帝的华化　/ 053

中原的分裂　/ 061

新民族的旧文化　/ 070

第四编

中华文化之定型——隋唐与两宋（589—1279）

◈ 第十三章　辉煌的唐代

大一统盛世的前奏　/ 078
唐初的政局　/ 086
由盛而衰的经过　/ 095
唐代之衰亡　/ 102
中华文化的广泛传播　/ 112

◈ 第十四章　唐代的经济社会与文化

唐代的经济社会　/ 121
唐代的文化　/ 128

◈ 第十五章　国势式微时期

五代十国的概况　/ 138
宋代开国的政策　/ 146
变法图强　/ 155
南宋的苟安　/ 164

◈ 第十六章　两宋的经济社会与文化

宋代的经济社会　/ 172
宋代的文化　/ 178

第三编

新陈代谢时期

——北方游牧民族内迁与南北朝

（317—589）

第十章 大动乱局势（304—439）

⊙ 西晋边境的情势

汉武帝二十二年（前119），汉军大破匈奴，大漠以南的匈奴逐渐全部投降，大漠以北的匈奴直到后汉和帝元年（89）窦宪越漠远征，始被迫向西迁徙，匈奴对中国所造成的边患始告结束。但投降后的匈奴在西北边境一带散居，两三百年后掀起一阵阵狂飙，给中国内部造成大混变，使中华文化濒临毁灭。

匈奴由中国的外患转变成中国的内乱，其间经过如下：汉御匈奴，成功的因素殊多，最主要的是屯田政策。骑兵进击，匈奴逃走后，即实行军屯，军屯有余粮，乃征发各地罪人、游民、“恶少年”等赴新获得的土地垦殖，步步为营，以保持战果，扩大战果。投降的匈奴仍居住在边境原有的地方，在单于的统治下，单于向汉称臣。如汉元帝十六年（前33）呼韩邪单于请入朝见天子，汉室赏赐十分丰厚。呼韩邪单于又“愿婿汉氏以自亲”，元帝以宫女王昭君“赐单于，单于欢喜”。昭君为单于生一子，封“右日逐王”。呼韩邪单于死后，昭君为继任单于妻子，又生了两个女儿。单于可以封其子为王，我们便可想见汉对投降后的匈奴人并没有直接控制权，投降后的南匈

明妃出塞 明代仇英绘

此图描述了汉元帝时宫女王昭君（明妃）远嫁匈奴呼韩邪单于的情形。她的出塞对西汉和匈奴都意义非凡。

奴仍然保持着其独立的王国与统治权。呼韩邪单于请汉撤销边境的“备边塞吏卒”，自愿替汉守边。元帝命群臣讨论，大家都赞成，只有“习边事”的郎中侯应提出十条理由反对。主要的理由仍是“匈奴暴桀”，极不可靠。哀帝时单于请入朝（前3），朝臣以赏赐“虚费府帑，可且勿许”，黄门郎扬雄以为不可因小失大，宜行羁縻之策。哀帝乃许其入朝。王莽不省此理，欲改“玺”为“章”，改王为侯，匈奴遂叛。由上述史事，我们知道匈奴在前汉的“归顺”，只是名义上的归顺，实际上是在无力侵边的情势下所采取的不得已的权宜之计，何况入朝之赏赐很丰厚，何乐而不为。

后汉初，匈奴又开始寇边，光武帝无力征讨，任其杀掠掳劫。直到光武帝二十六年（50），匈奴内乱，始向汉称臣，遣子入朝。光武帝赏赐丰厚，除了黄金、锦绣、乐车、鼓车等贵重珍品，还有米两万五千斛、牛羊三万六千头。时南北匈奴间战争频仍，南匈奴为北匈奴所逼，汉廷乃准其众徙居今甘肃、陕西、山西北部一带，并设官治理，“而不输贡赋”。日后匈奴人口日渐增加，“转难禁制”。曹操分匈奴为五部，选汉人为司马（后改为都尉）以监督之。当时散居在今山西、陕西北部一带的匈奴人，据记载已超过三万户。到晋武帝时，长城以北的匈奴因水灾，两万余户请内附，均与汉人杂居。晋武帝七年（271），杂居的匈奴人刘猛自称“单于”叛乱，为何桢所平定。刘猛被杀后，匈奴镇服，不敢复反，但与官府积怨日深，甚至“杀害长吏，渐为边患”。

九年后（280），晋武帝灭吴统一中国，侍御史郭钦主张徙戎：戎狄强犷，历古为患。魏初民少，西北诸郡皆为戎居。……今虽服从，若百年之后有风尘之警，胡骑自平阳、上党（今山西临汾一带）不三日而至孟津，北地、西河、太原、冯翊、安定、上郡尽为狄庭矣。宜及平吴之威，谋臣猛将之略，出北地、西河、安定，复上郡，实冯翊，于平阳以北诸县募取死罪，徙三河、三魏见士四万家以充之。裔不乱华，渐徙平阳、弘农、魏郡、京兆、上党杂胡，峻四夷出入之防，明先王荒服之制，万世之长策也。

郭钦的主旨在于将长城以南的“杂胡”徙出，移汉人居其地，并严禁胡人返回。他预料“百年之后”，是不敢危言耸听，恐因此招祸的说法，实际上二十余年后他的预言成真，所谓“风尘之警”即“八王之乱”。晋武帝不仅不采纳郭钦之言，反而在此后数年间再收容十余万口匈奴于北疆杂居。这些人“皆勇健，好反叛”。晋武帝死后数年，不待刘渊起兵，匈奴人郝散叛攻上党，入上郡，郝散之弟郝度元亦攻略两郡矣。这些居住在塞内的匈奴人，莫不积怨愤恨，伺机而动。

当时西晋西北的外族除了匈奴，还有西羌。羌人散居在今甘肃西南、青海、西藏及四川一带，部族名称很多，故曰“诸羌”。羌人是一个“以战死为吉利，视病终为不祥”的好战民族，汉初曾归降于匈奴。汉武帝置河西四郡，主要鹄的在于隔绝羌、胡（匈奴），但羌仍与匈奴联合攻汉。汉武帝派将军李息率兵十余万讨平之，设置护羌校尉以统领之，部分羌人逃走，汉乃移民实之。汉宣帝时诸羌再叛，由赵充国将兵六万击平之（前61），并屯田于临羌（今青海境内）。王莽末年，西羌再寇陇西。光武帝九年（33），班彪有几句分析羌人的话：“今凉州部皆有降羌，羌胡被发左衽，而与汉人杂处，习俗既异，言语不通，数为小吏黠人所见侵夺，穷恚无聊，故致反叛。”这种情况越演越烈，自此之后羌乱时有所闻。至后汉章帝十二年（87），羌人叛乱的规模扩大，连年战争不息。汉室对战败归附的羌人均徙居西北各地。以顺帝十九年（144）为例，诸羌三万余户投降后，被汉室安置于凉州；桓帝二年（148），“斩首招降（羌人）二十万”，可见杂居羌人之众多。后汉虽以重兵屯边，但多步兵，而羌人皆骑兵。后汉常以步卒数万追击数千羌人而不能得，劳师靡饷，旷日无功。据统计，后汉对羌用兵耗费近四百亿钱，使国力损耗甚巨。至桓帝二十一年（167）“破羌将军”段颎大胜羌人，“余悉降散”为止，前后历时近百年，羌人大规模、有组织的寇边才终止，但杂居羌人零星的叛乱，自黄巾军起兵起便不时发生。那些与汉人杂居并受汉吏治理的羌人，是西晋边境的定时炸弹。

以今河北、内蒙古、辽宁等地为中心的“东胡”分为乌桓、鲜卑两部，是“贵少而贱老……怒则杀父兄”的游牧部族，汉初为匈奴冒顿单于所征服。汉武帝为击匈奴，故先征服乌桓，于塞外置辽东、辽西等五郡，“为汉侦察匈奴动静”。其领袖称“大人”，每年入朝一次。汉设乌桓都尉以监领之，“使不得与匈奴交通”。王莽时乌桓叛变，光武帝时乌桓竟与匈奴联合侵边。光武帝二十一年（45），朝廷遣马援出兵征讨，乌桓闻讯先逃。次年匈奴内乱，乌桓乘机进攻，匈奴败走，光武帝乃贿乌桓以币帛，其“大人”郝旦率九百二十二人归附，入朝洛阳。此后乌桓叛服无常，汉室以羁縻为主，盖欲令其监视北方的鲜卑。后汉末年，袁绍雄踞今河北一带，欲问鼎中原，乃“北联乌桓”。及袁绍死，子袁尚投奔乌桓，幽、冀两州“吏人奔乌桓者十余万户”。袁尚想凭借其力复起。汉献帝十八年（207），曹操亲征乌桓，大胜，降其众二十余万人，其余众万余部落“悉徙居中国”，其居住之地成为另一大片胡汉杂居之地。

鲜卑与乌桓“言语习俗同”，居乌桓北方之鲜卑山，故名。鲜卑曾臣服于冒顿单于，及至光武帝二十五年（49）始与汉室有交通，不久其“大人”内附。后汉边吏每年给予鲜卑两亿七千万钱，称为“赏赐”，相安无事四十年。至窦宪大破北匈奴（89），匈奴西逃后，漠北地空，鲜卑迁徙而据其地，征服余留的匈奴部落十余万人，“皆自号鲜卑，鲜卑由之渐盛”。其地称“鲜卑之地”（Seberia，今音译为西伯利亚，误）。此后鲜卑势力强大，伸张其势力自辽东以至西域，浸浸有代替往日匈奴地位之势。汉灵帝十年（178），汉室欲对鲜卑大张挞伐，蔡邕谏称鲜卑“称兵十万，才力劲健，意智益生”，主张以守为上策，灵帝不听，主帅夏云等大败而归。适鲜卑亦有内乱，边境粗安。鲜卑即日后北朝拓跋魏的源流，对中国的历史影响很大。

班超（32—102）在西域的事迹亦当于此一提。他年四十一始投笔从戎（明帝十六年，73年），以“吏士三十六人”，首创“以夷制夷”政策，使西域诸国重附汉而拒匈奴。班超后被封为定远侯，与博望侯张骞同为中国历史上的伟大英雄。他以权谋机智和英勇果断慑服西域，其故事无异传奇。他几乎是单人独马横行西域三十年，七十一岁始返洛阳，阅月而卒。班超在异域立功，于中西交通有功，对国内局势殊少影响，但亦堪受重视。

综观以上所述，我们对西晋边疆的情势可得到一概略的鸟瞰：

一、为患中国边疆最剧烈的匈奴分裂为南北两部后，北匈奴被窦宪击败而西迁，南匈奴投降后，只是表面称臣而不纳贡，反接受汉室极丰厚的赏赐，汉室并未实际控制匈奴的内政与军事。居住在长城以南的匈奴人，主要散布在今陕北及山西一带，接受汉官治理。有谓晋初内附匈奴有八百七十余万口之多，此数字略有夸大，但其人数众多，则系事实。

二、北匈奴居住地已为鲜卑所占据，鲜卑兵力强盛，后汉用以夷制夷政策，厚贿乌桓以制鲜卑，这种政策在国势强盛时效果显著，一旦国内分崩离析，内争不休，便纰漏百出。乌桓与鲜卑“言语习俗同”，本是同族，只是距汉室远近而有别。他们与南匈奴类似，一面保有自己实际独立的王国，一面有许多同族散居在长城以南的今河北、山西一带，通称胡汉杂居。

职贡图 唐代阎立本绘

西汉末年，西域反叛，班超奉命出使西域，再次打通西域，通商的“丝绸之路”就此开辟。想必西域各国往来的情景也如唐代的《职贡图》所描述的那般繁荣。

三、胡汉杂居的情况在边境很普遍，边境的官吏良莠不齐，压榨胡人之事常有，汉民的狡黠者勾串欺凌胡人者亦层出不穷。胡人生性剽悍好斗，团结力强，在忍无可忍时被迫叛乱，因此自后汉末年以迄北方游牧民族内迁，沿长城以南各地，胡人杀吏劫城、掠财戮众之事，时有发生。他们的“祖国”基于自身的利害，并未直接介入，所以他们的行动都被汉室敉平。大军压境，小规模叛乱自易戡定，膺惩与报复之事自不能免，由是官吏与胡人之间，胡、汉平民之间积怨日深。循此恶劣途径，辗转反复演进，累积百余年，胡汉间的血海深仇已成万世冤孽。这便是北方游牧民族内迁时，那一切大规模的残忍、暴虐、血腥行为发生的背景，也是威胁西晋政权的定时炸弹。

古代史书上所称的“南蛮”与“西南夷”，由于各种地理因素，性格较平和，向外侵略性弱，若有变乱，多属消极性的自卫，殊少有问鼎中原、角逐政权的野心。北方游牧民族内迁的氐族，事实上是散居在今川、陕、甘一带，已经局部农业化了的少数民族，论者或称其与羌同族，或谓其原属南蛮，逐渐向西北迁徙而成为“西戎”，“嫁娶有似于羌”。大约到了西北，地理环境改变，发展的方向也随之更异。总之，在北方游牧民族内迁中，当时西南及东南的少数民族没有参与。

⊙ 匈奴称雄时期

前面已经提到西晋政权不是由新兴的势力所建立，而是由腐化已达极点

鹰顶金冠饰

鹰顶金冠饰是匈奴文物最有代表性的稀世珍品，乃是迄今所见的唯一的“胡冠”。

的官僚集团所蜕化而成的（第八章第四节），他们的穷奢极欲到了令人难以想象的程度。西晋的“开国之君”晋武帝平吴后，后宫姬妾近万人；丞相何曾“日食万钱，犹曰无下箸处”。皇帝的女婿吃的蒸乳猪，是用人乳喂养的；家中婢仆，动辄数百人。大司马石苞的儿子石崇富甲天下，为了与人“斗富”，不惜将珍贵的白蜡当柴烧。石崇宴客，以美人行酒，客饮不尽者，斩行酒美人，有一次因客人拒绝饮酒，竟连杀三美人，这种行径不仅奢侈残忍，而且接近疯狂。石崇于五十二岁时为孙秀斩首，其母兄妻子无论长少均被杀。时人所称“奢侈之费，甚于天灾”，正是西晋上层社会的写照。

当上层统治者穷奢极欲，司马家族骨肉自相残杀时，黄河流域的大部分地区正遭受旱灾、蝗祸及瘟疫，人民奔走流亡求食，“草木及牛马皆尽，……流尸满河，白骨蔽野”。流亡到蜀郡求食的饥民，在李特的领导下群起反叛。李特不久被杀，其子李雄于晋惠帝十四年（303）攻下成都，次年称成都王，两年后称帝（306），国号大成。这便是“天下未乱蜀先乱”这

金谷园图 清代华喦绘

石崇仗势劫掠远使及商人致财，生活奢侈糜烂，私宅金谷园十分奢华，拥有婢妾、歌妓上千，其中最为宠爱者为绿珠。石崇落魄之后，他的政敌前来索要绿珠，石崇不答应，绿珠跳楼自尽。华喦在创作这幅作品时感慨即便富贵如石崇也难逃命运的束缚。

一句话的源起。蜀郡僻处西南，不足以震撼大局，匈奴刘渊在西河郡离石县（今山西境）的称王，情况便两样了。

刘渊史称刘元海（约250—310），因《晋书》是唐代房玄龄等人所撰，避李渊讳，故改其名。刘渊乃冒顿单于之后，因和亲政策之故，冒顿单于的子孙均自称姓刘。其祖父于扶罗为南匈奴单于，曾助汉平黄巾军；父刘豹为左贤王。曹操分匈奴为五部时，刘豹为左部帅，居太原郡兹氏县（今山西境）一带。史称刘渊“幼好学，师事上党崔游，习《毛诗》、京氏《易》、马氏《尚书》，尤好《春秋左氏传》《孙吴兵法》，略皆诵之，《史》《汉》、诸子，无不综览”。他不仅博览经史，兼习今古文经，还精习武事，“妙绝于众，猿臂善射，膂力过人”。刘渊曾为质子居洛阳，晋武帝很看重他，欲委以平吴之重任，人谏以“非我族类，其心必异”而罢。也有主张杀刘渊以免后患者，但王浑认为刘渊是“长者”，汉室不可毫无理由地杀质子。不久刘豹卒，刘渊继任为左部帅，他“明刑法，禁奸邪，轻财好施，推诚接物”，不仅匈奴人翕然拥戴，而且“幽冀名儒，后门秀士，不远千里，亦皆游焉”。可见，一般人关于北方游牧民族野蛮不文的印象，并不正确。

晋惠帝十五年（304），刘渊于八王之乱正炽时，在西河郡离石县境称汉王，宣布以复兴汉室为职志，与刘秀、刘备打出的口号完全相同。他追赠刘阿斗（禅）为“孝怀皇帝”，打出复兴“我太祖高皇帝”大业的旗帜，起义师讨伐自“贼臣王莽”之后的董卓、曹操及司马氏等叛汉的罪臣。这种维护汉室正统的口吻，谁知是出自匈奴之口？四年后，刘渊称帝，国号汉，都平阳（今山西临汾）。时今河北、山东一带的胡人均起兵，共推刘渊为帝。刘渊死于晋怀帝四年（310），庙号“高祖”。太子刘和继位，不久即为其弟刘聪所杀。刘聪旋即攻破晋都洛阳（311），掳走怀帝。刘聪对怀帝百般侮辱后再杀之。西晋大臣贾疋等拥司马炎之孙司马邺为帝，即愍帝（313—317年在位），后聚众十余万人，攻取为刘曜所攻占的长安。曜为聪之族弟，残忍嗜杀，他将长安焚毁殆尽，撤退时复驱长安男女八万余口至平阳，故愍帝建都于长安时，长安人口不足百户，全城仅有车辆四乘。316年，刘聪再遣刘曜攻长安，破之，愍帝被虏送至平阳，受凌辱之后亦被杀，西晋灭亡。317年，司马睿在南方建康（今南京）称帝，是为东晋元帝；在北方，游牧民族则正式开始内迁。

北方游牧民族内迁（317—439）的一百二十余年里，中华世界的政治、文化、经济的重心所在的“中原”陷入一片纷乱。各地群雄割据一方，称王号帝的此起彼落；群雄相互之间攻城略地，斩尽杀绝之事层出不穷；史称“十六国”（实际上建立的政权比十六国多）。其间史实纷复繁杂，不及缕述。笔者只能以活跃的民族为中心概述其大势。

十六国大致可分为三个主要阶段，第一阶段为匈奴时期。刘渊、刘聪、刘曜均为匈奴人；石勒、石虎虽为羯人，实为匈奴旁支，他们所建的国家，史称后汉（与五代的“后汉”有别）、前赵（刘曜）、后赵（石勒）。318年刘聪病死，刘曜敉平内乱后称帝，都长安。数年后关中瘟疫流行，民死者十之三四。刘曜乃迫徙西北疆羌、氐等民二十余万口入长安，成为后来羌、氐借而壮大的伏因。刘曜为刘渊族子，少孤，为渊收养，自幼不凡，甚受渊重视，故亦接受良好教育。史称他“性拓落而高亮，与众不群，……善属文，工草隶”，常以乐毅、萧何自比。为帝之后，他整军经武，征服西北疆羌、氐诸族，有精兵二十余万。刘曜对内亦重视教育，“立太学于长乐宫东，小学于未央宫西，简百姓年二十五以下、十三以上，神志可教者千五百人，选朝贤、宿儒、明经、笃学以教之”。他曾亲赴太学考试学生，成绩优良的拜为郎中。唯其少年即酗酒，晚年尤甚，与敌军石勒决战，饮酒数斗，“昏醉奔退”，为石勒所擒，最终被杀（329）。

石勒是匈奴入塞十九个部落之一的后裔，原居住在今山西北部。与刘渊不同，石勒是平民而非贵胄。晋末并州大饥荒，并州刺史司马腾掳掠当地胡人，驱至冀州贩卖为奴，用以购买军粮。石勒时年二十余，亦在其中。司马腾将两胡用一枷束在一起，石勒在行进途中饱尝饥饿、疾病与凌辱。其主人师欢“奇其状貌而免之”。石勒自由之后，聚“十八骑”为盗，“八王之乱”时崛起，不久附刘渊，部众日多，达十余万。刘曜时期，石勒已控制今河北、山东、河南的部分地方，319年称赵王，329年灭前赵后称帝，史称后赵。后赵极盛时期的疆土北起长城，南达长江北岸（今江苏及皖南一带除外），几乎统一了华北地区。石勒为巩固其统治，竭力笼络留居在北方的汉人世家，除了实行九品中正制以维护大世家的政治权益，对汉人世家还有许多优遇，如免除关中及陇西地区大家族皇甫氏、韦氏、梁氏等十七姓的兵役，以获得这些大世家的拥护。于是许多中原大世族投奔后赵，不少人官至高位。

石勒病死后（333），其侄石虎尽杀石勒诸子，自立为帝，将国都自襄国迁至邺（两地均在今河北南部）。石虎嗜杀成性，激起羌、氐及汉人“乞活军”的反抗。349年，石虎病死（四月），诸子争立，骨肉残杀，不到一年换了三个皇帝，最后皇帝石鉴为“乞活军”领袖冉闵所杀，后赵遂亡。

“乞活军”起源于刘渊称帝时（308），因天下大乱，胡人劫掠，西河郡、太原郡汉人为自保，乞求活命而组成。“乞活军”，汉人流民武装集团，是西晋政权颠覆后，汉人与入侵的胡人势力做生死斗争的武装力量。他们以求生存与“勿事胡”作为奋斗的主旨，一直是胡人统治下的一股坚强的汉人武力。经过四十余年的历练，冉闵最终消灭了残暴的匈奴政权。冉闵所建的魏国虽不过三年而亡，但“乞活军”仍然活跃于中原，到刘裕北伐时（409），他们仍然存在。

以匈奴为主的中原政权，共计四十六年（304—350）。自刘渊开始，继任之人莫不嗜杀成性，对汉族甚至对同族经常肆意屠戮，这样的情况史不绝书。例如：309年，刘渊败晋将王湛于延津（今河南延津县境），杀男女三万余口于黄河；两年后石勒追击晋东海王司马越主力，至苦县（今河南鹿邑县境），“纵骑围而射之，将士十余万人，……无一人得免者”；329年，石勒灭前赵，屠杀公卿三千余人，坑刘氏王公贵族两万五千余人（均与石勒同为匈奴种）；史称石勒杀人近百万。石虎更凶残，他进攻广固，杀守军三万余，更屠尽平民。新任刺史以无民便无治，石虎为了使新官有民可治，始留下男女七百口。他为帝后，征集民家女年十三以上、二十以下三万余人入充后宫，又夺已婚貌美妇女九千余人为己所有，后宫妇女逾十万人。他横征暴敛，征役平民近两百万人以修筑宫室，使百姓“自经于道路，死者相望”。

冉闵的父亲冉良（又名石瞻）自幼生长在“乞活军”中，年十二时为石勒所俘，被石虎收为养子，故冉闵为石虎养孙。冉闵勇敢能战，石虎委以重任，因家世及目睹匈奴凌压汉人之故，同情汉人。石虎死后，其子骨肉相残，冉闵趁此时机，杀石鉴，称帝，国号魏（350—352），仍都邺。时匈奴人多居邺，冉闵宣布，凡不同意新政权者，可以任意离去。胡人纷纷出城，致使城门拥塞不通。冉闵见胡人不附己，乃下令杀尽胡人，总计杀害二十余万人。因杀的是“高鼻多须”者，所以冤枉死的人不少。这个北方游牧民族内迁时期汉人在中原建立的唯一政权（另为前凉、西凉、北燕三国，在边区），于三年后被崛起于东北的鲜卑族慕容儁所灭。从此鲜卑与生活于西北的羌氐步入历史舞台，北方游牧民族内迁的历史发展到第二阶段——鲜卑与羌氐对抗时期，亦即前燕与前秦角逐时期。

北方游牧民族内迁时期，一个王朝灭亡后，其残余常打起已覆亡朝代的旗帜以收编流亡，重振势力，多袭用旧国号以资号召，后世史家乃以“前”“后”分别之。

⊙ 羌氐称雄时期

后汉中叶之际，辽东鲜卑人乘势移入北匈奴所遗下的空地，逐渐成为北方强大的部族。后汉桓帝二十年（166），鲜卑领袖檀石槐分鲜卑为中、东、西三大部，慕容氏领中部，宇文氏领东部，拓跋氏领西部。慕容氏于曹魏时期（249）徙大棘城（今辽宁锦州市义县境），开始农业生活。西晋覆亡时，其首领慕容廆自称大单于，其子慕容皝于石虎时称燕王（337），袭用战国七雄燕的国号，萌问鼎中原之志。六年后，石虎将兵二十余万攻燕，大败而归，慕容皝遂迁都龙城（今辽宁朝阳境），破高句丽，灭宇文氏，统一辽东地区。

当时中原残落，各大世族纷纷举族迁徙各方避祸，其中一部分北徙入燕国。慕容氏尽量吸收这些流民，设立侨郡、侨县以绥抚之，并颁布移民免役之法令。为了迎合汉人的心理，慕容氏表面上承认燕国臣属于东晋，将后赵石虎的使臣扣押，送与东晋，以示忠诚，因此中原民众来归附者日多。这些汉民不仅充实了燕的国力，而且提高了当地的农业与工业的生产力，使燕日益强大。《晋书》记载迁徙到辽东的汉人，“若赤子之归慈父”，这些“赤子”的数目，竟“十倍有余”于鲜卑土著。

燕王慕容儁攻冉闵时，闵求援于东晋，后者置之不理。因为鲜卑虽是异族，但“臣服”于东晋，冉闵虽同是汉族，但已称帝，天无二日，故听任冉闵被燕翦灭。东晋于冉魏被灭后，遣人赴燕都，促其入贡，慕容儁回答道：“为中国所推，已为帝矣！”不仅如此，慕容儁还拟筹集一百五十万大军南下灭晋，一统中国，计划尚未完成即病死（360）。后他年方十一岁的儿子继位，其弟恪、评相继辅政。

东晋于冉闵被杀后，乘机北进，收复黄河以南地方，旋即与燕发生正面冲突。369年，晋将桓温为慕容垂大败于枋头（今河南鹤壁市浚县境），数年来规复之地复陷。东晋君臣罔顾民族大义，以一家一姓之政权为重，不与冉闵合作，自难不为后世所讥评。

前燕自慕容皝称王到灭亡（337—370）共三十三年。击灭前燕的是前秦。散居在今甘肃一带的氐与羌同族，故多被通称为羌氐。其贵族苻洪于晋末丧乱时崛起，刘曜时获封氐王，后降石勒。石虎为根绝羌氐的隐祸，将其族众逼迁至今河南东部（333），以苻洪为都督，率众两万户居枋头。苻洪为石虎毒死，子苻健统其众。石虎死后，苻健始率领氐人回关中（350）。苻健深知广众汉人仍怀念故国，所以打着“晋征西大将军”“雍州刺史”的旗帜以资号召。当冉闵屠杀胡人时，中原各地胡羯纷纷西逃，苻氏抚辑流亡，兵力由是壮大。352年，即前燕灭冉魏之年，苻健自立为帝，国号秦（史称前秦），都长安。从此中原地方两大势力，即东部是鲜卑的前燕与西部羌氐的前秦对峙。

前燕于370年为前秦苻坚（357—385年在位）所灭，主要原因有二：首先是鲜卑王室贵胄进兵中原后，生活日益富裕而趋于腐化。慕容皝后宫四千余人，奴仆十倍于此，日费万金，穷奢极欲。贵族效之，全力向民间搜刮，以满足他们奢靡的生活。政府甚至霸占泉水，军民欲饮水，均须纳捐。前燕养兵四十万，而“戎器”缺乏，所以国库虚竭，士气颓废。其次是朝廷柱石慕容垂投奔敌人苻坚。慕容垂于枋头之战大破东晋桓温，威名大盛，十一岁的慕容即位后，其叔父恪、评相继辅政，慕容评猜忌侄儿慕容垂，欲杀之以巩固权力，慕容垂被迫逃降苻坚。于前秦而言，慕容垂之来归，如虎添翼。

前秦苻坚的勃兴，也非偶然，因其重用王猛之故也。苻健称帝后三年而逝，子苻生继位，淫杀无度，健之侄儿苻坚杀之（357）而自立。苻坚自立为帝以前即怀有野心，慕王猛之名，招与之谈，“一见便若平生……若玄德之遇孔明也”。他即帝位后，立即重用年约三十岁的王猛。苻坚曾告诫太子：“汝事王公，如事我也。”苻坚对王猛的重视可见一斑。

王猛为北海郡（今山东境）贫民出身，但“博学好兵书，谨重严毅，气度雄远，……遂隐于华阴山。怀佐世之志，希龙颜之主”。354年，东晋桓温北伐入关中，王猛“被褐”往见之，“扪虱而言，旁若无人”。桓温问他何以关中豪杰不响应他的十万雄师？王猛回答道：“长安近在咫尺而不进攻，百姓不知你真心如何，故不敢响应。”桓温赐以车马，委以高官，希望他同归南方。王猛去请示自己的老师，老师说，你不能与桓温共事并立，“此地自可富贵，何必远乎”。苻坚大概听说了此事，所以慕名去找王猛。王猛辅佐苻坚近二十年。在内政上，他厉行法治，铲除羌氐部落的封建特权阶级，强化中央皇权，使苻坚感到“今吾始知……天子之为尊也”。史称王猛：宰政公平，流放尸素（无能之官吏）；拔幽滞，显贤才；外修兵革，内崇儒学；劝课农桑，教以廉耻；无罪而不刑，无才而不任；……于是国富兵强，垂及升平。

王猛出身贫贱，没有受到汉末以来浮华风气的影响，是一位亦儒亦法的传统中国士人，“治宁国以礼，治乱邦以法”是他一生所奉行的圭臬。由本节所述，大家对燕、秦两国国势已有了解。370年，王猛受命攻燕，燕军三十万望风披靡。王猛遂灭燕，得地一千五百余县，人口近千万。至376年，苻坚翦灭前凉、代等国，于是中原地区已全部统一于前秦。王猛临终前告诉苻坚：“晋虽僻陋吴越，乃正朔相承，亲仁善邻，国之宝也。臣没之后，愿不以晋国为图。”言终而死，时年五十一。王猛早年的言行似以诸葛亮自况，而其成就则又过之。时势推移，王猛身处番邦，心存汉室，用心良苦矣。

王猛画像

相传，桓温第一次北伐时，王猛披着粗布衣服去见他，一边捉虱子，一边议论当世之事，旁若无人，这就是“扪虱而谈”的典故，此举也被后世之人视为“名士风度”的典范。

苻坚一生对王猛信任有加，言听计从，唯对王猛临终遗言漫不以为意，对“僻陋吴越”的东晋不肯放过。383年，苻坚率步兵六十万、马骑二十七万南征，自称“投鞭于江，足断其流”。同时他下诏委任司马曜（东晋皇帝）为左仆射、谢安（东晋辅政大臣）为吏部尚书，并在长安城为他们修建宅第，准备将其俘虏后使其居住于此。对于灭晋，苻坚信心十足，气焰万丈。没有料到“淝水之战”一败涂地，苻坚败逃，年余后在五将山（今陕西境）被姚苌所围，百万大军只剩下侍御十余人。苻坚“神色自若，坐而待（敌军）之，召宰人进食”，被执后，骂敌求死（385）。

苻坚绝非庸碌无能之人，为皇帝二十八年，南征北讨，可谓身经百战，手创大国，何以竟一战而败，一败而灭亡，破历史纪录？其主要原因有二：

第一是国内的民族情况复杂。在前秦的国境中，西北是羌族，今陕西、山西北部一带是匈奴，今山西东部及河北北部一带是鲜卑的拓跋氏，今辽东、河北及河南北部一带是鲜卑的慕容氏，与这些习俗、言语各异的民族杂居的，是广众的汉人。苻坚所属的氐族在中原毫无基础，只有苻洪率氐族两万户在枋头住了十八年，即悉数迁回关中。苻坚统一中原后，为了巩固对中原的统治，将关中氐族十五万户分别派驻到全国各重要地方，类似军事殖民，以资控制。这些军事殖民军队，均由世袭的氐族贵胄统率，各领一千五百户至三千两百户不等，这比分封诸侯更进一步。因为殖民的氐民自视为征服者，他们与贵族合作，对一般民众进行残酷的震慑与无情的剥削，这一情况既普遍且深入，所以激起百姓对苻坚政府的愤恨与诅咒。据《晋书》记载，云苻坚将亡的谶语和民谣很多，甚至有“预言”他将死于五将山者。

苻坚征服四方，全靠氐族团结一致的武力，而今氐族分散四方，他已失凭借，将统一天下的力量寄望于对他心怀深仇大恨的异族军队上，虽有“雄师”百万，又有何用？苻坚施行军事移民政策时，王猛已死。更有甚者，他徙杂胡十万户到关中，其中有鲜卑慕容氏四万余户，而鲜卑是他的“仇绥”，所以有人抚琴而歌曰：“远徙种人（同族）留鲜卑，一旦缓急语阿谁？”在这种政策下，苻坚外无凭借，内有心腹之患，所以淝水战败，苻坚逃归长安，即为慕容冲聚鲜卑人十余万所逼，逃入五将山而死。与一般的对外出征不利，还可回到根据地重整旗鼓，或可苟安一时的情况迥异。

淮淝奏捷图 明代谢彬绘

东晋主战派谢安得到淝水之战奏捷战报后，不露声色，随手把捷报放在旁边，照样下棋，客人问起，才说“小儿辈大破贼”。

第二是东晋在南方偏安，至是已六十余年，避祸南逃的大世族与江南世族间的隔阂与敌视已逐渐消去，东晋政权已从“新亭对泣”的岌岌可危之态中摆脱出来，渐趋稳定。“土断法”实行后，“侨姓”（北人）与“吴姓”（土著）之间的差别对待取消，当兵纳粮的义务相同，于是谢安的侄儿谢玄将北来之人征募为兵，称“北府兵”。淝水之战时，这支军队成立已有七年，有众十万。北府兵是训练有素的精兵，最重要的是战斗意志强，同仇敌忾。他们不愿“胡骑南下”，使生民再遭蹂躏与屠戮。对他们来说，淝水之战是报仇雪恨、生死存亡的战争。这与苻坚所统率的心怀怨望、被胁迫而成军的百万雄师的士气，恰成鲜明对照。

两军对垒前，又发生一动人之事。苻坚以其弟苻融与鲜卑降人慕容垂为前锋，率骑兵二十五万，攻破寿春（今安徽寿县境），进兵淝水西岸。东晋征讨大都督谢石率北府兵拒苻融，苻坚派降人朱序赴谢营劝降。朱序忠于晋朝，告以秦军虚实，建议不待秦军到齐再决战，宜速战速决，先击破其前锋。朱序与王猛的心绪相似。谢石纳其策，遣将率精兵五千，击败挺进中之秦军，进抵淝水东岸，两军隔江对峙。谢玄（前锋都督）遣使告苻融，请秦军稍微后移，以便晋军渡河决战。苻融想用“乘其半渡而击之”的策略，却犯了不“知己”的错误，下令秦军稍微后撤。本无战斗意志的秦军一闻后撤，便立即狼奔豕突，奔逃而去。所谓兵溃如山崩，遂一发不可收。谢玄等挥兵进击，一时间风声鹤唳，溃散的秦军各自逃命。晋军追杀，伏尸遍野。苻融于乱军中被杀，苻坚逃抵洛阳，收集溃兵，只得十余万。慕容垂乘机复国，史称后燕。苻坚只得返回长安，亦为慕容氏所逼。这位叱咤一时的风云人物最终被缢死于五将山的一座小庙中。

苻坚死后，北方再次陷入分裂中，大大小小的国家，连北魏在内，有十二国之多。自304年刘渊称王始，至439年北魏统一北方为止，一百三十五年间的十六国（西蜀、冉魏、西燕、北魏不在十六国内）实际有二十多个政权，其中三分之二是苻坚败亡后建立的。此后四十余年中原的大势，仍主要是东部的鲜卑与西部的羌氐所建立的国家的对峙。在这个混乱的局面中，鲜卑族的拓跋珪建立的北魏崛起，最后统一了北方（439）。北魏统一的经过，是北方游牧民族内迁的第三阶段。

⊙ 北魏的统一

淝水之战后，北方新兴的国家中，以东西对峙、同属鲜卑族的北魏与慕容垂的后燕以及属于羌族的姚苌的后秦最为强大。最后由北魏统一中原，史称北朝。北朝与南方的刘宋南北对立，史称南北朝（439—581，另一说为420—589）。

拓跋部属鲜卑族三大分支之一，自称是黄帝二十五个儿子之一的后裔，自不可信。南朝则传说汉代李陵降匈奴后，单于以拓跋之女妻之，“胡俗以母名为姓”，故称拓跋，这一传说亦系伪托。经史家考核，知拓跋部原居住在今东北黑龙江一带，后逐渐南移。窦宪大破北匈奴后，匈奴西迁，拓跋族徙入匈奴原住地，与留下的匈奴部族十余万众混同，皆称鲜卑，拓跋由是渐盛。后汉末年，鲜卑势力渐浸而南，已达今山西北部，时寇掠汉疆，已有“控弦士马二十余万”。此后鲜卑势力日益壮大，但并不得志于中原，箭头指向北方发展。北方游牧民族内迁初起，并州刺史刘琨欲借其力以对抗刘渊，乃请晋廷封鲜卑首领为代公，旋升封为代王（314），数传至什翼犍始开始汉化。盖什翼犍曾为质后赵达十年之久，深受汉文化影响。338年，什翼犍返国为代王后，任用汉人燕凤等人制法律、定制度，并定都盛乐（今内蒙古和林格尔县境），开始发展农业生活。376年，苻坚伐代，什翼犍战败而死。其孙拓跋珪于淝水之战后，纠合旧部复国称王，改国号为魏，史称北魏。拓跋珪时年十六岁。

拓跋珪先翦灭北方独孤与贺兰，两部皆为鲜卑与匈奴混同而成的部族。拓跋珪灭独孤与贺兰后掳获甚丰，得马三十余万匹，牛羊四百余万头，声势大振，立时成为后燕的威胁。慕容垂早已称帝，与后秦角逐中原并未得逞，乃欲先剪除来自拓跋珪的威胁。395年，慕容垂命太子慕容宝率领精兵八万进攻北魏，拓跋珪采用坚壁清野的政策，避免与之决战。俟慕容宝忍受不住塞外酷寒而撤退时，拓跋珪以二十万骑蹑其后，大破燕兵，俘虏燕军四五万人，后悉数屠杀。次年慕容垂亲征北魏，虽占其重镇平城（今山西大同境），但无法消灭北魏主力。慕容垂因病退兵，死于途中，拓跋珪乃乘势南进，攻占今河北、山西等地，定都平城，即皇帝位，史称北魏道武帝（386—409年在位）。

拓跋珪称帝后，竭力任用汉人，常于后燕降人中擢拔人才，如贾彝、晁崇等人。以贾彝为例，其六世祖贾敷曾任曹魏幽州刺史，后被封侯。其父任苻坚巨鹿太守，因讪谤罪被逮捕下狱。彝年十岁，诣长安为父申冤，时人赞其为贾谊之后第一人，为大世家之后，亦为当时名士。贾彝被俘获后，被拓跋珪重用为骠骑大将军，参与国政。又如王猛之孙王宪，亦受委任。《魏书》所载此类魏晋以来大世家留居在中原之子孙，参与拓跋珪政府，为地方首长、太守者人数很多，均足以证明北魏虽开化很晚，但吸收中原文化以求改进确实不遗余力。

史称拓跋珪即位为皇帝后：初建台省，置百官，封拜公侯、将军、刺史、太守，尚书郎以下，悉用文人。……诸士大夫诣军门者，无少长，皆引入赐见，存问周悉，人得自尽，苟有微能，咸蒙叙用。

一个在草原游牧文化中长成的悍将，能于军事胜利后，立即接纳中原文化，求贤若渴，政府干员“悉用文人”，实属难能可贵。这正是以马上得天下，而不以马上治天下的至例。北魏能统一北方，结束北方游牧民族内迁时代，并非偶然。

除了政治上改头换面，全盘华化，拓跋珪也重视音乐与天文历法，采用夏正；设立五经博士，太学生的名额多至三千人；又“集博士儒生”，考定当时传入的混杂的佛经，成四万余字，号曰《众经文》。他除了祭尧舜之庙，也谈“《春秋》之义，大一统之美”，对中国历史也很谙熟。有一次他要出征，太史令晁崇说“不吉”，他问何故，晁崇答称，是日为甲子日，纣以甲子日用兵而亡，故兵家忌之。拓跋珪说：“纣以甲子亡，周武不以甲子胜乎？”晁崇哑口无言。

409年夏，三十九岁的拓跋珪患病，病后性格大变，喜怒无常，“或数日不食，或不寝达旦”，怀疑左右，动辄杀人，人不自安，后为幼子清河王拓跋绍所弑。太子拓跋嗣平乱，杀绍，继位为帝，是为太宗（明元帝）。

北魏太宗（明元帝，409—423年在位）天性醇厚，且能承继父志，虽对北漠用兵，仍不忘文治。他“分遣使者，巡求俊逸”，凡是“豪门强族为州闾所推者”“先贤世胄”“可为人师者”，均“各令诣京师，当随才叙用，以赞庶政”。他经常免民田赋，曾说过一句很有意义的话：“百姓足则君有余，未有民富而国贫者也。”抱着这种态度治国，其行为自然与北方游牧民族之恣行劫掠截然不同。这位十分重视民生疾苦的皇帝，创造了中原复苏的契机。太宗三十二岁而崩。

太宗长子拓跋焘即位，即太武帝（424—452年在位）。据说拓跋珪很喜欢

北魏彩绘持盾武士俑

陶俑的执盾方式，从汉到唐发生了明显的变化，有捧盾、持盾和按盾三个阶段，其中两汉流行的是双手捧盾。北魏后来就逐渐成了按盾形象。按盾形象定型于北齐，并延续至隋唐。

这个嫡长孙，曾说“成吾业者，必此子也”。此言后来被应验，整个北方果在太武帝之时统一（439）。北方统一前十年，南方东晋亦为刘裕所代，新建宋国。

北魏太武帝在统一北方以前，最大的工作是去除来自柔然（又名蠕蠕）的威胁。《魏书》称柔然为“东胡之苗裔”，柔然人自称“先世源由，出于大魏”，大概也是鲜卑族的远支。柔然在西晋末年脱离拓跋氏，逐渐向西北发展，进入匈奴及鲜卑的旧地，形成拓跋氏北方的强大部族。5世纪初（拓跋珪时），柔然征服漠北的高车（匈奴的后裔），领土扩张到今蒙古国及中国新疆北部，成为强大的游牧国家。其国王称“可汗”，常与北魏有战争。柔然大檀可汗在位时，柔然与北魏大战，围太武帝于云中（424），以内部有变，始解围而去。五年后（429）太武帝欲雪云中之耻，亲征柔然。大檀可汗率族避太武帝之锋，但太武帝“分军搜讨，东至瀚海，西接张掖水，北度燕然山，东西五千余里，南北三千里”，虽未歼灭柔然主力，但柔然庐舍牛羊损失重大。原来归附的高车族人，杀柔然统治者而投降北魏者三十余万口，北魏又将大漠东部的高车人数十万驱至漠南，加以控制，从此柔然一蹶不振。大檀可汗恚恨而死，其子继为可汗，与北魏和亲，一如前汉故事。柔然的威胁并未完全去除，以后虽仍有战争，但自高车降魏后，柔然实力受损过大，北魏太武帝于449年再次亲征柔然，“收其人户畜产百余万”，自后柔然不再南侵。

北魏太武帝重用的汉人很多，崔浩是最突出的例子。史称崔浩“少好文学，博览经史，玄象阴阳，百家之言，无不关综，研精义理，时人莫及”。拓跋珪时崔浩即任郎，以工书，常置左右。太宗时更宠信之。崔浩“常授太宗经书”，并教以《易经》、《洪范》五行之学。举凡军国大事，太宗莫不咨询于崔浩，并常说：“唯此二人（另一人为周澹），与朕意同。”太武帝即位后，对崔浩更是信任有加，常私幸浩第，更“引浩出入卧内”，宠遇甚隆。太武帝召见高车新降将数百人，指着崔浩对他们说，尔等视此人懦弱无力，但“胸中所怀，乃逾于甲兵”，又言其所打胜仗，“皆此人导吾令至此也”。他并下令诸尚书：“凡军国大计，卿等所不能决，皆先咨浩，然后施行。”历代君主对臣下之畀重，未有逾于此者。崔浩官至司徒，权位已达极峰。后来崔浩虽因修《国记》，“务从实录”，开罪了鲜卑人而惨死，实际上是因他权势太大，开罪了皇太子。太武帝死前一年将他杀死。崔浩只不过

北魏彩陶战马

此雕塑再现了当时战马装备与装饰的风采，是一件难得的北魏艺术品。

是一个例子，说明拓跋氏重用北方通儒术者以治国。

与拓跋魏对峙的“大秦”，史称后秦，是羌人姚弋仲的第二十四子姚苌所建。苌原为苻坚部将，淝水之战后一年（384）据今陕北一带，称“万年秦王”。苻坚被杀后，姚苌称帝（386—393年在位）于长安，“修德政，布惠化，省非急之费，以救时弊，闾阎之士有豪介之善者（小善），皆显异之”。他“立太学，礼先贤之后”，并令各地方设学官，考试员生，优等擢任职官。姚苌为人不注意小节，常当面辱骂臣下，有人劝他不可如汉高祖般轻慢，他说：“我于尧舜之美德一点未学到，而汉高祖的短处已备一项，若非听到你的谠言，‘安知过也’。”他用餐时只有一道菜，皇后的衣服也不“重彩”。姚苌的继位者姚兴（394—416年在位）“留心政事，包容广纳，一言之善，咸见礼异”，他罗致的“耆儒硕德，经明行修”的人士很多，且让他们在长安讲学，“诸生自远而至者万数千人”。姚兴于听政之余，也参加“讲论道艺，错综名理”，于是“儒风盛焉”。

自苻坚败亡到北魏统一的五十五年间，我们虽然将之纳入北方游牧民族内迁的第三时期，但实际上中原文物制度已走上复苏的道路。综观拓跋魏与姚秦的措施，胡汉已经融洽、参理国政，儒学已在北方重振，流离变乱的时代已经过去。北方已步入稳定发展的情势，我们再来看南方的演变。

第十一章 江南的开发与繁荣——东晋

⊙ 南渡后的政局

晋愍帝于317年被杀后，晋宗室琅玡王司马睿（司马懿之曾孙）被王敦、王导等北来大世族拥立于建康（今南京），史称东晋元帝（317—322年在位）。东晋传十一主，计一百零三年。东晋在南方偏安，使后汉魏晋以来的中国文化得到荫庇，不致因随北方游牧民族内迁而被毁隳，水深火热中的中原孑余汉人也因之心存一线希望。这种偏安的局面，得来不易。北方诸胡在纷乱中互相杀伐，尚无力南侵，不致威胁东晋的生存。东晋的主要问题，来自内部。

琅玡王司马睿与“八王之乱”最后之东海王司马越的封地邻近，前者常受后者卵翼，被后者视为心腹。东海王司马越为留退步，允许琅玡王司马睿将他二人的封地自下邳（今江苏邳州）及琅玡南迁至建康，并任命司马睿为镇东大将军，都督扬、江、湘、交、广五州军事，使之成为名义上的江南地区的军事首长（309），并任王敦为扬州刺史，任王澄为荆州都督，是狡兔三窟之计。琅玡王家自太保王祥以来，累世居朝廷高位，王衍当时为太尉，与王澄、王敦、王导为族兄弟，均为太保王祥之孙辈。琅玡王在琅玡时，即与

晋元帝司马睿像

司马睿乃晋武帝司马炎从子，东晋开国皇帝，但在位时朝政被王导、王敦操纵，时人谓之“王与马，共天下”，最终忧愤而死。

王家兄弟友好，王氏亦倾心拥护司马睿，但江南大家族对这位移镇建康的新贵十分冷淡，对南来的这些“伧父”（南人对北人的蔑称）也心怀鄙夷。王导看出这种不利的形势，乃请琅玡王出游，北来的大世族如王家兄弟均扈从于后。江南的纪瞻、顾荣等人见状，知司马睿受北来大世家如此拥戴，可能成为江南之新主，故相率拜之于道旁。王导即赴顾荣、贺循等人家拜候。这些江南世族领袖眼见中原丧乱，胡人恣肆，遂不得不与这些“伧父”团结，以求避免“胡人南侵”之灾祸，表示拥戴司马睿。其他江南大世族见领袖群伦的人物如此，自然改变态度。司马睿乃得称晋王，次年称帝（317）。政权虽已建立，流徙涌入南方的北人所引发的困扰却很难解决。

晋怀帝元年（307）时中原乱象已萌，琅玡王移镇江南，已开始有人随之南迁。及大乱已作，流徙渡江逃难之人增多。据后世史学家研究，当时“山东及苏北之人多移往江南地区；河北南部及河南东部之人，多移往皖南及江西；山西、河南西部之人，多移往湖北东南部；少数陕甘之人则移往四川。这些移民的确数，很难统计，据大致的估计，百年间北人南迁者，大约有九十万，占当时南方人口的六分之一。侨居江苏者最多，约二十六万；鲁南次之，约二十一万；安徽又次之，约十七万；其余的则分布在长江流域各地”。此系就有“户领”（户籍）之人数而言，尚有若干豪族荫庇难民留做贱价劳工者不在统计之内。浙江有位县令到任不足三个月，清出豪族所私匿的流民逾万，可见“多庇大姓以为客”的流民之多。

东晋对这些蜂拥南来的群众的处置办法，最初是设立“侨州”“侨郡”，即按其原籍所在之地，在侨居地设“流亡政府”。例如在江乘县（今江苏南京境）设“南琅玡郡”，在京口（今江苏镇江）设“南徐州”“南兖州”等，侨州郡的名目繁多。琅玡来的人，住在江乘县的“南琅玡郡”内，户口册载明是南琅玡郡人，便可不服徭役，不当兵，不纳粮。各世族之流寓南方者，更要标明来自何方，以显示他们是“望邦衣冠”，与众不同。东晋采取这种政策的主要原因有三：

一、与后汉以来重门第的传统有关。大世族的社会地位必须予以维护，不能因避难而有所变更；

二、绥抚流民的人心。流民的财产多数已遭重大损失，不能不特加照顾，以免造成变乱；

三、以此优待吸引更多流民，是巩固建立在“岛夷”人土地上的政权的方策。

这种怪诞政策的结果是各地“紊乱无纪”。以武进县（今江苏常州）一地为例，就有十几个侨郡和六十多个侨县，有时同州之侨民内争，各自分头增设侨郡，户口册混乱不堪，地方官无从施政，同时也引起土著人民的不满，因为侨籍享有免徭役租税的特权。

大小“流亡政府”林立的情况，使得东晋政府不能不设法纾解；同时，为了增加政府收入及征集流民为兵，东晋政府也亟须改革现状。东晋政府针对这个问题而采取的措施，即为“土断法”。自330至560年间，江南实行土断达九次之多，以第三次和第四次土断最重要。第二次土断仅分土著户口册用黄纸，称“黄籍”；南渡者用白纸，称“白籍”，并无其他改变。第三次土断由大司马桓温发起，东晋哀帝三年（364）三月庚戌日令下，故时称“庚戌制”。其主要内容是取消侨州郡民的优待，即侨州郡民需正常纳税与服徭役；政府会用乡里组织对侨州郡民加以编制，以方便征租税与服兵役。若干侨籍民众因此匿藏于大世族家中，不报户籍，以逃避租役。桓温雷厉风行，有宗室彭城王司马玄匿藏五户，便被付廷尉论罪，可见“庚戌制”执行之严。会稽内史将匿户清出，新增户籍登记者三万余，亦可见隐匿者之众多。此次改革使政府收入增加，达到了“财阜国丰”的目的，后谢安征召侨籍壮丁入伍，组成“北府兵”十万人，是淝水之战的主力。这次土断与东晋得免被苻坚覆亡有极大关系，自不待言。

第四次土断实行于晋安帝十七年（413），是由当权的刘裕所发起的。除了设立在今镇江、常州境内的南徐州、南兖州、南青州三个侨郡，其余流亡政府一律取消，流寓居民悉入当地籍。所谓白籍，也一律改为黄籍，并严禁藏匿。浙江余姚大世族匿藏亡命千余人，为刘裕所杀。其余几次有关的土断令，均属枝节，笔者不赘述。

如何调处南徙的大世家与吴中原有大世族之间的利害冲突，是东晋立国的一大问题。吴越历来便被中原人士视为边远的文化水准低的地区，王猛临终前告诉苻坚“晋虽僻陋吴越”，即可证明时人心目中的吴越印象。后汉末年以迄三国鼎立，东吴一直在半独立中发展，自成一政治体系。加以吴越的语言发音与中原迥异，所谓南蛮舌、吴侬软语，均足以增加吴越与中原的隔膜。晋征服东吴（280），吴人有亡国之恨。而今不过三十余年，征服者被逐来此地避祸，吴人当然别有一番滋味在心头。这批“亡官失守之士”的北方世家“多居显位”，对此吴人自然免不了愤恨与轻鄙。司马睿移镇建康时曾说：“寄人国土，心常怀惭。”据说北来大世家有一百家之多，他们多统率族人、宾客、乡里、部曲等集体行动，动辄千余家。江南肥沃的土地早为土著士族所占有，新来者欲分一杯羹，难免会发生利害冲突。由于权势上、情感上及利害上的冲击刺激，吴人逐渐形成一股反东晋的力量。对此，代表北方世家的东晋统治者只是“心常怀惭”还不够，必须解决问题。

经济利害问题最迫切，所以北来世族避免在长江三角洲发展，而流寓到较南的扬州、江州（今浙江及福建一带）地方，“衣冠始入闽者八族，所谓林、黄、陈、郑、詹、丘、何、胡是也”。新移民既然不损害吴人的既得利益，双方自可相安。在权力分配上，王导等人采取的是笼络与离间双管齐下的政策。例如王导笼络江南豪门世族顾荣、贺循，曾对司马睿说：“此土之望，未若引之，以结人心，二子既至，则无不来矣。”顾、贺两人应命见司马睿，“由是吴会风靡，百姓归心焉”。刚好形成对照的是吴人骁骑将军丘灵鞠，因不愿任武职，对人说：“我应还东掘顾荣冢。……顾荣忽引诸伧辈渡，妨我辈涂辙（前途），死有余罪。”当时江南最强大的两大豪族是义兴周玘与吴兴沈充，而周玘声势“莫与为比”。王敦暗中勾通沈充，使沈充“得专威扬土”。周玘确有武力推翻东晋政权之企图，但以其“宗族强盛，人情所归”，他人不敢揭发。司马睿封周玘为高官，晋爵为公，召其赴建

东山携妓图 明代郭诩绘

东晋门阀以王谢为首，前有王导，后有谢安。皇权与贵族共治天下的权力平衡方式，也激发了魏晋士人自由的个性与思想，成为魏晋风度的滋生土壤。谢安隐居东山，四十岁才出仕，成就了“东山再起”的传奇。

康。周玘知阴谋已泄，忧愤而死，临终告子周勰曰：“杀我者诸伧子，能复之，乃我子也。”其弟周札被人告发欲谋反，沈充乃借此时机尽灭周氏。沈充后附王敦叛变，亦被杀。由是江南最有势力的豪门世族消去，东晋的心腹之患乃除。至于一般的江南名门世家，情感上虽对“伧父”不满，心怀怨恚，但起不了作用。桓温的土断法实行后，南北的隔阂也日益减少，东晋的基础渐固，才能有举国一致，共拒胡骑南下的淝水大胜。

东晋绥抚吴人的政策大体上是成功的，对待流徙到江南来的北方世族却出了纰漏。东晋立国之初即有王敦、苏峻的叛乱，淝水之战后不久，又有孙恩、卢循的“五斗米教”动乱，两次叛乱都是所谓“伧父”发动的。五斗米教叛乱，持续时间逾十一年，对东晋的衰亡有相当大的影响。

王敦、王导对东晋的建立有决定性的贡献。王导居中枢，号仲父，世间有“王与马共天下”之说，可见王导的权位之尊。王敦镇武昌，都督江、扬、荆、襄、交、广六州军事，“甲兵所聚”，居建康上游，在形势上占尽优势。王敦佐命之功煊赫一世，又掌握重兵，开府一方，自不免孕育野心，跋扈擅权。元帝心存戒惧，乃释放流亡江南的僮仆，以之成军，以戴若思（戴渊）为征西将军驻合肥，刘隗为镇北将军驻徐州，各率兵万人，名义上是讨石勒，实际上是防王敦。王敦抗疏指责戴、刘二人之行为使“百姓哀愤，怨声盈路”，以“诛刘隗为名”，举兵反叛（322）。元帝手书乞和称：希能共安，否则，愿归琅玡，“以避贤路”。叛军胜，攻入建康，自领丞相，杀戴若思、周顗等人，元帝当即病死，时年四十七。太子绍即位，即为明帝（323—325年在位）。王敦旋亦病死（324）。

三年后有苏峻之叛。苏峻是掖县（今山东莱州）人，颇有才识，年十八举孝廉，中原动乱后，抚辑流亡数千家，据堡自卫，被推为主。后苏峻率数百家泛海南逃，仕东晋，于王敦、沈充叛时立军功，封邵陵公。峻既有功，威望渐著，“有锐卒万人，器械甚精，朝廷以江外（江北）寄之”。苏峻颇骄溢，潜有异志，收纳四方亡命之徒。为了豢养这批亡命之徒，苏峻对地方官予取予求，“稍有不如意，便肆忿言”。时辅政之庾亮以其骄溢，征之入朝，峻以“讨贼外任”为所长，拒入内辅。庾亮乃升任苏峻为大司农，以其弟苏逸代领其众。苏峻请为一荒郡之太守，庾亮不许，苏峻乃与豫州刺史祖约（祖逖之弟，逖死后，约领其众）同叛（327）。苏峻渡江后，连战皆捷，攻入建康，“纵兵大掠，侵迫六宫，穷凶极恶，残酷无道”，自领国政，待晋成帝如傀儡，“朝廷政事一皆由之”。荆州刺史陶侃、江州刺史温峤联合出军讨伐苏峻，苏峻阵亡，余势据隅顽抗，不久亦溃败（329）。祖约逃奔石勒，亦被戮。苏峻之乱历时两年余，杀戮很重，建康被“因风纵火，烧台省及诸营寺署，一时荡尽”，可见破坏之甚。

孙泰是琅玡人，世奉五斗米教，南渡后，师事钱塘术士杜子恭，子恭死，泰传其术，“诳诱百姓，愚者敬之如神，皆竭财产，进子女，以祈福庆”。地方官防其为乱，乃逐之至广州。广州刺史王怀之大约为其魔术所惑，委之为郁林太守，泰更大肆传教。太子少傅王雅告诉东晋孝武帝（373—396年在位）“泰知养性之方，乃召还”，任新安太守。时北府兵首领南兖州刺史王恭（太原王氏）与太傅司马道子争权，统兵作乱（398），孙泰“私合义兵，得数千人”，助讨王恭，甚得道子之子元显的重视。孙泰认为“晋祚将终”，欲伺机起事，为人告发，被诛。其侄儿孙恩亦参与密谋，“逃于

东晋仕女陶俑

东晋男陶俑

海”（大概是舟山群岛），集合亡命百余人“志欲复仇”。民间亦不信孙泰已死，皆谓“蝉蜕登仙”。其时司马元显欲新建武力，以抗骄恣剽悍的北府兵，下令已“免奴为客”者到京师充兵役，使“东土嚣然，人不堪命”。孙恩趁此时机，登陆浙江附近八郡（399），“一时俱起，杀长吏以应之，旬日之中，众数十万”。“恩据会稽，自称征东将军……号其党曰‘长生人’”，下令屠杀非党人，“戮及婴孩”。刘牢之率北府兵征讨，乌合之众只知掳掠子女、玉帛，自不堪一击，孙恩乃驱所掳男女二十余万入海，仍不时入寇。两年后，孙恩以日暮途穷，投海而死。

孙恩之妹夫卢循继领其众，浮海至广州，逐刺史而领其地。东晋政府因鞭长莫及，竟委之为广州刺史。孙泰曾在广州传过五斗米教，声望尚存，卢循因势利导，蓄谋北进。经过五年多的准备，卢循趁刘裕北伐之际（410）率领大军出动，一路势如破竹，斩北府军名将何无忌于九江。西路军下岳阳，直薄江陵，声势浩大；东路军已兵临建康城下。刘裕闻警即率兵南归，渡江攻卢军，得胜。卢军欲回师取荆州，再与刘裕决战，然节节向南败逃，至龙编（今越南河内东）中箭投水死（411）。扰攘十一年余的叛乱，始告结束。大规模的屠戮破坏，使东晋元气大伤，也使刘裕不能乘翦灭南燕、生擒其主慕容德之余威，进行规复河山的工作。

东晋主要变乱的发动者，均是南来之豪门世族，王敦与孙泰、孙恩且都是琅玡人，江南土著世族参与的仅附从王敦作乱的沈充一人较著。盖东晋立国，主要靠南渡之大世族所拥戴，这批辅政者的权力历来很大，晋帝均垂拱而治，并无帝王之实权。王敦、苏峻等人，两次占领建康，均未加害皇帝，因为深知所谓皇帝，不过是穿着龙袍“跑龙套”之人，人人皆可挟之以令诸侯。最足以代表东晋皇帝的安帝（397—418年在位），是一位“自少及长，口不能言，虽寒暑之变无以辨”的白痴，也是人类历史上唯一的哑巴（可能是因聋而哑）皇帝，他竟在位二十余年！其之所以如此，是因为东晋行的是“虚君制”，政权掌握在权臣手中，权臣均由南渡豪门世族出任。据统计，南渡的世族约有一百余家，他们之间的恩怨利害、纵横捭阖、交织激扬、纠结缠绕，可以概括东晋一百零三年（317—420）政治发展的大势。自刘裕开始的南朝——宋、齐、梁、陈，在这一方面与东晋全然不同，南朝的君主均掌有实权。

⊙ 东晋的北伐

东晋的当权者几乎全是南渡的豪门世族，一百零三年中，吴人做到尚书令（相当于丞相）的只有陆玩和顾和两人。南渡世族除在“新亭对泣”者之外，也有不少缅怀故国、力图振作复国者。零星的小规模行动此起彼伏，旋兴瞬息，史不绝书，不及备述。主要的北伐复国行动有六次，分别由祖逖、桓温、刘裕三人主持。

第一次是祖逖的复国行动（319—321）。祖逖为范阳遒县（一说易县）的世族，“年十四五，尚不知书，……然慷慨有节尚”。祖逖常散财以周济贫民，深为宗族乡党所推崇，后始博览群书，任职州政府，有名的“闻鸡起舞”之事便发生于此时。刘渊兴兵后，“四海鼎沸，豪杰并起”，祖逖即有济世之志。洛阳为匈奴攻陷后，祖逖率领族人数百家南移，“避地淮泗”。南迁途中，祖逖以其所有的车马载老弱病患，自己步行；药物衣粮，与众共之。祖逖又多权略，是以老少咸宗之，推举他为“行主”。堡垒中的领袖，人称“坞主”；避祸行动中的领袖，人称“行主”。这一群人到今江苏南部后，东晋元帝任祖逖为徐州刺史，移驻镇江。祖逖告诉元帝天下大势，人心归向，“遗黎（民）既被残酷，人有奋击之志”，故主张由元帝明令北伐，

“庶几国耻可雪”。元帝不得不听祖逖的主张，乃任之为豫州（今河南境，当时在石勒的控制下）刺史，给他一千人的粮糈及布三千匹，由他去雪国耻。当时元帝的国库中存有布二十万匹、绢万匹，但他并不给祖逖提供军器，可见其用心。

祖逖乃率其部曲百余人南渡长江至江阴，自行冶铁制兵械，渡江至中流，击楫而誓曰：“祖逖不能清中原而复济者（再南渡），有如大江！”他集聚两千余人北渡长江，进兵雍丘（今河南杞县）。时中原汉人世族之未南渡者为求生存，纷纷聚集百姓武装自卫，各不相统属，有时甚至互相攻击。由于祖逖“爱人下士，虽疏交贱隶，皆恩礼遇之”，故各坞主多愿受其指挥。例如坞主陈川遣将李头赴祖逖处，李头受逖感召，叹曰：“若得此人为主，吾死无恨。”“由是黄河以南，尽为晋土”，百姓感悦之余，置酒大会，耆老感动流涕曰：“吾等老矣，更得父母，死将何恨。”乃歌曰：“幸哉遗黎免俘虏，三辰既朗遇慈父。玄酒忘劳甘瓠脯，何以咏恩歌且舞。”此歌将中原百姓凄怆悲喜的心情吐露无遗，也可见祖逖之得人心。

祖逖对敌人石勒暂时采行妥协政策，以期培养实力，再图进取。石勒亦不敢进犯河南，并遣人到成皋修祖逖母亲的坟墓，着两户为守墓，复派使见祖逖，要求通使及通商。祖逖不报书，任听互市，“收利十倍，于是公私丰赡，士马日滋”。

东晋元帝此时正在布置防备王敦之事，派戴若思为征西将军，驻节合肥，都督河南军事。祖逖以戴若思乃吴人，“虽有才望，无弘致远识”，前途悲观，故“意甚怏怏。且闻王敦与刘隗等构隙，虑有内难，大功不遂，感激发病”，卒于雍丘（321），时年五十六。豫州士女若丧考妣。其弟祖约继之，才短志大，不为士卒所附，后复参加苏峻之乱（327），事败逃奔石勒，为勒所杀。中原百姓寄予希望的一线曙光消逝了。

苏峻之乱后，都督八州军事、坐镇武昌、掌握长江上游军政大权的庾亮上书（339）请求移镇襄阳，认为假以数年时期，“戎士习练，乘衅齐进，……因天时，顺人情，诛逋逆，雪大耻”。朝廷主意未定，适于此时，石虎命将攻陷重镇邾城（今湖北黄冈）、沔阳等地，晋兵死伤万余人。庾亮闻败，忧愤而死（340）。他的雄图，便成泡影。继庾亮而北伐无功的是殷浩，盖石虎新死（349），鲜卑及羌氐族争雄，中原大乱，浩欲乘时恢复故国，先进攻羌氐之苻氏，自寿春进据许昌，“经涉数年，屡战屡败”，最后为荆州刺史桓温所弹劾，被罢免。

其次是桓温的三次北伐（354—369）。桓温原籍谯国龙亢（今安徽怀远县境），父彝曾任宣城太守，死于苏峻之乱。温年十八，击杀仇人之三子，“时人称焉”，由是知名于世，被选为驸马，累迁至徐州刺史。桓温与继庾亮为长江上游都督之庾翼（亮之弟）友好，翼向明帝推介桓温“有雄略”，宜委以重任。翼死后，朝廷即以桓温都督四州军事、荆州刺史、假节，桓温便成为东晋拥有最大军政权力的人。这位野心勃勃的方镇，欲先立功以资显赫，乃用兵灭西晋末年即据蜀地建立政权的成汉（304—347）。桓温用兵神速，连战皆捷，俘成汉皇帝李势，一时间勋业煊赫，不可一世。时石虎死后，中原大乱，桓温“欲率众北征”，朝廷欲任用殷浩北征，盖不欲桓温坐大。及殷浩败黜，“内外大权一归温”后，桓温乃率步骑四万自江陵发兵（354），经襄阳而入关中，进逼长安。苻健以“五千人深沟自固”，盖知晋军远征，粮糈不济。桓温亦欲待麦熟，“取以为军资”。苻健则将麦苗割去，实行坚壁清野政策。温以军粮不济，“收三千余口而还”。这是桓温第一次北伐。

两年后（356），桓温击败攻击洛阳的羌族姚襄，主张还都洛阳，将“自永嘉之乱，播流江表者，请一切北徙，以实河南”，然后重振河山。南渡的世族以中原残破、农田水利均已失修、“生理茫茫，永无依归”、无人愿意“舍安乐之国，适习乱之乡；出必安之地，就累卵之危”等理由强烈反对。皇帝却不能用这种理由来推脱，遂委桓温都督并、司、冀三州，命他先经营“河洛丘墟”，俟有成效，再议还都洛阳之事。规复的大计划遂无形作罢。十年后，洛阳为鲜卑慕容氏攻陷（365），南渡的世族从此心安理得地住在“安乐之国”了。

此时桓温的威望之高已凌驾于一切之上，桓温欲代晋为帝。他图立功中原，造成有利形势。369年，桓温率步骑五万北伐，以鲜卑慕容（前燕）为主要敌人，初战胜，俘其前敌主帅。时天亢旱，水道不通，桓温乃“凿钜野三百余里以通舟运”，与前燕主力八万战于林渚，再胜。桓温进兵枋头，因天旱，运粮河道缺水不能行舟，军粮不济。桓温乃命大将袁真凿开石门，引河水入运河。袁真“不能开石门，军粮竭尽”，桓温只有退兵。退兵途中，桓温军连饮水亦缺乏，“行七百余里”，慕容垂以八千骑兵追之，战于襄邑（今河南睢县境），桓温军败绩，死者三万余人。

桓温共北伐三次，均无结果，其主要原因有三：

一、南渡豪门世族在江南晏安已五六十年，田园家宅均已蔚然树立，根本无北伐之意愿；

二、朝中权贵因利害关系，均不愿见桓温因立功而权势膨胀，所以多方设法阻挠，直到阻挠拖延无效之后，才勉强允其出兵，并未全力支援；

三、桓温个人确有规复国土、拯斯民于水火的真情与抱负，但他个人的英雄主义与政治野心锋芒太露，使人嫉妒其行动，怀疑其动机，时加猜防，所谓内外不一心是也。

桓温暮年确有代晋称帝的图谋，亦无人能阻止，一切均准备就绪，但他已重病不起，死时年六十一岁（373）。

唐代名臣房玄龄称桓温“挺雄豪之逸气，韫文武之奇才”，确近事实。观他两次北伐，功业彪炳。中原两大势力——羌氐与鲜卑均败在他手下，恢复国土有望，功败垂成，至为可惜。后世诟病桓温者，唯其欲“篡”东晋一

高逸图（局部） 唐代孙位绘

画家出色地刻画了竹林七贤“高逸风度”的共性，又突出了他们的个性。左手第一个执麈尾的正是以清谈著称的阮籍。桓温上位后，就想把那些不务正业的清谈士族从朝堂清除出去，他不仅屠戮庾氏等士族，还颁布“土断”，严格法制，清查户口，推行“并官省职”，东晋一度“财阜国丰”。

事，由此可见刘秀之影响深矣。桓温生性俭朴，唯过于好名，曾说：“既不能流芳后世，亦不足复遗臭万载邪！”这两个愿望似乎均未能达到。倒是他的小儿子桓玄在他死后三十年（403），将东晋的那白痴皇帝废掉，当了八十天的皇帝，给桓家带来灭门之祸，也使后世对桓温的品评不好。

平定桓玄之乱的刘裕，是东晋第三次北伐的策动者。刘裕原籍彭城郡彭城县（今江苏徐州境），南渡后世代仕宦。刘裕少孤，故生活贫苦，靠耕樵为生，后投靠北府军名将刘牢之帐下，平孙恩有功而官至郡太守。桓玄谋作乱时，以北府军为心腹之患，欲加以剪除，故笼络刘裕，委之为参军。刘裕表面上拥护桓玄“禅代”，暗中联络北府军将领，密谋推翻之。他们在镇江起兵后，各地北府兵纷纷响应。桓玄败亡，北府兵的统率权逐渐为刘裕攫得。四年后（407），刘裕为扬州刺史兼领徐、兖二州刺史、录尚书事，成为东晋的实际统治者。是时南燕主慕容超以南方变乱方殷，乘机南掠，掳掠晋人为奴。

409年春，刘裕乃大举北伐。有人献议慕容超“刈除粟苗”，使刘裕一如桓温乏粮而退。慕容超自恃军力强大可胜晋军，不愿“预芟苗稼”以自弱，遂不听计。刘裕亦预知“鲜卑贪”，一定舍不得粟苗，故大军挺进。慕容超求援于后秦姚兴，姚兴只派一位使臣威胁刘裕，说是要遣铁骑十万攻晋军。刘裕的回答是：我正计划进攻后秦，“今能自送（死），便可速来”。姚兴的十万铁骑没来，慕容超被生擒，后被送到建康处斩。今河南、山东南部一带重入东晋版图。

灭掉南燕后，刘裕有机会扫荡中原胡人，惜此时卢循进攻建康（见本章第一节），刘裕被迫回师解危，费时年余，敉平内乱。

卢循之乱被敉平后，刘裕即图伐蜀。405年，谯纵乘东晋内乱而据益州称成都王，并称臣于后秦，时遣兵东下，威胁荆楚。刘裕不能坐视，于413年出兵平定之。后秦更收纳刘裕之政敌，遣兵援襄阳，欲切断东晋东西领土。刘裕乃于416年亲率大军分东西两路伐后秦。后秦主姚泓（姚兴之子）于西北境受拓跋魏威胁，不能全力对付刘裕。西路晋军经项城、许昌，轻取洛阳，进逼潼关。东路主力由刘裕亲自统率，取拓跋魏所据黄河南岸要地滑台（今河南滑县），溯河而西，冒拓跋魏十万大军腰击之势，奋勇前进，会师洛阳。北魏欲坐观东晋与后秦搏杀，坐收渔利，未全力攻晋军，亦是刘裕得抵洛阳的原因之一。417年，刘裕攻陷长安，后秦主姚泓投降，被送至建康斩首。

刘裕两次北征，破灭分别雄踞中原东西部已历七八十年的鲜卑与羌氐，又力战新兴之拓跋魏，真可谓勋业彪炳，声威显赫，南渡近百年以来，无人可比。刘裕造成如此形势，光复国土，重振河山，似指日可待，而中原陷入水深火热中已近百年的父老，也寄予莫大之期望。不幸刘裕坐镇建康之谋臣刘穆之此时病故，刘裕恐朝中有变，政权旁落，遂匆忙回师，留下他年方十二岁的儿子刘义真及少数晋军镇守长安，不久即为匈奴族在今陕北一带所建的大夏所败，长安复失陷。计刘裕留在长安不及两月，光复不及一年五个月。刘裕两次北伐未竟全功，但潼关以东，黄河以南以至青州（今山东境）已全部规复，使刘裕主政时期为东晋偏安以来疆土最广大时期，此时的疆域亦即南朝开始时刘宋的版图。

⊙ 南朝的政局

声威盖世的刘裕返建康后年余，即代晋称帝，国号宋，史称刘宋武帝

宋武帝刘裕画像

刘裕是南朝刘宋开国君主，他代晋自立后，实施土断，整顿吏治，重用寒士，轻徭薄赋，废除苛法，终结了门阀专政，奠定了南朝“寒人掌机要”的政治格局，为“元嘉之治”打下了坚实的基础。

（420—422年在位）。刘宋王朝的建立，亦“南朝”历史的肇始。南方有四个王朝：宋、齐、梁、陈，共计一百六十九年（420—589）。北方于拓跋魏统一后（439），十六国纷乱的局面已结束，是为“北朝”，故这一百六十九年的历史，为“南北朝”时期。

南朝四代共二十四帝，除了萧梁武帝统治四十八年，余下一百二十一年，历二十三帝，平均每位皇帝的统治时间仅五年零两个月，其中在位不及三年者十二帝。皇帝更动频仍，由是可推知南朝政治动荡不安。造成这种情况的原因有三：

一、刘宋武帝的政策与南朝王室的出身；

二、“布衣素族”的“寒门”当权；

三、豪门世族对实际政治的漠不关心。

我们不拟缕陈细说南朝这一百六十九年间政治上争权攘利、互相屠戮、兴衰起伏的经过，仅以这三点为重心，综述其政治嬗递的概略。

东晋的皇帝恭帝于“禅位”时说：“桓玄之时，天命已改，重为刘公（裕）所延，将二十载，今日之事，本所甘心。”刘裕是声威权势均隆，实至名归而做皇帝，与东晋皇帝全靠豪门世族拥戴，穿着龙袍跑龙套的情况迥异。他有权力更改百年来的传统，竭力推行巩固皇权的政策。因此，他在中央政府摒除豪门世族，擢任“寒门”担当重任，又以荆、襄及京口分据建康上下游，“非宗室近戚，不得居之”，故将诸子封为王，以为外藩。诸王并兼为州刺史。诸王既握兵权，复领民政，诸王势力日渐强大，进而演变成日后骨肉相残的局势。

这些膺一方军政重任的藩王，均为童稚。刘裕有七个儿子，至其崩时，长子不过十八岁，其他可知。故诸藩王的大政，甚至细枝末节的生活，皆旁落于监视与辅佐者“典签”之手中，这类人多急功近利之徒，一朝大权在手，则无所不用其极，以逞一己之私欲。诸王生于武夫之家，虽富贵而无教养，又与名门世族隔离，所谓风流儒雅之气质，也沾不上些许，在“典签”的淫威下被逼作乱，只知道赶尽杀绝，逞一时意气，不计其他。

例如宋文帝（424—453年在位）为其长子刘劭所弑之后，三子刘骏起兵杀劭及其四子，是为孝武帝（453—464年在位）。此后被他屠杀的骨肉有其叔荆州刺史刘义宣（刘裕第六子）及其十五子、二兄刘浚及其三子、四个弟弟。杀弟之后，刘骏还要将弟弟刘诞镇守的广陵（今扬州境）城中身高五尺以上的男子全部斩首。这些骨肉相残杀的惨祸，以宋、齐两代为最甚。刘裕的子孙一百余人，多数自相残杀而死，余下的也被齐高帝萧道成（479—482年在位）屠尽，只有一个孙子刘昶北逃降魏。萧齐的情况与刘宋类似，骨肉相残的惨剧不时发生。到梁武帝萧衍（502—549年在位）统治四十八年，局面才稳定下来。最后的陈霸先出身江南寒族，唯一的儿子被北朝所俘，后其侄儿继位，兄弟很少，没有残杀的对象。

宋、齐两代（420—502）八十余年，除了王室骨肉互相残杀，更出现了几位行为荒唐透顶的皇帝。如刘裕的长子宋少帝在街上开酒店，亲自酤卖。前废帝封他的叔父为“猪王”“驴王”（465），饲之如猪，后欲命人屠“猪”，人劝以俟皇子诞生，再屠“猪”取心肝以为庆，始免。他还因为做太子时不为父皇（孝武帝）所爱，欲掘其陵寝以泄愤，太史告以不吉，乃以粪涂父坟；其姊以仅有驸马一人而抱怨不公平，他遂为之置“面首”三十人。后废帝（473—477年在位）欲毒死其生母，因恐守孝而不能畅欲所为乃止；他见领军将军萧道成袒腹午睡，乃画箭垛于道成腹上，引箭欲射，左右告以此“箭垛”甚佳，但一射便死，不能长期享用，不如用骲箭为佳，乃射以骲箭，正中其脐。后废帝夜至观庙偷狗烹食，醉归，被他的“箭垛”（萧道成）杀掉。后废帝的母亲是屠家女，其教养可知，但这样的人竟也当了五年皇帝！

齐废帝鬱林王为生母置面首三十人（494），自己则偕皇后、嫔妃与无赖二十余人共起卧，一同淫乐。另一废帝东昏侯（498—501年在位）将大臣的奏章给宦官包鱼肉带回家；又用菰缚成父形，斩首，再悬之门上。他的嗜好是通宵捉老鼠。

宋、齐两朝的皇帝，不是残忍不仁，便是荒诞不经，固与其出身微贱、毫无文化陶冶有关，更与刘裕的摒斥世族与只任宗室至亲的政策有不可分割的关系。他们习染了魏晋以来破除名教、恣意纵情的风尚，而缺乏名士们飘逸清玄的生活境界，遂养成极单纯的纵情肆意的禽兽行径。这种人一旦成为唯我独尊的皇帝，自是秽乱无耻，无恶不作。

居于社会中坚、身为上层楷模的豪门世族，自从被刘裕疏远后，对政治亦采取极端漠不关心、唯利是图的态度以应时变，但他们对自身世族的地位

洛神赋图（局部） 东晋顾恺之绘

魏晋时，战事不断，政治混乱，文人为逃避现实归隐不仕，他们在着装上追求清雅飘逸之感。此风潮直接影响到上层士大夫，他们也好“褒衣博带，大冠高履”。所以薄如蝉翼的漆纱笼冠，成为魏晋时期流行的首服。

竭力维护，绝不妥协。因此寒门与世族形成两个尖锐对立的集团，而朝中实权却掌握在前者手中。两者的对立，使南朝的政治呈现虚弱的畸形。

自后汉光武帝开始提高尚书的权力，设置尚书台，使尚书直接受命皇帝处理政事以后，丞相的权力被架空。曹操幕后总揽政权，设秘书令、丞于相府，典尚书奏事，曹魏时改成中书，置监、令。中书监、中书令乃成为内廷官。尚书台之外复有中书省，尚书台不再有独占机枢的地位，但尚书台仍为行政总机构，尚书令位至三公，执政重臣亦必加“录尚书事”才有实权，尚书令及左右仆射才是真丞相。东晋沿袭未变，此类职位多由豪门世族担任，一百余年间，吴人任尚书令者仅有两人。刘裕欲摒除世族的权力，但碍于形势，对世族表面上仍敷衍，观其分别遣人奉祀王导、谢安、谢玄、陶侃、温峤等人可知。刘裕又不欲世族擅权，故令“中书通事舍人”直接受命于皇帝处理国政。中书舍人（至梁，除“通事”二字）品级很低，刘裕均选拔寒门出身者为之，于是尚书令、左右仆射的职权也被转移，中书舍人操国政枢纽。

南朝的中书舍人均出身卑微，如刘宋孝武帝时中书舍人巢尚之乃“人士之末”，戴法兴父子曾靠贩布为生，但后来参与国家大事决策。尚书、仆射尸位素餐，戴法兴甚至被称为“真天子”。其他小吏出身的中书舍人很多，大率均能“总权势”而“势倾天下”。太尉王俭对人说：“我虽有大位，权寄岂及茹公邪！”茹公即中书舍人茹法亮。这类人在南朝历史中多被列入“恩幸”或“幸臣”列传，足见其宠信之隆，权势之盛。当时（493）甚至有人说：“宁拒至尊敕，不可违舍人命。”梁武帝中期任寒族朱异为中书舍人，朱异积年官升至中领军将军，仍兼任中书舍人之职不舍，因唯有任此职才能掌机要。

前面提到辅佐藩王刺史的典签，人称签帅，也是中央集权的产物。典签本是皇帝派去辅佐那些稚龄藩王刺史处理军政事务的官吏，均由寒士充任，附带有监视藩王的任务。典签每年赴建康数次，面见皇帝密陈藩王刺史及各郡县官吏的得失，以作为皇帝对藩王刺史和各郡县官吏进行升降黜陟考核的依据。刺史向朝廷上报的奏章也必须由典签副署，典签因此被尊为签帅。他们真是“威行州郡，权重藩君”。西阳王萧子明（齐武帝萧赜十子）想送几本书给他生病的朋友，典签吴修之不同意，便作罢；武陵昭王萧晔（萧道成五子）出任江州刺史，与典签赵渥之不合，赵谗之于齐武帝。晔到任百余日，即被召回。

吴修之后为荆州刺史、巴东王萧子响的典签，子响忍受不了吴修之的专横，愤杀修之而反。齐武帝说真没想到儿子会造反，征虏将军戴僧静亢声道：“诸王都自应反，岂唯巴东！”因为藩王即使要吃一节藕、饮一杯水，都要典签批准；如果典签不在，“则竟日忍渴”。有位藩王向他的母亲哭述：“儿欲移五步亦不得，与囚何异！”典签监视藩王竟到这种程度，各藩王在积忿及疑惧的苦况下，常常是逼上梁山，铤而走险，这是宋、齐宗室骨肉相残的主要原因。

东晋的政治骨干本建立在南渡士族豪门的基础上，刘裕代晋后暗中摒斥这类人，表面上仍表示敬重，如中央政府中清高无权的职位，仍留给他们，使之成为朝廷中的花瓶，与东晋的皇帝颇类似。东晋末年，士族门第南渡已近百年，养尊处优，呼奴使婢，生活优裕闲适，对真正处理政务的职位嫌憎其烦琐，甚至鄙视之为卑俗，益以魏晋以来清谈风尚以超脱世事为高妙。以王羲之的儿子王徽之为例，他为桓温参军时，“蓬首散带，不综府事”；为桓冲骑兵参军时，桓冲询其所司何事，答以似是管马，时人以为“卓荦不羁”。到南朝时，大世族初入仕，多为四品的秘书丞与七品的著作佐郎，前者主管政府图书，后者掌修国史及皇帝起居注。梁武帝萧衍说：“秘书丞，天下清官。”世族子弟从“清官”做起，便可“坐至公卿”。他们均非常富有，“田业十余处，僮仆千人”。

这些士族，“视寒素之子，轻若仆隶”，绝不与之交往。寒素之子无论在朝廷中的地位如何显要，士族对之亦然。如刘宋孝武帝的母亲路太后之兄路庆之之孙路琼之与王导五世孙王僧达为邻居，琼之盛装拜访僧达，僧达了不与语，良久乃问：“从前那位名叫路庆之的马夫，与你有何关系？”后又令人焚掉路琼之坐过的椅子。太后闻之怒，泣涕告帝，帝曰：“琼之年少，无事诣王僧达门，见辱乃其宜耳。僧达贵公子，岂可以此加罪乎！”齐武帝萧道成的中书舍人纪僧真请求武帝准许他列入士族，武帝告诉他此事自己不能做主，是由江敩等人决定，可自求之。僧真求见江敩，坐定后，敩命左右“移吾床远客”，纪僧真始知“士大夫固非天子所命”。

士族对婚姻的门流很重视，认为这是保持门第不隳的必要条件，如果“婚宦失类”，就会受到同品级门第的讽评。士族王琮娶梁武帝的侄女，为同学所嗤，“遂离婚”，盖萧衍虽是皇帝，但非士族。当然也有例外，如王朗的七世孙王源因贪图寒门出身的满璋之的五万钱聘金，而以女嫁其子，时满璋之已任侍郎，但这门亲事仍为时论所贬抑。御史中丞沈约上章弹劾王源，认为“王、满联姻，实骇物听”，使得“士庶莫辨”，应革除王源官职，除名士族，再“禁锢终身”。这些人重视士族的传统远超过政府的职位，因此对政治的得失和政府的嬗递漠不关心，一切顺势而为，胥以其与门第之利害为归依。

南朝改朝换代时，新的统治者都要上演一套“劝进”“受禅”“奉玺”的丑剧，以示“天命”所归。这种角色都由大世族的后代扮演，王、谢世家自是当“仁”不让，出演次数最多。他们视奉玺不过是“将一家物与（另）一家”而已。历官尚书令等高职的谢朏，指着时任吏部尚书的弟弟谢瀹的嘴说：“此中惟宜饮酒。”朝中进行废立（494），左右惊告，瀹正在下棋，一局既竟，“乃还斋卧，竟不问外事”，因为新帝即位，他照样做大官，仍“专以长酣为事”。所以终南朝一百六十余年，世族无功臣，因为他们鄙视武事，不愿“屈身戎旅”。《南齐书》的著者萧子显是南朝（梁）人，他凭亲身体会说：在曹魏晚年，司马氏“名虽魏臣，实为晋有，故主位虽改，臣

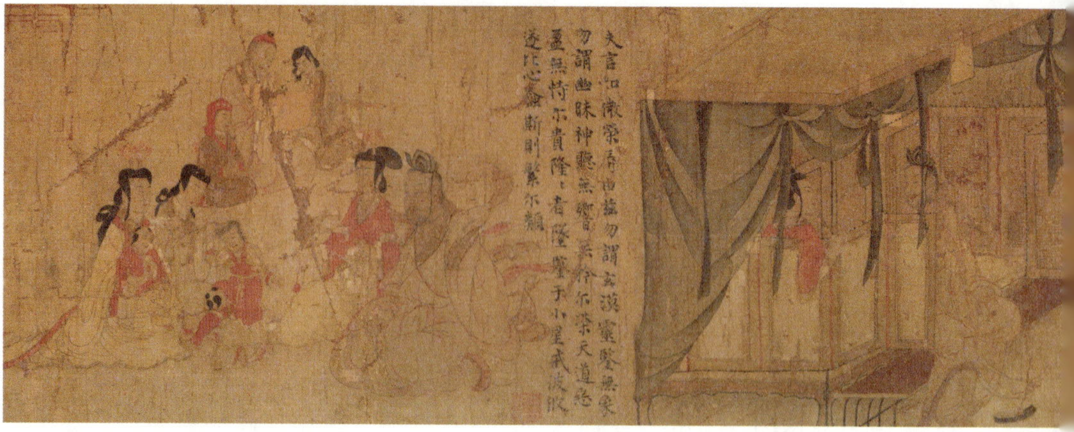

女史箴图（局部） 唐代摹本

晋初惠帝时，贾后专权，荒淫放恣。文人张华便撰文《女史箴》劝诫，顾恺之据之作画。其对上层妇女梳妆装扮等日常生活的描绘，真实而生动地再现了贵族妇女的娇柔和女性美。顾恺之注重对人的神气、风度仪表的把握，也符合此时期的社会变化。

任如初”。相沿下来，一般世族以门第关系，永远是“平流进取，坐至公卿，则知殉国之感无因，保家之念宜切。市朝亟革，宠贵方来，陵阙虽殊，顾眄如一”。这几句话，将南朝世族无忠臣的原因分析得淋漓尽致（可参阅《廿二史札记》卷十二《江左世族无功臣》条）。政治社会的中坚力量士大夫的立身行事如此，南朝如求振发，难矣。当然也有少数例外，如萧齐时的尚书令王俭知书识礼，“寡嗜欲，惟以经国为务”。王俭年三十八而死，但当时像他这样的人不多。

寒门欲求显达，立军功是最主要途径。南朝的开国之君，全是寒门出身的军人。刘裕微时常“躬耕于丹徒”“樵渔于山泽”。史书虽称萧道成是萧何二十四代孙，但谁都知其渺茫。其父为中级军官，历任太守职务，不是世族。他自己在遗诏中也说：“吾本布衣素族，念不到此，因藉时来，遂隆大业。”他即位后很想移变当时奢侈浮华的风尚，将“后宫器物栏槛以铜为饰者，皆改用铁”。他常说：“使我治天下十年，当使黄金与土同价。”但只统治了三年，崩时年五十六（482）。萧衍是萧道成的族侄，道成为帝时衍已十六岁，父顺之佐命有功，封临湘县侯。故萧衍一直生活优裕，但仍是寒族。他虽略有文名，但二十二岁时即任宁朔将军，此后一直与军旅有关，最后仍是因军权而得天下。吴兴陈霸先是唯一的江南人为帝，家道小康，祖父曾官至太守，年三十左右始任军职于广州，募兵千人，屡立军功。陈霸先平侯景之乱立功，始崭露头角，后击败与北齐勾结的王僧辩（本鲜卑降人之子），深得江南人心而为帝，不足两年即崩（559），年五十七。

刘裕、萧道成、陈霸先三位开国之君，虽是军人出身的寒人，但均英明练达、宏图致远，惜三人的在位时间均太短（刘裕两年余，萧道成三年），承继的人，除陈霸先的侄儿陈文帝（陈蒨）与宋文帝尚勉可守成而外，其他多昏暴庸碌之人，委任典签以控制藩王刺史，信任中书舍人以主持国政。其左右亲信重臣，全是出身卑微的赳赳武夫与忮刻之贪吏。

南朝所谓佐命龙兴的重臣，也都是寒人。例如蒯恩，于刘裕讨孙恩时应募入伍，割马料，因气力大，可负大束，“兼倍余人”。后蒯恩习阵战，“胆力过人，诚心忠谨”，深受刘裕信任。刘裕北伐，留蒯恩侍卫世子。佐守荆楚二十年的到彦之，亦为行伍出身。萧道成的大将张敬儿本名“苟儿”，兄名“猪儿”，父名“丑”。张敬儿常年征战在外，不知朝仪，被任为护军将军，“乃于密室中屏人学揖让答对，空中俯仰，如此竟日”。张敬儿初不识字，为方伯后，始习读《孝经》《论语》。南齐陈显达官至征南大将军、江州刺史，常自惕人微名重，告诫他的儿子，不可持“麈尾扇”，因其是王、谢家所习用者。南齐另一名将陈伯之，十三四岁时即强割邻里熟稻，及长，在钟离（今安徽凤阳）为匪。陈伯之累官至江州刺史，后降北魏，镇守淮南。那封脍炙人口的“暮春三月，江南草长……见故国之旗鼓，感平生于畴日”的信，即临川王萧宏北伐时命记室丘迟写给陈伯之的，希望能以故国之思感动伯之叛逆，伯之果然率众八千归。这封信也就因此成名。不过，陈伯之确是“不识书”！南史中这类不识字、“家贫佣赁”而位极人臣的例子太多，不胜枚举。

所以，整个南朝的政治发展，是由智识水准不高的军人、唯权力是视的典签、因循弄权的中书舍人以及绝对自私自利的世族四个因素，盘根错节，激荡交织，汇合而成。其间递嬗兴衰，大体都是这四个因素此消彼长之迹而已。但也有例外，即宋文帝与梁武帝时代。

宋文帝是刘裕第三子，于那位在建康市集开店，“亲自酤卖”的少帝（为文帝二哥）被弑后即位，时年十八岁，距刘裕之死仅一年零三个月。刘裕两次北伐的功业辉煌，对内推行土断法，亦颇得民心。宋文帝继位后，加强整理户籍的工作，使该项工作达到了相当准确的程度，以后各代整理户籍的工作，都以文帝时的户籍为依据。户籍的清理，使百姓田赋徭役的负担比较合理，逃赋役的人也被纳入正轨，政府的收入增加，兵源也有所恃。他对农村经济相当重视，要“地无遗利，耕蚕树艺，各尽其力”。在他的统治时期里，他屡次诏免农民所欠田赋，对荒歉的地区也大量拨粮赈济。农村经济稳定发展，民众生活水准提高，购买力增加，也带动了工商业的繁荣。他为统一货币，设“钱署”铸四铢钱，对安定民生亦大有裨助。所以，《宋书》的著者沈约说：自刘裕当权（末代东晋前）至文帝末年，“三十有九载，兵车勿用，民不外劳，役宽务简，氓庶繁息，至余粮栖亩（人口增加而有余粮），户不夜扃”，真是“民有所系，吏无苟得，……凡百户之乡，有市之邑，歌谣舞蹈，触处成群，盖宋世之极盛也”。一片歌舞升平的景象，最难得的是“吏无苟得”的清明政治。

在这个时期，北魏（拓跋）已统一北方，但刘宋的北疆，仍拥有今河南与山东南部一带。北魏太武帝（424—452年在位）雄才大略，亟思南侵，但由于内外均有问题而迟迟未行。445年，盖吴聚众十余万首义抗魏，魏太武帝亲征始平。北方柔然的威胁，亦因柔然之主新逝有内争，得暂时纾解，北魏太武帝乃于450年亲率六十万大军南征。刘宋主力被击败，然西路偏师大胜魏军，直逼潼关。宋文帝以主力溃败，下令撤兵。北魏的大军已进临长江，制造船只，欲渡江攻建康。江南军民团结一致，奋力防江。北魏军见势不得

梁武帝萧衍画像

萧衍，南朝梁开国皇帝，西汉相国萧何的二十五世孙。他善音律，精书法，在其倡导下，南梁的文学艺术得到长足发展。

逞，乃撤兵，唯于退兵时，大肆屠杀与破坏，“所过郡县，赤地无余”，江淮间“户口数十万”“百不得一，村井空荒，无复鸣鸡吠犬”。当时人称：“虏之残害，古今未有。”刘宋经此浩劫，国力大损，从此北疆日蹙，逐渐退至淮南，刘裕两次北伐所形成的优势丧失殆尽。宋文帝于两年后被他的太子所弑，南方王朝也就江河日下了。

另一位例外的皇帝是梁武帝萧衍（502—549年在位）。他有鉴于南齐国祚仅二十三年的短暂（479—502），乃重用寒门，亦笼络世族，以图扩大并巩固政权的基础。他要求每一个地方行政单位均举荐一个世族出来，推介该地旧世族参与政治，故有“州望”“郡宗”“乡豪”之设置，目的在于调和寒人与世族之间的矛盾。世族虽自视很高，寒人却瞧不起他们。我们来看颜之推所形容的梁代世族：穿着宽衣大带，头戴大冠，脚着高跟鞋；香料熏衣，剃面再抹粉涂胭脂；出则乘车，入则扶持。建康令王复听见马嘶而惊恐，对人说：“正是虎，何故名为马乎？”他们上办公室，只到大门，不下车，算是签了到。这样的世族，除了贪污，能做何事？梁武帝并不视贪渎为严重之事，他的六弟临川王萧宏，“恣意聚敛”，家有密封的宝库百间，存钱一千万者有三十间，其余七十间所藏为布、绢、丝、绵、漆、朱砂等物。梁武帝见非武器，高兴地说：“阿六，汝生活大可（过得很好）”，“兄弟情方更敦睦”。

梁武帝自奉很薄，晚年信佛之后尤甚，每日只食一餐，“膳无鲜腴，惟豆羹粝饭而已”。他“身衣布衣，木棉皂帐”；“不饮酒，不听音声”；每日清晨起床，秉烛批览公文，天寒时手都冻裂了。他平时手不释卷，著作很多，关于经学的有《毛诗答问》《尚书大义》《中庸讲疏》《孔子正言》等十二种之多，凡二百余卷；又精研佛经，作《涅槃》《大品》《净名》等诸经义记，亦数百卷；还擅长诗文。他的爱子萧统（昭明太子）作《文选·序》，至今犹脍炙人口，自与庭训有关。梁武帝实际上是一位文质彬彬的学者文人，《南史》的著者、唐朝的李延寿赞他所统治的时期为南渡以来文物最盛的时期，可惜他不是一位政治家。梁武帝晚年佞佛之后，“弛于刑典”，对权贵放纵而宽大，权贵治民却很严，所以有人抗议道：“陛下用法，急于黎庶，缓于权贵。”权贵“恣意聚敛”，自然对“黎庶”用法严厉。所幸江南民康物阜，一般民众仍能在他四十余年的统治下安居乐业，但

梁武帝舍身佛寺图

梁武帝信奉佛教，斥巨资大建寺庙。他还数次出家，大臣为劝其还俗，只得为佛寺捐巨款。在萧衍的支持下，梁代佛教为南朝佛教的最盛期。

他招致“侯景之乱”（548—552），对江南大众来说，却是罪不可逭。

侯景是北魏“六镇”与鲜卑同化的羯人，从高欢讨尔朱荣有功，任定州刺史，历官至东魏司空、司徒、河南道大行台，任河南道军政最高长官十四年，统兵十万众。高欢死，其子高澄欲夺其兵权，侯景叛降西魏，欲保持自己的武力。西魏亦要侯景先解除兵柄，入朝长安。东、西魏均逐步进逼，侯景乃向萧梁投降，请求援兵。

年届八十五的梁武帝做了一个梦，梦见中原牧守皆以地求降，次日以告近臣朱异，朱异说这岂不是天下要统一的预兆！侯景适于此时请降，梁武帝故“欣然自悦，谓与神通”。反对的朝臣虽多，梁武帝仍接受侯景投降（548），任侯景为都督河南北诸军事，并派侄儿萧渊明率大军五万人支援侯景。梁军毫无斗志，为东魏军所败，萧渊明被俘，侯景亦败，仅率八百骑南逃至寿春。梁武帝闻败，惊惶到几乎从床上跌下来。于是他欲与东魏议和，共谋侯景。侯景遂叛梁，得到欲夺皇位的萧衍的侄儿萧正德的内应。萧正德用船将侯景的军队八千人渡过“长江天堑”，两日后直逼皇帝所居地台城

（在建康城内）。梁武帝被围台城一百三十余日，城破（549），原有的十余万居民只剩下两三千人。后梁武帝被软禁，两个月后因老病缺食而饿死，时年八十六。

梁武帝第七子萧绎持节督荆、雍等八州军事，坐视台城被围而不全力援救。他又不惜先后向西魏称臣，利用魏军杀掉自己的六兄萧纶；复怂恿西魏进兵蜀地，除掉自己的八弟萧纪；其目的只有一个，即消灭可能的皇位继位人选，为自己创造机会。侯景占据江浙之地后，任用北人镇压南人，肆意烧杀掳掠，特别是对世族，几乎一举而将之消灭殆尽，其“子女妻妾，悉入军营”。他训令自己的部将，“若破城邑，净杀却”。在大屠杀之下，又逢旱蝗大荒灾（550），侯景的士卒也“掠人而食之”，康阜繁荣的江南，一时间“千里绝烟，人迹罕见，白骨成聚，如丘陇焉”。江南百姓对侯景自是恨不得灭此朝食。至此，侯景已自食恶果，军力减弱，军心涣散。此时广州的陈霸先率军北上勤王，至江西九江与萧绎部将王僧辩会师。陈霸先随带军粮充足，以米三十万石济荆州兵，进兵建康。侯景无路可逃，欲入海，为部下所杀（552）。侯景之乱前后三年余，对江南破坏之惨烈，非楮墨所能形容于万一。萧绎于侯景被杀后，以建康已成断垣残瓦，乃都江陵，是为梁元帝（552—554年在位）。梁元帝不再向西魏称臣，其侄儿（昭明太子萧统之子）萧詧勾引西魏军进攻江陵，萧绎被执处死，于投降前将藏书十四万卷悉焚毁，自称“读书万卷，犹有今日，故焚之”。萧绎亦如其父武帝，著述甚多，似对历史有偏好，著有《汉书注》一百一十五卷，《古今同姓名录》一卷。萧绎诗才亦佳，在幽禁中曾饮酒赋诗四首，其一：“松风侵晓哀，霜雰当夜来。寂寥千载后，谁畏轩辕台。”

三年后，陈霸先在建康称帝，长江以北的土地已全失，南朝蹙处江南，极目疮痍，三十余年后（589）为汉人在北方所建的隋所灭亡，中国在长期的大分裂后，复归统一。

⊙ 新天地中的旧文化

自4世纪初到隋统一南北的将近三百年的时间里，随“衣冠南渡”的是自东汉末年以迄魏晋的旧文化。在新天地中，旧文化滋生发展而演进成为新的文化形态，成为后世所艳称的“六代豪华”“六朝金粉”。所谓六代，是指东吴、东晋、刘宋、南齐、南梁、南陈。事实上，晋灭东吴为280年，到东晋南立，中间有三十七年，似非联东吴而称六代，大约是指建康成为国都而言。东吴自229年孙权建都于建康起共五十一年，加上东晋及南朝，建康为首都共计三百二十三年，所谓“豪华”“金粉”，是就建康而言。

东吴统治长江中下游近六十年，拥有今江苏南部、江西、浙江、两湖、福建、广东及广西一部分地方，领土虽广，但并不繁华。晋灭吴时，全吴人口仅二百三十万，内兵二十三万，真正是地广人稀，所以当时的人说江南无穷人，也无巨富。以如斯富饶的土地，居住如此稀少的人口，无人有匮乏之虞，有野心的人缺乏人力，自难成巨富。所以史称其“川泽沃衍，有海陆之饶，珍异所聚，故商贾并辏。其人君子尚礼，庸庶敦厖，故风俗澄清，而道教隆洽，亦其风气所尚也。……其君子善居室，小人勤耕稼。……俗少争讼，而尚歌舞”（《隋书·地理志》）。这一段话很清楚地告诉我们，江南地区是一个家给人足的农业社会，当地人过着淳朴勤俭的生活。

北方游牧民族内迁后，江南的情势有所改变，潮涌到江左避难的不仅是世族一家人，通常是世族所有的亲戚、宾客、奴仆、耕农及其邻里乡党等，也有农村自行组合的避祸人群。他们在江南各地定居后，将他们比较先进的生产技术以及工艺技能投入新天地，结果除了使农产品增加，也使得工艺发达，商业随之兴盛。东南沿海一带特产殊多，如犀象、玳瑁、珠玑等中原稀有产品，亦足以刺激工商业。农业仍是繁荣的基础，江南因为地广人稀、沃野千里，气候适宜，故收成好，“一岁或稔，数郡忘饥”，可见粮产之丰富。江南民众开垦新耕地的方法是用火焚去荆棘，也等于施肥。后来人们知道了用粪肥田的方法，于是一直沿用此方法到后世。自秦汉以来，政府和民间都很重视水利灌溉系统的兴建，这种认知当时传到江南，故有关筑堰开渠的记载很多。更有成效的是开辟“湖田”。长江中下游地区湖沼很多，民众选择湖沼的四周筑堤开渠，将水引入河流，湖面缩小，四周成为肥沃的良田，很多湖沼因此从地图上消失。农产增加，农村富裕，这些都带动了工商业的活跃，使社会繁荣起来，南渡“衣冠”因此有了优裕的环境，于是开始创兴绚烂的文化。

南渡的豪门世族均拥有大量的田地及僮仆，又可以召纳包庇亡人（逃税），人力充足，土地又沃腴，故可以尽情地享受。他们闲下来便谈玄说老，吟诗作赋，穷经（以《易经》为主）参佛以消磨时光，也间接地创造了文化。

在男耕女织的基层社会中，纺织也很重要。养蚕缫丝早在汉代即已盛行，江南蚕“一年四五熟”，故丝、绫、绢生产很多，但技术仍不及中原。刘裕北伐灭姚秦后（416），将关中的织工带到江南，设立“织署”，江南的丝织技术得以大幅度改进，从此锦的出产也不限于蜀地了。布是大众消耗品，刘裕在位时布一匹值一千钱，六十年后，布价跌到一匹值三百钱。此外，如盐、铁、钢、银、煤等工矿业，也十分发达。

特别值得注意的是造纸、漆器、瓷器及造船技术的长足进步。自后汉蔡伦发明以破渔网、碎布及植物为原料造纸之后（105），纸仍未被普遍使用，至少官府是如此。直到东晋末年，政府公文才一律改用“黄纸”。东晋时人们始用藤造纸，因浙江曹娥江上游产藤，故“藤纸”（黄纸）的制造中心在该地（余杭县）。当时人们已能制出五种不同颜色的纸（青、红、缥、绿、桃五色）。王羲之能写一手出神入化的字，没有好的纸是办不到的。据说王羲之曾一次将会稽库存的九万枚纸送与谢玄。今两湖及四川一带的造纸业也奋起直追。漆器已被制成各种饮食用具。瓷器以青瓷最著名，釉很进步，上面

蚕织图（局部） 南宋梁楷绘

此图记录下了南宋自“腊月浴蚕”到“下机入箱”为止的养蚕、织帛的整个生产过程。

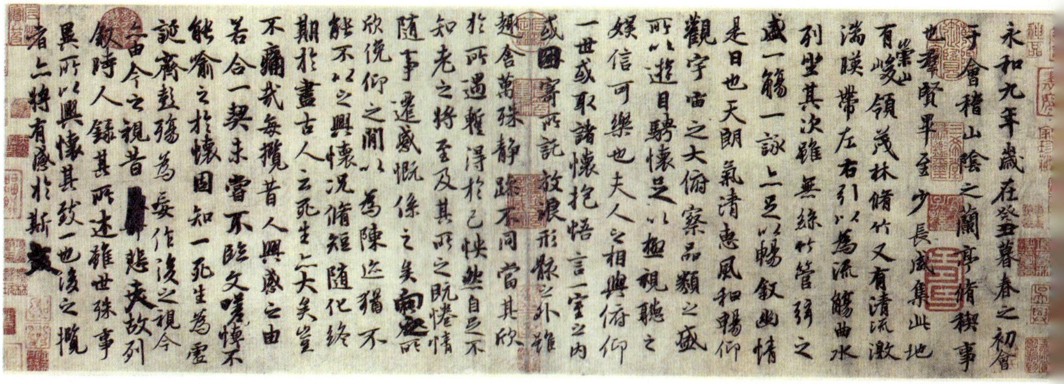

王羲之《兰亭集序》 唐代冯承素摹本

绘有人物、鸟兽、楼阁。江南河流沟渠纵横，船只是主要的交通运输工具，在军事上也很重要，故造船技术与造船业均很兴旺。东晋时人们已能制造出长四五十米、载六七百人的大船。梁武帝侯景作乱时（548），长江有军舰千艘，每船两边有棹八十，鼓棹而行，“捷过风电”。在这种条件下，政治、文化、经济的中心建康自然别有一番气象。

建康居水陆要冲，各方珍品奇宝荟萃于此，城有四十里见方，居民逾百万。世胄豪族的深院大宅，莫不雕梁画栋，僮仆成群。居住在这些华第中的华胄世族，“姬妾百室，仆从数千，不耕不织，锦衣玉食”。“充实”他们这种优裕生活的精神食粮是清谈。他们“祖述老庄”，认为天地万物皆“以无为本。无也者，开物成务，无往而不存者也”。曹魏时，何晏、王弼开其端，风流薮泽，这种风气随着世族传到了江左。在富裕而多姿多彩的生活中，他们穷研玄学，奉《老子》《庄子》《易经》为“三玄”，一切学理及人生观，均奉三玄为圭臬。王弼注《老子》及《易经》，向秀、郭象注《庄子》（郭象注多剽窃向秀注，虽两注，其义一也），均阐发“无为”与“齐物”的精义。中国学者对哲理典籍的所谓“注”，很多都是发挥一己的思想，甚至创发一己的思想。南宋朱熹之注“四书”，穿凿附会，已到了“著”的程度。魏晋南朝的学者对“三玄”的注，有许多都可视为他们在思想上的创发。这种思想发之于外，是反对政治上的干涉，故反君主，反战争，恣意享受耳目五官声色之乐。三五人清谈，或聚众讲解，甚至立学校传授，谓之“南学”。其谈论的内容被称为“玄言”，其著述被称为“玄

王弼画像

王弼出身官僚世家，其曾外祖父是东汉末号称“八俊”之一、身为荆州牧的刘表。王弼，少负盛名，好论儒道，与何晏、夏侯玄等开玄学清淡之风，力倡名教出于自然。他还开创了玄学派易学，不用象数，以老子的观点注解《易经》，别开生面，史称“王弼扫象”。

部”。南朝的皇帝如梁武帝等参与讲论，谓之“盛美”。真正笃信“三玄”的学者，是把研究“三玄”当作学术探讨或哲理欣赏；但也不少是“专推究老庄，以为口舌之助”者；一知半解冒充风雅，为自己的纵情恣肆寻找解释的，为数亦不少。

玄理重穷理殚思，故算学特别发达，如曹魏刘徽所著《海岛算经》，齐祖冲之所算圆周率为3.1415926，其精确睥睨古代之欧洲和印度。三国吴人葛衡发明浑天象，观测日月星辰，均有成效。因为玄学家沉湎于声色之中，故音韵之学兴。曹魏时有人创“反切”，南朝沈约撰《四声韵谱》，自是汉字乃有平、上、去、入四种声调之别。骈体文和五言诗与音韵学关系密切，唐代律绝盛极一时，亦受惠于音韵学。

与玄学几乎平行发展的是佛教与道教。佛教这个外来的文化，对中国思想、社会、政治所激荡起的波澜与暗流，及它们之间交互而形成的连锁影响，至为深远广大，只有19世纪西方文化传入中国后所激发的狂飙可与之比拟。

佛教究竟是在何时传入中国的？传说秦始皇时即有西域沙门十八人到中国，始皇“投之于狱”，此说自不可信。印度阿育王（前273—前232年在位）

弘扬佛法，始遣派僧侣二百五十六人至中亚及锡兰岛传佛教，并无遣派到中国之说。一般习称汉武帝时，霍去病掳获匈奴“金人”即为佛像，亦不可靠。因当时印度并无有形之佛像，印度塑铸佛像以供顶礼膜拜之事，在霍去病伐匈奴（前119）百余年以后。确切可信之记载在后汉明帝八年（65），楚王英“诵黄老之微言，尚浮屠之仁祠”一语，证明在65年以前，佛教确已传入中国，且得到政府之嘉许。明帝夜梦“金人”，乃遣蔡愔等使天竺，得佛经四十二章，偕沙门二人返洛阳，并译佛经于白马寺。由此可见，佛教似当1世纪中叶传入中国。佛教初传入时，多与黄老（即老庄之学）并举，后汉桓帝时，宫中有黄老、浮屠之祠，距楚王英兼宗黄老与浮屠已百年，可推知佛教初传入中国的百余年里，仅附着于老庄之学而流行，因二者在某种程度上有相类似之思想。佛教思想很适合汉末魏晋的政治社会背景，是名士世族精神解脱与心理慰藉的尾闾。

至三国时（220—280），佛教始单独发展。魏文帝中期（223），“中国人始依佛戒，剃发为僧”，于是始有僧、俗之别。魏晋之间到中国的佛教僧侣共有八人，来自印度者三人，其中两人到东吴，其余来自西域的均到北方。第一位到西域求佛经的中国僧侣八戒，亦于曹魏高贵乡公（曹髦）七年（260）经今甘肃、新疆一带而至中亚。八戒俗名朱士行，落发为僧后，深感当时佛经“文句简略，意义未周，……文意隐质，诸未尽善”，故立誓“远求大本”。他得梵文正本佛经九十卷，遣弟子送回洛阳，自己则终老于阗。此为中国僧侣赴西域及印度求经之始，此后络绎远行求梵文正本者至唐玄奘赴印度为止，不下六七十人，其中以法显最有名。法显于东晋安帝三年（399）自长安出发，经西域至印度，前后十五年，航海而归，遂留居南方，专心翻译梵文佛经，“垂有百余万言”。其对佛学传入中国之贡献，仅次于玄奘。在此时期，来自印度及西域之僧侣四十余人，以到长安的鸠摩罗什最有名。鸠摩罗什“终身写译”，传播佛学，厥功甚伟。

佛教与老庄的哲理一拍即合，所以南方的僧侣经常与名门世族相与清谈，盖气味相投故也。汉末魏晋，佛学依附于黄老，至南朝则以佛学说老庄矣。佛学传入中国两百余年后，始主客易势，成为思想主流。至梁武帝时，佛教更是十分盛行，宫廷之中，亦为讲佛之所。建康佛寺多至七百个，全国僧尼十余万，僧有白徒，尼畜养女，几及全国人口之一半。此辈不耕而食，坐拥沃产，影响社会经济颇巨，但并未在南方引起大波澜。南北对佛教之反响迥异，当于下章第二节讨论。

“道教”是佛教传入以后才兴起的国产品，但其源起很早。远溯至战国末期，阴阳五行之说，方士、术士所持的神仙长生不老之术即已盛行。神是人类共有的一种超人力量的代表，人必须遵从神的旨意生活，才能脱祸求福。介乎人与神之间，还有一类既非神也非人的“仙”，即山中之人。他们悠游于神、人之间，长生不老，不食人间烟火，与神相同，游戏人间，忽现即隐，与人直接接触，传授避灾趋利之道，与人相似。仙是人人所向往而亦可能做得到的，是人们所追求的最高幸福境界，皇帝也不如“他”，所以秦始皇、汉武帝都很羡仙。应运而生的方士、术士便是自称仙或可以接近仙的人。这类人会演出奇迹，他们自有一套技术，以博取他人信任。后汉时丰邑（今江苏丰县）人张陵在四川学道，“造作道书，以惑百姓，从受道者，出五斗米”。所谓“五斗米教”，原来是缴学费的定额。方士走入民间，成为贫苦的百姓在官吏压榨与灾荒疠疫交相压迫之下，寻求解除痛苦的寄托的途径。他们容易相信神奇的符咒。黄巾军首领张角便是方士中的翘楚。这与名士谈玄说佛以求人生慰藉相类似，只是层次有别而已。方士们最初只是抬出黄帝、老子以对佛教教义，到魏晋时，方士们干脆模仿佛教的寺刹、仪节、服装而成“道教”。差别只在一奉释迦牟尼，一奉老子；前者剃发，后者蓄发。佛教在江南的传播尽管声势浩大，但是并未引起政争。梁武帝佞佛，但“侯景之乱”与佛教无直接关系，倒是孙恩在东晋末年以道教起事，兵祸十一年，对东晋政局影响很大。

老庄与佛学汇合激扬而成的哲理，自更邃密博大。唐代的儒家韩愈、李翱等人，将之阐释儒学，浸渐演进而成宋代的理学，此是后话。我们必须注意：道教与道家不可混为一谈，前者有类似佛教的形式，以炼丹求长生之道的迷信为主；后者是研求老庄的哲理，与迷信宗教无关。中国历史上所谓佛老之争，是佛教与道教之争，不是佛理与老庄思想之争。

六朝对中国文化影响深远，最显著的是文学、音韵学与史学。

九流十家之中，应加上文学家，本书已有阐述（第四章第五节）。两汉的贾谊、司马相如、班固、蔡邕、崔骃等人，上宗《诗经》《庄子》、屈原、宋玉，诗、词、歌、赋瑰辞盛藻，清歌丽曲，为世艳称。曹操父子擅长文学，对擅长文学者奖励有加，所谓"建安七子"（建安为后汉献帝年号，196—220），孔融、陈琳、王粲、刘桢、徐干、阮瑀、应玚七人也应运而生，为后五六百年文体奠定楷模。其后王弼（注《易经》及《老子》）、向秀（注《庄子》）虽攻玄理，亦擅文学。"竹林七贤"更是以文学表达他们"齐物达观"的人生哲理，影响尤巨。这种风尚发展而成铿锵有致、辞藻丰盛的"骈文"。集骈文之大成的是梁武帝时昭明太子萧统的《昭明文选》。同时，刘勰的《文心雕龙》析理评文，成为迄今仍被文学家奉为圭臬的文学理论巨著。左思、谢灵运等人的诗，清丽雅逸，"皆五言诗之冠冕、文词之命世也"，是唐宋诗词之滥觞。

与骈文及五言诗同时兴起的有音韵学。汉末孙炎创《尔雅音义》，已知反切。魏晋时音韵学有进一步发展，魏李登撰《声类》十卷，凡一万一千五百二十字，以宫、商、角、徵、羽五声分类，不立部首。五音既立，乃有南朝沈约撰《四声韵谱》，即每字有平、上、去、入四声，更有助于韵文之兴盛。

魏晋以来私家修史之风很盛，最著名的有刘宋时范晔的《后汉书》、晋陈寿所撰《三国志》。在范晔撰《后汉书》前，有关后汉史的著作有十二种之多，淘汰的结果是仅范晔的《后汉书》与晋朝袁宏所撰的《后汉纪》三十卷留传后世。三国史亦然，已知有关著作有十五种，今存者仅陈寿所撰《三国志》，未全佚亡者有魏鱼豢所作《魏略》八十九卷。其他如沈约所撰《宋书》一百卷，梁萧子显所撰《南齐书》五十九卷，北齐魏收所撰《魏书》一百一十四卷，均被列入"正史"之中。此外，六朝私家撰述的史书尚有六十余种之多，均已佚亡，只存书名及著者，可见当时史学之盛，也显示当时文化活力之强劲。

六朝物质环境优裕，加上世族的奢侈传统，在齐物达观的思想中，求美的风尚极为兴盛。陶冶心性，以畅神情的音乐自为首要。颜之推说南朝"衣冠子孙，不知琴者，号有所阙"（《颜氏家训》）。其次是书法绘画。王羲之固其佼佼者，其他自皇帝以迄世族，莫不以精书法、工丹青相与炫耀。书法绘画是除清谈以外，另一种足以代表身份的必需装饰。

后汉、魏晋的中华文化，遭北方游牧民族内迁的摧残蹂躏，有枯萎消失的危机，却能在江南孕育滋长，继续发展成为奇葩，虽曰人事，岂非天命。

第十二章　旧文化的再生

孝文帝的华化

北魏太武帝（424—452年在位）于439年灭北凉之后，已完全统一北方。在这种情况下，他并不像前秦苻坚一样急忙率兵征服江南，而是一心一意整顿农耕，解决社会经济的根本问题。这是北方游牧民族内迁后，中原得以复苏的契机，也可以说是中国历史发展的枢纽。

拓跋氏在未入主中国时，本是“分土定居”，其社会形态为半畜牧半农耕，一切政治组织，均以军事部署为主，另置“八部大夫”以“劝课农耕”，兼监理境内军政等事宜。由于战争的胜利，政府照例将俘虏的敌人赏赐给有功之人。这些受赏的贵族、将士，将赏赐的人口主要分配到圈占的土地上进行耕稼，然后向他们征取定额的收获。随着征服的领地日益增多，这种类似农奴的人口数目也急剧上升。北魏并未废除中原自魏晋北方游牧民族内迁时期所遗留下来的“部曲”与“佃客”制度，因为太武帝认为“五方之民各有其性，故修其教不改其俗，齐其政不易其宜”，“令百姓家给人足，兴于礼义”。北魏在未统一中原以前，即鼓励百姓“人生在勤，勤则不匮”。举凡畜牧、耕织、工商等，凡足以增加生产、充裕物资之事业，北魏政府无不竭力倡导。政府甚至分发耕牛、农具给缺乏农具的农民，在耕地上标明耕者姓名，视其收获，“以辨播殖之功”。在这种政策的促进下，中原由安定而趋向繁荣。

经过百余年的屠戮、瘟疫、饥荒与流离（到江南），中原的人口减少了很多。后汉末年中原地区约有五千余万人口，到北魏时约有三千余万人，人口数量几乎减少了一半。中原地区称得上地广人稀，荒芜的田畴触目皆是。北魏孝文帝（471—499年在位）即位后不久，因牛瘟之故，百姓生产受损，乃下令人人均须加倍努力耕稼，并规定成年人每人“治田四十亩，中男二十亩，勿令人有余力，地有余利”（477）。这便是“计口授田”的“均田制”之发端。

孝文帝十五年（485），孝文帝采纳主客给事中李安世之言，下诏“均给天下人田”，这个自孟子、王莽以来的儒家理想终于得以实现，而且推行了两百余年，至唐德宗时杨炎实行“两税制”才正式被废除。这位中国历史上的伟人李安世，当时只是一位接待南朝遣来使节的闲官，《魏书》及《北史》均将他的传记附于其叔父李孝伯传之后，亦均寥寥五六百字。我们只知他的家学渊源是儒家，父亲李祥历官中书博士、太守、侍郎而已。

孝文帝能实施均田制的首要条件是当时的中原地区地旷人稀。拓跋氏初入中原，仍保持着部分畜牧生活方式，政府常将大量民田圈为牧场，这些“苑封”或“苑牧”占地广大，逐渐因生活方式改变而流为浪费，这也是实施均田制的因素之一。

帝后礼佛图（局部）

此图雕刻的是北魏孝文帝的供养行列，是龙门石窟宾阳中洞东壁上的浮雕，它也是中国石窟中唯一等身高的帝后礼佛图浮雕。从中也可以看出，孝文帝推行的汉化政策已经取得了显著的成果。

采桑图画像砖　魏晋河西地区

均田制的大要是将田地分为“露田”与“桑田”两类，政府将它们分别授予百姓。民年满十五岁者，政府授露田四十亩，露田即不植树的耕稼之田，妇人二十亩，年老及身没则归还政府。同时授桑田二十亩，每亩之上植桑树五十，枣树五，榆三；不宜植桑树者，授“麻田”十亩，妇女减半。桑田均世业，可传之子孙，因农民住宅均建在桑田上。桑田可以自由买卖。所属奴婢不分男女，一律每人授三十亩露田，年老及身没亦归还。“丁牛”（即可耕田之牛）每头受露田三十亩，唯以四头为限，以四年为期。关于奴婢的人数，政府规定：亲王限三百人，嗣王限两百人，二品嗣王及异姓王限一百五十人，正三品以上及皇宗限一百人，七品以上限八十人，八品以下至庶人限六十人。以此计算，最低级的庶人，最高可受田地一千九百八十亩；亲王最高可受九千一百八十亩。

受田者对政府所纳的税称曰“调”。已婚夫妇岁帛一匹、粟二石；年十五以上未娶者，岁纳帛四分之一匹、粟五斗；奴婢岁纳帛八分之一匹、粟两斗五升。赋税比诸当时惯例，每亩纳税六斗，约减轻百分之六十。此后虽略有增加，但仍很受百姓欢迎。

实施均田的先决条件是清理户籍。自北方游牧民族内迁以来，百姓为了逃避苛繁的赋役，多荫附于豪强门下，被称为荫户；或“假称入道，以避课输”。事实上豪强的保护费也很重，甚至“倍于公赋”。下均田诏之前四年，北魏政府已有整顿户籍的命令。实施均田制之次年（486），北魏政府在地方基层设置“三长制”，即五家设一邻长，二十五家设一里长，一百二十五家设一党长，皆取“乡人之强谨者”为之。然后由“三长”制造户籍册。反对清理户籍最激烈的莫过于遗留在中原的旧世族，但北魏政府严厉执行，“隐口漏丁”，一一附实。在青、冀、定等五州，北魏政府清理出十余万荫户。众人自豪强的征敛下解脱出来，成为均田制的受惠者，“于是海内安之”。494年孝文帝迁都洛阳，以雄厚之国力重建古都。据杨炫之撰《洛阳伽蓝记》所载，北魏时期洛阳“招提栉比，宝塔骈罗；争写天上之姿，竞摹山中之影；金刹与灵台比高，广殿共阿房等壮”，一片富丽堂皇；而“百姓殷阜，年登俗乐”，百姓尽享歌舞升平的生活。均田制的开花结果，于此可窥其一隅。

孝文帝最震撼历史的措施，是运用铁腕彻底实行鲜卑华化的工作，任何反对在所不计，甚至将太子处死亦在所不惜。其原因颇多，但最重要的，应从他的教养中去寻求。他的母亲是中山王李惠之女，李惠是汉人，其妻为鲜卑人。孝文帝“生而洁白”，由冯太皇太后抚养教育成人。

这位冯太皇太后的伯祖父冯跋，是“十六国”时期仅有的四个汉人建国者之一（四个汉人政权即冉闵的魏国、李暠的西凉、张寔的前凉及留在北方的世族后裔冯跋在今河北一带所建的北燕）。北燕维持了近三十年（407—436），它与拓跋魏对抗不屈。冯跋死后其弟冯弘继位，为拓跋魏败，逃入高句丽被杀，一子一女均被俘，子冯朗降后官至刺史，女为北魏太武帝纳入后宫为左昭仪。冯朗坐事被诛，其女入宫受姑母（左昭仪）“抚养教训”，年十四选为太子妃，太子即位为文成帝（452—465年在位），冯女成为皇后。文成帝在位十三年而崩，献文帝（466—470年在位）虽非冯女亲生，但年仅十二岁，丞相乙浑谋逆，“由太后密定大计，诛浑，遂临朝听政”。献文帝后宫李夫人于467年生孝文帝后三年即逝，冯太后对此孙儿钟爱异常（一说是她与内宠李弈私通所生之子，献文帝借故诛李弈，帝即暴崩，“时言太后为之也”），“躬亲抚养。是后罢令，不听政事”，可见“亲情”之深。

孝文帝即位时年仅四岁，冯太后成为太皇太后，对孝文帝之教养以及一切朝政，自然全操在她的手中，直到她年四十九岁逝世为止（490），时孝文帝已二十三岁。北魏政府颁布均田令时，孝文帝年仅十八岁。

由以上所述，我们知道孝文帝是由一位与鲜卑有世仇，有志匡复华夏文物的中原世家的后裔教育养大的。冯氏固不一定仇视鲜卑，但鄙视鲜卑文化习俗是毫无疑问的。她的伯祖父及祖父均是留在中原的世族，是志图光复的豪杰志士，她自己则是汉人“皇室之胄”，是国破家亡，委身事敌的弱女。无论孝文帝是否为她与李弈所生的儿子，如果所传属实（史家未有定论），则孝文帝是彻头彻尾的汉人。撇开传言存疑不论，孝文帝是在十足的中原文化的熏陶下长大的“鲜卑皇帝”，这就不难解释孝文帝为何会用铁腕手段推行全盘华化。

孝文帝在自平城迁都洛阳前（494年以前），已开始华化的工作，迁都后是全盘华化的巅峰时期。自他即位到冯太皇太后逝世为止的二十年间，北魏制礼作乐、修律定制、颁禄秩品，均常提到“周经”“汉晋”，甚至制造车辂，要“一遵古式焉”！太庙、明堂的建立，与乎皇帝躬耕籍田，均是仰慕古制的举措，均田制更是儒家最高理想的实现，这些均在冯太皇太后逝世前得以实施。迁都洛阳后，孝文帝便大力改革，要彻底消灭鲜卑的习俗文化，希望鲜卑民族与汉族在文化上和血统上完全融合为一。以上是就孝文帝的个人教养背景来看他大力推行华化的原因。

孝文帝的个人教养背景是迁都的主要原因，尚有经济、军事、政治等因素，交织激荡而促成孝文帝迁都洛阳、厉行华化。

先看经济上的原因：北魏的勃兴始于道武帝拓跋珪，当时北魏都平城，北疆有柔然威胁，因此北魏设“六镇”以负防守北疆之责（397），六镇在相当于今河北北部及内蒙古一带。每镇设“镇都大将”以统率之，均由拓跋宗王或八族王公担任。驻防将士兵卒，由本族同类或被征服国家的强宗子弟为

北魏平城明堂的瓦当

北魏平城明堂曾是北魏举行朝会、庆赏、祭祀等大典的地方。拓跋鲜卑作为最早长期统一黄河流域的北方少数民族，修建明堂是学习中原礼制文化的重要举措。《木兰辞》中“归来见天子，天子坐明堂”里的“明堂”应是大同的北魏明堂。

之。他们被视为国家股肱，待遇优渥。平城自为国都后，人口增加，国都中人多不治生产者，亦需大量供应。承平犹可应付，一遇荒馑则粮食奇缺，困难丛生。道武帝崩后，平城一带即连年有灾荒（409—413），两年后大饥，道有饥殍，当时就有人主张迁都于邺（今河南安阳市北部和河北临漳县西南一带），因非长久之计而止。北魏政府乃遣贫困之鲜卑人南下就食。即令不是荒年，平城也要用牛车将粮食从南部运输给养，其艰难可知。北魏政府曾诏令天下每十家发一牛，以供输粮到平城。孝文帝十七年（487），平城一带遭遇大旱灾，又逢牛瘟，“野无青草”，孝文帝“寤寐思求”，也束手无策。最后，他将宫中衣饰珠宝等物，包括乘具弓矢，“出其太半”，分赐百官士庶及“六镇戍士”，以纾解民困于一时。同时，中原自实行均田制后，生产增加，农业经济欣欣向荣，自较平城在粮食上朝不保夕的窘境要优裕得多。

其次是军事与政治上的原因。北魏的强敌柔然虽然在429年为太武帝所大败，但不久即重振势力，十年后乘太武帝征北凉时（439）进袭平城，使“京邑大骇”。四年后太武帝再亲征柔然，被围于鹿浑谷六日始解围。此后柔然骑兵仍不时掳掠北疆，双方已无大规模战争。450年北魏有南侵企图后，刘宋即思联络柔然以制魏。478年萧道成遣骁骑将军王洪轨（另作王洪范）出使柔然，“克期共伐魏虏”。次年柔然发兵三十万攻北魏，去平城七百里，“魏虏拒守不敢战”。萧道成以初称帝，“不遑出师”。柔然对联南齐以攻北魏的企望很强，其国相致南齐书有云：“虽吴、汉殊域，义同唇齿，方欲克期中原，龚行天罚，治兵缮甲，俟时大举，……扫殄凶丑，枭翦元恶（北魏）。”此事发生在孝文帝十一年（481）左右。平城距柔然太近，始终受柔然威胁，而中原距离平城遥远，一旦有变，只能“轻骑南出”加以

魏晋彩绘坞堡射鸟画像砖

坞堡，又称坞壁，是一种民间防卫性建筑，源自汉武帝时期的塞外列城，大约形成王莽天凤年间，当时北方大饥，社会动荡不安，富豪之家为求自保，纷纷构筑坞堡营壁。

镇压，这种“遥控”的情势，很可能腹背受敌。迁都洛阳既可以消除柔然对中枢的威胁，又可以震慑中原，攻防南朝。自拓跋入主中原，南征北讨，对汉人及其他民族均十分残忍冷酷，反抗之武装行动不断发生。孝文帝即位之年（471），中原即有三次变乱，以后几乎连年爆发叛乱，直到494年迁都洛阳时，西北尚有大规模（十万众）的武装抗变。基于内外军事政治情势的考虑，迁都洛阳实有必要。纯就经济的立场，孝文帝考虑迁都到邺，因为北魏“国之资储，唯藉河北”。494年，他曾在邺宫朝群臣，似曾计划迁邺。邺在黄河以北的大平原上，暴露在柔然的威胁下，无险可守。洛阳虽然残破，但有黄河天险，又是华夏政治文化故都，且对南朝及对震慑中原用兵方便。

基于以上原因，孝文帝毅然决然迁都洛阳，又于495年六月下诏：人死葬河南，不得还北，于是代人南迁者，悉为河南洛阳人，……九月，六宫及六武，尽迁洛阳。一个新纪元由是开始。

以上就孝文帝迁都洛阳的个人教养背景、经济及军事政治因素一一做了分析。孝文帝迁都之后，其华化措施转入革命性阶段，其主要的约以有下数项。

第一是有条件地禁止鲜卑语。任职朝廷之人，年在三十岁以下者，一律从“正音”（汉语），不从者“降爵黜官”。换言之，务公职而年在三十以上者，因“习性已久，容或不可卒革”，故听之。民间则不禁，政府甚至

北魏头戴大风帽的鲜卑武士俑

北魏孝文帝为了巩固政权，实行汉化改革，易汉服、讲汉话、改汉姓，与汉人贵族通婚，但困难重重，鲜卑服饰仍有所保留。

令人以鲜卑语译《孝经》，以教“国人”。事实上，在孝文帝时，朝廷已通行汉语，因为禁鲜卑语之诏令下后，史籍中并无因犯禁而获罪之记载。同时朝廷对六镇并不禁鲜卑语，因为六镇通用鲜卑语“宣传号令”，其他民族服役于六镇者亦多，大体上是汉语、鲜卑语并行。事实上，终北朝之世，鲜卑语仍很流行。颜之推《颜氏家训》那段有名的话，足以证明其观点。他说：“（北）齐朝有一士大夫尝谓吾曰：‘我有一儿年已十七，颇晓书疏，教其鲜卑语及弹琵琶，稍欲通解，以此伏事公卿，无不宠爱。亦要事也。’”北齐（550—577），距孝文帝禁鲜卑语已六七十年，公卿仍要解鲜卑语的人“伏事”。北周武帝（561—578年在位）仍有时用鲜卑语对群臣说话（他来自六镇），由此可见一斑。

第二是改胡姓为汉姓。鲜卑本无姓，开化后始有姓氏，多由部落之名转化而成，多为数个音节，音成汉字，十分不便，且增加了汉胡隔阂。孝文帝乃自将拓跋改为“元”，其他均改为单音，亦有少数例外，如“乙旃”改为“叔孙”之类。例如“独孤”改为“刘”，“须卜”改为“卜”，“吐伏卢”改为“卢”，等等，计一百一十四姓。在此以前即有改姓之事，如孝文帝之父皇献文帝，即将其兄弟七人均改姓，如“纥骨”改为“胡”，次兄“普”改为“周”，再次兄“拔拔”改为“长孙”等。

其他如改官制、禁胡服、倡胡汉通婚等措施，均在迁洛阳之前已开其端，到洛阳后只是更厉行而已。其中胡汉通婚之先例很多，北魏共有皇后二十五人，汉人占十一。孝文帝的祖母冯氏、母亲李氏，均是汉人。孝文帝二十六年（496），孝文帝为他的六位弟弟指定六家汉人世族通婚，要求他们将此前所娶的妻子均改为妾媵（司马光很反对此举），以提高他们的文化水准。他自己则同时将中原“衣冠所推”的四世族的女儿纳入后宫。因为他“雅重名门”，实亦有笼络中原名门望族以巩固统治权之用意。他将门第按官位分为甲、乙、丙、丁四等，使这些世族与政权的利害一致。

反对“变俗迁洛”的人仍然有，但势力不大。首先是身体“肥大”“不好读书”的皇太子恂，他因不喜“河洛暑热”，想“轻骑奔代”，事发后被废为庶人，不久被赐死，时年十五岁。此外，有大恩于孝文帝的鲜卑元老重臣穆泰（冯太后曾幽孝文帝，欲废黜之，穆泰切谏乃止）与“早蒙宠禄，位极人臣”的鲜卑名将之后陆睿、元丕等反对迁都，阴谋叛变，史称“代乡旧族，同恶者多”。这批人事先似乎要拥立太子恂，太子被赐死后，他们拟拥立朔州刺史、阳平王拓跋颐为帝，阳平王阳许之，但即密表告帝，故叛变并未发起即被平定，叛党“麾下”亦不过数百人而已。孝文帝英明果决，能控制全局，故虽有反对，均不能影响他的华化政策。可惜他迁都仅五年而崩，年仅三十三岁。

⊙ 中原的分裂

自孝文帝迁都洛阳到六镇叛乱的三十年间（494—524），荒芜残破、迭遭兵祸的洛阳，再次从废墟中建立起来。《洛阳伽蓝记》所载“京师东西二十里，南北十五里，户十万九千余”，每户以五人计，有人口五十余万，有庙宇一千三百六十七所。各地商贾云集，丝竹讴歌，楼观出云，“门巷修整，阊阖填列；青槐荫柏，绿柳垂庭；天下难得之货，咸悉在焉”。洛阳逐渐成为中原经济、文化的荟萃之地。不过，作为首都的洛阳，在政治上遭逢困难。

孝文帝次子元恪继位为帝，称宣武帝（500—515年在位）。宣武帝笃信佛教，“每至讲论，连夜忘倦”，又喜营造石窟，供奉佛像，荒怠政事，其时已出现财用不足的情况。而他又嬖溺近幸，逼反弟弟京兆王元愉。宣武帝在位十五年间，社会上爆发了十次规模较大的叛乱，其中四次是“沙门”所领导（孝文帝时有两次和尚作乱），社会并不是很安定。他最重要的“改革”是立太子而不杀其生母。北魏自道武帝（386—409年在位）开始，为防止外戚及母后擅政，乃仿汉武帝故事，立太子即杀其母。宣武帝皇后高氏生子，早夭，仅一女。时常入宫与帝讲论佛教的胡姓尼姑，活动帝之左右说她的侄女胡充华很美，帝纳之入宫，旋即诞生一子（510），充华被封为华嫔。时宣武帝已二十八岁，仅此一子，自特别爱护，两年后立此独子为太子。大约是佞佛的原因，宣武帝竟不杀其母。宣武帝之子即位时年仅五岁，史称孝明帝（516—528年在位）。幼主即位，势必引发太后（胡充华）“临朝称制”。胡太后统治期间，朝纲混乱，后引起六镇之乱，使北魏一蹶不振。

中国史家传统上对“女主”当政的评价，多强调其个人生活“淫乱”，

宾阳中洞石窟

宾阳中洞石窟，被称为皇家第一窟。“宾阳”意指迎来出世的太阳光。这里是北魏宣武帝为他的父亲孝文帝所开凿的功德窟。北魏时期崇尚以瘦为美，其佛像是北魏“秀骨清像”、“褒衣博带”造像风格的代表。

以之为评判准绳，似欠妥洽。如胡太后“逼幸清河王怿，淫乱肆情”，北魏后宫类似之事甚多，不止胡太后一人如此。我们认为列论女主，不当丑化其乱搞男女关系这一点。对于主大政的人，无论男女，我们均宜凭其施政以臧否之。评述胡太后、武则天或慈禧太后等历史人物，我们应持如此观点才公平。胡太后当政约六年，因笃信佛教，大肆营造，“费用不可胜计”。“至于官私寺塔，其数甚众，……自迁都以来，年逾二纪（二十余年），寺夺民居，三分且一”，自然民怨沸腾。再加上她施舍佛寺，赏赐宠幸，“动以万计”，国库耗罄，乃预征田地赋税六年！同时加重捐税，于是“百姓怨苦，民不堪命”，这是致乱的主因。

北魏征服中原全凭武力，设置六镇以防柔然的主力，仍是以拓跋氏原有的那批剽悍武士的苗裔为骨干。迁都之后，进入中原已经华化的宗室华胄享受富贵荣华，留在边疆捍卫国土的将士戍卒逐渐由不受重视到受轻视，被视为“厮养”，“有同奴隶”。“而本宗旧类，各居显荣，顾瞻彼此，理当愤怨。”尤有进者，这些“本宗旧类”的“凡才”，被政府委派到六镇做镇将，他们视半开化的同族为贱民，“专事聚敛”而已。孝明帝八年（523），柔然入侵，变乱遂起。

六镇变乱爆发时，胡太后已被权臣元叉所幽禁，故她对此次变乱并不负直接责任（525年始再临朝）。元叉将他的政敌于景贬去做镇将，及柔然入寇，镇民请粮，于景不肯给，镇民不胜忿，遂反，执景杀之，“诸镇华、夷之民，往往响应”，叛军蜂起，拥众建国者、称王称帝者，计有二十余人之多。六镇叛变，无疑是国防军全叛。孝明帝束手无策，乃诏令山西北部一带世代均为“领民首长”的尔朱荣助战。尔朱荣的高祖父尔朱羽健从道武帝征战立功，道武帝“割方三百里地封之，长为世业”，至尔朱荣袭爵时已逾百年。“荣洁白，美容貌，幼而神机明决”，治军严肃，六镇之乱初起，即立军功，声势日益壮大。时胡太后鸩杀其子孝明帝（528），立年仅三岁之稚子为帝，尔朱荣“大怒”，对孝明帝之死提出明目张胆的抗议，并进兵洛阳。胡太后自落发为尼，冀可苟活，亲向尔朱荣“多所陈说”，但“荣拂衣而起”，将胡太后及幼帝均沉之于黄河。太后之心腹大臣两千余人，全部被杀死。尔朱荣另立元子攸为帝，即孝庄帝（528—530年在位）。时河北叛军首领葛荣率兵“众号百万”进兵洛阳，尔朱荣“率精骑七千”亲入敌阵，大破葛军，生擒葛荣于滏口，数十万“大军”全是裹挟而来的平民，一哄而散。

狩猎壁画

此图是山西忻州九原岗北朝墓葬壁画，也是中国现存面积最大的墓葬狩猎图壁画，从中可以看到北魏人的装束。

尔朱荣之声威已达顶点，进位太师，颇有董卓第二的作风。年已二十四岁的孝庄帝不甘做傀儡，乃计杀尔朱荣于宫中，尔朱荣时年三十八岁。尔朱荣的侄儿尔朱兆率兵复仇，破洛阳，孝庄帝被俘而死。尔朱兆才能逊于尔朱荣远甚，无力负起澄清变动局势之责任，野心家相继崛起，中原分裂为两国。

原为尔朱荣部将的高欢，奉尔朱兆之命抚辑原属葛荣的六镇降众。高欢是鲜卑化了的汉人，出身贫苦，但饶有野心。与尔朱兆决裂后，高欢进兵洛阳，另立一位皇帝，自称“大丞相”。六镇之一武川镇（今内蒙古武川县境）的大部分戍卒于变乱起后由今陕北一带南下，后归属宇文泰，泰据长安，亦称“大丞相”，另成一势力，与高欢抗衡。

此后数十年间，高欢在邺，宇文泰在长安，各拥立一个傀儡皇帝，史称东、西魏。东、西魏的嬗递如下：北齐于577年为北周所灭，三年后杨坚代北周，中原分裂了四十余年复归统一。中原在少数边疆部族统治扰攘了二百七十余年后（304—581），占绝对多数的汉人重新掌握政权。

东魏的高欢颇知笼络汉人，他起兵时即以“不得欺汉儿”为誓。他号令鲜卑军士时说：“汉民是汝奴，夫为汝耕，妻为汝织”，鲜卑人的衣食都依赖汉人，为何还要欺凌他们！因此关东的汉人大世族都与他合作，其结果是巩固了他以今河北、山东、山西、河南、苏北一带为基地的政权。他死后不久，其子高洋于550年废东魏，自称帝，史称北齐文宣帝（550—559年在位）。东魏、北齐有人口约两千万，农产富饶，又收盐铁之利，是当时鼎立的三个国家中（南朝梁末陈初）最富足的国家，由于均田制仍然被实行，故民生安定，国库充裕。新得势的鲜卑豪宗，“聚敛无厌，淫虐不已”。北齐最初十年尚能秉承高欢政策，与汉人世族合作，此后排汉与汉化两大势力在朝廷中斗争，互有消长。鲜卑权臣贵胄之排汉者，动辄称“汉儿文官”为“汉狗”，均认为须将后者“杀却”。他们对汉民更是恣意奴役和剥削，“赋敛日重，徭役日繁，人力既殚，帑藏空竭”。于是朝廷开始“卖官”，买得官位的人，上位之后“竞为贪纵，民不聊生”。皇位的争夺，益加深了北齐的危亡。北齐二十八年的历史中，除了高洋在位九年，余下十九年换了五个皇帝，可见政局之不稳定。

反观西魏、北周，情况则与之迥异。宇文泰的先世是鲜卑的贵族，于北魏时居六镇之一武川镇为将，至宇文泰时已居该地四代。六镇叛变后，北魏欲借柔然兵平乱，柔然攻占六镇后烧杀掳掠。残破之余，饥荒踵至，宇文肱全家赴河北就食。宇文肱旋即参加叛军，不久阵亡。其三子宇文洛生参加葛荣军队，以功封王，后为尔朱荣所杀，宇文洛生之子宇文泰被收编进尔朱荣部将贺拔岳部，时年十八岁。宇文泰随贺拔岳入关中，至贺拔岳被杀，其部属均来自武川镇，故宇文泰被众人推为统帅，后逐渐扩张，遂拥有关陇之地。初时宇文泰的军力不过万余人，因自武川逃到关中的人数亦不多，只有招募汉人充当，其军队本质上遂有了变化，为后称“府兵制”的起源。

543年，宇文泰为高欢所败，军力损失十分之六。为了重振军力，宇文泰只得广募关陇人为兵，不分胡汉，由各大世族的领袖率领，亲选乡亲为军。宇文泰恢复鲜卑旧日的八部制，设置“八柱国大将军”统率之（实际上只有六柱国，有二柱国并不统军，只有称号），每位柱国大将军统兵八千人，下设十二“大将军”各统四千，共计有精兵四万八千。为了消除种族界线，统帅中的鲜卑人已改用汉姓者，一律改为鲜卑的复姓，汉人统帅也改鲜卑姓，如部将李弼被赐姓“徒何”，杨忠被赐姓“六茹”等，这与孝文帝之改胡姓刚好相反。士卒则一律以主帅的姓氏为姓氏，这是复古部落军团制度。军士的地位比六镇时期“役同厮养”的军士的地位提高了许多，这些军士被

山西忻州九原岗北朝墓葬壁画

墓道北壁绘的是规模宏大的木结构庑殿顶建筑，这是中国首次发现的双柱式结构古建筑图样，从中可以了解当时的社会生活。据推测，其墓主人应该是北齐高氏集团的核心人物。

称为“府兵”。这是一支直属于皇帝的禁卫军性质的劲旅。后来政府在农民中三丁选一充当府兵，因为有事才出征，无事则每年服役一月，且作为府兵可免赋调，故农民乐为之。北齐是有事征发农民为兵，北周是选择农民加以训练。由于这个差别，军力的强弱自见，唯两国亦有一相同之处，即军队已非胡人所独占。

宇文泰竭力笼络中原大世族，笼络关陇的世族自不必说，对于关东的大世族他也尽量招揽。八位柱国大将军及十二位大将军结成一个关系紧密的集团，对后世政治影响深远。柱国大将军李虎的孙子即李渊；柱国大将军独孤信的四女儿即李渊的母亲，七女儿是柱国大将军杨忠的媳妇，即杨坚的妻子，隋炀帝的母亲，所以李渊和隋炀帝是姨表兄弟。这个所谓关西世族，对隋、唐两代的政治有不可忽视的影响。

宇文泰又乘南方有侯景之乱，于553年取得蜀地，次年攻破江陵，缢杀梁元帝，将势力南伸到今湖北一带。他在征服蜀地时，驱僚族数十万口，占

宴饮图 北齐徐显秀墓

徐显秀的祖辈乃北魏边镇高级官员，北魏末年天下纷乱时，他先是参加了尔朱荣的队伍，后追随高欢，入北齐后，在洛阳保卫战中，因建立殊功，被封为武安王。后主高纬时，升至太尉，参与统领全国军队。其墓室壁画再现了北齐权贵奢华的生活与排场。

领江陵后掳百姓十余万口，均送入关中为奴，以增加生产。宇文泰早已是事实上的皇帝，但他表面上仍奉拓跋氏为帝，直到556年逝世。其子宇文觉立即代魏，史称北周。北周最有影响的是武帝（561—578年在位），他是宇文泰的四子，即位时年十八岁。在他统治的十八年内，有三件大事值得一提：一是改进府兵制，将农民收容于府兵中，前已提及；二是普灭佛道；三是灭北齐而统一中原。

佛教传入中国后，在中国以南北两种不同的方式发展：南方寺庙虽也发达，但南方有北方带去的魏晋老庄思想的传统，所以南人穷研佛经，探索其经义，使佛教成为“三玄”之一。南方僧尼虽多，但地广人稀，并未引起严重的经济问题。北方则不然。佛教在北方所传为“大乘”，偏重因果报应轮回之说。北方游牧民族内迁初期的匈奴人如刘渊等人，虽染中华文化，但陶冶不深，而士卒则不然，一旦得势，野性难驯，凶残淫虐之性，恣意发挥无余。佛教的因果报应轮回之说，使这批暴戾嗜杀的蛮族恐怕死后入地狱受酷刑而对自己的行为有所节制，因而成为约束无法无天暴行的一种无形的法律。西域僧图澄即以此告诫石虎、石勒的凶残性行。石虎更加上民族的色彩，认为佛是“戎神”，自己是胡人，“应兼从本俗”。在这种形势下，北方佛教大盛，庙宇营建，出家者众。这些人的出家动机复杂，有的只是求佛庇护，有的则是求温饱，一些公卿们则因君主笃信佛教，逢迎上意而已。来自西域的鸠摩罗什宣扬大乘，学行优异，深得众信，声势浩大，后秦主姚兴（394—416年在位）复大力倡导。在这种情况下，佛教徒自是良莠不齐，奸宄混匿。与此同时，五斗米教亦仿佛教脱胎换骨，而另成一个争取显贵与群众的集团。所谓“道教”，虽奉老子为教主，但并不阐发老庄哲理，而以炼丹求药致长生不老以取信于人，也能迎合半开化的君主及一般人的胃口，于是在中原遂有了佛道之争，与南方的佛道哲理交相激荡融通不同。

第一次佛、道的冲突发生在北魏太武帝二十三年（446）。太武帝笃信道教寇谦之的“仙化”之说，宠臣崔浩亦信道。是年太武帝到长安，知一座寺庙中的和尚饮酒，搜索之下，发现寺庙和尚私藏大批酿酒用具，又有“密窟与贵室女私行淫乱”，并藏有武器及官吏富室寄存之财富数以万计。崔浩进言毁佛，于是太武帝下诏“诛长安沙门，焚破佛像”，敢有隐匿沙门者，诛满门；又通令全国（时已统一中原），“自今以后，敢有事胡神及造形象泥人铜人者，门诛。……沙门无少长悉坑之”。有少数和尚逃到江南。这道禁令厉行了六年，太武帝死后（452）才被废除。经此浩劫之后，中原的佛教教徒公然组织民众武装叛乱，见于记载的有四次。孝文帝曾诏令：“比丘不在寺舍，游涉村落，交通奸猾，经历年岁。”政府令民间不得收容这类游方和尚，盖恐怕酿成赤眉、黄巾之祸。

北周武帝的禁佛与上述的不同。他本人信儒，想用理说服释、道两教。北周武帝八年（568），他曾在大德殿召集百官、和尚、道士等于一堂，亲自为众人讲解《礼记》；次年又在同一地方两次召集同样的两千余人“讨论释、老义”，亲评三教优劣存废；四年后再集众辩三教先后，结论是儒、佛、道的次序。数次辩论之后，北周武帝乃于574年下诏“普灭佛、道二宗”。他要消灭的不只是佛教，道教也在内，与北魏太武帝主要站在道教的立场上有别。

北周武帝普灭佛、道的主因是经济。孝文帝时中原的僧尼总数约为八万人。五十年后，僧尼总数增加到二百万人左右，差不多占全国人口的十五分

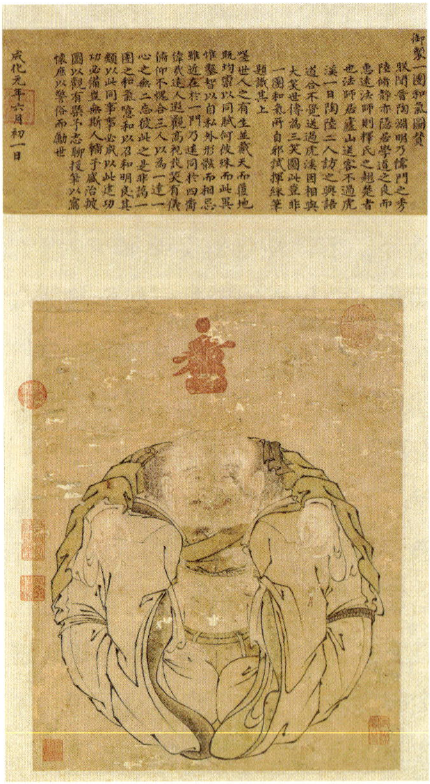

一团和气图 明成化帝朱见深绘

粗看似一笑面弥勒盘腿而坐，细看却是三人合一。左为一着道冠的老者，右为一戴方巾的儒士，二人各执经卷一端，团膝相接，相对微笑，第三人则手搭两人肩上，露出光光的头顶，手捻佛珠，是佛教中人。三人分别代表佛、道、儒三教，三个人抱成一团，这不就是“三教合一”！三教并存互融，乃是大趋势。

之一，很显然是“假慕沙门，实避调役”的贫农太多之故。中原分裂为两国之后，北齐僧尼的人数在二百万左右，北周约为一百万，但北周总人口少于北齐，物产也远不能与北齐比拟，相形之下，社会因僧尼逃避役调而加重了很多负担。北周如欲征服北齐，必先充实国力，强迫僧尼还俗是增加劳力投入生产的最佳办法。当时即有人认为有德的穷人要纳调赋，无行的富僧却免一切赋役，实在是不公平。有人建议僧侣必须服兵役，否则纳免役费，但未提到寺产缴赋调的问题。所以几经学理上的辩论后，北周武帝下令将全国寺庙的资产全部没收，近百万的僧侣全部纳入均田户，投入生产，壮丁编入军队。他未如北魏太武帝“悉坑之”那样恨沙门，因为动机不同。道教的命运也是一样。

普灭佛、道之后，百姓负担合理，生产增加，军力充实，所以三年后（577）北周武帝伐北齐，完成统一中原大业。自北魏分裂为二后，东西对峙，常有战争，互有胜负。北周与南陈之间，也有交往，因南陈欲消灭据长江上游今湖北一带的后梁（为北周附庸），故与北周常有冲突，也互有胜负。至571年，南陈宣帝（569—582年在位）遣使入北齐，欲联军攻北周。齐人弗许。次年北周遣使入陈，说合纵以攻齐。陈宣帝心动，想借此收复淮南之地，乃与北周联盟攻北齐。北周武帝于普灭佛、道后，实力增强，加上“不度德，不量力”的南陈助长声势，于武帝五年（576）十月率大军伐齐，次年正月入邺，北齐亡。南陈欲乘机攻取淮北，于是年九月北伐，为北周所败，溃回长江，淮南悉入北周版图。

北周武帝是一位杰出的君主，可惜统一之后仅年余即英年早逝。子继位，荒淫无度，两年而崩，年八岁之子宇文阐立，由杨坚辅政。杨坚是八柱国大将军之一杨忠的儿子。杨坚辅政，准许佛教再合法化，并发还部分寺产。小皇帝继位不到三年即被废，杨坚即位（581），史称隋文帝。隋、唐的发展，转入中国历史的另一阶段，关于这一时期的历史，笔者将在第四编中叙述。

新民族的旧文化

自北方游牧民族内迁到隋文帝统一中华，历时两百八十余年，在如此长的时期中，中原的政局演变，前文已有概述。这一时期文化上的转变，尤其重要。中原出现一个新的文化，政治社会都笼罩其中，但这一文化并不是真正的新文化，而是前汉中国传统文化的复兴。

自刘渊起兵（304）至晋愍帝被杀（317），中原世族已开始南迁避乱，此后以集体或个别方式逃亡江南的络绎不绝，但均以大世族为主，扈从的平民为辅。这批世族，均受魏晋以来中华文化的熏陶很深，随着他们将这种文化风尚带到江南发展，这种文化遂以深邃的玄学新面目出现，前章已有叙述。并非所有的世族均到了江南，留在中原的世族仍不在少数，他们身处水深火热的战祸，生命财产朝不保夕，颠沛流离，备尝艰苦。基于求生存的本能，他们不能不一改“传统”的文化风尚，另辟蹊径，以适应新环境。原有的愤世嫉俗、虚矫饰情、谈玄说老、手执拂尘以自鸣高雅的风尚，被残酷的现实一扫而光。崇实务本、知书识礼的风气逐渐流行，终于使前汉董仲舒以来朴质的儒术复苏，并逐渐在中原产生影响而形成一个新的局面。所以，我们可以说，北方游牧民族内迁使浮在上层腐败不堪的魏晋文化飘到南方焕发了新生，沉淀在中下层的传统士人，在苦难的情况下重振自后汉以来即被扬弃的

熹平石经拓片

自汉武帝“罢黜百家，独尊儒术”后，儒家经典成为官方法定教科书，但多有错漏。所以在汉灵帝熹平年间，官方以正体字刻了一套石碑范本，这就是中国最早的标准教科书——熹平石经。

儒术。不仅在文化上是如此，经过此次长期的大动乱，中华各民族相互融合，亦以一个崭新的姿态出现。

首先我们必须了解，北方游牧民族的大众固然绝大多数是粗鲁不文的战士，但他们的领袖多习经史。他们无从习染当时所雅重的老庄风尚，却学习为当时一般士大夫所鄙视的经史。例如刘渊“尤好《春秋左氏传》《孙吴兵法》，略皆诵之，《史》《汉》、诸子，无不综览”。刘聪“年十四，究通经史”。石勒“雅好文学，虽在军旅，常令儒生读史书而听之”。最凶残的石虎“也颇慕经学”，遣人到洛阳抄写石经（刻在石碑上的经书），以上是匈奴的领袖。羌氐如苻坚，八岁时要求祖父为他聘家庭教师，所以“博学多才”。苻丕“好学，博综经史”。姚兴常与学者“讲论经籍，不以兵难废业”。鲜卑的慕容皝“尚经学，善天文”；慕容宝“敦崇儒术”。胡人领袖既习经史，因此倡导经学。刘曜设立太学及小学，甄选百姓二十五岁以下，十三岁以上，神志可教者，一千五百人，“选朝贤、宿儒、明经、笃学以教之”。石勒、石虎、慕容皝、姚兴、姚苌等人当政，均设立学校，教授生徒。苻坚尤其“广修学宫”，勤征学者任教，待遇优厚。他亲临太学，“考学生经义优劣，品而第之”，并“禁老庄图谶之学”。这类的记载很多。北魏孝文帝迁都后，政府提倡儒学已无异于前汉，无人能视其为蛮族的政权。

在大环境的转变中，在胡族统治者的大力提倡下，丧乱中的华夏，朴质的儒学却一枝独秀，弦歌不辍，与江南的浮华风尚适成一对照。当时中原士人特别重视儒学典籍《礼记》与《周礼》，因为其中蕴含的政治制度、政治法令的哲理最为丰富，胡族君主要统治占绝大多数的汉人，不能不依赖汉人中精习此道的儒者。苻坚重用王猛，拓跋焘倚畀崔浩，对其言听计从，都是显著的例子。孝文帝定“三长制”以及迁都洛阳的决定，皆由李冲主谋；迁都以后洛阳建太庙明堂，“皆资于冲”，可见儒家影响政治之深重。

高欢时的杨愔、宇文泰时的苏绰也可作为儒学影响政治的例子。东魏的高欢，虽在血统上是汉人，但其三世仕慕容氏，因“累世北边，故习其俗，遂同鲜卑”，妻娄氏亦鲜卑望族，故高欢能说流利的鲜卑话，他号令三军时，常用鲜卑语。其子高洋则自视为鲜卑人，有人回答治国当用汉人时，他则认为除了鲜卑人，其他人应均杀之；又谓其子有“汉家性质，不似我”。不过，他仍重用当时博通经史之名儒杨愔。杨愔“六岁学史书，十一岁受

北齐穿朱衣的文官俑

秦汉魏晋南北朝时期，官员的标准制服是单衣、冠帻。北方游牧民族内迁之后，汉服衣冠出现了断层，单衣逐渐被抛弃，南朝陈、北朝齐成为中国圆领时代的开端。

《诗》《易》，好《左氏春秋》”，曾自赴辕门投刺求见高欢，随即被任官职。至高欢晚年，杨愔已官至吏部尚书。高洋即位后，迁杨愔为尚书右仆射，又徙为尚书令。直到高洋死后，杨愔才为鲜卑政敌所杀。终高洋之世十年，杨愔专政十年。高洋凶淫残暴无与伦比，他死之后“群臣号哭，无下泣者”，但他能“朝章国政”悉委任杨愔。杨愔遵从儒术，家中四代同堂，曾散财亲友，“唯有书数千卷”是其自有，所以他专政，能主昏于上，政清于下。杨愔被杀，是北齐鲜卑人排斥汉人的剧烈政争的结果，此后十七年间多鲜卑人得势，汉人虽也曾掌权，但为时很短。北齐鲜卑人仇视汉人的结果，是政治腐败、国库空竭、民不聊生，“以至于亡”。

相反，宇文泰的西魏重用儒者苏绰，树立政治楷模，为隋、唐盛世奠定基础，光耀后世。苏绰，京兆郡武功县（今陕西武功县）人，曹魏侍中苏则的九世孙，累世高官，父亲亦任武功郡太守，是十足的世族。苏绰“少好学，博览群书”，由于堂兄的推介，到宇文泰属下任郎中，虽很为同事推重，但宇文泰并不重视他。后因几件琐事，宇文泰甚佩其见识广博，乃“留绰至夜，问以政道，卧而听之”，表示漫不经心，及闻苏绰所谈帝王之道，“不觉膝之前席”，一直畅谈到天亮。次日宇文泰即任苏绰为大行台左丞，令他参与机密。从此两人相交日深，成为最亲密的朋友。苏绰因“气疾”逝世

（546），宇文泰在他灵前说：“尚书平生为事，妻子兄弟所不知者，吾皆知之。唯尔知吾心，吾知尔意。”相知到这种程度，即令常人也难做到，何况君臣之间（宇文泰终身只是西魏大臣，但实为君主）。

苏绰与府兵制的关系，在他的传中只提“置屯田以资军国”，陈寅恪则谓宇文泰与苏绰“为府兵制创建人”（《隋唐制度渊源略论稿》）。不过西魏当时的兵制根据鲜卑兵制改进而成，与隋、唐之府兵制有别。苏绰最重要的贡献是在政治上。他的“六条诏书”，成为当时从政者的典范，宇文泰自己“置诸坐右，又令百司诵习之，其牧守令长非通六条及计账者，不得居官”，可见“六条诏书”受重视之甚。因为西魏、北周与隋、唐政治渊源很深，所以笔者将六条诏书之大要录在下面：

一、先修心。将《礼记》“先正其心”的说法运用到政治上（即南宋朱熹所辑“四书”中的《大学》的修齐之道）。他特别强调为人君者，必须以身作则。如为人君者不能自修而欲百姓修行，无疑是无的放矢。

二、敦教化。要发挥人性的忠恕之道，使人能孝悌、慈爱、礼让，近似孟子的理论。

三、尽地利。“先足其衣食，然后教化随之”，足其衣食之道在男必耕女须织。这一条似乎是针对胡族只讲武事、不耕不织的习尚而言。

四、擢贤良。这一条很重要。他认为历来“州郡大夫，但取门资，多不择贤良”是错误的政策，“夫门资者，乃先世之爵禄，无妨子孙之愚瞽”。这是对靠祖先余荫而得高位者的当头棒喝。苏绰出身世代宦仕之家而持此说，更具说服力。这种革命性的观念，对隋代的科举制有极大的影响，因为他的儿子苏威历仕隋文帝父子，隋之“律令格式多威所定”。

五、恤狱讼。赏罚要得其正，用劝善的方法去止恶，更反对刑求。他用先王的话告诫百僚，宁赦有罪的人，不可杀无辜之人。

六、均赋役。所谓“均”，即“不舍豪强而征贫弱，不纵奸巧而困愚拙”。这是时弊，豪强取巧而贫弱则“捶扑交至”，违背仁道。

苏绰的六条诏书，是将儒家思想运用到政治上最鲜明的例子。宇文泰深恶魏晋以来流行的“浮华”骈文，故命苏绰用古文体作“大诰”，一反堆砌对仗的文体，“自是之后，文笔皆依此体”。苏绰的朴实文体比韩愈的“文起八代之衰”早两百多年。

王猛、李冲、杨愔、苏绰等人，只不过是中原儒学与政治凝合而产生的出类拔萃者。在北朝时期的政府中，士人在政府中任职的很多。以北魏为例，自道武帝拓跋珪建国之际（386）即有大约四十余名汉臣，约占朝臣总数的三分之一强；以后人数日渐增加，所占百分比也随之增长。至太武帝统一中原时，汉臣已有一百三十余人，约占全部朝臣的一半。孝文帝时，汉臣已达三百余人，几乎占到全部朝臣的三分之二。这是就中央政府的大臣而言。在北朝中央及地方中下级官吏中，汉人官员的来源，少数是由汉人毛遂自荐，一部分选拔自俘虏，如颜之推（仕于齐梁，为西魏所俘），一部分是胡主诏征世族豪门的精英人才。诏征的目的在于笼络大家族，但不是人人都应征，例如北魏太武帝八年（431）指名诏征高允等四十二人，应诏者三十五人。君主也常下诏各地"举秀才"（优秀人才，不是科举制的秀才），或"才长吏事，堪干政事"，或"各举其乡之民年望，年五十以上守素衡门者（望族中操守好者），授以令长"。不指名而举荐出的士人、望族，多任地方官。胡族人数有限，几乎全在军队中，由汉人耕织以供其衣食，自然要靠汉人去替他们治理百姓。

北方游牧民族的君主均为杂居边境之胡人，均已有相当程度之汉化，前文已述及。他们提倡教育，也是中原儒学发达的原因。匈奴刘曜立太学，教授学生一千五百人，前已叙述。鲜卑慕容氏的开基之祖慕容廆，于北方游牧民族内迁初萌时崛起于东北，"廆刑政修明，虚怀引纳，流亡士庶多襁负归之。……于是推举贤才，委以庶政"。他还引各地名流为"宾友"，又委名儒刘赞为"东庠祭酒"，命长子皝（337年建前燕，称燕王）率领贵族"束脩受业，廆览政之暇，亲临听之"。慕容氏是北方游牧民族内迁时期最早尊崇儒术的胡人统治者。匈奴的石勒则于每郡设祭酒二人，教授学生一百五十人，是为恢复地方教育之先声。石勒并在军中设"君子营"，集名士、硕儒于一堂。氐人苻坚专任王猛，设立五经博士及博士弟子，因阙《礼记》，太常卿韦逞之母宋氏通《礼记》音读，乃置学生二百名，就其家隔绛幔讲授。苻坚并下令禁老庄及图谶之学，足见其鼓励与提倡儒学之诚意。据长安称帝的羌人后秦姚苌（386），曾下令"诸镇各置学官，勿有所废，考试优劣，随才擢叙"。他的儿子姚兴继位后，也竭力倡导儒学，随侍左右的名儒很多，皆"耆儒硕德，经明行修"之士。这些名儒在长安讲学，各有学生数百，

“诸生自远而至者万数千人”。姚兴于公余之暇，请名儒入宫讲论。时名儒凉州胡辩在洛阳讲学，弟子逾千人，关中学生慕名而赴洛阳者甚多，有司欲禁止。姚兴认为此乃“咨访道艺，修己厉身”，不必禁。长安韦高慕阮籍之为人，居母丧仍弹琴饮酒，给事中古成诜闻之，泣曰：“吾当私刃斩之，以崇风教。”韦高闻之而逃，足见儒学弥漫，世风丕变之剧烈，昔日为世艳称的“轶行”已为世所不齿。被刘裕所执的姚泓是姚兴的长子，他曾亲向其师下拜，此后公卿见老师均下拜，尊师所以重道也。

拓跋魏初兴时文风即盛，立太学五经博士，弟子多至三千，各郡亦立博士，建学校；私人讲学之风亦盛，门徒动辄数百上千。姚氏衰亡后，很多关中儒者西入今甘肃一带以避乱，匈奴人所建的北凉曲意庇护，儒学在斯弦歌不绝，人称“河西儒学”。至北魏道武帝灭北凉（439）而统一中原后，河西诸儒东迁，与关东学者汇合。在北魏的扶持倡导之下，儒学大盛，儒风弥漫中原。此系就风尚而言，即以学术而论，赵翼亦云：“北朝经学，较南朝稍盛，实上之人有以作兴之也。”（《廿二史札记》卷十五《北朝经学》条）“上之人”无疑是北方游牧民族的君主。

北方游牧民族君主“作兴”儒术的主要原因有三：

其一是他们杂居已久，多习染中华文化，身处边境鄙地，所知的中华文化绝不是清玄的魏晋文化，只是贫贱朴质汉人读书知礼的经史，这是他们提倡儒术的原因之一。

其二是治理占百姓绝对多数的汉人，须与知书识礼的人合作。

其三是一切政治体制与哲理，多来自儒家，儒家忠君的思想对北方游牧民族君主也有裨助。

北方游牧民族内迁时，中原的名门望族有的能南逃，有的限于自身的条件与客观环境不能南逃，也不愿冒太多的危险避难江南，特别是距离江左路途辽远的地区，如今河北、山西、关中一带的世族，他们无法成群结队地通过已为胡人控制的地区而安全到达南方。所以避祸江南的，多属山东、河南的名门豪族。留在中原的大世族，能自保的，多集“部曲”，建坞堡以御铁骑，所以北方游牧民族内迁初期，这类中原汉族零星集结的势力不少，“乞活军”的故事便是明显的例子之一（见第十章第二节）。但真到胡人大军压境之时，他们也只有屈服。为了求生存，为了纾解在异族铁蹄下同胞的痛苦，他们只有走上与胡人合作的道路。到了这个地步，即令是内心仍然醉心老庄，但当时既没有可以饱食终日、谈玄说老的环境，也难鼓起那种兴致，何况北方游牧民族的君主并不吃那一套。这样一来，他们教育下一代的，不再是魏晋以来的显学——老庄，而是学以致用的儒学。在这种情势下，儒学再生了。在这个时代的正史中，只有《魏书》有《志》。笔者在读《魏书·礼志》的时候，见当时君臣对答、皇帝诏令中，经常有“礼记”“诗颂”“王制”“传曰”“经曰”“黄帝”“孔子”等词汇出现，几乎怀疑自己是在看《汉书》，可见儒学渗透进北朝政治之深邃。隋、唐在政治上完全承袭北朝的传统，隋唐时代也即儒家思想在政治上发扬光大的时期，所以我们说这两百多年是传统政治哲理的再生时期。

民族融合与文化同化，血缘的融合亦随之，胡族的人数本来很少，自改汉姓之后，隔阂消除，民族自然融合为一。自北魏孝文帝迁都到隋文帝统一，近一百年。一百年的时日，使中原出现一个年轻的新民族，这个新民族秉承着一个古老的传统文化。

第四编

中华文化之定型
——隋唐与两宋
（589—1279）

第十三章 辉煌的唐代

⊙ 大一统盛世的前奏

北周武帝英年而崩，子嗣位为宣帝。宣帝淫逸无度，父皇尚未下葬，即逼淫宫人，同时立了四位“皇后”，“耽酗于后宫，或旬日不出”，或“晨出夜归”，四处流浪。宣帝对臣下任意楚挞，“其间诛戮黜免者，不可胜言。……于是内外恐惧，人不自安”。宣帝在位八个月后，传位于年仅八岁的儿子，称自己要去“高蹈风尘”，并自称“天元皇帝”，年余而崩（580）。十个月后，杨坚废小皇帝而称帝，史称隋文帝。

杨坚是宇文泰时代八柱国大将军之一隋国公杨忠的儿子，杨家五世居武川镇，是西魏、北周的股肱之臣。杨坚平北齐有功，亦进位柱国，在朝中势力很大。宣帝的四位皇后中有一位是杨坚的女儿，故杨坚的地位很高，宣帝崩后，他被拥立辅政。他“大崇惠政，法令清简，躬履节俭，天下悦之”，与“天元皇帝”的“刑政苛酷，群心崩骇”适成对照。宇文氏的宗族及鲜卑重臣对杨坚不满，起兵讨其“不臣”，今河南、湖北、四川一带均有叛变。反对杨坚的势力起兵之初都很有声势，但很快都为杨坚所敉平，民心归附是最主要的原因。在这种情势下，杨坚将宇文泰子孙杀尽，以绝后患。赵翼批

隋文帝画像　唐代阎立本绘

隋文帝杨坚，隋朝开国皇帝，结束了自魏晋南北朝以来近四百年的分裂局面，这是中国封建社会的第二次大统一。杨坚虽创造了“开皇之治”，但也为盛世埋下了祸根。

评他：“窃人之国，而戕其子孙，至无遗类，此其残忍惨毒，岂复稍有人心。”（《廿二史札记》卷十五《隋文帝杀宇文氏子孙》条）但若非如此，战争必将接踵而至，更多的人要遭殃。赵翼在以“妇人之仁”论史时，忘了北周宣帝屠戮无辜的暴行。

隋文帝（581—604年在位）为帝二十四年，他的主要工作有三：修明内政、绥辑边疆（突厥、吐谷浑、高句丽）、灭陈统一中国。分述如下：

隋文帝时中原已统一，在均田制之下，若无荒歉，百姓生活尚平稳。文帝个人生活很节俭，严禁奢靡，当时“丈夫不衣绫绮，而无金玉之饰，常服率多布帛，装带不过铜铁角骨而已”，一片简朴风尚。“薄赋敛，轻刑罚”是他施政的要旨。酒榷、盐税皆免除，调役均较北周减轻，百姓年五十即免役，均是惠政。最令人称道的是严劾贪污官吏。他任命主张撤换武人任刺史的柳彧去巡察今河北一带，一次撤换贪官二百余人；护送西域贡使之人，仅接受小馈赠如鹦鹉、马鞭之类，也受严惩；“又往往潜令人赂遗令史、府史，有受者必死，无所宽贷”。自后汉末叶以来，官吏贪墨成风，北方游牧民族内迁以降，官吏贪赃枉法、峻削百姓的情况相当普遍。经隋文帝整饬，朝廷惠政才真正施及庶众，所以史称隋文帝“朝夕孜孜，人庶殷繁，帑藏充实。虽未能臻于至治，亦足称近代之良主”，又称在他的统治下，“仓廪实，法令行，君子咸乐其生，小人各安其业，强无凌弱，众不暴寡；人物殷阜，朝野欢娱。二十年间，天下无事，区宇之内晏如也”。这是真正的太平盛世，与所谓“文景之治”时，“人民衣牛马之衣，而食犬彘之食”的境况，苦乐不可以道里计，读史者岂可不察！

世谓隋文帝勤政而不爱民。他处理朝政，自旦至昃，宿卫也不能安坐下来吃晚餐。文帝十四年（594）大荒，各地仓库盈溢，但隋文帝不开仓赈济。唐太宗讽评隋文帝惜仓库而不怜百姓，确是“啬于财”。隋文帝的节俭习惯在其晚年尤甚，文帝二十一年（601），政府“废太学、四门、州县学”，只留国子学七十人。魏徵说他“素无学术……又不悦诗书，废除学校”。观他废学诏，似很推崇儒术，只责学者“徒有名录，空度岁时……多而未精，今宜节省”，节省学生数，自也节省国库。某年关中饥，隋文帝遣左右视百姓所食，见为“豆屑杂糠”，“流涕以示群臣，深自咎责”，遂将近一年用膳食不食酒肉，足见其民胞物与之心，但他仍不开仓赈饥！吝啬似是他的天性，节俭是他的优点。皇帝不奢靡，天下苍生也受惠。

隋文帝做的第二件大事是“外抚戎夷”，最主要的是外抚突厥。源起于中亚的突厥，于552年灭掉柔然，征服了今蒙古国一带，成为北部最强大的部族，代替了以往匈奴与柔然的地位。时北齐、北周对峙，突厥左右逢源，势力日强，“劫剥烽戍，杀害吏民，无岁月而不有也”。隋文帝时，突厥大举入侵今甘肃、陕北一带，“六畜咸尽”。文帝十九年（599），隋乘突厥五部争雄，用长孙晟远交近攻之策，间离其内部，大军出击，破之，突厥遂分为东、西两部。隋文帝操纵东、西突厥，使东突厥降服入贡。后隋炀帝北巡云中，突厥启民可汗躬亲为隋炀帝除去帐内杂草。隋末唐初，中华内乱，突厥始再为患。

吐谷浑是由辽西迁到今甘肃、青海一带的鲜卑人，齐、周之际始强大，常侵扰北周。文帝三年（583）隋曾征讨之，虽战胜，但未破其主力，故吐谷浑仍伺机患边。至隋炀帝五年（609）隋始大破之，降其部众十余万，得畜三十余万头，西疆始靖。

对隋影响最大的是征讨高句丽。汉武帝曾征服高句丽，设郡治之，王莽时高句丽叛，此后叛服无常，所谓“服”，也无非是受册封与入贡而已。北魏时高句丽岁贡黄金二百斤、银四百斤。隋建国后，朝鲜半岛上有百济、新罗、高句丽三国，其中以高句丽最强大，高句丽亦遣使入贡。至隋平陈统一中国后，高句丽不自安，恐惧成为隋的下一个征服目标，因此暗治甲兵，以为预计。隋文帝对高句丽的行为也有很多不满，曾诏责高句丽王不当侵扰臣属于隋的部族，不当利诱或杀害边境的隋民等（597）。次年高句丽进兵辽西，战端遂开。隋文帝命汉王杨谅率三十万大军伐高句丽，结果水师遇风，军舰飘失很多，陆军以粮糈运输困难，又逢疾疫流行，无功而归。高句丽王亦遣使入贡，遂罢兵。此后隋炀帝三次征高句丽，成为他败亡之主因，下文再叙。

隋文帝即位后即进行统一工作。文帝二年（582），他派长孙览为东南道行军元帅，自寿春“水陆俱进”伐陈，适陈宣帝崩，隋军遂遵循“礼不伐丧”的古训而班师。不过，他仍积极进行准备工作，首先是将据长江中游的后梁政权除掉，直接控制长江中游，取得顺流而下直逼建康的军事优势（587）。他命杨素到蜀地造船，大者可载卒八百人，小者亦可容百人。文帝八年（588）十月，隋设淮南行台于寿春，宣布陈朝罪恶，声言讨伐。隋文帝以次子晋阳王杨广（即日后之隋炀帝）、清和公杨素等四人为行军元帅，率精兵五十一万八千人，分八路进兵。陈后主陈叔宝自恃“王气在此”，群臣亦以“长江天堑”自矜，依然“奏伎纵酒，赋诗不辍”，毫无戒备。隋将韩擒虎率兵五百夜渡天堑长江，采石的陈军皆醉卧，江南父老痛恨陈后主的腐败，齐起欢迎隋师。隋军在广陵渡江，陈廷亦毫无所觉。两军直薄建康，陈军大将任蛮奴降隋。少数陈军欲抵抗，任蛮奴说：“老夫尚降，诸军何事？”隋军入建康后，陈廷群臣议对策，陈后主说：“吾自有计。”乃逃入井中，隋军呼之不出，声言将投石入井，陈后主乃与二妃并缚，被隋军从井中拉出。陈后主见隋将贺若弼，“惶惧流汗，股栗再拜”，后被送至长安，被封为“长城县公”，十五年后卒。他在隋军兵临城下时还在昏睡，降隋后亦“常耽醉，罕有醒时”。他希望能“得一官号”，以便上朝。隋文帝闻之，感慨道：“叔宝全无心肝！”隋文帝的对手是这样一个人，是他能在不到四个月的时间里，很轻易地统一了分裂两百八十余年的中国的原因之一。

此外的原因很多。首先是军事力量对比悬殊。简而言之，南朝自北府兵成立开始，军权掌握在权臣手中，自刘裕开始，南朝的开国之君均拥军而自立，死后继位者多愔弱幼稚，军权遂落入昔日大将手中，隋则反是。北周的府兵为皇帝直属部队，隋文帝的五十一万大军，训练号令统一；陈叔宝的十万“甲士”，将领各有心怀，焉能御敌。其次是南朝的政治与百姓、世族均脱节（见本书第十一章第三节），王室、大臣皆腐化到极点，与北方儒术和政治结合的情况完全两样，所以在聚敛无度、荒淫残暴统治下痛苦呻吟的江南百姓，欢迎隋军而与之合作，也无亡国之恨。最重要的是经济因素。自北魏实施均田制至隋文帝统治已近百年，北朝物康民阜，国力雄厚，人口已逾四千万，而陈的人口仅两百万。南北相比较，强弱之势悬殊，我们说隋是挟雷霆万钧之势灭掉了陈也不为过。

隋文帝在统一中华之后十五年，六十四岁而崩。据唐朝魏徵《隋书》记载：文帝二十四年七月，“疾甚，卧于仁寿宫，与百僚辞诀，并握手歔欷”，隔日崩。司马光《通鉴考异》引马总《通历》，说太子杨广侍疾时调戏文帝之内宠宣华夫人陈氏，陈夫人告帝，帝因怒而欲废广，广弑帝，是为炀帝。《通鉴考异》同时另引赵毅《隋大业略记》，称所调戏者乃容华夫人蔡氏，两说不同一人。顾亭林（顾炎武）说：“一事两书，必有一误。”（《日知录》卷二十七）魏徵于唐太宗三年（629）奉命修隋史，距隋文帝之死不过二十五年，如果马总、赵毅所载之传说是真实的，魏徵无理由为之曲护。司马光弃魏徵之说而采野史以撰《资治通鉴》，颇费推敲。这便是一般说隋炀帝弑父的根源。观《隋书》文帝卧于宫中，与臣下“握手歔欷”诀别之情况，则被弑之说似不可能。司马光于1065年奉诏撰《资治通鉴》，成书于1084年，晚于魏徵之撰《隋书》将近四百五十余年。考古发掘，可使后世所知古史胜于前人，杨广弑父之说不属于考古范畴。

隋文帝在中国历史上自有其特殊之地位：

一、他是将分裂了两百八十余年的中华世界重新统一的功臣；

二、他二十四年节俭勤政、休养生息的统治，使广大的百姓受惠，为唐代盛世奠定基础。他死后十四年隋亡，没有子孙长期豢养文人去歌颂他的功德，所以他显赫的历史地位隐晦不彰。

隋炀帝（605—618年在位）即位后，亟亟于从事一统天下的建设工作。他首先重建洛阳，初名东京，后改为东都。中原自北方游牧民族内迁后即常成东西对峙的局面，自魏分裂为东、西魏后，又东西对峙了四十余年，隋炀帝为了消除长时期地区之间的隔阂，所以建设洛阳，以平衡东西的形势。其次是加强南北文化及经济的交流。南北的分裂，如果从东吴算起，有三百六十余年之久。江南同中原，无论从文化、社会、经济、情感等各方面来说，都有相当大的差距。隋炀帝为了消除这种“长江以限南北”的现象，下令开凿由杭州经扬州而达洛阳的“通济渠”。这条由钱塘江起，北上贯穿长江、淮河而达黄河的运河，是中国交通上的大革命。中国的主要河流均自西而东，是南北界线加深的主因，大运河克服了这个分裂中华文化、经济的障碍，使中华世界的凝聚力量加强。后隋炀帝又下令将这条贯穿南北的管道从洛阳附近开凿到北河（燕京），称为“永济渠”，功能更加扩大。大运河是人类历史上最伟大的工程之一，非有极远大的眼光与气魄，非有极雄厚的财力、人力与企划力不能完成，可与长城媲美。可惜兴创这两大工程，嘉惠后世最为深远的伟大人物——秦始皇与隋炀帝，都被他们以后的皇帝们所嗾使的文人所诬蔑与丑化了。竟有人说隋炀帝是为了要游江南，所以役民为之开凿运河。要游江南，兼旬可到，坐等数年运河完成才出游，则需要很大的耐性！

营东都，同开运河，劳民耗财，无疑是当时人民怨恨隋炀帝的原因之一。《隋书》评隋炀帝“负其富强之资，思逞无厌之欲”，此说也近乎事

隋炀帝画像 唐代阎立本绘

隋炀帝是位饱受争议的帝王，他所开凿的大运河和开创的科举制对后世影响深远。

实。因为隋文帝留给他的是一个极其富厚的国家，所以他勇往直前建设，自不免苛暴随之。不过真正引起各方叛乱的，并不在于创兴上述两大工程，而在于他三次征高句丽的失败。

隋文帝曾征高句丽，无功而归。隋炀帝自恃国力雄厚，永济渠开通后，粮糈运输方便，乃述高句丽王高元之罪而下诏亲征。612年，隋炀帝以二十四路大军统率一百一十三万三千八百人出发，高句丽诱敌深入，屡次派人行诈降之计，大败隋军于萨水（今朝鲜清川江）。次年，隋军再征高句丽，隋炀帝亦亲赴前敌。权臣杨素之子、礼部尚书杨玄感叛乱，进兵围洛阳，隋炀帝急忙撤兵，高句丽乘机追击，隋军伤亡甚重，“军资、器械、攻具，积如丘山……皆弃之而去”。次年（614）隋炀帝不死心，三征高句丽，在平壤战而胜。高句丽惧，乞降，隋炀帝亦乘势班师。三次远征失败，损兵折将，元气大丧，最后一次伐高句丽征兵，“多失期不至”，可见政府威信已失，乱象已成。

隋炀帝七年（611），天下乱象已萌，又值今山东、河南一带发生大水

姑苏繁华图（局部） 清代徐扬绘

此图运用透视法呈现了因大运河而更加繁盛的苏州商贸。《姑苏繁华图》是继《清明上河图》之后，中国绘画史上又一宏伟长卷，比《清明上河图》还长一倍多。

灾，民生痛苦之至，而隋炀帝于此时准备征高句丽，以该地为粮糈供应基地，百姓徭役繁重，民不堪命。《隋书》述当时百姓情况说：“加之以师旅，因之以饥馑，流离道路，转死沟壑，十八九焉！”于是相聚为盗，“大则跨州连郡，称帝称王，小则千百为群，攻城剽邑，流血成川泽，死人如乱麻”。而隋炀帝仍以鼠窃狗盗视之，不以为虑，仍然继续对高句丽用兵，这有如火上浇油。至炀帝九年杨玄感之乱后（613），各地民变蜂起，如火燎原。杨玄感是隋开国元勋杨素之子，他纠合隋开国功臣后代四十余人叛变，隋炀帝虽迅速自辽东回师敉平，但一叶知秋，隋朝统治阶层的力量已现裂痕。

616年，隋炀帝第三次到江都（今扬州），中原已成群雄割据的局面，隋炀帝认为江南可以隔江而治两百多年，他自亦可偏安于此，对皇后萧氏说：“外间大有人图侬（吴语“侬”是“我”的意思），然侬不失为长城公（陈叔宝死后被追赠“长城县公”）。”又尝引镜自照，顾谓萧后曰：“好头颈，谁当砍之！”及要被叛军砍头时，他却说：“天子自有死法，何得加以锋刃，取鸩酒来！”然后解下自身的练巾授予叛军令狐行达，行达缢杀之，时年五十。

杨广年二十岁时率兵征服陈，那是他首次接触江南文化，遂对之十分倾慕，受影响很深。观其一生行止，在继位以前，他是一位能力很强而又深藏不露的青年，深得父亲的信任。文帝至仁寿宫休闲时，常令其“监国”，《隋书》称其“好学，善属文，沉深严重，朝野属望”，应是事实。隋炀帝继位不及五个月，即发丁男数十万开始兴建各种大工程，并恢复被文帝所废置的“国子等学……教习生徒”。他奖掖“节义可称”的“文才美秀”到政府任职，并“博访儒术”以安生灵。他还特地寻求孔子之后裔，封之为“绍圣侯”，尊孔子为“先师”。以上行为足见其倡文教、励精图治之企望。不过，他似乎秉性情感用事，而复感染江南清虚思想的习气。突厥启民可汗对他的恭顺，使他对高句丽王的抗拒产生了不能满足的情绪。炀帝三年（607）八月，隋炀帝在接受启民可汗的朝贺后，告诉高句丽使者：“归语尔王，当早来朝见。不然者，吾与启民巡彼土矣！”他说这句话之后不到五年，即开始导致他覆亡的三征高句丽之役。有人认为这是隋炀帝臣属之军人欲立功所鼓煽而成，这不符合史事。隋炀帝的统治已很稳固，他过分情感用事，要争取面子，痛恨高句丽国王不能如启民可汗一样亲身入朝，这虽是无关宏旨的细节，却有损他的虚荣心，所以他不惜三征高句丽。缺乏理性是他身死国灭、为天下笑的致命伤。他在江都时，更是醇酒妇人，纵情声色，一如陈叔宝。他一面自我安慰可以偏安，一面亦感到好景不长。他说“好头颈，谁当砍之”时，萧后惊问其故，他笑说：“贵贱苦乐，更迭为之，亦复何伤！”这是看破红尘的佛老思想，不能想象会出自一位大皇帝之口。隋炀帝是个内心极其复杂而又矛盾的人物，一个有雄才的亡国之君，没有孝子贤孙皇帝掩饰他的缺失，歌颂他的“盛德”，这样的人物在中国历史上的地位是被注定了的。

隋的统一，是中华世界重建大一统的序幕，有如秦之于汉。唐高祖李渊自618年到624年，经过七年的争战，敉平了群雄，统一盛世真正到来。

⊙ 唐初的政局

李渊的七代祖李暠于北方游牧民族内迁晚期据陇西称王，史称西凉（400—421）。后世仕北魏，属于武川镇的将领。祖父李虎，佐宇文泰有功，被封为八柱国大将军之一，北周受禅后，又被封为唐国公，这便是“唐”朝的源起。李渊于566年生于长安，七岁袭唐国公，母为隋文帝独孤皇后姊妹，故李渊为隋炀帝的表兄。隋炀帝在江都时任李渊为晋阳（今太原境）留守，依畀很深，时（617）马邑校尉刘武周据汾阳宫（隋帝之行宫，在晋阳）举兵反，李渊命次子李世民及隋将王威讨平之，李世民于旬日间聚众万人，李渊长子李建成亦“潜结英俊”密图大举。是年五月，李渊杀掉隋炀帝留在晋阳监视自己的王威，遂举兵，同时派刘文静使于突厥始毕可汗，请其出兵相应，约定征伐所得之城池归唐，子女玉帛归突厥。李渊先征服今山西一带，建大将军府，以李建成、李世民分别领左右两大都督，三子李元吉留守晋阳。李渊率兵三万进攻长安，突厥派兵五百、马两千匹加入唐军，又沿途收纳亡命，至关中时已有众二十万，长安旋即被攻破，自起兵至此，费时仅四个月。李渊自封为大丞相，遥尊隋炀帝为太上皇，立其孙杨侑为帝。次年（618）三月，隋炀帝被缢杀于江都，两个月后李渊称帝（618—626年在位），立李建成为太子，任李世民为尚书令，总理庶政。杨侑于次年五月被弑。

唐高祖李渊

李渊是唐朝的开国皇帝，玄武门之变后不久，他便禅位于李世民，退位称太上皇。

隋末的民变，自隋炀帝三征高句丽即已发端，至隋炀帝被杀，全国大动乱即爆发。李渊集团不过是当时二十个称王称帝的集团之一而已，其他声势较大的有据今山东一带的窦建德，河东的刘武周，南方的李子通、萧铣，中原的王世充、李密等。李渊在隋朝的声望已很显赫，加之经验宏富，气度“宽仁容众”，与其他群雄草寇相比，不可同日而语，具有极强的号召力，何况据有长安。以雄踞洛阳的王世充来说，其祖为西域胡人，隋炀帝时任江都通守而已，他对大将秦叔宝与程知节（程咬金）“均待之厚”。知节谓叔宝曰：“世充多诈，数与下咒誓，乃巫妪，非拨乱反正之主也。”遂弃世充而降唐。王世充不仅好发誓，而且多言，不得要领，最为部下厌烦。窦建德是农人出身，曾从军为队长，隋末为盗，及擒杀叛隋之宇文化及后，始称夏王。窦建德略有胆识，但胸无韬略，李世民论他“未尝见大敌”，后果被俘斩首。

唐高祖的战略是先安定后方，用兵陇西，对东方之强者李密，“卑辞推奖，以骄其志”，使李密为他抵御东方的敌人王世充，所以他很快便平定今甘肃、山西北部一带的割据势力。李密与王世充战败后，投降唐高祖（不久叛，被斩）。至是唐始派秦王李世民出关攻洛阳王世充，王世充求救于窦建德，后者率兵十余万赴援。李世民进兵围洛阳，守虎关以御窦建德，窦建德不用谋士渡河攻河东之地以纾洛阳之围的计策，为唐兵大败。王世充为形势所逼，孤城无援，亦投降，后被废为庶人，为仇家所杀（621）。嗣后窦建德部将刘黑闼勾引突厥为乱，为太子李建成平定（623）。至高祖七年（624），长江流域的割据势力全部被敉平，持续了近十年的屠戮劫掠始告结束，盛唐之世于焉开始。直到安史之乱为止（755），中华世界重享和平一百三十八年，也在这一段时期创造出了震古烁今的文化。

唐代隆盛的原因，可于其制度之健全合理中求得答案。唐制渊源于隋，隋则承北朝余绪兼及南朝梁、陈之典章制度，至唐太宗时斟酌损益，制定完善，使其健全合理。其最重要者有四，分述如下：

第一是“租庸调制”。“租庸调制”是稳定繁荣社会经济的基础，它是由北魏以来的均田制发展而成的。男子年十八以上者，授田一百亩，其中八十亩为口分田，于年满六十归还政府，二十亩为永业田，永远持有。每丁岁纳粟二石，是租；随其乡之所产，岁纳绫绢二丈，布加五分之一，是调；每岁为政府服役二十日，不役者，每日纳绢三尺，是庸。加役十五日者免调，加役三十日者租调均免。另定有灾害时减免租庸调的办法。这个制度使田纳租，户输调，身服役，负担均分，而且达到了轻徭薄赋的目的，例如口分田八十亩，只纳二石，等于四十分之一，庸二十日仅及汉三十日之三分之二。在这种制度下：商旅野次，无复盗贼，囹圄常空，马牛布野，外户不闭。又频致丰稔，米斗三四钱，行旅自京师至于岭表，自山东至于沧海，皆不赍粮，取给于路。入山东村落，行客经过者，必厚加供待，或发（离）时有赠遗，此皆古昔未有也。（吴兢《贞观政要》卷一）好一个“囹圄常空”“外户不闭”、家给民足的社会。

第二是府兵制。隋文帝已为府兵制树立规模，唐初略有更张而已。其制是将全国分为六百三十四折冲府（府的数目，有许多不同的记载），关中，亦即首都附近设二百六十一府。府分上、中、下三等，上府有府兵一千二百人，中府一千人，下府八百人，由折冲都尉统率。府兵从均田制下的农民中遴选，年二十入选，六十退役，平时种田，冬季由折冲都尉教习阵战，所有武器、用具、粮食均由府兵自备。身为府兵者，租庸调全免除。到长安当宿卫一个月称为“番上”，按距长安之距离定之，五百里为五番，五百里以外六番，千里七番，一千里以外八番，两千里十番，两千里以外十二番。举例言之，距长安一千里之府兵，每七年始赴长安当宿卫一个月，并不困扰当府兵的农民。“若四方有事，则命将以出（兵），事解辄罢，兵散于府，将归于朝。故士不失业，而将帅无握兵之重。”长安附近有府兵二十六万拱卫，而无军人握重兵之弊端。府兵制有三大优点：（一）政府不耗费巨额糈饷以养兵；（二）府兵均殷重农民充任，武器自备，故军纪较佳，武器操练纯熟，战斗力强；（三）无人能拥兵自重形成割据。故唐初百余年，国威远播而库帑不耗竭，军力强大而无军阀。

第三是三省制，即中书省、门下省、尚书省。中书省设中书令二人、侍郎二人、中书舍人六人、起居舍人二人、通事舍人十六人，举凡国家军政，均由中书舍人草拟，由中书令及侍郎审订之，咨送至门下省。门下省的长官为侍中，下置侍郎二人、给事中四人，其主要职掌为对中书省所咨送来之诏令策敕进行审定，若门下省不同意中书省之拟议，可以“封驳”，即驳回重拟之意，如同意，即咨送尚书省。尚书省之首长为尚书令，下设吏、户、礼、兵、刑、工六部尚书，由左仆射领前三部，右仆射领后三部。按门下咨送诏敕之性质，分别由六部尚书主理，六部尚书则下达其诏敕与执掌有关之九卿（寺），由九卿分别负责执行，并将执行之经过，限期向有关之尚书报告。故秦汉以降之九卿到唐代成为事务机关，并非徒有虚名之衙门。唐太宗为秦王时曾任尚书令，故此职虚设，仅唐德宗为雍王时以收复两京有功，得拜尚书令为唯一例外，郭子仪虽有诏拜尚书令，但坚辞未就。

三省制中的长官，如尚书、中书原均为皇帝左右卑职，侍中亦然，魏晋初设时，亦不过是护驾负玺之侍从，由于接近天子，权势日隆，演变到隋唐时成为政府最高官员，然其权力分而为三：发号施令、严行审查、负责执行。学

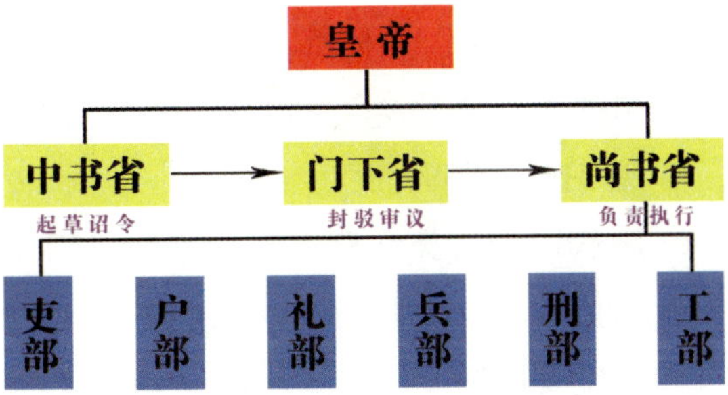

唐代三省六部关系图

者研讨三者孰为真宰相，或谓中书令与侍中为真宰相。其实未必尽然，因中书舍人与给事中共有十人，他们才是真正负责草拟与审查诏敕的人物。朝廷为沟通两省意见设立政事堂，事先议定然后入奏。政事堂初设于门下省，后迁至中书省，称“中书门下”，用中书门下之印。左右仆射加“同中书门下三品”“同平章事”的头衔，即可出席政事堂。所以，实际上唐代并无一真宰相的职位，是重臣共同拟定施政方针，奏由皇帝裁决。三省无异于皇帝的智囊团，而智囊团的遴选黜陟，并无客观标准，仍由皇帝乾纲独断，所以所谓唐代已重建宰相职权之说，并非事实。三省制是集体领导，有抑制平衡的功能，使大政考虑较周详，奸人不易弄权，皇帝耳目一新，避免偏信独断，实大有裨益于政治之清明。

地位独立、专司监察政府的御史台，首长称御史大夫，中丞二人为副，下分三院，共御史三十人，分主监察内外文武百僚。尚有掌批答四方书表，随时侍候皇帝吟诗作赋的翰林院，内置学士若干，唐太宗初意在崇儒，其后则倾向于文学侍从，与政教无关。

唐代对地方政治亦大有兴革。盖自汉以来，地方政府的要职多为当地豪强世族把持，或由军人担任。唐代初期设州、县两级制，地方官均由吏部选派，其属吏亦然，绝非以往“自辟”属吏可比。唐太宗曾告诫吏部尚书杜如晦遴选地方官时，要注意其人之品德。他将各州刺史、都督之姓名书在屏风上，“坐卧恒看”，与以往不重视地方官的传统有很大的差别。

第四是科举制。两汉魏晋选拔人才的方法是荐举，由郡守全凭主观评价向朝廷荐举人才，是以品德为标准，即孝廉、贤良方正之类。自九品中正制确立后，家世是入仕的唯一准绳，此种选拔人才的方法不合理已极，西魏苏绰已严正斥责。隋初亦行荐举，隋文帝下诏令各州岁贡三人，以“志行修谨”“清平干济”为标准。隋炀帝是中国科举制的创始人，他认为由刺史荐举弊端颇多，令士人自行报名，策试进士。唐代将这一制度发展完备，遂有了客观选拔人才的制度。

唐代取士之类别有三：由学馆者曰生徒，由州县者曰乡贡，由天子自诏者曰制举。我们所谓科举制，是专指乡贡而言。乡贡每年举行一次，任何人均可投牒自进，设立的科目很多，诸如秀才、明经（包括五经、三经、二经、学究一经、三礼、三传等科）、进士、明法、明算、明字、一史、三史、童子等，据说有八十六科之多。秀才是自命优秀之人报考的科目。这类自命不凡的人太多，所以朝廷命地方官先试之后再允其报考，若名不符实，县官有罪，故秀才科不久即形同虚设。各科之中，应考进士、明经者最多。进士科，考诗赋各一篇，时务策五篇，入选比例很低，每年应考多者两千人，少者亦逾千人，成进士者每年不过一二十人。唐太宗统治二十三年，录取的进士一共只有二百零五人，可见进士之珍稀；明经者可达十分之二，所以有“三十老明经，五十少进士”之说。在唐朝，一位青年进士是众人羡慕的对象。主持乡贡考试的机构，自玄宗二十五年（736）开始由礼部主持。人才登科之后如欲为官，尚须经过吏部的“释褐试”，中试后方可被任命为官，基层用人遂有了客观的标准。平民任官，不仅打破了世族垄断政治的局面，而且平民从此可以凭本领而获得崇高的社会地位。科举制是中华历史文化中最突出的创发。大运河亦然！两者都是隋炀帝创建的。

租庸调制、府兵制、三省制与科举制，是唐代辉煌文化的四大柱石，但还需要一位政治的天才去运用它们，他便是众所周知的唐太宗李世民。

唐太宗（627—649年在位）的文治武功，任贤纳谏的事迹，国人耳熟能详。本书不拟赘陈。《贞观政要》中所载太宗嘉言懿行，亦常为国人所乐

召试县令　出自《帝鉴图说》

图中描绘的是唐玄宗将新选二百余县令召至殿前，亲自出题考试的情景。唐代取士不仅看考试成绩，还要有名士的推荐，比如进士科允“公荐”和“通榜”，即允许人们向主考官推荐优秀人才，这很容易变成走后门。

道。这里引一则，我们从中亦可窥其治国大道之一隅：

> 贞观初，有上书请去佞臣者，太宗谓曰："朕之所任，皆以为贤，卿知佞者谁耶？"对曰："臣居草泽，不的（确）知佞者，请陛下佯怒以试群臣，若能不畏雷霆，直言进谏，则是正人；顺情阿旨，则是佞人。"太宗谓封德彝曰："流水清浊，在其源也。君者政源，人庶犹水，君自为诈，欲臣下行直，是犹源浊而望水清，理不可得。朕常以魏武帝（曹操）多诡诈，深鄙其为人，如此，岂可堪为教令？"谓上书人曰："朕欲使大信行于天下，不欲以诈道训俗，卿言虽善，朕所不取也。"（吴兢《贞观政要》卷五）

唐太宗正是孔子"民无信不立"的身体力行者，与隋文帝故意贿赂臣下以试其廉洁否相比，不啻霄壤。读者如有意对中国历史上大家所公认的标准圣君做进一步了解，不妨浏览《贞观政要》。吴兢（670—749）乃玄宗时代的大史学者，《贞观政要》大约成书于715至730年之间，元明两代均有刻本，明宪宗（1465—1487年在位）曾亲为《贞观政要》作序，认为它"论治乱兴亡，利害得失，明白切要，可为鉴戒"。后世君主与明宪宗抱同一态度者，似并不多。

唐太宗所统治的天下，与隋炀帝的天下，就殷富而言，不可同日而语。自北周开始（557），中原已无大规模战争，隋文帝灭齐灭陈均无大战，且费时均极短，灭陈仅四个月。至隋炀帝即位，天下已承平近五十年，当时全国人口已达四千六百余万，但是经过十余年的战争屠杀，至唐太宗时户不满三百万。到太宗六年（632），有人请"封禅"以纪盛事，魏徵谏曰："今自伊洛之东，暨乎海岱（泰山），萑（芦荻）莽巨泽，茫茫千里，人烟断绝，道路萧条，进退艰难。"（吴兢《贞观政要》卷二）这几句话很清楚地说明了唐初的实况，所以太宗君臣战战兢兢，不敢稍有陨越，配合前述之四项优良制度，才有了为世人所称羡的"贞观之治"（贞观是太宗唯一的年号，共二十三年）。

"贞观之治"与"文景之治"完全有别，后者只是皇帝个人有节俭的美德，但任令豪强横行，使天下百姓过着牛马猪狗不如的生活。放弃育民的责任而“无为”，从政治的立场上看，他们是不负责任的；从人道的观点来看，他们是残忍的。贾谊、董仲舒早已揭发其统治的罪恶与黑暗。前者是君臣上下一心，励精图治，为疮痍满目、萧条残破的社会做培元固本的工作，使社会繁荣，生民揖让雍容，大唐国土遂成为“古昔未有也”的天堂，这是中国史家提到以往的君主均以唐太宗为楷模的原因。甚至有学者以唐太宗为例，证明中国君主并非专制，认为唐太宗的言行均受到魏徵、房玄龄、杜如晦等臣下的约束，更进而断称在明以前中国并无真正的君主专制政体存在。这是以偏概全的说法。唐太宗是极少数能“纳谏”的君主之一，但充其极也只是能纳谏而已。宰相虽有权，但宰相之任免权，则绝对出自宸断。热爱中华历史文化而持明以前中国君主并非专制的说法，我们自是衷心敬佩，但不必牵强地为中国君主专制回护。其实君主专制政体是习于群居的人类进化过程中所必经的阶段，我们不必隐讳之。两千余年前，董仲舒等人已提出政权必须转移而且和平转移的政治理论——五德终始说，王莽等人将此崇高的理论加以实践。凡此均足以证明中华文化在政治理论与政治实践上的觉醒并不晚于西方，故不必视所有中国皇帝们均如唐太宗一样从善如流。

唐太宗很重视后世对他的评价，所以他屡次要看当时史官所记唐高祖及他本人的历史，监修国史的房玄龄最初反对，后来屈服，任由他观看国史，

唐太宗纳谏图 *唐代吴兢绘*

唐太宗因爱马暴死欲杀养马宫人，皇后以齐景公的事例劝谏太宗，太宗才改变主意。

并与给事中许敬宗合作，将高祖、太宗实录删改。许敬宗是贪财无品德的文人，他遵从太宗的旨意曲事删改，其主要修改有三：一、将李世民在唐建国时的功勋大事渲染；二、将精明练达、足智多谋的李渊描写成庸碌无能之人；三、夸大和丑化太子李建成及弟李元吉的秽行，将两人在李渊统一天下的战事中的作为歪曲为劳师无功。

涂改历史总会出现漏洞，后世史家已将上述三点一一驳正。李世民在建国初期的功劳并不如实录所载之独竟全功，李渊深谋远虑、指挥若定是削平群雄的基础。至于李建成，李渊起兵前已年二十八九岁，已独当一面，李世民年幼（十八岁），生活在父亲身边。起兵后，李渊的战略是先巩固后方，后方最大的威胁是北方的突厥，所以对李建成委以重任，“镇蒲州以备突厥”；关东群雄素为李渊所蔑视，故命李世民出征。李建成于高祖四年（621）击败颉利可汗，厥功甚伟；平定顽强的敌人刘黑闼，李建成亦最有力，《旧唐书》均略而不提。《旧唐书》成于五代，所能据之成书之史料似不及宋欧阳修作《新唐书》时完备，新旧唐书两相对比，即可发现许敬宗曲笔逢迎太宗的纰漏，此足为后世任意删改与伪造历史者引以为戒。

玄武门之变（626），李世民亲手射杀同胞兄长李建成，部下尉迟敬德杀其弟李元吉，骨肉相残，伦常乖舛。纯从政治斗争的角度去看，则另有解释。李世民诛杀同胞兄弟是形势所逼。

李世民出征在外的时间多，对高祖的内宠以及内宠的亲戚极少接触。及洛阳平定后，这批人赶到洛阳去攫取“府库服玩”，又为“兄弟索官”，均被身为尚书令的李世民拒绝。“妃媛皆怨之……因得中伤（世民）之”，而李建成、李元吉则“内结妃御以自固”。李建成此举，主要是因为李世民在中原征讨，属下收纳各方英才勇士很多，这一批有野心的亡命之徒投效李世民自然有所图，如果李世民失败，他们的身家性命则难保，因此形成势力集团，对李建成是很大的威胁。高祖七年（624）以后，兄弟二人明争暗斗已很激烈，互相收买对方心腹，李建成更谮李世民之左右于高祖之前，如房玄龄和杜如晦之被驱斥，尉迟敬德之几处死刑均是。此时高祖以兄弟失和，一山不能容二虎，乃命李世民赴洛阳，“自陕以东，悉宜主之。……及将行，建成、元吉相与谋曰：‘秦王（世民）今往洛阳，既得土地甲兵，必为后患，留在京师制之，一匹夫耳！’密令数人上封事曰：‘秦王左右，多是东人，闻往洛阳，非常欣跃，自今一去，不作来意。’高祖于是遂停”。形势发展至此，李世民的“府僚”（东人）越不自安，皆曰：“大王若不正断，社稷非唐所有”，他们不愿“坐受屠戮”，准备“窜身草泽”。在内外交逼之下，李世民不是被杀，便是杀人，他选择了后者。他篡改历史，将李建成、李元吉形容成十恶不赦之人，是画蛇添足之举。

⊙ 由盛而衰的经过

历代的政治，就像一支庞大的交响乐队，有三大要素：乐章、指挥者、演奏者。唐初四大制度是乐章，唐太宗是挥舞指挥棒的人，房玄龄、杜如晦、李勣等是演奏不同乐器的乐师。他们根据美好的乐章，奏出了千古传颂的绝妙佳曲——“贞观之治”。唐太宗逝世后，承继他的指挥者虽远不如他，但只要能按照乐章演奏，演奏出来的乐曲一样清音悦耳，嘹亮不绝。指挥者与演奏者均在迭更，只要乐章不变，整个唐代仍然循着富强的康庄大道前进。等到乐章改变，才会出现鼓噪杂乱的声音，令人掩耳。乐章的变动，是逐渐的，唐代由隆盛而走向衰败的历程，也是很缓慢的。

唐太宗治理国政，毋庸讳言是非常成功的，但处理家事是失败的。太子李承乾虽有硕彦鸿儒教导，但仍“不逞狎慢”，醉心胡人的服装，“好突厥言与服”，在东宫“选貌类胡者，被以羊裘，五人建一（部）落，张毡舍，造五狼旗纛，分戟为阵，系幡旗，设穹庐自居，使诸部敛羊以烹，抽佩刀割肉相啖。……尝曰：我作天子，当肆吾欲；有谏者，我杀之，杀五百人，岂不定。”。有这种德行的太子，唐太宗如何能容忍？他忧心如焚，曾经拔剑欲自杀，幸魏徵急阻之。太子废死后，太宗十七年（643），唐太宗立第九子李治为太

唐代甲胄仪卫武官

子，治亦长孙皇后所出，舅父长孙无忌为外甥得立为太子出力最多。唐太宗享年五十二岁，李治即位，时年二十二岁，即唐高宗（650—683年在位）。

唐高宗是十分庸碌之人，他在位三十四年，用了十四个年号，有五次是一年一改，可能是受了武则天的影响，因武则天正式称帝的周，十五年共用了十三个年号，创历史纪录。

武则天（624—705）是中国历史上甚受争议的人物之一。她的父亲武士彟是并州文水（今山西文水）的商人，李渊在晋阳时出巡，曾在武家休息，因此相识。李渊起兵时，武士彟为受命四处招募兵卒的首领之一，后累官至工部尚书。唐太宗于长孙皇后薨后，闻武士彟之次女甚美，乃召入宫为才人（阶级不高之宫人）。此女初入宫时年方十四，赐名武媚（则天是她后来的尊号和谥号），可见其风姿。时为太宗十二年（638），她侍奉唐太宗近十年，并未生育，大致并不得宠，但年方二十左右的太子李治见而“悦之”。唐太宗崩后，照例所有“嫔御皆为比丘尼”。唐高宗到尼姑庵去，武媚“见且泣，帝感动”，旋即入宫，诞皇子。王皇后无子，故唐高宗欲废王皇后，立武媚为皇后。长孙无忌、褚遂良等人“濒死固争”，李义府、许敬宗则赞成，高宗问李勣（原名徐世勣，唐高祖赐其姓李，后避李世民讳改名李勣）意见，李勣说此乃家事，不必征求外人意见，故得立（655），时武媚年已三十。武媚长唐高宗四岁。

欧阳修称唐高宗为“昏童”，当系事实。武媚自为皇后后即参与朝政，因昏童有风湿病而得以揽权，遂罢斥反对立她为后的大臣二十余人。褚遂良

武则天画像

武则天，唐高宗的皇后，武周开国君主，她也是中国历史上唯一的正统女皇帝，死后留有无字碑。

被逐，连促成唐高宗为太子出力最多的长孙无忌亦被逼自杀，而李义府、许敬宗等人则获得重用。数年后（664），唐高宗不满武后专恣，命同东西台三品上官仪草诏废后，武后得悉，趋见帝，时诏书尚在高宗手中，高宗见到武后，“羞缩不忍，复待之如初”，竟说：“我初无此心，皆上官仪教我。”武后乃大事整肃，上官仪自然被杀，其他大臣被杀被贬者亦多。“自是上每视事，后则垂帘于后，政无大小，皆与闻之。天下大权，悉归中宫，黜陟、杀生，决于其口，天子拱手而已，中外谓之二圣。”高宗做傀儡皇帝二十年。从此时起，武媚为中国实际的统治者近四十年，直到她八十二岁病死为止。如果加上开始弄权的十年在内，这个来自并州的女强人统治了中国半个世纪。

中国历史上因皇帝年幼母后当政之事屡见不鲜，然皇帝壮年而由皇后垂帘听政之事，仅有武则天一例。“二圣”出现时，唐高宗三十六岁，武后四十岁，高宗颟顸如此，无怪乎欧阳修称他为“昏童”。武后对待政敌之冷酷残忍，钳制之严厉滥杀，见诸史籍，班班可考，自系事实。历史上的创业之主，又何尝不是如此，岂独武氏。武媚之所以如此，亦自有其背景。李唐出身西魏北周大阀阅，世称关陇世族，开国元勋多属之。关陇世族对关东北齐及江南世族，则颇排斥。唐初严厉推行此政策，修《氏族志》，将山东四大世家崔、卢、李、郑列为第三等，后又废《氏族志》而为《姓氏录》，规定在唐朝为官至五品以上者，均为士族，在唐以前无论世代公卿，均不计入。武媚的出身不是世族，所以她要打击世族。褚遂良苦谏高宗时曰：“陛下必欲易皇后，伏请妙择天下令族，何必武氏？”所以武后当权后所罢斥的二十余人，多属“令族”，引进的如许敬宗是杭州庶族，李义府的父亲只是郡丞，支持立武氏为后的李勣是山东大地主。从另一个角度来看，武后的权势也自有其客观的拥戴者。

史家习称的“武韦之乱”，其实当时天下一切运行如恒，并无变乱。唐高宗死后，李敬业（又名徐敬业）举兵反抗（684）的规模最大，骆宾王著名的檄文《为徐敬业讨武曌檄》即成于此役。文章传诵千古，但不及三月“义师”即被敉平。自此之后，唐朝宗室亦有数次小规模反抗，但均迅速被戡定，百姓生活殊少受影响。评论政治人物不应当仅从私德着眼，更不应当因性别而有不同标准，这是近代撰史者应有的共识。我们应检视武后的政绩。

《新唐书》说武媚“有权数，诡变不穷”，说明她很有政治长才。高宗二十五年（674），高宗上尊号为“天皇”，武后为“天后”。此时武后向皇帝建议十二事：一、劝农桑，薄赋徭；二、给复三辅地；三、息兵，以道德化天下；四、南北中尚禁浮巧；五、省功费力役；六、广言路；七、杜谗口；八、王公以降皆习《老子》；九、父在为母服齐衰三年；十、上元前（674年以前）勋官已给告身者，无追核；十一、京官八品以上，益禀入；十二、百官任事久，才高位下者，得进阶申滞。帝皆下诏略施行之。

这十二点都与恤政爱民、敦从教化有关。她改进科举制，亲试贡生于殿（690年，时已称帝），“殿前试人由此始”；又开武举；此两事均由她所创兴。西南偏僻地区，人才不易出头，她故特开“南选”。为访求天下人才，她特遣“十道使人”，搜求各地明经进士，并及乡村童蒙、学者，均授以美职，史称“太后不惜爵位，以笼四方豪杰自为助，虽妄男子，言有所合，辄不次官之。至不称职，寻亦废诛不少纵。务取实才真贤”。她很欣赏太宗的纳谏之风，铸了一个铜匦，有四个口——其东曰“延恩”，接受献言；其南曰“招谏”，接受论时政得失；其西曰“申冤”，接受受抑枉者之言；其北曰“通玄”，接受“谶言秘策”。第四个口大约是鼓励告密。

武后共育有四子一女。长子李弘即太子，他因见同父异母的两位公主被幽禁后宫，年近四十而不准嫁，向高宗求情。武后怒，鸩杀太子。高宗遂立次子李贤为太子，后令太子监国，武后废之，旋亦杀之。再立三子李显为太子。唐高宗崩于683年，享年五十六岁。太子即位，是为唐中宗，两个月后被废为庐陵王。武后再以四子李旦为帝，是为唐睿宗，由自己临朝称制。五年后，睿宗请改国号，武后乃建国号周，自称圣神皇帝（690—704年在位）。周圣神皇帝造了十二个新字（后增至十八个），她自名曌（音照），“地”改为“埊”（音地）。敦煌户籍的残卷中，还有不少武后造的新字。到她八十一岁病卧时，宰相张柬之迎庐陵王李显，以兵诛其幸臣张易之、张昌宗兄弟，迫其传位，中宗再度当皇帝（705—710年在位），恢复唐的国号。武后徙居上阳宫，中宗仍每十日率百官至宫中问其起居。是年武后逝世，享年八十二岁，谥曰“则天大圣皇后”，这便是武媚成为武则天的来由。武后遗留有一女，即太平公主。

则天时代选贤用能，容纳直谏，即令对她严厉批评之人，也不否认这一点。狄仁杰、崔玄炜、张柬之等名臣，均可当之无愧；她所选拔的姚崇、宋璟等人，后来辅佐她的嫡亲孙儿唐玄宗，成为政绩斐然的名相，亦世所公认。纯就品评一个长时期的统治者而言，她虽不是圣君，也在中等以上。从她统治时期的人口增加的数目来看，我们便可推知当时社会安定繁荣的实况。唐高宗初年，全国人口有三百八十万户（每户以五口计），到武则天逝世时，全国人口已达六百一十五万余户，这便是生民安居乐业的明证。史家称她“僭于上而治于下”，虽以传统的政治和伦理观点谓之曰“僭”位，但亦不得不承认其“治于下”。所以有人妄称其统治为乱，厚诬史事矣！

张柬之未尽杀武家之人，原欲留给唐中宗杀之以立威，不料中宗反纵容武则天的侄儿武三思。武三思与皇后韦氏私通，并布置党羽，图谋不轨。韦后亦揽权，一心想效法武则天。太子李重俊（非韦后所生）率左右羽林军及千骑，杀死武三思及其党羽。李重俊索韦后，韦后挟中宗登玄武门，李重俊兵败被杀（707）。中宗溺爱韦后所生幼女安乐公主，公主欲为“太女”，即女太子之意，帝未允。有一种说法，是说韦后于武三思被杀后，又私通擅医术的马秦客与善烹调的杨均，恐事泄，于是与马、杨二人合作，将中宗毒死（710），立其子重茂为帝。武则天幼子李旦之子李隆基与其姑母太平公主合谋，领兵入宫，杀韦后、安乐公主（时正对镜画眉）以及韦后党羽，武装政变一日即完成。李旦再度即位为帝（710—712年在位）。所谓“武韦之乱”实际如此，“乱”之一字，不符事实，但在她（他）们当权时期，政治制度已开始逐渐起变化。

唐睿宗在位两年余，让位于有功社稷的太子李隆基，是为唐玄宗（712—756年在位）。唐玄宗在位四十余年，是唐代由极盛而衰的转折时期。玄宗即位时年近三十，正是壮年，他任用祖母武则天所遴拔出的人才姚崇、宋璟、张说等人为相，励精图治。他采行姚崇所奏十事，对内行仁政，对外不图功；宫廷以俭朴相尚，乘舆服御，金银器玩，均销毁以备军之用；“后妃以下，皆勿得服珠玉锦绣”，一反中宗当政那几年，韦后、安乐公主等人竞为奢靡的风尚；淘汰滥伪的僧徒，“发而农者逾万两千人”。姚崇初不过郎中，“武后贤之，拜为侍郎”。宋璟是进士，“武后高其才”，始得重用，其刚正不阿，直忤武后，严治二张（易之、宗昌）之事，为世景仰。张说于武后时举“贤良方正”，曾“忤后旨，流钦州”。唐玄宗在这批人的辅佐之下，使唐代得以继续自太宗以来的安定繁荣局面，进而发展成为中国历史上空前的殷庶康盛时期。“安史之乱”发生那一年（755），户部奏报天下有郡三百二十一，县一千五百三十八，户九百零六万余，口五千二百八十八万余。人口虽增多而供应充裕，一斗米最低仅三钱，绢一匹值钱二百，真是“家给人足，人无苦窳”，“道路列肆，具酒食以待行人”，盗贼绝迹，“行千里不持尺兵”。杜甫的那首《忆昔》诗，描绘开元盛况最翔实。开元（713—741）是唐玄宗的三个年号之一，其余两个为先天（712—713）和天宝（742—756）。

忆昔开元全盛日，小邑犹藏万家室。
稻米流脂粟米白，公私仓廪俱丰实。
九州道路无豺虎，远行不劳吉日出。
齐纨鲁缟车班班，男耕女桑不相失。
……

好一片升平景象，却被“渔阳鼙鼓动地来”所“惊破”。待到“天旋地转回龙驭”（玄宗于肃宗二年十二月自蜀返长安）时，天堂已面目全非矣。

使唐由极盛而始衰的转折点是安史之乱。按唐制，郡县之上设十道按察使（唐玄宗时增至十五道），监督郡县行政；边疆设六都护府，设大都督，主军事。唐高宗初年，大都督带使持节，即授以全权印信；至唐睿宗二年（711）始有节度使之官名。初任此职者多为厚重名臣，且不久任。唐玄宗时期，政府在陇右、河东、河西、朔方等地置节度使，统管数州军民财政，专治一方之土地人民甲兵。宰相李林甫嫌同列以军功受尊崇，与己争权，乃请任用胡将，由是诸镇节度使多由胡人充任，镇兵将亦杂有胡人。唐室原出北朝，胡化很深，太宗即曾说胡人亦人也，何必分彼此。安禄山本杂胡（父胡母突厥），玄宗于742年任之为平卢节度使，旋即兼范阳节度使、河东节度使，使今河北、山西、内蒙古、辽宁等地均受其统治，拥兵十八万之众。玄宗四十二年（754）正月，宰相杨国忠言安禄山必反，“试召之，必不来”，安禄山闻命即至，玄宗由是益亲信安禄山。玄宗对他最亲近的宦臣高力士说：“朕今老矣，朝事付之宰相，边事付之诸将，夫复何忧！”高力士回答：“边将拥兵太重，陛下将何以制之？臣恐一旦祸发，不可复救，何得谓无忧也。”又因淫雨不止，玄宗要高力士“尽言”，高力士回答：“自陛下以权假宰相（国忠），赏罚无章，阴阳失度，臣何敢言。”高力士可谓洞烛先机，对唐玄宗依为长城的宰相及边将都有深刻的了解。只有这位年已七十的老人敢讲真话，其他凡是报告不安消息的人均被处以重刑。据说安禄山以唐玄宗待之厚，欲其死后始叛，杨国忠数次奏安禄山将反，唐玄宗不听，杨国忠乃数次设法刺激安禄山，“欲其速反以取信于上”。玄宗四十四年（755）十一月，安禄山以讨杨国忠为名遂反，杨国忠“扬扬有得色”，因为预言中矣！安禄山兵入潼关，唐玄宗仓皇奔蜀，留下太子当此大难。太子即位于灵武（今宁夏灵武），是为唐肃宗（756—762年在位），尊玄宗为太上皇。太上皇于代宗元年（762）崩于长安，年七十八岁。

安禄山为其子庆绪所杀，部将史思明杀庆绪，史思明复为其子史朝义所杀。唐将郭子仪、李光弼、仆固怀恩等讨平安史之乱，前后长达八年（755—762）。经此一乱，社会破坏惨重，肃宗时全国人口已锐减至三百九十三万户，几乎减少了三分之二的人口，一百余年来所滋养出的繁荣已随风而逝，从此生民劫难无已，战争与灾荒持续了两百年。

为生民带来这个长期大灾难的罪魁祸首，自是唐玄宗与杨国忠。有人将杨贵妃也计算在内，实欠允当。杨玉环“幼孤，养于叔父家”，为玄宗子寿王李瑁之妃。唐玄宗看中自己的儿媳，将她纳入后宫，时玉环十九岁，玄宗五十三岁。她恩爱夫妻被拆散，去侍奉年过半百的老头子，其悲惨可想而知。杨玉环被封为贵妃后（地位仅次于皇后），曾经两次被玄宗逐回娘家，她均温婉承受。史书中亦无其悍妒弄权干政之记载，只说她“善歌舞，邃晓音律”而已。杨国忠只是她的族兄，在新都（今成都境）为官，因赌技精良而被玄宗召见。杨国忠帮玄宗计算筹码，“分铢不误，帝悦曰：‘度支郎才也。’累迁监察御史”。杨贵妃只在宰相李林甫中伤杨国忠时，替他说过一次情。国忠之为相，全是玄宗之意；杨国忠的三位妹妹虢国夫人者流的“恩宠声焰震天下”，亦是国忠之关系。因为得宠的贵妃，没有理由为皇帝引进“皆美劭”的三位族姊妹。

至于杨贵妃与安禄山之关系，全是捏造。安禄山年轻时即已被人“丑其肥”，他的大肚肥得垂到膝部，到了走路都很艰难的程度。他见到杨贵妃时已四十余岁。很难想象杨贵妃会看上一位胖到走路都维艰的粗人。他朝见杨贵妃时均有玄宗在场，因知杨贵妃有宠，故请为养儿，亦均同时拜谒。唐代男女之防自不同于宋以后，但宫廷规矩极严，是维护皇室尊严所系，哪有外臣得入后宫之理。想入非非的道听途说，竟入于悠悠之口，可叹！士兵在马嵬驿杀死杨国忠后，又逼玄宗杀杨贵妃。玄宗说："贵妃常居深宫，安知国忠谋反？"高力士说："将士已杀国忠，而贵妃在陛下左右，岂能自安？"故缢杀之于佛堂，时年杨贵妃三十八岁。李隆基真天下忍人也。

读史至此，宁不为此一弱女子之悲惨命运，一掬同情之泪！千古含冤，复遭侮辱。女祸，女祸，许多人假汝之名以诬史也！

安史之乱是唐朝由盛而衰的转捩点。割据一方的藩镇更专恣；宦官的势力日益膨胀，终至掌握废立皇帝与生杀之大权；朝廷中朋党斗争倾轧，政府无暇顾及有关民生疾苦的大计。所以中央政府已近乎形式，实际上已走上分裂的道路，所谓五代十国，只不过是晚唐实际状况之延续而已。

⊙ 唐代之衰亡

唐代国势隆盛、社会繁荣的四大基础是租庸调制、府兵制、三省制与科

杨贵妃上马图　元代钱选绘

图中唐玄宗饶有兴味地看着杨贵妃笨拙地上马。

举制。这四个基础自武则天、韦后以迄玄宗，已逐渐腐蚀转化，至安史之乱后，租庸调与府兵制已彻底被改变，三省制与科举制则已变质，弊窦丛生，失却创制本意。柱石腐溃，大厦焉得不倾覆。

租庸调制不仅按耕地、户口与人丁合理分配负担，并有为民置产的命意，实行此制，政府必须严密调查户籍。唐高祖时即规定每年一制“计账”，即预计下一年的徭役之数，以为庸之张本；另规定每三年一制户籍册，以为租调之根据。户籍册上尚须绘当事人之相貌形状（类似今之照片），以免奸欺。户籍册共三份，一存县，一存州，一送户部。如此则耕地之收回与授予，庸役之征发，均有依据。朝廷对全国人口增殖之情形也能清楚了解。652年，唐高宗知道前一年全国人口增加了十五万户，很高兴地对舅父长孙无忌说：如此下去，二三十年后，“足堪殷实”。由此一事，我们足见唐政府能掌握全国经济发展的实况。但到唐高宗晚年，由于计账户籍失实，农民负担不均，赋役苛重，因此农民逃亡、户籍隐漏的情况日益严重。同时，土地兼并之风亦盛。贵族、官僚、地主、僧侣将一些田地组成所谓“庄田”，多系兼并农民田地而成。口分田、永业田早已违法买卖。失掉土地的农民，沦为庄田的雇农或佃农，佃农所纳田租，十倍二十倍于租庸调制。安史之乱后，吏治弛怠，弊端百出，加之人口减少三分之二，府库空竭，苛敛更甚，农民逃亡日益增多，逃匿增加，苛敛愈烈。如此恶性循环，朝廷不得不求更张，“两税制”便在这种情势下应运而出。

均田制完全崩溃以前，也经过一段酝酿时期。安史之乱后，唐代宗（762—779年在位）曾试图改革，曾经“量产定赋”，“以亩定税”的办法仍不能使紊乱不堪的赋税纳入正轨。代宗崩后，嗣位的德宗（780—805年在位）立即采纳宰相杨炎的计划，颁行两税制（780）。自北魏孝文帝以来，实施了近三百年的均田制便从中国历史上消失了，土地私有制正式确立。

两税制的根本改变在于不分主户、客户，只要住在田地上，便是征税对象。纳税分夏秋两次，夏税不得迟于六月末，秋税不得迟于十一月末。税率以贫富为准，行商则征所得三十分之一（后改为十分之一），纳税一律用钱币，但亦可纳实物，由官府折合成钱。一切租庸杂徭役全部免除。全国全年征税之多寡，则遵守“量出以制入”的原则。这解决了政府收支不敷的难题，百姓则可免除各色苛繁徭役的困扰，奸吏亦失去巧立名目以剥削百姓的机会，所以“天下便之，人不土断而地著，赋不加敛而征（增）入，版籍不造而得其虚实，贪吏不诫而奸无所取”。

两税制自有其流弊：

一、土地兼并合法化，于是富者兼地至数万亩，坐食租税，地主收租，十倍二十倍于官税，形成极不合理的现象。

二、百姓缴纳实物折合成钱的流弊。例如两税制初行时，绢每匹值三千文，绢价日跌，四十年后，绢每匹跌到八百文，用实物折算纳税的人，无形中负担增加了近三倍。

三、到唐宪宗（806—820年在位）时，朝廷规定税钱分为三份，一份留州，一份送使（节度使），一份送户部。州、县听命于节度使，故节度使名正言顺地掌握了割据地区收入的三分之二，更加深了晚唐分崩离析的局势。

两税制有多端流弊，故有人反对，如陆宣公（贽）便是如此。在当时的情势下，两税制确是对症良药，后世税制一直沿袭此制之基本精神，只做局部修改，可知其必有可取之处。

府兵制亦逐渐变质。府兵制源于西魏、北周，政府择善良精壮农民于农隙训练之，为府兵者租庸调全免，故人多乐为之，亦颇受尊重。唐高宗以后，天下承平，府兵不受重视，将领亦视之为厮养，役使如奴仆，府兵地位低落，农民甚至自残肢体以避之。“番上”乏人时，地方政府只得雇羸弱者充数。戍边之府兵本定役三年，后改为六年，更进而终身戍边。玄宗时代，均田制崩溃，府兵制失其依据，已至名存实亡的境地。玄宗十二年（723），

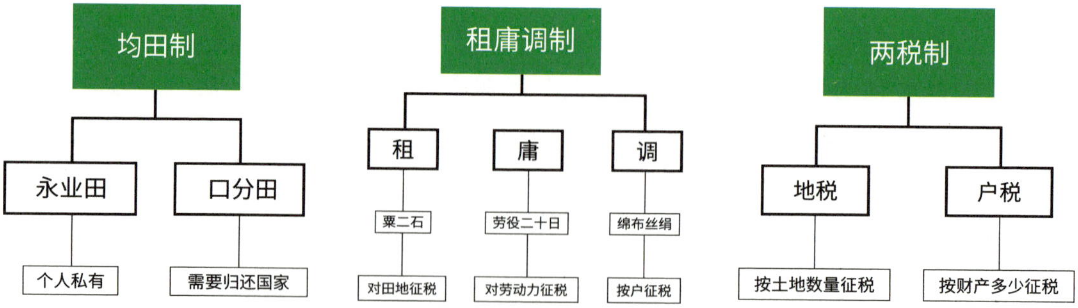

租庸调制：有田则有租，有家则有庸，有户则有调

宰相张说以番上之府兵羸弱，且逃亡殆尽，乃请用募兵方式，征集拱卫京师之宿卫。旬日之间朝廷得兵十三万，称为“长从宿卫”。两年后，“长从宿卫”改称“彍骑”，共十二万人，分隶十二卫，以拱卫长安。府兵仍存在，专事征戍。玄宗二十六年（737），戍边之府兵亦废，“征募丁壮，长充边兵”。“边兵”后变质为藩镇之“牙兵”，不受朝廷统辖。彍骑亦渐腐化，其富者自作生意，壮者献艺谋生，“京师人耻之，至相辱骂”。安史之乱起，彍骑皆不战而溃，代而兴者为“禁兵”。

禁军之名称起自唐高祖时。盖天下统一后，政府行府兵制，原来从晋阳起兵之人，政府“悉罢遣归”，“其愿留宿卫者三万人”留居长安以北，政府分以良田，号称“元从禁军”。禁军兵士年老之后，由子弟替代，人称“父子军”。唐太宗曾从其中选善射者百人，称“百骑”，后逐渐增加为“万骑”。李隆基凭借此万骑平定韦后，即位后遂将之改称为“左右龙武军”，以酬其功。肃宗即位于灵武后，将“左右龙武军”改称为“左右神武军”，直属皇帝。此后禁军名称常改，共有左右十军。唐德宗信任宦官，让宦官统率禁军，宦官用以挟制朝政。唐朝的兵权外落入藩镇，内落入宦官之手，是其乱亡的主因。

三省制在政治上有抑制平衡与集思广益的功能，但主要靠皇帝英明，能选才任贤。从开国到唐玄宗一百一二十年间，大体上任的宰相都是才德俱佳之士，武后当政时纳谏任贤亦具规范。唐玄宗晚年任用李林甫、杨国忠等奸佞之人，他们滥用亲近，普施官禄以收买人心，中央地方官吏日渐增加，做官成为发财之道。朝廷官僚充斥，阶职繁多，加以唐制中央集权，地方官权位低微，形成重内轻外情形，致使内外政治腐化懈弛，为官的只办理一些文牍工作，搪塞度日。

科举制亦发展出偏差。唐代科举之项目很多，常设者有明经、进士等八科。隋炀帝始设进士科，试策问，唐亦因之。策问题目有限，考进士者唯诵习旧策，难求真才。高宗二年（651），朝廷乃下诏进士科先试杂文两篇，合格后再试策问。所谓杂文，即是诗赋。玄宗二十六年（737），朝廷下诏进士先试经（亦可以一史代），再试杂文与策。帖经可以抄袭，策问可以记诵，唯有诗赋可见应试者之才华，故玄宗晚年，进士科已只重诗赋。进士甚受朝野尊崇，公卿咸以进士出身为美。这是促成唐代文学兴盛的主要原因。这一批以声韵辞章为学，吟诗作赋为务之进士，一旦为官，酬觞吟和，风流自赏，不懂政事，也不屑于理政事。科举制为百姓开进仕之途，但遴选出的是一批飘逸浮华的文士，使政治败坏。《西厢记》的故事主角张生的原型，是文学大家、进士元稹。据说元稹拜相时，朝臣掩口而笑，但宫中嫔妃崇拜他，称他为“元才子”。才子拜相，怠矣！

以上是安史之乱爆发前夕的唐朝的情况。安史之乱后，有三大新兴的因素出现，即藩镇、宦官与朋党。这三股势力，交互激荡，终于使唐朝走向覆亡之途，中华世界遂由殷实富庶而逐渐沦入凋零残破。

藩镇是安史之乱的祸源，固非始于安史之乱。唯此事变之后，藩镇变本加厉，根基加深，范围更广，为祸更剧。节度使本由唐初抚驭边疆外族之六都护府演化而来。玄宗时的节度使，除剑南（治所在今成都）及岭南（治所在今广州）而外，其余均在西北、东北边境，如北庭在今乌鲁木齐市东北，平卢在今辽宁朝阳市等。玄宗时期中央权势显赫，各节度使均极驯服。安史之乱时，唐肃宗亟欲收复两京（长安、洛阳），未用李泌之策，直捣安史之巢穴，反封其降将为藩镇。此固由于肃宗之短视，然而也与平乱之将领怀有私心，欲“留贼以自保”亦有关系。例如平乱大将仆固怀恩，即主张分封安史

张议潮统军出行图

此敦煌壁画表现的是张议潮被封为河西十一州节度使后，统军出行的场面，可见节度使权势之盛。

降将于幽州等地，故安史之乱虽平，藩镇之祸未已。藩镇之范围逐渐扩大，遍及全国各地，最后连长安附近亦有藩镇。同华节度使周智光欲扩大封地，历数大臣过失，且曰：“此去长安百八十里，智光夜眠，不敢舒足，恐踏破长安城。至于挟天子令诸侯，唯周智光能之。”郭子仪以其跋扈嚣张一至于此，屡请讨伐，唐代宗不许，时为766年，距安史之乱十一年耳！类似周智光的记载，史不绝书。藩镇如此专横跋扈，厥有三因：

一、自玄宗信任宦官高力士开始，宦官的权位始隆。高力士虽得玄宗信任，但“常止于宫中，稀出外宅”。朝臣中如李林甫、杨国忠、韦坚等人，虽竭力接纳高力士，“以冀吹嘘”，但高力士对玄宗忠心耿耿，且常直言进谏，殊少弄权欺君。唐肃宗以后，宦官李辅国参与军事，权势日大，逐渐掌握藩镇黜陟之大权。“李辅国乘机用事，节将除拜，皆出其门。”朝廷曾诏令韦伦为山南东道十州节度使，但韦伦曾遭宦官“毁谮”，故未“私谒辅国”，遂被降为一州之刺史。韦伦还算幸运。另一位节度使来瑱因为没有遵从宦官程元振的委托，被诬为安史同党而被赐死。郭子仪、李光弼、仆固怀恩等功勋盖世的名将，均十分惮畏宦官。郭子仪被程元振所谗而“不自安”，遂留京师。吐蕃入侵长安（763），唐代宗征各道兵勤王，李光弼等以程元振当权，“莫有至者”。仆固怀恩告诉皇帝，他们（藩镇官员）之所以不入朝，“实畏中官（宦官）谗口，又惧陛下损伤，岂唯是臣不忠，实受宦官逼迫所致”。仆固怀恩后来反叛，也是宦官逼迫的结果（763）。

不附宦官的藩镇，或为求自保，被逼反叛；或表面奉朝令，实成半独立状态。暗结宦官的藩镇，无非为巩固权位，敷衍朝廷而已。对于奉诏讨伐叛逆的藩镇，皇帝心怀猜疑，派宦官去监视，美其名曰“监军”。监军不谙军事，但权力大，“师之进退，不由主将。……一帐之中，中人（宦官）十数，纷然争论莫决”。战胜则宦官急忙向皇帝报捷邀功，战败则宦官对主将百端凌辱。若干忠于朝廷的藩镇，在宦官的淫威之下，自怀二心，藩镇的离心力自日益增加，朝廷讨伐无功，只有“赦之”之一法。如此发展下去，服从中央反而可能殒身，实际独立或叛逆则未必获罪。由制裁到姑息，中央完全失去统驭地方的能力。所以我们可以说宦官专权是玄宗以后一百四十余年，促成藩镇割据的主要原因。

二、自禁军代替府兵与骑而成为皇帝的唯一武力后，禁军之权，全操在宦官手中。宦官唯借以作威作福，真正作战，则见敌即溃，成为掳掠的主力。自唐玄宗逃离京师开其端，以后因为无武力可恃，长安常为叛军（如唐德宗时的朱泚）或外族（如唐代宗时的吐蕃）所占领。唐昭宗（889—904年在位）当皇帝十六年，逃离长安四次，成为“逃亡皇帝”，帝王的尊严丧失殆尽。神圣不可侵犯的皇宫，“昏夜狐狸鸣啼，无人迹”。即令有藩镇怀悲天悯人之心情，希望统一，但朝廷已失掉重心，藩镇无力回天。朝廷直接控制的地区，只有江南八道，仅有一百四十万户百姓。养兵之粮糈缺乏，也是禁军战斗力弱的原因，故一有叛乱，只有用听命的藩镇去讨伐叛逆，这些藩镇亦不过利用机会，扩张一己之地盘而已。如此反复，藩镇之祸亦愈演愈烈。

三、藩镇总制领域之内的军政财权。唐德宗初行两税制时，藩镇尚需向中央输三分之一的税收。此后藩镇逐渐抗命，聚敛所得，完全擅自支配。更进而自立名目，征收赋税。藩镇独占盐铁之利，甚至自铸钱币，以增加财源，称霸一方，这与中央之府库耗竭，“赏赉不时，士卒有怨言”适成对照。藩镇经济力量充实，故能养兵以自固，亦能网罗人才为己所用。

安史之乱以前，唐人入仕，均重在中央为官，其后一由于官职有限，谋职不易；一由于俸禄有成规，物价上涨，不敷俯仰所需，遂各谋任职地方。藩镇可随己意任命属官，不再受吏部限制，他们所提供的待遇亦比朝廷优厚，故士人趋附之。各藩镇为培植势力，多“善待宾寮，礼分同至，当时名士，咸愿依之”。如韦皋为西川节度使，“远近慕义游蜀者甚多”，李白即是其中之一；郑从谠为河东节度使，人才“冠于一时，时中朝瞻望者，目太原为‘小朝廷’，言名人之多也”。士人的匡助，更使藩镇如虎添翼，故“藩镇日横”。待宦官专恣，朝政败坏，党争迭起，避祸的、逐利的多趋附藩镇，甚至黄巢部下，也有许多士人。藩镇财力雄厚，是能争取士人的主因；士人竭智尽忠协助藩镇，是藩镇得以嚣张跋扈的原因之一。

综上所述三个因素，使得藩镇形同独立王国，其割据之态势持续了一百四十余年。藩镇节度使常选精兵，予以特殊待遇，号曰“牙兵”，再于牙兵之中选其强悍者为“假子兵”，并视之为最亲信的股肱，作为近身侍卫。这些骄兵悍将，亦复不为藩镇所制，他们肆意拥立新藩镇，朝廷只得承认既成事实，所以藩镇时代也是军阀政治时代。这批有权无识之武夫，生活奢靡，只知穷民间财富以自享用，并厚享牙兵以固权位。他们只懂得朘削百

明皇幸蜀图 明代仇英绘

此图描绘的是唐玄宗避难入蜀这一历史事件。画家巧妙地回避了唐玄宗逃难时的狼狈和面临的严酷现实，而将其粉饰为一派帝王游春行乐景象，所以此图又名《春山行旅图》。

姓以养军队。所以，中原农村经济破产，百业萧条，一遇饥荒，竟出现人吃人的惨况。唐宪宗（806—820年在位）虽穷数年之力，想讨平藩镇，也未收到大效果。宪宗后来被宦官所弑，死后不到三年，藩镇恢复旧观。

唐代的第二个祸源是宦官权势之高涨，远超过后汉。唐代宦官干预朝政弄权，始于唐肃宗时之李辅国。当时宰相要见皇帝，必通过李辅国，这使得李辅国“势倾朝野”。唐肃宗崩后，李辅国为中书令，是以宦官拜宰相矣！宦官因统率禁军，藩镇多出身禁军，中央要职亦多出其门下，故终唐之势，宦官权势不衰，朝臣稍露反对之意，辄遭屠戮。宦官不仅对朝臣，对皇帝亦任意废立弑杀。自唐穆宗以后八代唐朝皇帝，八十余年间，为宦官所立者七位，两帝被弑（如连唐宪宗在内，则是三帝），一帝（唐昭宗）被幽。在朝廷用人行政完全受制于宦官后，朝政日益腐化，贪权纳贿之风盛行，百姓更深受宦官巧取豪夺之苦。至于宦官出任监军的劣迹以及逼反若干藩镇的罪恶，罄竹难书。至唐昭宗十五年（903），朱全忠（朱温）杀尽宦官（只留下三十人供役使），自唐肃宗以来历时近一百五十年的宦官之祸始结束，而唐亦亡矣。宦官权势如此嚣张，主要在于宦官深得皇帝信任，皇帝因猜忌臣属，欲以“家奴”去监视权臣，没有想到反受制于家奴，招致身殒国灭之祸。

使得唐代衰亡的最后一个因素是朋党。唐文宗（826—840年在位）尝叹曰

“去河北贼易，去此朋党难”，足见唐代朝廷党争之剧烈。所谓朋党，实即豪门世族与进士出身两者之间的冲突。科举制打破了世族垄断政治的传统，平民竞进而皆有入仕之机会。为容纳众多的士人，官吏人数不断增加。唐太宗尝言我以此七百余位置以待天下英才，可见当初津要官员并不多。到了唐朝中期，中央官员已增至两千六百余人。据统计，晚唐内外文武官吏共有三十六万八千余人。唐宪宗六年（811），宰相李吉甫即称唐代官吏之多破历史纪录。官场职位虽多，仍无法餍足求仕者之众，由是结党自固、排挤异己之事自然发生。

出身豪门世族者流，由于家世关系，多数有教养。关陇大世家，均承北朝余绪而重视儒术，故多务实而轻浮华，而且从小耳濡目染，对实际政治较有认知。他们虽也热衷政治，但由于教育及家世关系，不至于不择手段和只求高官厚禄。他们多数鄙视宦官，不愿降志辱身以阿谀宦官作为进身之阶。他们当政，多主张裁减臃肿不堪的官吏。受到遣散威胁的官吏，多属进士出身者，他们团结在一起，图巩固禄位，结成朋党。

自唐玄宗以后，进士只重诗赋，因此进士虽有才华，却未必有实学，且自命清高，鄙视俗务，颇有南朝士人的风尚。他们眼中所谓俗务，即政务。以文学名于世的人，品德上良莠不齐。如宋之问、杜审言（进士）、沈佺期（进士）等人，均谄事武后宠幸的张易之。宋之问卑贱至“为易之奉溺器”！二张被诛，这批人被贬斥。宋之问逃归后，又出卖朋友，向武三思告密，复任官，“谄事太平公主，故见用。及安乐公主权盛，复往诣结”。“天下丑其行”，但他“置酒赋诗，流布京师，人人传诵”。这类才华盖世的文人，不知羞耻为何物，所以当时的人评论他们“重艺文，习奢靡”，毫不感到愧耻。他们猎取高官厚禄不择手段，阿谀逢迎权贵，尤其是宦官和藩镇，且无所不用其极。这类人士，自为阀阅出身的世族所不齿。

一般所谓“牛李党争”的解释是牛僧孺与李德裕朋党争权，实误。李，是指李宗闵。牛僧孺与李宗闵两位进士出身的人，依附宦官，排除异己，党同伐异，“使牛、李权势赫于天下”，由此可见牛、李二位一体，不是对立。他们最想打击的是世族李德裕（同时也是进士）。近人岑仲勉已有考证，证明“牛则有党，李则非也”（《唐史余沈》），他所说的李，是李德裕，也弄混淆了。牛僧孺与李宗闵先后当政十三年，两人结党营私，巴结宦官，

“权势赫于天下”，故有“牛李党”，亦即大家熟知的“朋党”，而无“牛李党争”。“牛李党”斗争的对象是世族，当时世族的代表是李德裕，因为李德裕“疾朋党如仇雠”，又深恶以《昭明文选》为取士标准，但他无“朋党”。牛李党“纷纭排陷，垂四十年”（大致是809—849年），中间经历六位皇帝。士大夫勾结宦官，揽权倾轧的结果是朝政败坏。

唐玄宗以后，盛唐立国的支柱开始腐蚀变质，加上藩镇、宦官、朋党的无情摧残，唐王朝的大厦已摇摇欲坠。民变再掀起狂风暴雨，唐朝倾覆的命运便来临了。

唐懿宗（859—873年在位）时代，裘甫起兵于浙东，攻占象山、奉化、宁海等县，历时七月而被敉平。八年后有桂州（今广西桂林）戍卒叛变。徐州兵八百人戍桂州，约定戍期三年，经六年而不代还，戍卒怨恨，庞勋领导叛变，声称打回家乡徐州。庞勋率兵北上经湖南，沿江而下，趋淮南，遂攻下徐州，沿路直如摧枯拉朽，兵增至二十余万，次年始被弭定（869）。庞勋以八百人起兵，为时虽仅一年零两个月，但由是可见唐代各地军政腐败，不堪承受轻微之变乱。数年后王仙芝、黄巢相继起兵（874）。王仙芝先举兵于长垣（今河南长垣），攻克鄂州（今湖北武昌）和荆南（今湖北江陵），号称拥众三十万。黄巢原附和王仙芝，因反对王仙芝降唐，遂率领两千余人自行发展（876）。两年后王仙芝被斩，黄巢收领其众，南下江西，经镇江、浙东，

给使图　出自段简璧墓

段简璧之母乃是李渊的四女、李世民的四姐，高密公主。给使，即供人役使之人，特指王公贵族的随从、内侍。在唐代早期，宦官无行政权力，所以画家才敢夸张地丑化他们的形象，这和唐代中后期形成鲜明的反差。

攻克福州，转攻广州。因北人水土不服，受瘴疠疾疫而死者十之三四。黄巢乃率兵北入湖南，沿江东下，直逼淮南，进攻汝州，陷东都洛阳（880），时拥兵六十万。随即黄巢攻下长安，唐僖宗逃往四川。黄巢称帝，建国号为“大齐”。忠于唐的各道节度使率兵四面包围长安，沙陀族的李克用亦统骑兵攻黄巢。黄巢兵力集中关中，粮饷不足，其将“同州刺史”朱温“见巢兵势日蹙”，降唐，被赐名全忠，封为河中行营副招讨使。黄巢弃长安，东走至山东，兵败自杀（884）。

黄巢攻克城池后，均无长期占领、设官治民、征取赋税的计划。黄巢率军四处流窜，攻其不备，其目的只有掳掠粮食、财富与裹胁壮丁，因此破坏力很强。长江以南各地，除了岭南及四川，均被兵祸。自东晋以来，五百余年发展成的财富殷庶的地区，遭受黄巢同唐兵的烧杀掳掠，元气斫丧甚重。中原地区今山东、河南与陕西一带，在结年兵燹之下，原来已经贫弱的农村，经此灾难，堕入极悲惨的境地，出现“至千里无舍烟”的情况。

民变被镇压后，各藩镇之间为争夺领土时有战争。唐昭宗（889—904年在位）是受制于宦官的可怜虫，无力阻止各藩镇之间的杀伐。朱全忠降唐后全力发展实力，数年之间占领今苏北、山东、河南一带，成为北方最大的军阀。昭宗十三年（901），宦官韩全诲与藩镇李茂贞勾结，将皇帝劫持到凤翔，朱全忠统兵七万围之。两年后（903），朱全忠护卫皇帝回长安，杀宦官八百余人，一百余年的宦官之祸从此被根除。次年朱全忠弑昭宗，立年十三岁之哀帝，并屠杀当时所谓清流，投其尸于黄河，“使为浊流”。两年多后朱全忠弑哀帝，自立为帝，国号梁。享国二百八十九年的唐朝亡，五代十国开始。

⊙ 中华文化的广泛传播

唐代历史极为重要的一环，在其对外关系上。中国人最重视华夷之辨，唐朝则完全相反。高祖李渊起兵时即向突厥称臣，这是唐太宗在大胜突厥后（630），高兴之余脱口说出的，应是事实（见《旧唐书》列传第十七《李靖传》）。隋唐之际，北方群雄蜂起，其中，窦建德、刘武周、王世充等人均向突厥称臣。唐太宗晚年（647）与侍臣闲话时，曾很自负地说：“自古帝王虽平定中夏，不能服戎狄。朕才不逮古人，而成功过之。”何故？他不满意侍臣阿谀之辞，自称：“自古皆贵中华，贱夷狄，朕独爱之如一，故其种落皆依朕如父母。”这种“胡人亦人也”的观念，终唐之世没有改变，这是唐代文化的特色。有人认为唐室本是胡族，故如此。李渊祖父来自北魏的武川镇，武川镇是胡汉杂居之地，李渊母独孤氏，太宗母窦氏，外祖母宇文氏，高宗母长孙氏，玄宗母窦氏，均鲜卑人，就血统而言，说是胡人，亦近事实。撇开血统不论，我们可以说唐室不是汉化很深的胡人，便是相当胡化的汉人，所以能对夷狄“爱之如一”。唐代三百六十九位宰相中，至少有二十三人是胡族，唐玄宗所置节度使多为胡将，禁军中亦有胡卒。至唐玄宗时代为止，西北疆外族由降俘而内徙者有一百七十多万，突厥来降，一次便是十万众（644）。唐太宗抱定以德治之，使成一家的观念，任其与汉人杂居。至于其他种族，如中亚各族及阿拉伯人到中国传教及贸易之人亦多，据说黄巢在广州曾杀死十万阿拉伯商人，数目不一定准确，但在唐代杂居的外族之多，由此概见。其原因诸多，但唐代天下一家的观念，是其主因。

能施行不贱夷狄政策的先决条件，是不为夷狄所贱，这便是所谓武功了。初唐最大的边患是突厥。突厥原是依附柔然之一小部落，史称其为“平凉杂胡”或“匈奴别种”，至西魏时逐渐强大，宇文泰遣使通之（545）。数年后其酋长求婚于柔然被拒，转求婚于西魏，西魏以长乐公主妻之（551）。次年突厥大破柔然，旋即灭之，突厥由是代柔然而成为中国北疆最大势力。时中原北齐、北周两国对峙，突厥利用形势，左右逢源，寇边索贿，随势而行之，日益骄蹇。至隋文帝时，突厥以控弦之士四十万入长城（582），次年隋文帝以八道兵马迎击突厥，大败之，突厥因此内讧，分裂为东、西两部（583）。此后东突厥臣服于隋，隋为之颁正朔。隋炀帝时，启民可汗两次入朝；隋炀帝北巡，启民可汗亲为帝除帐内杂草。隋炀帝晚年，突厥叛隋，帝命晋阳留守李渊御突厥。俟李渊起兵，遣刘文静向突厥称臣，突厥亦派少数兵助之，同时亦派象征性的武力助他人，如派兵五百助刘武周。隋唐之际，中国内战，莫不媚事突厥，致使其骄横日甚。唐高祖七年（624）李渊甚至欲迁都樊邓（今河南西南）以避其锋，秦王李世民力谏乃止。是年突厥倾国来犯，唐朝军队拒之于长安城西，突厥内部和战不一，与唐议和亲而去。627年，唐太宗刚即帝位，突厥以兵十万抵长安城西北渭水，唐太宗率六骑至江

唐代胡商牵驼壁画

“胡商来华”是唐朝的一种特色，唐朝“听其商贾往来，与边民交市”，让唐人了解了外面的世界，也让世界了解了唐朝。

滨，与颉利可汗隔江而语，责其负约。“俄而众继至”，军容甚盛，颉利乃请和。次日唐太宗至渭水便桥，与颉利杀白马为盟。颉利次月献马三千匹、羊万口，唐太宗不受，令颉利归所掠中国户口。从此时开始，太宗便亲自在显德殿与将帅士卒练射，每日数百人。朝臣以为如此太危险，“恐祸出非意”，唐太宗不听。“自是后，士卒皆精锐。”同时，唐太宗置官养马。唐太宗本人亦极爱马，有名的“昭陵六骏”即他的坐骑。三年准备就绪，唐太宗乃放弃对突厥的羁縻政策。629年冬，唐太宗任命李勣、李靖出兵讨突厥，次年四月生擒颉利，东突厥遂亡。突厥男女降者十万，徙居长安者近万户，酋长均被拜官，五品以上百余人，占朝臣之一半。两年后唐太宗封颉利可汗为右卫大将军。后唐太宗为太上皇李渊置酒未央宫，上皇命颉利起舞取乐，笑曰：“胡越一家，自古未有也。”唐破突厥后，边境各部族尊唐太宗为“天可汗”。西突厥亦遣使入贡，唐朝国威震四裔。东突厥旧属薛延陀在今蒙古国发展，势力日强。646年，唐太宗遣李勣击破之，斩首五千余，虏男女三万人。后唐西灭高昌、龟兹，置安西都护府于迪化（今新疆乌鲁木齐），唐之领土达于今新疆。唐高宗时唐与西突厥常有战争，高宗三十一年（680），裴行俭大破西突厥于黑山，尚有残余反抗，两年后始被弭平，此后突厥尚有零星反抗，均不重要。唐的声威，远播中亚。

唐代的第二个边患是回纥。唐灭薛延陀后，其地为回纥所占领。回纥乃匈奴别支，原属突厥，后臣属于唐。649年，唐太宗曾下令击西突厥之车鼻可汗，高宗八年（657），唐以苏定方发回纥兵讨西突厥。至西突厥灭亡后，回纥“尽得古匈奴地”，遂臻强大。唐玄宗时回纥入寇，杀凉州都督，切断唐与中亚的交通线，朝廷派郭知远统军击退之。安史之乱时，唐肃宗即位灵武，乞援于回纥，约定攻克两京，土地士庶归唐，金帛子女归回纥。攻克长安后，回纥欲如约，唐肃宗长子（后之代宗）求其攻下洛阳后再如约，因如此则洛阳之人必为贼固守。攻克洛阳后，回纥即纵兵大肆掳掠。此后唐每年输绢两万匹与回纥。唐代宗初立（762），征回纥兵讨史朝义，大军再入洛阳，焚掠后离去。自唐肃宗时开始，回纥求每年互市，其马均羸老而价很高，羸马动辄数万匹，真是敲诈。回纥人侨居长安者常达千人，更是横行无忌，竟至以三百骑攻宫门，逐长安令，掠人子女，朝廷不敢禁止，恐开罪回纥。唐朝为了敷衍回纥，国库耗竭，忍气吞声。“胡越一家”并不容易，国力才是根本。所幸回纥享受中国物质生活后，日趋腐败，又起内争，830年后国势不振，不复威胁唐朝。

唐代的第三个边患是吐蕃。吐蕃大约是与后汉的羌同族。唐太宗时吐蕃求亲于唐，唐太宗将文成公主嫁与吐蕃王松赞干布（641），从此吐蕃开始吸收中原文化。诸如丝织、酿酒、纸墨等工艺，均由文成公主传入。文成公主之后六十余年（705），唐中宗再遣亲王女金城公主婚配吐蕃君长。金城公主带了一群技工、乐师及中文典籍如《礼记》《左传》《诗经》《文选》等

回纥男供养人

回纥女供养人

回纥装，翻折领连衣窄袖长裙，衣身宽大，下长曳地，腰际束带，在唐代贵族妇女和宫廷妇女中广为流行，花蕊夫人《宫词》中记有当时宫廷妇女喜好“回纥衣装回纥马”的情况。

来到吐蕃。此后还有两次唐公主许配吐蕃，吐蕃的土产也于此际传入中土。吐蕃势力强大后，亦萌野心。唐高宗时吐蕃曾攻占今新疆南部，武后时始收复，唐在今甘肃一带置兵以防吐蕃。安史之乱时，河西、陇右等地驻军内调，吐蕃乘机侵占河西走廊。唐代宗即位（762），吐蕃入侵，占领长安，另立皇帝，留京十五日，大掠而去，同时亦侵入剑南道西南境。唐朝衰象已渐，不得不割今甘肃西南部而与之盟，但吐蕃仍不时寇边。至9世纪40年代，吐蕃始衰，其前后侵扰唐王朝近百年。与吐蕃联合的南诏（今云南境），本称臣于唐，唐玄宗晚年，剑南节度使鲜于仲通对之苛敛无度，属下甚至奸淫南诏王妃，南诏乃西联吐蕃。唐伐南诏，伤亡惨重，白居易的那首《新丰折臂翁》，即隐射百姓痛恨南诏战争，求避兵役的惨状。

唐代的东北边疆是东胡族，东胡族散居于今辽宁一带，被称为契丹。契丹分为八部，控弦之士有四万余，于太宗二十二年（648）内附。渤海在今辽宁、吉林之间，靺鞨散居黑龙江，均于唐初即内属。虽偶有叛服，但大致入贡守礼的时间多。唯有高句丽，因隋曾屡征未克，故唐太宗于644年亲征之，亦无功而还。唐高宗十九年（668），高宗遣李勣、薛仁贵统兵攻高句丽。唐军大破高句丽，俘其君长，收城一百七十六，户六十九万。高宗置安东都护府以统治之，擢高句丽人中“有功者授都督、刺史、令，与华官参治，仁贵为都护”。这是高句丽第二次被列入中国版图。第一次是汉武帝时。

唐玄宗之后，近东北边境的全是藩镇，他们各为自身利害计，对领土防守很严密，也不向境外异族启衅，所以大体上相安无事。东北的胡族亦努力吸取唐代文物制度，竭力发展势力，百余年后人口繁殖，物力充实，一旦中国变乱，藩镇一心对内争权，自然抵挡不住实力充沛的东胡族。北境及西北的民族，兴衰更迭，外侵与内讧兵祸连年，土地日渐荒碛，经济力量微弱，不足以形成雄厚的势力，所以自唐以后中国的外患多来自东北疆。

除用武力对付外族的侵扰而外，唐代灿烂辉煌的文化、丰富的物产、高超的工艺技术，与乎“率土之滨，莫非王臣”的天下一家的政策，也使得许多亚洲的国家心悦诚服地归顺中国。因此唐王朝成为亚洲文化政治的重心，各民族顶礼膜拜的尾闾；唐也惠泽四方，提高他们的文化水准，雨露所及，非楮墨所能尽，今举其较显著者如下。

最显著的首推日本。秦始皇为求仙丹而遣徐福再度出海，徐福准备不再返国，便带了多种农具和种子到日本。卫挺生在他的《神武天皇开国考》一书中说明徐福即日本的开国之君神武天皇。此说并未为日本学者所公认，但亦无有力的反驳，此事似无多讨论的必要。徐福确实到了日本，他所带去的秦代农业和工业的知识与器具，对日本的开化应该有极深远的影响，这是毋庸置疑的。到了唐代，日本文化仍停滞在徐福阶段。到唐太宗四年（630），日本首次派人到中国，使者被称为“遣唐使”。直到唐昭宗六年（894），二百六十四年间，日本共派遣唐使十三次，每次遣唐使的人数从一二百人到五六百人不等，包括学生、僧侣、医生等。第一批遣唐使被派出之后十五年，日本有所谓“大化革新”，即摹习中国的政制律令、科技学术以及若干风俗习惯的改革。例如班田法（均田制）及租庸调制，唐代制造引水灌溉的水车、历法、医药、书法、绘画、音乐舞蹈、建筑等，均被传入日本。甚至新年饮屠苏酒，端午饮菖蒲酒、食粽子等习俗，七夕、重阳、中秋、除夕等节令，日本均依样葫芦。且日本天皇如唐例尊孔子为文宣王。日本亦派船迎送中国使节六次。百余年后，日本人简化一些汉字，做成拼音字母，称其为“假名”，汉字则被称为“真名”。用拼音的方式写出日本语言，而自唐代传入之汉字仍然应用，日本便有了“自己”的文字，这对日本文化的发展有极大的影响。

中国到日本的人，以僧人鉴真（688—763）影响最大。鉴真应日本“留学僧”的邀请去日本宣扬佛学，玄宗三十二年（743）他第一次东渡日本，其

步辇图 唐代阎立本绘

《步辇图》描绘的是贞观十五年（641），唐太宗接见来迎娶文成公主的吐蕃使臣禄东赞的情景。

鉴真第六次东渡 出自《东征绘传》

鉴真是唐代高僧，日本律宗初祖。为了传播佛法，鉴真不顾危险，六次东渡。他不仅带去了佛教思想，也带去了唐朝的医药学知识和饮食文化，他被日本人民奉为医药始祖。

所乘坐的船只被海浪击坏，以后尝试三次均失败。十年后（753）他终于到达九州，然后在日本居住了十年，七十五岁逝世。他带到日本的不仅有佛学（他曾为日本孝谦天皇授戒律），还有寺庙的建筑、佛像的雕塑等技术，并传授若干中国医药知识。有一些日本留学生长期居住中国，其中以阿倍仲麻吕（698—770）最有名。阿倍仲麻吕十九岁时到长安入太学，学成后在唐朝任职，官至秘书监（中央图书馆馆长），与当时的诗人李白等人均有交往。他死在中国。

当时朝鲜半岛分为三个国家，高句丽在北，与中国接邻，百济在西南，新罗在东南。自汉武帝置郡朝鲜之后，朝鲜即深受中国文化感染，至新莽时始脱离中国之政治控制，但在文化上仍与中国保持适当的接触。朝鲜能够屡次抵抗隋炀帝之大军，足见其组织力之健全。唐高宗置安东都护府后，中国与朝鲜半岛各国和平相处，朝鲜派遣到唐的留学生与留学僧很多。朝鲜的音乐早在北朝时就已传入中国，各种特产如人参和锦、䌷、绫、绣等在唐时亦传入。唐玄宗诏称："新罗，君子之国，颇知书记，有类中华。"新罗的留学生在太学的外国人数中居首位，唐文宗十五年（840）学成归国之新罗学生有一百零五人。部分新罗学生还考中进士，如金可记中进士后曾回国，复来，隐居终南山终老。所以，新罗的文物制度、风俗习尚都很"唐化"。新罗国王对海难获救的中国商人大谈经史。由唐传入朝鲜的还有佛学。早在南朝时，佛学即开始传入朝鲜半岛，唐时来华的僧侣以慈藏启其端。唐代盛行的佛学四宗，即法相宗、天台宗、华严宗及禅宗，均于此时传入朝鲜。

唐朝对亚洲各国的深远影响，除文化关系之外，主要还有经济关系。唐初主管陆上通商的称互市监；主管海上通商的为市舶使，市舶使分别设在广州、泉州、杭州三处；其职掌为使市者不争和征税入官。

陆上的交通，经由中亚诸国，远达波斯，缅甸亦经南诏国入剑南道。德宗二十三年（802），缅甸曾派遣一个由三十五人组成的歌舞团，取道南诏国，经剑南道而至长安。长安在当时已成为世界贸易中心，外国商人有四五千家之多，他们都分别有特定的居住区。从外国输入的特产种类很多，包括名马、羚羊、狮子、金桃、银桃、玻璃、水晶杯等。今乐器上冠有“胡”字的，如胡琴是在当时传入中国的。中亚的音乐舞蹈自然也随之传入。酿葡萄酒及榨甘蔗熬砂糖的技术，也于此时传入中国。至于从中国输出的物产，以各色丝织品及茶叶为大宗，瓷器、药材亦有。政府有时会对丝织品的输出加以限制，金与铁等物则被禁止输出。中国的建筑技术、医术、养蚕术、酿酒技术及造纸术等，也于此时传到中亚。特别是造纸术，经由中亚，辗转传入欧洲。中国的造纸术，在南朝时已很发达，唐朝时传入欧洲，对欧洲文化的发展产生了很大的影响，欧洲人不再用昂贵的羊皮和不耐久的草纸了。

唐王朝同波斯、大食等国，海陆均有交通。波斯的港口常有大唐商船停泊。唐高宗时大食侵击波斯，唐曾出兵声援。大食于唐高宗二年（651）遣使来唐，此后一百四十余年间，共遣使来华三十余次，足见唐朝与大食交往之

唐代鎏金舞马衔杯纹银壶　仿契丹皮囊壶制作

频繁。大食人多取海道而来，他们输入的物产中，有两项值得注意，即石油与鸦片（鸦片当作药物用）。当时南洋地区与唐王朝的交通更是密切，当地的经济文化及工艺技术受中国的影响极深远。日本、琉球均是通过海路与唐朝交往的国家。

中外经济文化交流的结果，中国与各国均获益良多，物产交换犹在其次，最重要的是各种技艺的交互影响。中外工匠的交流，促进了亚洲各国文化的进步，也间接影响了欧洲文化的发展。各国的技艺对中国也产生影响，如天文历算、绘画、音乐、医药等，中国均能吸取其精华，加以弘扬而打造成灿烂辉煌的唐代文化。唐代以“天可汗”那种超越一切狭窄的胡汉之别的观念，以包罗万象的胸襟容纳各族的精华，这是唐代文化的特色。唐代对各种宗教也抱持同一态度，佛教能在中国生根滋长，自与此有关，后文将叙述。尤有进者，各民族不仅有经济文化的交流，在血统上亦有融合，最终以华夏为主体，长期与杂居的各族通婚而融合成一个新民族，这便是所谓“唐人”了。

“中山世土”匾额

琉球国位于日本九州岛和我国台湾岛的中间，在大航海时代，琉球是东北亚及东南亚海上贸易的重要中转站，经济贸易都十分发达。琉球首里城正殿上挂着的“中山世土”匾额是康熙皇帝御赐的。

第十四章　唐代的经济社会与文化

⊙ 唐代的经济社会

灿烂辉煌的唐代文化，建立在唐代殷庶的农业基础之上。富裕的农业，带动了手工业的发展和商业的兴盛。在这种社会经济繁荣的情况下，唐人才能以其充沛的精力糅合南北文化，汲取四方文化的精髓，进而创造出崭新的文化，照耀古今。

唐代将儒家的最高理想均田制付诸实行，使得农民生活充裕，益以政治清明，故农村经济殷富，形成“古昔未有”的康乐社会。农业经济的繁荣，还要倚赖农耕技术的改进与灌溉工程的发达。唐代农民耕稼用的犁很先进，耕犁是由十一个部分组成的，可以分别深耕或浅耕。打碎泥块、芟除杂草、碾平田面等工作，均有特制的农具，既省人力，又可增加生产。灌溉用的辘轳式足踏汲水车，早已被普遍使用。人们还发明了“筒车”，其形状如纺纱车，沿车轮系以一圈空竹筒，旋转至低处时在水中舀水，旋转至高处时将水泻出，利用水力使之旋转不息。这种“筒车”日夜均可工作，不费人力。车轮直径大的，可以将水引至高地灌田。同样，利用水力碾谷米的技术也很进步。

发展农业的工程，以开河渠、筑堤堰、凿水井最重要。唐代设有“都水

《天工开物》中的筒车

使者”，主理水利事务。因为唐王朝幅员广阔，水利工程亦按地理区分。大体北方重开渠引水，以往遗留下来的河渠如郑国渠，政府均予以重新疏浚。新开的沟渠很多，以河套地区的唐徕渠工程最大，受益的田亩最多。该渠长两百一十二公里，有支渠五百余条，习称“黄河百害，唯富一套”，应自此开始。南方因雨量大，故多着重蓄水及引水工程，兴建堰塘陂堤居多。从唐开国至玄宗时为止，一百三十年间，全国各地兴筑的水利工程，可考者有百余处之多。如此重视水利灌溉，故耕地增加，生产随之，人口亦然。到安史之乱前一年（754），全国人口已近五千万，比太宗时增加了三倍，已略超过隋代极盛时之人口。

农业兴盛自然会带动工艺的发展。唐代的工业，主要由政府管制和倡导。官营的工业有严密的组织，其主管有三：工部，掌天下百工；少府监，掌百工技巧之政令；将作监，掌全国土木工匠之政令。少府有工匠一万九千八百五十人，将作监有工匠一万五千人。这些工匠按工作时日分为三类：一是长期工匠；二是每年为政府做工二十日至三个月不等的工匠；三是临时受雇，称为“和雇”，和雇者亦可能改为政府正式工匠。因故不能如期为政府工作的工匠，亦可出资请人代替。政府负责传授工艺技能。细缕之工要学四年才能毕业，其他三年两年不等；学制冠冕巾帻的，只学九个月。

捣练图（局部） 唐代张萱绘

“长安一片月，万户捣衣声。”其中“捣衣”就是画中的情景。图中共十二个人物，按劳动工序分成捣练、织线、熨烫三组场面。“丰肥体”的人物造型，带有浓郁的唐代仕女画气息。

工作不力者，笞四十，开除工籍；私制武器者，处死刑。

唐代的工艺业，主要控制在政府手中，种类很多，如织染业、矿冶业、造船业、制瓷业、造纸制墨业等，无所不包。择要概述如下：

织染业分布、绢、絁、纱、绫、罗、锦、绮、䌷、褐十类；练染分青、绛、黄、白、皂、紫六色。成品又按品质优劣分等，以绢为例，便分为八等。从织染业的种类与颜色分类之精密，可见其进步。从当前保存的唐代绘画中，我们可见其仕女服装图案之精美与色彩之和谐，织染业技艺优越之端倪已现。由于农民要纳绢（调）与政府，故纺织业在民间也很发达。

矿冶业以银、铜、铁、锡为主，全国约有一百六十八处矿山开采此四种矿产，其他如金、铅、水银、朱砂等均有出产，数量不大。就产量最多的铁而言，年产量亦不过两千余吨。不过就当时的技术条件而言，也颇为可观了。与矿冶有关的铸造工艺很进步。唐代已能金银合铸，镀金、镀银的技术也研制成功。唐代遗留至今的金银器及铁制的农具或其他工具，均能很清楚地显示出唐代铸造技术进步的实况。

造船业公私营并盛。唐太宗欲征高句丽，命人在江南造船四百艘以运军粮（644），四年后亦以欲平高句丽之故，在剑南道建军舰，“伐木造舟舰，大者或长百尺，其广半之”，经长江而至莱州。此次造船因役民过甚，曾引发剑南道民变。

制瓷业是中国最发达的工艺。唐代瓷窑遍布各地，产量很大，以邢窑（在今河北邢台）、越窑（在今浙江绍兴）最有名；前者生产白瓷，后者生产青瓷。“唐三彩”是以黄、绿、青三色为主要装饰颜色的彩色釉陶器，其艳丽生动，早已脍炙人口。纸、笔、墨在南朝已有很大进步，唐代进一步加以改进，宣纸在当时已驰名遐迩。

百姓生活富裕，工艺发达，商业自然兴盛。促进商业发展的几大要素为货币、度量衡制与交通，唐代在这些方面都具备良好的基础。唐高祖称帝后不久即统一全国货币，废除隋的钱币，制造“开元通宝”钱，为此后物价稳定、商业发达奠定了良好的基础。唐太宗初年一斗米值三四钱，经历一百二三十年至玄宗时，一斗米值十三钱，物价稳定，可见一斑。唐代的交易媒介除了钱币，还有绢、布等。度量衡制分大、小两种，是隋的制度，唐朝沿袭未改。所有尺、斗、秤都于每年八月由官府检定一次，没有差谬，然后使用。唐朝特别重视交通。陆路交通以长安为中心，辐射到全国的有五条干线，分别到达剑南道、岭南道、河北道、河东道、陇西道。每三十里设一驿站，备车马舟楫等交通工具，并建有旅舍，供往来商贾及官吏之用。驿站还负有传递政府公文的职责。驿站用马匹接力的方式传递紧急文书，有三日之内将诏令送至八百余里远的地方的记录。全国驿道有四万余里，陆驿一千二百九十七处，水驿二百六十处，水陆驿八十六处，真正做到了四通八达。“交货往来，昧旦永日（昼夜不停）”，是当时的写照。

当时的商业重心很多，遍及全国，以长安为最大。长安是东西长约十八里，南北广约十五里的一个长方形城市，居民最多时达一百万人。街道似棋盘交错，东西大街十四条，南北大街十一条。皇宫在北，城南为商业区，东南区是中国商人，西南区是胡商。贯通南北正中的名朱雀大街。各城市皆设“市令”，管理商业，“楚斥非违之事”，规定日中开市，日入前散市，以击三百下为号。各行工业界，有类似行会的组织，定有行规和行神，每行设“行老”主持内外大事。产品均有定价，以免同行恶性竞争。一切均井井有条。

历史记载当时之富商巨贾各地都有很多。长安的富商邹凤炽家中“金宝不可胜计，常与朝贵游，邸店园宅，遍满海内”。他曾对唐高宗说，若以一匹绢买终南山的一棵树，山之树已尽，而他的绢还有余。中国历来贱商，但唐代的富商常招纳四方名流，加以供养，朝廷很多大官也“往往出于（其）门下”。商人甚至还参加宫廷宴会，向皇帝夸耀其财富。中唐以后，商人可出钱买官。江陵富商郭七郎输朝廷数百万钱，买到横州刺史；有的商人贿赂藩镇，以求保荐到朝廷为官。

随着工商业的发达，有些新事物也开始出现。如“飞钱”，相当于现代的汇兑券；“夜市”原是被禁止的，但长安、成都、扬州都有了夜市；市郊临时的集市曰“草市”，不定期的集市曰“虚市”。此外，唐朝还开政府放高利贷之先端，高祖元年（618）朝廷设置“公廨本钱”，借贷与商人，借钱五万者，月纳息四千，差不多等于年利百分之百。到商业兴盛后，商人的游资增加，高利贷盛行。“质库”是需要贷款人提供抵押品的贷款机构，即当铺的前身。

唐代的税收，常随时而变，大致安史之乱前后有比较大的改变。以盐为例，唐玄宗以前，盐由户部经营，每斗盐值十钱，等于无税；安史之乱后，朝廷财政支绌，乃每斗盐加百钱出售（758），价一百一十钱，加价十倍；到唐德宗九年（788），每斗盐增至三百一十钱；三十年间，盐价上涨三十倍，于是“宫闱服御、军饷、百官俸禄，皆仰结焉”。产盐地区的大商从中牟利，竟加倍价钱出售。贫者与富人对盐的消耗量相差极有限而负担一律，故“民始怨矣”。

唐初无酒榷，安史之乱后数年，唐代宗下诏（764）征酒税，按月缴纳，随即分税为三等。唐德宗三年（782），朝廷禁止天下私自买卖酒，酒由政府自设店专卖，“收利以助军费”。民间可以酿酒，称为“酒户”，买

唐三彩梳妆女俑

卖酒则由“官店”负责，违者所受的处罚会很重，甚至会被没收家产，“连累数家”。后来政府甚至对有些地区的酒曲进行征税，声称是为了“资助军用”。

茶税也是唐德宗时开征的（793）。茶分三等征税。唐文宗问郑注“富人术”，郑注的回答是征茶税。于是唐文宗派王涯为“榷茶使”。唐宣宗初年（847年左右），有三人私贩茶叶各满三百斤，皆被处以死刑。因茶税太重，所以私贩很多。数年后，宰相裴休“立茶税十二法，人以为便”，“十二法”尚以为便，可见晚唐茶税之繁苛。

在安史之乱以前，上述盐税、酒税、茶税，政府均未征收。一般工商业如邸店、行铺、炉冶均只按一般的租庸调加倍征收。邸，即商人的住宅，店是商店；行，即小工场，铺即店面；炉冶，即炼铸金属之工业。盛唐时期的工商业税收很轻，这也是促成工商业繁荣的原因。自唐肃宗开始，朝廷巧立名目，各种苛杂层出不穷，有房捐、贯率钱（资产奴婢交易税）、口算（畜牛羊税）、青苗钱（苗一亩征十五钱）等，民不聊生，故“怨之声，嚣然满天下”。至于各地藩镇，穷兵黩武，横征暴敛，更是肆无忌惮。百姓在暴敛之下呻吟，工商业自然萎缩。所以唐玄宗之后，唐朝不仅政治军事与国势衰象毕露，在社会经济上亦复如此。

唐代经济繁荣，百姓生活水准提高，婚丧嫁娶，多事铺张。普通人结婚，“出财会宾客，号‘破酒’，昼夜集，多至数百人，贫者犹数十”，“杂奏丝竹，以穷宴欢”，一场喜酒，“动辄万计”。丧礼则更靡费。丧家在各项准备未周全时不通知亲友，送葬时力求民众，“既葬，邻伍会集，相与酣醉，名曰‘出孝’”。道旁设祭的“祭盘帐幕，高至九十尺，用床三四百张，雕镌饰画，穷极技巧，馔具牲牢”。甚至有出丧时演戏以“娱”缞绖者，贤子贤孙，皆“辍哭观戏”！路祭各出心计，“竞为新奇”，柩车暂过，皆为弃物矣。“盖自开辟以来，奠祭鬼神，未有如斯之盛者。”

至于一般的高官巨贾平日之生活，更是奢侈靡费，一饭之资令人咋舌。宦官鱼朝恩宴郭子仪，“出钱三十万”，折合当时市价可买两千多石米。“闾里无事，乃有堕业之人，不顾家产，朋游无度，酣宴是耽。”上下均如此享受生活。至于文人雅士，更是放纵豪饮。宰相裴度在其别墅“绿野堂”中与诗人白居易、刘禹锡酣宴，终日放言高歌，以诗、酒、琴、书自乐，当时名士皆从之游。大学者杜佑也在别墅中“与公卿宴集其间，广陈妓乐”。长安的平康坊是妓女的集中地，“每年新进士，以红笺名纸，游谒其中，时人谓此坊为风流薮泽”，这大约是李德裕鄙视进士的原因之一。盛唐是一个歌舞升平的社会，毋庸讳言，尽情享受生活是其流弊。

唐代的习俗也影响了邻近民族如日本、朝鲜等，前已述及，流传至今的也不少：玄宗生日是八月初五，定为千秋节，“咸令宴乐，放假三日”；花朝日，采百花蒸糕；重阳日登高；八月十五互送“月饼”，“取团圆之义”；茶道，源于陆羽《茶经》三篇；如焚“纸钱”以祈福；如斗鸡、打球、拔河、博弈（玄宗时最盛）等。这些习俗虽不一定全部创始于唐代，但它们的充实定型则在唐代。

唐代未流传下来的风尚，是唐代人关于男女的伦理观念。盖自刘渊称王（304）至唐统一，历时三百余年，胡族的君长固多十分华化，但胡人的习俗影响社会很深，其中妇女地位高，男女关系自然是其最显著者。武媚曾以“更衣入侍”唐太宗，唐高宗娶其亡父之妃，且立之为后，并生了四子一女，此子女与高宗的关系是父子抑或“兄弟”，唐人并不计较。骆宾王讨武则天的檄文也只骂她“地实寒微”，没有说她牝鸡司晨那一类女人不可干政的话。唐玄宗于宠妃武惠妃死后不乐，有人告之其儿媳妇寿王妃杨玉环很美，这种话在宋朝之后的世人看来简直不可思议，但在唐代人们竟能建议玄宗不妨找儿媳妇来代替死去的武惠妃，足见时人心中伦理观淡薄。自唐高祖到唐肃宗，唐室公主改嫁的有二十多位，其中许多公主还是三嫁、四嫁。唐律有“夫妻不相安谐者”可离婚；倡导儒道的韩愈，他的女儿也曾离婚改

宫乐图

《宫乐图》描绘了宫中女眷宴饮行乐的场面，共有十二位人物，环案而坐，吹奏畅饮，好不热闹。唐人慵懒奢靡的生活气息扑面而来，只是浮生若梦难自醒！

嫁。不过，未合法离婚而再嫁（重婚），仍为法律所不容。

唐代的男女关系十分开放。女性可以骑马代步，不必坐在密封的车轿中。虢国夫人清晨便“骑马入宫门”，“三月三日天气清，长安水边多丽人”，证明唐朝的女性不是被锁在深闺中，而是可以在户外自由游乐。男女杂座饮宴、郊游在当时亦极普遍，他（她）们初春时到郊外“为探春之宴”。至于文人骚客无视男女之嫌的诗文比比皆是。元稹那些描绘艳丽细腻的诗，固不用提；白居易的《琵琶行》，江州司马可以邀请邻船的经理太太来丝竹谈心，而且发为诗歌，以纪其情；即使较严谨的杜甫，也有“公子调冰水，佳人切藕丝”的旖旎风光。

唐代的这种风尚，到南宋以后便消失了，后世之人的伦理观念极重，乱伦者不仅为社会所不齿，且会被处以极刑。男女之防很严，男女授受不亲已成为金科玉律。一般朝野文人也都道貌岸然，即令背地里做了风流韵事，也不会如元稹、白居易那样扬扬自得地吟咏出来。唐代的这种风尚，自南宋而绝迹于中国，但在日本和朝鲜依稀留有遗风。

⊙ 唐代的文化

唐代留给后世最伟大的遗产是文学艺术，诗又为其中翘楚。清初所辑《全唐诗》，共集诗篇四万八千九百余首，作者两千两百余人。经历

唐代带猞猁狩猎女俑

唐代带豹狩猎胡俑

七百余年，轶亡之诗必很多，犹如此丰富，可见唐诗之盛。清高宗二十八年（1763），蘅塘退士（可能名孙洙）再就中选为《唐诗三百首》（实为三百一十一首），其中最脍炙人口者，童蒙均可朗朗上口，人所尽知。关于唐诗之品赏评鉴及其类别，历来文章很多，笔者不赘述。明高棅编《唐诗品汇》，将唐诗分为四期：初唐、盛唐、中唐、晚唐。笔者循此分期，略作叙述。

初唐约一百年（618—713），大体沿袭南朝遗风，“不过嘲风月，弄花草而已”（白居易致元稹信）。初唐之诗讲求音韵对偶，没有超出骈文的模式。经过沈佺期、宋之问等人的改进，唐诗成为规模严格的律诗。律诗是唐代首创的一种诗的格式。陈子昂独倡复古（魏晋以前），作有《感遇》诗三十八首，因早死，影响甚微。

盛唐五十余年间（713—766）的李白与杜甫是世人公认的中国最伟大的诗人。李白（701—762）的祖先于“隋末以罪徙西域，神龙初，遁还”。我们由此推算，他的祖辈在西域居住了近百年。李白出生于西域，神龙初，应是705年左右，随父入居剑南道绵州（今四川绵阳境），时年四岁。及长，“击剑为任侠，轻财重施”，十足北方豪迈拓落的性格。年二十余始出川漫游名山大川，触景抒怀，发为诗歌，壮丽瑰琦，成为千古绝响。当时名人贺知章将李白推荐给唐玄宗，“帝赐食，亲为调羹”，可见宠遇之隆。传说李白任翰林学士时，尝与玄宗共饮，醉后命高力士为之脱靴，其超尘出俗、目无世俗，一至于此。李白与友合称“酒中八仙人”，“自称臣是酒中仙，长安市上酒家眠”。他的抒怀诗，平淡自然，有如顺口道出，韵味无穷；他的写景诗宏丽浩渺，极尽苍穹，超越亘古规范，自成一格。安史之乱后，李白生活坎坷。唐代宗即位（762），欲召之入朝为官，可惜李白卒，年六十二。李白留下的诗约千首，以乐府、绝句最多。

与李白差不多同时的杜甫（712—770）是初唐诗人杜审言的孙子。杜审言恃才傲物，冠绝于世，他曾替侍郎苏味道写判词，“出谓人曰：‘苏味道必死。’人惊问其故，答曰：‘彼见吾判，且羞死！’”其狂诞如此。他的孙儿杜甫却是拘谨审慎的人物。杜甫“少贫不自振”，三十二岁时在洛阳遇见长他十一岁的李白，两人惺惺相惜，结为友好，结伴漫游各地。分别之后，两位大诗人相忆难忘，杜甫曾有《梦李白》两首，“死别已吞声，生别

太白醉酒图 清代苏六朋绘

李白因酒成诗，曾留下“李白斗酒诗百篇”的佳话。《太白醉酒图》描绘的就是诗仙李白醉酒于皇宫时的情形。画中的李白，朦胧虚醉的眼神中暗含着高傲之气。李白后来被唐玄宗赐金还家，从此浪迹天涯，游历四方。

常恻恻”“三夜频梦君，情亲见君意”等句，读之均令人酸鼻。杜甫在那时已知李白将有“千秋万岁名”了。杜甫一生贫困，至唐玄宗四十三年（754）时尚“衣不盖体，常寄食于人，窃恐转死沟壑”。他穷到“床头屋漏无干处”的程度，安史之乱时，他的“娇儿”之一竟死于饥饿。后杜甫避难到成都，依附节度使严武，在成都西郊筑草堂以居。他极富同情心，但“性褊躁傲诞，尝醉登（严）武床，瞪视曰：‘严挺之乃有此儿！’”，仍有祖父遗风。代宗九年（770），杜甫由成都到耒阳（今湖南耒阳），困于大水，绝粮十余日，县官救出，馈牛炙白酒，大醉而死。这位一生颠沛流离，“弥年艰窭”的绝代大诗人竟如此谢世，令人悼伤不已。

李白与杜甫所处的大时代相同，两人同时生活在唐代极盛时期，同时遭逢“天旋地转”的“安史之乱”，但由于禀赋及身世迥异，他们对时代巨变的反应迥然不同。李白有“五花马，千金裘”以换美酒的气概，杜甫却只是“双照泪痕干”，“寂寞养残生”而已。前者享受人生，欣赏自然的瑰美，以飘逸奔放的才情描绘成诗；后者颠踬困顿，备尝人世丑恶，以“浑涵汪茫，千汇万状”的词句，将人世间的感受，入木三分地刻画出来，“世号诗史”，信不诬也。其实盛唐以后的诗人的很多诗，都反映了当时社会的各个方面，都可许之为诗史。韩愈从不轻易称赞他人的文章（因他很自负），至于诗歌，则曰：“李杜文章在，光焰万丈长。”我们有同感。李、杜两人吟咏的对象不同，但他们有共通之点，即反对初唐时代言之无物、吟风弄月之艳辞。他们为诗歌另辟蹊径，开创了文学的新天地，使诗歌的境界扩大、充实。

中唐约八十年（763—835），著名的诗人有韦应物、柳宗元、白居易、元稹等。白居易（772—846）被贬为江州司马（唐宪宗十年，815年）时，曾写信与他的挚友元稹论诗。他虽推崇杜甫，称其“贯穿古今，缕格律，尽工尽善”，盛赞杜诗之能反映现实，例如“朱门酒肉臭，路有冻死骨”之句，但认为此类诗在杜甫的诗作中不过占十之三四，仍嫌不足。他自己最得意的是“讽喻诗”和“感伤诗”。当时天下传诵的《长恨歌》，是他自己最轻视的作品，因为那不过是游戏文章，没有反映社会实况与民生疾苦。在他看来，情景深切、文字浅易流畅的诗，才是理想之诗；无病呻吟的作品，堆砌文辞的作品，均不值一顾。他的代表作如《秦中吟》《卖炭翁》《新丰折臂翁》等，大家都已耳熟能详。它们刻画出官吏与宦官的贪婪、百姓的悲惨以及战争的残酷，历历如绘，使人如见其人，如闻其声，读之令人发指，也使人悲戚。白居易不愧为中国写实文学的翘楚。他活到七十四岁才逝世，留下的诗有三千多首。他的文章也很有名，史称他“极文章之壶奥，尽治乱之根荄”。

长恨歌图　日本狩野山雪绘

《长恨歌》是白居易最为人传颂的代表作，一般认为描写的是唐玄宗与杨贵妃的故事。《长恨歌》对后世文学产生了巨大影响，甚至影响了日本文学，如《源氏物语》《枕草子》等。

晚唐约七十年（836—906），李商隐、温庭筠、杜牧等可为代表。他们并没有承继李、杜、白的传统，反而趋向初唐的雕琢堆砌词句，吟咏的题材亦转入风花雪月和绮靡的艳情，唯格律更严谨，词句更精致。如李商隐的“一树碧无情”“寒云路几层”；温庭筠的“江上几人在，天涯孤棹还”；杜牧的“烟笼寒水月笼沙”“楚腰纤细掌中轻”，等等，均是例子。晚唐的诗歌对宋代的诗与词有极深的影响。

韩愈、柳宗元等人是唐代著名的文学家，他们在文章体裁上反对唐朝初期辞藻瑰丽的骈文，提倡恢复朴质抒情、叙事说理的两汉文，主张文以载道，要言之有物。这种文学改革的趋势，远在西魏宇文泰时已由苏绰开其端，隋文帝继之，他曾诏令天下文章务必朴实。泗州刺史马幼之曾因为文华过艳而获罪。三百余年的积习，很难由政府下令去除。唐初四杰仍然承袭六朝遗风，风靡一时，虽有陈子昂之反对，但无实效。及至李白、杜甫、白居易等的写实诗歌出现后，风气为之丕变，华而不实的骈文始为大家所轻鄙，逐渐流为应酬之应景文体。白居易的奏议文章，已开古文之先河，韩、柳承其余绪，发扬光大，蔚然成风。所谓“文起八代之衰”，指自曹魏到隋八代的“衰文”（骈文）自此而始式微之意。

柴门送客图 明代周臣绘

“草堂留后世，诗圣著千秋。”后世很多人用杜甫诗歌中的意象、诗句以及文化典故入画，即“杜甫诗意图”。此图就取自杜甫《南邻》中“相对柴门月色新”诗句的意蕴，表达了作者对高洁淡泊的隐逸生活的向往。

唐代在学术思想上亦有贡献。唐是承袭北朝儒学传统而统一的，故相当重视经学。唐太宗“尝叹‘五经’去圣远，传习浸讹”，乃令颜师古、孔颖达等人“考定”之。后经过儒者多方辩论，政府将颜师古、孔颖达等人考订的版本命为《五经正义》，颁布天下。唐高宗二年（651）朝廷又修订过一次。这一次的整理工作，对儒学在中国的复兴有很大的影响。因为自后汉末年三百余年以来儒学已非显学，沦为诸子百家之一，不足与佛、老并称。例如隋代的王通（584—617），隐居讲学，号“文中子”，自著《王氏六经》，即《礼论》《乐论》《续书》《续诗》《元经》《赞易》等，均摹“六经”而成；又仿《论语》而成《中说》，用“子曰”回答质疑，“王子”自视可代替“孔子”。如此狂妄，而《旧唐书》《新唐书》均称之为“大儒”“名儒”。他门下的弟子，有名的如杨素、房玄龄、杜如晦、李靖、魏徵等，足见其影响之大。王通只活了三十三岁，有如学术界的一颗流星，其著作今存者仅《元经》与《中说》两种。他在当时可以独树一帜，可见儒家并无特出地位。在儒家地位变得神圣崇高之后，王通才成为离经叛道之徒，连《新唐书》中的《王通传》也被人删除了。

韩愈、李翱等人对儒学进行了发扬。由于韩愈的文章雄伟磅礴，说服力强，儒学的地位也就日益尊崇。韩愈的《原道》《原性》、李翱的《复性书》，都是“攘斥佛老”、重振儒家的名著。事实上，韩愈自身也受道家的影响，在《送李愿归盘谷序》中，他那种逸世隐居的遐思，与晋田园诗人陶潜的《归去来兮辞》的境界类似。李翱的大文中也带有强烈的佛学色彩。韩愈、李翱受到佛、老的影响而提出的“道”“性”“情”等概念，经过宋儒的研精阐微而成为糅合儒、释、道哲理的“理学”。

中国史籍本由史官负责，自司马迁自撰《史记》而后，私家修史之风大盛。如班固之《汉书》、陈寿之《三国志》、范晔之《后汉书》等，均为著者私家修撰。至隋文帝十三年（593），朝廷下令禁止私人修史。唐高祖时朝廷设立史馆，任命宰相大臣主持修史，今正史中的《晋书》（包括东晋）《梁书》《陈书》《周书》《北齐书》《隋书》六种均为唐代官修史书。唐朝并未禁止私人修史，如李延寿述南北朝之《南史》与《北史》，均被列入正史。唐人所记唐史，称为“实录”，即皇帝起居注。惜唐代各帝实录今存者，仅韩愈所撰《顺宗实录》五卷，收于其文集中。顺宗在位不过八月，不足道。

正史之外的史学重要书籍如《唐六典》，汇唐代典章制度于一炉，成为研究唐史之要籍。杜佑（735—812）的《通典》，叙述自先秦以迄唐玄宗天宝年间的政制、经济、法律、地理沿革、边疆等，纵横综合成书，成为类似政治史的专史著作，所谓“九通”，是它开其端。著名史学理论家刘知几所著的《史通》，是中国第一部有系统的“历史学”名著。他批驳世人奉为经典的《尚书》和《春秋》，直斥孔子的虚妄以及所谓大史家如陈寿之流的卑鄙。关于他的卓识，古今有不少学者认为他是当之无愧的中国史学界伟人。

唐代绘画、书法、雕刻方面的成就也很高。画家以阎立本的人物描绘最为著名。阎立本的《历代帝王图》，绘自汉昭帝以来十三皇帝，最后一位是隋文帝称为“全无心肝”的陈后主陈叔宝。阎立本将陈后主轻佻浮薄的神情画得栩栩如生。原画为卷轴，波士顿艺术博物馆只展出后半段（至少笔者旅居该地两年间是如此）。另一位著名画家是吴道子，亦工人物画。可惜二人流传下来的作品都很稀少，山水画只记载上有，无作品留世。东晋王羲之的草书有如天造神运，众人皆知，唐太宗竟将王羲之的名作《兰亭序》作为殉葬品带入墓中，可见其动人之深。唐代书法承继王羲之等名家之余绪，益以文房四宝之改进，技法精进，多所创发，遂成为艺术。有名的欧阳询、颜真卿、

陈后主画像 唐代阎立本绘

阎立本将陈后主轻佻浮薄的神情刻画得极为生动。

柳公权，均能各出新意，创造独特的体格，使书法成为高级艺术。雕刻的进步远远超过前代，“昭陵六骏”的浮雕，置之任何时代均是杰作。

唐代文化是一个崭新的文化，它糅合了中国南北两种不同的文化类型和意识形态，兼收并蓄了各民族的特色，所以它是豪迈之中不失静穆，飘逸之际仍见严谨，雄伟之余重染艳靡，奔放之下夹杂氤氲。它是新陈代谢的，也肩负起承前启后的功能。许多秦汉以来的传统事物在唐代消失了，或改头换面出现；若干传统中所没有的文化，也在这个时代以崭新的面目呈现。读唐代二百八十九年的历史，无论政治、经济、文化等哪一方面的著作，我们均宜做如此观。

在讨论唐代的历史时，我们不能忽视宗教对各个方面的影响。自魏晋始到唐初为止，约四百年间，据不完全统计，中亚及印度到中国来的僧侣有六十人左右。中国僧侣西行求法者亦多，逾数百人，其中悟空（731—812）留印度四十年为最久，但最有名的是法显与玄奘。玄奘于唐太宗二年（628）赴印，留十七年始返国，他来回均取道陆路，与两百余年前的法显不同。玄奘带回各种佛经六百五十七部，“太宗见之大悦，与之谈论”，诏令房玄龄

玄奘画像

玄奘，法相宗创始人，被尊称为“三藏法师”，后世俗称“唐僧”，与鸠摩罗什、真谛并称为中国佛教三大翻译家。为了探究佛教各派学说的分歧，玄奘立志西行、直探原典，以求统一中国佛学思想。

等人“广召硕学沙门五十余人”，在弘福寺翻译佛经，并修正以往华译的讹误。656年，唐高宗令许敬宗等人“润色”玄奘所定之佛经，这是中国规模最大的一次佛经翻译工程，佛学由是大为兴盛。盖玄奘精通梵文，能直译与意译，故其译文流畅达意，与以往之艰涩难解迥异。玄奘对佛学与佛教之传播厥功甚伟。佛学十宗中最盛之四宗，即法相宗（唯识）、天台宗（法华）、华严宗与禅宗在唐代均已创立，法相宗系玄奘所传入。

我们应该将佛学与佛教分开讨论。至于佛教，唐高祖曾以“京师寺观不甚清净”，许多“猥贱”“浮惰”之徒为“苟避徭役”而剃度，遂勒令此类僧侣还俗，从事生产，京中只留寺三观二，天下诸州，各留一所。诏令虽下，但并未执行，因为天下佞佛以求解脱或修来生之人太多，何况他下此诏后不久，即有玄武门之变。唐太宗即位后立刻改变对佛教的政策，此后唐代的皇帝，除了唐武宗，多佞佛不衰。他们虽然引道教的教主老子（姓李）为同宗而加以敬崇，唐高宗且追尊老子为“太上玄元皇帝”，但主要仍是迷信其长生不老的丹药而已，并无所谓道学。从唐宪宗开始，有五位皇帝均因服食丹药而亡，所以唐代的道教与北朝的近似，不似南朝的研阐老庄哲理。唐代亦有少数以老庄之术讨论时政的人物，如元结、无能子等人，但他们与道教无关。道教的炼丹也有副产品，早期配制火药的方法，即首先被记载在一本道教的丹经之中。

唐朝对各民族文化一律大度包容，故各民族所信奉的宗教，全都可在中国流行。景教乃基督教支派，于唐太宗九年（635）经波斯传入中国。唐太宗以其“济物利人，宜行天下”，为之在长安建寺一所。据明代出土之《大秦景教流行中国碑》叙述，景教教徒常受皇帝宠遇，“安史之乱”时曾“为公爪牙，作军耳目”，助弭乱有功。至唐武宗（841—846年在位）崇道，始废其寺。祆教亦名拜火教（后又称明教），源起波斯，北魏时已经西域传入中国，高祖亦曾在长安为之立寺，唯禁百姓祈祭。摩尼教亦兴于波斯，回纥人多信奉之，但朝廷亦禁百姓信奉。除以上三种宗教之外，尚有回教。回教初由海道传入杭州、广州等地。上述四种宗教，除了回教，余均在晚唐逐渐消失，对中华文化的影响甚微。我们提及它们，旨在说明唐代天下一家政策的实况。

大秦景教流行中国碑拓片

此碑是研究景教历史及其在中国唐代传播的情况以及中国古代与叙利亚、伊朗等地文化交流、友好往来的重要实物资料。

第十五章　国势式微时期

⊙ 五代十国的概况

907年，朱温（朱全忠）代唐为梁，自安史之乱后延续了一百五十年的名义上的中央政府覆亡。各地藩镇自相攻伐，竞相称王称帝，扰攘五十四年，至宋太祖赵匡胤称帝（960）才重建统一，史称这一时期为“五代十国”。所谓“五代”，是指先后据有中原的五个朝代，即后梁、后唐、后晋、后汉、后周。短短五十四年中，仅在中原地区即经历八姓十三帝，可见局势之混乱。列此五代为正统，是为了史家叙史纪年有划一的标准，绝非所谓“正统”是受崇敬之意。何况正统之决定，并无一定原则，如谓占据中原者为正统，则北魏与金均建国于中原，但史家又以南朝与南宋为正统，以其年号纪事；如谓胡人不可视为正统，则五代中的后唐、后晋、后汉的王朝建立者均为胡人。梁启超视正统之说乃中国史家之大谬，“陋儒自为劣根性所束缚”（《新史学·论正统》）之陋说。

事实上，唐亡之后，中国的政局大致可分为六个区域，一是中原的五代；二是吴与南唐（945年代吴）；三是南汉；四是楚；五是前蜀、后蜀；六是吴越。这六个政治区域，以杨行密之吴及南唐势力最强大，吴越享国最久

燕云十六州示意图

（907—978）。除了中原的五代，其余九个国家，加上契丹的附庸北汉，合称十国。它们之间大致是并峙的关系，有时南方王朝也向中原王朝入贡称臣，如吴越王钱镠曾入贡后唐庄宗李存勖。

这个时期以黄河流域最混乱。朱温生性“凶悍”，从黄巢乱唐，降唐后以军功官至节度使，后乘宦官乱政之势而代唐。他是军阀出身，对手握重兵的方镇最猜疑，所以将有功的军人杀戮殆尽，他自己则于病重时为儿子所弑。他死后十一年梁为李存勖所灭。后梁凡二帝，十六年（907—923）。

朱温与李克用同为唐代戡定黄巢之有功军人。二人之间早有嫌隙，朱温代唐之次年，李克用死，子李存勖继之为晋王，据河东与后梁对抗。李氏乃沙陀族人，沙陀为突厥之别支，原居今新疆一带多沙碛之地，故名沙陀，后逐渐东徙，经甘州（今甘肃张掖）、盐州（今陕西定边）而定居河东，仍称沙陀人。李存勖于923年灭后梁，是为后唐庄宗，不久（926）为其父之养子李嗣源所弑。后来后唐为后晋所灭。后唐凡四帝，十三年（923—936）。

沙陀人石敬瑭为李克用部将，后唐末帝时（934）有功，封为河东节度使，后野心大炽，割今山西和河北北部一带险要地方幽（燕）云十六州之地与契丹，酬其助成叛后唐为帝，并尊时年三十四岁的契丹主耶律德光（辽太宗，927—947年在位）为“父皇帝”，时石敬瑭已四十五岁，自称“儿皇帝”。儿皇帝所建王朝国号后晋，凡两帝，十一年（936—947）。

后唐庄宗李存勖

李存勖是终结朱梁、复兴唐室的开国君主，是五代十国时期的乱世骄子，最终却被“数十伶人困之而身死国灭”。

石敬瑭死后（943），后晋大臣中有不满向辽（契丹于938年改国号为大辽）岁输帛三十七万匹，主张与辽对抗。也有想效法石敬瑭，凭借外力做儿皇帝者，青州节度使杨光远、河东节度使刘知远等人均是。946年，辽兵南下入开封，大肆掳掠，俘后晋君臣北去。刘知远据晋阳称帝，进据开封，史称后汉。后汉凡二帝，四年而亡（947—950）。刘知远亦沙陀人，为帝仅一年，侄儿继位，称隐帝。隐帝欲杀邺城留守郭威未成，反为郭威所弑。郭威是汉人，所建之王朝国号后周。郭威在位三年而崩，内侄兼养子柴荣继承帝位，史称周世宗。世宗在位六年后崩，年仅七岁之稚子嗣位，六个月后发生“陈桥兵变”，赵匡胤黄袍加身，中国历史展开新的一页。后周凡三帝，十年（951—960）。

改朝换代是大事，五代平均不到十一年改换一个王朝，破中国历史纪录。其间的战争屠杀，劫掠破坏，乃势所必然，故百姓一直生活在水深火热中。他们的统治者虽在迭更，但统治的方式直到郭威时才开始改变。五代的开国之君都是军人出身，他们的观念可用后晋成德节度使安重荣的话一语道破：“天子宁有种耶，兵强马壮者为之耳！”兵强马壮需要充足的饷糈和兵源，因此统治者想方设法向民间搜刮，凡是能想到的横征暴敛的方法，他们均能施行。柳树开花要交“柳絮钱”，鸡生双黄蛋得纳税，甚至乞丐也要纳税！政府对盐、酒征收的税很重，私自煎盐制曲的民众，均被处以死刑。缴不出税入狱者多，后汉宰相苏逢吉入狱视囚，不问缘由，一律处决，曰：“狱静矣！”为防止士兵逃亡，自朱温时开始，政府即在士兵脸上刻字，称曰“黥面”。士兵逃亡被捕，处死。卢龙节度使刘仁恭将其境内十五岁至七十岁的所有男子全部黥面，共得“兵”二十万，然后驱之至前线作战。即便如此，饷源仍然不济，统治者乃纵令士兵于攻城略地之后任意剽掠。为了战胜，他们往往不择手段，常用决开黄河堤防的方法对付敌人，百姓生命财产的损失不可估计，且瘟疫并起。在这种暗无天日的统治下，五代成为中国历史上的“最黑暗时期”。在这种苛政之下，难怪百姓“多号泣于路”了。

唐玄宗时天下人口近五千万，其中江南人口不过占全国人口的十分之一。经唐末丧乱，人口减少，到后周世宗六年（959），政府统计中原人口已不足一千万，战乱对民生破坏之严重，可以想见。其时三千户以上为“望县”，两千户以上为“紧县”，一千户以上为“上县”，五百户以上为“中县”，不满五百户为“中下县”，与杜甫所咏唐玄宗时“小邑犹藏万家室”相差太悬殊，真不可以道里计。

在五代的开国之君中，朱温是流寇出身，郭威是士卒起家，均无受教育的记录；其余三人为沙陀人，全是武夫，与北方游牧民族内迁时的胡人君长多通经史不同。除了郭威较有振作，其余四人及其继统者，莫不是凶残横暴之人，百姓受其荼毒摧残，已如前述。北方的士人在这种苛酷的政治淫威下，风标气节一扫无余。史家称他们丧尽廉耻，固系事实，也是环境使然。有名的张公百忍张全义，少时役于县，县令数困辱之，乃亡入黄巢，为吏部尚书，后附朱温。朱温在张全义家“留旬日”，其妻女皆被朱温“迫淫之”，其子羞愤，欲手刃朱温，张全义止之，因为朱温曾有恩于他，“此恩不可忘也”。冯道历事四姓十君，包括契丹在内。他以得自契丹的阶勋官爵为荣，自称“忠于国”！他“时开一卷，时饮一杯，……老而自乐，何乐如之”，故自号“长乐老”。冯道年七十三而死，“时人皆共称叹，以谓与孔子同寿”。后唐司空马胤孙有“三不”主义，即“不开口以议论，不开印以行事，不开门以延士大夫”，庶几得保首领以没。还有专门为亡国之君草拟降表的李昊。《新五代史》有各代大臣之列传，数目不多，唯《杂传》（无法归为某一代者）中所列之人最多，盖当时之人视送亡迎新为平常之事。《死事传》仅列十一人，著者欧阳修谓："士之不幸而生其时，欲全其节而不二者，固鲜矣！"在五次改朝换代中，他认为真正"全节"者仅三人而已。可见当时士人"恬然以苟生为得"，已是时代潮流。

五代时期发生了一件影响后世至为深远的大事，即石敬瑭割幽云十六州与契丹。辽主耶律德光占据十六州地后，即改国号为"大辽"。居住在今东北、河北及内蒙古一带的鲜卑族入主中原之事已见北方游牧民族内迁及北朝的历史，鲜卑族大举南侵时，今辽宁、吉林一带也曾经在非常短暂的时期里受汉人冯跋所建的北燕统治（407—436）。残存在东北的人口很稀少（杂有鲜卑及匈奴），不受重视，文化水准亦低。唐太宗曾置松漠都督府（629），封其君长为都督，赐姓李，属下分为八部。安史之乱后，今河北、山西一带的藩镇为了自身利益，对日益强壮的契丹防范很严。契丹人口繁衍滋生，国力渐强，虽觊觎南方财富，但力有未逮，无法发动南侵的战争，这反而极有利于契丹培养国力，使国力臻于富强的境地。至阿保机建国时（907），契丹已进入农业兼畜牧时代。在阿保机的父亲统治时期，契丹人已能冶铁制器，"置城邑，教民种桑麻……已有广土众民之志"。唯八部分立，权事不统一。阿保机（907—926年在位）用计将八部"大人"（类似清代八旗旗主

东丹王出行图（局部） 相传为李赞华所绘

耶律倍，身世显赫，辽太祖耶律阿保机长子、太宗耶律德光长兄。无缘帝位之后，耶律倍无奈投奔后唐明宗，明宗以天子礼迎接，赐姓东丹，名慕华，后赐国姓李，名赞华。耶律倍博学多才，善绘画。此图生动刻画了契丹人的外貌特征，以及契丹和汉族融合的服饰衣着。

贝勒）全部杀掉，一统各部，遂开始扩张领土，并吞塞外诸部，“地方五千里”，有精兵三十万。阿保机曾与李克用酣饮后约为兄弟，李存勖向他求援时，他回答说：“我与先王为兄弟，儿即吾儿也，宁有父不助子耶。”可见五代时契丹已隐然有左右中原政局的形势，以中原皇帝父亲自居之事，不自耶律德光始。阿保机重用汉人，汉人因避藩镇之骄横，亡归契丹者亦多，其中以韩延徽最著，他将中华的典章制度、治国方法等传授契丹。阿保机乃于916年称帝，自号“天皇王”，史称辽太祖，名其居住地为“世里”，音译曰“耶律”，后世以之为阿保机之姓。

936年后唐河东节度使石敬瑭反，石敬瑭求救于耶律德光，战胜后，“敬瑭夜出北门见德光，约为父子”，乃筑坛立石敬瑭为皇帝，石敬瑭遂献幽云十六州之地以为酬劳。这十六州相当于今河北及山西北部。此举在当时立即产生的影响有三：

一、中国抵御外族的屏障长城已不复存在，因为十六州在长城以南；

二、北疆山峦险阻的天险已失，骑兵无须经过崎岖之地而驰城飞堑，直捣黄河平原；

三、十六州人口众多，物产丰富，使得契丹国力增强。

耶律德光得地之后，升幽州为南京幽都府，又称燕京（今北京），立为陪都；升云州为西京（今大同），以为南进之根据地。其本土又有中京、上京、东京，与燕京、西京合称“五京”。耶律德光用辽的传统治辽人，设北相府；以汉人的制度治汉人，设南相府；一国两制。就长远之影响而言，幽云十六州是形成北宋积弱，南宋偏安，蒙古勃兴宰制全中国的重要因素。在未失幽云十六州以前，后唐庄宗尚能与契丹抗衡，且大败之。石敬瑭死后，其子石重贵立，耶律德光怒其不称臣而称孙，出兵讨之（944），战败而归，石重贵亦上表称臣修好。后唐大臣赵延寿降契丹后，被耶律德光封为燕王，且许其灭后晋后立之为帝。946年，赵延寿为前驱，攻陷晋京开封，恣意掳掠屠杀。赵延寿又欲兼并黄河流域，纵兵四处搜刮财物，劫掠粮食，人民被其荼毒，群起反抗。刘知远起兵晋阳，耶律德光北归，卒于途中。辽兵撤退后，相州城内“得骷髅十余万具”，可见其屠戮之甚。

与中原（大致指今陕西、山西、河南、山东、河北等地）的屠戮焚掠、战祸连年相比，长江流域以南地区的和谐繁荣刚好成一鲜明对照。从政治上看，南方大致分为五个区域，先后有九个国家。其中最富强的是领有今江苏、安徽、江西等地的吴，为唐淮南节度使杨行密所建，共传四主，三十六年（902—937），后为李昪所代。李昪之王朝国号唐，史称南唐。数年后（945）南唐灭闽，领土扩张到今福建一带。南唐传三主，三十八年（937—975），后为宋所灭。其最后的君主即有名的文学家李煜。九国之中享国最长久的是唐镇东节度使钱镠所建的吴越，凡五主，七十二年（907—978）。为南唐所灭的闽，是唐武威军节度使王审知所建（909—945），为九国中最弱小的一员。唐武安军节度使马殷在今湖南、湖北一带建国曰楚，951年为南唐所灭。唐清海军节度使刘龑在今广东、广西一带建国称南汉，传四主，五十四年（917—971）。初据今四川一带建前蜀的王建亦节度使出身，因少无赖，无恶不作，里人称之“贼王八”，国骂不知是否源出于此。前蜀传二主，十八年（907—925）。王建于891年攻占成都后即事实上统治蜀地，至唐亡始称帝。后唐庄宗灭前蜀后，以孟知祥出任西川节度使，庄宗死后孟知祥称帝建后蜀，后蜀凡两主，三十二年（934—965）。此外尚有蹙处今湖北西北一带的荆南。十国中唯一存在于中原者为北汉，由刘知远的弟弟刘旻建于今山西中北部一带。北汉仗辽之外援，割据幸存，传四主，二十九年（951—979）。所谓十国，到赵匡胤黄袍加身之时，实际存者仅有六国。其后宋历时二十年（960—979）将六国全部翦灭。云南的南诏，自唐玄宗时（748）即对唐叛服无常。五代时段思平据其地建大理国（937—1253），三百一十六年后为蒙古所灭。大理对宋一直很恭顺，不构成威胁，所以宋任其存在。

江南的创国者虽均节度使出身，但他们殊少有对外耀武扬威的习气，而是以保境安民为职志。他们多能兴建水利工程，丈量土地肥瘠以定田赋，鼓励农村副业如桑、茶之类以富裕农村，减轻赋税以繁荣社会。人称南唐“耕织岁滋，文物彬焕”。吴越王钱镠蓄存了十年军粮，米一斗仅值数文，可媲美玄宗时代。前蜀王建也劝课农桑，轻薄赋，斗米值三文，足见殷富。南方的富庶安宁与中原水深火热的情况两相对比，何啻霄壤。

士民殷富，自然促使工商业发达。南方的制盐、冶矿、焙茶等技术已很进步，纺织、瓷器、造纸、造船等工业，亦极兴盛。最引人注意的是这个时期的海外贸易。吴越与日本及中东间贸易频繁，已输入“猛火油”（*石油*），并由海道转口到契丹。闽之福州与泉州的海外通商最发达，统治者用合理的关税“招来蛮夷商贾”，亦遣使到南汉。南汉的建国者曾为商人，广州的对外贸易似乎以外洋珠玑为主，因为他们常对北来商贾展示其珠玑，以为炫耀。各国之间的商业以交换土产及特产为大宗，交易的主要项目为盐、茶、染织品、矿产等。蜀主在成都城墙上遍植芙蓉，秋季芙蓉盛开，望之如锦绣，所以时人称成都为“芙蓉城”，亦称之为“锦城”。

中原自“安史之乱”后，在军阀战祸连年中经历了近两百年，南方则大体上过着祥和静谧的日子，这为文化的发展提供了有利条件。其中对中国文化进步产生最深远影响的印刷术，在南方和北方齐头发展。其后印刷术传到欧洲，促使了欧洲文化的长足进步。唐末蜀地已有所谓“墨版”，大概是比较原始的印刷。最早的刻版形式是唐石刻“九经”，首创于唐文宗三年（828），后增为十二经。后蜀孟昶（934—965年在位）在成都刻石十三经，历时八年始成。宋人所引经书，均蜀石经，其故有三：其一，唐石经无注，蜀石经有注；其二，唐石经在长安，在江南不流行；其三，蜀石经有雕版本印行。

孟昶“恐石经流传不广，易以木版，史称刻本始于蜀，今人（清）求宋版，尚以蜀本为佳”。只是蜀石经今已澌灭无存矣。近人多谓冯道首先雕版印书，此说系据《冯道传》。此传中记冯道与学官田敏等奏请据长安唐石经，“雕为印版，流布天下，后进赖之”，时为后唐明宗七年（932）。另有记载前蜀王建（907—918年在位）之宰相毌丘俭贫贱时向友人借《文选》，友有难色，乃发奋欲雕版印书以利学者，及为相乃“印行书籍”。此说似又稍

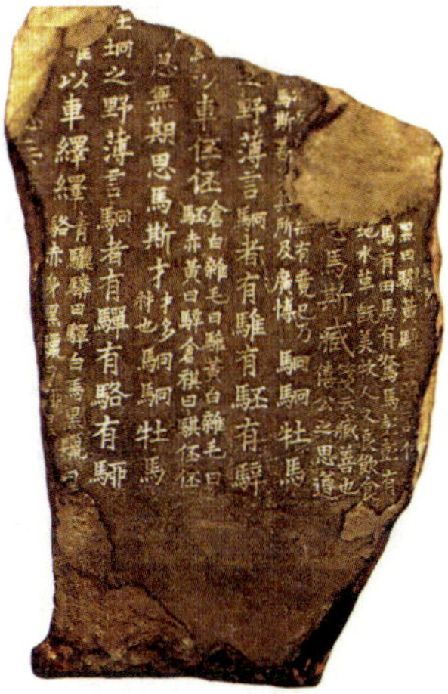

后蜀残石经

石经是刻在石碑上的儒家经籍的范本。自东汉刻熹平石经起，各朝多有续刻石经。后蜀统治今四川地区，经济文化相对发达。后主孟昶刻儒家经籍十经。后蜀石经经文下还有注文，这是历代石经中独有的。

早于冯道。两种说法谁先谁后并不重要，它们都证明五代时印刷术已普及南北。大约在当时，国子监替政府刻印经书，他人则可以任意雕版各种私集，“尤好声誉”的人，常“自篆于版”，模印后赠人。总之，印刷术的发明，不是一人一时之功，而其对文化教育的促进，非楮墨所能尽。

江南所独自发展的是词。李煜的词，冠绝古今，众所周知。赵崇祚所集《花间集》，为“倚声填词之祖”，开宋代词曲之先河。此外如别树一帜之花卉人物画，精益求精的文房四宝，“（瓷）青如天，明如镜，薄如纸，声如磬”的柴窑，“夺得千峰翠色来”的越窑秘色青瓷，均足见当时工艺技术的超轶。五代的政治虽然混乱，但文化上的进展不可忽视。

⊙ 宋代开国的政策

五代最后一朝后周的建国者郭威颇有振作，在位三年而崩，养子柴荣继位为世宗（954—959年在位），是五代最贤明的君主。世宗首先整顿吏治，严惩贪污，大将军孟汉卿因微不足道的贪赃而被处以死刑，有司奏以罪不至死，他答道：“朕知之，欲以惩众耳！”其次淘汰老弱残兵，征募强壮勇武者为“禁军”，并严行赏罚，整饬军纪。世宗即位之年即大败北汉于高平（今山西高平市），数年间西定今陕西、甘肃一带，南取长江以北地方，有统一天下之势。辽于此时有酗酒终日而昼寝的“睡王”在位，周世宗征辽（959），连战皆捷。眼看石敬瑭之割地即可收复，不幸世宗因病而退师，旋崩，年三十九岁。后周政权不过十年，政治军事均有革新，社会经济亦有显著之进步，已奠定统一之基础，等待赵匡胤兄弟去完成后续事业。

“陈桥兵变”这一类的事情，是唐末军阀政治下常常出现的闹剧，在五代是第四次上演。类似的演出，均无异议，唯“陈桥兵变”这一幕，赵匡胤及他的孝子贤孙认为“取天下于孤儿寡妇之手”很不光彩，所以编出赵匡胤是众望所归，迫不得已而做皇帝，顺天应人，绝非“篡位”。

赵匡胤是因“北汉结契丹入寇”才奉命出征的，《辽史》并无此项记载，可见此事是宋人杜撰的。赵匡胤“出征”，才行四十里即发生“兵变”，“黄袍”早在营中，周恭帝“禅位诏”亦自“袖中”取出，能说不是

宋太祖赵匡胤画像

作为大宋王朝的开拓者，赵匡胤结束了安史之乱以来长达两百年的诸侯割据，重新恢复了华夏主要地区的统一，他是中国历史上一个承前启后的重要人物。

预谋？赵匡胤回师汴京时，唯一反对的副都指挥使韩通为赵匡胤的部将所杀，韩通为忠臣义士无疑。欧阳修撰《新五代史》，甚受史家推崇，赵翼赞其“简严”，“而以《春秋》书法，寓褒贬于纪传之中”（《廿二史札记》卷二十一《欧史书法谨严》条），欧阳修亦自负能秉笔直书史实，但《新五代史》中不为韩通立传，足见宋人对陈桥兵变蓄意掩盖事实，用谎言欺世。这正是自后汉光武帝以降，在痛斥“篡位”的传统风气的笼罩下，皇帝与史家合作而成的“历史”！

我们对于宋太祖是否篡位的问题不必重视，从他此后十七年的施政来看，他的确是一位有作为的皇帝（960—976年在位）。他自奉简朴，对人宽厚，是一位“质任自然，不事矫饰”的性情中人。此处暂举一例：“一日，朝罢，坐便殿，不乐者久之，左右请问其故，曰：‘尔谓为天子容易耶？早作乘快（早上欠考虑）误决一事，故不乐耳！’”习惯以毒酒鸩杀臣下的南汉王刘鋹，投降后太祖亲酌酒赐之，刘鋹“捧杯泣”，不敢饮。太祖乃笑而自饮之。

《宋史》赞他：释藩镇兵权，绳赃吏重法，以塞浊乱之源；州郡司牧，下至令录、幕职，躬自引对；务农兴学，慎罚薄敛，与世休息，迄于丕平。治定功成，制礼作乐。……遂使三代而降，考论声明文物之治，道德仁义之风，宋于汉、唐，盖无让焉。

纯就内政的治绩而言，以上评论确是持平之论。

宋太祖即位之际，有三大问题需要解决。第一是先对付北方劲敌辽，抑或先平定南方，统一中华。他选择了后者，费了十一年时间完成统一，只剩下仗辽之势而存在的北汉，由他的胞弟光义（赵匡胤称帝后，赵匡义改名赵光义）去完成。太祖并非忽略辽的问题，他将每岁盈余存入“封桩库”，俟存满五百万缗（一缗即一贯，为一千文），即可向辽赎回幽云十六州。如果辽犯边，他则以绢帛重赏士卒，士卒杀一辽兵赏二十匹绢，以二百万匹绢，即可歼灭辽之精兵十万人。

第二是定都问题。自后梁定都开封后，五代均定都于此，其主要原因在于漕运。开封为隋炀帝所开运河之枢纽，粮食供应方便，但黄河北岸为大平原，最利于骑兵行军。自幽云十六州为辽所据后，辽兵可于数日内直逼黄河，故宋必须在开封驻屯大军。太祖主张先迁洛阳，再迁长安，凭借关中形势缩减拱卫京师的冗兵。影响力很大的胞弟光义以“在德不在险”的理由反

宋代持锤武士石刻

宋代持刀武士石刻

宋代持剑武士石刻

这些武士像石刻皆出自四川泸县，工匠在雕刻这些武士时，充分借鉴了佛教中天王造像的技巧，这些武士像的耳侧和腰侧都缠绕着飘逸的帛带，脚下还踩踏着祥云和不同的瑞兽。这样的雕刻流畅飘逸，使得墓中的武士像在尽显威严的同时多了些宋代文人的神采。

对。太祖预料若都开封必养大军，不出百年必耗竭民力。北宋此后财政困难重重，与定都开封有密切关系。甚至“议论未定而金兵渡河矣”，也根源于此。宋仁宗时范仲淹认为：“洛阳险固，而汴为四战之地，有事必居洛阳。当渐广储，缮宫室。”宰相吕夷简以其“迂阔”而止。

第三是如何根除两百多年来的军阀割据积弊。赵匡胤的父亲历仕后唐、后晋、后周，“骁勇”而“善骑射”，颇有战功。赵匡胤于927年出生于洛阳夹马营，自幼即生活在军旅中，耳濡目染，为地道军人。他黄袍加身时年已三十二岁，对于将擅于兵、君擅于将的情势，自有极深刻的了解，所以做皇帝的次年，即有杯酒释兵权之举。他一面要整军经武，同时要去除武人擅君专横的传统，要鱼与熊掌兼得。他的政策是实行中央集权。首先他择全国的精兵集中于京师附近，称为“禁兵”（赵匡胤统治初期有禁兵十九万三千），散驻地方者曰“厢兵”，厢兵中之健壮者被选充为禁兵。其中一半禁兵外戍，称为“更戍法”。朝廷视外戍之地距京师之远近，每一年或两年外调禁兵一次，使“兵无常帅，帅无常师”。禁兵与厢兵均征募而得。藩镇拥兵割据之势自去。此外，各地尚有类似民兵之乡兵与番兵，后者即边疆之乡兵，皆以小行政区为单位，功能限于维持地方治安。有人误以为宋代积弱，是宋太祖的“重文轻武”政策所致。实际上他重文有之，轻武则全属子乌有虚。在他的本传中，我们能频繁看到“宴射”（即饮宴前后均习射）、“阅炮车”“命诸军习骑射”“观习水战”“赏花习射于苑中”等记载，甚至看到宋太祖一个月内到铁骑营视察两次的记载。在灭南唐以前（975），宋太祖十分重视水师，经常亲自到造船厂视察或观习水战。他有“讲武殿”和“讲武池”，可见其对水陆两军之重视。他只是解除武人拥兵作乱的力量，绝非轻侮军事。他“欲武臣尽读书，以通治道”，并非欲武臣不讲武事。

集中兵权只是中央集权的枢纽，真正实现中央集权还需要其他制度的配合。宋太祖于召见并安排各地藩镇官员到汴京安享富贵荣华后，分别派遣中央文员去负责地方事务。州刺史由中央官兼“知”其事，凡事均需通判同意，通判亦由中央官员兼任，县令亦然，其本职仍为中央官，兼“知”某县事，故有“知州”“知县”的名称出现。在制度上知州、知县是某某中央官的临时差遣，并非其本职。知州行事，必得通判同意，后者且可向朝廷报告本州官吏之善劣及职事之修废。通判成为“监州”，是严防地方官擅权跋扈的方法。各州之上设“路”，路置四使：安抚使，掌一路兵工民事；转运使，监督州县收入，除了自身度支，悉运往中央；提点刑狱公事，主管一路司法，初属转运使，至宋真宗十年（1007）析为一司；提举常平茶盐公事，掌义仓、商业、矿冶、熬盐等有关民生事宜。到南宋后，四使被改称为帅司、漕司、宪司、仓司。节度使、大都督的名号仍存在，不过只是一种荣誉头衔而已。

至于中央政府的权力，宋廷则将宰相权柄分为政、军、财独立的三部，由皇帝总揽之。宋代废尚书省，将中书省、门下省合并为政事堂，由左、右丞相主之，左、右丞相直接指导吏、户等六部尚书，综理全国庶政。枢密院置枢密使主管军事，与政事堂合称两府。财政由三司负责，即户部司、盐铁司、度支司。丞相偶可兼枢密使，但绝不可干预三司之事。

宋代纠弹的机构称谏院，脱离中书省独立。隋、唐的御史由中书省任命，其职责只在纠弹皇帝，如果中书令不良，是皇帝之责任。宋代的谏官属皇帝直辖，其职责是纠弹丞相百僚，则丞相不能不希合谏院风旨，以免见罪皇帝。丞相成为谏官指摘对象，政府与谏官形成敌垒。谏官能够做到司马光所期望的“专利国家，而不为身谋”的不多，大多数谏官或意气用事，或结党营私，距匡正庶政、廓清百僚之原意远矣！

宋太祖的中央集权政策利弊互见，利在于军阀割据之局面完全消失，弊在于地方无权无财，地方官员除为中央聚敛之外，尸位素餐，无所作为。

关于皇位继承，宋太祖一反中国传子的传统，不传子而传弟，因此引起一些流言，如“烛影斧声”之类，暗示赵光义趁探病之际弑杀其胞兄，实非事实。宋太祖有四子，贺后所生子赵德昭，“终太祖之世，亦竟不封以王爵”。太祖更无立太子之事，群臣亦无一人请立太子。有一段记载可廓清一切流言：太祖母亲杜太后临死前召太祖及宰相赵普入受“遗命”，太后问帝曰：“汝知所以得天下乎？”太祖不能对，固问之，太祖乃答靠祖宗及母亲的“积庆”之故。太后曰：“不然，正由周世宗使幼儿主天下耳。使周氏有长君，天下岂为汝有乎？汝百岁后当传位于汝弟，……能立长君，社稷之福也。”太祖顿首泣曰：“敢不如教。”太后顾谓赵普曰：“尔同记吾言，不可违也。”命普于榻前为约誓书，普于纸尾书“臣普书”，藏之金匮，命谨密宫人掌之。（《宋史》卷二百四十二）

太祖雪夜访赵普 明代刘俊绘

赵普是北宋的开国宰相，有“半部论语治天下”之称。赵匡胤很信赖赵普，经常私访赵普。此次雪夜拜访，一举奠定了民间传说“打下四百座军州”的北宋的战略规划。

上述引文可以解释宋太祖为何不仅不立太子，而且不封儿子为王爵。杜太后于其子做皇帝后，常“愀然不乐”，太祖问其故，答曰：如果昏乱亡国，“求为鄙夫而不可得”！亡国之家满门遭屠杀的惨状，五代时期常有。杜太后的警觉、宋太祖的深虑与“孝友”是宋太祖传弟不传子的原因。赵匡胤、赵光义兄弟情深，赵匡胤曾亲为弟弟灼艾，赵光义呼痛，“帝亦取艾自灸”。且赵匡胤常对左右说赵光义“龙行虎步，生时有异，他日必为太平天子，德福吾所不及”，早已公开宣示将传位于弟。

宋太宗（976—997年在位）继位时，除北汉之外，中国已统一（吴越已入朝称臣，978年献地国灭），因此宋太宗将注意力转到对付辽上。宋太祖曾两次对北汉用兵，均因有辽援助，无功而退。979年，宋太宗亲征北汉入晋阳，灭北汉后，欲乘胜收复幽云十六州。顺州、蓟州投降，宋太宗率军进围幽州，与辽兵激战于高梁河（今北京西直门外），宋军大败，宋太宗股中两箭，乘驴逃回。民间流传的“杨家将”故事，杨业之子三人均阵亡，四郎失

宋太宗画像

宋太宗即位后继续推进其兄未竟的统一事业，为宋真宗的“咸平之治”奠定了坚实的基础。我们熟知的“烛影斧声”“金匮之盟”的典故就与他有关。

踪，即指此役而言。有些史籍称十八年后宋太宗因伤口复发而崩，《宋史》及《辽史》均无此记载，不知何所据而云然。宋太宗七年（982），辽景宗逝世，年仅十二岁的辽圣宗（982—1031年在位）即位，萧太后摄政。萧太后泣曰：“母寡子弱，族属雄强，边防未靖，奈何！”宋太宗也看出辽国“主幼国疑”，此时正是收复失地的良机，乃分东、中、西三路大军北征（986年）。东、中两军俱败，西路由潘美、杨业率领。辽大军来攻，杨业主张暂避其锋，主帅潘美及监军王侁主攻。王侁曰：“君侯素号无敌，今见敌逗挠不战，得非有他志乎？”杨业系北汉降将，如何能承受这种刺激，遂出战而败至陈家谷，“身被数十创，业犹手刃数十百人”，被俘后，“乃不食三日死”。他的儿子杨延昭（六郎）在边防二十余年，契丹惮之，称为“杨六郎”。杨六郎死后，“河朔之人多望柩而泣”。杨家一门忠勇的故事，永传民间。宋真宗七年（1004），辽军南侵至澶州（今河南濮阳境）时，杨延昭上书欲袭攻幽州以威胁辽之后方，朝廷不准。真宗十七年（1014），杨延昭卒，年五十七。陈家谷之败后，宋太宗放弃主动攻辽之雄心，对辽采取守势，而辽却在萧太后的治理下，国势茁壮，有攻宋之野心。

《辽史·后妃传》共二十人，十八人均姓萧，盖有故焉。契丹一直保持氏族政治传统，阿保机之外两大氏族为乙室氏、拔里氏。阿保机倾慕汉高祖

银鎏金契丹令牌

契丹的金银工艺继承了唐代传统，又受到了波斯以及地中海等地文化的影响，也具有浓郁的民族特色，是我国北方大草原上古代金银器文明的鼎盛时期。

刘邦，故“耶律兼称刘氏”，而以另两姓比萧何，“遂为萧氏”，“刘”与“萧”永远互相婚媾，共理国政。此处提到的萧太后，是北府宰相思温的女儿，“小字燕燕”。她死于1009年，年五十五岁。她的儿子十二岁即位，她摄政时，“明达治道，闻善必从”，又“习知军事，澶渊之役，亲御戎车，指挥三军，赏罚信明，将士用命”。澶渊之役时，萧太后已五十岁光景，尚“亲御戎车，指挥三军”，可谓古今中外第一人（其他妇女做主帅的不是没有，但规模很小）。她的儿子“圣宗称辽盛主”，多是受她的教训。萧燕燕智勇双全，可谓奇女子。

宋真宗七年（1004），萧太后率大军二十万南下，沿途迂回绕过宋军据点，直扑黄河。宋廷群臣惊慌失措，多请迁都以避之，独新任宰相寇准力主宋真宗渡黄河北岸澶州，是不退反进之政策，于是军民振奋，不期聚者数十万，颇出辽军意外，辽军遂有和意。适其悍将苏挞览（苏挞凛）为宋弩机发箭中额死，其众溃遁，和议遂成，史称“澶渊之盟”（1005年1月）。宋辽之间因此维持了一百二十年的和平。虽偶有争执，但无战争。

澶渊之盟的要点：一、两国君主约为兄弟，宋兄辽弟；二、宋每岁赠（后改为“纳”）辽绢二十万匹、银十万两，以“助军旅之费”；三、两国恢复贸易；四、在边境设立缓冲区。

宋人对澶渊之盟多数赞同，少数反对者如主张迁都到金陵的王钦若主张用天降祥符去吓唬夷狄，王安石与苏轼也对此发表过一些空论。三十余年后（1042），负责到辽谈判的富弼深知双方虚实，所以他后来劝宋神宗“愿二十年口不言兵”。盖纳辽之绢银与用兵之费用相较，实微不足道。

西夏壁画中的党项供养人

党项男子经常戴圆箍形的毡帽，或者戴一种底部小，顶部大，向后方斜披的冠，另有一种高高的圆筒形毡帽。盛装的党项妇女往往头戴一个桃形的金花冠。这种金冠与唐代末期风行的回纥冠十分相像，可能也是沿袭了西域回纥服饰。

宋的另一个外患是西夏。西夏人是羌的支族，史称党项，唐初散居在今甘肃东南及陕北一带，与汉人杂居。黄巢起事时，西夏以助平乱有功，其主拓跋思恭（李思恭）被封为夏州节度使，赐姓李，拥有今陕北及宁夏地方。宋太宗时西夏叛服无常，亦交通于辽，势力日渐壮大，领土已扩大到今内蒙古、宁夏、陕西北部、甘肃东部一带。宋仁宗十年（1032），西夏李元昊继位。李元昊雄心勃勃，通汉文，且民族性强。他自制文字，命人翻译汉文典籍以教育国人，学习中国的典章制度，改年号，数年后（1038）称帝。据说他有精兵五十万。宋廷派名臣范仲淹、韩琦二人防守之，李元昊虽不得大逞，然劫掠边疆、困扰宋室则有余。西夏统治下的民族成分复杂，汉人很多，他们对李元昊的穷兵黩武怨声载道，“元昊虽数胜，然死亡创痍者相半，人困于点集，财力不给，国中为‘十不如’之谣以怨之”。西夏始乞和。仁宗二十二年（1044），西夏与宋之间的议和达成，宋册封李元昊为“夏国主”。又四年李元昊卒，年四十七。此后西夏常寇边，叛服无常，因所谓誓言“要皆出于一时之言，其心未尝有臣顺之实也”。故终北宋之世，耗竭宋廷人力、财力最甚者是西夏而非辽。

金光明最胜王经

碑中文字是李元昊创制的。

⊙ 变法图强

宋太祖的开国政策，一意以中央集权为尾闾，确系针对两百年来地方割据、藩镇专横的良药。辽患当前，宋王朝必须整军经武以应时艰，所以有了全国精兵集中于汴京的现象。由于边防需要及兵伍战斗力日趋衰弱，禁兵的数目日益增加。宋太祖开国时，全国禁兵不足二十万人，到他统治中期，兵额已增至三十七万八千人，此后逐年增多，至宋仁宗统治中期，七十余年间，兵额增至一百二十五万九千人，内禁军（中央军）有八十二万六千人，视为定额。禁军的增加数量至为惊人，军费便成为宋朝最大的负担。据当时人的估计，全国岁入六千余万缗，养兵之费约五千万缗，即全年收入的六分之五用于军费。皇帝复沿袭唐末藩镇传下的陋规，对将卒常有额外赏赐，每年所费不赀，每三年一次的郊赏即达六百万缗。至于禁兵戍边，饷额增多，一卒岁费两万钱，以十万人计，岁费达二十亿钱。军费浩繁，是以“生民之力弊于兵，天下之势屈于兵”。汉、唐国势隆盛，朝廷实行屯田制、府兵制，国家无平常养兵之费。宋代实行募兵制，“养之于无事”，竭全国之力以养之。士兵自年二十入伍以至于六十，国家养之四十年，可用之年不过二十年，年四十以上之兵，已可入于衰老之列，无异于坐食二十年。故卫士入直，雇人为之荷被褥与粮食！宋代更荒谬的是荒年募饥民为兵，留下老弱在农村，结果削减了农业生产力。

养兵百余万而国势不振，故史称宋之军队为冗兵。宋对西夏用兵，耗费逾一亿缗，帑库耗竭到了民穷财尽的地步，故朱熹说“古者刻剥之法，本朝皆备”，一语道破宋朝必须变法的原因。

冗官也是宋代的弊政，此盖根源于“重文”政策。欧阳修尝惋惜士人何不幸而生于五代。宋太祖针砭时弊，特别提倡文治，重用儒臣，自是正本清源之良策。他除了优礼士大夫，最重要的政策是重视科举制。他即位次年（961）即开科举，进士及第者仅十一人，可见读书种子之少。他立即将中第者“释褐”，即派为官之意，此举与唐代进士及第后尚需经吏部考试合格后再授职不同。在名利的刺激下，士人日增，进士及第的人数也增加，太宗二年（977）朝廷录取五百余人，均授优职。应考者亦日渐增至万余人，录取七百人。每三年一试（1066），在北宋遂为定制。这种转移世风的政策，确是用心良苦，但积久弊端出现。

宋朝统治者更进一步奖励读书人的措施，是提高官吏的俸禄。以左、右仆射为例，除了正俸，其他衣、食、住、行均有津贴，名目繁多，包括酒、茶、厨料及从人七十人衣粮，此外有退休金及额外恩赏。每次郊天，皇帝行“推恩封荫”，各官均被赏赐银帛，并被封“荫子”，即推恩及子孙。无子孙近亲者，推恩竟可至异姓及门客充数。得荫即封官，任官即有禄，故儿童为官，襁褓有禄，尚未娶妻者，已有荫子。任学士二十年以上者，其兄弟子孙可得京官二十人。皇帝每三年郊天一次，推恩四千人，以此推算，朝廷官员的名额增加自是巨大。再加上进士的数量也不少。据统计，自宋开国迄于北宋亡国的一百六十七年间，共有进士一万九千四百二十人。官源如此丰沛，冗官在所难免。宋开国之初政简人和，至宋真宗时，内外文武官员不过万人，五十年后到宋仁宗时官员增至两万人，再过十五年至宋英宗时，官员已达两万四千人，真是“冗兵耗于下，冗吏耗于上”。所以宋英宗时，岁入虽增加了近六倍，但国用不足一千七百余万缗，这都是冗兵和冗官所造成的财政困境。自宋真宗到宋仁宗，四五十年间，政府课税增加三倍，但仍帑库空虚，国用不足，做皇帝的焉得不急。六十余年前的举措，虽然是破除积弊、转移世道人心的良策，惜因矫枉过正，或筹划欠周而弊窦丛生，演变至此，唯有改革之一途。所以宋仁宗成年后（十二岁即位），即亟思改革以应时艰。宋朝政治已到了必须改革的情势，问题只是如何改革而已。

仁宗二十一年（1043）时，宋对西夏用兵，更使濒临危境的财政到了崩溃的边缘，所以宋仁宗召见名臣范仲淹，要他提供全盘改革的意见。范仲淹提出十大纲领（十事疏），即明黜陟；抑侥幸；精贡举；择长官；均公田（俸禄之一，曰职田，即公田）；厚农桑；修戎备（京师集五万卫士，三时务农，一时教战）；减徭役；覃恩信；重命令。

前五项是整饬吏治，继三事为富强之道，最后两项为推行政令之枢纽。范仲淹的十大纲领对当时最重要的冗兵、冗官问题均未深入更张，仅精贡举及修戎备两事略有防止冗官、冗兵继增的用意。即使是如此不彻底的整顿工作，反对的声浪也很大。范仲淹为相不到一年而罢。

二十四年后，年轻的宋神宗（1068—1085年在位）即位（时年二十）之次年，立即任命主张行新法的王安石为相，不顾朝野的反对，厉行新法。王安石两度为相（1069—1074，1075—1076），他先后颁行的新法如下：

一、设“三司条例司”。宋代分别主理全国财政的是户部、度支、盐铁，习称三司，权事不统一，今在三司之上设一统筹全国财政之机构。整顿全国财政是新法的主要目标。

二、农田利害条约。由官府协助兴建水利工程，鼓励百姓开垦废田旷土。数年间兴建水利工程一万零七百余处，垦田三十六万余亩。

王安石画像

王安石，北宋时期政治家，在宋神宗的支持下主持变法，两次担任宰相又两次遭贬。他也是一位著名的文学家，位列唐宋八大家，现存诗歌一千六百余首。

三、方田均税法。目的是防止田赋不均。由县官丈量土地，以一千步正方为一单位，按地势及土壤之肥瘠，将田地分为五等纳赋。由于丈量土地，官府清查出许多大地主隐藏不报的田地。

四、免役法及助役钱。宋代徭役是苛政，有父亲自杀以求儿子得免役者，有嫁祖母以求免役者，其酷苛可想而知。此法规定由政府出钱雇人服徭役，然后按户征收雇役之费用。百姓按财富、户口分等，四等以下免纳。以往免役的“官户”，现在要纳免役钱。

五、青苗法。农民在青黄不接时常向人借贷，结果受高利贷剥削。此法规定农民于苗青时自由向县政府贷款，利息二分（民间利息有高至六七分者），秋收时归还，钱或谷均可。此法最为放高利贷者所痛恨。

六、均输法。中央政府派遣六路发运使，负责上供物资的督征。各地上供的物品不一定运到京师，可以比较该物品在各地之市价，选择最有利之地输去发卖，即“徙贵就贱，用近易远”之原则，目的在于“省劳费，去重敛，宽农民”。

七、市易法。在汴京设市易务官，物价贱时买入，贵时卖出，类似王莽之抑平物价政策。小商人亦可向政府贷款，息二分，唯需田宅做抵押品。其

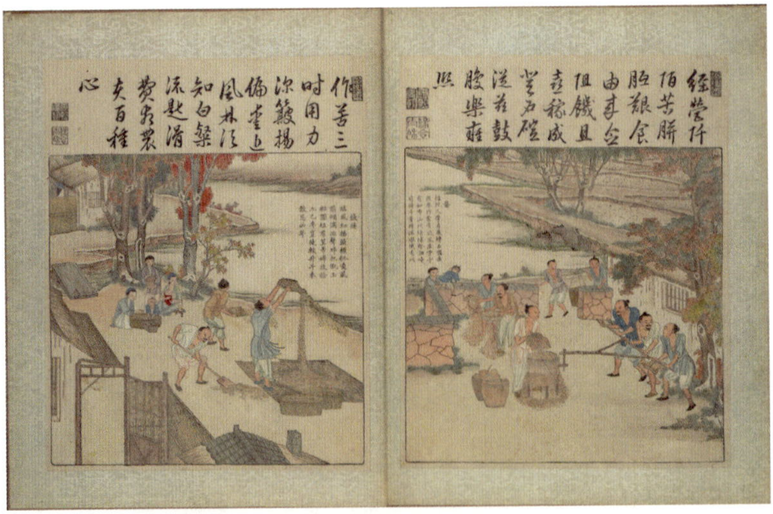

耕织图 清代焦秉贞重绘

《耕织图》是中国古代为劝课农桑，采用绘图的形式翔实记录耕作与蚕织的系列图谱，最早由南宋县令楼璹创制。此图也可以被视为诗画相配的文学艺术作品，今人可以从中了解当时农业的发展情况。

后市易务官被推广到全国二十余处大城市，如杭州、广州、成都等地。

八、保甲法。王安石强兵的主要政策，其办法分四阶段实施。第一阶段是以十家为一保，设保长；五保为一大保，设大保长；十大保为一都保，设正、副都保正，选各组织中有干力者任之。每户二丁抽一为保丁，其责任在于防盗。此法初行于京畿，后推行全国。第二阶段则于农隙命保丁进行骑、步、射之比试，优者可受武职。第三阶段即保丁可以“番上”，到县城巡检，十日一易，略给饷糈。第四阶段即选择保丁之精壮者到汴京接受禁军大教头之军事训练，三年毕业后归去训练保丁。神宗十四年（1081），王安石已隐居南京三年，受训完毕的保丁已有七十万。训练保丁之各种费用，由裁减老弱士兵而来。王安石裁减了三分之一的兵员，当时全国兵额已不及八十万。保甲法如能贯彻始终，以后的宋史可能被重写。

九、保马法。汉、唐扬威边疆的主力是骑兵，宋的敌人辽与西夏亦均以骑兵胜。王安石深知欲强兵必先养马，遂令黄河流域各地民众替政府养马，由政府出马料。

十、军器监。宋制各州自制武器，多窳陋不堪，今集数州于一处，精选工匠为之，严订赏罚。

十一、变学制。太学分三舍，新生入外舍，初限七百人，后增至两千人；可升入内舍，额三百人；最后入上舍，以百人为限。各舍生有月考及年考。上舍优等生，荐于中书授官，中等可免试为进士。

十二、颁三经新义。《诗》《书》《周礼》谓之三经，王安石自疏其

《五马图》中的满川花

北宋的人物画乃中国绘画中的一绝，其中最为知名的画家是李公麟，他尤善画马。在政治上，李公麟与新党的王安石和旧党的苏轼、黄庭坚等人均有书画交谊，也是驸马王诜的座上客，并未陷入党争。

义，欲“一道德，同风俗”，也可以说是统一思想。

上述新法，前七条在兴利除弊，纾民困以富国；八、九、十等条为强兵。保甲法的最后目的是废除募兵而代以农兵，颇有府兵制的遗意；最后两项是重学校、轻贡举，欲减少每年的官源，也是减轻冗官压力之道。总括而言，新法确为针砭时弊的对症良策，但推行之际，必然需要大量人才，若不得其人，新法由奸猾之吏执行，奸猾之吏从中作弊，民未得其利，反受其害。作奸犯科的官吏，乘隙牟利舞弊，政府得不到实利，反蒙上与民争利的恶名。

中国传统士大夫对聚敛之臣素所轻视，至于政府经商（均输、市易）、放利（青苗），更是被他们认为不成体统！所以新法被诟病最多的是有关理财富国的七款，反对者也多属当时被目为君子的士大夫。保马法只在北方推行，战马非驮马可比，马之病死者十家共偿其值，是以黄河流域民众怨声载道。一般地主奸商，因奸利被夺，亦推波助澜，更增反对的声浪。王安石自己也知道，他说：“得其人，缓而谋之则为大利；非其人，急而成之则为大害。窃恐希功幸赏之人，速求成效于年岁之间，则吾法隳矣！”不幸他所得之人，正是“希功幸赏之人”。他批评“士大夫多以不恤国事，同俗自媚于众为善，……则众何为而不汹汹”。在汹汹者众的情势下，神宗同他坚持不妥协，于是“小人”竞进，新法扰民、困民的弊端丛生，终至民怨沸腾，道路流离，“四海九州之怨悉归于”王安石。王安石力辞相位，次年再被召入。年余后独子王雱病死，王安石求去，归判江宁府，十年后卒，年六十六。

新法推行失败，“人皆习于苟安”，“君子”拒不与之合作固是原因，然与王安石本人的性行亦有关系。他以少年进士而做过地方官，深知民间疾苦，深悉豪强朘削的情况，所以能提出切实的改革方案，史称他“议论高奇，能以辩博济其说，……未贵时，名震京师”。宋仁宗屡次欲畀以“美官”，王安石均辞不就，甚至避入厕所，不见送敕令之吏，吏置敕令于桌上，王安石追还之，坚辞八九次，乃受命“知制诰”，从此方不再辞官。宋神宗为太子时即仰慕王安石，“想见其人”，其他的士大夫也“恨不识其面”。后世大儒朱熹亦赞王安石“以文章节行高一世，而尤以道德经济为己任”。他的政敌司马光也称他为“大贤”，有“向慕之心”。“其失在于用心太过，自信太厚而已。”王安石固执自负、狷狭褊窄的个性，是他当政后不能亲君子远小人的主因，也是新政不得其人而流为苛政的根源。司马光以十余年友谊写给他论政的长信，委曲详尽，近五千言；王安石的回信寥寥四百余言，盛气凌人，很难令人心服。当时所有的名臣如韩琦、富弼、欧阳修、文彦博、司马光等或被排斥，或自动求去。他全力提拔的吕惠卿，却是暗中伤他，只求得保一己权位的奸人。王安石有崇高的理想和卓越的识见，但缺少将理想付诸实现的才能与气度。

宋哲宗（1086—1100年在位）即位时九岁，由朱太后听政。朱太后痛恨新政，遂以司马光为相（司马光刚完成《资治通鉴》），尽废新法。当废除免役法时，平素反对新法的范纯仁（范仲淹之子）与苏轼竭力劝阻，司马光不从。司马光为相之消息传到南京，时王安石已病卧在床，或告以某法已废，辄不语，及废除免役法的消息传到，他始说了句“竟废至此耶”！司马光入相数月而卒，承继者均承太后意反对新法。宋哲宗八年（1093），太后崩，哲宗亲政，复用新党，章惇、吕惠卿、蔡京等当权，恢复免役法、保甲法等新法。新党对旧党大肆报复，苏轼、苏辙、范纯仁、程颐等三十二人均被定为“元祐党人”（元祐是哲宗年号，1086—1094）贬斥流放。哲宗崩时年仅二十四岁，无子，立弟，是为宋徽宗（1101—1125）。太后听政又废新法，七个月后太后薨，宋徽宗亲政，再复新法。蔡京当政，对旧党竭力压制排斥，亲书“元祐党籍碑”，初计一百二十人，后增至三百零九人，禁“党人”子孙至京为官，且不得与宗室通婚。连司马光也被称为“奸党”，蔡京张狂之措

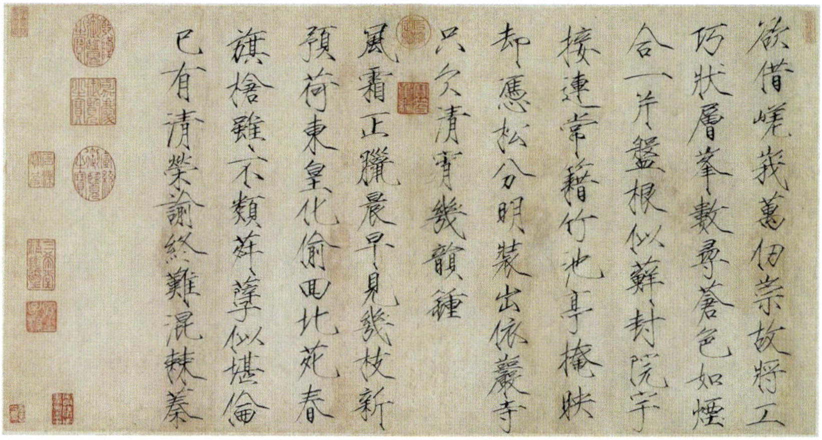

宋徽宗的瘦金体

施，已远离政见斗争。此后蔡京、童贯等人当政，直至“靖康之耻”到来。

史学家中有谓宋代变法是由于士大夫的“自觉精神”，颇嫌牵强。以范仲淹为例，他的“十事疏”是在宋仁宗的强求下，不得已而提出的。王安石对实际从政并无兴趣，“士大夫谓其无意于世”，及受宋神宗知遇，始行新法。新法中主要的法令均在王安石当政最初两年颁布，全是针对财经问题。宋仁宗、宋神宗遭遇财政陷于绝境的困难，主动设法求变，范、王二人是被动出来应付时艰。历史上士大夫贫贱时艰苦求学如范仲淹、胡瑗者很多，何必说只有他们有自觉精神！

或谓新旧党争是南北之争，亦可商榷。范仲淹的籍贯是苏州，他出生于徐州，两岁丧父，母即改嫁淄州（今山东淄博境）长山朱某。范仲淹随母在长山长大，二十三岁时始入睢阳（今河南商丘）应天书院，纯粹是所谓北人。他交朋友，以志同道合为主，南北均有：欧阳修、蔡襄是南人，韩琦、富弼是北人。反对范仲淹的人，亦无分南北。王安石是江西人，但他在宋神宗面前推崇“东北人”刘挚。他的同乡且有交情的刘恕，不仅拒绝入三司条例司，而且面斥新法之非，劝其复旧，“安石怒，变色如铁”。南人刘恕是当时公开反对新法最激烈之人，另一位与苏轼齐名的黄庭坚，也反对行新法，两人都是王安石的同乡。旧派中的苏洵父子是蜀人。所以，我们很难用南北籍贯来笼统划分新旧党。大致可以说的是宋徽宗以后的新党，奸人居多。

蔡京便是标准奸人，原附新党，知开封府，司马光秉政，废免役法，限期五日完成，“同列病太急，京独如约。……光喜曰：‘使人人奉法如君，何不可行之有！’”数年后章惇欲复免役法，讨论未决，蔡京时任户部尚书，他对章惇说，取王安石成法行之即可，何用讨论？宋徽宗即位时蔡京闲居杭州，宦官童贯奉旨到江南，“访书画奇巧，留杭累月，京与游，不舍昼夜”。由于童贯的吹嘘，宋徽宗任蔡京为相，召入赐座，告以欲复父（神宗）兄（哲宗）之新法，京顿首曰：“愿尽死。”从此蔡京弄权二十年（中间曾“致仕”数次，为时约五年），曾亲书元祐党籍碑，把司马光弄成“奸党”。他除了不择手段迫害旧党，还贪赃枉法，“视官爵财物如粪土”，不仅封自己为太师，还将四个儿子和一个孙儿推至大学士。徽宗二十四年（1124），蔡京再为相时已年七十八，眼昏眊，不能视事，由子代行。徽宗命其免职，他拒不交出印信，希望再做数年！史书称他“无复廉耻”“见利忘

《水浒传》首个英译本中的插图

此图是美国女作家赛珍珠的唯一译作中的插图。

义”。次年宋钦宗即位，蔡京被贬出，死于途中，年八十，“天下犹以不正典刑为恨”。

另一位童贯，握天下兵权二十年，“权倾一时”。“贯状魁梧，伟观视，颐下生须十数，皮骨劲如铁，不类阉人。”有胡子的宦官，应是天下奇闻！他与蔡京里应外合，朋比为奸，官至宰相、太师，时人称蔡京为“公相”，童贯为“媪相”，谑而虐矣。他破羌人，立军功，以太尉职出使辽国；又平方腊之乱，最后被封为郡王。宋钦宗立，童贯被斩，史称他的罪恶“流毒四海”。

宋哲宗英年早殇，无子。宋神宗有十四子，在讨论当立谁时，有人主张立十一子端王，宰相章惇“谓其轻佻不可以君天下”，后因皇太后力主，端王故得为皇帝（即宋徽宗），时年十九岁。章惇因此不安于位，这是蔡京得进的原因之一。宋徽宗是有名的书法家，却是一位“狎近奸谀”“骄奢淫逸”“困竭民力”而复“怠弃国政”的皇帝。他重用蔡京、童贯，不恤民力，为了个人的嗜好而在江南搜求珍石，重扰江南百姓，使得不分贫富皆怨声载道。徽宗二十年（1120），方腊起兵，陷落杭州，占五十二县，死平民二百万，虽仅历时七月余即被敉平，但军费开支浩大，地方政治糜烂，百姓受害很深。

另一个是《水浒传》所叙的宋江故事。《水浒传》是不朽的文学著作，但不是历史事实。宋江“以三十六人，横行齐魏（今山东、河南），官军数万，无敢抗者”。张叔夜知海州，“诱之战，……擒其副贼，江乃降”。宋江降后随军南征方腊军。数月后再叛，不及一月，为宋将折可存所擒杀。宋江流动作战，并无梁山泊作为根据地，变乱为时也很短暂。他们的故事在民间流传很广，《水浒传》虽是文学虚构，却深刻翔实地反映了一个时代的政治、经济、社会各方面的情况。

方腊、宋江等民变，使宋代衰败的状况暴露无遗。宋徽宗不度德不量力，要立不世大功，想收复幽云十六州，遂遣使浮海约新兴的金夹攻辽。辽固然灭亡了，但宋也遭受了靖康之耻，以后的朝代即为南宋。北宋传九主，凡一百六十七年（960—1127）。

南宋的苟安

散布在今中国东北白山黑水松花江一带的部族，在中国历史上出现时，常因时代递嬗而有不同的称呼，大体上说他们都是居住在寒带森林中的部族。他们之中的杰出领袖统一了多数部族，开始向南发展，以被征服者为士

出猎图

辽朝胡瓌绘

胡瓌的画主要以契丹族的游牧和狩猎生活为主题，“能曲尽塞外不毛之景趣”。此图描绘了猎人携鹰狩猎的情景，人物穿着典型的契丹族衣冠。

卒，建立国家，逐渐被中原华夏民族同化。留居在原地的少数部族，经过长时期的繁衍滋长，人数增多，杰出的领袖脱颖而出，再征服，又再融合于华夏民族之中，如此一波一波地出现在中国历史上。远的不必谈，北方游牧民族内迁时期的慕容鲜卑、拓跋鲜卑，后来的契丹（辽）、女真（金），到满洲（清）为止，均按此轨迹演进。我们寻觅出其脉络即可，不必被他们繁多的称呼所困扰。

女真族之同化于辽者为熟女真，生女真则向辽纳贡，保持原有之生活方式，发展农业而辅以渔业，其部族数目很多，以完颜部最强，后完颜部逐渐取得领导地位。在女真日益茁壮之时，辽却日益腐败。徽宗十四年（1114），女真主完颜阿骨打（《金史》称为太祖）会聚各部族，得兵仅两千五百人，胜辽之后，始有兵万人。1115年，阿骨打称帝，国号金（女真产金，极珍视之）。数年后（1123），宋联金攻辽，金军骑兵骁勇，连战皆捷，陷辽五京，而童贯却攻辽败归。金于1125年灭辽，如约将幽云十六州中的十三州交还与宋，留下平、滦、营三州不交。宋接受金平州守将投降，金人遂以此为借口攻宋。宋徽宗传位于子钦宗（1126年，年号靖康）。金兵分两路

宋高宗画像

宋高宗赵构，南宋开国皇帝，宋徽宗赵佶第九子、宋钦宗赵桓之弟。在金兵进逼时，他一面任用岳飞、韩世忠等抵抗金军和伪齐，一面任用汪伯彦、黄潜善、秦桧等负责对金媾和，达成绍兴和议。

攻宋，北路攻太原，南路指汴京，历时五日便从容渡黄河，无一宋兵防守。金围汴京后，与宋订立城下之盟：

一、宋输金人金五百万两、银五千万两、绢百万匹、牛马万头。

二、宋尊金为伯父（时阿骨打已死，金太宗自视与徽宗平辈，故耳）。

三、割太原、中山、河间三镇与金。

四、派亲王与宰相为质。

如此巨额的金银数量，宋事实上办不到，连倡优家均搜刮，也仅得金二十万两、银四百万两。时金兵六万，各路勤王之宋兵已达二十万，金人不待金银收齐即退兵。宋钦宗自不愿割太原等地，诏三镇固守，金人以宋人毁约，再南下。宋廷和战不定，金兵已攻陷汴京。宋钦宗曾两次亲赴金营谈判，第二次被扣留，金人掳两帝、后宫、宗戚三千人北去，所有汴京之文物、书籍、财宝全部被掳掠一空。最有意思的是金人"礼聘"太学通经学者三十名，果有三十人"忻然应聘"，金人各发"置装费"若干。

徽宗、钦宗两个着青衣的"庶人"到燕京后，先叩谒阿骨打庙。金人封徽宗为"昏德公"，封钦宗为"重昏侯"。徽宗做了近十年的昏德公，卒于1135年，年五十四。钦宗度过了三十年漫长的屈辱生活，卒于1156年，年五十七。

自阿骨打以两千五百人起兵到连灭两个大国，中间不过十二年，其兴之勃焉，旷绝古今。阿骨打本族的人数有限，如何控制这一大片刚领有的土地与征服的人民是最迫切的问题。因此，金人欲先巩固黄河以北的领地，想在黄河以南立一个附庸国做缓冲。他们看中了曾与康王赵构一同到过金营的宰相张邦昌，便册立张为楚帝。张邦昌身为俘虏，不能反对。金兵撤走后，张邦昌尊封元祐太后为"宋太后"，请太后垂帘听政，自以太宰名义退居资善堂，为"帝"三十二日。张邦昌还上书康王赵构，请其即帝位。赵构早存私心，金兵围汴京时，他掌握各地勤王之师数万人，却在归德府（今河南商丘）逗留观望。眼见二帝被掳，他亦不援助，只拥兵自重。今得张邦昌拥戴为帝，正合己意，乃即帝位，史称南宋高宗（1127—1162年在位）。后赵构以不能"临难死节"的理由杀掉张邦昌，其人品由是可知，难怪他日后要与秦桧合作杀岳飞。

宋高宗即位后，以众望所归的李纲为相。李纲主张迁都关中，徐图光复。宋高宗已为金吓破胆，南幸扬州，罢为相仅七十五日之李纲。高宗闻金兵南下，遂逃至南京。金兵渡长江追击（1128），高宗逃入海上，再逃温州。金人的目的在于生擒高宗，哪知高宗善逃，俘获不了。金人无意占领江南，乃退兵。高宗对长江天堑也失去信心，遂定都杭州，因为逃亡方便。金人仍需多做消化工作，是年九月立刘豫为齐帝，领黄河以南土地，以作缓冲；同时将秦桧从俘虏中释放出来，让他到杭州去与高宗谈判。这是双管齐下的策略，刘豫与秦桧分头去完成金人的使命。秦桧自称杀掉监视他的金人，航海归杭州，同禁的另三人并未同逃。他夫妇逾河越海两千八百里，安然而归，谁能信之。

秦桧到杭州后，宋高宗“得之喜而不寐”，一定是因为秦桧带回了让他最兴奋的消息——金人愿永远扣留钦宗不释，作为“解仇议和”的条件。秦桧对人宣称“如欲天下无事，南自南，北自北”，以迎合大众苟安的心理，旋即为相（1131），年余后被弹劾“专主和议”而罢相。此后南宋一面平定各地民变，如湖南之杨么等，一面与刘豫争战。刘豫不敌宋，时向金求援，金以刘豫不能负起缓冲的任务，故废之，和议之途大开，秦桧再为相。1138年，和议成，其要点有三：一、宋向金称臣；二、予宋河南、陕西地；三、归徽宗灵及高宗生母（不归钦宗）。

金国内亦分激进与缓进两派，双方为此约争执，最后缓进派被杀，激进派兀术（宗弼）得势，毁和约，于1140年南侵。此时的宋军连战皆捷，尤

中兴四将图卷

中兴四将指中国南宋时期四位著名南渡将领，有不同说法：一种是指岳飞、韩世忠、吴玠、刘光世。另一种说法是指岳飞、韩世忠、刘光世、张俊，这一说法来自宋朝刘松年所绘《中兴四将图》。

以岳飞的郾城之捷最重要。岳飞大胜之后直逼距汴京四十里之朱仙镇，上书高宗曰："金人锐气沮丧，尽弃辎重，疾走渡（黄）河。豪杰向风，士卒用命，时不再来，机难轻失。"岳飞不知赵构心理，也不知金人手中尚有一张王牌。宋高宗先命前线各军撤退，再一日间以十二道金牌命岳军班师，百姓"遮马痛哭"，以岳飞奉诏不能留（1140）。岳飞撤兵后即入觐。次年岳飞曾两次奉命赴前敌，金两闻岳军至，两次"皆望风而遁"。兀术乃使人告秦桧曰："汝朝夕以和请，而岳飞方为河北图，必杀飞，始可和。"秦桧乃使万俟卨弹劾岳飞。在此以前，岳飞已屡请解除兵柄，但秦桧仍逮之下狱。初审时，岳飞裂裳，背有"尽忠报国"（一说为"精忠报国"）四个大字深入皮肤，系起兵时岳母所刺。秦桧以既无佐证定罪，乃杀之于狱中，岳飞时年三十九（1103—1142）。韩世忠责问秦桧岳飞有何罪，秦桧答以"莫须有"。岳飞忠肝义胆，赤忱报国，练兵阵战，"仁智并施"，无不超轶。《宋史·岳飞传》几及万言，最后八个字为"呜呼冤哉！呜呼冤哉"。笔者曾谒西湖岳王坟，犹记其中一副对联："青山有幸埋忠骨，白铁无辜铸佞臣"，下联指墓前右侧下跪三人，即秦桧夫妇及万俟卨之铁像。三人之铁像任人便溺，遗臭万年。鄙意为下跪者应加一人，即赵构。笔者在这里引《秦桧传》中的一段文字，以证明赵构是谋杀岳飞的两位主凶之一。

> （秦桧）言："臣僚畏首尾，多持两端，此不足与断大事。若陛下决欲讲和，乞专与臣议，勿许群臣预。"帝曰："朕独委卿。"桧曰："臣亦恐未便，愿陛下更思三日，容臣别奏。"又三日，桧复留身（单独）奏事，帝意欲和甚坚，桧犹以为未也，曰："臣恐别有未便，欲望陛下更思三日，容臣别奏。"帝曰："然。"又三日，桧复留身奏事如初，知上意确不移，乃出文字乞决和议，勿许群臣预。

从这一段对话中，我们可见秦桧深悉高宗心病，最恐惧金人释放宋钦宗，如能以此为条件，必可议和。金人既提出必杀岳飞始议和，秦桧也是奉命行事。赵构为一己之私心，不惜陷兄弟于异域，戮忠臣于监狱，与秦桧狼狈为奸，铸其身跪于岳飞之前，孰曰不宜！

岳飞死后，金宋和议立成（1141）。其要点如下：

一、宋向金称臣，金册封宋主为皇帝（这一点对赵构来说最重要，是金不释放宋钦宗的保证）。

二、宋向金岁输银二十五万两、绢二十五万匹。

三、金主生日及正旦（春节），宋主遣使致贺。

四、金归还徽宗灵及高宗生母韦氏。

五、以东起淮河西至大散关（今陕西宝鸡）为界。

赵构于和议成后，上表金主："臣构言：既蒙恩造，许备藩方，子子孙孙，谨守臣节。"虽然如此屈辱，但他的目的已经达到，秦桧的使命也完成了。秦桧为相十九年，死于1155年。他当权时严禁私人作史，"言私史害正道"，但公道自在人心，他的名字成为极奸恶权臣的代表。我们并不反对议和，只要问如何和法。秦桧君臣为议和树立最卑劣的先例，使后世若干情势该当议和而不敢行，盖恐背上秦桧的恶名，最终却误了国。甚矣，秦桧之贻祸矣！

以后金、宋之间尚有两次较大战争。其中一次是金主完颜亮想灭宋，率大军南征，高宗又欲"航海"！幸有奉命犒师的虞允文临时指挥宋军在采石矶击败渡江的金兵，史称"采石矶大捷"（1161）。此后金、宋偶有龃龉，至1165年再订约，改称金主为叔，银减少五万两，绢减少五万匹。金、宋相安四十年后，有权臣韩侂胄启衅，次年宋杀韩侂胄，送其首级与金议和，史称"函首安边"（1207）。此时，铁木真已崛起于蒙古，统一大漠南北，称成吉思汗，时为1206年，即"函首安边"之前一年。南宋君臣不知大祸之将临，竟在做联蒙古灭金以收复失地的美梦。1276年，蒙古陷临安，宋帝被掳北上。1279年，陆秀夫于厓山负帝昺蹈海死，南宋亡。南宋共传九主，凡一百五十三年（1126—1279）。

在政治制度上，南宋大体遵循北宋晚期传统，唯因国土削减甚多而军费浩大，故苛捐杂税繁多。当时学者认为宋代支出之大，为自有天地以来之最，朝廷各种横征暴敛，极尽朘削之能事。赵翼曾列论之，结语说："民之生于是时者，不知何以为生也。"（《廿二史札记》卷二十五《南宋取民无艺》条）南宋初年，长江流域的变乱由岳飞、韩世忠等人敉平，"和议"成功后，苛敛虽如故，但安定之中经济逐渐复苏，南宋走上繁荣之道。宋高宗继续北宋传统，大兴水利，又利用从北方逃难到南方的百姓垦殖荒地，生产遂增加，故有“苏常熟，天下足”之谚语，所以小朝廷的人宴安逸乐，“直把杭州作汴州”，整个王朝弥漫着苟安的风气。

在政治上，宋高宗除畏金如虎、自私忘义之外，并非昏庸之人。秦桧揽权十九年，仍在高宗的控制中。秦桧小心翼翼，不敢稍有逾越。某次秦桧的儿子着黄色衣服，秦桧叫他“换了来”，儿子说黄色乃贵贱所通用，秦桧回答说：“我与尔却不可用！”因为皇帝衣黄色也。秦桧的老婆王氏入宫，高宗宴以淮青鱼，顾问之曰：“曾食此否？”王氏答以“食此已久，更大且多，明日当送上”。桧闻之大恚，次日进糟青鱼大者数十条，高宗大笑王氏不识货。秦桧因议和事为世腹诽，故大兴文字之狱，有人说“尔忘越王之杀尔父乎”，也被视为犯忌讳而被杀。议和是高宗与秦桧的心病，大兴文字狱绝非秦桧专横，而是高宗在支持他。

南宋的权臣除了秦桧，还有韩侂胄、史弥远、贾似道三人。韩侂胄专权十四年（1194—1207，宋宁宗时），史弥远专权二十六年（1208—1233，宋宁宗三十年，宋理宗为史所拥立，专政九年，到死为止），影响最大的是贾似道。

贾似道（1213—1275），“少落魄，为游博，不事操行”，其姊为宋理宗宠妃，有宠，遂得跻身朝廷。自1254年当权，直到1275年止，贾似道专权二十一年。宋度宗（1265—1274年在位）之立，全靠贾似道，故宋度宗尊称他为“师臣”，朝臣称之为“周公”。贾似道“入朝不拜，朝退帝必起”。

迎銮图（局部） 南宋佚名画家绘

图中描绘的是宋金和议后宋徽宗棺椁回国的场景。

他精通权术，不惜用官爵笼络一时名士，所谓名士者，皆“一等委靡迂缓不才之徒，高者谈理学，卑者矜诗文，……垢面弊衣，冬烘昏愦”。他“取宫人娼尼有美色者为妾，日淫乐其中”。在蒙古大军压境之际，他却在府第中“与群妾踞地斗蟋蟀”。他以败为胜，谎报军情，密遣使向蒙军“请称臣”。1275年，新君（宋恭帝，仅一年即亡）贬之，押解之人沿路对他虐待凌辱备至，盖天下对之积恨甚深故也。押解之人讽其自杀，贾似道不愿，乃杀之，年六十三。贾似道罪恶滔天，合蔡京、童贯之恶于一身，且犹过之。

南宋尚有一极特出的现象，即太学生之骄横与卑鄙。太学生干政，始自新莽时期，至东汉末年而剧烈，曾引起党锢之祸，前已叙述。宋代提倡教育，太学生备受优渥，王安石行三舍制时，太学生计两千四百人，宋徽宗时增至三千八百人。宋钦宗元年（1126），金人围汴京，朝廷和战不定，李邦彦主和，罢主战之李纲，太学生陈东等率首都民众数万人伏阙请复用李纲，宦官朱拱之宣布暂缓任李纲，为群众磔杀，群众并戮宦官数十人。朝廷被迫复任李纲。宋高宗即位，斩陈东等人。三年后，宋高宗自称因“听用非人，至今痛恨之”，为表示“悔过之意”，追封陈东官爵，并赏赐其近亲（陈东无子）。南宋仍行三舍制，此后太学生上书论政日多，臧否朝政，评诟大臣，气焰大张，动辄集聚数十或百余人，“伏阙上书”或“叩阁讼冤”。太学生中前后有两次“六君子”，名动公卿。至宋理宗、宋度宗时期，太学生干政更加嚣张，“权乃与人主抗衡”！他们已无是非黑白与国法，受赂即可上书，“豪夺庇奸，动摇国本，……人畏之如虎”，市井商贾，亦受其逼害。贾似道看准这一点，对太学生大肆笼络，增加待遇，啖以厚利，于是此辈上书赞美似道，尊之为“师相”“元老”“周公”，“虽目击似道之罪，而噤不敢发一语”。贾似道之奸恶与太学生之卑劣，是南宋亡国之主因。

偏安的南宋，在主嬉臣奸、士人嚣张的情况下，竟贪心大炽，欲联蒙古灭金以光复失地，不恤蹈宋徽宗联金灭辽之覆辙。金固灭亡（1234），南宋亦不免遭受蒙古铁骑的蹂躏。

第十六章 两宋的经济社会与文化

⊙ 宋代的经济社会

宋承五代战乱之后，特别重视“劝农”以“尽地力”。农村设有“农师”，教导农民耕稼之法，并监督农民之勤惰，有“饮博怠于农务者”，可告之于州县治罪。宋太宗尝亲自检察汴京近郊青苗的生长情况，并告诉群臣，农民太辛苦，如果不是“兵食所资”，他真想免征租税。他曾“亲耕籍田，以劝农事”，可见其对农业的重视。“澶渊之盟”后，四方无事，农村开始繁荣，但“天下废田尚多”，朝廷乃设法鼓励流民耕种。迨生齿日繁，废田已尽，朝廷遂有开垦荒地之议，包拯即以辑抚流民屯田有功。据《宋史·食货志》所载，宋太宗时，天下垦田三百一十二万五千余顷，宋真宗时垦田五百二十四万七千余顷，至宋神宗时，天下垦田已逾三千万顷，故农产品丰盛。南宋高宗即位之初，农民逃亡者众，高宗乃“诏有司招诱农民”，给予赈贷或免税之优厚条件。时黄淮流域饱受金人迫害的百姓纷纷逃至江南，这对繁荣江南农村经济极有帮助。宋高宗曾谕令：“淮北之民襁负而至，亦可给田，以广招徕之意。”开垦荒地的农民，政府均不加税，故无“旷土”。

水利是发展农业的要务，两宋都很重视。开辟荒地，增加耕地，都与

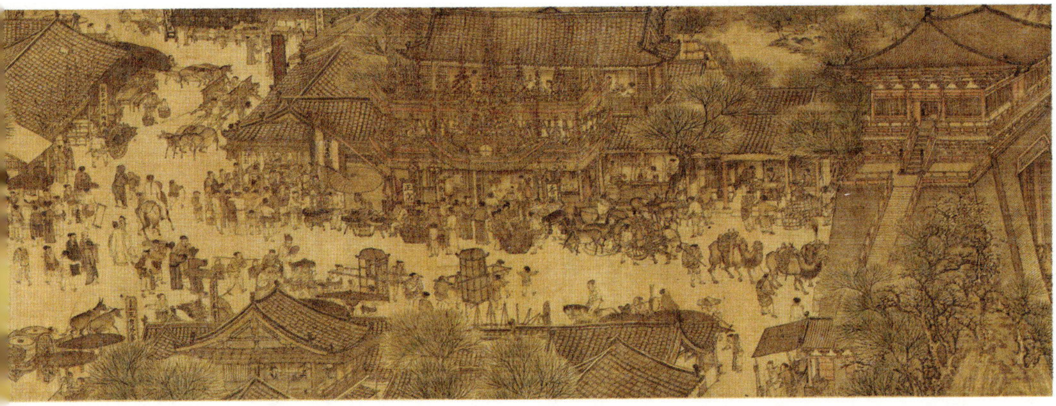

清明上河图（局部） 北宋张择端绘

此长卷生动记录了北宋都城东京（又称汴京）的城市面貌和当时社会各阶层人民的生活状况，是东京繁荣的见证，也是北宋城市经济情况的写照。

开沟渠有关。稼穑的两大敌人水患与旱灾，亦可由兴水利而减轻其危害程度。有关两宋兴水利工程的记载很多。宋太宗时即发诸州戍兵一万八千人，筑堰六百里于福建，引水溉田。太宗还派遣专人到各地兴水利。宋仁宗下诏（1044）制定考核官吏兴水利成绩的惩奖条例，对振兴水利、开垦田畴有功者有不次升赏，对不力者则从重黜罚。王安石将兴建水利工程当作急务，宋神宗为兴筑陕西渠堤不惜动用内藏钱。南渡后，江南多水田，水利尤其重要，兴水利被视为官吏的天职，官吏对于陂塘沟泽的整理疏浚，莫不尽力而为之。总之，两宋有“民生性命在农，国家根本在农”的观念，故朝廷对水利之兴建，灾荒之赈济，均全力以赴。

农业隆兴是社会繁荣的基础，史称宋代“百姓康乐”当系事实，因为一个在饥饿线上挣扎的社会，无由创造出两宋辉煌的文化来。

在农业繁荣的基础上，工商业自然发达。宋代的工业技术已很进步，当时人们已可以利用水力推动安装有三十二个锭子的大纺纱车；指南仪器、胶泥活字印刷术、火药武器等都有长足改进。宋代的主要工业由官方经营，工人分为兵匠与工匠两大类；工人制造的产品种类繁多，亦可分为供应皇室的日常用品与武器两大类。产品自织绣到铁甲，应有尽有。汴京皇室工场有一百五十余所，兵匠与工匠合计达两万三千余人，可见分工之细与规模之大。宋神宗十三年（1080），朝廷全年铸铜钱五百余万贯（一贯为一千文），铁钱八十余万贯，为唐朝极盛时代（玄宗时）的十八倍，铸造技术一定大有改进。与武器及铸钱平行发展的是矿冶工业。北宋时年产银最高约三十吨，铜约九千吨，铁约三千七百五十吨，以七八百年前的标准而言，产量已是惊人矣！民间工业的规模不大，但成品的质与量，都足令后世钦羡，其中以纺织品、瓷器、漆器及造纸最盛，如成都的蜀锦，景德镇的青瓷，定州的白瓷，温州、杭州的漆器，宣州的宣纸，台州的玉版纸等均负盛名。

工业兴盛，贸迁有无的需求增长，商业由是活跃。商业中心分布全国，在北宋时期，今浙江、山东、河北中南部及江苏北部一带的商业最发达。今浙江及太湖一带稻、布帛、工艺产品丰盛；今山东一带出产绢绸，由海口与南方及外商如高句丽商人贸易；今河北一带因与辽通商，亦有商业中心。苏北盛产盐、茶，故贸易兴盛。广州、福州、泉州为对外贸易中心，自五代时即已如此。宋代对外贸易设有市舶使，对内各地均设有征税机关，称为“务”或“场”，征收过往物品商税。宋神宗时全国有务场一千八百五十处。南宋时务场更多，其密如网，可称之为“商税网”。有不及八十里路程设有务场三处者，有行二十里而纳税三次者，一斗粟、一束薪都要纳税。虽然如此苛扰，因为税率只有百分之三，开店铺的税率为百分之二，故商业仍然很发达。宋代对商人的歧视较前代为轻，不似唐代规定坊（住宅区）、市（商业区）分开，市有一定的营业时间等种种限制。宋代只要纳税，任何地区、任何时间均可设店营业，并有夜市，可营业到清晨。还有“草市”的兴起，即设在城郊定期的市集，后逐渐发展成为永久的市镇，人口增加到一定程度，即变成州县。唐代十万人以上的城市不过十余处，到宋徽宗时，此种城市全国增加到五十余个，这与商业的兴盛有密切关系。

促进商业发达的另一主要因素是货币。宋代的货币数量多而又划一，交易起来自是方便。宋真宗初年四川出现“交子”，大约是世界上最早的纸币。因当时川陕地区有民变，政府乃停止在四川铸钱，试图阻止变乱扩大。货币减少有碍交易，所以四川的富商发行“交子”，亦称“会子”，以弥补货币流通之不足。宋仁宗元年（1023），政府在四川设“交子务”，次年发行交子一百二十五万余贯，以后逐渐增加。交子到南宋时便很普遍，流通全国，这对贸易的扩大极为有利。奇怪的是，北宋货币虽多，似未造成通货膨胀。据专家研究，北宋一匹绢的平均价格反较唐代的低。

宋代虽对商人的歧视与营商的限制较前代为轻，但视商人为“四民之贱”的传统仍然存在，士人对“工商之子，亦登仕进之途”甚不以为然。不过，钱能通神，商人可以用钱贿赂地方官来改变职业，也可以结交宦官权要，夤缘入仕。声名狼藉的商人朱勔即是例子。朱勔的父亲朱冲本微贱，为人佣工，以卖药致富。因结交蔡京，再识童贯，朱勔遂官至东南部刺史，以搜刮花石进贡宋徽宗，最终激起方腊之变。也有自身耻为贩夫，发财后延请名师教导儿孙而登版籍者。一般小商人则永为贩夫，为士所贱。

在农村富裕与工商繁荣互为表里的情形下，全国人口有所增加。宋徽宗时（1110），北宋有两千余万户，约一亿人口（宋代统计人口不将妇女计算在内，故《宋史》记载的是四千六百余万口），较唐玄宗时增加一倍。一百一十三年后（1223），南宋有人口六千余万。南宋偏安江南，而人口超过唐的极盛时期，可见南方此时的开发程度。

南北经济发展的情况悬殊，北方必需南方运粮接济，自唐以降即如此。晚唐藩镇割据，在军阀的统治下，运河淤塞，粮运不济，有些史学家认为此乃唐朝覆亡之主要原因。后周世宗平定淮南后，立即疏浚运河，故北宋开国即可利用运河。每年由南方运到汴京的漕运米有六百万石，有时达八百万石，足见中原匮乏的现象已很显著。金人占据中原后，权贵豪强肆意强占良田。金人有“猛安谋克”之设置，猛安意即千夫长，谋克为百夫长，为驻屯占领区的军官名称。猛安谋克所属士兵除了镇压还屯田，故良田多为其所有，由其耕种，赡其身家，所谓“无事则耕，有事则战”是也。这些军户不

北宋经济发达，为了解决“钱荒”，发行了“交子”。南宋也曾发行“交子”，但最通行的是“会子”。“会子”具有较完备的纸币性质，不但可以流通，也可用于缴纳税赋。

世界上最早的纸币“交子”

南宋会子铜版

知稼穑之道，亦不耐其苦，故雇“贫民代耕，而收其租”，以供其“酒食游宴”。民不堪命，时有反抗。以金代最贤明君主金世宗（1161—1189年在位）时为例，在1167年到1183年的十六年中，共有变乱十次之多，可见社会之不安定。生民痛苦，社会凋零，故人口日减。

隋文帝统一中国时，北方人口近五千万，经安史之乱至五代的战乱，北方人口锐减，后周世宗末年（959），统计人口不及一千万。南方政治较安定，孳息人口大增，与北方的情况形成鲜明对照。宋神宗十三年（1080），朝廷统计全国人口约三千四百万，南方有两千三百余万，北方约九百三十余万，此时南方人口已是北方人口的两倍有余。至蒙古灭金（1234），所得仅四百七十五余万人，与南宋所得人口近两千万相比，相差近四倍。人口萎缩，是社会经济衰颓的标识。

造成这种现象的原因很复杂，主要是北方战乱频仍，藩镇各自为政，辽、金不重农务，水利失修，水灾迭至，黄河已从中国文化的摇篮变成中原之大患。淮河流域本是中原富饶之区，但自宋仁宗二十六年（1048）黄河改道夺淮入海后（至清嘉庆时始改今道入海，历时七百七十余年），亦泛滥成灾。大好膏土，成为溃决灾区，此为北方人口减少的主因之一。至于金人之戮杀，猛安谋克制之摧残，避祸民众之南逃，均是北方经济被毁坏的原因。所以到南宋中叶，南北社会经济荣衰的情况已相差悬殊。这种趋势一直发展下来，直到20世纪东北开发后始略现转机，但枢纽所在仍是水利问题。

两宋三百一十余年的历史，国境内大体上是和平的，农业兴盛，工商业繁荣，绝大多数人享受物康民阜的生活，人与人之间熙熙和和，这种情况常为后世所钦羡。北宋之汴京，被人形容为“舳舻相衔，千里不绝”，此语虽略嫌夸张，但其繁荣程度可以想见。至于南宋的都城临安府（即杭州），自五代吴越以来即已成为江南文物中心，南宋定都后更趋繁荣，据说人口已达百万之数，以至“接栋连檐，寸尺无空”。《马可·波罗游记》所描述的杭州富庶繁华的情景，可作见证。据称当时“世界诸城无能与比”。其他大城市如北宋时之长安、洛阳，南宋时之广州、苏州、泉州、成都等大都会，均为人所艳称不绝，海内外物产荟萃，有如“山积”。外国商人如蒲寿庚（阿拉伯人的后裔）富甲一方，且曾任南宋泉州市舶使及福建安抚使（后降元），也足见南宋海外贸易之盛（有人认为《聊斋志异》的作者蒲松龄为蒲寿庚之后裔，唯尚乏确证）。

两宋历史有其光明的一面，也有其为后世所诟病的一面，即缠足与妇女社会地位低下两件事，这两件事本互为表里，兹分述之。一般说法是五代时南唐后主李煜喜爱弓纤，遂命宫人以帛缠足，使之纤小，是为缠足之始。李煜只做了十五年国君，缠足限于成年宫人，并未普及。北宋时始由“宫样”染及歌妓，到北宋中叶，中原缠足之风已盛，“瘦金莲”也随着高宗偏安而盛行于江南。富翁所有的家妓已有“稳小弓鞋三寸罗”的“脚绝”了。此后这种陋习逐渐被普及并强化，妇女必须缠成“三寸金莲”才不为世人所耻！要使脚达到纤小弯弓如月的目的，必须自四五岁时即开缠，使其肌肉腐烂，足骨变形，其痛苦可知。所谓“小脚一双，眼泪一缸”之说，绝非过甚其辞。笔者幼时乡居，半夜常为邻近缠足之痛哭声所惊醒。这种摧残幼女肢体的残忍行为，普遍行之近八百年，直到20世纪初始被消灭，其贻祸之深远，较之明代“八股文”犹过之。

缠足并非全为反常之“审美”变态心理作祟，亦另有原因，即贬抑妇女之社会地位。中国虽有孔子所说“唯女子与小人难养也”的传统，但并非仅仅鄙视妇女，因“小人”是指部分男士。唐代妇女的社会地位很高，女性守节的观念很淡薄，改嫁之事很常见，卫道士韩愈的女儿也曾改嫁，唐公主可以再嫁三嫁，亦无可非议。北宋亦然，名臣范仲淹的母亲即改嫁淄州朱氏，范仲淹显达后始归宗姓范，所以他的原籍义田对族人妇女改嫁者，尚有资助。王安石的儿媳与儿子失和，王安石乃为媳妇择人而嫁。北宋的法律也允

货郎图 南宋李嵩绘

画家借助货郎这一题材表现了南宋市井生活的一个侧面，货担上物品繁多，不胜枚举，从锅碗盘碟、儿童玩具到瓜果糕点，无所不有，真实记录了南宋百姓的生活方式。

许长期无丈夫音息的妇女改嫁。丈夫死后贫苦者，一百日即可改嫁，亦可纳一人为夫，称为“接脚夫”。可见当时并无所谓“守节”观念。北宋的法律规定女儿可继承父母的遗产，甚至已出嫁的女儿亦可继承部分遗产，足见当时妇女的社会地位尚未低落到南宋、明、清时代——如果夫亡再嫁，连陪嫁财产也会一并丧失。

宋代思想的主流是理学，亦称道学（见下节）。理学家讲求理教，为人类生活制定了若干规范，其中最重要的是男女之防，这是根据圣人“男女授受不亲”的教条而来的。最严格倡导和执行此教条的是朱熹，他是当时最有声望的学者，宋高宗召见他时也降阶相迎。他曾在福建做地方官，为了防止女性私下去幽会男友，故命令在女人的鞋底装上木头，使其行动不便又发出声音。他认为唐代不重贞节，是因为唐室源于“夷狄”之故。“饿死事小，失节事大”以及“一女不事二夫”的观念，也由这些道学家鼓吹而成为金科玉律。一位女孩因亲手接受男子之物而被父亲视为“失节”，继而被逼令自杀，时年六岁！道学家的礼教很多，表面上律己很严，但矫枉过正，违反人性，逐渐流为虚伪做作。清代一名理学家由家至市里有一捷径，唯途中必须越过一横沟，故理学家宁可走远路绕道而行，时人重之。某日理学家四顾无人，于是走捷径跃过横沟，不巧为沟中玩嬉之小孩所见，小孩大声惊呼。理学家忙给钱塞口，使勿张扬。后因小孩的母亲逼讯小孩钱之来源，其事乃泄。故世称道学先生，必冠一“假”字。撇开理学家的哲理不谈，他们的礼教，特别是对妇女“失节”的严谴，是非功罪自有客观评价。总之，南宋哲人所倡导的道德规范，成为此后七百余年中国人立身行事的最高准绳，今日中国人心目中的传统文化与传统社会的“形态”与“心态”，都是在这个偏安的时代奠定的。虽然这些“形态”与“心态”都自有其悠久的渊源，但将它们塑造成具体楷模是在南宋时代。

⊙ 宋代的文化

两宋时代创造了极优异的文化，有人称赞两宋时代为“第二个春秋战国”，即学术思想的黄金时代。此语虽未必妥洽，但这三百余年间文化造诣之优越，遗留给后世的文化遗产之丰厚是有目共睹的。两宋时代何以能有如此卓越之成绩，厥故有四：

第一是印刷术的精进与普及。是时虽已发明活字版印刷术，但一般仍用刻版之法，木板、纸张、墨、雕刻术均极讲究，故宋本成为后世拱璧。宋室倡导文风，故政府汇编丛书，以享社会，其最大部丛书有四：

（一）《太平御览》一千卷，集六朝至唐代类书；

（二）《册府元龟》一千卷，以历史为主；

（三）《文苑英华》一千卷，辑选南朝至唐代之诗文；

（四）《太平广记》五百卷，辑小说。

其他经、史、子类的书籍，政府亦刻印。政府还刊刻佛教的《大藏经》及道家的著作。政府刻印普及各家典籍，毫无偏颇。地方政府亦刊印书籍，称为“公使库本”。民间刻书有两类：一为“家刻本”，即富有之家自刻其所好；一为“坊刻本”，即书商刻之以牟利者，此类刻本良莠不齐。书籍普及，与必须手抄一部《汉书》才能开始攻读汉史的情况相比，相差不啻霄壤。典籍既不为极少数门第世族所独享，普及于一般人士，自极有助于文化进步。当时人们亦盛行刻印私人著作，这亦足以鼓励创作。这是两宋文化特别发达的主因。

第二是学校与讲学的兴盛。宋代提倡文治，重视科举，兼及学校。宋太祖初设国子监，生徒额为七十名，七品以上官员之子弟可入内学习五经，以后人数增加，但入学资格过于狭窄，遂增设太学，八品以下官员之子弟及“庶人之俊异者”皆可入学。王安石欲废科举，故在太学立“三舍法”，太学生后增至两千四百人，宋徽宗时有太学生三千八百人，学生皆有生活津贴。南宋高宗十七年（1143），时宋与金人和议已成（1141），高宗于是恢复太学，仍实行三舍制，学生待遇优厚。太学入学采用考试方法，最初报考者六千人，录取三百人，其后报考者众，弊端丛生。宋孝宗元年（1163），朝廷改推选人才为由各地方保举，旋又改为考试，至南宋宁宗八年（1202）时，参加太学生入学考试的人数已达两万七千余人。在朝廷“崇儒”政策的鼓励下，读书的风尚大盛。地方的州县也分别立学，入学者可免户役等，学校设有“教授”以督导学生。

私人讲学以北宋的白鹿洞书院（在今江西庐山）、应天府书院（应天书院，在今河南商丘）、岳麓书院（在今湖南长沙）、嵩阳书院（在今河南登封）四大书院最著名。书院起源于唐，自宋而大盛，均设在风景优美之地，藏书丰富，有学者在其中讲学。白鹿洞书院有“学徒常数千百人”，朝廷对之十分鼓励，均颁额赐书。书院如有特别有名的学者，有人会不远千里来问道，如程颢、程颐兄弟讲学时便吸引了不少人来听讲。南宋成立的书院更多，可考者有四十余所。两宋教育之发达，读书风气之浓厚，为亘古所未见。

第三是政府的提倡。北宋真宗的《劝学诗》极具代表性，诗曰：“富家不用买良田，书中自有千钟粟。安房不用架高梁，书中自有黄金屋。娶妻莫恨无良媒，书中有女颜如玉。出门莫恨无随人，书中车马多如簇。男儿欲遂平生志，五经勤向窗前读。”富贵、荣华、娇妻均可于读“五经”而得之。此诗意境卑下，文辞鄙俚，是北宋开国之初所作，但统治者用心良苦，亦可概见。士人的出路是为官吏，故两宋政府给官员提供的待遇都非常优厚，将官员照顾得无微不至，“酒、茶、厨料”“薪、蒿、炭、盐”等琐细日用品均由政府供应，这自然也是大家勤读“五经”的原因之一。

第四是两宋三百余年大体上和平的时期居多，尤其是大江南北几乎没有大战乱。长时期的和平使农业兴盛，工商发达。富庶的民生，熙和的社会，

岳麓书院

岳麓书院是中国历史上赫赫闻名的四大书院之一，因“停车坐爱枫林晚，霜叶红于二月花”闻名的爱晚亭就是清代岳麓书院山长罗典创建的。

正是创造文化的温床，何况还有唐代创发的丰厚的文化遗产做根基。

上述四个因素，相互激荡而使两宋时代在中国文化史上大放异彩，形成文化的黄金时代。不过它与春秋战国时代的诸子百家争鸣有根本上的差别，我们不可混为一谈。后者是“各持一端”，与两宋理学之限于穷研宇宙论、认识论及礼教不同。前者从各种不同的角度与纬度去发挥所见，而后者只限于在儒、释、道的圈子内阐发理、道、性的各色哲理，例如两宋的学术思想并未涉及有如墨家或名家的思想。所以就学术的深度而言，两宋时代极有成就；就学术的广度而言，两宋时代不如春秋战国时代多矣，何况诸子百家各自有其幽邃的学理。

两宋时代的文化建树，大体上可分为文学艺术、史地学及理学三项，笔者兹概述之。

宋代文学中最显著的是词，宋代词人的翘楚是南唐后主李煜。李煜的父亲李璟已向后周世宗称臣，宋太祖即位后，李煜事宋甚谨，得苟延国祚十五年。在这一段时期里，他留下了许多绮丽细腻的艳词。降宋后，李煜留居汴京两年余，为宋太宗所鸩杀（978），年四十二。宋太祖十二年（971），李煜遣其弟李从善入朝于宋。李从善被扣留汴京后，“煜尝怏怏，以国蹙为忧，日与臣下酣宴，愁思悲歌不已”。亡国后，李煜的作品悲怆凄凉，他将内心的感触发露无遗，宋词多受其影响。有谓李煜在词中的地位，犹如王羲之在书法中的地位。词之美妙在于音韵协调，所以“有井水处，即能歌柳词”。词以抒情见长，有“五音轮二十八调”以资歌唱，故常人也能比较苏轼与柳永二人之词的格调差异。宋代大文学家多能填词，一些很严肃的闻人，也有香艳缠绵的词问世。李后主与小姨子私会的词，早已脍炙人口；欧阳修同他外甥女的那一段旖旎浓郁的感情，也足以引起人们的无限遐想。大词人如晏殊、苏轼、范仲淹、欧阳修、辛弃疾、柳永、陆游、周邦彦、李清照、朱淑贞等，都各具风格，他们留下了无数千古传诵的妙词。其中后两人为中国最有名的女词人，尤其是李清照，有人将她的词与李后主的媲美，认为她的作品达到了抒情文学的最高境界。

宋诗自王安石开始，一反初年只注重辞藻华丽，多用僻语的风尚，提倡抒发真情实意的吟咏，走向白居易、杜甫的道路。后世论宋诗，推崇王安石的工整、苏轼的新颖、黄庭坚的奇拔。其中尤以苏、黄二人的诗最有名。

宋代的诗词有两大特色，一是描绘山川景色达到诗中有画、画中有情的境界，这大约与宋代人才辈出，而南宋又偏安南方有关。江南山水秀丽瑰奇，容易触发诗人遐思。生长在北方的诗人，无论如何也吟不出“杨柳岸，晓风残月”那类佳构。二是充满民族意识的诗歌很丰富，这自然是人们针对金人的残暴、南宋的偏安愤懑而发。由山东南逃的辛弃疾（号稼轩）所留下的六百多首词中，多是怀念西北河山，“男儿到死心如铁”的悲愤词句。最有名的诗人陆游（号放翁）是浙江人，他渴求“北定中原”的心愿至死不变。在他六十年的创作生涯中，他写了一万余首作品，传于后世的有九千三百余首。他八十六岁临终时写的最后一首诗，中有“但悲不见九州同”。此诗传诵千古，后世多少人为之一掬同悲之泪！

宋代的歌、赋均有独到之处，文天祥的《正气歌》自与《长恨歌》迥异，苏轼的《赤壁赋》也绝非汉唐以来的赋所能比拟。它们都以崭新的体例和内容呈现，抒情写景，莫不铭刻入微；或慷慨悲歌，或清新飘逸，均是不朽之作。

自韩愈、柳宗元在中唐提倡古文后，“古文运动”至北宋更加发扬光大，名家辈出，如欧阳修、王安石、曾巩、“三苏”（苏洵、苏轼、苏辙）等。尤其是苏轼，史赞其文“浑涵光芒，雄视百代”。苏轼本人很自负地称“吾文如万斛泉源，不择地皆可出”，确系事实。北宋文豪甚多，多为后世宗师。南宋文风虽盛，文豪不多，吕祖谦、朱熹之文章亦有可称道者，唯在韩、柳及北宋诸子夺目光芒之下黯淡失色。

由于佛经常用“故事”（过去的事）以阐明佛法，故唐代有说故事之人，此即语体小说之滥觞。宋代的职业说故事之人颇普遍，有说历史的，有说笑话的，或说唱兼有者，后者即发展为戏曲。说民间流行的故事，如《宣和遗事》（宣和是徽宗的年号之一，1119—1125），到明代演变为《水浒传》；三国故事，汇集成《三国志通俗演义》。章回小说即说书人的连续故事。宋代的小说被称为“话本”，今所存者，尚有四十五种之多，均是用当时的语体写出，即今日所谓白话。

说唱兼具再加上舞蹈，便是戏曲，宋人称为杂剧。杂剧很受开化不久的金人欣赏，金人的宫廷中常有杂剧出演，《西厢》即有名的戏剧，为元初王实甫作《西厢记》之底本。宋金的杂剧均有调子，据以歌唱，后发展成为元代的“曲”。

宋代的书法、绘画也极为后世称羡。南唐时有人集名人书札，摹刻于石上，称为“法帖”。宋太宗命人以枣木仿刻，均可拓印，世人可临帖习字。因为帝王提倡，书法遂成为艺术之一端。宋徽宗的书法以独创一格而为世所重，他的儿子宋高宗的书法亦工整秀丽。王羲之的《兰亭序》，在宋代有一百一十七种刻本，当时的人对《兰亭序》的一点一画均有考据，可见宋代对于书法之重视。大文豪亦多以书法著名，苏轼即其一例。米芾书画双绝，是宋代最著名的书法家，有人认为其乃王羲之后第一人。

宋廷对绘画极重视，米芾即被召为“书画学博士”。宋徽宗时的《宣和画谱》二十卷，选画家二百三十一人，共计六千三百九十六轴画。南宋一百五十二年间，据记载有名画家一百五十一人，盛况空前。宋代的画流传至今者尚多，内容广泛，举凡山水人物、花果竹石、鱼鸟屋寺，均为绘图对象。尤其重要的是，宋人以绘图表达人的意境，效法唐代王维“画中有诗”的境界，以水墨山水为主流。康有为断定西方的油画源出宋代的绢本画，他说宋的“寒梅雀兔”及山水画的绢本，“与欧画全同”。姑且不论西方油画是否源自中国，宋代绘画技艺之广博精深是毋庸置疑的。张择端所绘《清明上河图》不仅为绘画史上的不朽巨作（原本已佚），我们可由之窥见宋代建筑之精美与社会之繁荣。

文会图（局部） 北宋赵佶及宫廷画家绘

《文会图》不仅是朝廷文士雅聚的真实写照，也是朝廷人才云集的象征。蔡京的和韵诗：明时不与有唐同，八表人归大道中。可笑当年十八士，经纶谁是出群雄，则表明赵佶自以为宋朝更胜唐朝，人才济济，非唐朝“十八学士”堪比的心理。

宋代对历史记录很重视，史籍流传后世者浩繁，大致可分为官修及私撰两大类。官修史籍，记本朝历史者，以各帝“实录”及“起居注”为主，今存者仅钱若水所撰《太宗实录》残本二十卷，刊入《四部丛刊》。司马光奉命作《资治通鉴》二百九十四卷，历时十九年始成（1065—1084）。《资治通鉴》以按年纪事体裁，叙述自周威烈王三家分晋开始，至五代后周为止，一千三百六十二年间的历史（前403—959），首创编年史的体例。司马光于重要史事之后均附有自己的评论，论述他对于该史事的意见，对后世读史之影响颇深远。因一切规划均由司马光一人草创，故亦有人视《资治通鉴》为“私修”者。

私家修史之最著者为欧阳修之《新唐书》二百二十五卷及《新五代史》七十四卷（原名《五代史记》），两部史书对后晋刘昫等所撰《旧唐书》及宋薛居正等所撰《旧五代史》有所改进。此外如马令、陆游分别撰有《南唐书》，未被列入“正史”。郑樵所撰《通志》，原名《通史》，凡二百卷。郑樵反对班固以来之断代为史，仿《史记》之体例。其最自负者为《通志》中的“二十略”，即分别对历代之“礼”“职官”“选举”“刑法”“食货”等典章文物贯通叙述之，类似今日之“专题史”。宋白续唐杜佑之《通典》，有《续通典》二百卷。此外如胡三省《资治通鉴音注》、刘恕之《通鉴外纪》、李焘之《续资治通鉴长编》（记北宋历史）、李心传之《建炎以来系年要录》、朱熹之《资治通鉴纲目》、徐梦莘之《三朝北盟会编》等，或修纂过去历史，或记载本朝史事，均很丰富。宋元之际的马端临撰《文献通考》，成于宋亡之后四十余年，应不必列入宋代史籍之中。其他私人所撰的所谓“野史”，种类繁多，不能备举。

宋代地理著述很丰富，最著名的是《太平寰宇记》，记载宋太宗时全国舆地风土人情（原有二百卷，今存一百九十八卷半）。州郡之有志书，在宋代极普遍，观《宋书》中《地理志》《河渠志》的详细记载可知。合数州郡而记载者，称“通志”，亦滥觞于宋代，如林世程之《重修闽中记》、王靖之《广东会要》（均佚）。其他的地方志流传至今者如《临安志》三种、《会稽志》两种、《四明志》四种，共计有九种。遗留后世的游记颇多，其中亦透露一些史事。

附带一提的是科学。两宋之科学亦进步，沈括曾穷十二年之力绘成《天下州县图》（1088），他所著的《梦溪笔谈》，讨论天文历算、地质地理、矿冶机械、农田水利、医药动植物，观察与实验并重。他的著作，甚受研究中国科学史者的重视。

宋代影响后世最深远的是理学（道学），也即“新儒学”，它是吸收道家与佛家的若干精义，用以阐发传统儒家的思想，使之充实完备。新儒学特别深入地探讨了宇宙论及认识论，这些都是以往儒学所隐晦不显的理论，理学则对之研精阐微，使之成为有系统的哲理，更进而归纳出若干道德教条，以规范人生。简而言之，理学即是以儒学为基础，援用道、佛哲理融汇而成的一套新儒学。这一新理论体系的发展，可追溯到东汉魏晋南北朝，非一朝一夕之流变。

汉末以来，道家学说盛行，清谈之风尚弥漫，儒学不仅不是显学，已沦为与百家学说同等地位，即位居一家而已。北朝虽重儒者，但只重“儒术”以利统治，无视于“儒学”，何况同时有能使人长生不老的道教与轮回修来世的佛教盛行不衰。南方谈玄说老，儒学之中只有《易经》受重视。隋季“大儒”王通自诩为圣人，虽为后世所谴责，但当时“门人弟子相趋成市”，可见孔子“至圣先师”的地位并未确立。韩愈在唐中叶作《原道》，“攘斥佛老”。他主张“人其人，庐其居，火其书”，即用政治力量使僧、道还俗，废去寺观，焚烧佛、老经典。他的学生李翱提“复性”，是受道家梁肃之影响而释中庸的性情。李翱的思想被视为宋代理学之发轫。被视为宋

苏州石刻天文图 南宋黄裳绘

此天文图本是黄裳教太子学天文学时所画，后来由王致远撰写文字并刻成石碑。这可谓是当时内容最丰富的天文学课本，也是世界上现存最古老的根据实测绘制的全天石刻星图。

代理学先驱的邵雍（谥号康节），曾受学于道家陈抟之三传弟子李之才，其图书先天象数之说，即道家学说与《易经》、纬书融汇而成。邵雍首先提出“穷理尽性”。所谓“理”，是万物所由而生之理，是“天地之理”；所谓“性”，亦是天之性。邵雍用理观察事物，所以其思想被视为理学的萌芽。另一位理学先驱周敦颐（号濂溪先生），杂糅《易经》与道家学说而著《太极图说》，取《道德经》之“道生一，一生二，二生三，三生万物”的说法，云太极是“一”，阴阳是“二”，阴阳合是“三”。例如君是一、臣是二，能君君（即个别的“君”做到理想的“君”之谓）即是“合”。所以太极是“理”，阴阳是“气”。在关中讲学的张载（世称横渠先生），其学被称为“关学”。张载特别提到“气”，气充塞天地间，有聚有散，聚则成物（人亦物之一），散则复归于太虚，故气是永恒不灭者，所以他不相信灵魂之说，认为人死即气散。王安石在这方面也有阐发，他认为太极是“无”，是“道”，是最早的存在，万物均由之而生。这些哲理，大致渊源于老子的“无，名天地之始；有，名万物之母”，不过换了名词，“无”称“理”或“道”，“有”称“气”或“象”而已，所以可以说道家是理学的“源头”。

周敦颐的学生程颢（世称明道先生）、程颐（世称伊川先生）兄弟为理学建立了较完整的体系。二程均洛阳人，二人之学，史称洛学。程颢是兄，年五十三而卒。程颢强调“仁”，认为仁是天地之“大德”，人而能“仁”，即能与天地一体，我之心与圣人之心均相同，所以欲传圣人之道，扩充己心到“仁”的境界即可。程颢的思想可称为绝对的唯心论，接近佛家的禅宗。南宋陆九渊（号象山）承受此说，认为“心即是理”，“宇宙便是吾心，吾心便是宇宙”。明王守仁（号阳明）继起，是为陆王学派。程颐享年七十五岁，其学说发挥较完备的作用。他认为一物皆有一理，物不能离理而生，朱熹承受此说，发挥而成较有系统之哲理，世称程朱学派，为后世理学之主流。北宋理学诸子试图融汇佛、道的玄理，使儒学能与佛、道幽邃玄奥的哲理相抗衡，更进而排斥佛、道。他们的设想并未成功，因为他们的很多得意高足后来俱转而虔信佛学了。

南宋朱熹秉承程颐的余绪，对程颐的理论加以充实与阐发，最终成为集理学之大成的人物。他认为“理”是永恒超时空的，亦即“道”。“气”是构成宇宙一切事物的条件（材料），先有如是之理，与“气”浑化而后成

“器”（物）。理是宇宙万事万物的根源，故理在气之先，理与气是分离的。每一事物均有其理存在，因此每知道一事物之理，即足以增加对理之了解，即“格物致知”是也。一事物之理，即该事物标准的理想形态，是谓“极”（端）。总和天地一切事物之“极”，是为“太极”。将这种说法应用到人身上，人的“极”，即仁、义、礼、智、信“五常”，“五常”是人之本“性”，所以人必须“知性尽心”。此外，“三纲”是天理的展开。“三纲”即君为臣纲，父为子纲，夫为妻纲。“三纲五常”是天理，与春、夏、秋、冬四季关系之理相同。凡人均要遵循仁、义、礼、智、信“五常”（极）。如此等等，朱熹为世人建立了严密的道德体系。

朱熹的另一重大影响是集《论语》《孟子》《大学》《中庸》为“四书”（后两书本《礼记》中的两篇），并加以注释，成《四书集注》。《四书集注》被后世解释儒学者奉为圭臬，程朱学派便成为今后中国思想的主流。由程颢、陆九渊到王阳明一脉相传的学术，因为是唯心之说，很玄奥，明中叶以后传习者很多，对明代的政治社会产生了很大的影响。

唐、宋两代六百六十二年，为中国传统文化的各个方面奠定了基本形态，其间固多渊源于自春秋以来的文化传统，但在唐宋时期，这一文化传统在实质上及范畴上均较之以往更充实、更广泛。今日我们自诩的中国传统文化，实系指唐、宋文化。

朱熹和陈亮

陈亮主张义利双行，王霸并用，和朱熹的性命之学相对立，开创了永康学派。两人曾进行过数次交锋，这就是轰动南宋思想界的“王霸义利之辩”，也就是所谓“陈朱论战”。

扫码穿越时空，AI陪你
多维度解锁中国历史
放大历史细节
还原文物古籍中的事实真相
趣味学历史
独特解读
历史进程中的关键事件
成为历史达人
趣味答题
挑战你的历史知识储备
AI小书童
7*24小时在线伴读
与你遨游历史长河
探索中华文明的璀璨辉煌
※本页面展示的是本书与RAYS出版融合云平台打造的可聊天互动、可视化、可听化的数智化“现代纸书”，扫码可获取关于中国历史的更多拓展知识与解读，如相关的历史动画，以及本书的电子书、有声书和作者历史观提炼，并可免费享受AI随心问服务（AI小书童）。

3

少年爱读中国史

元明清时期

插图版

李定一 著

重庆出版集团 重庆出版社

目录

第五编

中华文化之发展——元明清之长期统一（1279—1842）

◈ 第十七章　元明两代之大势

蒙古人统治中国　/ 002

明太祖的开国政策　/ 011

明初政局　/ 022

明政之衰与张居正之改革　/ 031

明成祖的海外发展　/ 043

元明两代的文化　/ 051

明代之衰亡　/ 064

◈ 第十八章　大清帝国

一统中华　/ 071

清初的统治　/ 079

由盛而衰之历程　/ 088

早期中外关系　/ 100

中西文化交流　/ 111

清代的文化　/ 124

第五编

中华文化之发展
——元明清之长期统一
（1279—1842）

第十七章　元明两代之大势

⊙ 蒙古人统治中国

1206年，铁木真（1162—1227）统一了蒙古各部族，上尊号为成吉思汗，这是人类历史上的一件大事。“成吉思”一词的含义，众说纷纭，尚无定论。法国汉学家伯希和释为“海洋”，亦只是备位一说而已。据笔者蒙古籍友人所言，“成吉思”为“伟大的”之意，似应采信。蒙古人大约与中国

成吉思汗画像

孛儿只斤·铁木真，统一了蒙古高原诸部，占领了金朝的大片领土，并灭亡了西夏、西辽及中亚的花剌子模，其征服足迹远抵黑海海滨。他在东西方世界都有着巨大影响力，在不同文化背景的叙述者笔下，铁木真的形象也略有不同。

蒙古部落之间征战的情形

历史上的东胡、突厥都有血缘关系，是散居在今蒙古国、中国内蒙古一带以氏族为单位的游牧部族，原臣属于金，关系也只限于进贡。铁木真崛起后，他改革以氏族为单位的传统，以十户、百户、千户的新制，将蒙古人重新组合起来，凡男丁年十五至七十均为兵，平时则屯聚牧养；其后增设万户；千户长、万户长均由大汗委派；另选出精锐一万人为卫队，直接受大汗指挥，号曰“怯薛”。成吉思汗当时已有兵十万，可见当时蒙古人口并不多。自1205年起，成吉思汗即三次进攻西夏，西夏屈服，蒙古人获得大量物资。1211年，蒙古攻金，大败金军，四年后陷金之中都（燕京），金廷被逼迁都汴京（开封）。至此，铁木真自称成吉思汗不到十年，但已占领黄河北岸地区，旋即遣将远征乃蛮（1204年，乃蛮太阳汗为成吉思汗所败，其子屈出律逃往西辽。西辽为辽亡后宗室耶律大石于今新疆一带所建的政权，后为乃蛮屈出律与花剌子模所灭，领土被瓜分）。此为蒙古首次向西发展。

灭乃蛮之次年（1219），成吉思汗亲率二十万大军，进攻中亚最强大国家花剌子模，一路势如破竹，穷追花剌子模国王直至里海，使其病死在海岛上。花剌子模新王嗣位后仍不敌蒙古军，逃至印度，蒙古军遂侵入印度北部。此为蒙古第一次西征，势力扩张至中亚及东欧部分地区。第二次西征由成吉思汗四个儿子的长子共同率领，以长子的长子拔都为首，前后十年（1235—1244），北路征服俄罗斯，南路经今波兰、匈牙利、奥地利而达地中海。适大汗窝阔台（元太宗）死讯至，拔都乃班师。第三次西征（1253—1259）由旭烈兀率领，蒙古军征服了波斯及中东各地，进迫埃及。三次西征的结果，使蒙古创造了横跨欧、亚两洲的大帝国，蒙古设四大汗国以统治

窝阔台被推举为大汗

成吉思汗去世两年后，窝阔台经“库里台大会”推选，成为蒙古大汗。

之：察合台汗国（中亚南部）、窝阔台汗国（中亚北部，后部分归附钦察汗国，部分被并入元朝）、伊儿汗国（波斯与中东）、钦察汗国（包括今俄罗斯西部、东欧大部分、高加索部分地区等）。蒙古西征最重大的影响是使中西交通畅通，中西文化有了交互的影响，但他们铁蹄所至，杀戮之残忍，焚毁之剧烈，也令人怵惕。蒙古西征属于世界历史的范畴，本书只是略及之。

成吉思汗第一次西征的原因，纯粹是花剌子模国王过分凌辱而起。蒙古自灭乃蛮后，与花剌子模直接为邻，遂遣使赍礼物多种与花剌子模，称其为“极大之邦”，并述自己并无领土野心，只求通商，花剌子模国王允之。未几，蒙古即派四百余位商人（均畏兀儿人）随西域商人赴花剌子模贸易，但这些商人全部被杀，仅一人逃回。成吉思汗乃遣使前往责问，花剌子模国王杀其正使，并将随行四位蒙古官员的须发剃去后释归以辱之，由是激怒了成吉思汗，引发了蒙古西征。以后两次西征，均与消灭花剌子模残余势力有关。蒙古人之南征金、南宋，则系预定计划，成吉思汗临终前尚殷殷以灭金之方略告左右。

成吉思汗于灭西夏时去世（1227），遗策是假道于宋抄攻汴京。南宋理宗及权臣史嵩之认为此乃收复失地之良机，准许蒙古军假道河南西南部攻金（1232），两年后金亡（1234）。蒙古何曾想助成南宋收复河南的美梦，从此蒙古与南宋之间便展开了四十余年残酷激烈的战争，这也是蒙古剽悍铁骑征服各地最艰苦、最费时的长期战争（1235—1279）。蒙古军正面攻击，在今湖北北部的襄阳、樊城被阻，与南宋形成对峙局势。其第四任大汗蒙哥（元宪宗）命弟弟忽必烈南下，灭掉建国三百余年的大理国，完成对南宋大包围的形势。1258年，蒙哥命忽必烈攻鄂州，兀良合台击潭州（今长沙），他则亲自攻打四川，准备会师鄂州灭南宋，不意在合州（今重庆合川区）郊外的钓鱼城中流矢而死。蒙古被迫权且与南宋和，贾似道却虚报胜敌，赢得至高荣誉，权位日隆。1260，忽必烈继位为第五任大汗（元世祖），因整理内部政争，延至1268年始再度大举进攻。蒙古军将主力置于襄阳、樊城，襄阳守将吕文焕英勇坚忍，抗守六年，至1273年，在敌军“炮火”的攻击下投降。他的战绩当令欧洲战将羞愧。襄、樊失守后，贾似道隐匿前方军情，谎称获胜，与姬妾在园中斗蟋蟀。三年后元军（1271年改国号为元）兵临临安府，南宋恭帝降，被虏北去。文天祥、陆秀夫等拥立宗室于福州，称端宗，负隅顽抗。不久端宗崩，稚龄之末帝赵昺立，为元军所逼，陆秀夫于崖山负赵昺蹈

忽必烈即位，成为蒙古大汗

此图出自波斯细密画。

海死（1279）。

南宋灭亡留下了许多英勇报国、壮烈牺牲的可歌可泣的事迹。如守钓鱼城的王坚，守重庆的张珏，在襄阳突围，出生入死的张顺、张贵等人士。其中最难能可贵的是从容就义的文天祥（号文山）。他于敌军兵临城下之际受命为丞相，赴元营谈判，拒降被扣留，中途逃脱，再结义师抗元。文天祥被俘后在元大都（今北京）被囚近四年，忽必烈亲自召见他，欲畀以宰相之职，但他仍不屈，见皇帝时昂然站立，只求殉国。他在狱中所作的《正气歌》，临刑前所书的绝命辞："孔曰成仁，孟曰取义；唯其义尽，所以仁至。读圣贤书，所学何事？而今而后，庶几无愧"，均至足表露出他的襟怀与节操。慷慨赴死易，从容就义难。古往今来，有多少人能经得起文天祥的这种考验！

忽必烈为蒙古大汗，1271年建国号曰元，1276年攻克临安府，1279年南宋帝昺崩。至1368年元顺帝被逐出北京为止，元朝统治中国共八十九年，凡十一帝。其中世祖（忽必烈）在位十五年（1279—1294，这里按统治中国的时间计算——编者注），顺帝（1333—1368）在位三十五年，余下三十九年有九位皇帝，平均每位皇帝在位时间不过四年余，甚至在一年之内出现过四位皇帝（1328年，泰定帝、天顺帝、文宗、明宗），破历史纪录。导致这一奇事发生的原因，是蒙古没有承继法。

蒙古人武功旷世，但文化很低，初期只有语言而无文字，曾借用畏兀儿文字传布命令，至1269年始有吐蕃僧八思巴为之制蒙文。蒙古人的大汗位置由大贵族所组成的"库里台大会"推选，窝阔台（元太宗）为成吉思汗次子，窝阔台继任是成吉思汗临终的遗命，故无异议。蒙古又有末子承继祖业的传统，因年长诸子在外已先后获得土地财富，幼子长期侍奉父亲，故父死多以一己所有传给幼子。拖雷为成吉思汗幼子，甚有才德，深受成吉思汗钟爱，亦甚孚众望，应继位为大汗。太宗崩后，皇后掌权，经四年之布置，其子贵由得当选为大汗（元定宗），定宗（1246—1249年在位）于1249年崩，其后欲依样葫芦掌权，布置两年，但仍在"库里台大会"上失败。大家怀念拖雷，推出拖雷之子蒙哥（元宪宗，1251—1259年在位）为大汗，定宗皇后被杀。从此大汗及以后的元代皇帝，均由拖雷一系承继。宪宗崩于合州，其弟忽必烈手握重兵，但同母幼弟阿里不哥在王公中势力强大，遂召集附己的王公开会，亦被拥为大汗（1260）。阿里不哥在和林（今乌兰巴托附近）上尊号为大汗，引发阋墙战争数年（1260—1266），“多戕宗室，死士卒无算”。阿里不哥兵败而降，旋即疾卒。此后太宗之孙海都、宪宗之子昔里吉等相继叛变，均为争夺大汗宝座。忽必烈之世已如此，后代更是纠纷百出，政局极不稳定。忽必烈迁都大都，兼为元皇帝，意即皇位传子，大汗可不再由推选，但未定立客观之储位制度。皇帝多由大臣推戴，名义上无“库里台大会”，实际上是换汤不换药。朝廷众臣排挤倾轧，永无宁日。这是元代政局不稳定的主要原因。

蒙古征服的目的很单纯，只是为了掠夺财富，因此元代统治者统治的鹄的也只限于聚敛财富与镇压被征服者两大目标。综观蒙古统治中国近九十年的措施，均以这两大目标为中心。

蒙古征服的方式，是直接掠夺被征服者的财富，幸赖耶律楚材（1190—1244）教他们课税的方法，他们才放弃直接劫掠的方式。耶律楚材为辽宗室后裔，世居燕京，汉化程度很深，父亲曾任金尚书右丞，谙习政事。成吉思汗攻克燕京，求辽宗室，得耶律楚材，“楚材身长八尺，修髯过腹，……置

蒙古骑兵征战图

图中描绘的是蒙古军队攻打中亚伊斯兰国家城池的情景，此图出自志费尼《成吉思汗：世界征服者》。

左右以备咨访”，常呼之“长髯人”而不名。成吉思汗晚年，“官吏聚敛自私”，私产很富足，而仓库空空如也，于是朝廷有人认为汉人既无补于国，“不若尽去之，空为草地，以广畜牧”。耶律楚材认为汉人可以纳税，如征“地税、商税”等，每年可得银五十万两、绢八万匹、粟四十余万石。大汗曰：“试为我行之。”楚材乃设官征税，届期如数缴纳与大汗。“汗笑谓楚材曰：‘卿不去朕左右，而能使钱谷流入如此，不审南国复有卿比者否？’”由这一件事，我们可知当时蒙古人见识之浅陋，将政府可以征税当作变戏法一般的奇事。从此，元朝统治者不尽去汉人了。

元朝统治者觉得由政府征税也麻烦，因此想出“扑买制”，即由人承包天下课税，承包者每年缴纳一定银钱与朝廷。包税人自行去征税，实际征收的税大约十倍于缴纳的包税银。耶律楚材虽强烈反对也无效。扑买制是蒙古人搜刮财富的方法之一。

除实行“扑买制”之外，蒙古人掠夺财富的第二个措施是强占民地，将降民直接掳为奴隶或由政府赏赐农地与贵族、军人、僧侣，让降民、奴隶为之耕种及服各种劳役。强占民地之事，贵族、军人及僧侣均大规模施行，占地动辄千顷，奴隶也以千计，有多至十万户者。特别是在灭南宋后，这些人更是“恣行俘掠”，所以赵翼说：“民之生于是时者，何以为生耶？”（《廿二史札记》卷三十《元初诸将多掠人为私户》条）

元朝规模最大的敛财方法是发行“交钞”，类似宋代的“会子”。元朝的“交钞”自窝阔台开始发行（1236），到忽必烈即位（1260）时即大量发行。忽必烈的统治年号，“交钞”有“中统钞”与“至元钞”之分；面额分十文、二十文、百文、二百文、一贯（千文）、二贯等共十一种之多，每两贯值银一两，钞用丝印成。终元之世，政府只大量印钞票，从未铸钱，白银也只存库而不流通。从蒙古人的角度来看，印钞票是最简捷的搜刮方法。钞之昏烂者曰“昏钞”，按理可换“新钞”，但官府不愿换，指为“伪钞”，亦不能用作纳税。真的“伪钞”也确有出现，吴友文所发行的伪钞，因为有信用，反倒很流行。通货膨胀而复紊乱，到后来一千万文只能买一饼，生民痛苦可知。

为了达到长期搜刮被征服者膏脂的目的，蒙古人的统治政策只有一个目标，即防止反叛。元世祖置中书省，有中书令，置左、右丞相各一，下设六部，综理各项政务。另设枢密院，掌军事，军分四类：蒙古军、探马赤军（边军）、汉军（由原金统治区域的各族人民组成）、新附军（南宋人）。中书省所辖之地称“腹里”，相当于今河北、山东、山西地区。政府又将全国分为十区，设“行中书省”，治理各个地区。划分的标准是以军事为主，其十个“行省”，今存者有陕西、四川、甘肃、云南、江西五省，受其影响者有辽阳、河南江北、江浙、湖广等地区。“行中书省”制，是将中央政府分设各地，可以专擅地方大政。路、府、州、县的主官，均称“达鲁花赤”（断事官），汉人、南人均不得担任此职，元开国之初此职系世袭，很近似裂土分封。

蒙古统治者将人民分为四等，即蒙古人、色目人（西域人）、汉人（金人）、南人（南宋人），四种人在法律面前不平等，无异于四个阶级。例如汉人、南人杀蒙古人、色目人均处死刑，其家属并得赔埋葬费；后者如杀前者则只罚款而已，约一驴之值。汉人、南人与蒙古人、色目人斗殴，前者不得还手，只可诉之于官。汉人、南人均不得收藏兵器，并不得养马。政府对汉

元世祖出猎图 元代刘贯道绘

元代的蒙古族被誉为“马背上夺天下”的民族，行围打猎自然是少不了。即便到了元代，迁都大都（今北京）后打猎不再方便，北方的帝王贵族秋冬之际也要按照传统方式外出射猎。

人、南人还设置了很多其他的禁令，如禁田猎、禁聚众祠祷、禁习武、禁夜行等。政府又设里甲，以监视南人。二十家为一甲，设甲主，甲主对此等人家是“饮食男女唯所欲，童男少女唯所命”。蒙古人对中国的压制与蹂躏，已到史无前例的程度，但比起他们西征时动辄屠城的残暴行径来看，似尚聊胜一筹，因为他们已经知道留下百姓以课税。元代后来也劝农桑、兴水利，自然也与培植税源有关。

耶律楚材告诉窝阔台马上得天下，不可以马上治天下，“守成者必用儒臣”，故大汗亦考试“儒士”，且免儒士之被掳为奴者，但不久即废。元仁宗二年（1313）始开科举（至1341年停），以“四书”命题自此始。元代的科举考试每三年一试，录取百人，四等人各二十五名；共举行二十次，汉人、南人中进士者，前后总共不超过一千人，按人口比例而言，实微不足道。元代不仅帝王不识汉文，大臣中习汉文者亦少，有大臣巡视江淮行省，“无一人通文墨者”，正因为如此，蒙古人、色目人为官者，例以象牙或木刻印为花押。中国人重视印章取信，是蒙古遗风的体现。蒙古人统治中国八十九年，完全没有汉化。即使是史称“最能亲儒重道”的元仁宗（1312—1320年在位），也只能命人节译《大学衍义》以读之。总之，蒙古的统治只以朘刮为事，没有文化意识，与清的加速汉化迥异。

蒙古铁骑所到之处破坏剧烈，从由罗马教皇英诺森四世于1245年遣派到中国的第一位传教士柏朗嘉宾所述可知，是时正值蒙古第二次西征后不久，兵燹之余，沿途名城大镇都只剩下残垣断壁，满目疮痍，凄惨不堪。蒙古西征也有正面的影响，即中西交通大开，中国同欧洲有了直接的接触。蒙古的四个汗国虽各自为政，但名义上仍尊北京的大汗（汗巴里）为主，所以只要持有大汗的金牌，即可通行无阻。西欧想用宗教的力量感化蒙古，所以屡次派传教士东来，追求财富的商人也络绎不绝。元代的“也里可温教”（基督教）相当流行，蒙古贵族亦有信奉者，据说窝阔台也信教。商人之中，以马可·波罗最著名。他幼年随父到中国，被元世祖留充侍卫，在中国住了十七年（1275—1292）。他返回意大利后所口述的游记，成为中世纪欧洲妇孺皆知的名著。他对中国繁华富庶、珠宝遍布、光辉照耀、夜晚走路不用掌灯的夸张描述，是激发日后西欧竭力寻求航路通东方的原动力，西欧人也因而发现了美洲。中国到过西方的有丘处机，此事有他弟子所记的《西游记》为证。丘处机的足迹止于中亚。蒙古时代中西交通畅通，对人类文化的进步产生了有利的影响。

元朝直辖的疆土除了中原王朝的区域，吐蕃、安南（今越南北部）、占城（今越南南部）、缅甸、暹罗（今泰国）等地均称臣纳贡。高句丽于窝阔台时入贡，世祖时在高句丽设“征东行中书省”，使其成为元直接管辖的“行省”之一，直至元亡，凡一百二十余年。元世祖曾两次征日本，第一次（1274）以一万五千人出征，战胜日军，以矢尽，“唯掳四境而归”；第二次（1281）以十万大军出征，遇风，为日军所乘，“十万之众，得还者三人耳”。蒙军苦于航海，加上指挥将官昏聩，再遇到台风，所以惨败。

⊙ 明太祖的开国政策

元代开国之君元世祖忽必烈是蒙古第五任大汗。赵翼说他天性“嗜利黩武”，专任敛财苛征之官吏，在位期间“无岁不用兵”（《廿二史札记》卷三十《元世祖嗜利黩武》条）。后继十帝凡七十四年，多权臣肆意妄行，任意拥立。这些皇帝有共同的嗜好，即崇信吐蕃僧人，并赏赐给僧人大量的田地与奴仆。元世祖末年，天下已有庙宇四万两千余所，各拥良田数万至数十万顷不等。元代最后的君主元顺帝（1333—1368年在位）见到拥立他为帝的权

《蒙古袭来绘词》中蒙军与日军海战情形

臣燕铁木儿时，恐惧到口不能言的程度。他十三岁即帝位，四十九岁时，朱元璋的北伐军至通州，元臣劝其固守北京，他不听，“至夜半，开健德门北奔”，两年后患痢疾卒于外蒙古（今蒙古国）。明太祖以其“知顺天命”而逃，故号之曰“顺帝”，封其孙为“崇礼侯”。

元顺帝尊崇吐蕃僧人，参喜乐禅，教太子亦习之，云可以延寿。太子悦之，云从师习儒学多年，犹不省书中所言何事，从吐蕃僧人学禅，一夜便通晓！当顺帝父子与姬妾共参喜乐禅的时候，长江一带已群雄蜂起矣。

最先起兵的是浙江的盐贩方国珍（1348），此后三四年间，相继起兵的有河南白莲教韩山童（子韩林儿）与刘福通、湖北的布贩徐寿辉（后为部将陈友谅所杀，陈友谅原是渔夫）、江苏盐贩张士诚、四川平民明玉珍。安徽郭子兴之父乃卜人，娶同邑富人之盲女而生子兴。郭子兴似为元季群雄中唯一能“散家资”的人物。这些人有一共同点，即都是平民，不似后汉末、隋末、唐末，称兵者颇多阀阅世家，原因是汉人在元代地位低微卑下，无法形成有权势的集团。上述起兵者都不是农民。

元末群雄初起时势力都不大，而且各自为政，以元代的军力而言，是可以逐步敉平的。

朱元璋异形像 明代陈洪绶绘

据说朱元璋相貌丑陋，下巴和鼻孔上翘，又患过天花，所以脸上有麻子。民间笃信“奇异相貌”与“大富贵”之间存在隐秘的联系。而据《枣林杂俎》记载，朱元璋“恐人识其貌”，分赐给王公大臣的画像各不相同。这可能源自朱元璋自我神秘化的心态，以及强烈的不安全感。

元廷内讧，互相倾轧的结果是使最有能力的丞相脱脱冤死（1356），各地变乱遂扩大，朱元璋因利乘便，逐步统一南方，最终创立大明帝国（1368）。

朱元璋出身于濠州（今安徽凤阳）一极贫苦的家庭。年十七遭天灾（1344），父母及长兄相继死亡，无地埋葬，邻居刘继祖慷慨赠地，始得“殡无棺椁，被体恶裳，浮掩三尺”。他做皇帝之后十年，不要“儒臣粉饰之文”的皇陵碑，自制碑文，文辞虽欠雅驯，但十分坦直。他叙述丧父母后骨肉离散之凄惨，后由汪氏老母送入皇觉寺为僧，居两月后，以粮食欠缺而被迫离寺。三年的流浪生活，“突朝烟而急进，暮投古寺以趋跄”，有时连古寺也找不到，只有露宿在郊野，“听猿啼夜月而凄凉”。这三年悲惨的流浪生涯靠何谋生，他没有说出，大约行乞、小偷都做过。观他后来兴文字狱时，杀掉歌颂他“为世作则”（“则”与“贼”同音之故）的人，可知其心病。这三年艰苦的生活，使他对江淮的地势及风土人情有了深刻的认识。他再回到皇觉寺为僧，时年已二十。在寺三年，除操劳而外，大约也免不了要受一些佛说的熏染，这可能是他后来对众生怜悯（对敌人迥异）的原因。时郭子兴起兵，陷凤阳城，小僧朱元璋面临危难，求卜于神，“卜逃卜守”均不吉，乃“就凶”而投入郭军（1352），时年二十五岁。郭子兴奇其状貌，留为亲兵，并妻以养女马氏，即日后之马皇后。次年朱元璋得徐达与李善长。李善长“少读书，有智计，习法言”，劝朱元璋学刘邦的“知人善任，

元末农民起义军将领韩林儿官印“德义库记”

不嗜杀人”，朱元璋深信其言。李善长遂成为朱元璋的谋主。1358年，朱元璋攻占金华。两年后，他聘刘基（字伯温）与宋濂。刘基和宋濂均以文才名于浙江，与李善长同为筹划大政的股肱。世间对刘基的传说很多，多附会之辞，但他观察敏锐，料事精确，常献计谋，则是事实。史称他“计划立定，人莫能测”，朱元璋曰“吾之子房（刘邦的谋臣张良）也”，足见依畀之深。朱元璋与陈友谅之战，是关系重大的战争，诱敌深入以骄之的计策，是刘基所献。朱元璋成为皇帝后，李善长于七十七岁时满门七十余口被杀；宋濂于七十岁高龄时亦几被杀，遣置四川茂州，次年卒于途中；刘基被“夺禄”，留南京，不敢归家乡，放归后一月而卒，有谓被胡惟庸毒死。这三位佐命之人，结局如此。不过朱元璋在创业之初时，对这三个人确实很敬重。

朱元璋能自群雄中脱颖而出的主要原因有三:

第一是他三年的流浪生涯，使他对江淮地区的风土人情、山川形胜有了深刻的了解。自他投入郭子兴军后（1352）到1359年降方国珍，成为江南三大势力之一（另二人为陈友谅与张士诚）的七八年间，他大约均在自己当年漂泊的地区内活动，这是他能克敌制胜，将兵力扩张到十万大军的主因，从而奠定了他日后统一群雄的基础。

第二是他能礼贤下士，结纳知识分子，一反刘福通之以白莲教为主流的用迷信凝集群众，排斥儒士的作风。徐寿辉、陈友谅等人乃剽悍武夫；张士诚虽颇得民心，但无大志，不具规模。朱元璋投军后两年即得儒生李善长，

刘基画像，明代唐寅绘

刘基，字伯温，明朝的开国元勋。朱元璋多次称其为“吾之子房”，民间有“三分天下诸葛亮，一统江山刘伯温；前朝军师诸葛亮，后朝军师刘伯温”的说法。

一心向往刘邦。他既然心怀大志，一切作风自有异于一般草莽英雄之处。他又采纳儒生朱升的“高筑墙，广积粮，缓称王”的主张。前两点巩固根本，可使自己立于不败之地。“缓称王”是向其他势力表示自己野心不大，避免在羽毛未丰满时遭嫉妒而被剪除。所以他在灭陈友谅（陈于1360年已称帝）一年后才称吴王（1364），但仍奉韩林儿的“龙凤”年号，因刘福通、韩山童等人最先以白莲教为基础起兵抗元，颇有号召力。他在御制皇陵碑碑文中责备元纲不振，也谴责群雄“何有乎仁良”？

第三是朱元璋多行“仁良”。赵翼有“明祖以不嗜杀得天下”之论。他举了很多事例说明之，最令人印象深刻的是攻克镇江之役：及将取镇江，先坐诸将以重罪，令（李）善长再三求释，乃下令（城破后）庐舍不焚，民无酷掠，方许免罪，于是克城之日，民不知有兵（《廿二史札记》卷三十六《明祖以不嗜杀得天下》条）。

朱元璋正形像　清代俞明绘

朱元璋推翻了元朝统治，建立了明朝，注重休养生息，开创了“洪武之治”，但因手段毒辣，残杀大臣，备受争议。

其用心亦良苦矣。1366年，朱元璋围攻张士诚于平江，士诚颇得民心，民众助其防守，故朱元璋围城几一年始克。张士诚被俘，为乱棒打杀，而百姓“晏然”。朱元璋的部将“皆承顺风旨，咸以杀掠为戒”。

至于朱元璋本人雄才大略、明断果决，也是他成功的原因。他判断如先攻张士诚，则野心勃勃的陈友谅必乘机出兵夹击；如先袭陈友谅，张士诚必不出兵，果如所料。北伐元都的战略，也是朱元璋的策划。他主张先取山东，再攻河南，“拔潼关而守之，……然后进兵，元都势孤援绝，不战自克”。结果也一如其预料。

朱元璋于1368年在南京即帝位，史称明太祖（1368—1398年在位），建年号为洪武，实行一帝一年号的制度，废除了自汉武帝以来皇帝随时改年号的谬妄行为。他二十五岁投军，经过十五年的艰辛奋斗，四十岁一统中华，再做了三十一年皇帝。他北伐的檄文是“驱逐胡虏，恢复中华”，但又说“蒙古、色目，虽非华夏族类，然同生天地之间，有能知礼义，为臣民者，与中夏之民抚养无异”，与唐太宗兼容各民族的气度相同。太祖元年（1368），明军入大都，顺帝阖家北遁入上都（今内蒙古多伦附近），石敬瑭所割弃幽云十六州，沦为异族统治四百三十年之久的国土，终于光复。此后十年，太祖先后征服四川的大夏政权（1371）、云南的蒙古残余，并进兵东北，将辽河流域纳入版图（1378），建立了可以媲美唐代的大帝国。

明太祖的施政，大体上遵循了如何改革蒙古统治的弊政与如何巩固皇权两个大方针。他个人的出身与经历，更影响了他的具体措施。基于这种认识，我们可将明初的史实归纳成政治、军事与经济三个重点，分别叙述。

政治上，朱元璋整饬吏治，严惩贪污，是由于他出身寒微，身受元代吏治废弛、平民备受贪官及豪强之朘削与凌辱。他诏令天下百姓可入京控告贪官，“赃至六十两以上者，枭首示众，另剥皮实草（人皮内塞入草）”，又在地方官吏“公座”旁设一“皮场庙”，“悬一剥皮实草之袋，使之触目惊心”。他曾尽逮天下官吏之为民害者赴京师筑城，有一次贬谪到凤阳去屯田的贪官达万余人。因“空印案”而处死刑的长官数百人，佐贰数倍之，受笞刑戍边者达数千人。所谓“空印”，即偏远地区的地方政府遣人到户部核销钱粮、军需时，预持盖有官印的空白文书，如户部有驳斥，立即改填呈报。此谓之方便处理亦可，但太祖仍以贪污严惩之，可见其持法之严厉。对廉洁

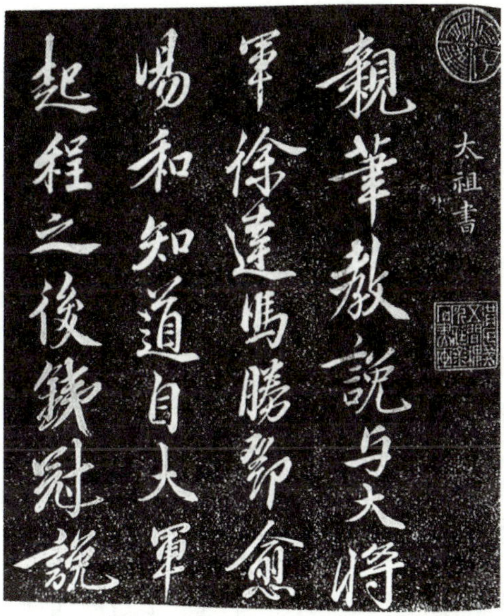

朱元璋墨迹

（朱元璋）“亲笔教说与大将军徐达、冯胜、邓愈知道，大军启程之后……”朱元璋亲笔书写了不少公文、手令，风格独特，是一种与众不同的口语体。他的部下看到这些公文、手令，就好像当面听他用凤阳口音讲话一样。

的地方官，他亦有不次之赏擢。他常赏银、酒与廉能之地方官，芝阳知县李行素有善政而被擢升为刑部侍郎。太祖曾召集府、州、县官员入朝，并面告以天下百姓在丧乱之后，“财力俱困，如鸟初飞，木初植。勿拔其羽，勿撼其根”。史称太祖的严惩贪墨使明代吏治澄清百余年。后世虽然“内外多故，而民心无土崩瓦解之虞者，亦由吏鲜贪废，故祸乱易弭也”，“令守畏法，洁己爱民”，故“民人安乐”。

明太祖在政治上所做的第二件大事是废宰相，实行君主独裁制。自秦汉以来，宰相综揽全国庶政。“宰相”的名称虽各代不尽相同，但其“一人之下，万人之上”的地位不变。宰相之任命权全操在皇帝手中，并无客观标准。君主任命宰相主政，君主不亲理庶政，故称君主专制。明君多有贤相，昏君则多权奸，但也有不少例外。如唐玄宗可算是明君，但宠幸李林甫与杨国忠。废宰相后，皇帝直接总理天下庶政，百僚直接对皇帝负责，故称君主独裁，与君主专制有别。宰相胡惟庸谋反案发生于太祖十三年（1380），自是朱元璋不再设宰相，嗣后如有请置相者，处死刑。从此皇帝直辖六部，即自兼宰相之意。皇帝在宫廷内置大学士数人，官阶仅正五品而已，以协助自己处理天下庶政。清沿袭明制，君主独裁制在中国推行了五百三十一年（1380—1911）。

明初（1376）即实行中央集权制，朝廷废除元代各区各自为政的形同半独立的行中书省，分全国为十三区，设“承宣布政使司”，主管各个地区的民政和财政；地方为三级制，下设府、州、县。州是比较重要或比较大的县。另有按察司掌全区（省）司法，都指挥司掌军政，与布政使司合称三司，分别为地方最高长官，执行中央军政命令。

太祖为巩固朱家王朝，分封诸子为王，分布全国及边塞冲要，各统兵自三千到一万九千不等。太祖有子二十六，除太子朱标及皇子朱楠（早死）未封之外，共封二十四位藩王。燕王朱棣于“靖难之役”后为帝，故通称“二十三宗藩”。

明朝军事上的措施很重要。太祖创设“卫所制”，在全国设内外卫所三百二十九个，每卫辖左、右、中、前、后五个千户所，每个千户所有一千一百二十人，分由十个百户所统率，每个百户管辖一百一十二人，故每卫有官兵约五千六百人。一卫设指挥使，负责训练与管理，若干指挥使上设一都指挥使，另有六十五个独立的守御千户所。凡隶属于卫所的称“军户”，全国有军户一百八十万人。每军户授田五十亩，边地军户平时十分之三的时间防守，十分之七的时间屯种；内地则二分防守，八分屯种。军户收

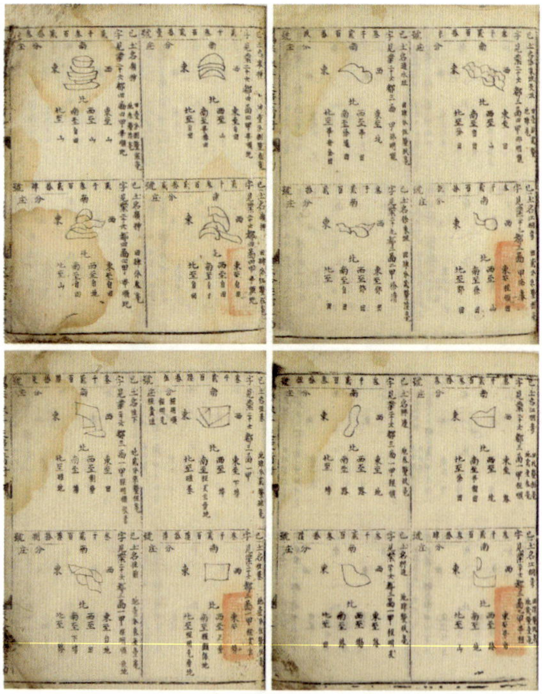

明代鱼鳞册

在古代的土地登记簿册中，人们会将田地山塘依次排列、丘段连缀绘制在一起，因其形似鱼鳞而被称为鱼鳞图册，亦称“鱼鳞册”“鱼鳞图”“鱼鳞图籍”“鱼鳞簿”等。

获的粮食，其中约四分之一贮存仓库，听本军自支，剩余的供本卫所官军俸粮。这类似唐代的府兵制，即所有的兵都是农夫。这个制度的最大优点在于军队自给自足，所以明太祖很自负地说："吾养兵百万，不费百姓一粒米。"

中央设前、后、左、右、中五个军都督府，分别统辖几个都指挥司，督导军队之管理与训练。军队的指挥权则属兵部。有事时兵部秉承皇帝旨意，委派总兵官，颁发印信，调遣卫所官兵供总兵官指挥。战争结束，总兵官缴还印信与兵部，士卒各还其卫所，如此则将帅拥兵自恃的弊端不会发生，皇帝集全国军权于一身。

卫所制的弊端之一是总兵官不知兵之习性，军队的战斗力很弱。其二是卫所官员良莠不齐，常有任意奴役虐待军人之事发生，军户逃亡者日多。明英宗三年（1438），朝廷调查全国有三分之二的军户逃亡，有一个百户所仅存一人！此时距开国不过七十年，距太祖之死不过四十年。因此有事时朝廷只得募"兵"，以别于卫所的"军"。到明世宗嘉靖（1522—1566年在位）时期，因倭乱猖獗，募兵已代卫所军而成为战争主力。戚继光的"戚家军"便应运而生。

朱元璋出身贫苦民间，深知民生疾苦，特别是农民的疾苦。在元代废弛的政治下，农民受尽官吏贪残与豪强压榨之苦，再益以灾荒、瘟疫及长期战争的摧残，结果是田园荒芜，极目凄凉，所以朱元璋一开国即奋力开荒屯田。他常遣发罪人、降人或流民去屯垦，也常大规模强制迁移地狭人稠地区的百姓到地广人稀的地区去开垦。政府为开荒者发放牛、车、种粮，并有免租三年的优待。同时他也很重视水利工程，以利农业。有一次他强制迁移江南豪强十四万户到江北，除了屯垦的用意之外，也有借之剪除地方恶势力的目的。政府和百姓努力屯垦的效率很高，从太祖元年到太祖十五年，全国垦田一百二十九万四千余顷，到太祖二十六年（1393），全国耕地已达八百五十余万顷，较之太祖元年的一百八十余万顷增加了六百七十余万顷，二十六年间新增耕田近四倍，是年全国人口已达六千余万（1391年的统计）。扶植农业、复兴农村是明太祖经济政策的根本，他做到了。

此外，朱元璋实行的经济措施还有调查全国户口，制成"黄册"。户部有全国各布政司的黄册，各司有全省的黄册，各府、州、县亦然。明朝最小的行政单位为里，辖一百一十户。全国役赋根据黄册编制。登记丈量土地的册子称“鱼鳞册”，丈量土地可去除隐漏田地逃税与乎纳税欠公平的弊端，也使农民受惠。明太祖常用减征或全免赋税救济灾荒，地方官迟报饥荒要受严惩；他又规定可以先开仓救济，然后再入报。他幼年深受饥荒之苦，终生未忘。

除了上述政治、军事、经济三方面的措施外，他对科举制的变更影响中国五百余年。

明代特别重视学校，在府、州、县均设学舍，官员子弟及民年十五以上入学者曰“生员”，给廪饩。优秀者被选送入京曰“贡生”，天子亲试后择优分科擢用。乡里设社学，朝廷令守择师而教。中央设国子监，监生除攻读之外，还按期赴政府实习，期满回国子监继续攻读，如此历练十余年，始被分派为官，通常均在六品以上。太祖二十六年（1393），朝廷一次尽擢监生六十四人为布政使、按察使及四方大吏，这是名副其实的学而优则仕。学校初甚受重视，后逐渐为科举所兴代。

太祖十七年（1384）朝廷颁布条例，对施行科举制的程序、时间、试题内容及文体，均有明确的规定，清代的科举制全部遵循这个条例。科举考试分三级：

第一试在所属布政司所在地（省会）举行，称乡试。参加的人必须是府、州、县学的入学学生，即生员，俗称秀才。乡试的榜首曰解元，及第者为举人。

次年各地举人赴京考试，曰会试，因系在春季举行，又称春闱。会试由礼部主持，是为第二试。及第者曰贡士，榜首称会元。

贡士到奉天殿由皇帝亲自命题策试，曰殿试。第三试是最高级的考试，及第者称进士。进士分三甲，一甲三人，称状元、榜眼、探花，曰进士及第；二甲称赐进士及第；三甲称赐同进士及第。凡进士均可由吏部授官。殿试每三年一次，进士及第多者四百七十二人，少者三十二人，大致每科录取在三百人左右。

三年一试的科举分三场考试，首场考经义，二场考论、判等官府的应用文，三场考经史时务策论。第一场试经义最重要，试题范围限于朱熹的《四书集注》。考生答卷的文体被严格规定为八股（段），由“破题”到“束股”，即解释试题到结论共八股，每股以百字左右为宜。文体的规定很严格，八股文只重形式，内容空洞，试题又限制在狭窄的朱注中，所以一般士人终生孜孜矻矻钻研的只是公式化的“说理”和死板化的文体，等而下之者则背诵模范文选。《儒林外史》对明清科举制的毒害有极深刻的描绘，书中有个人物马二先生，他的专长是试前猜题。

进士一甲可入翰林院。自秦汉以降，中央政府常备不授实职的各色专长人士，以备顾问或供奉。唐初之翰林待诏中包括能弈、善书、精批答文章之士。唐玄宗置学士院，后学士渐称翰林学士，为皇帝掌诏令，地位日隆。宋代的翰林学士是所谓“馆阁之选”，将膺大任者始得充任，是政府储才养望之职，但选拔并无一定之标准。明代使进士一甲入翰林院，使入翰林院有客观之标准，是一大进步。翰林院中的侍读、侍讲、经筵官在学术上陶冶皇帝，又协助詹事府教育太子。明太祖废相后，内阁学士均出自翰林院，他们在政治上成为皇帝的左右手，所以明代的翰林院是合学术与政治为一的机构。二、三甲进士中的青年俊秀，亦可被选拔入翰苑为庶吉士在院研习。庶吉士的人数不等，多者六十二人，少者仅一人，成绩优良者均被授以较高职位。有些史家对明代的翰林院制度颇有佳评，清代沿袭此制，也产生了若干正面的影响，不过与八股取士为祸之烈相较，就微不足道了。

明代早期的武官　明代商喜绘

明代没有宫廷画院，宫廷画师往往挂名领取俸禄，只有虚衔没有实职，官职代表的是薪俸的等级，其中最具代表性的就是锦衣卫职衔。其中商喜就是锦衣卫指挥使。

⊙ 明初政局

明太祖的三十一年统治将专制君主的残暴淫威发展到顶峰，胡惟庸案与蓝玉案是最显著的例子。纯就胡、蓝二人之行径而言，其固有取死之道。因胡惟庸身为宰相，确实心怀叵测，阴谋杀害皇帝。蓝玉更是秉性狠愎，恃功横暴，竟至捶逐审案之御史，深夜纵兵攻毁关塞，对太祖本人亦举动傲慢，“无人臣礼”，最后仍要谋反。胡案株连被杀者一万五千人，十年后（1390）又有“胡党”之狱，被杀者三万余人。岂有逆首已死，同谋之人迟至十余年始败露者？很显然朱元璋是借题发挥，试图杀尽所有功臣宿将。蓝玉之狱，株连被杀者一万五千余人。所以赵翼说明太祖本性好杀，“借诸功臣以取天下，及天下既定，即尽举取天下之人而尽杀之，其残忍实千古所未有”（《廿二史札记》卷三十二《胡蓝之狱》条）。他的朝臣每晨入朝，便与家人诀别，嘱咐身后事，及暮平安归来，“则相庆以为又活一日”（同上）。在这种恐怖的气氛中，刑部主事茹太素（举人出身）奏称，天下才能之士被屠戮到“百无一二”，因此天下官吏多是“迂儒吏”。茹太素因此被廷杖。后来太祖赐之酒曰：“金杯同汝饮，白刃不相饶。”后朱元璋果然将茹太素杀掉。有一儒臣曾秉正以忤旨罢职，“贫不能归（南昌），鬻其四岁

明代锦衣卫正千户象牙腰牌

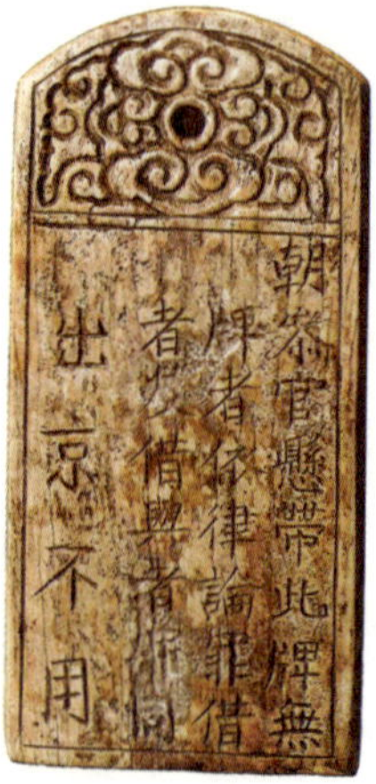

腰牌背面

腰牌上刻有“朝参官悬带此牌，无牌者依律论罪。借者及借与者罪同，出京不用”字样。此腰牌为官员出入宫廷随身携带之凭证，且只可于宫中悬带，出京则不可使用，文武二牌均有编号。

马顺腰牌

土木堡之变后，群臣在朝堂上弹劾王振丧师误国，王振党羽锦衣卫指挥使马顺叱骂喝逐群臣，被群臣当廷打死，腰牌遗失。现存的腰牌疑为家人为其陪葬而伪造的腰牌。

女。帝闻大怒”，处腐刑。朱元璋杀尽功臣宿将，尚有为子孙保万世皇位的动机，茹太素之被杀与曾秉正之被处腐刑，只是表露他“千古所未有”的残忍天性而已。

朱元璋的这种残忍的天性，更可由明初的酷刑得到佐证。黥、刺、劓、腐、割等刑，是轻刑，最残忍的是凌迟、刷洗、枭令、抽肠、剥皮、五刑等。凌迟是将犯人割三千五百五十七刀，每割十刀一歇一吆喊。刀数未满而犯人已死者，行刑人有罪。刷洗是将犯人置铁床上，用滚水烫其皮肤，再用铁刷去其皮肉。枭令是将铁钩钩入犯人的背脊骨，将犯人横挂在竿上。抽肠是将犯人挂在竿上，以钩钩入肛门，将肠子抽出。五刑是黥面、刺身、挑筋、去膝、剁指，有同时受五刑者。以上刑罚，均令受刑人在狂叫呻吟中慢慢死去，其惨状令人不寒而栗。

专门惩治朝臣的有廷杖。行刑时由宦官及锦衣卫监视，众官皆身着朝服出席，下列官兵百人，执木棍，受刑人上身由麻布袋束缚，两足用绳捆扎，露股受杖。受杖者多死，幸而未死者，亦必医治数月。明太祖发怒时，常命武士揪着触忤者的头，将其撞死于阶下。这种凌辱士大夫的传统，有明两百七十余年一直奉行不渝。朝臣受廷杖者，明世宗时有一次达一百三十四人之多（1524），被杖死的有十八人。明代专制君主的淫威，综观中国历史，无有出其右者。

朱元璋统治时期的文字狱之残忍，不仅“千古所未有”，其荒谬绝伦已到匪夷所思的地步。且举例以明之。凡上奏表中有下列文辞的，上奏者皆被杀：“作则垂宪”“垂子孙而作则”“仪则天下”“建中作则”“圣德作则”，因为“则”音若“贼”，朱元璋有心病故，以为这些文辞是讽刺他曾为贼。如此看来，他离开皇觉寺在外流浪的三年，大概做过小贼。另外的如“睿性生知”“天下有道”，“生”被解释为“僧”，“道”为“盗”；“藻饰太平”，被解为“早失太平”，上奏者皆处斩。杭州教授的上表中有“光天之下，天生圣人，为世作则”一句，太祖“览之大怒曰：‘生者，僧也，以我尝为僧也。光则剃发也，则字音近贼。’遂斩之”。有位远方僧说自己来自“殊域”，明太祖认为“殊”分开为“歹朱”，遂将远方僧砍头！尚有以言语得祸者。明太祖微服出访，有个老妪称他为“老头儿”，结果那一带的居民都被抄家。有人绘一大脚女怀中抱一西瓜，将画贴在墙上。因朱元璋常自称“淮西布衣”，马皇后是天足，故该画被释为污辱皇后为淮西大脚。朱元璋搜主绘者不得，遂屠其街坊。

观朱元璋做皇帝以后的行谊，我们可知他生活在恐惧、猜疑、自卑、自大四种错综复杂的情绪中，日夜都受这四种情绪交缠斗争的折磨。据说他晚年上朝时，如果玉带高翘，表示他心情好，会少杀人；如果玉带下垂到肚子，则表示他要大发雷霆，大开杀戒，所以人人战栗，个个惊心。

朱元璋于七十一岁高龄病逝，他年已二十二岁的皇太孙继位，即建文帝（1399—1402年在位），史称其“天资仁厚”。人人都希望恐怖时期快点过去，不料建文帝即位仅年余即有“靖难之变”。明太祖为了巩固朱家天下而尽封二十四子为藩王，藩王各拥兵三千到一万九千不等，一切仪仗仅“下天子一等”，地方长官自然俯伏听命。尤其封在边境的藩王，更是手握重兵，边将亦归其“节制”。其中封于燕京（原元之大都）的四子燕王朱棣，因居要冲，地位特殊，太祖临崩前一个月，尚命都督杨文、武定侯郭英，“俱听燕王节制”。据说太子朱标病死后（1392），太祖即有立燕王为太子之意，后仍立朱标之次子、年十六之朱允炆为皇太孙。朱允炆在藩第时即对他的老师黄子澄谈到藩王拥重兵、骄纵不法之事。即帝位后，他立刻实行削藩的计划。他最顾忌的是燕王，所以决定先对燕王的同母弟，封在开封的周王下手。建文帝即位之初即遣将李景隆领兵，道经开封，“猝围王宫”，执周王，将之废为庶人，锢之于南京。废周王是建文帝剪除燕王羽翼的第一步，他连接再废掉四个位居要冲的藩王。燕王朱棣深知自己是最后被废的目标，于是早做准备。建文元年（1399）夏，朱棣以“清君侧”为口号反。此后连续战争三年，1402年，燕兵入南京，宫中起火，建文帝“不知所终”，后得其尸于火中。民间因怀念建文帝的“仁厚”，盛传他化装为僧人，自地道中逃出。笔者读书时曾游昆明西山，有庙之偏殿中塑一老僧像，据说是建文帝，自是稗官野史。建文帝死后三四十年，有本名杨行祥者，自云南到广西，自称建文帝，后下狱死。清修明史，谥建文帝为“恭闵惠皇帝”。

燕王朱棣入南京后称帝，史称明成祖，年号永乐（1403—1424）。燕王军事获胜的原因，主要是功臣宿将已被明太祖斩尽杀绝，建文帝朝中皆新进之儒臣，迂阔无能。硕果仅存之宿将唯耿炳文一人，他被任命为大将军领兵讨燕王时已年六十五。耿炳文所率军队号称统兵三十万，实际上仅十三万，后为燕兵所挫。建文帝用李景隆代替耿炳文，李景隆为太祖姊子李文忠之长子，是“读书通典故”之“纨绮少年”。这位“贵公子，不知兵，唯自尊

明成祖朱棣画像

朱棣是明朝第三位皇帝，人称永乐帝，即位后下令迁都北京，在位期间五征漠北，设立奴儿干都司，浚通大运河，派郑和下西洋，还下令编撰了《永乐大典》。

北京宫城图 明代朱邦绘

这幅庄严的紫禁城图有着巨大的象征意义，云雾中浮现的不仅是明朝初年建成的紫禁城，更是一个神秘的帝国。

大，诸宿将均怏怏不为用”，其所率六十万大军全军覆没。最后的统帅是“不知何许人也”的盛庸，盛尚能作战，然大势已去。建文帝宫中的宦官痛恨皇帝情绪恶劣时动辄鞭笞，遣人密告燕王南京防守空虚的情况，燕军直薄南京，李景隆开城迎接。在李景隆的心目中，建文帝是表弟，燕王朱棣是表叔（或者表伯），谁当皇帝都是一样的。部分史家强调燕王麾下有蒙古骑兵，认为此乃制胜的主因，其实并非事实，建文帝的将帅无能才是失败的主因。

史称明成祖“貌奇伟，美髭髯，智勇有大略，能推诚任人”，观他在位二十二年的措施，他确是“有大略”的君主。他五次出塞亲征“北元”（顺帝北逃后史称北元，1403年改称鞑靼），迁都北京以及遣郑和下西洋的事迹，都是后世所乐道的。不过他无视太祖的谆谆告诫，首先任用宦官，也贻后世无穷之祸。

明太祖定都南京，对北元采取守势，沿长城设九个军事重镇，称为“九边”。他在长城以北，今内蒙古一带设三个“卫”，与九边互通声气，成掎角之势，目的只在于维持和平通商的局势。成祖改变长城以北的设施，将长城以北的三卫委任蒙古降将兀良哈，用羁縻政策使蒙古人为他防守边疆，抵御元朝的残余势力。成祖七年（1409），鞑靼可汗杀明使，明兵出征，十万精骑全军覆没。次年，成祖亲率大军五十万北征，大败鞑靼，其可汗仅以七骑逃往今中国新疆境之瓦剌。不久鞑靼可汗投降称臣，受封为和宁王。自后鞑靼叛服无常，成祖在位十四年间五次亲征，最后一次亲征时病逝于归途中（今多伦附近），享年六十五岁。他是中国历史上亲自率兵在塞外与异族搏斗次数最多的皇帝。

成祖有鉴于明朝的最大威胁来自蒙古，所以主张迁都燕京。成祖五年议定迁都之事，十八年（1420）都城改建完成，次年正月正式定都，改燕京为北京，改南京为“留都”，设置象征式的中央政府。事实上，成祖自1409年开始经略漠北后，便很少回南京。北京略南于元之大都，皇城、宫殿、社稷坛、天坛等，均在二十三万工匠及百万劳工的努力之下完成，这是当时世界上规模最大、最雄伟壮丽的城市。清代仍定都于此，一切均承袭明的建设，只略有损益。瞻仰过明、清首都的人，都由衷地承认明成祖确是有“大略”的伟人。如果明成祖是一位畏难苟安的人，他何必将首都建在敌人铁骑朝发夕至的地方；如果不是他高瞻远瞩，气魄宏大，明太祖所收复的曾沦为异族

杏园雅集图（局部） 明代谢环绘

此图描绘的是“三杨”杨荣、杨士奇、杨溥等人在杨荣的杏园内聚会的情景，画家谢环本人也在其中。“三杨”是明代初期内阁制的奠基人，影响了永乐、洪熙、宣德和正统四朝。

统治四百余年的幽云十六州能保持多久，确是疑问。大明帝国没有沦落到两宋偏安的局面，首都由南京迁到北京是关键之所在。20世纪初叶，日本对华野心昭然若揭，出兵济南阻止国民革命军北伐之举，更是司马昭之心，路人皆知。倘使当年国民革命军会师后，首都由南京北迁，自“九一八事变”到其后华北的糜烂局势是否可以避免，“北不平”的情况是否会发生，还有待识者深思。奠都是立国的大问题！明成祖的建都北京，是一面明镜。

有关郑和下西洋的事，笔者将在本章第五节叙述。此处先将明成祖最为后世诟病的开太监弄权先端的秕政提出。明太祖有鉴于前代宦官弄权的恶例，所以严禁宦官干政。他在宫门口挂一铁牌，上书“内臣不得干预政事，预者斩”；又将宦官的人数限制在百人以内，令其只负责宫中粗重工作，严禁其识字读书，更不允许他们与外朝交通。靖难之役，明成祖得宦官为内应，正位后，对之很优遇；更因为被人目为得位不正，为防止腹诽心谤，他派遣宦官为耳目，秘密侦察朝臣及民间百姓的言行。明成祖时，宦官的人数增加到数千人，有十二监、八局、四司等机构，合称“二十四衙门”，俨然是“内朝廷”。二十四衙门之长，称太监，习久之后，凡宦官均被尊称为太监。明成祖为监视地方各级文武官员，常遣太监担任出使、镇守、专征、监军等职务，似是皇帝的私人代表，郑和便是有名的出使太监。明太祖时设有锦衣卫，锦衣卫为皇帝卫队兼耳目，后废除。明成祖恢复之，再加设“东厂”（1420），命“中官刺事”，缉访谋逆、妖言、大奸恶等，与锦衣卫均权势。明成祖本人雄才大略，宦官不过其运用之爪牙，不足为患；一旦皇帝暗庸幼稚，宦官干政便弊窦丛生，太监跋扈专恣，直到亡国而后已。

明成祖崩后，明仁宗继位，任用为太子时的老师杨士奇、杨荣、杨溥（世称“三杨”）为内阁大学士（三人任期均超过三十年）。大学士品位虽低（正五品），但得天子信任。大学士常与皇帝“造膝密谈，人不得与闻”，是“内阁制”之滥觞。明仁宗在位不到一年，明宣宗（1426—1435年在位）继位，仍崇信三杨，始命阁臣对中外奏章用小票墨书意见，贴各奏章上面递呈皇帝，皇帝则据之以裁决国事。这种用小票向皇帝陈述政见的方式，史称“票拟”，又称“拟旨”，有票拟之权者，即无异于宰相矣！宣宗时设“内书堂”，教太监识字，此乃破坏祖制之始。英宗（分别于1436—1449年、1457—1464年在位）立时，年仅九岁，由祖母张太皇太后辅政。在张太皇太后的七年辅政时期，皇帝对一切政事的处理均尊重三杨的票拟，只用朱笔将票拟内容照抄在奏章上面，作为御批，然后交由六部执行。内阁的相权，由此更加确立。

张太皇太后于英宗七年（1442）逝世，太监王振开始弄权。缘王振少选入内书堂，于英宗为太子时便侍候之，因“狡黠得帝欢”，后任司礼监，时三杨及张太皇太后尚在，故尚未专恣。英宗七年时，杨荣早死，杨士奇致仕，杨溥老病，新任阁士马愉等“势轻，振遂跋扈不可制”。明英宗即位后

明宣宗行乐图卷（局部） 明代商喜绘

画中明宣宗朱瞻基戴笠子盔帽，身穿浅色辫线袄式样长袍，宦官身穿青绿等色曳撒，应是受元朝服饰影响。朱元璋严禁宦官干政，朱棣却背弃老爹的遗训，提拔宦官为高级武官，此后宦官干政乱政事件频仍，如英宗朝的王振、宪宗朝的汪直、武宗朝的刘谨、熹宗朝的魏忠贤等。

于谦画像

“千锤万凿出深山，烈火焚烧若等闲。粉骨碎身浑不怕，要留清白在人间。”于谦的性情就像《石灰吟》所描述的那样，一生刚直不阿。

称王振为“先生”，公侯勋戚称之为“翁父”，其权位之隆可以想见。太监的专横跋扈其实源于明代的君主独裁政体。内阁只不过是皇帝个人的助理、顾问而已，票拟只是帮助皇帝处理大政的献议，最后决定的权柄仍操在皇帝一人手中，朱批才有权力。皇帝的精力有限，似乎也很少有耐心去将票拟内容照抄一遍，因此这项刻板的工作便由太监代劳，这种太监被称为“秉笔太监”，属于司礼监。皇帝只需在票拟上盖一个印，秉笔太监便照票拟为皇帝代笔，书写在奏疏上，称为“批红”。批红均由王振主持，他自可上下其手。王振因为贪赃而启边衅，引起瓦剌（元裔之一）入寇。王振嗾使英宗亲征，英宗在土木堡被俘，王振为护卫将军樊忠以铁锤锤死，史称“土木堡之变”（1449）。

明英宗被俘后，明廷立其弟为帝，是为明景帝（1450—1457年在位）。朝廷籍没王振家，“得金银六十余库，玉盘百，珊瑚高六七尺者二十余株”，他当权不过七年耳。瓦剌的大军俘虏英宗后，廷臣多主张南迁，兵部侍郎于谦等主战。后主战派胜利，朝廷任于谦为兵部尚书。于谦躬自策划防守北京之军事，与瓦剌军血战于北京城四周者五日，军民合力守卫，瓦剌军不得逞，又恐各地勤王之师断其归路，遂退兵。这是明朝生死存亡之战，于谦忠勇沉着，功绩最著。瓦剌本拟以英宗作要挟，索取大量赎金财货，于谦以国家为重，不因个人命运而屈服，瓦剌只得将“奇货”英宗释回。英宗已被尊为太上皇，但宦官曹吉祥等人阴谋使英宗复辟。七年后景帝病重，曹吉祥等人夺宫而拥立英宗，幽杀景帝于西宫，景帝死时年仅三十岁。景帝缺少一位“秦桧”能使瓦剌扣留英宗。英宗复辟后以谋逆罪杀于谦，“行路嗟叹，天下冤之”！岳飞与于谦同为公忠为国而为私欲熏心的皇帝所杀戮的民族英雄。英宗不悟昔日嬖昵王振之非，仍然宠信曹吉祥，几招身死国灭之祸，曹吉祥及其养子曹钦（想当皇帝）谋反被杀。明代阉祸之剧烈，成祖是始作俑者，他死后二十余年，英宗时始露端倪。王振首创宦官弄权之先例，此后愈演愈烈，直到明亡国。追源溯本，成祖不得辞其咎。

⊙ 明政之衰与张居正之改革

推行绝对君主独裁的先决条件，必须是君主英明干练、精力过人。不幸的是明代自太祖、成祖两帝后，两百二十年间，除明孝宗弘治十八年颇有小康局面之外，其余的皇帝均属庸碌荒怠之君。宦官与权臣遂应运而生，与君主独裁互为表里。在这种混乱的情势下，士人阶级对政治有了不同的反应，激荡交汇而酿成党争。宦官、权奸、党争三者盘根错节地发展，再益以流寇与边患，大明帝国便如摧枯拉朽一般覆亡了。

皇帝是明代君主独裁政治的唯一重心。英宗昏聩，首幸宦官王振，酿成巨祸，被俘受辱，不知悔悟，复辟后仍宠任宦官，上文已述及。明宪宗（1465—1487年在位，年号成化）专任阉人汪直，设立西厂（1477），由汪直主之，凡有异己，皆逮之处重刑，甚至“民间斗詈鸡狗琐事，辄置重法”。其他宦官如梁芳、钱能等均贪黩弄权，鱼肉官民。宦官并非全坏，亦有例外，如孝宗为太子时之“老阉”覃吉，劝太子读《孝经》，史称孝宗之世，“政治淳美，君德清明”，这与覃吉之化育有关。可惜孝宗（1488—1505年在位）治世不长久。武宗（1506—1521年在位，年号正德）继位时年十五，是历史上有名的昏聩荒淫的君主。武宗嬖昵刘瑾等八名宦官，此八名宦官人称“八虎”。“刘瑾每奏事，必侦帝为戏弄时，帝厌之，亟麾去曰：‘吾用若何事？乃溷我。’自此遂专决，不复白。”换言之，即刘瑾可以专断批红，他就是“皇帝”。因此他作威作福的事，罄竹难书；屠戮无辜的事迹，令人发指。他经常将满朝大臣罚跪，有名的王守仁（即王阳明）也被刘瑾罚跪在金

鎏金御马监腰牌

仁宣以后，内阁、司礼监制度确立，司礼监获批红权，司礼监首领成为“内相”，可以与外朝抗衡，为了避免司礼监坐大，皇帝又扶植御马监与司礼监分庭抗礼。大家熟知的西厂，就是由御马监提督，司礼监则负责提督东厂。

水桥南一次（1506）。他又设立“内行厂”，较东、西厂“尤酷烈”。一家犯罪，邻里皆连坐，有濒河居而无邻里者，则“以河外居民坐之”。刘瑾横行约五年，以图谋反被磔。武宗再宠江彬，江彬专门诱导武宗微服出游，寻求美女。良家妇女、官吏妻妾女儿，只要武宗中意，无不“纳”之；并“掠良家女数十车，日载以随，有死者”。他确到过大同冶游（1518），时年二十八岁。宁王宸濠作乱，为王守仁所平，武宗以此为名巡江南，“遍刷处女、寡妇”。有廷臣百余人伏阙谏者，全部被下狱，杖死多人。这种皇帝应该是旷古绝今了。这位荒淫无度的男子，过了十六年放纵的生活，自知“疾不可为矣”，于三十一岁时去世，结束了他丑恶无耻的一生。武宗无子，也是明代皇室的例外（熹宗亦无子）。因有明皇子多迎娶中流家庭女子，甚少与功臣宿将之贵胄通婚，其主要目的在于消除外戚当权之弊端。中流阶级之女子，不似养尊处优者，入选者多为身体健康之人，故羸弱不育之事很少发生。武宗之绝嗣实为例外，也因此引发了“大礼之议”之争，为明代的党争之发端，权奸严嵩也趁此时机脱颖而出。

武宗无嗣，明廷迎孝宗弟兴献王之子，年仅十三岁之朱厚熜为帝，即明世宗（1522—1566年在位，年号嘉靖）。他即位后立即有“大礼之议”，即对自己的生父母应如何尊称的问题。世宗与死去的武宗是堂兄弟，故不能成为子嗣，上一辈孝宗是世宗的伯父。有人主张应尊孝宗为“皇考”，尊世宗的生父兴献王为“皇叔父”。有人反对，认为称生父为叔父违背伦常，应尊世宗的生父兴献王为皇考，尊孝宗为“皇伯考”。双方各持一端，争论了两年余，世宗虽“下廷臣议”，但内心自是赞成尊自己的生父为皇考。嘉靖三年（1524），明世宗将反对尊兴献王为皇考的一百三十四人俱下狱，杖死者十八人。朱家的人对已逝长者的称呼如何本无关国民生计，但当时的廷臣冒着生命危险力争，狡黠者揣摩皇帝的私心得宠，严嵩便是显著的例子。

严嵩是进士出身，“疏眉目，大声音。……无他才略，唯一意媚上，窃权罔利”而已。嘉靖十五年（1536），严嵩因佞悦世宗以兴献王入祀太庙，得为礼部尚书兼翰林学士，六年后任大学士仍兼礼部尚书。大学士系正五品，自明仁宗开始（1424），大学士加官衔，加三师者为一品，尚书者为二品，侍郎者三品。时严嵩已年六十五岁，他朝夕入直，“未尝一归洗沐，帝益谓嵩勤”，竟用忙到不洗澡的方式去取悦皇帝，可称千古奇闻。他“短项体肥，眇一目”的儿子严世蕃与他狼狈为奸，贪赃枉法，穷奢极欲，无所不为。凡弹劾其罪恶的大臣均获罪，惨死狱中的杨继盛便是其中之一。严嵩父子权倾天下二十年（1542—1562），明政之败坏从此开始。世宗驭宦官甚严，故终其世虽仍有秉笔太监（如冯保），但无宦官弄权之事，唯权奸代替宦官而已。世宗自其母死后“即不视朝”（1539），两年后因宫婢之变（宫婢欲谋杀皇帝），移居西苑万寿宫，“不入大内，大臣希得接见”，此为严嵩得以弄权

“任用六贼”

《帝鉴图说》是明代内阁首辅、大学士张居正亲自编撰，供当时年仅十岁的明神宗（万历皇帝）阅读的教科书。此书由一个个小的故事构成，每个故事配以形象的插图，颇受明神宗喜欢。“任用六贼”故事出自《帝鉴图说》。

之主因。君主独而未裁，自有人代劳，无论是宦官或权奸，或两者合作。

继位的明穆宗（1567—1572年在位，年号隆庆）平庸无甚建树，在位六年而崩，由年方十岁的儿子继统，是为明神宗（1573—1620年在位，年号万历）。明穆宗在位时徐阶、高拱、张居正继严嵩秉国政，徐阶为高拱所倾轧，去位。神宗立后，张居正阴结太监冯保，谗高拱于太后之前，神宗即逐高拱，以张居正为首辅。张居正从此当政十年，太后、皇帝均尊称他为“先生”。张居正内结司礼监冯保为助，对国政确多兴革，有人誉之为明代的王安石，亦非虚美。有史家论张居正之排挤高拱为秕行，其实高拱亦罪有应得。穆宗崩后，高拱说：“十岁太子，何以治天下！”太后及太子闻之皆大惊失色，故不待谗言，有此“躁论”，必被逐也。

张居正时代（1573—1582），明代的衰象毕露，其显著者有三：首先是土地兼并之情势日炽。自明成祖初设“皇庄”（即属于皇帝的私有田地）开始，到刘瑾擅权为止，一百一十年间，皇庄的数目增加到三百余个，占地三万七千余顷，多系侵占民田或军屯而来。皇亲国戚、宦官豪强原都有朝廷颁赐的庄田，再用巧取豪夺的手段侵占土地，到武宗时，京畿以内这类庄田已达二十万顷。这种被强占的耕地包括卫所军户的耕地在内，因此军户逃亡殆尽，有一个百户所仅存一人。既无军户，一旦边疆有警，只有募兵，兵需饷糈只能由中央政府负担，朝廷的财政负担日增。土地普遍大规模兼并的结果，是应交赋税的田地数目减少，因为皇庄及庄田均免税，故武宗时税田较太祖时几乎减少了一半。额定税收不能减少，于是地方官吏与豪强勾结，贪渎舞弊，将赋税转嫁到农民肩上。农民承受不了沉重的赋役，只有逃亡。这类逃亡到各地栖身的人，被称为“流民”。英宗时距开国不过六七十年，流民已很多，他们“车载幼子，男女牵扶……采野菜，煮榆皮而食，百十为群，沿途住宿”。至宪宗时，单湖北北部便有流民一百五十万人。流民愈多，留在故土的农民的负担愈重，如此循环发展，社会更紊乱，朝廷的收入也日减，这都是土地兼并的恶果。

其次是朝廷的支出日益增加，造成财政的极度困境。支出增加的缘由有三：

一、王室的奢靡无度。明神宗时，锦衣卫人数已达一万七千余，内府监匠亦如此，单是厨役八千余人，开支浩繁。皇帝又滥行赏赐，方士进丹、

流民图　明代周臣绘

明武宗时，以宦官刘瑾为首的八虎把持朝政，朝政荒废，贪官大肆敛财。各省各地纷纷起义，百姓流离失所。唐伯虎的老师周臣所生活的苏州，自古便是富庶之地，鱼米之乡，因而逃难的农民纷纷涌入江南。周臣便以此创作了《流民图》。

伶人献伎等，均获厚赏或颁爵禄。世宗崇道，时营斋醮，宫中年费黄、白蜡三十余万斤，香品数十万斤，靡费惊人。

二、宗室的豢养之资。按明制，藩王长子袭爵，别子为郡王，郡王亦然，别子为镇国将军，八世以后为奉国中尉，世世拜中尉，均有爵禄，不得为四民之业。至世宗末年（1562），全国供北京粮食四百万石，而宗室禄米需八百五十三万石，不及禄米之一半。需供养、坐耗禄米之朱姓子孙日益滋生，亲王、郡王之类的藩王奢靡更甚，奴使夫役一百余万。百姓在淫威之下呻吟而已。

三、文武官员的泛滥。职官之人数从明开国时的一万八千余，一百五十余年后（武宗时）膨胀到十二万余，增加了五倍有余，较之宋代官员极冗时期超出近四倍，其中武官达十万。如果加上官之外真正承办事务的五万余“吏”，官吏合计共约十七万。明代官俸虽很低，远低于前代（正一品官月俸仅八十七石米），但如此庞大的冗员，供给自极艰难，府库耗竭而官仍不足以自存，故贪墨成风。严嵩父子当权时，贿赂公行，卖官鬻爵已成风尚。继严嵩后的徐阶，当权时颇有风骨，被时人推为名相，然其致仕归松江，舟连百里皆载其财富。据说徐阶有田二十四万亩。后来他的政敌高拱当政，地方官

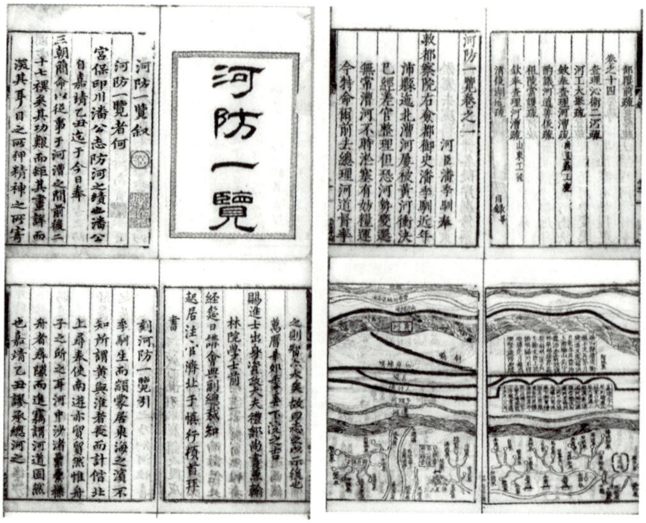

《河防一览》内文

《河防一览》以“筑堤束水，以水攻沙”为中心治理黄河，是我国16世纪后期治河通运的代表作。

“尽夺其田”，是真悖入悖出，亦足见明代贪赃枉法之盛。

最后是吏治废弛败坏达于极点。吏是事务官，历代各有称谓，汉代称掾属或掾吏，此后大致通称吏胥或令史，士人亦有为之者。元代因科举制未上轨道，士人之欲求显达者，多投身为吏；吏之品级亦高，有高至六品者，与状元初任官之阶位相同。元代进士出身而任掾吏者很多，故有儒吏之称。至明而吏、士分途，儒士不屑为吏，吏胥遂成为世代相传之职业，被称为“封建之吏”。官可以五日京兆，吏则衣钵相传，故为吏者深悉令例，为官者必须与之夤缘为奸，始可狼狈。此辈无名位前途，自然夙夜唯利是图，此在中央、地方皆然。清明廉洁的政治逐渐变为吏胥政治之后，成为黑暗贪赃的政治。一切美法良策经吏胥之手后，都成为具文或鱼肉生民的借口。

“勇敢任事，豪杰自许”的张居正既任首辅，面对上述局面自有一番作为。史称“居正为政，以尊主权、课吏职、信赏罚、一号令为主；虽万里外，朝下而夕奉行”，虽未必全是事实，但在他的时代，确是政体整肃，“一切不敢饰非”。他将明太祖以来各皇帝有关为人治事的“宝训”，分列为“勤学、敬天、法祖、保民”等四十项，命经筵官为年幼的皇帝讲解。神宗年事渐长后，日习奢靡，张居正命户部将国家收支情形陈进，置于神宗的座位旁边，使之洞悉财政入不敷出的实况，神宗遂“量入为出，罢节浮费”。他改革政风，收效时日不长久。他一死，不良政风便立刻故态复萌。不过，他改革漕运，使漕粮不受夏季运输时水患的影响，“行之久，太仓粟充盈，可支十年”，对于明廷有很大的裨益。

张居正政绩中影响最重大的除改良漕运外尚有两事，即治黄河与行“一条鞭法”。明中叶后，黄河常决口为患，淤塞漕运，直接威胁北京的安全。若干治河的官吏以保运河为主旨，浙江义乌人潘季驯却持不同的观点，他认为黄河、淮河、运河是三位一体，治河必须对三者予以通盘筹划，才能收到弭水患的效果。世宗四十四年（1565）及穆宗四年（1570），潘季驯两次受命治河，均因治河大原则有违众议而离职。神宗六年（1578）黄河决口，“居正深以为忧”，乃起用潘季驯，全力支持潘季驯的“筑堤束水，以水攻沙”的新方法，收到预期的效果。上文所述漕粮运输通畅，与治河生效有关。张居正死后，“家属尽幽系”，乘时而攻讦张居正者蜂起，潘季驯仗义执言，被劾“党庇居正，落职为民”。六年后黄河再决，朝廷再次起用潘季驯。潘季驯著有《河防一览》十四卷，并绘图说明。以现代的观点视之，他的治河之法固非治本之道，但与同代诸人相比，其见识超群。如果没有张居正的专任，潘季驯也无由一显身手，造福黄淮居民。

张居正在整理财政上的工作是丈量土地，清查溢额、脱漏、诡借等弊端，然后改革税制。他重新丈量土地的结果是使全国“税田”多得三百余万顷，增加五分之二强，可见昔日亲贵豪强欺隐之严重。这种欺隐的结果，是

张居正画像

张居正是万历时期的内阁首辅，辅佐万历皇帝朱翊钧开创了“万历新政”，但后期为万历猜忌，去世后被抄家，至明熹宗天启二年才恢复名誉。

万历赐给张居正的
“元辅良臣”手书

将所需缴纳的粮食转嫁到普通农人身上，即小民之“虚粮”。清查漏税的税田后，张居正于神宗九年（1581）通令全国实行一条鞭法，即以往的一切赋役杂税，一律改为征收银两，按耕地的亩数计算征收。因全国各地的情况复杂，有的地方按正式规定处理，有些地方仍以人丁为主，耕地为辅，如按“丁六粮四”的比例纳税银。这种简化赋税制度的优点很多，主要有五点：

一、吏胥不能再巧立名目剥削农民。

二、农民不服徭役，获得较大的人身自由，有多余的时间专注农耕。生产增加后，农民可以自由转业，从而为城市的工商业提供更多的人力。

三、百姓纳税比较公允，大地主的人口少，徭役负担自然轻，今徭役计亩征税，则耕地少的农民，徭役的负担自然成比例地少于大地主。

四、因为拥有土地须纳徭役税，故工商界不愿投资土地，大地主亦增加出售土地的愿望，自耕农取得耕地的机会增加。

五、贡输的实物均折合为银两，运输的损耗和运费以及吏胥征收实物时的各种刁难苛扰均全部免去，朝廷与平民均受惠。

一条鞭法并不始于张居正。世宗时（1531），南方即有一位知县试行此制，海瑞为淳安（今浙江境内）知县时也曾推行一条鞭法（1561），数年后（1570）他做应天巡抚也实施此法，因土地未整理，成效不彰。张居正丈量土地于先，费时三年始清理完毕，次年始令全国通行一条鞭法，一年后他逝世，但此法仍继续被推行，十年后才真正普及全国。一条鞭法去除明中叶以后政治与财政上的弊端很多，无疑为衰颓腐朽的明朝注射了一剂有力的强心针，使明祚得以苟延数十年。

张居正治事持法严峻，父死未丁忧，神宗“夺情”，居正“以青衣、服素、角带入阁治政”，引起非议。翰林院编修王锡爵、吏部尚书张瀚等均因反对夺情被谪斥或廷杖，“人情汹汹，指目居正”，甚至街上也有谤书出现。皇帝乃下令再谤者，“诛无赦，谤乃止”。居正病逝后，太监张诚告诉神宗居正与冯保之“宝藏逾天府”，“帝心动”，乃抄冯保家，得“金银珠宝巨万”，以为居正家必更富有，“益心艳之”。张居正的敌人乘势群起弹劾居正，皇帝贪图其家财，于是被神宗尊为“太师张太岳先生”的家被抄了，得黄金万两，银十万两（严嵩籍没之数为金三万余两，银二百余万两），家人被禁饿死者十余人，长子自杀。神宗并欲将居正破棺戮尸，凡附居正者均遭贬斥。张居正一家的命运，不如王安石多矣。

神宗在位四十八年，自十七年开始即不上朝，三十一年间，只在“梃击案”时召见群臣于慈宁宫一次，临崩前三个月召见唯一阁臣方从哲一次。廷臣上奏，神宗多置之不理，史称“不报”。神宗偶尔下一诏谕，多与搜刮金银珠宝有关。内外百官，有缺不补，到晚年内阁只剩方从哲一人。方从哲请增设，每月请求一次，“帝以一人足办，不增设”。方从哲先后上疏数十次，均不报。是故内外百官多空悬。六部尚书、侍郎应有十八人，实际仅有四五人；许多人年老多病，请辞不理，乃“拜疏自去”！六科给事中应有五十余员，仅存四人，有五科的印无人掌管；十三道御史应有百余员，后只剩五人。地方官缺巡抚三，布政使、按察使六十六，均虚悬不补，任职者做到老死为止，亦千古奇闻。政治瘫痪废弛已达于极点，狡吏遂得势鱼肉百姓。有人解释神宗如此是为了省钱。他的贪财，确也破历史纪录。生儿育女，皇子大婚，公主下嫁，均是他敛财的借口；他借此机会诏令朝臣“进银”若干，以供挥霍，可见他是一位想积“金银珠宝若泰山”的人物。从二十七岁开始，到死为止，在三十一年漫长的岁月中，他在深宫日夜与宦官宫妾如何度过，史无记载，遂成为一个谜。有人说他抽鸦片，亦无确证。

自神宗二十四年（1596）开始，朝廷遣宦官为“矿监”与“税监”，在全国各地开矿，开征行商通行税。太监开矿的方法很简单，富民的良田美宅祖茔，平民的“丘陇阡陌”，“皆矿也”，如不纳贿，必遭破坏。贿银的一

明神宗朱翊钧画像

朱翊钧明朝第十三位皇帝，前期开创了“万历中兴”局面，还进行了著名的“万历三大征”，巩固了汉家疆土。执政后期因国本之争等问题而倦于朝政，自此不上朝，国家运转几乎停摆。

部分，上贡给神宗，称为“矿银”。十年之间皇帝得到矿银三百万两。矿监多兼税监，他们在各地设关卡，任意需索，即使穷乡僻壤间的米、盐、猪、鸡的流通，也都要征税。遇上懦弱的人，关吏便直接掠夺。有一二里之间设关卡两处者。这种横征暴敛与土匪无异，使百姓恨入骨髓，所以民变四起。杨荣为云南税监，“肆行威虐”，百姓恨之入骨，遂焚税厂。杨荣怒，杖毙数千人。冤民万人愤而焚杨荣府第，杀杨荣及其党羽二百余，神宗“为之不食者累日”。这类民变在神宗时史不绝书，多得举不胜举。矿税监设置的结果，不仅使殷富之家破产，也把普通平民逼至无以为生的境地，所以至神宗崩时，明朝已遍地“火药”，只待人去引发。

在民间已危机四伏的情势下，朝廷却有朋党之祸。首先是“建储”问题。神宗十年（1582）长子朱常洛出生，其母王恭妃无宠。神宗十四年次子朱常洵出生，其母郑贵妃有宠。神宗有意立次子为太子。主张立长子的自以为理直气壮，是正派；揣摩神宗心思的人，遂被目为邪派。吏部郎中顾宪成属于前者，曾以拒绝列名为张居正病祈祷而闻名。神宗二十二年（1594），顾宪成罢官归里（无锡）后，与弟弟顾允成修复宋代杨时讲学之东林书院，讲学其中，学者称“泾阳先生”。顾宪成讲学之余，“往往讽议朝政，裁量人物”，“当是时，士大夫抱道忤时者，率退处林野，闻风响附，学舍至不能容”。“由是东林名大著，而忌者亦多”。东林书院确是一个在野士人臧否朝政的集议处，顾宪成的政敌沈一贯制造“东林党”的名词，作为排斥异己的帽子随时扣在敌对者的头上。顾宪成在东林书院讲学后，被牵涉进李三才事件。淮抚李三才力陈矿税祸国殃民之弊，受到阿谀皇帝者的攻击。顾宪成独延誉之，于是阿谀皇帝者群起诟责宪成，“恣意诬诋”，说他擅收水税，向人索厚馈，“仆从如云”等。这些诟责当然均非事实，但诋毁者咻咻不停。神宗四十年（1612），顾宪成死后，“攻者犹未止”。攻者将凡持异己之言论者，均指为东林党。“三案”（即“梃击案”“红丸案”“移宫案”）发生后，朋党之势更炽，这批人“借魏忠贤毒焰，一网尽去之，杀戮禁锢，善类一空。……小人卒大炽，祸于中国，迄明亡而后已”。

“梃击案”“红丸案”“移宫案”，习称“三案”。神宗四十三年（1615），莽夫张差执木棒击伤太子朱常洛宫门人，冲入前殿时被捕。一派认为张差乃欲立其子朱常洵为太子的郑贵妃所指使，一派认为张差系癫狂之人而已，此即梃击案。朱常洛即位（即明光宗）不及一个月，患痢疾，病甚，郑贵妃使太监崔文升进药，病更剧，鸿胪寺丞李可灼进红色丸药，朱常洛吞两粒即崩。首辅方从哲拟赏李可灼，其他大臣表示反对，结果崔、李二人均

出警入跸图（局部）

此图分为“出警”“入跸”两卷，描绘了明神宗出京谒陵和坐船返回的盛况。据说神宗极为贪财，常“纵饮作乐”，从画面中也可以感受到皇家的奢靡之气。

被遣戍，此即红丸案。明熹宗即位，生母早死。明光宗所宠幸选侍李氏有野心，帝崩后即移入例为皇太后所居之乾清宫，时人均传其欲听政。周嘉谟、左光斗等疏请迁出，李氏被逼迁入仁寿宫，是为移宫案。朝臣对此三案议论纷纭，壁垒分明。认定张差是受郑贵妃指使欲刺杀太子，主张将崔文升、李可灼严惩，与乎坚持李选侍移宫者是一派，被目为东林党，反之，即是奸党。东林党并非朋党，只不过不惧权势，敢于抗议直言之士而已；奸党亦非朋党，主要是揣摩帝王旨意，阿谀求进之徒。“奸党”彼此之间也时有矛盾，互相攻讦。简而言之，即一群以一己眼前利害而结合的奸人而已，无政见主张以形成利害休戚的相关朋党，所以他们后来尽附魏忠贤以去东林党。

熹宗（1621—1627年在位）即位时年十五，僻宠乳母客氏。宦官魏忠贤，“少无赖”，以赌博负债，“恚而自宫”，入宫后与客氏通。“客氏淫而狠”，魏忠贤“猜忍阴毒”，青年皇帝偏“深信此两人”。魏忠贤目不识丁，却任司礼监，由反东林党之廷臣佐理。魏忠贤自掌东厂，以弟子任锦衣卫指挥佥事；且任意“批红”，自首辅百僚到各省督抚三司，他都任意黜陟升迁，于是“内阁六部，四方总督巡抚，遍置死党”，“内外大权一归忠贤”。趋炎附势之文武百官有“五虎”“五彪”“十狗”“十孩儿”“四十孙”。魏忠贤经过之处，“士大夫遮道拜伏”，呼“九千岁”，诸督抚大吏争立“生祠”以歌颂其圣德。全国官吏、武夫、商人、无赖子均群起效之，在建生祠的名目下“穷极工巧，攘夺田庐，斩伐墓木”，强筹金钱，任意掠取。甚至有太学生请以魏忠贤配享孔庙！有疏陈其罪者，如左光斗、杨涟、汪文言等，均被下狱拷死。依附魏忠贤的廷臣陈《点将录》，胪列不附忠贤者，称东林党人，所列之人均遭罢斥或被残杀。一位目不识丁的无赖，能在六七年间做到权倾天下，德配孔庙，知识分子俯仰脚下，犬豕不如，这无疑是政治史上的奇迹。

历代宦官专横跋扈，到魏忠贤而登峰造极，至明思宗（即崇祯帝）继位，魏忠贤的权势立刻化为乌有，其故何在？盖东汉及唐代之宦官弄权，在于其掌握军权，皇帝受其挟制，成为其傀儡，所谓受制于家奴是也，宦官甚至弑杀皇帝，任意废立。故东汉、唐代皇帝欲去宦官，必须暗中设法假手外力以除之。明代君主独裁制确立，皇权无限，宦官之揽权而肆无忌惮，乃由于得皇帝之专任，其作威作福，均利用皇权而来，是“宦”假“帝”威。如英宗之于曹吉祥，武宗之于刘瑾，皇帝一旦不信任，宦官便皆伏诛。明思宗即位不及三月即杀魏忠贤，笞死客氏，其故亦在此。

明思宗为明熹宗异母弟，年号崇祯（1628—1644）。从即位开始，李自成已起兵陕西，次年满洲兵即首次围攻北京。这位十八岁便即位的君主，便在民变、边患与朋党交相熬煎中度过了十七年，而后身死国灭。

⊙ 明成祖的海外发展

大明帝国的对外关系很广泛，陆、海均有，且异彩纷呈。笔者在此处先叙陆上关系。

明太祖对被逐出北京的蒙古残余势力大体上采取守势，实行羁縻政策。他先后在西北边境沿今甘肃嘉峪关直到今新疆天山南北设立安定、哈密等“七卫”，最西的是哈密卫。哈密王自幼在中国长大，由明扶植其称王，故对中国比较友好，后为吐鲁番所灭。吐鲁番亦受明册封，每岁或隔岁入贡，经常以马易茶，与大明帝国之间的关系主要是经济关系。吐鲁番虽灭哈密，

美岱召寺壁画《礼佛图》

据说画中的女子为蒙古土默特部俺答汗的王妃“三娘子”，她曾经促成了隆庆五年（1571）的“俺答封贡”，结束了蒙古和明朝近二百年的敌对状态。

不久后内部分裂，不足以威胁明朝。明代所最重视的仍是北元。1370年元顺帝死后，北元实际上已分裂为许多割据势力，这些势力称王称汗，各自为政，所谓“大汗”已名存实亡。二十余年间，北元迭换了六位大汗，无一得善终，因此蒙古人取消大汗的名称，改称“可汗”。北元分裂的部族中，以瓦剌、鞑靼最强。明成祖对北方之强者恩威并用，分别封瓦剌的三部首长为王，同时亦册封鞑靼可汗为王，用间离分化的方策制之。如有侵扰，他则不惜使用武力征讨。明成祖曾五次亲征漠北，加以兵威。成祖崩后，宣宗已失去雄才大略的英姿，瓦剌终于灭掉鞑靼，将蒙古统一（1434），进而入侵今甘肃与辽东一带，最终有了“土木堡之变”（1449），这距成祖之崩不过二十五年。不久瓦剌内部分裂，可汗也被杀，鞑靼乘机复国，明人称其可汗为“小王子”。鞑靼入侵河套，据有最肥沃的原野，经常入寇劫掠人畜，为患至巨。宪宗十年（1474），延绥巡抚余子俊率军士四万人修筑长城一千七百余里，屯田长城内，从此边境稍安。今日之长城，乃明代所筑。世宗二十五年

釜山镇殉节图

此朝鲜画作描述了壬辰战争中，日军登陆釜山的情形。

（1546），鞑靼小王子俺答汗大举入侵，进入长城，在今陕北一带掳掠。总督三边军务的曾铣主张以精兵六万，加上枪手两千，开关出击，收复河套，乃一劳永逸之策。明世宗最初甚“壮其议”，后受严嵩影响，竟斩曾铣！曾铣只是建议筹边之方策而已，竟被杀，故终明之世，无人敢再提收复河套之事，只求守着长城。长城以外，除外蒙古与西域外，尚有辽东。关于建州三卫勃兴的经过，笔者将在下章叙述。

朝鲜与中国的关系，可远溯至公元前一千余年，即箕子入朝鲜。汉武帝虽征服三韩，但并未锐意经营。至唐高宗后，朝鲜与中国在政治、经济、文化等各方面均有极密切的往来。从现代的观点来看，当时的朝鲜已类似所谓“自治区”，保持着其特有的方言习俗。元代平壤（西京）一带内属，元朝统治者置“东宁路总管府”以治之。明太祖即位时朝鲜即入贡，次年明太祖封其国主王颛为“高句丽国王”。太祖二十五年（1392），大将李成桂代王氏为国王，请“圣主俞允”，并请变更国号，太祖命复古号为朝鲜国王。李朝自是传到1910年为日本所灭为止，历时五百一十九年。神宗二十年（1592），日本人丰臣秀吉入侵，旋即攻陷朝鲜首都，席卷朝鲜国土，“旦暮且渡鸭绿江”。朝鲜国王向明求救之使“络绎于道”，明朝“廷议以朝鲜为国藩篱”，派李如松率兵援朝，数月复其三都，然丰臣秀吉仍据釜山。此战历时七年，明朝动员大军十六余万，糜饷一千七百余万两。神宗二十六年（1598），丰臣秀吉死，日军逃归，朝鲜史称之为“壬辰倭祸”。为感激明人仗义相助，朝鲜在汉城（今韩国首尔）建“大报坛”，亦称“感恩坛”。此为清初朝鲜虽为清武力慑服，但仍怀明而鄙清之原因。日本史界夸大丰臣秀吉之战绩，言“明援朝无功”。李光涛辑朝鲜史料（《朝鲜壬辰倭祸史料》五辑），证明其乃讹说。《明史》则称“东洋之捷，万世大功”。实则双方均有匿败扬胜之嫌。明军在丰臣秀吉未死之前，不能将日军尽数赶下海，证明其“捷”有限；日军于明援军到后退出朝鲜大部国土，屈守一隅，要三百余年后才实现吞并朝鲜的野心，足见其力绌势颓。明军能将倭军蹙处一隅，即明援朝之“功”。明援朝抗日，代价甚高，亦非全无利害因素。三四十年前扰攘东南沿海的倭寇使明廷记忆犹新，如果让倭人在朝鲜得势，则后患无穷，这是明廷在财政万分窘迫的情况下，也不惜劳兵糜饷援朝的主因。

西南云南一带地方，唐玄宗时有南诏国（738—902），五代时段思平建

郑和宝船模型

据说郑和船队最大的宝船大约长一百四十米、宽约六十米，是当时世界上最大的木帆船。船有四层，船上九桅可挂十二张帆，锚重有几千斤，要动用两三百人才能启航。

立大理国，传国三百余年，后为蒙古征服。太祖十四年（1381），沐英为昆明之藩王，置云南府，开始对安南采取较积极的政策。中南半岛民族，大约均为中国史上之“百越”，其开化之里程碑为秦始皇三十三年（前214）之置象、南海等郡。秦汉之际，赵佗据广东及其地称南越王，至汉武帝三十一年（前111），武帝派兵征服南越，分其地为交趾、九真、日南三郡（即今越南北部），置郡太守以治之。三国时东吴治交州，士燮为太守者四十年（187—226），交州大治。南朝陈霸先因平交州李贲之乱而崛起，因势建国。此时交州的文化水准已提高，野蛮风气得以扫除。唐于交趾置安南都护府，安南之名由是始。唐代名人谪居安南者有杜审言、沈佺期等，王勃的父亲王福畤曾为交趾令。安南人姜公辅进士及第，做到宰辅位置。至五代时，十国之一南汉领有安南而无力治之，安南逐渐自中国分割而出。938年，安南人吴权败南汉兵后称吴王，此后群雄蜂起，经过“十二使君”时代，到丁部领称“大顺明皇帝”（968），是为宋太祖九年。宋太祖封之为交趾郡王。安南史以此年为其建国之始。

明太祖平定两广后，册封其王陈日煃为安南国王（1369）。明成祖四年（1406）安南内乱，黎氏篡夺王位，明成祖命朱能、沐晟率兵讨之，黎氏逃入海，安南“耆老千百二十余人上书云：‘安南本中国地，乞仍入职方，同内地’”。次年诏允安南耆老请求，设郡县，改为原名交趾。明代派至交趾之官吏贪墨无度，激起叛乱。明宣宗二年（1427），明廷废交趾三司，仍封陈氏之裔为安南王。其邻近国家如占城、真腊、暹罗亦均入贡明廷，也因此与中国发生经济与文化关系。

明代的海外开拓事业在中国历史上的表现尤其突出，脍炙人口的“三保太监下西洋”的事迹，中外均有若干专门著述，因其不仅是中国史上史无前例的大事，也是人类航海史上的创举。无论是造船技艺、航海技术、航行里程，还是参加人数，郑和下西洋均令以后百余年间的西方航海家望尘莫及。郑和系云南人，原姓马，世奉回教，祖父、父亲都曾到过麦加朝圣，故略知海外情况。郑和于成祖尚为燕王时即为其宦者，因靖难之变有功而升迁为太监。他于成祖三年首次“通使西洋”，至宣宗五年为止（1405—1430），二十五年间，共出使七次，今留有《自宝船厂开船从龙江关出水直抵外国诸番图》。宝船厂即今南京下关之船厂，龙江关即下关，该图绘有前六次下西洋之航线（第七次出使时明成祖已崩）。据学者考证，郑和下西洋最远到达非洲的东北岸及波斯湾，此外其足迹所至包括今印度东西岸、斯里兰卡、印尼主要岛屿、马来半岛等地。有很多地方，他到过不止一次。第一次出使时，

《新刻全像三宝太监西洋记通俗演义》书影

郑和，一说本姓马，明成祖赐姓郑，世称“三保太监”，他曾六次作为正使太监下西洋（婆罗洲以西洋面）。郑和下西洋是15世纪末欧洲地理大发现之前世界历史上规模最大的一系列海上探险。

郑和有“将卒两万七千八百余人”，将卒分别乘坐六十二艘长约一百四十米、宽约六十米的艨艟巨舰（据估计约一千吨）。舰队所到之地，服则赏赐之，“不服则以武慑之”。他曾三次献俘于朝，也带回诸国使臣入朝。据说他所历三十余国，“所取无名宝物不可胜计，而中国耗费亦不赀”。耗费不赀是郑和之后后继无人航海的主要原因。

明成祖遣郑和下西洋的原因，《明史》称“成祖疑惠帝（建文）亡海外，欲踪迹之，且欲耀兵异域，示中国富强”，这是清人迂腐之见。建文帝已于城破之日焚死，已有定论。即令明成祖疑而求之，亦必在国内踪迹之；建文帝如在海外，一鄙夫耳，何用“耗费不赀”以缉之：建文帝位居大统，有谋臣猛将锐卒而不能守，成祖英挺盖世，大位已若磐石，何至于六次遣人到海外寻一“疑”或未死之鄙夫，事之不近情理有逾此者乎？有史学家叹修《明史》之清代史家挟有成见，成见之外，亦见其陋不可及。

另有一批人认为明成祖通使西洋的原因在于为宫廷寻求珍宝。史籍从无成祖奢侈贪佞之记载，且称他“恭行节俭”。他在军中之日多，常“蔬食”，有方士进“金丹”，帝曰：“此妖人也，令自饵之。”一位终日以绝漠远征为职志的君主，不可能嗜好奇珍异宝。郑和从海外带回来一些“无名宝物”是事实，“无名”是罕见之意，因稀奇之故，乃曰“宝物”耳！成祖不是追求这类什物而屡次大规模遣使至为明显。成祖遣郑和下西洋，郑和实际上负有极重大的政治与军事使命。

明太祖光复中华后，蒙古的声威仍然照耀四裔，所以他要遣使到四处，昭告海外各国元已覆亡，新政府愿与各国“相安于无事，以共享太平之

郑和从国外带回的金锭

这枚出自梁庄王墓的金锭铭文显示是“永乐十七年四月西洋等处买到”，也就是在第五次远航中带回的黄金。

福”。太祖二年（1369），明廷寄与占城国王玺书，告以“朕主中国，天下方安，恐四夷未知，故遣使以报诸国”，希望各国“安于生业，王亦永保禄位”。亦有不遵太祖诏谕者，如太祖十三年（1380）爪哇“诱（明）使者而杀害之”，占城亦曾诈夺真腊贡明的贡品。类似事件不断发生，明太祖除了遣使谴责，希其勿“干怒中国”，否则“悔将无及而已”之外，实际上并无办法。此为明成祖通使西洋的首要动机。

其次是防患日本。太祖在留给子孙的《皇明祖训》中说日本“明朝（贡）实诈，暗通奸臣胡惟庸图谋不轨”。在与中国有往来的三十六国中，太祖唯独“怒日本特甚”。蒙古两征日本失败，太祖对这一“图谋不轨”的邻国实深具戒心。他在位时已计划兴建海军，不然成祖即位不过三年，如何能立即建成如此强大的舰队？航海人员必须具备专业的航海知识，包括天文地理知识在内，两三年内如何能训练完成？建造大型海船的工厂，岂能一蹴而及？胡惟庸案发生于太祖十三年，距郑和首次出使二十五年，大致胡案发生之后，太祖即有伐日之动机，即开始准备发展海军，成祖只是转变了舰队

瑞应麒麟

此画描绘的是1414年郑和下西洋时，榜葛剌国（即汉时身毒国，东汉称天竺）进献的“麒麟”。

的使用方向。

靖难之变持续四年余，明廷同室操戈的消息立即受到蒙古人的重视，以印度为基地的帖木儿闻讯，认为此时是攻明的良机，于是整军经武，纠合大军数十万，准备伐明。帖木儿适于此际病死（1405），成祖对这件事的警觉性很高。他一生以蒙古为大敌，经常驻跸燕京，远征到贝加尔湖的主因在此。帖木儿声势浩大，远非分崩离析的北元可比，他必须未雨绸缪，了解帖木儿帝国后方的情况，最好是能在其后方寻求到与国，断其左臂，所以遣郑和下西洋，这与汉武帝派张骞通西域的鹄的有异曲同工之处。张骞也带回一些“无名”之物，但那并不是他的主要任务。

成祖将其父亲所擘画的海军用于通西洋的主要原因已如上述，次要的原因是日本的气焰已不似明太祖时代那样嚣张。明初方国珍、张士诚之余党，“往往纠岛（倭）人入寇山东滨海县州”，太祖遣使责令停止，“不则修兵自固”，日本怀良亲王不奉命，“复寇山东，转掠温、台、明州旁海民，遂寇福州沿海郡”。以后日本“来贡”，并无“表”，只是贸易而已，并未称臣。太祖十四年（1381），怀良亲王致书太祖，书辞倨傲，自称“小邦亦有御敌之图”。太祖虽“愠甚”，但鉴于蒙古之败，“不加兵也”，只是一面在东南沿海严加戒备，一面蓄备海军而已。成祖即位，日本将军足利义满（《明史》称源道义）为求通商顺利，接受明朝册封其为“日本国王”，并接受明封其富士山为“寿安镇国之山”。日本既已驯服，故明朝统治者把目标转向防御蒙古。

中国与琉球的关系也应一提。时琉球分为三部，即中山王、山南王、山北王，均姓尚，其中以中山王最强。太祖五年（1372），中山王遣使初次入贡，贡臣称该国不重纨绮，唯贵瓷器、铁釜，故太祖赏赐均诸物，入贡之物有马十六匹、硫黄千斤。嗣后中山王遣其王子入国学，朝贡不绝。

《明史》所载之外国有五十余个，相当杂乱。其中佛郎机（葡萄牙）、和兰（荷兰）、拂菻（罗马）、意大利亚（意大利）均是欧洲国家。“和兰，又名红毛番，……其人深目长鼻，发眉须皆赤，足长尺二寸，颀伟异常。”有的国家贡方物，有的国家求贸易。一般国家入贡，实际上是想和大明帝国发展经济关系。当时的中国物产丰盛，工艺进步，为各国所向慕，他们借“入贡”之名，换回明朝皇帝所赏赐中国之珍品。入贡使者的随行之人，绝大多数是商人，他们入境时夹带走私，归国时购买商品牟利，《明史·外国传》中多有记载。以琉球为例，他们常为缺乏入贡土物着急。明廷令其改为两年一贡，随从勿过百人后，他们屡次请求如祖制一年一贡，明廷不许，可见其“入贡”之心切。中国历史上的朝贡制，泰半为满足皇帝的虚荣；“番邦”则视之为有利可图，收获优厚。如此而已。

明代是中国历史上与南洋各地关系最密切的时期。可惜成祖那位最钟爱的孙子明宣宗（明仁宗在位仅十个月）有极高的艺术才华（故宫收藏有其所绘的《三阳开泰》画）而无宏图，以在海外发展为浪费。郑和死后，大明的航海事业后继无人，中国从此失掉建立海洋帝国的机缘。

⊙ 元明两代的文化

元明及清初五百余年间，是中华文化与外来文化交流最密切的时期，因此这个时期的中国文化自有其独特风格。明末西洋文化开始传入中国，其影

琉球进贡船只　江户时代画家绘

明朝实行海禁，作为藩属国的琉球便趁机发展起来。明政府不仅赐予琉球航海船只，还遣善航海、懂贸易的“闽人三十六姓”移居琉球，又给予了朝贡贸易的“超级最惠国”待遇。

响在清代才显露出来，关于这一内容，笔者会在下一章叙述。

文学创作足以代表一个时代的灵魂。元代文学的代表是“曲”，由杂剧演变而来。先民自有歌舞，后演变为春秋之俳优，最有名的如楚之优孟。汉武帝常观角抵戏，角抵戏是以角抵为基础、有故事情节和配乐的武打娱乐活动。载歌载舞以演出有剧情之戏剧，始于北齐（6世纪中期），今知其著名者有三种，如《兰陵王长恭故事》，我们略知内容而不详其台词。唐宋沿袭旧例，杂剧之种类增加，有滑稽、故事、歌舞、清唱四类。杂剧有少许台词传留，如“秦楼有女字罗敷，二十未满十五余”“石城女子名莫愁，家住石城西渡头”。辽、金均发源于东北荒寒之区，得国之后，锦绣河山可供其尽情享受，所以杂剧极受欢迎。蒙古来自荒漠酷寒之漠北，能满足其耳目之欲者，亦以美妙旋律为最。舞蹈歌唱，在贵族饮宴及民间集庆中均甚流行。汉人、南人在科举已半废，受尽歧视之余，满腹幽怨，有志难伸，往往寄情歌曲，以宣泄胸中块垒，同时也不失为谋生之道。于是元代杂剧、歌曲盛行，成为元代文学最辉煌的一面。元曲与唐诗、宋词并称为冠绝古今的文学成就。元曲名家二百余人，最负盛名的有关汉卿、马致远、郑光祖、白朴、王实甫五人，前四人被尊为元曲“四大家”。曲谱之杂剧约五百余种，今存者有一百三十六种。元代伶人的地位很高，礼部下设有仪凤司、教坊司，专掌

杂剧《卖眼药》 南宋佚名画家绘

有关专家认为这是官本杂剧中的《眼药酸》，杂剧剧名中加“酸”字多是以仕途无望的落魄文人为嘲弄对象。

《元曲选》 明人臧懋循编

这是一部著名的元杂剧总集，又名《元人百种曲》，收录了上百种杂剧曲目。

剧曲之职事。元武宗（1308—1311年在位）以上述两司主管遥领平章政事（宰相），继位的皇帝拟任教坊司使为礼部尚书，因人谏以“伶人为大宗伯，何以示后世”而止。帝王贵胄耽于娱乐，是元曲发达的原因之一。

元曲的著者不限于“落魄”士人，还包括文武官员、商人医生以及倡优本身。关汉卿的生卒年代不详，其作品有六十四种，今存十四种及残曲三种，最著名者为《窦娥冤》。马致远作品凡十七种，今存七种，以《汉宫秋》享誉最隆。郑光祖作品十五种，今存四种，以《倩女离魂》最著名。白朴作品十五种，今存仅两种，《梧桐雨》描写杨玉环的悲惨遭遇，使人为之一掬同情之泪。王实甫作品十四种，今存三种，最脍炙人口的《西厢记》已被译成多种外文，成为元曲的代表作。元曲描写细腻，刻画传神，尽态极妍；情节凄凉婉转，曲折有致；含冤凄厉，雄伟悲壮，清逸俊飘，绮丽纤秾，兼而有之。元曲佚散虽多，然其故事多流传人间。近世的京剧及地方戏按其故事演出者不胜枚举，可见其影响之深远。

与曲类似的“传奇”，或称“南戏”，约源起于浙江温州之杂戏，南宋偏安江南后南戏颇盛于临安。亦有称其系自印度传入者，持此说者指出印度戏曲与南戏在角色、结构以及剧中人的身份表达方式上均极类似。最有力的证据是人们在温州天台附近的一座庙宇中发现了梵文文稿，经证明，该文稿为印度著名剧作家迦梨陀娑的作品《沙恭达罗》的一部分。南戏大概受到

《西厢记》版画 明末出版家闵齐伋编

《西厢记》是元代著名戏曲家王实甫的著作，演述了书生张生与崔相国女儿莺莺的爱情故事。此图描写张生因相思成疾，莺莺着红娘递简。此处借相扣之玉环构图，既同时表现了两个场景，又暗寓鸳盟已成。

佛教传入的附带影响是可以相信的。今存南戏三种，大约形成于宋末元初时期，颇似清唱，唯歌者不止一人。南戏属于比较原始形态的戏剧，颇似希腊所谓荷马史诗。元中叶以后，若干杂剧作家以写作北方杂剧的经验改良南戏，其中最负盛名的作品是高明（字则诚）的《琵琶记》和施惠（字君美）的《拜月亭记》。南戏至明中叶后发展成为“昆腔”，将昆山地方性歌曲改良最多者，为昆山人魏良辅，有人奉之为昆曲之创始人。昆曲源于元代，至明清两代始盛。

蒙古以异族入主中国，并不干涉中华文化之发展。中央有蒙古、回族、汉文三个国子学，地方学校数目颇多，但因学生无出路，故无甚影响。有志之士则设书院讲学，公家亦设书院，掌院务者称“山长”。据考，元代书院数目超过宋代，故中华文化仍能薪火相传。有人因元代也尊重儒者，认为“八娼、九儒、十丐”之说不可信。其实两者并不矛盾。因纯就蒙古统治的两大方针——搜刮财富与镇压反叛而言，娼尚有取乐与剥削的价值，儒则毫无经济价值，丐的专职是损人利己，蒙古人也是乞丐巧取的对象之一，所以地位最低。蒙古人从经济的角度将儒列于丐之上，从政治的角度尊儒，因其有利于统治。

元代的科学最有成就的是郭守敬（1231—1316）的天文学。史称郭守敬“巧思绝人”。他改良天文仪器，发明观测精确的“简仪”，另在南北遍设二十七个观测天文的测景站，最北的测景站设在北纬64.5度。他通过观测结果修正了以往历法的误差。元世祖二十二年（1281）颁布的《授时历》（郭守敬编制的新历法）实行了三百六十余年，直到清初为《时宪历》替代，与以往一千二百余年间修改历法七十次，平均不足十九年更改一次历法，可见郭守敬观测之精确。郭守敬测出地球绕太阳一周的时间与实际时间只差二十六秒，与教皇格里高利所颁的历法相同，但是格历晚于《授时历》三百年。清代阮元作《畴人传》，称赞郭守敬是历代“莫之伦比”的天文学家，实际上他在数学、水利、地理等各方面都有辉煌的成就。他的禀赋与辛勤工作，是其成功的主因；西方及阿拉伯科学知识与技艺的传入，对其成就也有间接的影响。元代其他工艺均有创新，因吸收杂糅外来知识之故耳。自元世祖初年起，元朝即开始通过海运将米粮运到北方，成宗十二年（1306）即规定海运岁运米一百四十五万石，因此元代的造船技术大有进步，航海知识更加丰富，为郑和下西洋打下基础。此外，中国的指南针、火药、印刷术、造纸术也于此时顺利输入欧洲，印刷术对欧洲文化的影响非楮墨所能道于万一。

明承元曲之余绪，著作家人数很多，作品也极丰富，最享隆誉的是汤显祖的《牡丹亭》。《牡丹亭》描述杜丽娘与柳梦梅（原名柳春卿）由梦中相爱最终美满团圆的故事，写尽了“少女情怀”，其结构转折有致，较元曲进步。据说汤显祖在创作《牡丹亭》时尝掩袂痛哭，盖写情时已与剧中人合而为一，故其作品能动人心弦。《牡丹亭》脍炙人口，成为千古名著。此外如张凤翼之《红拂记》、阮大铖的《燕子笺》等，都颇负时誉。与戏曲同样很发达的有“传奇”，即短篇小说。小说以冯梦龙、凌濛初的作品最著名，流传至今的明代短篇小说作品，也以他们的最多。

在文学方面，明代的诗、词、歌、赋均很平庸，唯有长篇章回小说，不

简仪

简仪是元代天文学家郭守敬于公元1276年创制的一种测量天体位置的仪器。

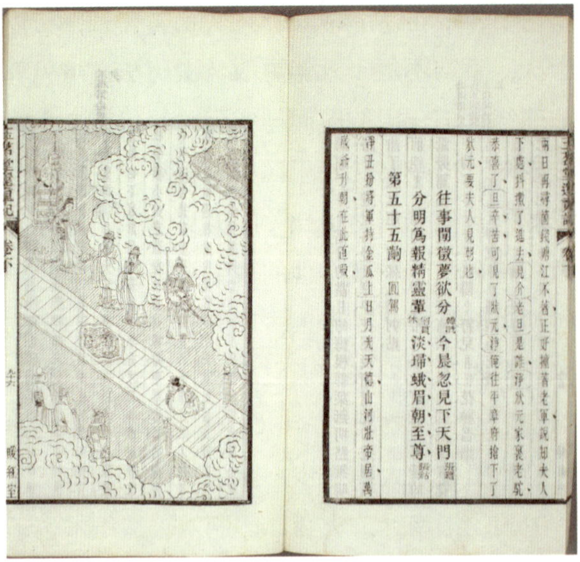

明万历年间《牡丹亭》内文

仅创始于明代，而且明代的成就最大。如今家喻户晓的名著，如《三国志通俗演义》（简称《三国演义》）《水浒传》《西游记》等都产生于明代。这三部巨著对中国人的影响极为广大与深远，它们真正是家喻户晓，自宫廷庙堂以至茶房酒肆，自博学鸿儒以至贩夫走卒，无不受其影响，甚至关系一国之兴衰（清人入关前即热衷于阅读《三国演义》，他们从中吸收并应用了许多军政方略，明思宗杀大将袁崇焕，是清人学习了《三国演义》中的“反间计”的结果）。这三本书的著者，在当时均默默无闻。《三国演义》的著者罗贯中的生卒年代及籍贯都不详，我们只知他是元末明初之人，有说是太原人，亦有称其籍贯杭州者，相距很远。自宋、元以来，民间流行说三国故事，话本零星散乱，罗贯中将之整理贯串，修饰润泽，使之成为极可读之小说。著者有其中心思想，在刻画人物时就特别成功。据专家考证，《三国演义》只有五分之一的内容是虚矫，罗贯中能用五分之四的史事，凭己意塑造历史人物的形象，使人深信不疑，其才华与功力实均有过人之处。据说施耐庵是罗贯中的学生，一说罗贯中写《水浒传》未成而卒，施耐庵续成之。自南宋以还，有关宋江等三十六人的平话很多，施耐庵的主要工作与罗贯中的相似。《水浒传》不仅是文学杰作，当作社会史去阅读，也极有价值。

《西游记》的著者吴承恩是江苏淮安人，生活于明中叶，一生贫苦，中年后曾为县丞，此书系他辞职归故里后所著的作品。书中所叙均光怪离奇、怪诞不经之事，有人视之为著者讽刺人世之黑暗腐败，其实其中含有高深之哲理。著者将“人”分析为理性、思想、情欲、愚蔽四种状态，唐僧是一个人的理性，孙悟空代表思想，猪八戒反映情欲，沙和尚表现愚蔽，取经途中的妖魔鬼怪，是一个人一生中的各种各样的际遇。每历一种际遇，人的四种状态都对之有不同的反应。用这个观点去读《西游记》，我们或许可以明白为何唐僧一定要端端正正，对财色不动心，猪八戒正相反，沙僧明知故犯，孙悟空一翻筋斗十万八千里。吴承恩的这部书是真正的创作，他想象之丰富，意情之高妙，哲理之幽邃，均出类拔萃。他一定精通佛理，彻悟人生。

此外还有《金瓶梅》（作者不详），该书揭露社会黑暗丑恶、贪酷荒淫之态，描绘细腻，以西门庆及潘金莲为中心，贯串人物。清代曹雪芹的《红楼梦》大致受到《金瓶梅》的影响，至少在体例上是如此。冯梦龙的“三言”是指《喻世名言》《警世通言》《醒世恒言》；凌濛初写的《一刻拍案惊奇》《二刻拍案惊奇》均是短篇小说，反映当时社会实况，可以当作文学作品来看，读者也可以从中体会明代社会实况。

我们应在唐诗、宋词、元曲之后加上“明小说”。如果纯就创意之超轶、影响之深远而言，明小说应居首位。

明代在文化上的主要贡献还有科技著作，最重要的是李时珍（1518—1593）的《本草纲目》。李时珍之父为医生，故李时珍考中秀才后不久即从

唐玄奘法师
西天取经全图
明代内府彩绘本

熔礁结银与铅

沉铅结银

《天工开物》中矿产冶炼场景

父学医。他年三十四岁时被选入太医院为医师，工作一年后辞职，回家乡湖北蕲春专心撰写《本草纲目》。他孜孜矻矻，穷二十六年之力，经过数次修正，最终于明神宗六年（1578）完成这部近两百万字的药学巨著。该书载药物一千八百九十二种，药方一万一千零九十六则，插图一千一百一十幅。在写作过程中，他穷研古代药学书籍，配合个人的实际观察分析与实验，绝不“纸上猜度”而下判断。这部备受中外医药学界推崇的学术著作有四个深受重视之处：

一、分类的方法很进步。他将植物按照生长的环境分类，动物则分为虫、鳞、介、禽、兽五类，一百六十余年后欧洲才有这样的动植物分类法。

二、他竭力驳斥所谓长生不老药之谬说，特别是中国自古传下来的水银炼丹术，明确指出水银有毒。

三、他订正了前人记载药性的错误和解决了种类混淆不清的地方。

四、他发现了一些药物的药性，有时以身试药，如发现曼陀罗花有麻醉功能等。

限于当时的科技知识，李时珍也有谬误之处，如马钱子有毒，他却视为无毒；他的书中也载有少许怪诞的药名，如“死人枕席”“人魄”之类。《本草纲目》对医药的贡献乃世界公认，它至今仍蕴含了不少真知，有待科学方法去发掘。

《天工开物》是明代伟大的科技著作。著者宋应星生于明神宗时代，曾任地方官吏，明亡后归乡不仕，卒年不详。此书于明思宗十年（1637）刊印，故为明代著名作品。《天工开物》对当时手工业的工艺机械、生产技术，船、车制造，矿产的冶炼，西方军器的铸造等均有记载，并附有两百余幅插图，使人一目了然。宋应星最早提出施用磷肥；蚕蛾杂配可产生优良品种；金、银、铜的比重等科技新知。从这本书的内容来看，明代中国人的科技进步的程度，绝非当时西欧人所能及。

《农政全书》是徐光启（1562—1633）在受到当时西方传入的科学知识影响后，再应用西方研究科技的态度与方法，整理中国历代传留下来的很丰富的农田水利知识宝库，并结合实际观察而成的巨著，凡五十余万字。徐光启死后六年，该书才被刊行（1639）。书中描绘了农业生产的工具、水利工程与机械，很详细地说明了改良品种和增加生产的方法。徐光启不是纸上谈“农”，他常亲自参加农事。

徐光启和利玛窦

徐光启是明代的农艺师、天文学家、数学家，早年跟随利玛窦学习西方的科学技术，翻译了数学著作《几何原本》，编有《农政全书》《崇祯历书》等多部作品，为17世纪中西文化交流做出了重要贡献。

徐霞客画像 清代叶衍兰绘

徐霞客经三十年考察撰成的六十万字地理名著《徐霞客游记》被誉为“明末社会的百科全书”，从中不仅可以了解到当时的动植物、生态，也可以了解到当时的政治、社会、宗教等情况。《徐霞客游记》开篇之日（5月19日）被定为中国旅游日。

上述三书，同是明代留给后世的巨著。

徐霞客（1587—1641），江苏江阴人，是明代最有名的地理学家。他认为旧籍中对地理的记载多有失实，因此从二十二岁开始直到逝世前一年为止，穷毕生三十余年的时光，遍历十六省，并用日记的体裁，将所经历地方的地形地质、水道气候、风俗物产等详加记载，订正旧说缺失谬误并有若干新发现。徐霞客的考察艰难困苦，险阻丛生，但他绝不退缩，而是锲而不舍，坚持工作。他的记载客观真实，许多独创见解经后世调查均证明其确切。他冒着生命危险，深入西南境蛮荒瘴疠、虎狼毒蛇遍布、人迹罕至之地进行实际考察而形成的记述更弥足珍贵。他精通古籍，兼具科学素养，能够总结出植物生长与环境的关系，令人佩服。他准备登昆仑山探险，事未成便辞世，年五十五岁。他的遗著《徐霞客游记》是中国地理学的瑰宝。

以上四书，足以代表明代有关科学的成就。

此外便是大家常提到的《永乐大典》。永乐是明成祖的年号，《永乐大典》于明成祖时期完成，故名。这部汇集经史百家、天文地理、医卜阴阳、佛道技艺等各种书籍的丛书，计有两万两千九百三十卷，只有抄本两套，并未刊行。此后《永乐大典》屡遭火灾、兵灾、盗窃，迭有佚散。1860年英法联军入北京、1900年八国联军入侵北京，两次外国人焚劫，《永乐大典》损失殆尽。现存者有原本二百一十五册，加上复制本，共得七百三十卷，多残篇断卷，只供人凭吊。以明代之财力，当时若刻版刊印，《永乐大典》必能永垂后世，发挥保存与发扬文化的功能。明成祖耗费偌大的人力、财力抄成孤本，藏之深宫，仅供极少数人私享，其自私与愚蠢均不可及。

世人常称“宋明理学”，可见明代学术思想以“理”著名。其实《明儒学案》中的理学家虽不少，大多祖述先儒或支衍时贤之学，能独树一帜，创发新意者，唯王守仁（1472—1529）一人。王守仁，浙江余姚人，原名云，五岁不能言，“更名守仁，乃言”。父名王华，是明宪宗十七年（1481）的状元，武宗时已官至礼部侍郎，事母至孝。王华年逾七十，犹躬亲侍候年已百岁的母亲，世多誉之。王守仁自幼即随父在北京，及长，曾到长城内外游览，“纵观山川形胜”，似因此激发他澄清天下之宏愿。年二十一中举后，“益好言兵，且善射”。七年后中进士，回乡筑室阳明洞苦读。初入仕即上奏论西北边防之事。王守仁因忤刘瑾，被廷杖四十，贬谪贵州龙场驿，其父也连累罢官，时年王守仁三十五岁。因“穷荒无书，日绎旧闻，忽悟格物致

王阳明画像 明代佚名绘

王阳明是明代著名思想家，其心学思想对中国人影响至深。明穆宗称其“两肩正气，一代伟人，具拨乱反正之才，展救世安民之略”。他还被封为新建伯，是明代凭借军功封爵的三位文臣之一。

知，当自求诸心，不当求诸事物”。从此时开始，直到他逝世的二十二年间（卒年五十七），他逐渐创立了自己的唯心学说。因他年轻时曾在绍兴的阳明洞读书，世称“阳明先生”，其学人称“阳明学”。刘瑾败后，王守仁被召还，逐次擢升至南赣巡抚，平定当地变乱（1516—1518）及宁王宸濠的反叛。从王守仁的传记中，我们知道他允文允武，精通人情世故，且能与太监妥协，以求免祸。他的敌人称“王公素多诈”，可见他不是一个迂腐的道学家。他逝世的前一年还替朝廷立下军功，后在军中病甚，朝命未至即卸职归家，卒于途中，被劾“擅离职守”。反对他的人指摘他“事不师古，言不称师，欲立异以为高”，说他反对朱熹，罪大恶极，请求朝廷“禁邪说以正人心”。四十年后，新皇帝（明穆宗）即位才“平反”了王守仁的罪状，又十余年（1584）以王守仁入祀孔庙。

其实王守仁十七岁有志于学时，对朱熹十分崇拜。他遵照朱熹“格物穷理”的指示，相信任何一物均含有“至理”，必先“格”尽天下之物，才能通“天理”。“格”是观察体会之意。守仁在萧瑟的秋风中格翠竹，如此七天七夜，“至理”未得，人却病倒，始转而钻研释、老。释、老之哲理在他的脑中起了作用。他在穷荒的贵州龙场驿的心情，我们读他的《瘗旅文》可知。身处凄怆蹙郁的绝望情景中，他“顿悟”曰：“道在是矣！”他认为一切“知”与“理”，均在“我”心之中，天下无物可格。综述阳明学的要点如下：

首先确定“心外无物”。人之主宰是心（古代以为一切思考均出自心，

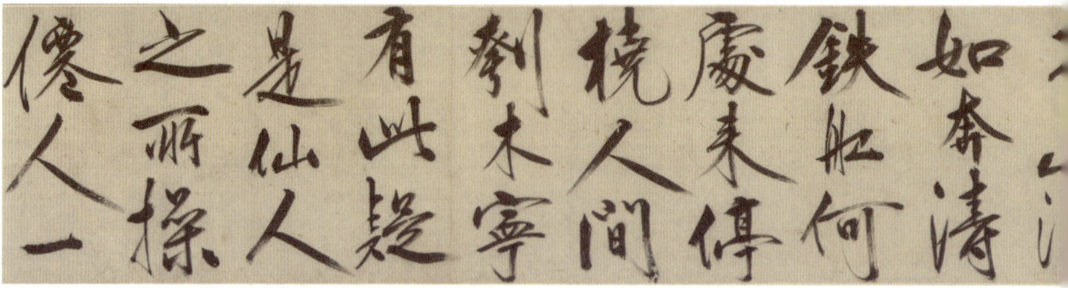

王阳明墨迹

明代的艺术大师徐渭称赞其书法如同“凤翥龙蟠”，不在王羲之之下。明代法家大宗师朱长春认为：这种靠学养生发出来的书法，非一般人的刻苦训练所能比。

不知有脑），心之动是意，天意即是知（识），意之所及便是物；物是由心而有，无心即无物。即是说我想到的才存在，我未想的即不存在。所以他说：离却我的心，便无所谓天地、鬼神、万物。有人反驳王守仁的说法，说王守仁死后，天地万物仍存在。从王守仁的立场来说，他死后“心”中已无天地万物，于他而言，天地万物已算不存在了，它们只“存在”于他人心中而已。

其次是致良知。良知即孟子论性善的“四端”，即“恻隐之心”“羞恶之心”“恭敬之心”“是非之心”。良知乃与生俱来者。这种人类与生俱有的知，是“良”好的“知”，扩而充之，称之曰“致”。人与人的关系（人伦）有五种，五伦要由“致良知”去维系。

王守仁不同意朱熹先知而后行的理论，提“知行合一”的学说。知而不能行，不是真知。如一人能说出行孝的大道理而悖逆不孝，我们便可说他并不知孝。王守仁说：“知是行之主意，行是知之功夫（具体表现）。知是行之始，行是知之成（果）。若会得时（知行合一时），只说一个知，已自有行在；只说一个行，已自有知在。”他更进一步指出只要动一恶念，就等于已行恶事了，所以必须立即摒除恶念，因为它不是良知。

阳明学颇近宋代陆九渊的学说，因此学者常称“陆王心学”。“陆王心学”与“程朱理学”同为中国思想的两大主流。

明代阳明学盛行，史称其“弟子盈天下”，然真正笃行的很少，形成“束书不观，游谈无根”的浮薄士风。诚如清初颜元（号习斋）所说，明末社会上弥漫着“无事袖手谈心性”的风尚。清初的大学者顾炎武、黄宗羲、王夫之等人几乎众口一词地将明之覆亡归罪于王守仁的谈心性。我们综观王守仁一生，他确是一位抱着经国济世之志而身体力行的人物。至于末流，附庸道学，利欲熏心，骗诈无耻，非守仁提倡心学时始料所能及。王守仁个人及其学说的本身，与其学说对后世的影响，不宜混为一谈。

元明两代三百六十余年间，唯独史学极贫乏。元修辽、金、宋三史，疏漏冗杂；明修《元史》，五月成书，谬误芜漏百出，有一人而两传者。此为《春秋》以降中国史学最落后时期。

⊙ 明代之衰亡

明代自明成祖以后，即时有变乱，其中规模最大、旷日持久者是“倭寇”（1523—1564），前后持续四十一年。中国北起辽东，南至闽粤，均受到倭寇骚扰。倭寇是介乎内乱与外患之间的变乱，因为真正的倭人不过十之二三，大多数倭寇为中国人，其中包括地痞流氓、土豪劣绅、富商大贾、官僚地主等各色人等，他们各为自身利害而与倭人勾串，骚扰劫掠沿海各省。

按明廷规定，不入贡者不得贸易。各国利之所在，趋之若鹜，因入贡土产，赏赐丰厚；既可贸易，兼可走私夹带，何乐而不为？这是日本幕府足利义满受明成祖册封为日本国王的原因，其目的在于取得贸易权。明廷允其十年一贡，使额勿过二百，船止二艘。此项“贸易权”所获利益，均为贵胄及特权者所独占，一般日本人并不能享有，于是日本人与中国商人合作走私，

倭寇图卷（旧题《明仇十洲台湾奏凯图》） 明代仇英绘

此图是现存最为精致的一幅描绘当时倭寇和明军形象的彩色绘画史料。

舟山群岛中的双屿岛遂成为走私的大本营，大约自明初起即是如此。此时日本内部分裂，诸侯林立，明世宗二年（1523）遂发生“争贡”事件。两批日本贡使在宁波因验货之先后及宴席座次之高低大打出手。其中一位贡使“毁嘉宾堂，劫东库”，并杀明朝将官多人，“浙中大震”。朝廷乃下令禁止倭人通商，从此倭寇兴起，蹂躏海疆，以南直隶、浙江两省受祸最严重。倭寇气焰嚣张之原因有三：

一、明代的卫所制的“军户”经一百五十余年之腐蚀已毫无战斗力，所谓“官军素懦怯，所至崩溃”是也。

二、“奸民”太多。奸民包括好乱的平民、不得志的书生，他们均受利诱而为向导，故倭寇尽知官兵虚实。这类人中，以汪直最著名，其“攻城掠邑，莫敢谁何”。

三、宦官、权臣弄权。如讨倭寇名将俞大猷讨寇大捷之后，不仅不被叙功，反被谪。倭寇终为俞大猷与戚继光所募之“兵”（有别于卫所之“军”）平定，但四十一年的劳师糜饷，东南沿海富饶之区的破坏，税收锐减，是明廷财政陷入窘境的主因之一。

明代内乱很多，成祖极盛时期山东便有唐赛儿民变（1420）。唐赛儿聚众万余，攻掠莒、即墨两城。后变乱被戡平，唐赛儿逃逸。英宗时民变时起，初年有浙江叶留宗等民变。民变军剽掠浙江、江西、福建等省，叶留宗的部将陈鉴胡哄杀叶留宗后，“自称大王，国号太平，建元泰定”。英宗十三年（1448），福建沙县佃农邓茂七起事，聚众数万人，攻陷二十余县，自称“铲平王”，时福建布政使宋新为宦官王振爪牙，“侵渔贪恶，民不能堪，益相率从乱，东南骚动”。次年为丁瑄所敉平。贵州李添保、广东黄萧养等民变，均发生于明英宗时。此后宪宗时湖广有刘千斤、李胡子拥流民起事，“流民归（李胡子）者四十万”！

至明武宗时，刘瑾当权，官吏贪赃枉法，激起大规模民变，以发生在北京附近的刘宠、刘宸、赵燧民变最剧烈。武宗五年（1510），京畿一带连年饥荒，朝廷不仅不赈济灾荒，反而不断催缴积欠，百姓嗟怨，民心思变之象已成。刘宠、刘宸兄弟都很“骁悍”，为地方官捕盗有功，“刘瑾家人索贿不得，遂诬为盗”，刘氏兄弟（又称刘六、刘七）乃投大盗家而叛。附叛者如燎原之势，声势浩大，刘氏兄弟很快聚众十余万，“纵横数千里，所过如无

明代“涪州税课伍拾两匠汪田”银锭

人”，曾数次威胁北京，武宗急调边军解危。刘军剽掠所及，达到北直隶、山东、山西、河南、湖广、江西等省。赵燧，人称“赵疯子”，是文士，起事后，戒部下“勿淫掠，勿妄杀；移檄州府官吏师儒，毋走避，迎者安堵；由是横行中原”。这个扰攘半壁河山的大变动，历时两年始被戡平。劫后满目疮痍，而官吏的贪残如故，百姓的负担日益沉重。

与刘宠等人同时起事的还有江西的王钰五等十余人；四川的蓝廷瑞等数人，分别自称“顺天王”“刮地王”“扫地王”，有众十万，蔓延到陕西、湖广等地，官兵征讨，恣行残暴，民谣称“贼兵梳，官兵篦，士兵剃”，又称“土贼犹可，士兵杀我”。这些民谣充分道出百姓的心声，我们也可以看出明代官军军纪之败坏。

明代自明成祖晚年开始，全国各地几乎均有民变发生，地方政治糜烂而苛税增加。以苏州和松江为例，普通农民的租税有高达十分之八者，顾炎武称“历观往古自有田税以来，未有若是之重者也”（《日知录》卷十四）。农民在重赋的压榨下，卖儿鬻女仍不足以上缴苛税，只有流亡之一途；田地荒芜，政府收入减少，政府乃将租赋转嫁到其他农民身上；其他农民在绝境时，也只有弃地逃亡；如此恶性循环，农民负担日益加重，流民的数目日益膨胀。情况更恶劣的是“庄田”，即皇室及亲贵所有之田地，这些田地由农民为之耕种纳租，田租重到每亩纳一石二三斗，故有“今日完租而乞贷者”。庄田设有“庄头”，这些人任意蹂躏所辖佃农，“惨毒不忍闻”，使得“民心伤痛入骨”，佃农对庄头自然恨之入骨。

明代征商税的名目繁多，任何买卖都要征税。由于用兵，政府要征额外饷税，计有“辽饷”“剿饷”“练饷”三种，农、商均要纳此额外附加税。

最严重的是“矿税”（见本章第四节），它使全国殷庶之家破产变成贫民，为明末天下大崩溃埋下种子。流民、庄田佃农、赤贫市民等，都是高迎祥、李自成、张献忠的基层。

明直接亡于民变，变始兴于陕西。明思宗（1628—1644年在位）元年陕西连年饥荒，百姓初食蓬草，继食树皮。至是年冬，树皮已被食尽，百姓遂“掘其山中石块而食，……不数日，则腹胀下坠而死，民有不甘于食石而死者，始相聚为盗”。他们被逼为盗之原因，只求不吃石块死去而已，凄惨之至。兵部右侍郎李继贞奏“请以帑金十万赈之”，思宗不许，可称残忍。曾以贩马为业的高迎祥聚饥民起事，自称“闯王”，部将称“闯将”而不称名字。李自成、张献忠均为闯将。时朝廷裁驿卒，驿卒无所依食，“俱从贼”。延安张献忠聚众联“八大王”，与高迎祥汇合，拥众达二十余万，自陕西入山西，掠河南，扰湖广及四川东北境。克敌有功之两员大将张道浚、曹文诏均被谗劾罢去。大学士温体仁告山西巡抚吴甡曰：“流贼癣疥疾，勿忧也。”可见朝廷态度之一般。时（1635）各路流民大会于荥阳，老回回、曹操、横天王、混十万、射塌天、过天星、九条龙等十三家七十二营（从十三家的名称可知其文化程度）决议分头四窜。李自成独主联合对抗，自是始崭露头角；且他与十三家约定，“所破城邑，子女玉帛惟均”。高迎祥与张献忠东下，攻陷凤阳，将朱元璋的父陵焚毁，高迎祥自称“古元真龙皇帝”。陷“皇陵”时，张献忠得小宦官善鼓吹者，李自成求之，张献忠不与，两人始交恶。从此高迎祥与李自成北回陕西，张献忠留江南。思宗九年（1636），高迎祥被擒，磔死，李自成袭称闯王，与张献忠同为两大民变势力。

从此时起，李自成独当一面者凡九年（1636—1645）。史称他“高颧深，鸱目曷鼻，声如豺，性猜忍”。他部下网罗了两位河南举人，一是李信（父曾为尚书），曾出粟赈救饿民，民感激之曰：“李公子活我。”李信投靠李自成后改名李岩。李岩劝李自成“取天下以人心为本，请勿杀人，收天下心”。又分散所掠财物济饥民，受惠者杂呼“李公子活我”，分不清是谢李岩还是谢李自成，李岩以此举来提高李自成的形象。李岩复创“迎闯王，不纳粮”的口号，“使儿童歌以相煽，从自成者日众”。李岩善用心战。另一举人牛金星为李自成建制度，立官守。得此二人后，原是一求食之驿卒的李自成，开始萌发做皇帝的野心。

李自成纪念馆

明崇祯十六年，李自成在西安建大顺国，并命人在米脂县城北的盘龙山上修建了行宫和祖墓。当地政府对行宫进行了修葺，建立了李自成纪念馆。

我们都习于将张献忠、李自成并称，似乎二人是一类人。细读二人的传记，他们确有若干共通之习性，如残忍嗜杀、气度不恢宏等，为争一个善鼓吹的小宦官而交恶，即可见二人的度量之小。不过李自成确有一些行为与张献忠的迥异。史称“自成不好酒色”，三餐皆“粗粝”，与士卒共甘苦；“每三日必亲赴教场校射”；兵临其故乡米脂时，遗金与知县，“令修文庙”，等等，均非张献忠所能及。他的军令“不得藏白金，过城邑不得室处，妻子外不得携他妇人，寝兴悉用单布幕”。这种军队，自能受到百姓的欢迎。思宗十六年（1643），李自成先取陕西东部，攻占西安，改称西京，“兵所至风靡”，后占领陕西全境，兼及兰州，建国号曰“大顺”，自称王，设官封爵。

次年（1644）元月，李自成率步兵四十万，“马兵”六十万东向攻山西，军令严整，严禁犯民，“纵马腾入田苗者斩之”，明之各地方官“多望风送款”。三月十七日大兵临北京，京师城外守兵全投降，“京师犹不知也”。因思宗信用太监守城，“百司不敢问”。思宗最宠幸的太监曹化淳于十八日夜开彰仪门，李自成入北京，次日思宗自缢于煤山，明亡。李自成封思宗太子为宋王，并为被思宗砍杀未死之长平公主疗伤，释放刑部及锦衣卫的囚犯，明廷百官四品以下皆受职如旧。至于明之勋戚、文武大员八百余人，李自成则将之送至军营拷打，逼彼等将贪污所得之财富献出。山东、河南等地，亦望风归顺，李自成遂称帝，时已奄有黄河流域各省。若非吴三桂引清兵入关，他可能成为朱元璋第二。

李自成败于清兵后，逃归西安，途中听信谗言杀谋主李岩。次年（1645）清兵陷潼关，李自成南逃至武昌，尚有众五十余万，后为清兵所击，将士或降或逃。九月，李自成率二十余骑掠食山中，为村民所困，遂自杀，或曰为村民所击杀。牛金星逃逸。

延安人张献忠原为士兵，犯法当斩，逃亡为盗，与高迎祥等流窜各地。他曾投降明将两次。第一次是向总督洪承畴投降（1630），不久叛。他的部众作战的实况是：“率众无专主，遇官军，人自为斗；胜则争进，败则窜山

江口沉银处出土的金锭和铜钱

虎钮永昌大元帅金印

张献忠在四川搜刮了大量财物，据说逃离时将携带的财宝沉入了江口。当地便一直流传着“石牛对石鼓，金银万万五，谁能使得破，买到成都府”的寻宝歌谣。这两件出自江口沉银遗址的物品，也验证了那段历史。

谷不相顾。官军遇贼追杀，亦不知所逐何贼也。贼或分或合，东西奔突，势日强盛。”第二次投降明将熊文灿（1638），张献忠为左良玉“所创甚，不能战，大恐”，乃请降。次年张献忠叛，在长江中下游四处劫掠，蹂躏百姓，屠戮宗室（朱元璋后代）。两年后张献忠在信阳再为左良玉所败，受伤而逃奔李自成，李自成本欲杀之，罗汝才以为不如“留之使扰汉南，分官军兵力”，乃阴与张献忠五百骑而纵之。此后张献忠流窜南直隶、湖广等地，糜烂地方，屠戮百姓。他陷武昌（1643）后，将男子十五至二十者全部编入部下，其余尽杀之。长江浮尸蔽江，“踰月，人脂厚累寸，鱼鳖不可食”！次年他入四川，破重庆，陷成都，时南明福王已无暇西顾，张献忠遂在成都称“大西国王”，据有四川。1646年，清兵入川，擒献忠，斩之。

张献忠在四川屠杀的记录骇人听闻。据称他“黄面长身虎颔，人号黄虎。性狡谲，嗜杀，一日不杀人，辄悒悒不乐”。他宣布开科取士，应考者会聚之后，他却尽杀之，遗下笔墨堆积如丘冢。卫军十之九皆被杀，成都的百姓全遭坑杀。他又创生剥皮法，皮未剥完先死者，刑者抵罪。其都督张君用等数十人皆因杀少而被剥皮，并遭屠全家。“川中民尽，乃谋窥西安。”他死后，四川城市无人烟，少数百姓逃入深山，“草衣木食久，遍体皆生毛”。

明代在众多生性稀奇古怪的皇帝、鄙劣不文的太监、贪渎弄权的大臣、扰攘盗名的士人等因素的相互交织之下，腐烂虚弱，哪经得起流民的棒打拳击。流民对腐烂虚弱的明廷可以横行无忌，有如摧枯拉朽，但一遭遇关外新兴的势力，就土崩瓦解，烟消云散了。

第十八章 大清帝国

⊙ 一统中华

清室入关前后的历史，曾被几经篡改，至乾隆四年（1739）修改后始“定稿”，因此记载常有隐晦疏漏、矛盾芜衍之处。其之所以被屡加修改，是清室入主中原，接受中华文物制度和道德习俗后，对原有的粗犷行为、原始习俗与简陋政制感到自卑。清亡后，经史家考订，我们对这一段时期的清史便可描绘出一个大体的轮廓了。

居住在白山黑水区域的部族，自古以来，因为走上历史舞台的时代不同，所以名称迥异。周之肃慎、晋之鲜卑、唐之靺鞨、宋之辽与金（女真），都是中华世界东北边区百姓的称号，我们通名之为东胡。“满洲”是明末女真三部之一的自号，是部族之名，绝非后世所误解的地名。“满洲”本读“满珠”，意即很吉祥，满洲女真故定满洲为国号，比野人女真与海西女真开化。元代在今辽宁中北部设有“万户府”以制之，是“随俗而治”。明初沿旧制，授其长都督、指挥等职，“皆因其俗而治”，与元代之“土司”相类似。明成祖元年（1403），明廷设“建州三卫”，为边区卫所之一，以女真头人阿哈出为指挥使，阿哈出家族世袭此职一百五十余年，王杲

努尔哈赤画像

努尔哈赤，建州女真首领，统一女真诸部，创立八旗制度，建立后金政权，清朝实际奠基者。后人推测其名字“努尔哈赤”满语意为“野猪皮”。

代之。史称清太祖努尔哈赤（1559—1626）姓爱新觉罗，“爱新”即金，“觉罗”乃女真姓之一，意为“金之觉罗氏”。努尔哈赤的父亲任建州左卫指挥使，因仇家构陷，为明将李成梁所杀（1583）。努尔哈赤时年二十四岁，以家传遗甲十三副起兵，攻杀仇人，扩张势力，并吞其他部族，占有松花江吉林一带地方。奋斗三十余年后，努尔哈赤有步骑兵两万余，建国称汗，国号“后金”（1616）。在此以前他曾受职于明，两次到北京朝见，通汉语。努尔哈赤叛明时年五十七。

努尔哈赤虽深恨汉人，但努力学习汉人的农工技术及文物制度，又竭力保持其祖先传统，因此模仿蒙古文创立了满文，并创立八旗制（东胡族常八分部族）。八旗制乃努尔哈赤所订之国体，“一国尽隶于八旗，以八和硕贝勒为旗主，旗下人谓之属人，属人对旗主有君臣之分。八贝勒分治其国，无一定君主，由八家公推一人为首长，如八家意见不合，即可易之”（孟森《八旗制度考实》），颇似联邦（旗）制。努尔哈赤能团结八旗一致向外扩张，阿保机则必须先杀尽“八大人”。八旗之基础单位称“牛录额真”，意为“大箭主”，辖三百人，每旗七千五百人。各旗主独立设官理民，“汗”的命令只能通过旗主发布。最初只有黄、白、蓝、红四旗，后扩充为正黄、正白、正蓝、正红、镶黄、镶白、镶蓝、镶红八旗；“黄、白、蓝均镶红，红镶白”。最初征服之汉人、蒙人亦编入八旗，其后分出，置汉八旗、蒙八旗，共二十四旗。每人均属于一旗，出征时是战士，平日则为农民耕田。“旗”成为人的“籍贯”。

“与大明看边，忠顺有年”的努尔哈赤叛明后两年，以“七大恨”誓师攻明（1618），次年大败明军于萨尔浒（今辽宁抚顺东）。明廷任熊廷弼经略辽东，熊廷弼主守，为朝臣所劾而罢。继任袁应泰以祸生肘腋失重镇辽阳，努尔哈赤迁都之。数年后努尔哈赤再迁都沈阳（1625），更名盛京（入关后仍奉盛京为名义上之国都）。此后数年，明廷内有魏忠贤当权，外则将帅不合，后金则声势日益壮大，“东事”成为明廷之最大威胁。努尔哈赤于宁远之役为袁崇焕所败，负伤死（1626），其八子皇太极（也作皇台极。努尔哈赤即位，设四个贝勒，皇太极为“四贝勒”）继位（1627—1643年在位），史称清太宗，年三十五岁，改国号为清。

皇太极统治的时间共十七年，但他的政策为清人日后一统中华奠定了坚实的基础。他首先震慑朝鲜，迫使其与明朝脱离宗藩关系，以朝鲜王弟为质子。朝鲜以大量粮食供应清，且纾后顾之忧。他再合并内蒙古，使明朝沿长

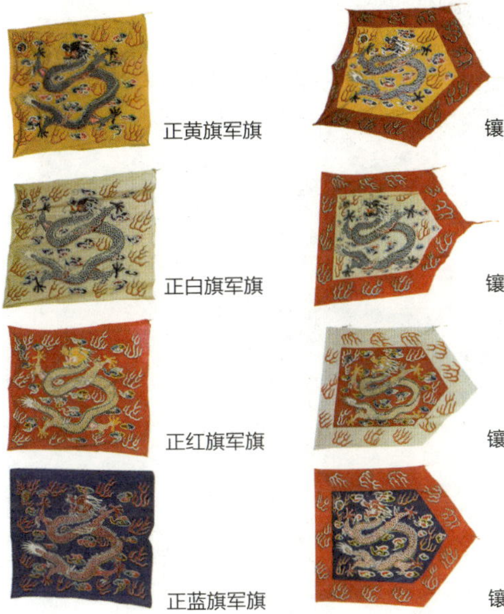
正黄旗军旗
镶黄旗军旗
正白旗军旗
镶白旗军旗
正红旗军旗
镶红旗军旗
正蓝旗军旗
镶蓝旗军旗

满洲八旗军旗

城东线皆受到威胁。他曾四次攻入内地，第四次（1638）攻陷州县四十八，南达山东境。最重要的是他一改其父仇视汉人之政策，尽量抚辑汉人，招纳儒生（努尔哈赤见儒生必杀），优遇明之降臣。洪承畴投降后，他以抱礼见之，且告诉群臣，自己得洪承畴如同盲人得引路者，其志向已不在关外一隅至为显明。

与清太宗差不多同时期统治中国的明思宗（崇祯皇帝），即位时年十七岁，立即缢死魏忠贤，笞杀客氏，使阉党敛迹，颇有一番新气象。及李自成陷北京，思宗自杀殉社稷，遗书有“任贼分裂，无伤百姓一人”之语，可称“亡国之义烈”者也。思宗“在位十有七年，不迩声色，忧勤惕厉，殚心治理”，亦有可称道之处。唯其刚愎自用，猜疑急躁，十七年间易阁臣四五十人，且御将无术，失一城诛一将。思宗十二年（1639）七月，明廷一日斩失事之巡抚、总兵官等三十三人，可见思宗之秉性残刻、喜怒无常、肆意杀戮之一斑。最荒谬的是他中了清人的反间计，相信被清军所俘“逃”归之太监言，杀死清军最畏惧之大将袁崇焕一事，最为人所不齿，亦足见其智力甚低。思宗临危时自称不是亡国之君，而臣尽是亡国之臣。凭此一语即知其覆

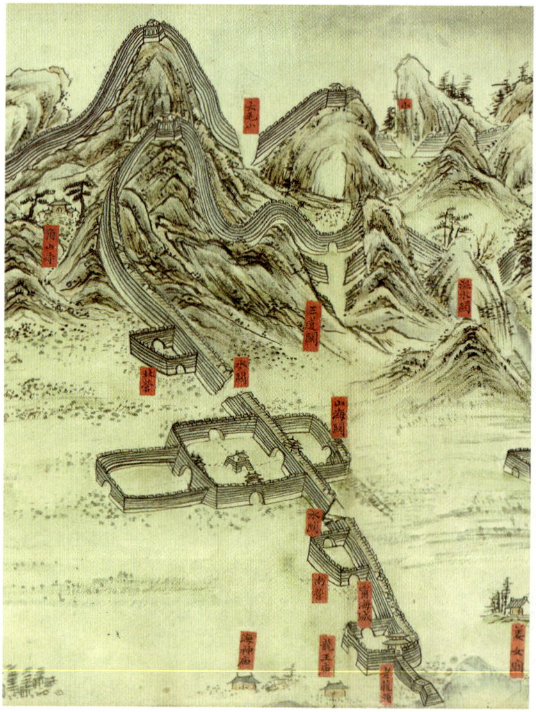

直隶长城分防险要关峪各口山水形势地舆城图（局部） 清代崔汝立绘

本图所绘的长城西起沙坡峪，东至山海关。山海关是明代创建“卫所兵制”的产物，它连接着华北平原和辽西走廊，形势险要，素称“天下第一关”。

亡之主因在其个人之昏残低能。

清太宗于思宗自缢前六个月逝世，九子福临继位，年仅六岁，由叔父多尔衮摄政，史称清世祖（1644—1661年在位），年号顺治。本书自此始，遵从习惯，以年号称其帝。顺治帝于是年迁都北京，并无统治全中国之意，公开宣布不忘明室之人，“辅立贤藩，戮力同心，共保江左，理亦宜然，予所不禁”。初仅派兵追剿李自成，大约只想如金朝一样统治黄河流域。

江南半壁河山，拥兵五十万，应可师南宋故智，偏安江左，惜南京最初拥立的福王（年号弘光）是一位“万事不如杯在手”的昏君。他遣使到北京赠顺治帝金银绸缎，酬劳其逐李自成的功绩，希望乱平后将北京交还与明。小朝廷中由拥立有功的凤阳总督马士英与阉党阮大铖专权，搜刮财富，卖官鬻爵，大兴土木。兵部尚书史可法洞烛时艰，希望能奋发一致，力保江左，却被逼出镇扬州，朝政自是任由马、阮二人腐蚀。名将左良玉以“清君侧”为名，进兵直薄南京，马士英调江北守军迎击，清军乘虚渡淮河，南下抵扬州。史可法昼夜不眠，勤劳国事，但据记载仍然军纪废弛，盖积习已深，独木难支。史可法血战七昼夜，城破被执，不屈殉难，他的忠义贤贞可媲美文天祥。清军入城后屠杀焚掠十日，使一座自南朝以来历时千年繁荣的名城化为灰烬，此即令人铭刻于心的“扬州十日”。南京陷落后，鲁王朱以海称监国于绍兴，唐王朱聿键称帝于福州。鲁王颇负时誉，如张煌言（号苍水）、黄宗羲（世称梨洲先生）等应其号召，各地抗清的义师蜂起，清廷乃重用降将洪承畴总督东南地区军务，付以全权。洪承畴是明代剿流寇的名将，调度士

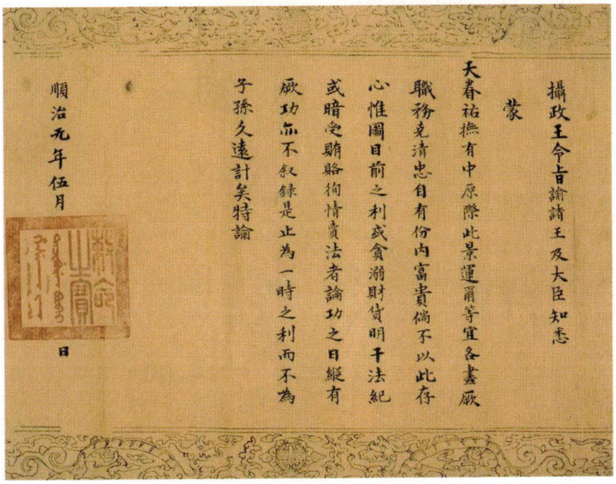

攝政王令旨諭諸王及大臣知悉
蒙
天眷祐撫有中原際此景運爾等宜各盡厥
職務克清忠自有份內富貴倘不以此存
心惟圖目前之利或貪溺財貨明干法紀
或暗受賄賂徇情賣法者論功之日縱有
厥功亦不叙録是止為一時之利而不為
子孫久遠計矣特諭
順治元年伍月　日

顺治元年摄政王发给
明故军民的安抚谕旨

卒有方。他逼鲁王逃舟山群岛，再进兵福建，降唐王所依为股肱的郑芝龙，唐王被执遇害（1646）。郑芝龙的儿子郑成功不随其父投降，以厦门、浯洲（今福建金门岛）为根据地扰闽、浙沿海一带。鲁王亦逃附郑成功，取消监国号，后卒于台湾。鲁王的部将张煌言等，与郑成功合作，在东南沿海一带与清军苦战十余年，其中以1659年那一次北上抗清之战的规模最大。郑成功在此战中曾陷扬州围南京，附近“望风纳款”者二十四县，“东南大震，军报阻绝”。顺治帝已准备亲征，清两江总督“佯使人通款，以缓其攻，成功信之，按兵仪凤门外”。清援兵到后，大败郑军（魏源《圣武记》卷）。郑成功见在大陆形势日蹙，乃逐荷兰人而据台湾岛，奉明正朔（1661）。次年郑成功逝世，子郑经继立。

南明四王中的最后一位是桂王朱由榔。桂王得知唐王死讯后，在肇庆即帝位，年号永历（1646—1662）。当时永历帝可直接加间接号令的有广东、广西、湖南、江西、四川、云南、贵州七省，其他如郑成功之活跃于东南沿海，山西大同总兵官姜瓖之叛清等，声势不小。有如此形势，应该有

郑成功画像轴 清代黄梓绘

此画表现的是郑成功运筹帷幄，弈棋等候战场消息，“公之胜算，早在局中”。

所作为，但仍节节败退。永历帝自肇庆走梧州，再退桂林，赖瞿式耜死守（1647），清军以广州有警，大兵引去。次年清军进逼，永历帝逃至湖南转入贵州，留此四年，再走云南，在昆明三年，后逃入缅甸（1659）。永历帝入缅甸时尚有文武官员四百余，兵数千，均逐渐为缅甸国王所杀。永历帝留缅甸时曾亲笔致信吴三桂，自称“仆”，“今者兵衰力弱，茕茕孑立，区区之命，悬于将军之手矣”！吴三桂为向清廷表功，如何能放过他。缅甸国王在吴三桂大军的压力下，将永历帝送回。后永历帝为吴三桂秘密绞杀（1662）。昆明五华宫侧立有石碑云“永历帝殉国处”，乃清亡后人所臆测者。

大陆上的明统自桂王遇害后即断绝，但郑成功子孙仍将明统延续二十一年，至清圣祖康熙二十二年（1683）施琅入台湾为止。台湾土著居民部族众多，其来源说法很多，兹不论。大陆人移入台湾自隋唐始，人数不多。隋文帝曾遣将“略澎湖三十六岛”。元末于澎湖置巡检司。明神宗时颜思齐据台湾，郑芝龙来附，不久离去。明熹宗四年（1624），荷兰人筑台湾城（台南）及赤崁楼，以之为据点，与南洋及漳州、泉州贸易，亦颇鼓励移民以增加生产。郑成功自江南败归后，永历帝亦逃缅甸，乃欲取台湾为根据地。顺治十八年（1661），郑成功兵临鹿耳门，荷兰人投降。郑成功改台湾城为安平镇，赤崁为承天府，“设县二，曰天兴，曰万年”。郑成功以陈永华为谋主，辟垦屯、修战械、制法律、定职官、兴学校、筑池馆，以待明宗室遗老来归，并招徕漳、泉移民。清廷得讯，杀郑芝龙全家，令沿海居民内徙三十里，禁渔舟、商舟出海。次年郑成功卒，年三十九，守厦门之长子郑经入继。清靖南王耿继茂贻书招郑经投降，郑经请如琉球、朝鲜例，不剃发易衣冠，清廷不许。郑经暗弱庸懦，无光复大志。三藩之乱平定（1681）后，清即策划进兵取台湾。康熙二十二年（1683），郑经之子郑克塽降清。

在清军入关后的征服战争中，将士多为汉人，即使主帅是满人，将士仍以投降之明军为主。明之将帅士卒，降清之后才能士气均焕然一新。畴昔与民变军队作战，多望风披靡，不能御敌；今则相反，破民变军队如秋风扫落叶，成鲜明对照。可见皇帝昏暴愚聩与廷臣派系倾轧影响之大。洪承畴、吴三桂尚是明之大将，但耿仲明、尚可喜之流则明之偏裨军官，在清廷的驱使下战功煊赫，出人意料。这些人既然立下汗马功劳，自应抚慰。顺治六年（1649），清廷封吴三桂为平西王，领云南；封尚可喜（子尚之信）平南王，领广东；封耿仲明（子耿继茂，孙耿精忠）靖南王，领福建；称为“三藩”。清史籍称南明福王、唐王、桂王为前三藩，吴三桂等为后三藩。后三藩初封时，吴三桂有绿营兵一万两千，尚、耿各领兵六七千。藩王在其辖区之内，用人行政自主；吴三桂更进一步，由他向朝廷荐派官吏，“尽天下之官，不分内外，不论远近，皆可择而取之”，称为“西选”，使“西选之官遍天下”。平西王每年需俸饷银九百万两，三藩合计岁需两千余万两，占清朝全国岁入的一半。年已二十的皇帝康熙（1662—1722年在位）早有撤藩之心，适平南王尚可喜不愿受制于儿子尚之信，请求率藩兵回辽东养老，靖南王、平西王闻讯不自安，亦上奏请撤藩，以试探朝意。康熙帝对三藩之存在如芒刺在背，得奏立准。吴三桂遂于康熙十二年（1673）冬“恭奉（明）太子祭告天地”，“伐暴救民”，改次年为“周元年，蓄发，易衣冠”。靖南王耿精忠立即响应，史称“三藩之乱”。

三藩之乱历时八年（1673—1681）始被平定。吴三桂起兵时称奉明太子为君，故自称“天下都招讨兵马大元帅”。吴三桂初起兵时，清廷措手不及。数月之间吴三桂即占领云南、贵州、四川、湖南、广西、福建。平南王附和之后，加上广东及陕西提督王辅臣，共有八省之地，加上湖北、江西、甘肃部分地方，声势浩大，“人心皆动摇”。清廷闻叛，立即处死吴三桂之子、

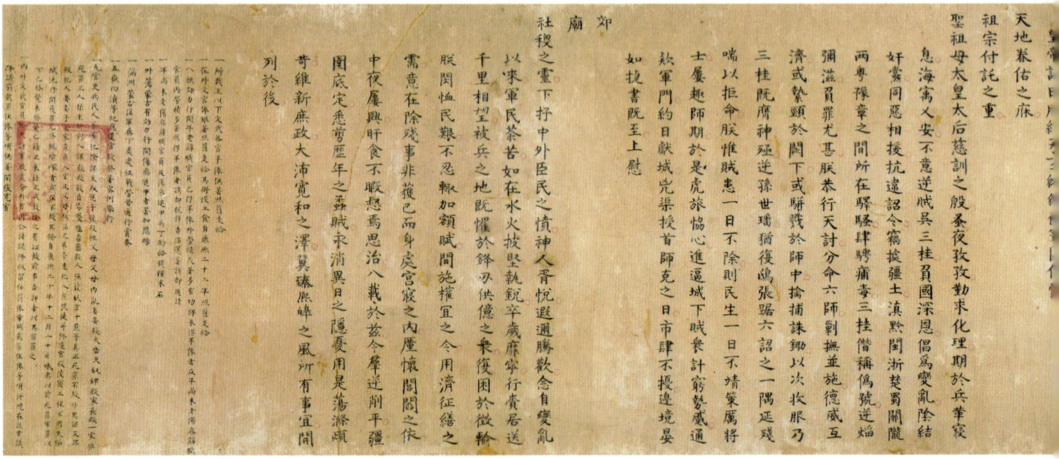
天地眷佑之庥
祖宗付託之重
聖祖母太皇太后慈訓之殷夙夜孜孜勤求化理期於兵革寢
息海寓乂安不意逆賊吳三桂負國深恩倡為變亂陰結
奸黨同惡相援抗違詔令竊據疆土滇黔閩浙楚蜀關隴
兩粵豫章之間所在驛騷肆騁痛毒三桂僭稱偽號逆焰
彌滋負罪尤甚朕恭行天討分命六師剿撫並施德威互
濟式繫頸於闕下或駢戮於師中擒捕誅鋤以次收服乃
三桂既膺神殛逆孫世璠猶復鴟張踞六詔之一隅延殘
喘以拒命朕惟賊患一日不除則民生一日不靖策厲將
士屢趣師期於是虎旅協心進逼城下賊衆計窮勢蹙通
款軍門約日獻城兇渠授首師克之日市肆不擾邊境晏
如捷書既至上慰
郊
廟
社稷之靈下抒中外臣民之憤神人胥悅遐邇騰歡念自變亂
以來軍民荼苦如在水火披堅執銳卒歲靡寧行賫居送
千里相望被兵之地既罹於鋒刃供億之衆復困於徵輸
朕閔恤民艱不忍輒加額賦間施權宜之令用濟征繕之
需意在除殘事非獲已而身處宮寢之內廑懷閭閻之依
中夜屢興旰食不暇焦思爲治八載於茲今羣逆削平疆
圉底定悉蕩歷年之蟊賊永消異日之隱憂用是蕩滌煩
苛維新庶政大沛寬和之澤冀臻熙皞之風所有事宜開
列於後

《三藩平定维新庶政大沛宽和诏谕》

持续八年的“三藩之乱”被平息后，康熙二十年（1681）十二月二十日康熙帝向全国发布平定“三藩之乱”的善后诏书。

驸马吴应熊，连吴应熊与公主所生之子亦一并处死，以示决心。清廷对长江流域暂采守势，先征讨陕西王辅臣。王辅臣兵败乞降，清廷复其原官，加封为太子太保、绥寇将军，以瓦解吴三桂集团的人心。江南用兵，清廷是先攻福建之耿精忠，耿精忠于叛清时联络据台湾之郑经，但郑经无大志，只贪求占领福建部分地方以自肥，对联合抗清之事并不热心。耿精忠在清军压境之下投降（1676），仍被封为靖南王，后奉诏令讨伐郑经，后者退回台湾。参加变乱最晚的是广东。最先请撤藩的尚可喜，于吴三桂叛清后仍留在广东镇守。三年后尚可喜病，由其子尚之信代理政事，与吴三桂暗通款曲。至尚可喜卒，尚之信即与吴三桂合作，被吴三桂封为亲王。耿精忠降清后，广东立即受到威胁，尚之信见风使舵，投降，清廷亦封之为亲王。至此只剩下“一藩”了。王辅臣等三人降清后，吴三桂势力日蹙，乃图画地自守，自长沙迁都衡阳，并即帝位，国号周，改元为昭武（1678），时吴三桂已六十七岁。虽如此，吴军的战斗力仍不可轻侮。以“永兴之战”为例，永兴距衡阳仅百余里，为清军所占，吴军攻城，清军守将都统、副都统均阵亡；吴军围攻，昼夜不息，统帅简亲王屯兵附近（茶陵），“不敢救”；自郴州遣来的援兵“亦不敢进”；如此者二十日，“忽拔营去”，因吴三桂已死。此时距吴三桂称帝不足六个月。吴三桂的孙子吴世璠自昆明兼程到衡阳继位，攻守无方，吴军军心涣散，岳阳失守，吴世璠扶吴三桂柩归云南。两年多后，1681年，清军攻克昆明，吴世璠自杀，骚动十省、扰攘八年的大变乱始被弭平。

三藩之乱被戡定后，康熙帝始认真考虑对台湾用兵。俟郑克塽投降，清朝才在事实上一统中华世界，此时距清室入关已四十年。

⊙ 清初的统治

清人以文化水准不高之少数边疆部族入主中华，故沿袭明代典章制度，但亦非完全依样画葫芦，而是按实际需要有所更张。明制创始于朱元璋及其谋臣，为君主独裁制树立规模，但明成祖以后的君主庸碌昏聩，以致权奸、宦官弄权，朝政不堪闻问，以致亡国。亡国之君明思宗虽杀奸恶之魏忠贤，但仍重用宦官。李自成兵临北京城下，负责守城的是宦官，开城相迎的也是

总管内务府印

内务府主管皇室宫廷事务，由于管辖范围广泛，又居处禁地，清廷规定总管大臣无定员，常派王、贝勒、贝子等以总管大臣之名，掌管内务府下属的某一个具体部门，相互牵制监督。

宦官。清廷恪守明代制度，以新兴的朝气奉行不懈，所有君主独裁制的流弊泰能避免。宦官、权臣、朋党等使明覆亡的因素均未滋生，足见制度也得看人如何运行。清代还有一特殊现象，即平均每位皇帝的统治时间很长，超过其他朝代。从入关到清宣宗道光帝崩，两百零六年间仅六位皇帝，平均每位皇帝在位三十四年有余。自入关到德宗光绪帝（最后的宣统未计入），九帝共二百六十四年，平均每位皇帝差不多在位近三十年，此为历代所仅有者。这也是清代政治较稳定的原因之一。

中央政府方面，一切如明制，只增设理藩院与内务部。前者职掌在明属礼部，清初只是掌蒙古事宜，以后藩属增多，如准部、回部、西藏等事务均属之；后者掌皇室事务。大学士满、汉各二人，协办大学士满、汉各一人。六部之尚书及左右侍郎均满、汉各一，其他官吏无满、汉之定额。明制中央及地方大臣，尚有“廷推”之制，即朝廷大臣合议推荐；清廷罢廷推，内外大臣均由皇帝特简。自雍正初年设“军机处”，皇帝简亲信重臣任之，一切大政由军机大臣秉承帝谕，直接寄予外朝，称“廷寄”，内阁也等于虚设了。

各省之布政使（藩司）、按察使（臬司）仍保留，增设学使掌教育。其上设总督、巡抚，总督拥有兵部尚书及右都御史的头衔，掌总督一省或数省的军务粮饷及纠弹该区百僚之职权。四川与直隶总督辖一省、区，两江总督辖江苏、安徽、江西三省，其他如湖广、两广、闽浙、云贵、陕甘等总督辖两省。巡抚拥有兵部侍郎及左副都御史的头衔，职掌类似总督，除四川、直隶两地外，各省均设有巡抚，只有山东、山西、河南三省有巡抚而无总督。有的地区督、抚同城，如广州、武昌。明代的总督或巡抚均有事（主要是军事）则临时特派，事竣即返朝；清代则固定设置，其成为地方军、民、财政的主宰者，仅他们可向皇帝上奏，皇帝对地方事务的诏令，也由督抚宣示。明代的地方长官布政使降为督抚的属吏，不能上奏皇帝，与明代吏民均可上奏有很大的差别。由于督抚在名义上主要是军职，故可以说有清一代都是军事统治时期，至少在形式上是如此。清代中央较明代中央更集权，君主独裁的权力更进一步。

督抚在理论上是朝廷临时差遣，所以他们除了带一百人左右的“戈什哈”（亲兵）外，并无属吏匡助治事。一省或数省之事繁多，一百人如何能承当，督抚只有自己聘雇人员分别主理刑名、钱谷等事宜。这类由督抚私人聘雇的人称“幕府”，他们与政府完全无关，与礼聘人之间是契约的宾主关系。幕府称主官为“东翁”，主官称“幕府”为“西席”或“老夫子”，其他人则尊“幕府”为“师爷”。师爷到职曰“到馆”，师爷的薪金曰“束脩”。师爷所掌之职事，以刑名、钱谷最重要，其他如书启、征比（收）、账房等，名目繁多，皆可因事设立。清代初年政简人稀，故各级“衙门”（政府）的额定职官不多。俟人口增加，事务繁多后，人力不敷，而员额固定不变，各地方衙门主管亦只得聘请幕宾协助，故清代幕府十分流行，影响亦大。他们对一般庸碌官吏，特别是对满洲亲贵身膺疆寄者来说最有必要，因此“游幕”成为若干士人的专业，有的世代相传，有的师徒薪传。有一个地方“幕学”鼎盛，那便是众所周知的绍兴，他们偏嗜的家乡旨酒也因之普及全国。

各省的军队分两类，一类是旗军，丁口出生即授口粮，他们唯一的工作是平日操练，有事出征，受将军统辖。入关数十年后，旗军操练废弛，流为形式。按律，旗人是“不农、不工、不商”之人，旗军遂成为社会上一群由政府供养的寄生虫。投降收编的明军，用绿旗以别于八旗，称“绿营”，各省绿营由提督统率。提督等绿营官佐，则满人占多数。后来绿营行募兵制，弊窦丛生，军纪怠弛，与旗兵类同，战斗力日弱。

清初朝廷在政治策略的运用上是刚柔相济、恩威并用。“剃发令”便是清廷所施的铁腕手段。将头发编成辫子垂在脑后是东胡传统，南朝人称鲜卑为“索虏”，即指背后那条“绳索”而言。满洲时期清人将两鬓沿前额的毛发剃掉，留下头发后半部比较好编辫子，因辫子细小，所以后来被西方人讽为“猪尾”。在关外时，收降的汉、蒙人等都要剃发，以示顺服。吴三桂降清时，多尔衮亲临，吴三桂由洪承畴引进，跪而剃发，可见清廷将剃发视为威权的象征。故清军入北京之次日，即下令剃发，百姓反对，因基础未稳，二十日后取消。清人攻下南京后，明人反抗主力被翦灭。次年，清廷即下令十日之内剃发，有“留头不留发，留发不留头”之警语。江南民众士绅均强烈反对，以嘉定、江阴两地最剧烈。嘉定官绅民众死守城三月，城破，守城领袖均自杀，清军将领李成栋任令士卒屠杀掳掠。江阴的遭遇类似嘉定，江阴官绅民众也守城三个月，清将刘良佐、李成栋均是地道汉人，屠杀民众的士卒也是汉人。江南大众对剃发怨恨的心情，可于《画网巾先生传》中略窥一二。江南其他零星的反抗剃发者颇多，均为清军所镇压敉平。

文字狱是清廷对知识分子所采取的高压政策。康熙二年（1663）即有明史案。明熹宗时朱国桢撰《明书》，已刊行部分，其未刊之稿，庄廷珑刊行之（1660），后被人举发。清廷遂兴大狱，该书编纂人之子女兄弟七十余人均

绿营兵训练示意图

《兵技指掌图说》是清道光时直隶总督讷尔经额为训练直隶绿营兵之兵技所绘制的图解教材。此图乃是书中插图。

被斩决，株连遣戍者百余人。顾炎武也被牵连，在济南对簿，下狱半年。黄宗羲自述他曾被告谋反三次，悬赏捉拿两次，顾、黄二人均为手无缚鸡之力的学者。戴名世所著的《南山集》中有明祚未灭，顺治不得为正统之语，结果戴名世被斩，其家人亦被流放（1711）；文豪方苞藏《南山集》书版被下狱遣戍。至清世宗雍正帝（1723—1735在位）时代，清廷统治已很稳固，不虞军叛，但疑心士人鄙夷满洲，讽讪皇帝，故文网更严。查嗣庭任江西主考，试题是“维民所止”，被解释为“维止”是将“雍正”去首，而谓“显示心怀怨望，讽刺时事之意”，这真是欲加之罪，何患无辞了。此外如谢济世之批注《大学》，被指为“讥讪、怨望、毁谤、怙恶不悛”；陆生枏编写《通鉴论》，被指为“妄抒愤懑，猖狂恣肆，悖逆已极”。吕留良（号晚村），浙江石门（今浙江桐乡境内）人，为种族思想强烈之士，因拒绝被荐入仕，乃削发为僧，死后其子吕毅中、吕保中，弟子陆鸿逵等祖述其学。衡阳人曾静读吕留良所评选之时文，排满之念油然而生，乃遣其徒张熙往说四川总督岳钟琪，谓岳钟琪既为岳飞之后，应兴兵抗清，岳钟琪向雍正告发（1727），狱遂兴。已死之吕留良、吕毅中、陆鸿逵均遭戮尸，吕保中被处斩，其子孙均发往宁古塔为奴。雍正并为此事颁《大义觉迷录》，力斥华夷之辨为非，清得天下之合理，不乏牵强附会之辞。后来他的儿子清高宗乾隆帝觉得不妥，将《大义觉迷录》收回。清代文字狱很多，甚至吟咏明武宗时所制酒杯之诗句“大明天子重相见，且把壶儿搁半边”，被解释为以“壶”讽“胡”，写此诗之人也被罗致成狱。

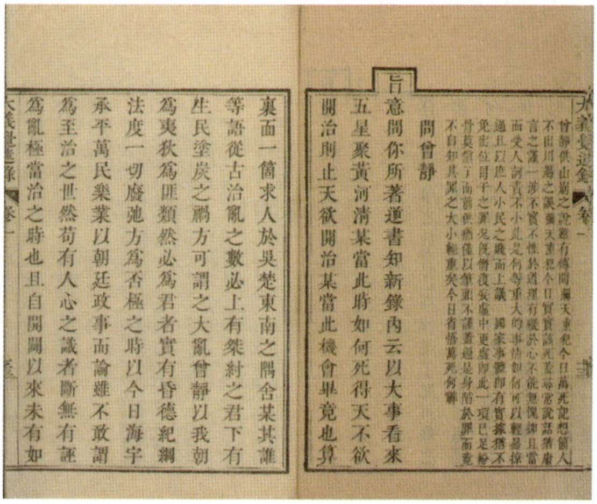
問曾靜
旨意問你所著逆書知新錄內云以大事看來
五星聚黃河清某當此時如何死得天不欲
開治則止天欲開治某當此機會畢竟也算
裏面一箇求人於吳楚東南之隅舍某其誰
等語從古治亂之數必上有桀紂之君下有
生民塗炭之禍方可謂之大亂曾靜以我朝
爲夷狄爲匪類然必爲君者實有昏德紀綱
法度一切廢弛方爲否極之時以今日海宇
承平萬民樂業以朝廷政事而論雖不敢謂
爲至治之世然苟有人心之識者斷無有誣
爲亂極當治之時也且自開闢以來未有如

《大义觉迷录》书影

该书收录了曾静等人指责雍正帝本人的十大罪状（例如谋父、逼母、弑兄、屠弟、贪财、好杀等），雍正帝本人亲自进行一一辩白。

吕留良

明末清初杰出的思想家。在其死后，因其弟子及曾静等人传播其思想，雍正十年被剖棺戮尸，子孙及门人等或被戮尸，或被斩首，或流徙为奴，罹难之酷烈，为清代文字狱之首。

除上述两大高压政策之外，清廷还有最大的暴政——“圈地”。努尔哈赤崛起于松花江流域，逐步南侵，浸渐而达于辽河流域，辽河流域是人烟已相当稠密的汉人区域。满人掠夺他们的财富及人丁，没收其土地，所得财富与人口按定额及战绩分配给八旗旗主，各旗主再按等级与战功分配其属下。自勋戚以至兵丁（即有籍之平民），均按所得人口（奴）给田，田地皆由家奴耕种，实行“以农养战”“以战扰敌”的政策。据朝鲜人的记载，当时田地已被充分开垦，山坡之地均已种植作物。这些田地为旗人所有，因此称为“旗地”。

清入关之旗兵约十万五千人，其中约一半长驻京畿，称“京旗”，每人均带奴仆若干。旗兵每出征，所带奴仆平均为六七人，连同其眷属，当有十三四人之多。据专家估计，随清兵入关的人口在四十万以上。入关后迁都北京，清廷乃将近畿原属明代宗室、勋爵、宦官之“无主”土地，分赐八旗官兵。无主之土地不敷分配，乃圈占民间土地，理由是荒地与民地犬牙交错，易引起汉满争执。于是清廷将与荒地相连的民地悉数划为旗地，称为圈地。后清廷以边远的荒地补偿失去土地的农民，称为“拨补”，由是发展成旗人可任意圈占民地。职是之故，关外旗人在这种诱惑下络绎南下。顺治初两三年内，北京周围方圆五百里，北抵长城，西达大同，南及曹州（今山东境），东至于海的良田美池全部成为“皇庄”“王庄”及“庄田”的土地。三次大规模圈田的结果是上述方圆五百里、数十州县被圈的田地约十七万顷，残存的民田多为咸瘠旱涝者，很多州县耕地被圈占者达十之七八。丧失祖业的农民的景况凄惨万分。田园家宅毁于一旦，农民只得流离播迁，寒饿交加。若干人被迫“投充”到旗人的庄田里去做农奴，在重重的朘削下苟延残喘。

清廷实行这种公开掠夺百姓田地的做法的主要原因有二：

一是每攻占一地即视该地的一切均为战利品的传统。他们自身是军民合一，故视敌方亦如此。处置百姓如同处置俘虏。

二是为了巩固根本。满洲入关的人数太少，统治广大的土地与众多的汉人，清人的猜防之心很重。其他地区用旗兵驻防及汉将震慑，但京畿地方必须为同族所围绕，以防祸生肘腋，变起萧墙。所以顺治帝会说：“畿辅之地，乃天下根本。”朝臣也认为“京城九门之内，八旗满洲官兵居之，此犹家室之有门户，所以藩卫皇朝而为天下根本之地也”。清人觉得仅守“门户”是不够的，另外还需要筑墙掘濠以保安全，圈地之用意即在于此。八旗是劲旅，至少在当时是如此，有此磐石之固，可以“垂治万世矣”！清廷施行这种惨绝人寰的暴政，有其军事政治鹄的。圈地行为直到康熙八年始被废止（1669），朝廷圈地圈了二十五年，良田被圈完了，只有停止圈地。

与高压政策平行的是怀柔政策。清人入关后，统治者对于知识分子的笼络不遗余力。朝廷立刻继续举行科举，悉如明制，包括以朱熹的《四书集注》命题及八股文在内，使一般士人并不因为受满人的统治而前程受阻。对特出之前朝遗民，清廷则开博学鸿词科，征召声名显著或“山林隐逸”之人入朝，授以高职，其不愿入仕者，亦必有优厚之赏赐和嘉奖。康熙时代，清廷用修《明史》及编纂《古今图书集成》来网罗天下文人，使北京成为人文荟萃之地。清廷开“明史馆”后，当时第一流学者如黄宗羲、李颙（号二曲）虽未应征入京，但修故国历史使命重大，黄宗羲仍遣弟子万斯同参与。万斯同义不容辞，但拒绝受官，不受俸，住在总裁徐元文（顾炎武之外甥）家，审订纂修官方所撰史稿。万斯同旅京十余年，用心良苦，清廷亦曲以优容。《古今图书集成》虽首创于陈梦雷，亦汇合多人之功而成，全书一万卷，虽仅及《永乐大典》之一半，然《永乐大典》未刊行，《古今图书集成》得以刊行，今人均能受其惠。康熙时朝廷钦定各书之有名者，尚有《康熙字典》《佩文韵府》等。乾隆三十八年（1773）朝廷诏纂《四库全书》，历时十年始成，凡七万九千零七十卷，另存目六千七百六十六部。书成后清廷命人缮录七部，内宫四部，镇江、扬州、杭州各一部，使天下人均能阅读。留存至今的《四库全书》有三部，对保存中华文化有极大贡献。惜于当时编纂者编书时将犯有忌讳之书焚毁，最初仅焚毁明季野史、宋人所记辽与金史、明人所书元史中之强调华夷之辨者。其后有人献应焚之书得“褒赏”，于是其他人群起效尤，使若干奏议文录也燔于火。自乾隆三十九年至乾隆四十七年（1774—1782），八年间朝廷焚书二十四次，焚毁图书共计五百三十八种，一万三千八百六十二部，唯在东南各省并未禁绝。据统计，康、乾时期御制钦定刊刻之书有经二十六部、史六十五部、子三十六部、集二十部，为历代政府刻书之冠。我们可将此解释为清廷对知识分子的怀柔政策，也可以认为是他们发自内心地崇拜中华文化。

自清太宗皇太极开始，清人即努力华化；入关之后，清皇室亲贵均不遗余力地吸收中华文化，他们敬重崇拜中国的一切文物典章及先圣先贤，包括程朱陆王在内。按照“夷狄入于中国则中国之”的原则，我们对蒙古拒绝华化与清之锐意华化应有不同的看法。清是中国边境居民，他们的“地方主义”似乎太浓厚了一些；他们要将其区域的特色强加于他人，如剃发及易冠服之类，这些措施被当时若干人士视为奇耻大辱。然反对剃发和易冠服之人过分强调华夷之辨，亦有可资检讨之处。最有趣的是满人也学会了这一套，对外族，特别是19世纪以来到中国的西方人，他们非常坚持地视之为“夷人”，其固执程度竟超过清初的汉人之对满人，由此可见满人的华化程度已经很深了。

对一般广众的百姓来说（京畿附近除外），他们中的绝大多数人饱受明末政治腐败的苦楚，历尽流寇与官军烧杀淫掠的蹂躏，对清军恢复社会秩序，保护百业和平发展之举，欢迎者居多。剃发等风俗，百姓自不习惯，但比起生命财产朝不保夕的境况来，又不只聊胜一筹。百姓所企求的只是安居乐业，有亡国之恨情怀的仅限于知识分子——并且是少数知识分子。清廷很懂得其中奥窍，入关之后即免除明末最苛敛困民的“三饷”，只征收正项赋税。康熙帝亲政五十余年，全免天下赋税三次，免漕粮两次；灾荒、战乱、庆典、巡幸等事有关地区，也分别减免钱粮，这是明代所绝无之事。最著名的是他在康熙五十一年（1712）下的“盛世滋丁，永不加赋”诏令。清沿明制，丁口有税，因此百姓隐匿增加的丁口数目以逃税，康熙帝认为人口滋生而耕地未增加，故丁口数目以当年（康熙五十一年）所报为准，不再增减，永为定额，这是人人称颂的惠政。经过明清之际的丧乱，人口锐减，顺治十八年（1661）全国人口仅有两千一百余万，仅为明神宗初年人口的三分之一。人口锐减的结果是百姓无冻馁之虞，加以政府轻徭薄赋，社会自然安定下来。

清初严惩贪墨，康熙帝尝说其他罪犯尚可宽恕，唯贪官罪不可贷，以“惩贪奖廉”为施政之要端。尤其是满族官员犯贪赃罪的，要特别严惩，这是百姓所最馨香祷祝的惠政，因为被贪官残害苛虐的平民才真正了解贪官的狠毒。此外如拨巨款治理黄河、兴建水利、鼓励农垦等，都使社会繁荣，农村富裕，这也是郑成功、张煌言、吴三桂等人号召抗清排满时，各方呼应微弱的主要原因。

康熙南巡图（局部） 明末清初王翚绘

皇帝出巡是非常烧钱的事，康熙数次出巡，治理清朝积压已久的水患及贪污问题是其重要目的之一，而且他每次出巡都严格控制随从人数。

在清铁腕高压与怀柔笼络双管齐下的政策下，全中国已被驯服与绥抚，若干志节高超、坚贞不渝的士人，均于尝试反抗的工作失败后，或行医务农，如吕留良、颜元；或隐逸出家，如王夫之、方密之（方以智）；或经商，如顾炎武；或游幕，如李恕谷；各求安身立命之所，赍志以没。他们仍不忘著书立说，以求将明末束书不观的浮妄士风转为笃实务本的治学态度，徐图光复。“遗民不世袭”，但遗泽可百世。他们为清代学术开辟了崭新的蹊径。关于这一内容，笔者将在本章第六节叙述。

⊙ 由盛而衰之历程

清人入关之最初数年，实际的主宰者是摄政王多尔衮。多尔衮是努尔哈赤的第十四子，继后所生。清太宗皇太极卒（1643）后，遗子福临仅六岁，故继位人选颇有争议。清太宗在位十八年间，取得另两旗的统辖权，直接拥有三旗，他的力量已由“八分”之一变成八分之三，实力最强，故清室最后决定由其稚子即位，是为清世祖顺治帝（1644—1661年在位）。多尔衮为摄政王。顺治五年多尔衮卒，皇帝亲政，年仅十二岁。顺治帝亲政十二年后崩，年二十四。民间传说他与董小宛的韵事，经考证非事实，又谓其到五台山出

观榜图卷 清代梁高绘

画卷呈现清晨时分，士子们举火把昂首专注查榜，落榜者被搀扶离去，画笔细腻地呈现了士人对入仕途径的营求与应试者渴慕功名的心态。

家，亦讹传耳。他亲政初年实际上仍听命于皇太后，一切草创，无甚治绩可言。他统治期间发生的“科场案”与“奏销案”轰动一时，影响很大。

科举弊端，明中叶后政治昏暗时已很严重。清初为笼络士人，考核亦不严密，故贿买关节公行成风，历十数年已成积重难返之势。顺治十四年（1657），给事中任克溥揭发顺天府（今北京）乡试中举人陆其贤用银三千两贿买得中。考官五人、举人二人俱被斩首。经皇帝亲自复试后，二十四位举人被判绞刑，改责四十板，遣戍。同年亦有人告发江南乡试“主考方犹弊窦多端，物议沸腾”。次年由顺治帝亲加复试，正、副主考及十八房考官（阅卷人）全部被处以死刑，其他失察之尚书二人、侍郎二人均受轻重不同之惩罚。江南科场案因名才子吴兆骞遣戍宁古塔而闻名，顾梁汾的那曲有名的《金缕曲》（亦作《贺新郎》），学童亦能朗朗上口。这首动人心弦的抒情词为太傅明珠所见，吴兆骞才被特赦入关（已流放二十三年），这成为科场案之一逸事。

同年，河南、山东、山西均有科场案，牵涉不广。经过此次整饬，科考贿买关节的情况大减，但并未根绝，康熙时尚有两次科场案，考官一人被杀。

奏销案不见于官书，故确切年代亦无从查考，大致在郑成功、张煌言大举进攻江南之后（1659）。时江苏巡抚为朱国治，迁怒于南方人心尚未服帖，欲假大狱以示威。金人瑞（字圣叹）之“哭庙案”，巡抚朱国治杀苏州士子十余人，即是例子。奏销案声称是追缴积欠钱粮，此案革黜苏州、松江、常州、镇江四地官绅士子一万三千五百余人，几乎将这些地方的领袖人

清军在雅克萨作战时佩戴的藤牌

物一网打尽。朱国治还将其中三千余人押送京城审判，那些平日文弱的士绅被迫戴上脚镣手铐，“徒步赤日黄尘中”，其苦可知。曾任刑部尚书之翁叔和、大名士吴伟业（号梅村）均涉及此案。朱国治于吴三桂起兵时任云南巡抚，被吴三桂“开膛枭示”。

顺治帝崩后，子玄烨继位，年仅八岁，即清圣祖康熙帝（1662—1722年在位）。康熙帝六十一年的统治，为清室奠定坚实基础。康熙帝是中国历史上少数杰出的君主之一，他的禀赋与智慧、勤学与博览、精明与刚毅，为史家所公认。这位伟大君主的外祖父是纯粹的汉人，外祖母是满人；母亲是满汉混血，故康熙帝有四分之一的汉人血统（郑天挺《清史探微》）。他亲政后（1667），曾将三藩、治河、漕运三件大事，“书而悬之宫中柱上”，日夜思量，以求解决之道，足见他能把握大政的重心。他弭平三藩时，运筹帷幄，精明果断，安抚分化，有条不紊，已显露其军事政治的长才。三藩未平时，施琅等人屡次请缨征讨台湾之郑经，他均隐忍未发，至足见其方策稳重，步调明确。台湾内附之后，他立即经营东北军事，遣都统彭春“以兵猎黑龙江”，侦察形势，布置粮站，筑城以兵戍守，并亲赴东北视察运输实情。如此准备数年，清军两次兵围俄国人所筑之雅克萨城。1689年，两国签订《尼布楚条约》，划定中俄边界：一、大兴安岭以至于海，凡岭南一带土地及流入黑龙江之溪河，尽属中国；二、额尔古纳河为界，河以南属中国。

北征督运图（局部） 清代 禹之鼎绘

此图描绘的是康熙平定噶尔丹叛乱时，西路大军军粮督运官向蒙古克鲁伦河和翁金河前线运送军粮的情景。

康熙读书图

自明末入侵大兴安岭以南的俄国人所建立的雅克萨与尼布楚两城均归中国，俄国人东向觊觎中国领土的野心遂为康熙帝所遏阻。直到一百七十年后的两次英法联军之役（1858、1860），俄国才趁火打劫，用胁迫诈骗的方法，将中俄条约所定疆界南徙。《尼布楚条约》是中国与欧洲人所订的第一个条约，1842年的《南京条约》是中国与欧洲人所签订的第二个条约。

康熙帝真正统一了中国，解除了“留都”（今沈阳）的威胁，下一步便是对付蒙古。漠南蒙古自清太宗时（1634）即为满人所征服，其主被封为亲王。三藩作乱，清廷征蒙古兵而蒙古兵不至，不久蒙古叛。康熙二十九年（1690）后，皇帝三次出塞亲征（明成祖五次）外蒙古，平定（1697）之后其未再叛，从此外蒙古臣属中国两百一十五年，直到辛亥革命（1911）后，才在俄国人的煽动与指使下，做出各种“独立”活动。

康熙帝以博古通今闻名。他“自言年十七八时，读书过劳，至于咯血，而不肯少休”。他通拉丁文、希腊文，能研习西方的天文历算，此外如刑律、农业、医药，无所不通。他平日手不释卷，三藩之乱军务繁忙之日，仍然令经筵官每日进讲。康熙四十四年（1705）南巡时，他问李光地名数学家宣城平民梅文鼎今在何处。后召梅文鼎至御舟中长谈三次，次年召梅文鼎之孙至内廷学习。康熙帝所著的科学书籍有《数理精蕴》《历象考成》等书，大致当时的科学家李光地、梅文鼎均曾为编书尽过一分力。

康熙帝晚年为皇位承继的问题所困扰。由于清入关前并无正式的王位承继法，所以康熙帝早年便立嫡长子为太子，希望建立稳定的制度，没有料到儿子们因此结党倾轧（康熙的九个儿子参与了皇位的争夺），阴谋陷害之事层出不穷，朝臣权贵中的不肖者更是推波助澜，勾串煽惑，最后引发太子阴谋弑父的事件。康熙帝乃废太子，不立太子，将继位皇子的名字写在遗诏里，储之于金匣，藏于“正大光明”匾后，皇帝崩后再取视而知继位人选，此谓“密建储位法”。市井流传的“传位十四子”被改为“传位于四子”的故事，是小说家言。四皇子胤禛得以继承皇位，除了他精明干练外，还因为康熙帝特别钟爱胤禛的儿子弘历，他曾说此孙儿最似他，将来福泽将超过他。他的预测完全正确，而清高宗乾隆帝也事事效法祖父，连南巡的次数都一样。

清世宗雍正帝（1723—1735年在位）即位时已过四十岁，他对父亲晚年的宽大流为废弛的政治局面以及开国近八十年来政治上的流弊，大加整饬与改革。一是为官员设“养廉”银。清代钱粮征收用银，政府会将征收上来的碎银铸成银锭解库。将碎银铸成银锭，重量一定略有减轻，减轻部分人称火耗，亦称耗羡；百姓缴纳赋税时按规定多上缴百分之三。火耗为地方政府所

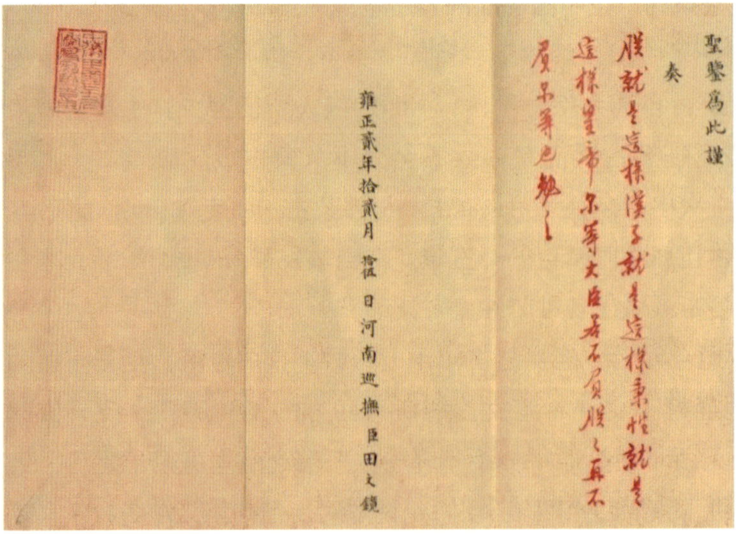
聖鑒爲此謹
奏
朕就是這樣漢子就是這樣秉性就是
這樣皇帝爾等大臣若不負朕朕再不
負爾等也勉之
雍正貳年拾貳月 拾伍 日河南巡撫臣田文鏡

雍正御批

雍正帝在位期间，勤于政事，自诩“以勤先天下”“朝乾夕惕”。在位的十三年间，批阅了四万两千多份奏折，堪称劳模皇帝。

有，故征收火耗之多寡，操在地方官吏手中。雍正元年（1723）火耗已增加至正税的百分之四十到五十。为了防止官吏舞弊，清廷乃颁布火耗之定额，将火耗归公，成为正额，官吏不得滥收滥征。火耗归公后，朝廷为各级地方官员设“养廉”银，意即希望官员不要贪污。清开国之初，物价便宜，故官俸薄，文职一品官年俸一百八十两，二品一百五十两，依次递减，七品四十五两，九品年俸二十三两。当朝一品，月薪仅十五两银，知县是七品，月薪不足四两，这样的俸禄绝对无法维持生活！朝廷大臣沈近思与雍正讨论火耗问题时，沈近思称自己曾为县令，深知火耗归正项后，必将有新的火耗产生。雍正说：“汝为令，亦私耗羡乎？”沈曰：“非私也，非是且无以养妻子。”沈近思说的是实话。朝廷每年给各省督抚提供的养廉银为一万至两万两不等，对于县令，朝廷亦按职位之繁简岁给养廉银一千至三千两（均概说，因时地不同变化很多）。经过改革，官吏非贪污不足以养妻子的情况消失，廉吏出现，吏治清明。雍正还严惩贪赃枉法者，由此改变了康熙末期那种腐败昏暗的政治。

二是“改土归流”。中国西南各省，包括广东、广西、云南、贵州、四川、湖广六省，境内均散居有少数民族，事实上他们才是真正的原住民。自秦汉以来，由于中原民族逐渐南迁，这些少数民族被逼移居，避入崎岖险

身穿传统服饰的四川木坪土司

木坪土司坚木参那木喀参与了平定金川之战，五十功臣列第四十五位。

十全老人之宝

乾隆帝曾自我总结一生有“十全武功”，自诩为“十全老人”。所谓“十全武功”，按照乾隆的说法是：“十功者，平准噶尔二，定回部一，打金川为二，靖台湾为一，降缅甸、安南各一，即今之受廓尔喀降，合为十。”

岩、蛮烟瘴雨之中，其间也有丛林池沼高原。历代统治者对这些少数民族的统治方法，是封其有力酋长为“土司”而治之，土司乃世袭之职。明代曾有大规模的西南少数民族变乱，明廷动用大军数十万，“殚天下之力而后铲平之”。只是有组织的叛变中止，问题并未解决。雍正四年（1726），雍正帝任鄂尔泰为云贵总督。鄂尔泰奏曰：“云贵大患，无如苗蛮。欲安民必先制夷，欲制夷，必改土归流。”雍正帝批准其计划。鄂尔泰首先用武力征服云南土司，设立乌蒙府和镇雄州，次第征服贵州及湖南苗疆，分别设立府、州、县，授归顺土司以官职。改土归流的工作，非一朝一夕所能竟，然雍正帝开其端，加强了中央政府对边疆的统治。

三是筹划解决八旗生计问题。入关后的旗人，朝廷均分别赐予田地，由奴隶或佃农为之耕种，靠收获所得以为生计。二三十年后问题丛生：

（一）奴隶与佃农因不堪奴役或生活辛苦，相率逃亡，土地乏人耕种，良田成荒土，旗人收入无着。

（二）旗人生活本极简朴，入关之后积渐习染奢侈，茶房酒店、戏院歌坊，均是诱惑。旗人沉湎于繁华之中不能自拔，大肆挥霍，即使收入多，亦不敷用。

（三）人口增加，原赐土地不够生活；初配之房舍不敷居处，又无力增建。在这种情况下，只有变卖土地，但法律规定不能出售，乃变名曰“老典”，即永久抵押。得款不久钱即用罄，旗人仍然负债，无以为生。康熙帝固然深知八旗是满人立国之根本的道理，所以先拨巨款与旗人偿债及赎田，再拨巨款与旗人，令其存放生息作生计之用。这些银钱很快都被旗人消耗在娱乐与赌博之中。康熙帝非常痛恨地说：“小人得财则喜，用尽则怨。”旗人怨恨到聚众数千人到宫门前咆哮，问题越来越严重。雍正帝乃想出让“京旗”出而垦田的办法，即先在河北设一垦田区，移京旗百户去垦田。旗人习于都市繁华生活，十年下来，垦田区只剩下几户旗人。此乃雍正帝在政治上的一大失败。以后的皇帝都想尽办法，如采取增加旗籍名额、准汉军旗退出旗籍、改汉军为绿营等措施，都不能解决旗人的生计问题。八旗制度规定旗人“不农、不工、不商”，完全由政府供养。此制度不知道埋没了多少英才。这个制度是清的赘疣，与清共存亡。

四是设立军机处。雍正初年皇帝设立军机处，初本处理军务，后来扩及国家一切大政。皇帝选拔亲信大员，在军机处“行走”或“学习行走”，称为军机大臣。皇帝每日召见军机大臣，面授机密。军机大臣承旨撰拟谕旨，批准后密封以“军机处银印钤之，交兵部加封，发驿驰递”，称为“廷寄”。因此司“封驳”的六科给事中对皇帝的决策不能赞一辞，不在军机处

乾隆皇帝大阅图

乾隆在位六十年，禅位后又继续训政，实际行使最高权力长达六十三年零四个月，是中国历史上实际执掌国家最高权力时间最长的皇帝，也是最长寿的皇帝。在位期间，清朝达到了康乾盛世以来的最高峰，但此时中国和西方的差距却在拉大。

行走的大学士对军国大政也茫然无知，君主独裁制度由此发挥到极限。

雍正帝即位之初即遣年羹尧、岳钟琪剪除青海之藏人势力，进而设立驻藏大臣，加强对西藏的控制。创立大清帝国所余下的工作，由他的儿子乾隆帝去完成。

清高宗乾隆帝在位六十年（1736—1795），让位为太上皇后三年余始崩（1799），享年八十八岁，他实际统治中国逾六十三年。他即帝位时，即默祷不超过祖父（康熙帝）在位的年数。他事事都想效法祖父，连“南巡”次数都是六次。康熙帝晚年虽有皇子争夺承继的暗斗，但与全国政局无关；乾隆帝晚年专任权奸和珅，腐蚀吏治，使政治败坏到不可收拾的程度。他在政绩上无法与其祖父比拟。

乾隆帝无疑是中国影响很深远的皇帝，也是历史上实际统治中国最长久的皇帝（六十三年，连太上皇三年）。他即位时已二十五岁，与康熙帝冲龄即位不同。他们祖孙二人的在位年数合计一百二十五年，确是史无前例。乾隆帝是一位多面人物，他是汉武帝的雄才大略、隋炀帝的挥霍浮夸、唐玄宗的精明浪漫的混合型。他的一生，多姿多彩，楮墨难尽。即以我们睥睨世界的故宫博物院收藏的无数无价之宝而言，十之八九都是他收集来的（此说乃笔者闻之于在故宫博物院工作逾四十年之友人）。他的“十全武功”虽不免浮夸，但确实是打造了辉煌一世的大清帝国。西藏、新疆的军事政治均被置于严密的控制下；安南、缅甸亦称臣纳贡（魏源的《圣武记》可参考）。在他晚年，中国人口已逾三亿，他所统治的时代是历史上最繁荣的时期。此外他还“御制”了十余万首诗，比陆放翁多十余倍，破历史纪录！

有关这位历史人物的记叙很多，笔者不拟赘述，单就他晚年专信的宠幸和珅，被清仁宗嘉庆帝抄家时其财产总值八亿两银，相当于全国每年总收入七千万两银的十一倍有余而言，就可以推想到当时的政治腐败到何种程度。乾隆帝被尊为太上皇时，国库存银尚有七千余万两，比康熙帝崩时多九倍，但乾隆帝所遗留给儿子的天下，已是危机四伏了。

清仁宗嘉庆皇帝（1796—1820年在位）在太上皇乾隆帝崩后才真正亲政。在他继位以前，乱象已萌，主要原因有：

一、和珅贪赃枉法二十年，导致上行下效。许多官员不惜用尽苛刻方式压榨朘削百姓。如白莲教有变乱的嫌疑，州县任意抓人，不问是教徒否，只

京城满人的日常

清军入关以后，旗人享有种种政治、经济特权，其子弟因坐享其成而逐渐腐化，“八旗子弟”便成为享受特权、百无一能的贵胄子弟的代称。提笼架鸟、斗蛐蛐，还有放大鹰几乎成了日常。

问有钱否，如此官逼民反之事例很多。

二、清入关后的高压与怀柔政策，使多数士人均被震慑或入其彀中，但一般民众中有故国之思、怀亡国之恨者，亦颇不乏人，他们暗中组织秘密团体，以反清复明为职志。在这类民族意识浓厚的会党中，散布最广的是天地会，亦称三合会或洪门。关于天地会的源起，因是秘密的原因，臆说很多，有的近乎荒诞，自不可信。总之，天地会存在于下层社会及海外侨民之间则是事实。天地会能凝聚群众形成较有组织的力量，故受重视。

三、清人入关初期的凭恃是武力，而今旗兵已腐朽，成为一群游手好闲的寄生虫，出征时尚随营挟饮作乐，遇敌则溃散，乘机劫掠平民财富。绿营的情况相似，由于是募兵，绿营军营遂成为流氓无赖、奸盗邪淫之徒的汇集场所；仗势凌辱平民是他们唯一能做之事，所以有了“好男不当兵”的俗语。他们的长官更是贪财好利，滥污鄙劣。到了乾隆帝晚年，遇有变乱，能作战的只有“乡勇”（即民间自己组建的武力），官军不仅不能平乱，反而为渊驱鱼，助长乱焰。

四、承平百余年，人口滋生日繁，耕地增加有限，粮食不足。一遇到规模较大的连年荒歉，饥民便成为乱源。当乾隆帝沉湎在“十全老人”美号的迷梦中时，天下已沦入千疮百孔的境地。

最早发动的是甘肃的回乱（1781—1783），势力不大，很快被镇压。其次

道光御笔

是乾隆五十二年（1787）台湾林爽文事件。林爽文是彰化县天地会的领袖，因拒捕而起兵。后林爽文攻陷彰化城，台湾的官兵不敌，福建援军到达后始戡平，林爽文举家遁山中。

大规模的民变是苗民民变与白莲教之变。前者很像是百姓对乾隆帝统治六十年所敲的丧钟，发端于乾隆帝退位之年；后者恰似对嘉庆帝所鸣的警炮，爆发于嘉庆元年（1796）。苗民民变首先起于贵州，湘西、川边之苗疆立刻响应，清廷调附近七省的军队围剿，但苗疆地形险峻，官兵畏死而扰民，战果很微小。此时川、楚白莲教之变已扩大。清廷认为苗人守而少攻，无攻城略地之野心；川、楚"教乱"如任其蔓延，危害很大，乃将军力北调，对付教乱。四川总督和琳（和珅之弟）与湖南巡抚姜晟主抚，以"苗地归苗"，以苗为民。湖南凤凰厅同知傅鼐深知民（汉）情，沿苗疆之居民愿意组织起来保卫自身利益，故主练本地壮丁为乡勇以代替军兵，筑碉堡、边墙、望哨以应对苗人出没无常的战术。傅鼐又仿习苗人作战的技术，训练成一支有一千人的精兵，号"飞队"，俟机攻入苗疆心脏。飞队熟地势，悉苗情，又为自己身家性命而战，故数年后平定湖南苗变。于是清廷诏令各省仿行。嘉庆十二年（1807），苗变被敉平，前后凡十三年。

白莲教起事（1796—1804）是一个典型的官逼民反的例子。据说白莲教首创于元末韩山童，明末有王森、徐鸿儒继起，均被杀。乾隆时刘松亦因传布此教而被遣戍边（1781）。其党宋之清、刘之协乃从山东、安徽转移至川、楚、陕一带活动。大体上这种利用迷信敛财谋生的团体，在政治腐败、生民痛苦的时期都不免出现。自东汉的黄巾军起兵以来，类似的利用民众痛苦而求神拜佛以图脱祸获福之心理，用以谋生计的人士，每历衰世一定大量出现。他们本无政治野心，只求生存。不过，有才智的人，诡诈煽惑之道必多，自能赢得许多民众的信任，甚至是他们的拥护崇拜，刘之协便是这种人之一。有人颂白莲教有民族意识（清末民国初年的人醉心于此说），因其起事均欲拥朱元璋的后裔之故。其实当时如何能找到朱元璋的后裔，又由何而证明之，均是疑问，很显然复明只是一种号召口号。

乾隆五十八年（1793），宋之清、刘之协诡称名王发生者为朱元璋的后裔，欲拥之举兵，事发，宋之清被处决，王发生以幼童免死，刘之协逃逸，因此朝廷下诏搜索。官吏借机勒索，逐户搜缉，“株连罗致数千人，富破家贫，陷死无算”，逼使百姓“仇官思乱”。湖广荆襄道民众先起兵，附和者众。当阳县令召书役逮捕“教匪”，书役齐声曰：“我等即白莲会也，更谁捕？”起事者遂杀县令，据当阳。白莲教之变蔓延到四川、陕西等地，势如燎原。清将报告朝廷，动辄杀“贼”数万，“而贼起益炽”。嘉庆四年（1799）正月，太上皇乾隆帝崩。据嘉庆帝说乾隆帝逝世前，“亲执朕手，频望西南，似有遗憾”。应是“真有遗憾”才对。嘉庆帝又说在京的旗籍将官，“莫不营求赴军，其归自军中者，无不营置田产，顿成殷富”。旗籍将官靠打仗发财，所以要“玩兵养寇”。他们暴发的方法，一是劫掠民间，一是克扣军饷与浮报开支，所以他们在军中“唯酒肉笙歌自娱”，解职后，“顿成殷富”。清廷调兵十余万，糜饷逾一亿两，仍不能平乱，最后只得舍官军不用，采行傅鼐治苗乱的方法，实施碉堡与练乡勇之法，至嘉庆九年

康熙时期的孔雀绿釉狮子

葡萄牙使团以狮子为礼物，并在广东官府、朝廷大臣和南怀仁等耶稣会士的积极游说下，于康熙十九年（1680）获得了开放香山至澳门陆路的贸易恩准，使之成为当时西方国家与中国进行贸易的重要通道。

（1804）川楚教乱始被平定。

上述两次变乱，暴露了乾隆晚期政治、军事已腐败到不堪闻问的程度。史家几乎一致认为，乾隆帝统治时期是清代由盛而衰的转折时期。嘉庆十八年（1813）北京发生天理教林清之变。林清率领二百余人，由宦官做内应，攻入内城。皇次子旻宁指挥侍卫，并用鸟铳击贼，援兵自神武门入卫。旋有大雷电，林清部下被雷电击死数人，其余均被擒。嘉庆皇帝在热河行猎，闻讯返京，下诏责中外诸臣，“泄沓尸素”，酿成亘古以来“未有之祸”！防守紫禁城有功的旻宁数年后继位为帝，即清宣宗道光皇帝（1821—1850年在位）。

道光帝有数年前惊险的经历，耳闻目睹天下糜烂的情况，所以特别谨小慎微，对于新疆张格尔及浩罕之用兵，规模很小；对国事及私生活，均力求樽节。据说他召见臣工，有穿鲜衣者辄斥责之，外官入觐，均在旧衣铺购陈旧者，以迎合帝心，以致陈旧衣冠成为奇货可居。他与大学士杜受田闲谈饮食，受田告以常食豆腐炒碎肉，所费不过数铜钱，乃令御膳房进此一肴，但所费仍不赀。因皇帝所食豆腐皆特制，每一程序均需置人专司其事，黄豆亦不能购一两斤，必须特遣专人到某地采购，至少成船装运。道光帝只有叹息，“祖制”如此，不能更改。一位生性节俭的皇帝，最不愿见战争，因军费浩大，不比数千斤黄豆，这是他既下最大决心禁绝鸦片，却怨林则徐引发了中英鸦片战争的原因。他于道光三十年正月崩，是年十二月初十（1851年1月11日），洪秀全在金田村起兵。改变中国历史发展的新因素产生了。

⊙ 早期中外关系

元、明、清三代，中华世界与外界的接触增加。由于蒙古建立了横跨欧亚的大帝国，欧洲人可由陆路到达中国，亦可先抵波斯，再航海而来。经由前者到中国的多是传教士，盖欧洲国家震慑于蒙古的军威，怖悸于蒙古的残暴，乃想出借宗教力量以感化大汗的方法。那些历尽千辛万苦到达东方的传教士，大体上均受到元朝政府的优待，元朝政府准允其传教，据说蒙古贵族信仰基督教的很多，甚至元顺帝也是基督教教徒。大汗已不需特别去感化，因为内讧及其他种种原因，蒙古的锐气已消逝了。接着土耳其崛起，占领君

十八世纪晚期的广州港，停满了做贸易的船只

士坦丁堡，欧亚陆路交通断绝，葡萄牙航海家达·伽马于1497年经好望角到达印度西岸，建立果阿殖民地。明武宗十二年（1517），葡萄牙的航海家到达广州。他们继续北上到泉州、福州、宁波，并在宁波建立通商据点且传播宗教。明世宗二十四年（1545），明廷下令驱逐基督教教徒，据说当时被戮杀的基督教教徒有一万两千人，包括八百名葡萄牙人。在1552年之前，果阿的葡萄牙总督曾三次遣使到北京，均未达到目的。明世宗三十六年（1557），葡萄牙人贿赂明吏，取得在“荒岛”建屋、晒干货物及存储货物之权，澳门就是那个所谓荒岛。最初葡萄牙商人每年向香山县纳租银一千两，后改为年租银五百两。

西班牙于1556年据菲律宾，明神宗三年（1575），遣使通中国。继葡萄牙人、西班牙人之后的东来者为荷兰人。荷兰人欲与中国通商，受葡萄牙人阻挠，乃进据台湾（明熹宗四年，1624年），但仍不得与中国通商。故在这一段时期内，中外贸易可以说由葡萄牙人所独占，葡萄牙人每年向明政府缴纳船课银两万两而取得独占权。时英国方组东印度公司（1600）经营东方，因注意力集中在印度，故对与中国的贸易不重视。英国商人首次来华在明思宗十年（1637），因格于葡萄牙人，乃强入广州，尽售其货，强购砂糖与生姜而去。此后便不常来。康熙二十二年（1683），郑克塽以台湾降清，清廷始下令

粤海关的十两砝码锭

开海禁，准许外人于广州、漳州、宁波、云台山四口岸贸易，是时传教士正得清廷宠信，故对外通商以“嘉惠远人”的政策得以顺利进行。

“四口通商”时期，中外贸易的重点仍然在广州。自此以后，英国对华贸易额日增，远超他国，而朝廷对“红毛种”中的英吉利的“奸宄莫测”亦特别加以注意。1723年雍正帝禁教后，中国人对西方人的称呼发生变化，“西洋人”逐渐变为“夷人”，至乾隆二十二年（1757），清廷因通商口岸太多，管理不便，又恐各地因通商而受“夷风”感染变成澳门一般，所以规定嗣后中外通商限制在广州一地。恐怕夷商变成明代的倭寇，也是清廷实行“一口通商”的原因之一。

中国对西方的观念，笔者将在下一节叙述。从对“夷人”的观念出发，清廷对来华贸易的外商遂有种种防夷限制。其规条虽时或增减，重要者不外下列十点。外商当然极不满意这些限制。

一、夷商及商船每年五月至十月之间可到广州，其余时间只准在澳门居住或停泊。

二、夷人军舰一律不准到广州。

三、夷商在广州必须住在“商馆”内，不许带凶械火器，随从役仆不得超过五人，并不得雇用仆妇。

四、夷商购物，必须经过“行商”，如欲自行出外购物，行商必亲自随行。不许购买汉文书籍。

五、夷商不许泛舟江上，每月初八、十八、二十八三日，可以游花园，但必须有翻译同行，如滋生事端，翻译须负责。

奏乐人物菩提叶画　19世纪

各种形式的广东戏画作为“东方明信片”，大量销往国外。

六、夷商不得入广州城内，不许坐轿。

七、夷妇不得到广州。

八、夷人不得与中国官吏直接交涉，如有陈禀，必须经行商之手。

九、不准雇华人代为打听物价。

十、行商不得欠夷人之债务。

中国方面负责对外贸易的机构称曰“公行”，是广州对外贸易各“洋行”联合组织的称呼。各通商口岸专门与外商做进出口贸易的商家称为“外洋行”，简称洋行。类似洋行性质的组织由来甚久，大致明末便已存在，只是名称不一，有时亦称为“牙行”。各洋行对外贸易时互相竞争，常有利害冲突，于是广州各洋行设法使他们对外的行动一致，期能垄断对外贸易，遂组织“行口”，独占海外贸易的利益。至康熙四十一年（1702），广东地方官吏见行口获利颇厚，亦思染指，乃由官府指定一人为对外贸易经纪人，称为“皇商”，官府可因之均沾官商所得的利润。但官吏间步调亦不一致，谁也不能否认他方有指派官商的权力，于是官商的数目增多，争向外商招揽生意，竞争复起。而官商者，究其实无非是取得政府特许对外贸易权力的洋行而已。至康熙五十九年（1720），广州各官商再谋团结，歃血为盟，订立规约，成立统一的对外贸易机构，名曰“公行”。公行成立时（1720），参加

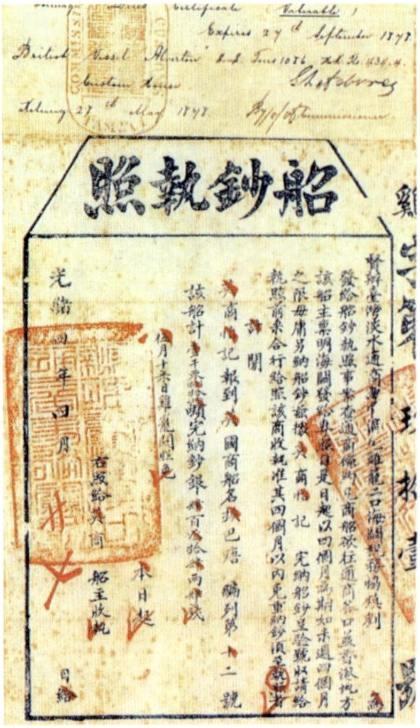
船鈔執照
光緒四年四月

船钞

船钞，即“船料”，是我国元、明、清时期对商船征收的税。图中是光绪年间海关税务协镇颁发给英国商船的。

的有十六家洋行，俗通称为“十三行”，洋行的商人为行商。此后洋行时有倒闭或因故停业者，亦时有新洋行成立参加公行者。故公行所属的洋行并不一定是十三家，数目时有变动，最多时有二十六家（1757），最少时仅四家（1781），但一般人对之仍沿称“十三行”。

公行的主要任务在于划一对外商购货和销货的价格，承销一切进出口货物，代办内地出口货物，并代清政府征收进出口货物关税及管理外商的职务。公行成立后，外商不满这种独占商务的机构，曾屡次设法取消公行，清政府偶亦徇外商请求而废止公行。不过，中外语言不通，外国人复不谙中国法令，苟无公行从中料理，困难颇多，至乾隆四十七年（1782），公行制度乃得以正式确立，直到《南京条约》签订后始废除。

外商到广州只能住在“商馆”内，商馆由来华贸易各国商人自行建筑在清政府指定的区域内。当时广州有各国所建的商馆十三座，后因商务兴盛，原有商馆不敷应用，始有向行商租赁房屋之事。

除了对公行垄断贸易与生活上的诸多限制感到不满之外，外商最感不便的是船只入口时的手续复杂与中国官吏的需索。外船到广州前，须先赴澳门向中国知事缴纳雇请引水与翻译的费用，然后船至虎门，须候海关监督丈量船舶的大小。监督按船的大小征税，此乃“正税”。外商纳正税后，另付“船钞”，始可停泊在黄埔进行贸易。就此而论，入口手续可谓极简单，税收亦轻微。经手行商及官吏却常巧立名目，任意勒索。正税而外的“陋规”，如“缴送”“支销”“充饷”“规礼”“开食”“押船”“小包”等额外名目，多至六十余种。外商自是不堪其扰，所以他们宁愿中国政府增加关税而禁止行商与官吏的勒索盘剥。

对于中外在广州贸易情况表示不满而亟思改进的国家是英国。原来英国自与中国通商后，贸易额与日俱增，乾隆元年（1736）有八艘外国船舶到广州贸易，其中英国船占四艘。乾隆五十四年（1789），外船到广州贸易的共有八十六艘，其中属于英国的有六十一艘，约占总数的四分之三。因此，英国对广州的情况最为敏感，同时对中国文化复素乏了解。英国人擅长经商是众所周知的，特里维庸曾在其所著的《英国史》一书中，提到德国人曾以发掘英国古墓发现陪葬品竟是算盘来嘲讽英人。英国诗人泰尼松这样描写一位英国的外交代表：

> 这个戴宽边帽的贩卖圣经的小商人，
> 他的耳朵里塞满了棉花，
> 梦里也听得到便士的叮当！

在亚洲的英国人不仅“耳朵里塞满了棉花”，恐怕嘴上、手上还涂满了鸦片，“梦里也听得到”白银的铿锵！他们在中国的贸易，是由英国政府特许的东印度公司主持的，东印度公司独占中英贸易的情形与公行无异。印度与中国之间的商务，英国、印度人可以自由经营，唯须取得东印度公司执照，在广东时须接受东印度公司派驻中国经理的管辖。这种经理，中国称之为“大班”。

乾隆二十年（1755），东印度公司因不满广州通商的情形，特派哈利逊与洪仁辉到宁波通商，未果。洪仁辉北航至天津，向清政府申请在宁波通商，并攻讦广东历来积弊。清廷未予置理，并以洪仁辉擅自违规，将之处徒刑三年后释放。

东印度公司的企图失败后三十七年，即乾隆五十七年（1792），英国政府应东印度公司之恳求，出面派遣使臣到中国，希望与中国皇帝直接交涉，达到改善商务的目的。英国使团的正使为马戛尔尼，副使为斯当东，两人率随从多人，携“贡品”十九件，自广东乘船赴天津（1793）。中国则以“英吉利贡使”之旗插于英国使者船头，对外宣称马戛尔尼乃朝贺清高宗八十万寿而来的贡使。马戛尔尼到中国后所遭遇的第一难关是觐见皇帝的仪节问题，因为从来“陪臣”觐见皇帝均需行三跪九叩礼。马戛尔尼认为如此则被视为属国，坚持不允。乾隆帝酷好虚荣，不愿决裂，以英国使者系远道初贡为理由，允其行西方臣下见国王的仪节（即屈一膝吻手，清廷去吻手，仅屈一膝）。清廷待英国使者极其优渥，每日向使团提供银五千两以作费用，不足时尚可随时就地支取。对“大红毛”国王“恭维大皇帝万万岁，应该坐殿万万年”的“贡表”及价值一万三千余镑的“贡品”，“天朝大皇帝”均“喜悦鉴收”，唯对英国所提出的各项要求，乾隆帝则以“与天朝体制不合”为理由而拒绝。清廷甚至认为那些要求与“大红毛”国王无关，仅是贡使的私意而已。马戛尔尼提出的要求计有：

一、英国派使节驻北京，并如俄国之例于京师设立商馆，收贮货物。

二、准英国在宁波、舟山等地贸易。并要求将舟山附近一小岛借与英国商人，作为居留及贮货之地。

三、拨广州附近一地为英国人的居留地，允许澳门之英国人自由出入广州。

四、准许英国人传教。

五、英国商人从澳门、广州通过内河运输货物，请免税或减轻税额。

所提五款中，已隐含“割地”及“关税协定”两项，与五十年后的《南京条约》只差赔款与废除行商两项。中英间既无战争，而英国当时并未废除与行商独占贸易类似的东印度公司，所以没有提出此两款要求。

马戛尔尼的使命可谓完全失败，但他留居中国时期对中国政治、军事、经济及科学知识等的了解，都有日记记载。天朝的虚实，暴露无遗。乾隆帝要马戛尔尼取道陆路赴广州的本意，是想让夷人看一看中国“物阜民康”的情形，没有想到适得其反。

马戛尔尼首先指出中国官吏的贪污。皇帝每日赐给使团的五千两银子，大部分被经手的官吏中饱。他不胜感慨地说：“于是余以为中国素夸有道之邦，以此观之，其道德固不能较他国为优。孔子之子孙，殆如西欧诸国利欲神之后裔矣！”其次，他认为中国军队不堪一击。盖他归国途中，沿站均有中国军队向之“致敬”（示威），而马戛尔尼认为“其人数之众多，军容之整肃，于行礼中挟有威胁性质，仍不能不令吾无疑。……吾料其（指中国兵）必蓄有一语，汝辈洋人看看，吾中国军备甚佳，汝等若敢犯顺，吾辈无时不有对付之具。然以余观之，此种宽衣大袖之军队，既未受过军事教育，而所用军器又不过刀、枪、弓、矢之属。一旦不幸，洋兵长驱而来，此辈果能抵挡与否，尚属一不易置答之疑问也焉”。马戛尔尼不甘示弱，亦请同行之福大人参观使团仪仗队与卫队的操演。“福大人意颇岸然，答曰：‘看亦可，不看亦可。这火器操法，谅亦没什么稀罕。’”

另一件事使马戛尔尼看出中国科学知识的贫乏。护送他的官员赵大人欲吸烟，“时以其无从者，余于袋中取小盒自来火，擦而燃之。彼见身内藏火，毫无伤害，大为惊异。余因说明其故，亦以一盒赠之。如此细微之事视为奇异，余因知中国国民于机械学中，未始无所优良，而于医学之外科学及科学知识，则甚劣于他国”。马戛尔尼自述曾建议派科学人员到中国，并主张在北京设一氢气球，但清吏毫不以为意。所以他说：“余今始知中国朝廷之政略与自负心相关联。彼欲凌驾诸国而上，而对实际所见不远，不知利用

马戛尔尼使团画家笔下的清军

之方，唯防止人智之进步，此终无益于事也。”

马戛尔尼沿途看见盲跛者与乞丐众多，由此推知中国社会贫苦，民生凋敝。他还深刻洞悉满汉仇隙。所以他的结论是“鞑靼王朝”（指清室）究竟还能维持多久实在是一个问题。

因为地位的关系，马戛尔尼得以与中国政府上层接触，了解清廷内幕；他复作一纵贯中国南北的旅行，等于对中国做了一次极广泛的调查研究。他对英国政府的机密报告，我们尚不得而知，纯就他公开发表的日记而论，这些足以增加英国向中国要求改革商务的决心。四十八年后，英国敢于以一万五千人的军队向中国启衅，马戛尔尼的报告无疑是英国政府决策时的重要依据之一。

嘉庆二十一年（1816），马戛尔尼使华之后二十三年，英国再派亚墨尔斯使华。嘉庆帝对英国“入贡”之事不似其父那么热衷，而对三跪九叩之礼尤其重视。双方费尽唇舌，才达成三次跪一膝、九鞠躬的折中仪节。最后嘉庆帝以“凡事不可过于苛细，转失驭外之礼。即五十八年，亦系将了此一事耳，逐回不如接见之为是”为理由，允许英国使者觐见。经办此事的和世泰行事草率，连夜将“贡使”从通州带至北京。次晨皇帝在御殿召见，亚墨尔斯的表、文、礼服等物均未到京，乃以病辞；召见副使，副使亦称得急病。皇帝见“贡使”如此倨傲无礼，乃下令将他们遣回，“贡文不必呈览，其礼物俱着发还”。亚墨尔斯被逐回后，英国便放弃了再遣使到北京谈判的念头。要想达到目的，恐怕得另辟蹊径了。

1813年（嘉庆十八年），英国国会通过议案，取消东印度公司独占东方商务的专利权，准许商人在印度自由贸易。唯东印度公司对中国贸易仍可再垄断二十年，至1833年满期。广东地方政府事先知道这个消息，因英国商人奸宄诈谲为各国商人之冠，幸有大班统率，尚可略加约束，今闻东印度公司解散，深恐“散商”不易管理，故两广总督李鸿宾令英国商人寄信回国，嘱英国另派“晓事大班”到广州管理英国商人及经办商务。英国政府闻讯，乃于道光十三年（1833）十二月郑重其事选派律劳卑为英国驻中国的商务总监督，普洛东为副监督，戴卫为第二监督，罗宾逊为第三监督。律劳卑为英国贵族，任上院议员，其属下普洛东与戴卫均曾任职东印度公司，对东方情形颇熟悉。

商务总监督临行前，英国国王特颁旨告诫：

一、对中国采取亲睦态度，勿引起中国对英国的猜疑及恶感；

二、非万不得已，不得使用武力恫吓；

三、遵守中国法律习惯。

外相帕麦斯顿（又译为巴麦尊）复特别训令律劳卑三事：

一、审理刑事海上罪犯之权，宜慎重使用；

二、与中国平等地位交涉，用公函通知中国总督；

三、军舰不可驶入虎门。

律劳卑于道光十四年（1834）7月15日到达澳门，随后欲赴广州。两广总督卢坤得悉后立即“传谕”，令律劳卑暂留澳门，勿来广州，但律劳卑已抵广州矣（25日）。卢坤探知来者非大班而为“夷目”，其地位与大班有别，遂令行商往见之，询其来意。律劳卑答称彼有公函直达总督，不需行商转达，且欲与总督面谈一切。盖律劳卑坚持要用平行款式的公函送与总督，否则有辱英国国体。卢坤的理由是如果律劳卑是“夷官”而非夷商，则应先通知中国，如马戛尔尼与亚墨尔斯均系如此。且即令是夷官，亦不得与天朝总督书信平行。今律劳卑既不能证明其身份，复擅自来广州（按惯例，外商来广州必先得行商之许可），显然“居心抗衡”。所以卢坤一面向行商施压，令其劝律劳卑迅速返回澳门，否则重惩行商；一面声称将实行“封舱”，以惩抑不法的英国人。封舱即停止贸易之意。律劳卑亦执拗己见，决不示弱，除布告英国商人“不必以断绝贸易为虑”外，并报告英国政府，谓中国色厉内

英吉利妇人

清朝人眼中的英吉利国夷人

外国人笔下清朝人受鸦片侵蚀的情景

茬，使用武力较谈判更有效。双方僵持不下，律劳卑乃调军舰两艘，停泊在虎门口外，表示示威。卢坤不欲轻启衅端，8月22日派官员三人访律劳卑，询问三事：到广州的原因？究竟任何种职务？何时离广州返澳门？

律劳卑回答：前中国总督请英国派员来管理商务，故到广州；其职务在致总督函中已说明；返澳的日期视其方便而定。

律劳卑的态度如此强硬，已无转圜余地。卢坤遂于9月2日下令封舱。

封舱之后，卢坤将中国役仆悉数撤回，并严禁人们将食物运入商馆。律劳卑并不气馁，9月7日下令停泊在虎门口外的两艘军舰乘潮冲入虎门，要塞守兵发炮止之，中、英双方互相炮战，英国军舰终驶抵黄埔。卢坤则加紧封锁商馆，欲使留粤英国商人因困顿不堪而对律劳卑发生不满。律劳卑自觉令军舰闯入虎门的行动已超出政府所赋予的权限，加以水土不服，身染疾病，同时被困英国商人亦时对其行动有怨言，乃宣告屈服。9月21日律劳卑乘军舰离开广州，9月26日抵澳门，10月11日病死。卢坤报告朝廷称：“兵船夷目均已押逐出口。”于是贸易恢复。一场风波在中国政府心目中已告平息矣。

律劳卑死后，曾任职东印度公司且谙华语之戴卫继任为总监督，戴卫采取沉默静待的政策，拟等待英国政府之新训令。是时已有少数英国商人对戴卫的态度表示不满，联名上书英国政府，主张使用武力直接北上与清政府交涉，达到改善贸易现状的目的。道光十五年（1835）1月，戴卫因之辞职。罗宾逊继任，仍持缄默政策，不事更张，故商务总监督虽不能行使职权而商务关系如常。次年（1836），罗宾逊在伶仃岛设办事处（在珠江口，其位置介于澳门与香港之间），有违训令，被英国政府免职。12月，义律升任为总监督。义律为历任商务监督属员，对三年来的中英交涉情形颇了解。就任后，他首先具禀请行商转呈两广总督邓廷桢，自称“远职”，请求赴广州处理商务。邓廷桢允其请，义律遂得赴广州，时在1837年2月。至11月，义律收到帕麦斯顿的训令，要求他在任何情况下均禁止对中国官府用禀呈，更不得经行商转呈。商务总监督义律只得再次返回澳门。

义律在向邓廷桢递禀呈的同时上书英国政府，报告中国正讨论禁烟问题，恐因此引起危机。1837年7月其书达英伦，10月帕麦斯顿训令英国东印度舰队总司令梅迪南率舰队赴中国，并尽可能经常派遣一两艘军舰在中国海域巡弋。1838年7月，梅迪南率两艘军舰抵达广东海面。英国经过四年的犹疑不决，最终在华政策上由采取亲睦态度转变为以使用武力为后盾的强硬态度。

⊙ 中西文化交流

欧洲自1517年“宗教大分裂”后，天主教不再唯我独尊，皈依新教者众多，为挽回颓势，若干虔诚的天主教信徒组成传教宗派，冒着生命危险到新教区域传播“福音”。及至新航路被开辟后，天主教传教者认识到世界不再局限于欧洲，还有那广大地区的千千万万“异教徒”更值得“拯救”（指引他们走上永生的道路），因此他们将目标转移到亚洲。继商人之后，大量的天主教传教士涌入东方。中国自然成为他们的重要目标，观葡萄牙人在宁波不过十余年便有了万余信徒一事，便可想象随商人而来的传教士一定不在少数。

商人的目的在于榨取土著的财富，传教士的任务则是传播基督教的文化。明末清初之际，欧洲的商人和传教士也抱着同样的目的来到中国。中国文化优越，不易受外界文化的侵蚀，且国势强盛，又绝非当时欧洲人的武力所能击败，因此，商人只能在完全服从中国政府的条件下做小规模的贸易，上节已有叙述。

传教士则只有尊重中国固有的习俗与文化，利用西方的科学技术来取信于中国人，传布宗教的事业反而置于传布科学知识之后，故明末清初来到中国的传教士对于东西文化的交流贡献甚大。

明末清初来华的传教士很多，有贡献者九十余人，影响最大的，首推利玛窦、汤若望、毕方济、庞迪我、熊三拔、龙华民、南怀仁等。利玛窦系意大利人，为耶稣会教士。耶稣会教士都是经过严格训练、学养极高的人士。利玛窦年少时即立志到中国传教，明神宗十一年（1583）他到广东肇庆学习华文华语，并翻译欧洲数学、地理等科学类书籍，逐渐受人敬重。利玛窦对中国习俗一概遵守。他在广州时，有弟子劝他勿理发、勿刮胡须，他即留发蓄须如中国儒者，但恨改之不早耳。他举止儒雅，学问渊博，故能同士大夫往来，取得地方官吏的信任。利玛窦在广东留居十五年后，得机会至南京。时南京禁止外人居留，后利玛窦得到南京礼部尚书王忠铭向朝廷的推荐，修治历法，始得久居。又过了几年，利玛窦始至北京向明神宗进贡方物，且上“陈情表”，缕述他对中国文物仰慕之忱，乃不辞辛苦航海数万里前来，“始为不虚此生”。并谓他在本国也“忝列科名，已叨禄位”，对于天文地理甚有研究，“并与中国古法吻合”，故请求皇帝召见，以便面陈一切。神宗是否召见了利玛窦，史书各有说法，似并未召见。明廷待他确很优渥，赏赐甚厚，并准其传教。朝廷的官吏也多同他交往。从此利玛窦遂安居北京，从事介绍西学、传教及翻译中国经典的工作。据艾儒略《大西利先生行迹》所载：

> 利子尝将中国“四书”译成西文寄回本国人读之，知中国古书，能识真原，不迷于主奴者，皆利子之力也。汝南李公素以道学称，崇奉释氏，多有从之者。一日与诸公论道，多扬释氏，抑孔孟。时刘公斗墟在座，矍然曰：“吾子素学孔孟，今以佞佛故，驾孔孟之上何也？不如大

利玛窦、汤若望、南怀仁的画像（左起）

西利子奉天主真教，航海东来，其言多与孔孟合。”

此足见利玛窦之得人望与其善于揣摩中国人之心理以利传教的情形。

神宗三十八年（1610），利玛窦病殁于北京，享年五十八岁，计自入中国近三十年。皇帝赐葬于北京城外，顺天府尹王应麟为其立墓碑，称赞他是“彬彬大雅君子”。后世之人皆认为他是所有来华传教士中，学问最好、道德最高、影响最大的一位。

利玛窦死后十三年，日耳曼人汤若望入北京。汤若望精通天文，遂以译纂历书与制造天文仪器见重于朝廷。他积十余年的努力完成新历，以明亡而未被颁行。清入关后汤若望降清，备受清廷优待。他依西法制定的《时宪历》，被清廷予以颁行，一直沿用至清亡。

当《时宪历》初行时，守旧的历法家杨光先曾上书反对，但未成功。杨氏失意之余，曾作一书《不得已》，攻击传教士借传授科学技术为名，以掩护其传播“邪教”的工作，“而棋布党羽于大清十三要害之地”。因此，他主张宁可中国无好历法，也不可有西洋人。无论如何，杨光先也承认中国历法不如西洋，但他仍“据理”驳斥基督教。

尽管明末清初的许多知识分子反对基督教，然西洋的科学知识是无容否定的，所以明末清初百余年间，在中国主张吸收西方新知识的人士，如徐光启、李之藻等人的合作下，传教士将西方的科学知识大量介绍到中国来，使明末清初时期成为中国历史上中西文化交流的极盛时期。

传入中国的西学中，以自然科学为最重要。那时所传入的天文学方面知识有恒星与行星的差异，若干重要的恒星与行星的名字，四季的划分，昼夜长短的变动，日食、月食等天文现象的原理。地球绕太阳运行的理论虽然在欧洲已成定论，传教士却一字未提，因为这是与基督教教义不相容的。西洋传教士监制了许多观测天象的仪器，汤若望与南怀仁在北京所建造的天文台，费时五年始成，内容相当完备。清代历书测验精密，都是因为有这个天文台。

西洋的几何、算术、代数等知识，亦于此时介绍到中国。其中最早的，也是最有名的一部书为欧几里得的《几何原本》，由利玛窦与徐光启合译而成。清人最重视这一本书，称为西学之弁冕。不过这些西学皆相当粗浅，例如当时西洋的代数已发现四次方程式之解法，而中国所知道的还只是二次方程式而已。当时所传入的物理学也是以应用方面的技术为主，很少涉及高深的原理。《奇器图说》一书所侧重的，只限于物理学中关于力学的应用部分。

明末政府为抗满人，由龙华民、汤若望监制铳炮。传教士便利用制造铳炮的技术取得朝廷的重视，火器学得以传入中国。明代复因财政困难，故传教士主张讲求水利灌溉与开采矿产，因之将西方的矿物学与水利学也介绍到中国来。利玛窦曾向明神宗进贡《坤舆万国全图》，图中绘有五大洲及各

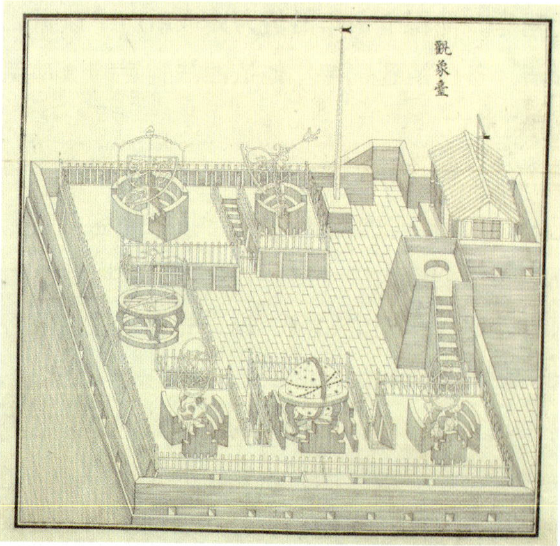

《新制灵台仪象志》中的天文台图 南怀仁编著

《新制灵台仪象志》是介绍钦天监观象台上的天文仪器及其使用方法的作品。它详细描述了新制成的六种天文仪器（黄道经纬仪、赤道经纬仪、地平经仪、象限仪、纪限仪和天体仪）的制造、安装、使用方法及测量结果。成书仓促，资料来源不一，书中讹误和重复的地方较多。

国地图，图中海洋上绘有怪异鱼类，陆地上亦绘奇禽猛兽，与现在的地图颇有出入。他另著地理书一种，介绍五带的划分、经纬度的意义等地理知识。清圣祖康熙帝统治时期，清廷派传教士赴各省测绘地图，历时二十余年，成《皇舆全览图》一书，这是中国历史上一件值得纪念的大事。

当时的中国人对于西方的社会科学不十分重视，故传教士在这一方面除了阐扬基督教的伦理学而外，仅偶尔介绍一些古希腊哲学。李之藻曾译有亚里士多德的《名理探》及《寰有诠》（《宇宙学》），两书并未得到人们的重视。当时西方的绘图和建筑对中国的影响相当深刻。盖当时传教士布道设教，需用宗教图画来启示人的场合甚多，这类西洋画既多属人物画，于是中国绘画首先受到影响的便是写真。清代供职画院的传教士亦颇不乏人，清初六大画家之一的吴历甚至曾经想去欧洲留学。乾隆时所修建的长春园，仿西洋式的建筑计有十余处之多，由传教士郎世宁、王致诚、蒋友仁等人设计。不过，当时醉心于西洋艺术的大都是皇室贵胄，平民百姓并不了解，所以西洋艺术不能在中国根深蒂固而发扬光大。

来华的传教士一方面用西洋所擅长的科学知识赢得中国人的信任，一方面则努力吸收中国文化以传回祖国。利玛窦最先将“四书”译成西文寄回本国；柏应理于清康熙二十一年（1682）回到欧洲，曾以传教士之华文著作凡

圆明园中长春园劫后遗址

四百册呈献教皇。中国的经典古籍在当时几乎都有拉丁文的译本。中国的文学、美术，也经由传教士及商人介绍到欧洲，于是18世纪的欧洲掀起了疯狂崇拜中国文化的运动。

17、18世纪欧洲的大思想家如莱布尼茨与伏尔泰，大文学家如歌德，大经济学家如杜尔哥与魁奈等人，都是受中国思想影响甚深之人。他们都狂热地崇拜中华文化。莱布尼茨曾仔细阅读中国典籍的译本，他所发表的哲学著作，很明显受到了中国学术思想的影响。他又曾创办“柏林科学社”，以图沟通中西文化。伏尔泰曾将元人的《赵氏孤儿》一剧改编，认为此剧最足代表东方文化的精神。他的信徒之一曾经说过这样的话：“若是全世界都采用了中国的法律，那岂不是很好？到北京去，去看那最有威权的人：这才是上天最完备的影像哩。”歌德所创作的戏剧，有许多地方受中国戏剧的影响，他心目中最理想的完人是中国人。杜尔哥曾经与留居巴黎的两个中国人交往很密切，他所发表的重要经济学作品，即与这两个中国人有关。魁奈提倡的以农业为国家财富之根本的经济学说，便是根据中国的经济理论而来的。他很想承继孔子的道统，所以竟有人称他为“欧洲的孔子”。魁奈曾劝法国国王路易十五仿效中国天子亲耕，其崇拜中华文化之深可以想见。

中国艺术影响欧洲最深的首推瓷器。远在16世纪，意大利便有人仿效中国瓷器的着色，并且研究一种“雨过天晴”的颜色。至18世纪初期，欧洲发明真正的白瓷，瓷器上的绘画都模仿中国的瓷器。中国的漆器于17世纪初期运到法国，被视为稀世之物。至17世纪末叶，法国的漆器业也很发达，但所用花卉图案多仿照中国的式样。同时，中国的绸缎与绣品，亦相继传入欧洲，大受欧洲人的欢迎。在建筑方面，中国式的亭园也曾在欧洲风靡一时。18世纪时一位在北京供职的教士曾写信回国，盛赞圆明园的美好，认为“无论结构还是工程都宏丽极了，这是我有生以来从未见过的。中国建筑的变化与复杂，让人不得不佩服建筑者的天才。拿我们的相比较，真是贫乏极了”。所以有一位日耳曼君主竟想模仿圆明园而修建一所宫殿，虽未成为事实，但也可见当时欧洲对中国建筑的醉心。

到18世纪末期，欧洲人对中华文化的狂热才逐渐消失，其原因有三：

一、中国与罗马教廷因为仪俗的争执，使传教士被中国驱逐，欧洲遂失去了重要的中国文化宣传者。

二、欧洲的产业革命已经发生。欧洲人对于中国的关注，不再是文化，而是资源与市场了。

三、欧洲对希腊与罗马研究的兴趣复浓，一切装饰美术，转为崇尚希腊罗马式，不再重视中国的艺术。虽然如此，中华文化在当时欧洲所掀起的波澜，仍然在欧洲历史上占据相当重要之地位。

17世纪的欧洲仍然被笼罩在宗教氛围中，教廷经常为了细枝末节的教仪或对《圣经》的解释略有差异，便对信众实施极为残酷的迫害政策（烧死）。“异端裁判所”的横行以及“三十年战争”（1618—1648）的宗教杀戮，是稍具西方历史常识者所稔知者，不必赘述。中国的“子不语怪力乱神”“未知生，焉知死”“未能事人，焉能事鬼”“天何言哉，四时行焉，万物生焉”等思想传入欧洲后，促使欧洲从迷信宗教中走出来，进而发展理性思考，从而产生了理性主义，并演化成“启蒙运动”，最终有了“智识革命”（Intellectual Revolution）。欧洲知识分子从宗教的桎梏中解放出来，开始创造近代西洋文化，其原因固不止一端，但中国文化之传入是其一。

除了中西文化交流外，传教士在中国传教收获也很大。盖当时传教士学问渊博、德行高超，且能顺从中国的习俗，尊重中国固有的文化传统，所以传布宗教的事业得以顺利进行。据康熙二年（1663）左右的统计，当时中国的基督教信徒近二十万人，江南地区即有教堂百余所。如果这种情况继续发展下去，基督教可能在中国成为一个很有地位的宗教。不幸的是传教士发生内讧，使得基督教在中国一蹶不振。

自利玛窦以来的传教士，都容许教徒保持祭天、敬孔、祀祖等仪俗，认为这些中国固有的仪俗并不违背基督教教义。到了清初，法国与葡萄牙两国互相争夺传教于东方的领导权。原来赞成教徒可以祭天、敬孔及祀祖的为耶稣会派传教士，新到中国的法国传教士及属于西班牙之多明我派传教士反对耶稣会放任信徒，认为祭天、敬孔、祀祖等事无异于“出卖基督教”，遂向教皇控告耶稣会传教士。教皇赞成多明我派的主张，遂派特使来华宣谕，严禁教徒敬祀祖先。这种行动，无异于使基督教自绝于中国。虽然康熙帝曾亲向特使铎罗解释中国人敬祀祖先的意义，但铎罗执迷不悟，反而公开发表言论，驳斥康熙帝，显然有干涉中国内政的嫌疑。这样一来，清廷不得不禁教。雍正元年（1723），清廷规定在北京的传教士，除了在钦天监任职者，其余皆应离开中国（澳门除外）；并改教堂为公所，严禁百姓信奉基督教。自利玛窦以来百余年间的传教士们苦心孤诣在中国为基督教所建立的一点儿基础，竟为传教士内部宗派的争执所毁灭。

中西文化交流的中断，于双方均属不幸，中国方面也要负部分责任。一是杨光先提出天文学进步之人，武器必精良的警告，对雍正帝等人必产生作用。杨光先说如任其“党羽”散布全国，一旦有事，必祸生肘腋。二是雍正帝在藩邸时即深信喇嘛教，基督教与喇嘛教在教义和教仪上均极不相容，势同水火，而二者的排他性均极强。三是雍正帝即位时（1723），清入关已八十年。上上下下的满人均已高度汉化，而汉人也服服帖帖地接受统治，不似入关初期满人在文化上有自卑感，汉人有优越感，清廷当时必须敬重文化高而且在某些方面超越汉人的西洋人，以压抑汉人在文化上的优越感。重用西洋人有平衡文化水准的心理作用。四是满人既已高度汉化，自不能容忍排斥祭天、敬孔、祀祖仪俗的基督教。皇帝是天之子，建有天坛以祭天。皇帝祀太庙是每年最隆重的大典。儒术是极有利于统治的学说，“君为臣纲”是三纲之首。对于辅佐满人得天下的大批汉人功臣，雍正帝均立《贰臣传》于《明史》之中，以其“不忠于明朝者，必不忠于我朝”。这些功臣早已死去，如何能“不忠”？这样做主要是为了维护君为臣纲的不变原则。儒家是拥护这些原则的卫道者，如何能不敬孔？综合上述四个原因，雍正帝即位后立即宣布禁教。

外国画家笔下清人上坟祭祀祖先的情形

自传教士被禁止在中国内地传教以后，中西文化的交流便被中断了，中国的西学也日渐凋零。从此，中国人更加不了解西方的一切，而此后西方人对中国的认识，也只限于少数在东方以赚钱牟利为目的之商人的零星报告，中西两大文化遂因为缺少正当合理的接触机会而彼此隔膜日深。近百年来中国所遭遇的许多坎坷，似乎都可以说是受了清初中西文化交流中断的影响。明末清初的传教士来中国传教，纯粹是基于双方自愿，他们所输入的西学，大体上也能得到中国人士善意的接受。17、18世纪时，欧洲的科学也方兴未艾，如果中国从那时起便不断地与西方的科学文明相接触，中国近代的科学虽不一定与欧洲的并驾齐驱，但也不至如后来的事事不如人。如果中西之间一直保持正常的接触，也许近百年来中外交涉上的许多误会也不至于发生。不幸的是，这个自然而合理的文化津梁，因传教士的内讧、教皇的浅识与中国情势的改变而被中断。清初中西文化交流中断，是19世纪中叶以后中国遭受无穷灾难的根源。

中西文化交流中断后，中国同西方在文化上互相接触了解的机会虽然丧失，但中外的关系并未断绝。因为欧洲自17世纪起，海外开拓的事业与帝国主义的思想正如日中天，哪能放过中国这一片大好河山与市场，所以此后中外的贸易关系仍然维持，而且日益密切。当两种历史文化传统迥然有别的国家，既不能有历史文化上的正常接触，而两方又必须有商务往来时，问题便发生了。

中西文化水乳交融的时期一去不返，从此人类两大文化体系遂遵循各自的特质发展，各有其独特的文化传统、生活方式、社会形态和宗教信仰。即使彼此稍有了解，也只是从各色人等在极复杂的动机下所做的零星与偏颇的报道中获得一些片段的知识。累积这些知识而构成的针对另一方的概念，自是模糊不清，有失真实。

在若干欧洲人的心目中，中国仍然是一个东方大国，只是印象日趋模糊。这是17、18世纪崇拜中华文化的学者、政治家与来华传教士们所遗留的影响。他们认为中华文化优越，人们都过着有丰富心智的生活，物产丰盛，工艺进步。他们认为中国是一个爱好和平的国家，社会上长幼有序，文质彬彬，“甚至大多数中国农民及劳工，均为绅士；那些在我们社会上所谓绅士，尚需向他们学习一些有用的规矩与礼节”。对中国文化殊鲜好评的黑格

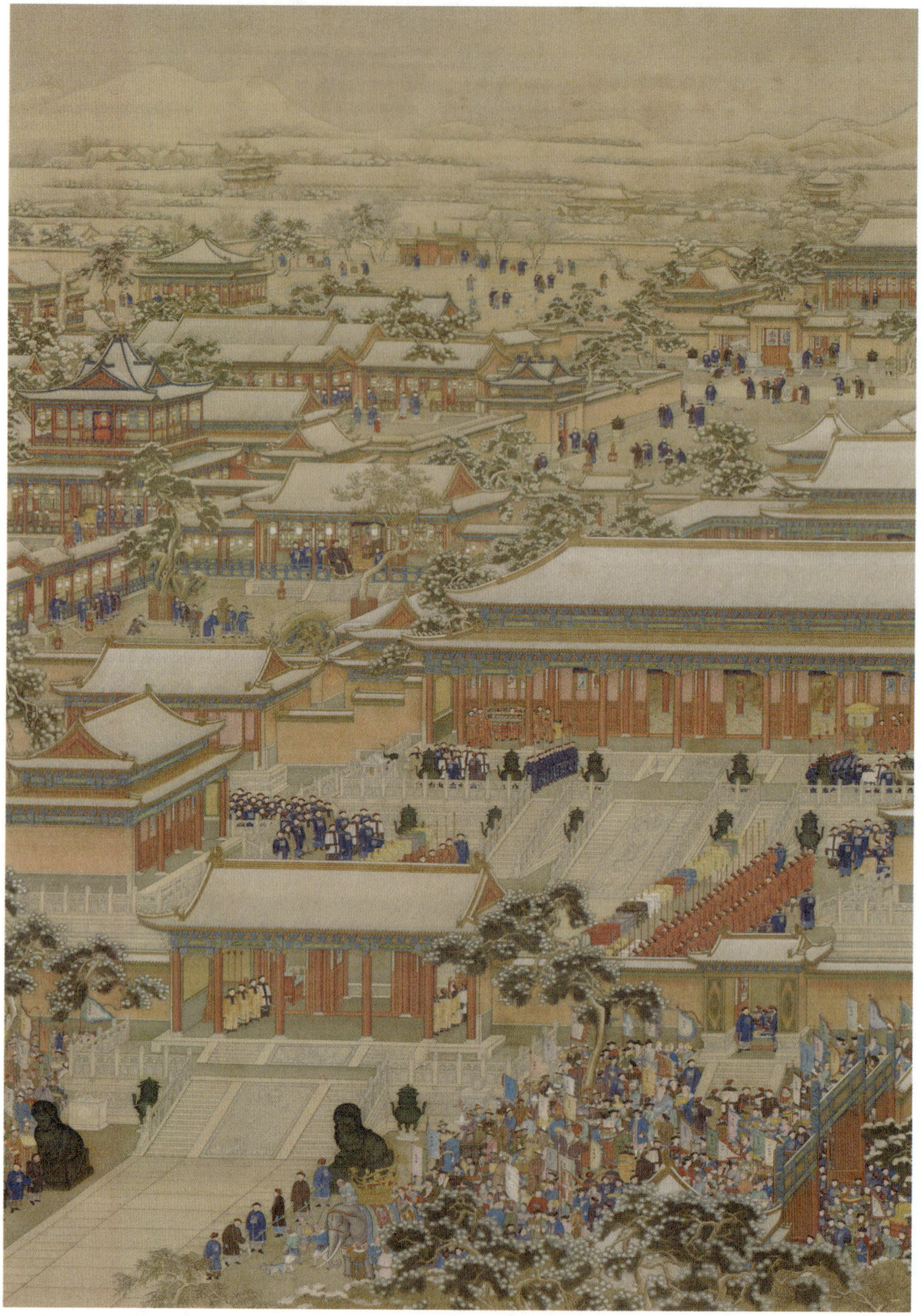

万国来朝图 清代宫廷画家绘

清朝乾隆二十六年（1761），宫廷画家作《万国来朝图》夸赞盛世。这幅画师望空悬想的画也只是盛世的想象，当时并没有手捧礼物的夷人来贺。

尔，也认为中国“人人一律平等，而唯有才能胜任者，得为行政官吏，因此国家公职皆为最有才智与学问的人充当。因此他国每以中国为一理想标准，就是我们也可以拿来做模范”。不过这个文明古国已经停滞而无进步，中华民族已退化为抱持“凡是旧的均有价值，凡是新的均无价值”观念的民族。何况中国文化的中心人物“孔子全无自然科学思想”。

尽管如此，马可·波罗的传奇故事在欧洲仍然深入人心。他所描写的那个东方大国，遍地都是珠宝，晚上走路不用点灯，那用之不竭的珠宝闪烁着五彩的光辉，使黑夜与白昼一般光明。他的《马可·波罗游记》不仅激起哥伦布冒九死一生的危险去发现通往东方的新航路，也影响了不少到东方去的掘金者。马可·波罗对中国珠宝的渲染虽然不是事实，但中国市场对西欧商人来说确实非常重要的。甚至传教士也将上帝与通商混为一谈。一位在中国住了很久的传教士林乐知曾经说：（凡不通商之人）上之不能与上帝交通，下之亦不能享受上帝所赐予之万物。正如浪子自弃其父家，而陷溺于罪恶之中，……通商者，以其所有之物传于人，其益当属于身，使天下之人，皆能同享上帝所赐予之富足也。……可观传道与通商二端，足以包括一切，而无俟他求矣。

宜乎英国某外相在答复何以特别关切传教士时要说：“传教士——棉花！”

欧洲人与中国通商，并不像在亚洲其他各国那样顺利，因为中国自视为“天朝”，不能听任“蛮夷”肆意行动。不过大家对于天朝的虚实也略知一二。远在1586年（明万历十四年），“菲岛总督、主教等上书西班牙国王菲利普二世：中国人皆怯懦无勇，兵队皆以乞丐组成。请以一万或一万两千西兵征服中国，即不能得全国，至少亦可占领滨海数省。征服以后，照菲律宾办理，先握其政权，再从事传播基督教”。《澳门月报》亦讥中国为“纸王谕国”。

17世纪初期法国人杜赫德著《中华帝国全志》一书，杜赫德本人从未履足中国，亦不识中文，然其书在西欧极流行，成为当时欧洲人了解中国情况的“佳著”。诚如英国人米都斯所说：“英国专靠新闻报告，故不知中国，中国只有少数商人识‘广州英语’，此辈亦为中国人士所轻。”这便是中西文化交流中断后，西方人心目中的中国情形。

清自视为“天朝”，亦有其“世界”观。中国自秦汉大一统后，即形成一“天下国”，天下便是世界——“中华世界”。中国人没有西方所谓国家观念，认为华夏族与外族的区别只是文明与野蛮的区别。

在中华世界四周的各民族，凡能接受中华文化者便是中国，正是“夷狄入于中国，则中国之”。各民族接受中华文化与否，亦任其自择，决不强求，并无用武力慑服然后强迫同化之事情发生。服从的民族，便成为中国的藩属。藩属对中国的义务，只是定期或不定期的入贡。中国对入贡的藩属，照例有极优厚的赏赐。藩属有内乱，中国替他平定；有外患，中国替他去除，不要任何报酬。因此邻近各文化程度低的民族，多数对中国心悦诚服，尊中国为天朝上国，而甘于自居蛮夷的地位。这种“招携以礼，怀远以德”的对外政策，自秦汉以来一直为中国统治者所沿用，没有多大变更。中国的国际关系，也因之只有上国对藩属的关系。所以中国历史上凡是到中国来的外国使节，都是来朝贡的，从无例外，因此我们所知道的一切外交仪节都是上国对藩属的“礼节”。至于商务贸易，因为中国是一个疆土辽阔的农业社

从广州河南远眺十三行商馆区及明轮蒸汽船

广州十三行是清代专做对外贸易的牙行，是清政府指定专营对外贸易的垄断机构。在“一口通商”时期，“十三行”的发展达到了巅峰，与亚洲、欧美主要国家都有直接的贸易关系。

会，可以自给自足而不仰给于他国，所以无须对外通商。他国商人如到中国贸易，中国从不拒绝，认为这是“嘉惠远人”的方法；中国对外国商品抽的关税极少，因为中国政府从不在意这点微末的收入。中国官、商的界限很严，所以外国商人绝对不能和中国官吏直接交往；加上“人臣无外交之义”的禁例，在没有得到皇帝的允许以前，中国官吏是绝对不能接待外国官吏的。

明末清初来华的欧洲人，被中国人称为“西洋人”；中西文化交流中断后来华的欧洲人，中国以其来自西方，通称为“番人”或“夷人”，西方各国也就是“番邦”了。这些“番人”，流品夹杂，良莠不齐，彼此之间复因利害冲突，互相攻讦于中国官吏之前，自难博得中国对“番人”的好感。其奸猾之徒为牟取个人赢利，亦常冒称贡使，从中国赚取赏赐。故在中国人的心目中，夷人不过是距中国辽远的藩属，其不同于朝鲜、缅甸、暹罗者，仅入贡的时期不一定而已，然其距离辽远，亦情有可原。从嘉庆二十一年（1816）清廷颁赐给英国郑重其事派到中国来谈判的使节亚墨尔斯转给英国国王的诏书中，我们便可了解鸦片战争爆发前二十四年中国政府对“番邦”的态度。清仁宗嘉庆帝在谴责贡使称病无礼之后，并谕道：

> 但念尔国王数千里外奉表纳贡，尔使臣不能恭敬将事，代达悃忱，乃尔使臣之咎，尔王恭顺之心，朕实鉴之，……天朝不宝远物，凡尔国奇巧之器，亦不视为珍器。尔国王其辑和尔人民，慎固尔疆土，无间远迩，朕实嘉之。嗣后无庸遣使远来，徒烦跋涉，但能倾心效顺，不必岁时来朝始称向化也。俾尔永遵，故兹敕谕。

当时中国人对欧洲人的印象更是恶劣万分。当时的人将“番人”描绘为“白肌、猫眼、高鼻”，“须眉皆赤”，“足长尺二寸”，这些已足令人惊奇，何况加上浑身“气味奇臭”！至于“夷人”的风俗习尚，当时的中国人认为英国国王可传位于其女，女有子，俟女死后立之，实已数易其姓，而国人犹以其为王之后，足见夷俗之陋。在中国人各种各样的记载中，法国国王是“男形而女性者”，法国人且食小儿。俄国女主幸男子，期年或数月即杀之，是固“蛮夷之国，犬羊之性，初未知礼义廉耻，又安知君道上下”！“犬羊之性”的“番人性嗜乳酪，胶结肠腹，唯大黄、茶叶荡涤称神”。如

鄂罗斯国（俄罗斯）男人和妇人

果数月不食，“有瞽目肠塞之患”。所以每遇有贵客的大宴会，“皆以大黄待客”，贫苦的人“亦必有一半两大黄囊胸前，舌舐而鼻嗅之”。“大黄”茶叶只有中国出产，所以卑陋不文的夷人必须依赖中国。这些记载，不仅在民间流传着，皇帝、大臣亦深信不疑，即使在鸦片战争结束后，被人目为最通“夷情”的魏源与夏燮也不反对这类荒诞不经的记载。

在鸦片战争以前，中西不仅是两个文化迥异的世界，而且是两个互相不了解、在观念上彼此对立的世界。在这种情况下，如果双方互相隔绝，毫无接触，自然平静无事；如果不能避免要发生关系，这种关系一定是畸形的。如果双方的情况不改变，畸形的关系也未尝不可继续维持下去，畸形也就等于正常。然而欧洲在变，18、19世纪的欧洲，特别是英国正在发生剧变，情势已不容许它再与中国继续保持往常的关系，它需要改变。

这便是19世纪中叶以后，导致中国悲剧上演的鸦片战争前夕中英两国的心态。对这种影响今后历史发展的背景有透彻的了解，有助于我们了解历史发展的真相。关于这一内容，笔者将在下一编中叙述。

⊙ 清代的文化

清初到乾嘉时代约一百八十年间，中华世界大体上享受和平繁荣、强盛

黄宗羲画像

黄宗羲，世称梨洲先生，明末经学家，与顾炎武、王夫之、唐甄并称“明末清初四大启蒙思想家”。黄宗羲提出“天下为主，君为客”的民主思想，主张限制君权，其民主思想影响了孙中山等人，被誉为“中国思想启蒙之父”。

富裕的生活，因此中华世界在物质生活的改善与精神生活的创发及湛研上，均有长足的进步，特别是思想、学术、文学方面俱有极显著的成就，而学术上的成就更是成果辉煌，世所公认。

清初的三大学者，如果以他们出生的时间为序，应为黄宗羲（别号梨洲，1610—1695）、顾炎武（别号亭林，1613—1682）、王夫之（号船山，1619—1692）。清兵入关时，他们均处于二十五岁到三十五岁的青年时期，莫不饱经明末丧乱及亡国的惨痛。作为在这种环境下成长起来的有志青年，他们三人的言行与思想均有其浓郁的特色，即突破传统藩篱，开辟了新境界。

黄宗羲，浙江余姚人，为王阳明同乡，其父以忤权奸为魏忠贤所害，黄曾上书为父鸣冤。明亡后，黄宗羲曾数聚义师抗清，尝追随鲁王至舟山，亦潜行内地，图谋规复。他曾自述其因进行反抗工作，“濒于十死者矣”。迨武力抗清绝望后，他始退而讲学，欲以思想启迪后世。黄宗羲很博学，除思想及史学外，亦精通历算、礼学、文献、经济、文章，被誉为“自来儒林所未有也”。他的著作很多，以《明夷待访录》《明儒学案》《行朝录》《易学象数论》等最著名。《明夷待访录》是一本系统的政治理论名著。在《原君篇》中，他指出君主之所以产生，是由于其人能为天下谋利，是大众拥戴之为君，“后之为人君者不然，以为天下利害之权皆出于我，以天下之利尽归于己，以天下之害尽归于人。……视天下为莫大之产业，传之子孙，受享无穷。……曰：‘我（君主）固为子孙创业也。’其既得之也，敲剥天下之骨髓，离散天下之子女，以奉我一人之淫乐，视为当然，曰：‘此我产业之花息也。’然则为天下之大害者，君而已矣”。他在《原法篇》中说君主之立法，只在保护其天下能传之子孙；故所谓法乃“一家之法，而非天下之法”。《原臣篇》中指斥一般妄称君臣之义，为君主一姓死节之人是“私昵者”，为昏暴君主辩护者是“贱儒”！《学校篇》中强烈反对利用教育以钳制学生思想，“天子之所是，未必是；天子之所非，未必非；天子亦遂不敢自为是非，而公（布）其是非于学校”。他不仅根本否定“君权神授”之谬论，更进而断定君主是“天下之大害”，必铲除之而后快。这一思想比卢梭（1712—1778）的《社会契约论》早近一百年，是自古以来中外彻底反对专制政制的第一声。

黄宗羲的史学极负盛名。黄宗羲的父亲入狱前告诉他“学者最要紧是通史事”，因此他旁搜博及，记诵探索，最终成为一代史学宗师。清廷开明史馆，诏令督抚礼聘之，黄力辞不往，督抚乃遣人赴其家中抄录其有关明史的著述转送馆中。他遣儿子黄百家与得意弟子万斯同参与修《明史》。《明史》为“后四史”中最精善者，黄宗羲薪传有人。黄宗羲之《明儒学案》为完善之学术史，他从明儒全集中“纂要钩元”而成。他另著有《明史案》二百四十卷，今已佚。

在思想上，黄宗羲仍承阳明余绪，略有修正。他解释阳明的“致良知”的“致”即是“行”，因此他完全摒弃明季王学的静坐参悟那种工夫。黄宗羲享年八十五岁，中年以后即孜孜致力于学者三十余年，影响很深远。

顾炎武，南直隶苏州府昆山（今江苏昆山）人，是清代“朴学”的开山祖师，也是启迪今后两三百年学术风尚的创发人。清兵入关时，他是年三十二的富家子弟，长相丑怪，幼即好学，年十一读《资治通鉴》，年二十六即开始撰《天下郡国利病书》，未成而明亡。顾炎武纠合同志抗清军，坚守吴江失败。他母亲于昆山城破后，绝食二十七日而亡，临终诫以不得事满人。从此他即弃已残破的家园北游，选择有潜力之地耕种，俟有所成，即交付与人经营，再赴他地。因此他老家虽已破产，但他仍能半生旅行各地而不虞匮乏，完成他的不朽名著《日知录》《天下郡国利病书》等。他晚年定居陕西华阴，因为该地“绾毂关河之口”，能见闻各方之人与事，

顾炎武画像

顾炎武被称作是“开国儒师”“清学开山”始祖，他所提出的“天下兴亡，匹夫有责”这一口号影响深远。

“若志在四方，则一出关门，亦有建瓴之势”。可见他晚年犹抱光复之志。除了康熙三年（1664）曾因戴名世文字狱入狱半年外，他一生生活尚称平稳。清廷两次想罗致他，他均以自杀相拒而罢。

顾炎武的治学风格，除了博览群书、搜集资料、类比同异、核奥善谬之外，还特别注重实地考察。他经常牵两马轮番坐骑，两骡驮应用书籍，每至一处，辄与父老村儒访求事实，倘有与所闻或记载不符的，必查书核证，务求真相。他的这种实事求是、不止据典籍的治学方法，使他对山川、风俗、疾苦、利病等了如指掌，更正了典籍的谬误，补充了许多新知。《日知录》是他积三十年苦功的成果，全书一千零一十九条，包罗万象，字字珠玑。他毕生勤学，有穷一年之力所得不过十余条，每条最短者不到十字，长者如“生员额数”条，亦不过两千字，其精炼可知。他在写给友人的书信中比喻今人纂辑书，如买旧钱废铜用以铸新钱，他则是“采山之铜”用以铸钱。他认为“有明一代之人，其所著书，无非盗窃而已。……吾读明弘治（孝宗）以后经解之书，皆隐没古人名字，将为己说者也”。《日知录》是针对这种虚矫蒙骗学风的当头棒，此后学风为之丕变，使清代学术大放异彩。顾炎武的这种客观观察事实、重视原始资料、身体力行的实践精神，正符合科学研究的准绳。我们说他的“学”振起数百年之衰，并非夸张。

顾炎武对明季盛行的阳明学派痛下针砭。他认为“昔之清谈老庄，今之

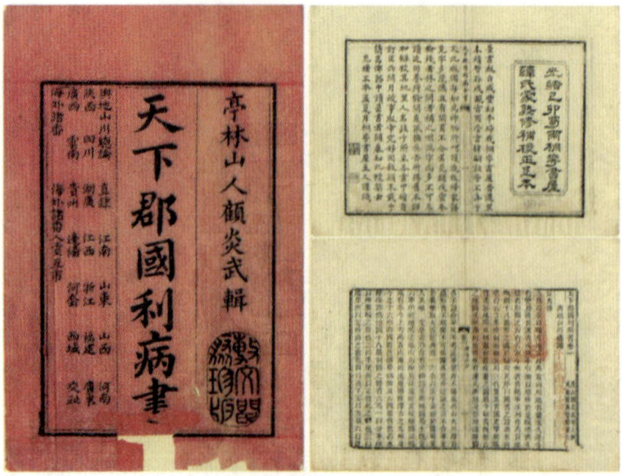

《天下郡国利病书》书影

《天下郡国利病书》是记载中国明代各地区社会政治经济状况的历史地理著作。以讲究郡国利病贯穿全书，重点辑录了兵防、赋税、水利三方面内容，所以梁启超称此书为“政治地理学”。

清谈孔孟”均非“修己治人之实学”，所以驳斥“天性、理气”那类玄谈。他是第一位用实际行为与成果去廓清明末溃腐虚矫士风的大师。后世尊他为大师是因他的学问极浩博，影响极深远。《天下郡国利病书》是后世治地理之嚆矢；《音学》是清人研究音韵学的发凡；《金石文字记》使清代金石学盛行；等等。他为清代学者开辟了新的研究领域，为研究学术之方法指明了新的蹊径。“朴学”是他所开创，他倡导一种朴质无华的治学精神。

王夫之，湖广衡州府衡阳县（今湖南衡阳）人。明社既屋时，王夫之年二十五。清军下湖南时，他曾在衡山参加抗清义师，败走桂林投桂王，瞿式耜颇重之，授官，后不容于群小，以母病归衡阳。式耜殉国后，王夫之知事不可为，不复出。时清廷下剃发令，夫之誓死不从，逃入湘西苗瑶洞中隐匿，自称瑶人。清廷剃发令只针对汉、蒙人，其他如回、藏及西南之苗、瑶等族，均“依其俗”不变。从此他颠沛流离于蛮烟瘴雨的苗瑶区域，直至五十岁时（1669）才在家乡的石船山定居，故人称船山先生。他虽然备尝艰苦，播迁频仍，仍不舍著述，用拾得的破纸或用过的账簿背面书写自己的所思所想。他无友人与门生，著作极少流传。百余年后，有人搜集其遗作，编成书目，曾国荃刻为《船山遗书》六十二种、二百九十八卷，其中包括解“五经”、释老庄诸子之学及诗文杂作等。他的历史著作以《读通鉴论》《宋论》最著名。它们是极有价值的评论史事的专著，自秦始皇至唐末，均以帝王为单元，臧否其得失利钝，五代则以朝代为单元论之，颇不乏卓见及发人深省之处。王夫之的写作环境非常恶劣，因他常将所思所想书写在陈破纸张及使用过的账簿背面，历经多年，有若干殊难辨识之处，故其作品中常有生涩难解者。

王夫之在哲理方面所持的理论，颇有独树一帜的气象。他批判王学的唯心主义玄学，也驳斥程朱“知先行后”的理论。他对宋儒“去人欲，存天理”的主张亦不赞成，认为如此使人虚矫逆情，是反自然（天理）的。

上述三人无论是在治学上，还是在为人上，均足令人衷心敬佩。我们只企望今日博学多识的学者能为他们分别作传，其传必能动人心弦，振人志节。

上述三人再加上朱舜水（1600—1682），即为“明末四贤”。朱舜水，余姚人，明亡时已四十五岁。南明福王被灭后，他度过了十五年的流亡生涯，到过日本、安南、暹罗等地。他曾在舟山参加张煌言的义师，也曾随郑成功北伐到江南，最后不愿剃发而流亡日本。他在长崎住了七年，幕府大将军德川光国礼聘他到江户（东京），师视之，其他藩侯亦多向之请益。德川光国据朱舜水之儒学撰日本史，鼓吹“尊王一统”之理，为百余年后幕府归政日本明治天皇、废藩置县奠定理论基础。他不仅用浅显的词句向日本人传播儒家的哲理，而且躬自为日本人设计殿堂、桥梁等建筑，可见他是一位重实践的学者。日本人对他，“如七十子之服孔子”。其对日本之影响，日本学者多能乐道之。

明末四贤之后的学者，很多在学术上均有贡献，但在为人上，与明末四贤相比，相差不啻壤霄。以证明所谓《古文尚书》二十五篇均为东晋伪造而

朱舜水画像

朱舜水，明朝遗臣。因在明末和南明曾三次被皇帝特征，未就，人称征君。南明灭亡后，朱舜水流亡日本，深受日本学界的重视，还被曾经掌握日本最高权力的德川家族封为“胜国宾师”，开创了日本水户学。

被尊为清代第一流学者的阎若璩（1636—1704）为例，康熙帝南巡召见他，他因赶不及而很懊丧；雍正帝为皇子时请他入京，时他已年老，但他立即抱病赴京，不久即病死。这种趋名嗜势的行径，与前贤相较，真不可以道里计。等而下之，如李光地、方苞等人的奸诈贪婪，更不足道矣。

为乾嘉之学前驱的，首推直隶博野县（今河北保定市博野县）人颜元（号习斋，1635—1704）、直隶蠡县人李塨（号恕谷，1659—1733）。颜元认为静坐读书是“空腐”，必须研究“事”，“心有事则存，身有事则修”，离却事物无所谓学问，未指事物而谈学问，便非学问。他在漳南书院任教，分设文学、武备、经史、艺能四斋，由此我们可见其心目中的学问所蕴含之范畴。一切学问，均要实习，所以自号习斋。他不愿著书，因为一著书便浪费学习的时间。幸好他的学生李塨将其理论记载下来并加以发挥。

颜元强烈反对读书，认为那帮自以为“会作书文皆圣人之徒矣”者，使得中国“两千年成一虚花无用之局”。他将宋、元、明之理学家批评得体无完肤，认为他们“习成妇女态，甚可羞”；“柔脆如妇人女子，求一豪爽倜傥之气亦无之”。提到这些理学家，他便“益伤吾心也”。他的名言是：“孔门为学而讲，后人以讲为学”，实足发人深省。颜、李之说，是清初对宋明理学的一大反动，虽未必为当时所喜，乾嘉的考证之学却深受这种理论的影响。颜元是顾炎武的后继者。

乾嘉时代（1736—1820）约一百二十年间，是考据之学最盛行的时代。乾嘉学派大致可分为两派，一派是以惠栋（字定宇）为中心的吴派，完全信奉两汉学者的说法，不问是非，全盘接受，非两汉的，全部否定，所以该学派被讥为“纯汉学”；另一派是以戴震（字东原）为首的皖派，该学派对经籍专做狭窄深入的研究，判断很审慎，所著多小篇，但多很精密，研究方法均客观而严谨。亦有“解说三字至二十余万言”者，经学被他们这么一注解，使人望而却步。戴震本人并不限于这种支离破碎的工作，他在历算、地理、音韵、文字等方面均造诣颇深，在思想方面也有阐发。与王夫之一样，他也反对程朱“去人欲，存天理”的主张。除考据学派外，尚有汪中（字容甫）的理学，章学诚（字实斋）、全祖望（号谢山）等人的史学。章学诚乃一代大史家，可是在当时籍籍无名，在当时所刊行的类似名人辞典的书籍中，编者甚至将他的姓误写为“张”！

考据之学对学术的影响甚宏远，综述其主要贡献有三：

一、经书的笺注与辨伪，使后世读经时得到指引。

二、史籍的搜求与辨证，增补正史中若干表、志。

三、对古籍的校勘、训诂与辑佚，逐字厘审及注释文字之流源与含义的成就很大。

当时及后世对考据学讥评者颇多，认为一个学者埋首故纸堆中，穷一生数十年之精力，只解释一字一句，复为一字一句的诠释而众说纷纭，议论不休，实在无多大意义，即所谓“碎义逃难”是也。然考据学确有其价值，特别是对历史。鉴别史料的真伪及其可信程度，是撰述历史的基础；基础不稳，房屋如何能矗立？如视考据即是历史，偏差便大了。若有人视考据即是学问，不考据即无学问，则匪夷所思矣。迄今为止仍有抱持这种态度的人。

清初史学首推万斯同之修《明史》，次以顾祖禹（1624—1680，或1631—1692）之《读史方舆纪要》。顾祖禹自二十九岁始属稿，年五十始成书，历时二十二年，未尝一日辍业。此书论历代地域形势及其沿革，包括山川险要、关隘桥驿。以历代史事论军事地理，意在说明在中国任何地方起兵，均可循其剖析而得之指引，统一中国。其著书用意在于图谋匡复者可借之而驱逐鞑虏，可谓用心良深。其次则是被梁启超推崇为“清代唯一之史家”的章学诚。他的不朽名著《文史通义》并非史籍，乃是史论，其要旨有：

一、首次提出“六经皆史也”的惊人之论。

二、将史籍分为“记注”与“撰述”两大类，前者即史料，后者指史书。

三、提倡写通史，兼论刘知几的史家须具备史才、史学、史识三条件之外，再加史德与史意。

四、建立方志学。章学诚并无历史著作，今仅存其所修《永清县志》及《和州志》《湖北通志》之残缺本。

其实清代的史家甚多，成就亦可观，吴任臣的《十国春秋》、毕沅的《续资治通鉴》、魏源的《圣武记》及《元史新编》等，均堪称史籍名著。崔述的《考信录》，全凭经书，偶参以《论语》《左传》，严谨锐利分析古史，廓清若干疑云，贡献很大。王鸣盛的《十七史商榷》，对典章故实及版本义例均有精辟论断。钱大昕的《十驾斋养新录》（“养新”乃大昕祖父书于其书斋者）及《二十二史考异》，可追踵《日知录》，“宏博不如（炎武），而精实过之”。赵翼的《廿二史札记》，贯通诸史，相与参证，列举史事，以明其因果嬗变之迹，对读史者裨助很大。

若干治史者认为清代朴学兴盛的原因有三:

一、清初有些士人以明末士人“无事袖手谈心性”，清谈孔孟而亡国，所以针砭时弊，舍谈天性而务实。清初类似这种言论确实很多，但南宋理学盛行，亡于异族蒙古之后，理学照样是元代学术的主流，何以并无丝毫如清代朴学般的迹象?

二、在清政府的淫威之下，士人动辄以文字贾祸，不如埋首故纸堆中安全。此说亦有可商榷之处。首先清代文字狱均以诋毁辽、金、满洲为夷狄为主，次则为强调华夷之辨的文字，雍正时以讥讪皇帝坐罪的汪景祺狱是由于汪党于年羹尧，查嗣庭狱是因查党于隆科多，两者均因政争而被罗致，不算真正的文字狱。黄宗羲的《明夷待访录》，言论何等激烈，未闻有罪；顾祖禹在《读史方舆纪要》的序中称清人入关为“四海陆沉，九州腾沸”，极尽故国之思，亦夷然无事。可见清代文字狱自有其忌讳处，非滥施行也。何况清自入关后即尊崇孔子，康熙帝更进一步提倡孔孟程朱，亲自为文以阐扬朱子，并派人编《朱子全书》。他没有倡阳明之学，与反王学的清初学者相比，应当是旨趣相同。何以学者不尽附入程朱体系以求免祸，而转入朴学?

三、有人谓乾隆帝提倡考据学，是希望借以巩固其统治权。乾隆帝即位时清已入关九十余年，汉人在各方面可以说是全部被驯服了，他似乎毫无理由惧怕“秀才造反”而提倡朴学。且清初大学者的著作均是朴学的创轫者，阎若璩是康熙时代的学者，他的《古文尚书疏证》被后世奉为考据著作的圭臬，与乾隆帝的提倡有何关系?乾隆帝是在朴学已蔚然成风之际提倡考据学的。学者们在传统的熏染、学术界的风尚、师承的雨化以及个人的禀赋、志向与功力的相互激荡砥砺下，毕生殚精竭虑钻研穷绎，皇帝的提倡，他们未必知道。持此说者，厚诬古人矣。

通常用以解释清代朴学鼎盛的三个原因，似是而非，已廓清如上。真正近乎事实的原因，笔者认为朴学是间接受到明末清初中西文化交流的影响。西方治学的方向、方法与态度对中国学者有了潜移默化的影响，传教士虽被逐出中国，他们播下的学术种子仍然得以开花结实——成果即朴学。

《十二金钗图册》中黛玉葬花的情景

清代的长篇小说以吴敬梓的《儒林外史》及曹雪芹的《红楼梦》最显著。《儒林外史》以八股文笼罩下的科举制为嘲讽对象，全书并无一中心人物，亦无连贯故事，人物均一个个牵引出场，分别代表八股文病入膏肓后的某种典型，书中之人被刻画得细致入微，读者读之，如见其人、如闻其声。用这种章回体讥时刺世的小说，如以后的《官场现形记》《二十年目睹之怪现状》等，大都师法《儒林外史》。这些小说对当时的社会实况均有入木三分的描绘，是一般史料、史籍所不能表达的。笔者尝劝学生多浏览这类作品，以增加对中国近代史的了解，也力劝研究外交史的学生看《东周列国演义》，命意相同。文学作品是人类的主要精神食粮，清代这一类作品很多，所谓良莠不齐，也不过各人观点迥异而已。

《红楼梦》脍炙人口，甚至被若干人誉为中国最伟大的文学杰作。它不过以一富贵世宦之家的公子哥儿为中心，描述一些小儿女的私情及家庭琐事，但因曹雪芹的文笔优美、知识渊博、才华横溢，使《红楼梦》结构转折有致，叙事细致而复隐晦；刻画多愁善感、阴险猜忌、潇洒豪放、贪财好色、粗犷鄙俗等人事，均栩栩如生。所以许多人对这部小说都十分痴迷，还有许多人由“红迷”而研究“红学”！民初蔡元培作《石头记索隐》，解释为清初政治的借托，极尽牵强附会之能事。将《红楼梦》读得滚瓜烂熟的

《聊斋全图》中的狐妖现形图 清代绘制

“红学”者，对书中微物细事均煞有介事地考证，而且彼此互相攘臂争辩，甚至啐骂，甚矣！曹雪芹仅写八十回而终，高鹗打不破曹雪芹的一些哑谜，如“一从二令三人木，哭向金陵事更哀”之类，致使许多人还在孜孜矻矻地去猜。

清代的杂剧（传奇）如孔尚任的《桃花扇》和洪升的《长生殿》均属文学名著，为读者留下无限绮思。清代诗文产量虽多，但袭前人窠臼，无新颖足道。属于稗官野史的笔记小说，汗牛充栋，为历代之冠，这大概与游幕有关。因幕府闲余时，常将所见闻政坛轶事、民间神奇等笔之于书，故他们的作品多。蒲松龄的《聊斋志异》是神怪仙狐故事中流传最广者。

总之，清代至道光为止（1850），留给后世的文化遗产十分丰富，其中最值得珍视的是他们对古籍的通盘整理与彻底的校勘训诂，虽然不一定完全正确周全，但其功不可泯，是无人能否定的。

道光以后，中外局势均有急剧变化，西方文化及武力的冲击，“开中国三千年未有之变局”，“中华世界”也因之褪色，其史事笔者将在下一编中叙述。

少年爱读中国史

4

从鸦片战争到辛亥革命

插图版

李定一 著

重庆出版集团 重庆出版社

時局圖
不言而喻
一目了然
西伯利亞
SIBERIA
俄國
北
東
南
西
日本國
THE RISING SUN
JOHN BULL & I WILL WATCH THE BEAR
太平洋
THE PHILIPPINE ISLANDS
版權所有翻刻必究

目录

Contents

第六编

中华帝国的落幕——从鸦片战争到辛亥革命（1842—1911）

◈ 第十九章　西方势力的入侵

鸦片走私问题　/ 002

鸦片战争　/ 010

不平等条约的订立　/ 018

大清帝国的解体　/ 029

◈ 第二十章　全国大动乱

太平军的勃兴　/ 043

太平军的政治策略　/ 055

满汉政权的转移　/ 066

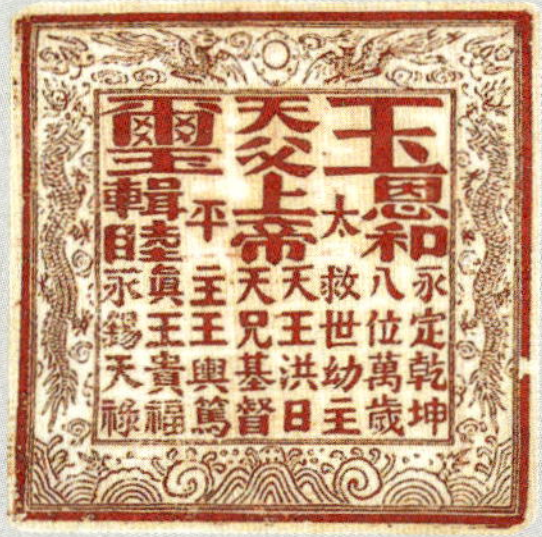

第二十一章　自强运动

“师夷之长”的发端　/ 079

基督教再度传播　/ 090

自强运动的阻碍　/ 099

第一次中日战争（甲午战争）　/ 108

第二十二章　救亡运动

开民智运动与百日维新　/ 124

义和团事件　/ 141

辛亥革命　/ 149

国民革命之顿挫　/ 158

第六编

中华帝国的落幕
——从鸦片战争到辛亥革命
（1842—1911）

第十九章 西方势力的入侵

⊙ 鸦片走私问题

震撼中华世界的鸦片战争，其爆发的原因有三:

一是中西文化交流的中断，使得两个文化世界由不了解而误解，进而互相鄙视，但又必须接触（贸易），故误解日益加深，关于这一点，笔者在第十八章第五节中已叙述。

二是北美十三州殖民地脱离英国独立，以崭新的贸易方式参加中国的对外贸易。由1784年的一无所有，北美十三州在十余年间跃升至中国第二大贸易区，这表明美国商人自由竞争的方式优于欧洲传统的独占方式。

三是1789年法国大革命发生后，欧洲国家受其影响，对华贸易锐减，美国商人趁机发展“环球式贸易”，即从东北各州装运人参，途经西印度群岛收购海参，绕麦哲伦海峡而达西北海岸（今华盛顿州）；又装运海獭皮，以成本极低的货物，贩至广州出售，换取中国特产，输往欧洲。出售部分或全部中华特产，购买欧洲特产返美，获利惊人（可参阅拙著《中美早期外交史》第一章第三、第四节）。由于美国商人的种种优势，连英国人也舍英国东印度公司之茶叶而购买美国商人的，以其较新鲜而价低廉故也。

19世纪东印度公司总部大楼

很多国家都设立了东印度公司，其中荷兰和英国的东印度公司可以组建军队，1840年在中国沿海挑起侵略战争的一大部分军队就来自英国东印度公司。

由于美国商人的自由贸易，英国人对老大腐败而独占英国对东方贸易的东印度公司发出不满的批评，主张废除东印度公司的声势日益壮大。英国国会最终于1813年通过废止东印度公司独占东亚贸易的特权的决定，从此英国人可以自由在东方经商，唯因中国情况特殊，英国政府准许东印度公司延长其在中国的独占特权二十年，到1833年为止，这是英国遣派亚墨尔斯到中国的原因。律劳卑是第一位代表英国政府到中国处理商务的官员，他的地位不同于商人“大班”。律劳卑受到国交不平等的待遇，但英国政府仍然隐忍未发。在广州、澳门的外商都洞烛中英之间一定会有冲突发生，预测冲突的结果是中国对外开放，因此1817年精通印刷的麦胡士即到马六甲开创中文印刷工厂，印制中文宗教宣传品。次年他在该地创办“英华书院”，招募中国文人为将来准备去中国的传教士教授中文，这些受聘文人中不乏秀才和举人。故东印度公司的解散，已促成中英势必冲突的基本形势。唯英国政府很审慎，他们不愿为争取国交平等的虚名而冒战争之险，只有实利受到威胁时，才认真考虑用兵。他们当时对华“贸易”最大的实利是将鸦片走私到中国，因此律劳卑愤死在澳门时，遗书英国外交大臣，主张用大炮对付中国政府，但英国政府仍采取消极的维持现状政策。不过，一听到中国要严禁鸦片，英国政府便立刻命南非舰队增援南中国海，因为事关大英帝国的实利，所以非常警惕。英国对华政策转趋强硬，原因何在？要回答这一问题，我们得先进一步了解英国对华“贸易”的重大实利所在。

英国自1591年（明万历十九年）开始经营印度，到1763年（乾隆二十八年）英法“七年战争”结束，历时一百七十余年，始独掌印度政治经济大权。十三年后，北美十三州殖民地脱离英国独立（1776），从此印度成为大英帝国最重要的殖民地、生命线和掌上明珠。除了印度物产丰富、人口众多，足为英国新兴工业的原料供应地及广大的市场，印度也是英国在亚洲发展的根据地。英国向亚洲发展的第一个目标当然是中国。中国不似印度境内小国林立，王公各自为政，而是威震东亚的统一帝国，英国既不能蚕食也无力鲸吞中国，于是英国对中国的发展便限于商务贸易，也就是说，英国只求对中国进行经济上的榨取。

18世纪中叶，英国发现一种对中国进行经济榨取的最佳方法，即推销鸦片。1780年，英国失掉北美洲殖民地以后四年，东印度公司取得鸦片的专卖权，从此努力经营。印度鸦片的产量日增，在中国的销路也蒸蒸日上，大英帝国的财富与国威自然亦随之一日千里，英国成为当时世界上最富强的国家。

鸦片最初销入中国的数量很小，1729年时，每年不过两百箱（小箱重约一百三十磅，大箱重约一百五十磅），此后逐年虽有增加，但每年不过增多二十箱，到东印度公司取得鸦片专卖权时，印度每年运销中国的鸦片约一千二百箱。经过东印度公司的锐意经营，十年之间，鸦片在中国的销路突飞猛进，1790年时，印度运销中国的鸦片竟达四千余箱，此后销售数量激增。道光元年到道光八年（1821—1828），印度平均每年运销中国的鸦片为八千余箱；道光九年到道光十五年（1829—1835），平均每年销一万七千余箱；至道光十六年（1836），运到中国的鸦片有三万零二百零二箱，次年（1837）运到中国的鸦片竟达三万四千七百七十六箱。唯是否全部售出，不得而知。梅迪南奉命率舰队来到中国的那一年（1838），英国准备用走私的方法运销中国的鸦片约三万四千箱左右，价值洋银两千两百万元以上。自道光元年到道光十九年，英国销售到中国的鸦片总值约为洋银两亿三千万元。

鸦片对英国的重要性犹不止于此。英国在印度每年征税的收入为五千万镑，其中抽自鸦片者八百万镑，因此来自鸦片的税收是英国维持它在印度的统治权所不可缺少的收入。印度的重要，在于它无尽的财富，而它供给英国新兴纺织业最需要的棉花，不过占其全年出口货物额的四分之一，鸦片却占全年出口额的二分之一。所以在英国人的算盘上，鸦片超越一切。

不过，中国的鸦片市场更重要。英国人在印度投资种植鸦片，运到中国销售，也只能在中国销售。他们将所得的白银一部分运回英国以增加国富，一部分则购买中国的特产，如丝、茶、漆器、瓷器等。他们将这些特产运到欧洲，或在广州以高利贷的方式放与中国商人，再以盈利所积的资本投资印度，扩张鸦片生产事业。如此周而复始，鸦片贸易自然利市百倍，大英帝国的声威随之更加煊赫。所以，英国的商人资本与保护商人资本的军舰，加上印度出产的鸦片与中国的鸦片市场，便构成了大英帝国的国势。印度被英国视为掌上明珠的原因也在于此。中国先是将英国使臣当作贡使看待，将其驱逐出境，后又软禁英国商务总监督，摈斥商务总监督于澳门，令其不得入广州等事件，英国对此无动于衷；然而一旦中国要禁烟，义律马上通知英国政府，帕麦斯顿立刻命梅迪南率军舰到中国，立即改变缄默已久的政策的原因亦在于此。

英国东印度公司在印度储存鸦片的仓库

西方若干历史学家，特别是英国的历史学家，把鸦片战争称为“商务战争”，或谓鸦片战争系争取国交平等的战争，甚至有人竟然说鸦片战争是中国强迫西方人磕头而引起的战争，事实证明这些观点都是谬论。如果说是争取国交平等而战，则战争应该在马戛尔尼，在亚墨尔斯，至迟在律劳卑事件后便可以爆发。如果称为商务战争，中国并未禁止任何正当商务，只是禁止走私，而且禁止的是毒物走私，禁止犯了“滔天大罪的贸易”（英国人自己的话）。诚如鸦片战争时期法国人所说，如果有人将鸦片贩运到马赛，法国会将他处以绞刑，而英国人却将之解释为“商务”！

中国对鸦片走私的反应自与英国人迥异。鸦片在唐时由阿拉伯商人传入，中国人一直将它当作药物，视为治痢疾的特效药。俟美洲烟草经西班牙人传到东方后，爪哇土族首先将鸦片混入烟草内吸食，以增加烟草的香味，此法在明末流入中国。明万历十七年（1589），明廷以葡萄牙人输入的鸦片数量日增，乃开始抽税。清初沿海居民将吸食鸦片的方法改良，将鸦片煮成烟膏，用竹管在灯前吸食，数年之间此吸食方法流行各地，遂有烟馆的开设，吸食者渐多。政府以吸食鸦片戕害身体，“淫荡人心”，所以雍正七年（1729）清廷下令禁止贩卖与开设烟馆，对违者的惩罚相当严厉，“私开烟

富字一两

鹿头一两

“富字一两”和“鹿头一两”专门用于鸦片交易的。

馆引诱良家子弟者，照邪教惑众律，拟绞监候”。其时吸烟的人尚无罪名。当时每年输入的鸦片不过两百箱，所以禁令亦未严格执行。1780年，东印度公司取得鸦片贸易专卖权后，鸦片流毒中国的情形才日趋严重。嘉庆元年（1796），清廷乃下令禁止进口鸦片，并禁止民间吸食，四年后，复下令禁止种植。然英国商人与沿海奸民及地方官佐互相勾结，若干地方官及管理关口、口岸的官弁，“胆敢得受陋规，徇情故纵”，否则便“挟嫌诬拿”，故朝廷禁烟的命令虽严，胥吏反得以之为纳贿与敲诈的口实。

嘉庆二十年（1815），清廷规定外船若再夹带走私鸦片，一经查出，“即将一船货物全行驳回，不准贸易”，并切责行商，令其晓谕外商，到中国来只能做正经生意，不可推销此种戕害身体的毒物。但清吏积习已深，英国商人走私方法百出，禁令如同具文，鸦片销量仍然扶摇直上。道光元年（1821），广东查获奸民叶恒澍贩卖鸦片，因此政府重申禁令，凡外船至粤，先由行商出具所进黄埔货船并无鸦片甘结，方准开舱验货；如果行商通同徇隐，查出之后，加等治罪。从此英国在伶仃岛设船囤积鸦片，此一小岛遂成为19世纪世界上最大的贩毒中心。从此时起，直至鸦片战争期间英国占领香港为止，史称“伶仃时期”。

最初清廷对鸦片的贻祸只注意到其损伤身体、败坏风俗人心，嘉庆初年，已有人察觉到西洋奇巧货物虚耗中国纹银的现象，而主张以货易货。到嘉庆二十三年（1818），清廷遂有限制外船回棹时所带去之白银，不得超过进口货物所值十分之三的命令。中国完粮纳税，均以纹银计算，必须以钱易银。银价愈昂，制钱愈来愈贱，影响一般民众生计甚大。道光二年（1822），御史黄中模首请朝令闽、浙、粤各省严禁白银偷漏，并且提出鸦片“耗财伤生，莫此为甚”的卓见。这时中国已开始察觉到鸦片走私对于国民经济的影响了。此后朝野人士对鸦片流行中国的问题仍不时讨论。清廷最初的对策是严禁进口，无效之后再严惩转贩运销内地的奸民，但仍然不能防止漏卮，白银外流所产生的后果日趋严重。嘉庆末年纹银每两换制钱七百余文，到道光十五、十六年，纹银奇昂，需一千二三百文始可换银一两。社会经济，国家财政，均由是发生险象，于是朝野一致呼吁，禁烟之事已刻不容缓。

鸦片流毒无穷，必须禁绝是毋庸置疑，但数十年来，用尽各种方法都未见效，真是“鸦片之禁愈严，而食者愈多，几遍天下”。若干眼见禁烟政策实际推行情形的广东士绅及曾在广东为官的人士，遂站在纯粹经济的角度，提出解决白银外流的办法。首先用“粤士私议”为题，向朝廷试探意旨，主张允许鸦片进口征税，同时两广总督卢坤提议“应弛内地栽种罂粟之禁，使吸烟者买食土膏，夷人不能专利”（1834）。朝廷不赞成卢坤的意见，仍命严禁。两年后（1836），曾在粤东做过道员的太常寺卿许乃济，汇集他在广东服官时的所见所闻，向朝廷提出弛禁鸦片的主张。许乃济认为：

一、鸦片走私是白银外流的最主要原因。“以中原易尽之藏，填海外无穷之壑，日增月益，贻害将不忍言”，“拔本塞源”的禁烟办法是根绝“夷人互市”，但中国海岸辽阔，仍无法“止私货之不来”。

二、严刑峻法并不能防止奸民。“然法令者，胥役棍徒之所藉以为利，法愈峻则胥役之贿赂愈丰，棍徒之计谋愈巧。”因“民之畏法，不如其骛利，鬼蜮伎俩，法令实有时而穷”。往事可鉴。

三、弛禁的具体办法：（一）准许鸦片纳税进口，贩鸦片所得之银不准带回，只许以易货物。（二）准许民间贩卖吸食鸦片，但“文武官吏、士人、兵丁等不得任令沾染恶习”，由上官负责保结。

四、准许内地种鸦片。以广东之情形而论，种烟并不妨碍粮食生产；其

伶仃岛周围鸦片走私船云集

新安县属的伶仃洋水域是鸦片走私基地，1824年W.J.哈金斯描绘了这一情形。

他各省于查明不碍粮食正常生产后，亦准其种植鸦片。

“弛禁论”提出后，道光皇帝认为颇有道理，两广总督邓廷桢、广东巡抚祁贡尤表赞同。但反对者众多，兵科给事中许球提出“若只能禁官与兵，而官兵皆从士民中出，又何以预为之地”的问题，质询弛禁论者。何况“明知为毒人之物，而听其流行，复征其课税，堂堂天朝，无此政体”。他的办法仍然不外是“谨守旧章，严行整顿”，所异于前者，是先惩内地奸民，再治外夷。其他反对者，大都不脱许球窠臼，多站在违背祖制、有乖政体以及社会道德的立场上反对弛禁。弛禁论被打倒后，便是如何能禁而有效的问题了。

邓廷桢在广东用尽各种方法，毫无效果，向外商“剀切谕饬”，也没有反应。伶仃岛仍然门庭若市，夷人“利欲熏心”，“肆无忌惮”，不理中国虚张声势的恫吓。弛禁论销声匿迹后两年（1838），银价已涨至一千六百余文一两，素来留心经济问题的鸿胪寺卿黄爵滋很沉痛地向皇帝提出当前的经济危机。他从鸦片流毒论到白银外流数目之惊人（据黄爵滋估计，从道光三年到道光十八年白银漏卮共达三亿两以上，这个数字当然不确），“以中国有用之财，填海外无穷之壑，易此害人之物，渐成病国之忧，日复一日，年复一年，臣不知伊于胡底”。他想到财政上的危机，更是“辗转不寐”，而以往所有严查海口、断绝互市、查拿贩烟与开设烟馆者、弛禁等办法，均不能解决漏卮问题，所以他断然提出唯有以重刑惩治吸烟者，始为正本清源的办法。“夫耗银之多，由贩烟之盛；贩烟之盛，由食烟之众；无吸食，自无兴贩，则外夷之烟自不来矣！”故他主张以一年为期，限令吸食者戒绝，如不戒绝，处以死刑。一年期满，民间五家互保，不告发者治罪。官吏犯者，除了本人处死刑，子孙也不准考试。道光皇帝被这封奏章大为打动，乃下令征求各封疆大吏的意见。朝廷收到复奏二十余件，莫不赞成黄爵滋对吸食者处极刑的意见。

这些复奏中，以湖广总督林则徐的立论最彻底，顾虑最周到，办法最切实可行。同时他历年在辖区内推行禁烟的成效也最昭著。他不仅赞成对吸烟者处以死刑，更主张对开设烟馆者、兴贩鸦片者与制造烟具者均一律处以死刑。他说鸦片问题，若“犹泄泄视之，是使数十年后，中原几无可以御敌之兵，且无可以充饷之银。兴思及此，能无股栗”！道光即痛下决心禁烟，无论对内的肃清或对外的堵塞，都以广东为首要之区，因此命林则徐到京，召见十九次。道光十八年（1838）12月，清廷下诏派林则徐为钦差大臣，驰赴广东查办海口事件，并颁给钦差大臣关防。次年（1839）3月，林则徐抵广州，开始他“誓与此事相始终”的禁烟工作。

⊙ 鸦片战争

中国政府要派钦差大臣到广州禁烟的消息，英国的鸦片走私贩子早就知悉了。在他们的想象中，这在中国官场不过与以往一样，雷声大，雨点小，故毫不在意，对之态度轻松。不想林则徐到广州后，切实奉行禁烟政策，“调查与行动”（史家莫尔士语）兼顾。他首先集合广州三个书院的学生数百人于考棚，出了三个题目要学生答复：一、列举鸦片囤积的地方以及囤积者的姓名；二、列举零星转贩者的姓名；三、断绝鸦片流毒的方法如何。唯恐学生有所顾忌，所有答题上不书姓名。

这一次“观风试”的结果，邓廷桢素所依畀的缉私大员韩肇庆及其串通作弊的官弁，一律被革职，同时一般大小囤户的姓名，林则徐也了然于胸。然后林则徐严禁吸食，首禁的是士人，因“今日之士子，即他日之置官”，

鸦片交易

1864年西方画报中所描述的英国鸦片商人强迫清人交易的情形。

必须为表率；次及水师，因吸烟之人何能负责缉私；最后始及一般平民，平民的禁烟，由地方公正士绅负责主持。

林则徐禁鸦片进口的步骤是先指出行商与外商勾结牟利的内情，谕其不可再欺饰隐匿，并责令行商要外商“具汉字、夷字合同甘结，声明事后永不再夹带鸦片，如再夹带查出，人即正法，货尽入官”。如行商不能办到，他便要将行商“择尤正法一二，抄产入官，以昭炯戒”！

3月18日，林则徐命人将要外商在三日内具结的通令送出，但外商并无反应。林则徐乃下令缉拿广东最著名的毒犯英国人颠地。义律在澳门知道消息后，一面声称保护颠地，一面下令军舰准备战争，同时报告帕麦斯顿：他认为“无疑地，采取强硬态度才可制服粗鲁的广东地方官员”。3月24日，义律赴广州，欲偕颠地赴澳，林则徐以毒犯欲逃走，遂封锁商馆。3月26日，林则徐向英国商人发布文告，以天理、国法、人情、事势四项理由，反复开导英国商人，令其速速缴出鸦片。林则徐要求外国人与中国合作禁毒，坚持外商要具结永不再夹带鸦片的理由，都在这篇文告中说得尽情尽理。

从林则徐的这篇文告，我们可以窥见他当时的时代识见，他在“论天理”时指出：“律劳卑闯进虎门，旋即忧愤而死，吗哩逊（马礼逊）暗中播弄，是年亦死”，皆因违背天理而“伏冥诛”；在“论人情”时他认为夷人“大黄茶叶不得，即无以为生”。中西文化交流中断后，号称通达时务的林则徐尚且如此，其他人的识见可想而知了。因此，我们对林则徐、琦善、耆英等人的外交措施，也就毋庸深责了。

次日，义律以困居商馆，食物佣人均告缺乏，英国及各国商人被牵连受难，顾全各国商人安全等为理由，要求英国商人将其囤积在伶仃岛等处的鸦片缴出，由商务总监督出具收讫后再代缴与中国政府。经义律这样处置，本

银质烟枪

随着烟毒的泛滥，烟枪已悄然演变成身份和地位的象征。一般来说，权贵富人拥有专门的厅舍烟榻，或去高档烟馆，用于吸食鸦片的器皿也极为奢华，甚至镶金嵌玉、饰以珠宝。

来是中国政府从在中国沿海走私贩运毒物的罪人手里追缴违禁品，现在却变成中国从大英帝国政府手中收到两万零二百八十三箱鸦片。帕麦斯顿对外宣称决不保护商人在大英帝国旗帜之下做非法勾当的话，谁人能信！

自义律允缴鸦片之后，商馆防守松弛，林则徐立即供应牲畜等食物二百余件，并允诺每箱鸦片酬赏茶叶五斤。5月21日，鸦片缴清［义律欲团结各国一致对付中国，其他国家（美国）商人之鸦片一千五百余箱亦由他出具收到条，再缴与中国］。24日，义律与英国商人全部离开广州，并劝当时对华贸易额仅次于英国之美国商人一同离粤，美国商人拒绝了。自3月林则徐开始禁烟以来，美国、荷兰等国以未贩卖鸦片，迭次请求开舱贸易，林则徐欲各国商人痛恨英国人贩卖鸦片而牵连彼等，可收“以夷制夷”之效，故未允所请。他下令必须缴清鸦片后，始全体开舱贸易。义律到澳门后，态度转强硬，拒绝贸易，亦不收受赏赐之茶叶十余万斤。自此以后，中英正当贸易事实上已经中止，广州只剩下二十五名美国商人。

6月3日，林则徐会同中外人士，在虎门附近的海滩将鸦片全部彻底销毁（共费时二十三天）。林则徐的任务完成了，道光十分欣喜，欲调其赴任两江总督。这是一般取巧人士最好的机会，可以“功成身退”，但是林则徐知道他的工作还没有完结，最重要的外商具结今后永不夹带鸦片与广东吸食兴贩鸦片的问题，都没有解决，所以不愿他调。朝廷尊重他的意见，乃调邓廷桢为两江总督（邓仍留粤帮助林，并未赴任），并改授林则徐为两广总督，以便

雕塑《较量》

广东省东莞市虎门广场的雕塑《较量》，其折断的“烟枪”和有力的双手，无不向来往的人们静静地诉说着不屈的精神。

其贯彻禁烟政策。

义律在澳门将自己所造成的局势报告英国政府，静待战争的爆发。少数明白事理的英国商人虽甘愿遵守中国法令，入黄埔具结，然后贸易而去，但义律禁止他们如此做。时海上鸦片走私贸易在7月左右已经恢复，烟价也由每箱洋银五百元，猛涨到每箱洋银三千元之巨。总之，英国人并没有吃亏。

正当具结问题僵持不下时，中英之间又发生了“林维喜案”，使中英纠纷更加复杂。7月7日英国水手酒醉行凶，将九龙尖沙咀村人林维喜殴毙。中国要求英国人将凶手交出，义律不理会林则徐的要求，自行判决行凶水手，对行凶水手处以最重的处罚金二十镑并监禁六个月。这与“杀人偿命，中外皆同”的原则相差太远，所以林则徐与邓廷桢命令澳门驱逐英国人，义律只得率英国商人五十余家寄居船上。9月4日，义律以印度增援军舰已到，乃以购食为名，至九龙开枪杀死中国兵士两人，伤六人。中英之间已进入战争状态，所缺少的，仅仅是英国大军的到华而已。

广州收缴鸦片的报告于9月21日到达伦敦，英国政府以师出无名，犹豫不决。11月3日，林维喜案的消息传到英国外交部，英国政府始决定对华战争，其理由是英国商务受到限制，英国国旗遭受侮辱，英国人民的生命受到威胁，故下令在印度组织一支“小规模的远征军”。英国在远东有商务关系的团体此时亦叫嚣不已，呼吁政府对中国采取“坚强有力的行动”。英国国会中的反对派虽然攻击这是使“英国永远蒙羞的战争”，但用兵中国的决议仍以九票之差的多数通过了。1840年4月3日，英国内阁下令向中国提出补偿要求，如果不能达到目的，才实行用兵，所以他们解释这是“报复”而非“战争”。是年6月21日，由懿律（义律的堂兄）为总帅的英国“远征军”到达粤海面，宣布封锁广州。旋即懿律率舰队北上，欲直接与中国朝廷交涉。7月7日，英军占领浙江定海。清廷得悉定海失守后，才知局势严重，始调兵遣将，准备战争。

中国沿海对战争有戒备的只有广东一省。林则徐自到广州后即开始对“知彼”下功夫，他派人翻译当时唯一报道世界大事的报纸——《澳门月报》，知道夷人的“船坚炮利”，所以他告诉朝廷：即以船炮而言，本为海防必需之物，虽一时难以猝办，而为长久计，亦不能不事先筹维。且广东利在通商，自道光元年至今，粤海关已征银三千余万两。收其利者，必须预防其害。若前此以关税十分之一制船造炮，则制夷已可裕如，何至尚形棘手？……则以通夷之银，量为防夷之用，从此，制炮必求极利，造船必求其坚。

他的这一番话语，被道光骂为“一片胡言”。唯他居广东一年来，确是无日不兢兢业业于沿海防务，常“出驻海澨，罔避风雪暑雨”。虽然他已知道大黄茶叶不足“制夷死命”，但他所能“辛勤筹办”的海防，也只限于“令水师不必在洋攻剿，但固守口岸藩篱，备火船，乘月黑潮退，出其不意，分起潜出，乘上风攻其（夷船）首尾，火器皆从桅掷下。又招募渔，蜑以兵弁，潜伏岛屿，随时挈小船攻扑”的火攻政策。英军并没有选择广东为战场，有许多人认为这是林则徐的幸运，似有道理。将林则徐与当时的其他封疆大吏相比较，只有林则徐重视军备，讲求实际，而且为防务尽了最大的力量。如果其他各省都像林则徐在广东一般设防，英国那四千人的军队（附炮五百四十尊）究竟经得住多大的消耗，便很成问题了。

林则徐对自己的处境相当清楚，在得知英国军舰东来的消息后，他曾写信给夫人一吐心怀：“外间悠悠之口，都谓我激起夷衅，……予明知禁烟妨碍奸夷大利，必有困难，而毅然决然不敢稍存畏葸之心者，盖以身许国，但求福国利民，与民除害，自身生死尚且付诸度外，毁誉更不计及也。……而今英夷兵船来华，既不能在粤思逞，必然改窜他省；他省海口皆无设备，苟有疏失，则该督抚必然诿罪于余之惹起夷衅焉，则是非亦只可听之公论而已。”

果不出林则徐的预料，听到英军犯定海消息的道光皇帝，便大发雷霆地说：“浙江水陆营伍之废弛不问可知。区区小丑，胆敢如此披猖，文武大吏即张皇失措，平日岂竟知养尊处优耶！”“罔避风雪暑雨”的人较“仅知养尊处优”者，究竟略胜一筹。迨英国军舰到大沽后，道光皇帝更加愤怒，从前曾奉上谕“朕不虑卿等孟浪，但诫卿等不可畏葸”的林则徐，竟被责备为“不但终无实效，反生出许多波澜，思之曷胜愤懑”了。

英国舰队于8月11日到达大沽口，直隶总督琦善得报，即自保定驰赴天津，部署防务，但此时他发现自己能调用的兵力只有六百余人，大沽口的守兵仅百余人，向各地紧急督调的军队，也不过两千名。“京畿营伍废弛”，更是“不问可知”。负责任的琦善一个不小心便要同乌尔恭额（浙江巡抚）同一命运。因此琦善到天津后，便立定政策，一意只求英国军舰离开河北海

航拍大角山炮台

大角山炮台雄踞虎门西岸，与沙角炮台隔江对峙，扼守住了虎门水道的出口，构成虎门要塞的第一道防线。

岸，越速越好。8月19日，清廷收到英国外交大臣帕麦斯顿致中国宰相的照会。这一照会措辞强硬，等于最后通牒。英国政府在照会中向清廷提出五项要求：一、赔偿烟款；二、两国来往用平行礼；三、割让中国沿海一岛或数岛；四、偿还行商历年积欠英商的债务；五、赔偿军费。照会中对于英国鸦片走私的责任，诿诸中国官吏禁烟不力，而对禁烟甚力的林则徐，又批评他没有事先通知英国，使英国人受到勒迫。因此帕麦斯顿要中国答应全部要求，否则付诸战争。

照会译成中文后，完全走了样，道光与琦善等人竟将照会看成英国人是来"求讨皇帝昭雪申冤"的，所以道光谕示琦善，命他拒绝英国的要求，但"昭雪冤抑一节，自应逐加访察，处处得实，方足以折服其心，……俾该夷等咸知天朝大公至正，无稍回护"。

琦善与义律会谈于大沽，发现"该夷性质粗豪强悍"，并得到了英人船坚炮利的报告，这更增加了他对英舰"返棹南还的愿望"。所以他答应北京会立刻派人到广州查办，对林则徐一定"重治其罪"。时懿律已得到驻扎舟山的英军因水土不服全部罹病，死亡达四百余人的报告，认为兵力不足，不便在北方作战，乃率军舰离去。清廷以琦善凭三寸之舌说退夷兵，对之大

威远炮台内部

加嘉赏，遂命琦善为两广总督，将林则徐、邓廷桢两人撤职，交部“严加议处”。琦善则奏请留二人在粤匡助筹办。

琦善于11月29日到广州，发现问题绝不如他想象的那样单纯。英国态度强硬，而朝廷主战派得势，道光不愿“费饷劳师”的主意亦开始动摇。琦善既不敢答应英国的要求，复无法抗拒英国的武力威胁，在1841年1月，沙角炮台失守，虎门炮台被英军用炮击毁后，他被迫答应义律（懿律于道光二十年十一月因与义律意见不合称病返国）割让香港、赔款六百万元、国交平等、增开口岸的条件，以缓和英国人的攻势。但他将实际情形隐匿不报告给朝廷，甚至对广东巡抚怡良亦严守秘密。然道光在得知英国人占据沙角炮台后，便下决心“痛加剿洗，聚而歼旃，方足以彰天讨而慰民望”了。

1841年（道光二十一年）1月27日，道光皇帝正式对英国宣战，派领侍卫内大臣奕山为靖逆将军，户部尚书隆文、湖南提督杨芳为参赞大臣，调集四川、湖南、贵州各省兵丁约一万人驰赴广东“剿办奸夷”，同时任命力主作战的裕谦为钦差大臣，负责浙江军事。适琦善割让香港的事由怡良参奏到京，于是道光皇帝痛责琦善“辜负国恩，丧尽天良”，命人将他锁拿押解赴京，所有家产即行抄查入官（朝廷从琦善家中抄出西班牙银币一千万元、黄金四百两、东珠一千余粒、当铺六家、田亩三十四顷以及店栈等房八十一处）。

义律知琦善被撤职，和议已破裂，2月下令攻虎门，经三日血战，提督关天培阵亡，虎门要塞陷落。名将杨芳所率湖南援兵应战即溃败。5月，英军进攻广州，奕山、隆文等已无力抵抗，所收集大粪等秽物，欲以破英军之

“妖术”的办法，经事实证明无效，只得向英军屈服，遂将军队撤出广州，并于七日内纳六百万元与英军，作为广州的赎金，得到英军不进据广州的交换条件。奕山向朝廷报告却说英国人进攻广州是见“大将军有苦情上诉”，他将“商欠”付清后英国人已退出虎门，为“先纾民困”计，他已暂准英商贸易等。道光当然不知实情，仍然一味主战。义律因为等候英国政府对他与琦善所订和约的训令，所以取得赎金后便让广州得到局部和平。不旋踵又发生“三元里事件”。盖英军战胜后，对待华人骄横至极，激起广东平民的反感。5月30日，英国士兵在三元里奸淫妇女，村民闻讯愤极，一时聚数千人，将数百名肆虐的英国士兵包围。因下雨枪弹失灵，英国士兵被殴死伤二十余人，知府余保纯弹压，民众散去。从此粤民自信力能战胜英国人，为后来的第二次中英战争伏下一根源。

英国政府于4月内阁会议否决义律与琦善所订之和约，认为违背训令，未能满足英国人的要求，乃将义律免职召回，另派璞鼎查代其职。

自“广州之围”后，中国方面以为战事已了，7月28日道光帝发布上谕通令沿海撤兵。不意十三日后（8月10日）璞鼎查到粤，率舰北驶，首先攻陷厦门。至此，主持和战大计的道光皇帝才知道英国也有陆军，才知道“船不能上岸，炮不能离船”的说法不可信。9月英军再陷定海，守将葛云飞、王锡朋、郑国鸿全部战死（琦善议和后，英军已于2月24日撤出定海）。10月英军陷镇海与宁波，要抽夷人筋做马鞭的钦差大臣裕谦自杀。璞鼎查在浙江得胜后，以冬季已届，暂时按兵不动。清廷则乘此时机，调整闽、浙、苏三省人事，调兵遣将，力图收复浙东。统筹东南沿海防务的扬威将军奕经于部署已定后，统率军队两万余人开始“进剿”工作。

道光二十二年（1842年）3月，奕经反攻宁波、慈溪大败。浙江巡抚刘韵珂见战争已无可胜之机，乃就军事、民情、粮饷等各方立论，向道光皇帝陈说十项危机。形势至此，道光始授耆英为钦差大臣，并谕以“暂时羁縻”。5月，英军攻陷乍浦，6月占吴淞及上海，吴淞守将陈化成力战阵亡。此时英国援军已到，援军遂溯江而上，攻陷镇江。镇江为南方粮食经运河北运的孔道，镇江一失，“京仓即有匮乏之虞”，这迫使清廷决心不顾一切求和，乃密谕耆英“便宜行事”。8月6日，英国旗舰“康华里号”驶抵南京下关。8月12日，璞鼎查提出条款，胁迫中国全部接受，否则即攻城。时南京虽有防军

集字号大同安梭船

同安船是清中叶兴起的新型海船，不但广为民间使用，也被海盗利用，最后更成为外海水师的主力，是轮船出现前，最具代表性的中国古帆船之一。

七千人，而英国大小军舰麇集江中者不下七八十艘，陆军三千余人，中国早已“诸帅胆裂”，只得高悬白旗，接受城下之盟，“三千年未有之变局”由是展开。

⊙ 不平等条约的订立

8月29日，《中英南京条约》（简称《南京条约》）在英国军舰“康华里号”上签字。英国代表为璞鼎查，清廷代表为钦差大臣耆英，乍浦副都统伊里布、两江总督牛鉴虽自始即参与和议，但非议和全权代表，故未书名于条约上。

《南京条约》共十三条，其要点如下：

一、开广州、福州、厦门、宁波、上海五处为商埠，许英国领事驻扎。

二、割让香港岛与英国。

三、赔偿英国于道光十九年所缴鸦片款价六百万元，商欠三百万元，军费一千二百万元，共两千一百万元，分四年交清。

四、废除行商制度。

五、广州等五处应纳进口出口货税饷银，秉公议定则例。英商缴纳规定进口税后，运往中国各地所经税关，不得加重税例，只可照估价则例若干，每两加税不过某分。

六、两国官方往来文书概用平行款式。

七、在战争期间为英国人服务之中国人一概免罪。

八、中国赔款偿清与五口开关后，英军始退还舟山群岛、鼓浪屿岛。

《南京条约》签订两个星期后（1842年9月13日），耆英与英国人用换文的方式订立了《善后章程》八条，其第七条规定：英国商民既在各口通商，难保无与内地（中国）民人交涉狱讼之事，应即明定章程，英商归英国自理，华民由中国讯究，俾免衅端，他国夷商，仍不得援以为例。欧美通行国际法中有损国家主权最重要的“领事裁判权”，英国人在轻描淡写中便得到了。

次年，耆英奉命到广州与英国人商议五口通商的详细规章，这是战争结束后，两国基于平等地位的一种协商，在形式上双方确是平等，事实上却订立了极不平等的条约。耆英与英国人所订立的《中英五口通商章程》，其中除领事裁判权有明文规定之外，还有英国“官船”可以进入通商五口的条款，所谓官船，即是军舰。《通商章程》习称《虎门条约》。英国取得在五口“议定界址”的居住权，与“将来大皇帝设有新恩施及各国，亦应准英人一体均沾”的权利，这是此后租界成立与片面最惠国待遇的滥觞。

璞鼎查

英国殖民主义者。因侵略亚洲富有“经验”，在中英鸦片战争后被派往中国取代义律为全权代表。璞鼎查迫使清政府签订《中英南京条约》，并于1843—1844年任香港殖民政府第一任总督。

《南京条约》签约场景

《南京条约》是中国近代史上第一个不平等条约，它破坏了中国的领土完整和关税主权，便利了英国对华的商品输出，使中国开始沦为半殖民地半封建社会。

继英国之后，美国总统泰勒亦派遣顾盛带了一封自称为“孤统摄二十六邦”的致中国皇帝的国书。顾盛于道光二十四年（1844）乘军舰抵澳门，与耆英签订《中美五口通商章程》（又称《望厦条约》，因订立于望厦故名）。除掉割地、赔款之外，举凡英国在中国所得的利益，美国都“一体均沾”了。尤其重要的是，中美条约对领事裁判权的规定更加周详确定（如美国与他国商人争执时，中国亦不得过问等）。

中美条约订立后，法国特使剌萼尼亦接踵而来。对法国来说，它并不重视通商，故在英美已经获得的权利，它有权同享之外，它还要求天主教弛禁与发还康熙年间被没收的天主教堂。中国最初坚持不允，法国特使乃以军舰示威，并散布法国人要占领舟山的消息，最后道光亦只得“稍从权宜”，约中加上“倘中国人将佛兰西礼拜堂、坟地触犯毁坏，地方官照例严拘重惩”的条款。这是此后令清廷最伤脑筋的“教案”的发端。此后葡萄牙、比利时、瑞典、挪威等国相率效尤，中国于不知不觉当中，将自己的权益一一拱手让人。

道光二十六年（1846），中国已如期全部履行《南京条约》所列的条款，英国自应无条件交还舟山群岛，但英国要挟清廷答应永不将舟山群岛割让与他国的条件，这便是后来所谓“势力范围划分”的滥觞。

总之，《南京条约》以后四年间中外所订的条约，都是应该平等而实质上却极不平等的条约。英国因战争得胜，获得了按照他们的国际法的国交平等；而中国却因为根本不知道那些“国际法”的缘故，承受了知识上的不平等所带来的损害。因战败而割地和赔偿的损失是暂时的、有限度的，因先天的（历史传统）知识不平等而遭受的灾难是恒久的、无穷尽的。这是中国近代百年一切剧变的发端，国家民族苦难的开始。痛定思痛，让我们综计一下这场因禁止鸦片而惹起的“商务战争”给中国造成的影响吧！

一、协定关税。即外货进口的税率与外货入口后运销各地的税率，清廷均须与外国政府协商订定。如此则中国对于与国民生计无关，甚至有害的货物，无法用提高关税的方法遏止其销售。国民经济的耗损与国家财政的枯竭，莫此为甚。尤有甚者，中国新兴工业因为没有关税的保护，不能与拥有雄厚资本的西方工业竞争，在萌芽滋生的时候便被摧毁无余。在这种情况下，中国沦为西方国家的原料供应地与成品市场，中国的财富亦日复一日地被榨取和被吮吸。如此下去，焉能不民穷财尽！

二、领事裁判权。即外国人虽侨居中国，但不受中国法律之管制，外国人犯罪或与华人兴讼，均归其本国官吏按照其本国法律审决。外国人在中国并无法庭（后来英美在华设有法庭），案件悉由领事裁判，领事固非法律专家，且各国领事多为商人兼任，裁判之公允与否，姑置不论，其罪犯之执行问题，实属漫无标准，虽重罪犯人，亦常有逃逸之事发生。如此则外国人的在华行为既不受中国法令制裁，其本国法律亦不能有效执行，于是中国各地遂有了许多无法无天的“夷人”，他们贩卖毒物，开设赌场，横行无忌。

三、租界的形成。外国商人既取得携眷在通商口岸居住的权利，乃租借土地，建筑房屋、学校、教堂、仓库，并乘中国内乱的机会或其他借口，随时扩展居留地的范围。租界之内，自有其政府与法律，俨然在中国境内成立无数独立的小王国。太平军起事后，上海租界内首先容许中国人居住，其他各地租界继起效尤。居住在租界内的中国人，不再受中国法律的裁判，若干贪污犯罪之徒，遂以租界为避难享乐的天堂。娼妓盗匪，更以租界为渊薮。

四、最惠国待遇。欧美各国互订商约时，均有最惠国待遇的条款，但所指仅限于商务上的关系，表示互相贸易时不能有差别歧视的待遇。但中国与各国所订的最惠国待遇条款是指中国在政治上、经济上、文化上等各方面让与任何一国的权利，订有最惠国待遇条款的国家，均得援例享受。从此各国但凡看到中国与他国订立丧权辱国的条约，莫不额手称庆，因为他们又有新的权益可分享了。

五、军舰自由航行。《虎门条约》规定英国人可派军舰到五口，当时五口均在沿海，故外国军舰可在中国沿海自由航行。到后来，口岸愈开愈多，遍及全国，于是外国军舰便可自由地在中国沿海和内河驶来驶去。偶有交涉，各国军舰动辄便把炮衣褪下，炮口指向毫无武装设备的城市加以恫吓，甚至随意炮轰城内居民的事件也屡见不鲜。从此中国门户洞开，没有国防可言。

六、定期修改条约。《望厦条约》《黄埔条约》规定每隔十二年修改一次，中英商约虽无此规定，自可援例同享。商约最重要的是协议关税率，各国每十二年修约一次，可以斟酌中国市场供求实况及其本国与中国工商兴衰情形，随时调整税率，以便控制中国经济。后来中外双方竟因为这个问题的争执掀起了另一次战争，具体详情笔者将在下文叙述。

上述六项，不过是后来的人，对当时所订立不平等条约内容的分析，但是当时的人，却不作如此看法。他们对这次战争的后果，自然只能根据他们所有的时代知识加以评论。我们必须了解当时人对这一切条约的分析，才能够深切地体会到此后所发生的许多大事变的本源，才能够正确叙述中国近代百年的历史，否则便不能避免“以今非古”之讥。

上海外滩

从道光二十四年（1844）起，外滩被划为英国租界，这里成为上海十里洋场的真实写照，也是旧上海租界区以及整个上海近代城市开始的起点。

战争结束后，朝野自是议论纷纭，除了少数受了“三元里事件”渲染过甚，以为“民气可用”的人士，大多数在原则上都不反对议和。对和约的内容，他们却有不少批评。综合他们的意见，不外以下几点：

一、国威受损。堂堂天朝竟被“夷人”所败，弄到割地赔款求和的地步，甚至和约上“请盖御宝与之”。“忠义之士闻之，谁不愤恨；四海之属闻之，谁不轻中国乎！”这的确是当时人士所最痛心疾首的一点。甚至道光皇帝也为此内疚终生，当浙江巡抚以为收回英国人交还的舟山群岛有功，想嘉奖出力的人时，道光却认为“此事朕方引愧自恨之不暇”，何功之有？他临死时还因此战而痛自谴责，遗命不要将自己入配太庙。

二、各国效尤，边境多事。各国势必接踵而至，“外肆要求，变幻莫测，我未能深悉夷情，又安能尽服丑类”！所以深以“为中土之患者，又岂止英夷一国而已哉”为虑，这一点是被他们预料到了。

三、国家经济受害。当时人认为出口货物未加限制为不当，如果听任茶叶、铜、铅、铁、锡随意输出，影响国民经济，其患将胜过“洪水猛兽”，使国脉受到损伤。

四、宽宥汉奸之失策。抨击这一条的人最多。当时大家认为“夷（人）所由蹂躏我中国者，皆使之为向导，为内应，中国之人恨不食其肉而寝其

1900年法国《电讯报》刊载的讽刺漫画

“注意，伙计们，一起拉，但是不要比其他人用力。”此漫画反映了各国决定武力征服清朝，但因各自的利益不同，其实各有算盘。

道光皇帝画像

道光在位时，爆发了第一次鸦片战争，因而饱受后人指责，但清朝落后世界其实是从繁华的乾隆盛世开始的。

皮”。现反将这种犯了“弥天大罪”的汉奸赦免，今后他们必在外国人的指挥下，成为奸民，后患无穷。《中西纪事》的著者夏燮得知英国人在新加坡设有英华书院，用高于中国数倍的薪水招揽中国文士前往，并欲资送举人、秀才出洋时，不禁叹道：“是相率而为汉奸者，又不止刑余商贾而已！”

五、应提禁烟之事。战争既因禁烟而起，但《南京条约》未提禁烟之事，亦最为当时人士所不满，禁烟之命已成具文。通商条约订立后，夏燮批评道：“货物有税，鸦片无税”；中国国内对鸦片复弛禁，“于是权利操之外洋，而烟土遂为各行之首业”了。

当时极留心时务的刘韵珂，曾提出《南京条约》所贻的八项后患。现笔者录在下面，以见当时人的想法。

一、夷既以兵胁和，因以夜郎自大。通商码头，清道而来，文武官吏，皆将尹邢避面。取人财货，掠人妻女，又敢问乎？

二、名曰五处码头，实则随处可到。假令从数十百里深入渐进，又遨游苏、杭、嘉、湖等处市街，孰能御之？

三、不轨之徒，干犯国纪，窜身夷馆，即属长城。

四、民犯夷，则恐纵民以怒夷；夷犯民，又将执民以媚夷；地方官只知

《鸦片侵蚀晚清中国》中的插图

出版于1880年

有夷，不知有民。

五、水师将弁，本皆懦怯，洋盗出没伺劫，只需悬“大英国”旗号，我兵便已落胆。

六、挟兵通商，自必免税。沿海诸国，大率为英人所胁服，此后货船皆附入英夷，我设关而彼收税。

七、此时所痛心切齿者，只在用兵，如兵可用，区区之税，固不足云耳。黄岩一县，无不吸烟。昼眠夜起，杲杲白日，阒其无人；月白灯红，乃开鬼市。烟禁大开，鬼世将成。

八、两年来干戈扰攘，专为禁烟，即为漏银。烟禁仍开，银尽可得。

当时人士对《南京条约》所有的条款都有评论，对各条款贻患的分析亦相当详尽透彻，唯独无人讨论协议关税条款。此即足以说明清廷日后欣然同意签订那一连串无异于卖身契的商约之原因所在了。

就英国方面而言，《南京条约》只是满足了它初步的需求，随着五口通商，它发现了许多新的发展方向，因此英国商人都希望能与中国另订条约，作为攫取更多经济利益的凭借。但是近东形势颇紧张，最终近东地区爆发了克里米亚战争（1853—1856），此战主要是英、俄间的利害冲突，法国皇帝拿破仑三世为了联英政策而参加战争。在克里米亚战争未结束前，英国虽不断利用广州入城问题与清政府交涉，但并无使用武力之意图。所谓广州入城问题，盖自五口通商后，除广州一地外，其他四处对外国人素无印象，外国人入城游览，民众亦无所谓。唯有广州基于历史原因（以前不许外商入广州城内），民众士绅一致拒绝外商进城。照条约而论，亦未硬性规定外国人必得进入商埠的城内，然英国人坚持必须入广州，粤民则群情汹汹，聚众暴动，誓死拒绝。粤民愈拒绝，英国人愈坚持。英国人坚持要入广州，并不如一般人所谓是“面子问题”，实际上是他们看清清政府这一弱点，欲借此要挟清朝官吏让与权益。自道光二十三年（1843）以来，英国人利用这个口实，先后从清政府处敲诈到一些权益，如不将舟山群岛割让与他国，广州十三行对岸的河南田地的租借等。道光二十八年（1848）徐广缙到广东后，同情粤民的主张，且认为英国人唯怕义民，于是民气更加嚣张。英国以修约时期未至，不愿引起冲突，又顾忌近东局势，遂暂时放弃入城之议，中国朝野则认为英国已经屈服。

《南京条约》签订后，英国与耆英谈判《五口通商章程》时，利用中国昧于西方国际法的知识，于无意间获得许多意外丰收，所以，英国对于与清政府“谈判”任何条约都很感兴趣。盖他们深知在与对世界知识不平等的清政府谈判时，一定有意想不到的收获。由于《望厦条约》《黄埔条约》有十二年一修约的规定，英国援引最惠国待遇的条款，也要求修改商约。一则可以获得与清政府谈判的机会，再则根据十二年与中国贸易的经验，他们对中国市场供求情况已获得相当了解，欲借修约的机会调整税率，以配合英国原料供应与成品出口的利益。因此他们坚决要求与清政府修改商约。对清政府来说，从前所订之约是“万年和约”，岂可随时修改，加之在位的清文宗咸丰皇帝（1851—1861年在位）正是年方二十余岁的青年，咸丰皇帝狂妄自大，即位之初便将从前主和的人如耆英之流加以惩处，大有发誓一雪他父亲受挫于“夷人”的耻辱之气概。恰好两广总督徐广缙和巡抚叶名琛与皇帝的想法一致，结果给英国人一个借口，掀起巨大波澜。

咸丰四年（1854），英国以修约的日期已到，遂联合美、法两国一致行动，通知两广总督叶名琛（徐广缙已调任他职）要求修约。叶名琛置之不理，英美代表北上抵大沽，提出十八条“荒谬已极”（咸丰语）的要求，毫无结果。两年后，克里米亚战争结束，英国便有了对中国用“武力对付武力的决心”。正好此时发生“亚罗号事件”，英国遂找到一个并不十分高明的借口。盖自英国人据香港之后，若干往来于港、粤之间的船户多在香港登记，一变而为英国所属船只，插上英国国旗，往来无阻，以便走私贩卖鸦片。这类船舶，每登记一次，可悬挂英国国旗一年。是年（1856）八月，中国水师巡河，入“亚罗号”搜查，发现该船在香港登记逾期十日，不当再悬挂英国国旗，遂将所悬之旗取下，并将违法水手十二人逮捕。英国领事巴夏礼立刻向中国水师官佐要求将此十二名华籍水手带到英国领事馆审讯，被中国水师官佐拒绝。于是巴夏礼向叶名琛提出抗议，要求他将中国官吏在中国领土上所逮捕的中国犯人释放，并且向英国“道歉”，且限二十四小时之内答复。叶名琛被迫将人犯释放，但没有“道歉”。英军乃炮轰广州，放火焚烧平民住宅，肆意屠焚，旋以未得到英国政府训令乃停止进攻。十二月一名英国水手为乡民所杀，英军放火焚毁一村。粤民为报复英军，遂于深夜纵火焚烧英国商馆，各国商馆亦被波及，于是英国宣战的理由找到了——中国侮辱大英帝国国旗，焚毁商馆。

法国也借口一个名叫马赖的神父在广西被杀（据说是1856年2月29日被杀），与英国联合对中国作战。按照条约规定，外国平民只能在五口居住，

西方人绘制的叶名琛画像

叶名琛，清朝末期南疆重臣，官至两广总督兼通商大臣。1856年10月8日，“亚罗号”事件爆发，叶名琛采取强硬政策拒不接受英国侵略者的无理要求。第二次鸦片战争爆发，叶名琛守城不敌，兵败被俘，被掳到印度加尔各答绝食而终。

北京圆明园被烧毁后的大水法遗址

圆明园，中国清代大型皇家园林，由圆明园、绮春园、长春园组成，而以圆明园最大，故统称圆明园（亦称圆明三园）。圆明园汇集了若干江南名园胜景，还移植了不少西方园林建筑，是当时世界上最大的一座博物馆。

其活动范围不得超过口岸四周九十里，马赖神父潜入广西已经违法，而法国竟以此为理由向中国用兵。

总之一句话，英国因为不用武力而无法进一步攫取中国经济利益时便要启用武力，法国为了执行亲英政策，加之企图取得全世界天主教教徒的领导权，遂与英国联合。咸丰七年（1857）英国派额尔金、法国派葛罗率兵东来。12月英法联军攻陷广州，叶名琛被俘，后被送往印度幽死，联军以所俘巡抚柏贵为傀儡统治广州。次年（1858）联军陷大沽炮台，强迫清廷签订中英、中法《天津条约》。清廷猝不及防，以致大沽失守。俟联军退后，清廷令僧格林沁防卫津沽。咸丰九年（1859）英、法使节乘军舰北上换约。清廷以大沽已设防，通知使臣在北塘上岸，使臣不理，强行驶进大沽，水兵登陆，进攻要塞。中国守军还炮，击沉其军舰四艘，重创军舰六艘。咸丰十年（1860）8月，英、法再调集大军两万五千人在北塘登陆，攻陷天津。咸丰因上年之捷，信心甚强，下令僧格林沁“迎头痛击，尽歼丑类”。10月，联军先据清帝避暑行宫圆明园，咸丰逃至热河。10月13日，联军入北京，咸丰皇帝命弟弟恭亲王奕䜣负责与英法使节交涉。10月18日，英国公使额尔金下令焚毁圆明园，百余年前来华传教士所惊慕，称誉为世界第一伟大的艺术建筑，竟被当时号称为文明国家的政府正式下令毁灭。24日，中英、中法《北京条约》签订。综合《天津条约》《北京条约》两约的要点如下：

一、各国可派代表到北京，并觐见皇帝；二、增开牛庄、登州、天津、淡水、潮州、琼州、镇江、南京、九江、汉口十处为商埠；三、割九龙司地方一区与英国；四、赔偿银一千六百万两；五、允许教士入内地传教，并有置产之权（此款影响甚大）；六、外国人执有地方官盖印之执照，可赴内地游历、通商、传教；七、外国货物入口时在关税外附征“子口税”百分之二点五，不得再抽厘金；八、允许鸦片正式入口；九、中国皇帝对大沽事件表示歉意。

⊙ 大清帝国的解体

从咸丰八年到咸丰十年（1858—1860），对中国发起战争的表面上是英法联军，实际上还有美、俄，美国是坐收渔利，俄国则是趁火打劫。分述如下。

美国自独立后即与中国通商，由于种种原因，促使英国废除东印度公司，成为中英鸦片战争之原因一事，本章第一节已有极简扼的提示。中英战争爆发后，美国所担心的是英国是否容许其他国家同样享有其在华战争的成果，清政府是否对他国与英国一视同仁。前一问题英国已保证与各国共享新获得的通商权利；关于后者，美国乃派遣加尼司令率舰队到广州，向清政府炫耀实力并探听清政府的态度。清政府原意是除了英国可在五口贸易，其他各国均限在广州贸易，“不可有所增改”。伊里布奉诏之后，甚表不赞成，他的理由是：一、无法分辨夷人之国别；二、各国可与英国“串通”而到新开四口岸，“我亦难于阻遏”；三、如果各国通过英国而到新口岸贸易，“反使惠出夷酋，而各国德在英国，怨在中国，亦为失算”。

被时人视为最通晓夷务的耆英亦坚决主张要对各国“一视同仁”。因此耆英与英国签订《中英五口通商章程》时，特别规定英国不得反对中国允许他国在新开的四口岸通商，英国遂提出中国如有“新恩施及各国，亦应准英国一体均沾”作为交换条件。贻祸无穷的片面最惠国待遇，便被中国以欲使各国贸易机会均等为由主动赠予各国。美国乃派遣一位对中国茫然无知的政客顾盛到中国订约。

顾盛因对中国的一切均茫然无知，故到澳门后一切订约之事均咨询对中国事务有经验的传教士及商人。这批人各凭一己利害所拟议的建议，被刊在《澳门月报》上。顾盛即据之以为草约向耆英提出。耆英与顾盛在澳门望厦村的一个小庙谈判十五天后，签订《中美五口通商章程》（《望厦条约》）三十四条，较《虎门条约》周详严密。据顾盛写给美国最高法院法官勒逊强的信，顾盛认为自己所订的条约有十六项“优点”。他的说法不全是在表功。我们分析该条约，有三点值得重视：

一、对领事裁判权有极详细的规定，条约侵犯中国司法权十分严重。

二、英国领事对英国商人走私漏税要负责任，美国领事则全部置身事外，所以美国历史学家邓莱迪会说《望厦条约》“确是走私贩子的宠物，它比占有香港所得到的特权还多”。

三、十二年修约一次为各国援例，成为今后二十余年中外纷扰之源。英

美国老闸船在牛庄　十九世纪绘

这幅画描绘的是中国东北口岸。画中为领航船，使用该港口的大部分外国领航船来自美国。老闸船结合了欧洲船壳与中国帆装，兴起于16世纪的澳门地区，19世纪广泛应用于清朝航海业。

法联军即以此为口实。从1844年到1861年为止的中外关系，实质上是以《望厦条约》为准则。《望厦条约》才是西方利益的守护神。

1856年中美按《望厦条约》应谈判修约，美国政府主张与英法合作，英法有克里米亚战争，虽向中国提出修约，但其行动并不积极。美国驻华外交委员麦莲于咸丰四年（1854）确曾联合英法率领舰队到大沽口谈判，无结果。次年新任委员为在华已有二十年之久的传教士伯驾，他的态度很激烈，曾三次建议由美国暂据台湾，英国暂据舟山，法国暂据朝鲜，作为强迫清廷修约的“最后手段”，未为美国政府批准。伯驾不久被解职。

咸丰八年（1858），清廷在英、法、俄、美四国的炮口下，分别签订《天津条约》。中美《天津条约》的第一条有超乎平常、为其他条约所无的规定：“若他国有何不公轻藐之事，一经知照，必须相助，从中善为调处，以示友谊关切。”此条乃中国谈判代表桂良所请求加入者。盖桂良发现于四国之中，美国态度较其他三国和缓，故增列此款。自此以后，美国屡次调解中外纠纷，赢得中国朝野对美国的好感，所谓“中美传统友谊”一语，应是基于此条款。次年（1859）换约时，中国与英法战于大沽口，英法舰队因轻敌受重创，美国东印度舰队司令达底拿下令美军代英军发炮助战，口中喃喃“血浓于水（blood is thicker than water）”。此话遂成为世界名言。美国总统批准其行为，认为并不违背训令。

次年，英法联军入北京，英、法《北京条约》规定公使可以长驻北京，美国援最惠国待遇条款亦可派使驻京。蒲安臣是美国第三任驻华公使，第一位入驻北京的公使。第一任公使是列威廉，第二任为华若瀚，两人任期均不足一年。蒲安臣使华时期前后达七年（1861—1867），出任中国出使各国钦差大臣两年（1868—1870），是对中美关系及中外关系都有极深远影响的人物。

再来谈俄国。中俄《尼布楚条约》遏阻了俄国乘中国内乱掠夺中国边疆的行径，但其野心并未戢止，只是伺机而动。《尼布楚条约》签订四年后，中俄议定俄国商队不得超过二百人，隔三年来北京贸易一次，所办货物，不令纳税，得驻京八十日。俄国人并得遣留学生到北京学习中国语文。时中国已平服外蒙，与西伯利亚接壤，疆界问题再起。加以俄国人来北京者，常有酗酒行凶之事发生，中国有停止俄国商人来京之意，于是沙皇彼得一世遣伊斯迈罗夫使华。康熙五十八年（1719），伊斯迈罗夫到京，行三跪九叩礼，要求改良俄国人贸易所受限制，未得结果，康熙六十一年（1722）颓然返回俄国。是年，康熙帝崩。

清世宗雍正皇帝即位后四年（1726），沙皇遣使萨瓦来北京，以贺皇帝登极为名，实欲谈判划界及通商问题。雍正帝待萨瓦颇优渥，允许俄国人在北京设立一教堂，传教士四人、留学生四人及教习二人，均由中国给予口粮。次年（1727），萨瓦赴布拉河与清朝代表谈判，订立条约，外蒙与西伯利亚疆界划定，中俄贸易亦有新规定。因约中规定贸易之地为恰克图，故世称《恰克图条约》（1727）。其要点如下：

一、关于疆界者：（一）以楚库河为界；（二）自沙毕纳依（沙宾达巴哈）岭至额尔古纳河堤，山之阳属中国，山之阴属俄国；（三）乌带河地方为两国中立地。

二、以恰克图、尼布楚为互市地，两国人民均得在其地建筑房屋。俄国商队每隔三年至北京一次，数目不得超过二百人。

三、俄国在北京设立教堂，“喇嘛”（俄国人为迎合雍正之意，故以此名其教士）与留学生由中国“给予盘费与赡养”。

条约批准后，中国在恰克图设监视官一人，监督贸易事宜。乾隆二十七年（1762），清廷设库伦办事大臣，兼理中俄交涉。中俄国交如此维持了百余年。

《尼布楚条约》订立后，俄国侵略中国的行动虽遭受挫折，但其要在东方“开窗户”的念头并未放弃。在鸦片战争前，欧洲各国人到过北京的以俄国人最多，加上所谓“喇嘛”与留学生在北京长住，因此，俄国人对中国各方面情况的认识，都较同时期欧美人士丰富，这对于他们日后侵略中国有极大的帮助。萨瓦签订《恰克图条约》归国后，向沙皇提出征服中国的计划：在使用武力之外，还要分化中国各民族。百余年后，俄国的机会来了。

鸦片战争结束七年后（1849），沙皇尼古拉一世任命穆拉维约夫为西伯利亚总督，负责侵略中国的重任。翌年穆拉维约夫在黑龙江北岸建城，宣称该城为俄国领土。次年（1851）他便以军队万余人到黑龙江下流及库页岛一带“探险”。咸丰四年（1854）他又率兵闯入瑷珲，在黑龙江上航行，并要求清廷与之谈判边界问题，未得结果。清廷对俄国人的行为亦无积极反应。于是穆拉维约夫不顾一切地在中国境内筑城移民，造成既成事实。

咸丰八年（1858），清廷内困于太平军，外扰于英法联军，俄国人乘势进兵瑷珲，要挟黑龙江将军奕山与之订立划界条约，强迫中国将黑龙江以北的领土割让给俄国。奕山不允，穆拉维约夫大肆咆哮，并于晚上鸣炮数响，以威胁奕山。奕山经不起恫吓，乃签订《瑷珲条约》（1858年，在《北京条约》签订时，此条约内容才被清政府认可），将外兴安岭以南，黑龙江以北的领土割给俄国，乌苏里江以东以至于海的地方，由两国共管，俄国人可在各江航行。《尼布楚条约》后俄国人努力经略的目标轻易达成。同时俄国公使普提亚廷复乘中国与英法在天津谈判城下之盟的时机，向中国代表提出割乌苏里江以东土地的要求，恭亲王恐怕俄国与英法联合，只得答应。

次年（1859），中国因换约之事与英法重开衅端，清廷以大沽之捷，欲否定俄国乘中国危难所获得的利益。于是俄国人怂恿英法联军北上，再乘联军占领北京的时机，向早已失魂落魄的恭亲王大肆要挟。同时俄国复冒称可以调解战争，向中国邀功，以求报酬。俄国人的计划完全成功，《瑷珲条约》自然被清廷承认，新订的中俄《北京条约》使俄国得到乌苏里江以东的土地，新疆的边界亦大受侵削。《北京条约》之后，中俄之间继续订立勘界、通商等条约，内容包括俄国人可以到张家口与北京贸易、开新疆的喀什噶尔为商埠、中俄边疆贸易并得免税等。

俄国人轻易得到一百多万平方公里的土地以及无比的经济权益，实为古今中外所罕见。究其原因，不外三端：

尼古拉一世

尼古拉一世是罗曼诺夫王朝第十五位沙皇，亚历山大一世的弟弟。在位时，尼古拉一世加强对自由思想和革命运动的镇压，在欧洲各国都在经历变革的时候，尼古拉一世尽其所能地将俄国冻结了三十年。

一、俄国处心积虑地要鲸吞中国已有两百年之久，它历年利用“喇嘛”、留学生、商人在中国的机会，刺探中国内情，故俄国最了解中国虚实，最能揣摩中国人之心理。例如俄国每次向中国敲诈时，必利用清廷仇视英法的心理，向中国表示好感，同时又利用清廷恐怕夷人合以谋我的心理要挟中国，以达到其掠夺的目的。

二、俄国最长于在中国内忧外患的时机造成既成事实，然后选择机会，用欺骗、恫吓、敲诈、甘言等手段，使中国承认既成事实。

三、中国对英法等国用战争的方式，强迫订立城下之盟的刺激很深。俄国自《尼布楚条约》之后，便不采取正式战争的侵略方法，所以尽管俄国野心巨大、心肠狠毒、行动残忍（在边疆的剽劫屠戮），但一般中国人对之毫无感觉。

《瑷珲条约》与《北京条约》相比，中国损失之重大，不言而喻。然中国的反应，不过见于疆臣与朝廷的一些公文往来而已。绝大多数官员对边疆的地理一无所知，只知中俄已订约划界。他们哪晓得这一“划”，是多么严重！至于普通民众，连“划界”的事恐怕都不知道，更遑论有所警觉了。因此，中国对俄国不事防备，处处让俄国占便利于不知不觉中。

最先了解俄国侵略威胁的是林则徐。鸦片战争爆发后，他被道光皇帝贬谪到伊犁，在那里住了几年，因此洞悉俄国野心。后来他曾对别人说，英法等国尚非中国之大患，终为中国大敌的是俄国，不久的将来，中国便要受到俄国的威胁。不幸林则徐的忠告没有引起当时人的重视而对俄国的侵略有所警觉，至堪惋惜。

咸丰十年（1860）以后，俄国在中国东北边疆的掠夺暂告一段落，便将目光转移到中国西北边疆。

自鸦片战争后，俄国即觊觎中亚一带若干附属中国的小国，用武力将它们逐一吞并。《北京条约》订立四年后（1864），新疆发生回乱，浩罕军事头目阿古柏乘机率兵侵入天山南路，建立王国。清廷鞭长莫及，遂听任新疆全境陷于纷乱。俄国人乃借维持边境治安为辞，派兵占领西北重镇伊犁（同治十年，1871年）。俄国对清廷抗议的答复是一俟清军平定新疆变乱后，立即交还。盖俄国估计中国已无力敉平回乱，故用词搪塞，以掩饰其野心。不意左宗棠于陕甘平定回乱后，坚持收复新疆。光绪元年（1875），左宗棠率兵西征。三年后，新疆全境平定，阿古柏自杀，清廷乃派崇厚赴俄交涉伊犁收回事宜。

光绪五年（1879），既不懂外交又无地理知识的崇厚，在狡诈无比的俄国人的蒙混下，与俄国订立了交还伊犁的条约。根据这个条约，中国仅收回伊犁一座孤城，却将附近肥沃地区、军事要塞区一律割让与俄国，而且还损失了西北各地许多经济权益。

消息传出，举国哗然。左宗棠、张之洞等人极力主战，李鸿章、刘坤一、郭嵩焘等人则主张不可轻起衅端，宜另设法挽救。俄国则屯重兵于伊犁，并派军舰至中国示威。次年（1880）2月，清廷派驻英法公使曾纪泽（曾国藩的长子）赴俄谈判修改崇厚所订之约。

曾纪泽的任务可谓艰难之至，他要从饿狼口中取回肥肉。

光绪六年（1880），曾纪泽到俄国首都，与俄国人反复辩论，历时半年，毫无进展。适俄国与土耳其有战争，不能调兵增援东方，沙皇始下令让步。次年（1881）2月，新约成立，中国收回伊犁附近要塞，允许俄国人至甘州、肃州贸易，暂不纳税，赔偿俄国“代管”伊犁军费九百万卢布（约合银五百余万两）。伊犁诚然大体上是收回了，但俄国此前所侵占的中国西北边疆与并吞的中国藩属，在这次条约中无形地获得了中国的正式承认，俄国仍然没有吃亏。

从《伊犁条约》到第一次中日战争的十余年间，俄国除了用划界的方法夺取了中国许多疆土，还暗中迁移界碑，以最卑鄙的偷盗手段肆行侵略，这种零星的疆域损失，更难以计数。在中国败于日本以前，俄国由于西伯利亚铁路未兴建完成，陆海军实力均难与中国比敌，故在政策上以不与中国冲突为原则，直到中国惨败于日本，俄国才改弦易辙，一往直前，以囊括中国黄河流域以北领土为目标，恣意侵略，终于引发日俄战争。

其他对大清帝国有觊觎野心的老牌帝国主义法国及新兴的日本以及中日战争，留待下文叙述（第二十一章第四节）。在这里笔者且述中法越南问题。

越南自15世纪初叶脱离中国后，即成为与中国关系最密切的藩属之一（另一为朝鲜）。18世纪中叶，西方势力开始侵入越南，法国的传教士已在越南活动。越南一般人士十分崇拜孔孟，对于西方宗教的传入深为不满，常有仇杀教士的事发生。法国武力强大，是有远见的越南人所深知的。嘉庆二十五年(1820),越南嘉隆王临终时,告诫其嗣统的国王必须敬重法国人,但决不可割尺寸之国土与法国。不幸他的后继者不了解本国所处的情势,反变本加厉仇杀法国传教士,遂予法国人以侵略的口实。

同治元年(1862),法国乘战胜中国之余威,兼以清廷有太平军之乱,复新败于英法,乃挥兵攻越南,强迫订立《法越西贡条约》,其要点为:

一、割南部的嘉定、定祥、边和三省和昆仑岛与法国。

二、许传教与信教自由。

三、越南如割地与他国,必须先得法国同意。

四、赔款四百万元。

越南人不满,暗中进行反抗。同治六年(1867),法国人再占昭笃、河仙和永隆三省,越南南部六省遂全部为法国所据。

法国人在越南取得据点后,欲由此伸展其势力于中国西南,不久发现由红河可通航云南,遂启侵占越南北圻的野心。同治十三年(1874),法越因法国人贩私盐问题引起冲突,法军陷河内,迫越南国王与之订立《第二次西贡条约》,其要点为:

一、法国承认越南为独立国。

二、越南外交由法国主持。

三、法国人可航行于红河。

清代进贡的越南人

法国既否认中国对于越南的宗主权，次年，它便将其与越南签订的条约内容正式通知中国，并要求在云南通商。清廷并不在意宗主权之被否认，因按照中国传统观念，只要越南没有否认其是中国的藩属便可。他们不知道按照西方的国际法，宗藩关系是须国际承认的。

光绪四年（1878），欧洲为解决土耳其与俄国的问题召开柏林会议，德国首相俾斯麦劝法国代表放弃收复阿尔萨斯、洛林两省失地的念头，如其欲在海外发展，德国愿助一臂之力。法国颇以为然，乃积极展开对越南的侵略。

光绪六年（1880），法国借口越南未履行条约将红河开放，欲由法国出兵代越南肃清红河的“匪类”。适曾纪泽在俄国，得悉法国人的野心后，他立即向法国外交部提出抗议。翌年，曾纪泽向总理衙门提出应对越南问题的数条建议：

一、越南派代表长期驻北京。

二、越南派人到法国任中国使馆随员。

三、通知越南不可轻与法国人立新约。

四、令越南以服从中国命令为言开放红河。

五、越南应设法除盗，力不足则求助于中国。

六、越南应严束士民，勿予法国人口实。

李鸿章认为这些建议不能采纳。他尤其反对开放红河这一点，认为无异

驻英、法公使曾纪泽 铜版画，1883年

曾纪泽，曾国藩次子。清代外交家，与郭嵩焘并称“郭曾”，中国近代史上第二位驻外公使。

于“引虎入室”。曾纪泽的计划既未实行，中国失去主动地位，法国则步步进逼，欲派兵剿灭红河的盗匪。

阻碍开放红河的所谓盗匪，是刘永福同他所统率的“黑旗军”。

刘永福，广东钦州人（今广西钦州），家贫，于咸丰七年（1857）时参加广东反抗清政府的组织，失败后率领部众逃入越南，用黑色旗，故称黑旗军。当中法为越南问题初起争执时，刘坤一便建议越南招抚刘永福，用黑旗军抵抗法国人。云贵总督刘长佑更请“皇上密谕越王，信用其人，给予兵食，并由臣等潜为联络，喻以忠义，亦可以效指臂而助声威”。事实上，黑旗军的力量并不如大家所想象的那么强大，他们的人数不过两千，亦无新式枪炮。

光绪八年（1882），李鸿章与法国公使宝海在天津拟定解决越南问题的草约三款：

一、中国撤退滇桂边境的军队，法国声明绝无侵占越南领土与贬削越王权力之意。

二、开保胜（地在越南境内）为商埠，中法在此贸易，中国可视保胜如在中国境内无异，立关抽税。

三、中法分界保护越北自治。

方李、宝在天津拟定协议时，主事唐景崧相信刘永福“志坚力足，非独该国之爪牙，亦我边徼之干城。……前河内之捷，海岛闻之，至今夷见黑旗，相率惊避，正宜奖成名誉，借生强敌畏惮之心”。依赖黑旗军做“干城”的人士甚多，他们对李鸿章所订之约当然不满。法国亦以宝海未达到预期之目的，次年（1883）将其撤回，并否认草约，另派驻日公使托理固为全权大臣到中国交涉，同时做军事行动之准备。

时李鸿章在原籍（合肥）葬母，朝廷命其赴上海与法国公使会议，托理固因李鸿章无会商越事之全权，故会议无结果而罢。上海会议结束后，法军即大举向越南进攻，陷顺化，强迫越南订立《顺化条约》，使越南成为法国之保护国，法国人管理其内政外交，并可驻兵越南各地。

消息传来，中国朝野大愤，主战派慷慨陈词，力倡武力援越。独恭亲王与李鸿章不赞成轻启衅端，主张用外交方式解决越南纠纷，但暗中令滇出兵越南北圻，并接济黑旗军抗法。

紫光阁功臣像中的刘永福

刘永福出身贫寒，曾经加入过天地会，后成立黑旗军，抗法援越、坐镇台南、抗日保台。

《顺化条约》订立后，法国公使托理固至天津与李鸿章交涉，欲使中国承认《顺化条约》，另订中越边界，剿除黑旗军。李鸿章主张以北纬21度为界（红河流域全属中国），法国人主张以北纬22度为界，争持未决。时朝中主战派气焰正炽，李鸿章不敢毅然负起和议责任。法国人乃决定用武力贯彻其目的，向黑旗军进攻。

视刘永福为“边徼干城”的唐景崧，早受命与刘永福联络，在军中已住八月之久，他所著的《请缨日记》，对这一次战役的叙述颇为翔实。

黑旗军虽忠勇，然双方武器悬殊，一旦正式交锋，自不能敌。次年（1884），法军乘胜进攻驻北宁的清军，又大败之。至是越北的大部分土地已沦入法国人手中。

北宁战败之讯传到朝廷，慈禧太后乃将主持中枢大政二十余年的恭亲王及其他军机大臣宝鋆、李鸿藻、景廉、翁同龢五人同时罢黜，另以奕劻（后进为庆郡王）接管总理衙门，军国大政与醇亲王奕譞（光绪皇帝的生父）会商。

恭亲王等人被罢黜十日后（1884年4月22日），法国海军将官福禄诺到天津。李鸿章认为：“与其兵连祸结，日久不解，待至中国饷源匮绝，兵心民心动摇，或更生他变。似不若随机因应，早图收束之。”朝廷批准了他的这项原则，于是李、福订立简约，以消释一触即发的中法战争的危险。约中规定：

一、中国不再过问法越之间所订的条约。

二、法国应尊重中越边界，不得绕越侵占。

三、不索赔款。

四、限三月之内，两国另派员按上述原则会议详细条款。

《李福简约》（李指李鸿章，福指法军将领福禄诺）议妥后，法国即要求华军自越南全部撤回边界，李鸿章未将此事报告朝廷，用电报通知粤桂督抚"相机酌办"。及法国派兵巡查越北边境，双方遂起冲突。华军以未奉撤退之命，法军来攻，自然抵抗。法军以为华军已奉退兵之命，轻率进攻谅山，不胜，且有伤亡。法国公使巴德诺竟因此谴责中国违约，要求赔偿军费。其实按照国际惯例，该约未经两国政府批准，自无约束力，何况约中亦无撤兵期限，法军贸然进兵，伤亡自是应得之惩。

谅山之捷使清廷态度转趋强硬，清廷遂命令桂抚潘鼎新"按兵固守，如彼来寻衅，即与决战"，同时命两江总督曾国荃到上海与法国公使谈判。法方坚持赔款，曾国荃允赔五十万两。巴德诺要求增加，视此区区之数为"笑柄"。清廷亦申饬曾国荃"于事无补，徒贻笑柄"。延宕至8月3日（1884），法国公使照会曾国荃和谈限期已满，今后将自由行动。

所谓自由行动，即法国用海军监视福州，炮轰台湾基隆。消息传到北京，清廷大愤，8月18日下谕沿海各省备战，并称"不日当明降谕旨，声罪致讨"，并给驻法公使李凤苞发电报，命他离法赴德，以示绝交。令下之后五日，法国将领孤拔率舰队攻马尾，中国海军猝不及防，两小时之间，闽江内的中国海军军舰全部被击沉（法舰实力超过闽江海军一倍）。法军旋复占领基隆、淡水。时台湾巡抚刘铭传所调之兵不足三千，无力防守，中国欲增援亦无力。此时和议复起，醇亲王奕譞拟和平条件八款，令曾纪泽向法国提出。其内容大致为：法军自基隆撤退，华军暂驻越北，越南仍向中国入贡，法国只可与之通商，不得干涉其内政；中越边界南拓至谅山、保胜一带；中国不向法国要求赔款。这个类似战胜国向战败国提出的条件未免可笑，由是可见恭亲王去职后中枢主政人士的见识。法国的条件是履行《李福简约》，赔款后法国才撤回占领台湾的法军。双方往返磋商，但距离过远，迄无结果。

列强瓜分中国的讽刺漫画

1898年法国《小日报》刊载了一幅列强瓜分中国的讽刺漫画：围在“中国大饼”边上的人分别为英国维多利亚女王、德皇威廉二世、俄国沙皇尼古拉二世、法国女郎和日本武士（左起）。

翌年（1885）3月，法军进攻越、桂边境要塞镇南关，中国守军溃败，广西提督冯子材率兵来援，身先士卒，大败法军，乘胜克复镇南关，并收复谅山，法国将领尼格里受重伤。法国闻败讯，人心不安。适英法因埃及问题关系恶化，法国复惧德国蹑其后，乃决定议和。清廷因法国人据台湾、澎湖，攻取无力，亦愿放弃藩属越南，以求保全国土。4月，中国海关职员金登干奉命在巴黎与法国订简约：

一、中国遵守《李福简约》。

二、法国取消对台湾的封锁。

三、法遣使到中国详议和约，华兵自越北撤回。

简约成立，清廷下命在越军队撤归国境，前线将士及力主作战的张之洞等均表反对。李鸿章特别向张之洞解释何以前线得胜反而委曲求和的苦衷。他说：现在桂甫复谅，法即据澎（法军于谅山败后便占澎湖）。冯、王若不乘胜即收，不唯全局败坏，且恐孤军深入，战事益无把握。纵再有进步，越地终非我所有，而全台隶我版图，援断饷绝，一失难复。彼时和战两难，更将何以为计。

就当时的形势与中法两国的实力而言，李鸿章为全局着想，即时议和是很难非议的。唯他于越事初兴时不能接纳曾纪泽由中国采取主动开放红河的建议，在上海时复不愿挺身负责与托理固交涉，致使和战不定，劳师糜饷，实在责无旁贷。

法国得到越南之时，英国亦乘机对中国另一藩属缅甸动手。

缅甸自乾隆时代以来便臣服于中国，每三年入贡一次。自英国势力伸入印度后，英、缅之间便时有冲突。道光六年（1826）英国人以海军攻占仰光，直逼缅甸首都，缅甸国王被迫割地赔款求和。此后英、缅之间仍常有争执。至咸丰二年（1852），英军再攻缅甸，将其南部富饶之区全部占领。时云南有回乱，缅甸因交通断绝未入贡，清廷不知实情。光绪元年（1875），《烟台条约》订立后，李鸿章始注意缅甸事宜，向英国公使声明缅甸乃中国属国，中国可调解英缅争端，英国人未予置理。

光绪十年（1884），缅甸国王欲联合法国抗英，英国人为先发制人计，突进兵直逼缅甸首都，俘虏缅甸国王。次年，英国人占领全缅甸。再次年（1886），英国公使与中国订约，中国承认缅甸在事实上属于英国，但中国在名义上仍保持上国的地位，缅甸每十年向中国朝贡一次。

缅甸被英国吞并后，滇、缅边界问题无法解决，英国人乘清廷无暇顾及，侵占滇边片马、江心坡、班洪等地，直到民国三十年（1941），第二次世界大战爆发后，中英双方始划定滇、缅边界。

印藏边境的小国哲孟雄（即锡金）、不丹、尼泊尔等原亦中国属国，英国既并缅甸，便思染指其他国家。光绪十六年（1890），英国强迫清廷承认哲孟雄为英国的保护国，更进而将不丹、尼泊尔置于其势力之下。

法、英各据越南、缅甸后，为避免利害冲突，两国于光绪十九年（1893）允许中国属国暹罗独立，并片面废止入贡中国的旧例，臣服中国五百余年（明太祖时罗斛国入贡，太祖封其主为暹罗国王）的暹罗遂脱离中国。

从此，中国西南藩篱尽撤，屏障全失，大清帝国四周的藩属国只剩下一个朝鲜了。自康、雍、乾三代，历时百年所建立的大帝国至此已分崩离析，连本国的生存也濒临岌岌可危的境地。

第二十章　全国大动乱

⊙ 太平军的勃兴

大清帝国的解体，对一般人来说，并无震惊的感觉，因为那是遥远地区缓慢发展的边事。不平等条约对中国的伤害，帝国主义者对中国人的朘削，是逐渐加深的，在开始的时候，很难被人察觉到。最先感觉到环境变化的，仅仅是几个通商口岸。五个通商口岸之中，除广州之外，一般平民以往没有见过外国人，对他们毫无印象。突然战争爆发，形状特殊的洋兵来了。一阵混乱之后，洋兵撤走，洋人又到。新奇的事物一天天出现，他们最初感到惊异，久而久之，也就安之若素，无所谓了。朝廷方面，在战败之初大受刺激，闹哄哄地检讨批评，一两年后，事过境迁，谁也不愿再提起这桩不愉快的事情，何况"万年和约"已经签订，天下无事，何必庸人自扰！

这种平静无波的现象，终于在《南京条约》订立八年后，被一个广东花县（今广州花都区）人所打破。

乾隆时期是清代由盛而衰的转折点，关于这一点，第十八章第三节已有叙述。清宣宗道光皇帝嗣位后，他很明白自己所统治的帝国已经险象丛生，随时有发生巨变的可能，颇知兢兢业业，以求保持现状。他没想到白银漏卮

乾隆南巡图 驻跸姑苏

清前期，苏州是全国经济文化最为发达的城市。康熙时人沈寓说："东南财赋，姑苏最重；东南水利，姑苏最要；东南人士，姑苏最盛。"

与鸦片流毒问题会引起鸦片战争。英国的这一击，好比打在一位患了虚痨病的人身上，虽然病人没有马上一命呜呼，但无论如何不能避免百病齐发了。

太平军便是原本潜伏在大清帝国身体内的暗疾，受了外伤而迸发出来的险症。

清廷最大的暗疾是满人乘明末内乱入主中国，对汉人横加屠戮，激起满汉仇恨。汉人的光复事业虽然被他们一一镇压下去，但种族间的隔阂并没有被去除。明末清初的志士所组织的秘密抗清会党，仍然盛行于下层社会，虽积久之后，参加秘密会党的人并不一定都符合创始者的要求，虽不一定都能了解创始者的苦心，唯若经人提示，仍能掀起汉人的反清意识。

在这类秘密会党中，以天地会的反清意识最强烈，白莲教的势力最壮大。自清入关到清仁宗的一百六七十年间，民间会党起事者多自称姓朱，为明室后裔，足见这个口号之能动人心弦，凝聚群众。清室最忌怕的，也是唯恐有人挑起种族旧恨。鸦片战争期间，主和的多为满人，自然是对国内情势深思熟虑过一番的。但是大势所趋，谁也无力遏制这一场不可避免的灾难。

洪秀全原名洪仁坤，广东花县（距广州七十里）人，生于嘉庆十八年

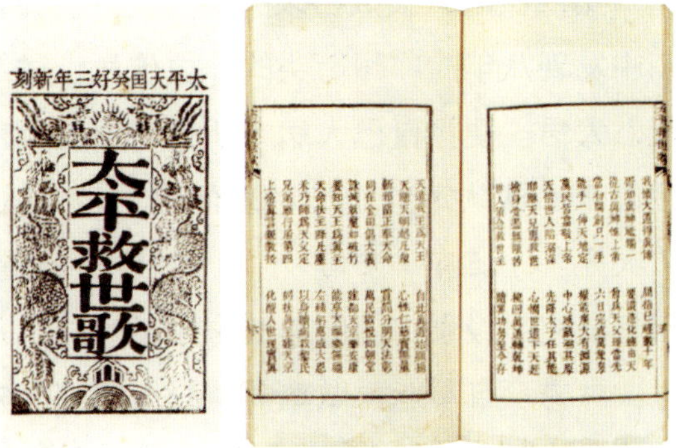

太平天国宣传教育书籍《太平救世歌》

此书以杨秀清名义颁布，收录了杨秀清序及歌三首，自述奉上帝命下凡扶天王起义救世经过，并劝人敬拜上帝修身行善。

十二月初十（1813年1月1日）。洪家世代务农，生活贫苦。洪仁坤资质聪慧，深得父母钟爱，七岁入私塾读书，六七年间已能熟诵“四书五经”，甚得塾师及亲友的赞许。众人皆认为他一定可以取青紫如拾芥。他自己也颇为自负，相信自己一定可以由秀才而举人，而进士，青云直上。不幸他屡次到广州去应试（前后共四次），都名落孙山，连入学资格（秀才）都未取得，其失望与怨恨的心情是不难推想的。他二十四岁时第三次考试失败，归家竟大病四十日。他病中时有幻梦，梦见乘高车驷马走入宫阙，被人用水洗濯身体，被一老翁剖胸易心脏。老翁赐以宝刀金印，命其下凡锄奸。醒来以后，他自以为已受天命，将有九五之尊，遂改名秀全，并吟诗明志。诗曰：

> 手持三尺定山河，四海为家共饮和。
> 擒尽妖邪投地网，收残奸究落天罗。
> 东西南北效皇极，日月星辰奏凯歌。
> 虎啸龙吟光世界，太平一统乐如何。

通过这首似通非通的打油诗，我们即可想见洪秀全的才华与抱负。生病发高烧而生幻觉，是精神分析学家可以解释的。耶稣会的创始人罗耀拉也有类似的经历。洪秀全病愈后，多少对病中之梦信以为真。他隐然以真命天子自居，言语行动都不觉有了改变。大病之后六年，他再次去广州应试，结果仍然失败，那时正值鸦片战争后一年，广州人排外仇官气焰高涨的时候，他也受了这种风气的影响，于是将功名失意的愤恨，转移到仇视外人，轻视清朝官吏，唯“独恨中国无人”。六年前的幻梦自然重新忆起了。

第四次应试失败归来的洪秀全，仍在村中做塾师糊口，一日偶然在旧书箱中发现八年前广州街头的一位传教士送给他的《劝世良言》，一读之后，恍然大悟，便将自己大病中所得幻象与《劝世良言》中所述的基督教教义附会起来。他认定梦中的老翁便是上帝，认为上帝有两个儿子，长子耶稣是“天兄”（还有“天妈”“天嫂”），他是次子。于是他创立“上帝会”，自施洗礼，毁家中偶像与塾中孔子牌位，并向人宣传他的教义。有了这种言行，洪秀全自不能再做塾师，只得偕同最先入会的同乡冯云山到广西去另谋发展。大概就是在这段时期，他们便已决定利用上帝会密谋组织，企图做“太平一统乐如何”的事业。

两人先到广西浔州府贵县传教（道光二十四年，1844年），不久洪秀全因食宿发生问题，遄返故乡花县。冯云山则前往桂平县。冯云山听说县境紫金山山深路僻，居民知识浅陋，官府亦不甚注意穷乡僻壤中的事务，便决心不辞辛苦，潜入山中传布上帝会。因山中难得读书人，而冯云山既是屡考不第的士子，又能刻苦耐劳，深得烧炭工人的敬仰，其信徒增至数千人，其中包括烧炭工头杨秀清、贫农萧朝贵、地主韦昌辉与石达开等人。

参加上帝会的多是来自广东谋生的客家人，平日与土著情感不洽，常有械斗发生，这种情势自是足以增加上帝会信徒的团结。

这一段时期，洪秀全多在广东传教，尽力设法结纳其他秘密会党。各秘密会党在抗清这一点上与洪秀全是一致的，但对上帝会的教义和组织却不能相容，所以洪秀全联络天地会入伙的目的并未达到。

自冯云山入紫金山传教五年之后，上帝会的声势已相当浩大。适值广西连年凶歉，盗贼如毛，巡抚郑祖琛年迈昏庸，社会秩序紊乱已极。洪、冯认为机不可失，乃于道光三十年（1850）7月，下令各地上帝会信徒克日到桂平县金田村集合。他们选择这个地方起义，是因为“金田这个地方，沃野平畴，农产丰富，足供大军粮食。东出江口不过三十里，便是浔江，乃上下游的中站，交通便利。且东接鹏化，西连紫金，绵亘百里，人少村疏，山深路僻，唯土人熟识，太平军从此起义，固进可以战，退可以守者”。是年十二月（1851年1月11日），各地信徒已会集，遂高举“太平天国”的旗帜，布告远近，声讨清政府。

这个时候的广西“群盗如毛，散则为民，聚则为寇，形迹既不可辨，党类几不胜穷”。据清廷所派督办广西变乱的大员们估计，连洪秀全在内，有“大股会匪”九支，人数自千人至七八千不等，其中以洪秀全“一大股最为猖獗，其人众万余，心力颇齐，非诸匪之比”。

次年（清文宗咸丰元年，1851年）九月，太平军弃其根据地，北向攻陷永安（今广西蒙山县），陷永安后洪秀全自称天王，封杨秀清为东王，萧朝贵为西王，冯云山为南王，韦昌辉为北王，石达开为翼王。清钦差大臣赛尚阿以兵力分散，决定暂时置其他各会匪于不顾，集中全力进攻太平军。太平军受此重大压力，只得改变战略，锐意北上。

咸丰二年（1852）四月，太平军自永安突围，次年三月陷南京，改名为“天京”，遂定都焉。自起兵至此，为时仅两年又三月。

太平军定都南京后，即遣林凤祥北伐。林军自安徽入河南，渡黄河攻入山西，再由山西进河北，直逼天津，至距天津数十里之静海时为清军所围。林军转战数千里，费时不过六个月（自四月至十月）。林军被围后，洪秀全始派李开芳率援军北上。李军十月自安庆出发，次年四月（咸丰四年，1854）陷山东临清。同一时期，林凤祥军已被清军所灭。然李军仍苦战一年，始为清将僧格林沁所灭。

方太平军席卷东南半壁，林凤祥直逼京畿的时候，各地民变蜂起并作，所有秘密会党、乡里无赖，莫不啸集成群，或聚众劫略，横行一方，或攻城略地，称王封侯。全国无分东西南北，几乎全部陷于混乱之中。识者都认为清政府已经成了风前烛、瓦上霜，其覆亡乃指股间事。然清政府终能自摇摇

太平天国玉玺拓片

欲坠的情况中稳定下来，其原因有二：一是中国知识分子与乡村农民所组织的反太平军的武力已经形成，他们直接反对的是太平军，间接却救了清室的命。二是太平军本身发生内讧，重要的人物互相残杀，元气大伤，不能再事进取，遂予清廷以喘息的机会。前一点留待以后再讨论。兹先述太平军的内讧。

咸丰六年（1856）太平天国所发生的内讧，种因于太平军起事前两年（1848）。是时上帝会信徒四处破坏庙宇，士绅以邪教的罪名控告冯云山，冯云山被捕下狱，洪秀全逃往广东谋求营救之法。桂平县令以冯云山的宣传品中不过是一些劝人为善之言为由，不愿多事，恐激起上帝会信徒变乱，遂判决将冯云山押解回籍。此时紫金山中上帝会群龙无首，狡黠的杨秀清突然假托上帝附身，代上帝传言，以维系会众。到次年洪秀全与冯云山重返紫金山时，杨秀清已取得山中会众的信仰，洪、冯二人虽明知杨秀清之诈伪，亦只得承认既成事实。此后，上帝随时“下凡”附托在杨秀清身上传言，传言之时，天王亦须跪听。有时“上帝”要惩罚洪秀全，欲加鞭笞（必由会众哀求赦免始允）。杨秀清既成为上帝的代言人，其在上帝会中的地位遂凌驾于他人之上。故洪秀全在永安封王时，杨秀清被封为东王，其地位仅次于天王（天王为万岁，东王九千岁），为上帝会吃尽苦头的冯云山反屈居其下。太平军攻陷永安前，军权由天王自己掌握，陷永安后，杨秀清获得军权，统率全军，于是杨秀清已成为太平军的实际领袖。到定都南京，洪秀全自然只有避居深宫，与嫔妃为伍。

太平天国士兵的盔帽

太平天国的士兵平时只准扎巾，不能戴帽，临阵打仗时才允许戴这种编制的“得胜盔”。

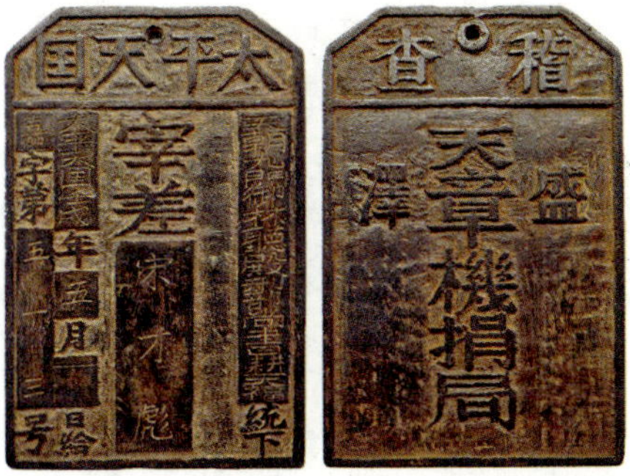

太平天国的腰牌

太平天国的腰牌亦称“圣牌”。太平天国颁发的系于腰间的身份证，有木制、铜制、皮制三种。

定都“天京”后，冯云山、萧朝贵早已阵亡，其余诸王中地位最高者仅余韦昌辉与石达开两人，而韦、石两王在外作战，所以杨秀清可以肆无忌惮，将洪秀全当作傀儡。到咸丰六年（1856），杨秀清击败清廷的江南大营，解除了清廷对南京的威胁，便要求洪秀全封他为“万岁”，愿尊洪秀全为“万万岁”，换言之，即要洪秀全名副其实地居于傀儡地位。洪秀全自不甘心，乃密召韦昌辉、石达开共除东王。9月，韦昌辉深夜率兵返回南京，以迅捷的手段杀掉杨秀清及其属下党羽两三万人，太平军起事时的主要领导大部分被消灭。

石达开欲阻止此种漫无休止的流血事件，与韦昌辉失和，韦昌辉反欲一并杀之。石达开乃连夜逃出南京。洪秀全见韦昌辉之专横不亚于杨秀清，遂与杨秀清余党合力攻杀韦昌辉，召石达开回南京。石达开待人宽厚，颇孚人望，但天王经此祸乱，对任何人均不信任，只信任自己同父异母的两个兄长洪仁发与洪仁达。石达开在这两个“既无才情，又无算计，一味固执”（李秀成供词）的王兄的压制之下，无法施展其才干，便率领忠于他的军队私自离开南京，从此独立发展，与洪秀全断绝关系，后在四川兵败被杀。

经此内讧，太平军遂从本质上由攻势转为守势。后来虽有李秀成的独力撑持，太平军也曾攻陷东南若干名城重镇，但仅属暂时的、局部的胜利，与初年气吞山河的情势已完全两样。咸丰十一年（1861）以后，清军加紧进攻，太平军节节败退，势力日蹙。同治三年（1864）春，曾国荃兵围南京。6月，洪秀全自杀，7月城破。历时十四年、波及十八省、陷城六百余座的太平军遂灭。

自乾隆中叶以来，民变迭起，其中初起事之声势超过金田起兵之太平军者甚多，白莲教民变最盛时拥众二百万，然均不如太平军之能定都城、建制

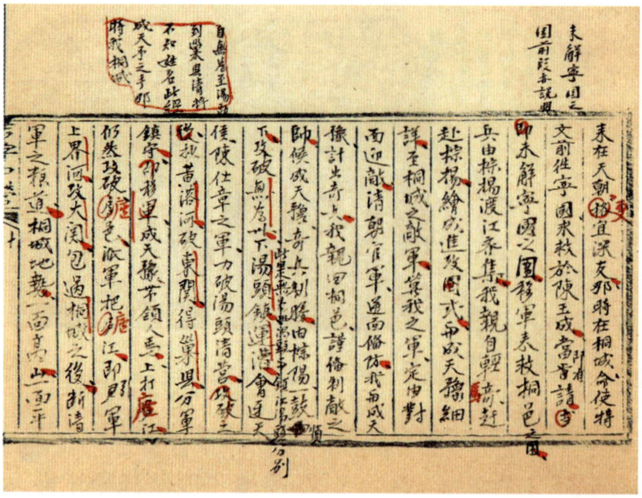

李秀成供状

1864年7月，在曾国藩的开导下，忠王李秀成决定写一篇“自述书”，将太平天国运动的原因、过程，以及经验教训写出来。他说：“若得饭吃，何人会无君，无父，而追随洪氏。”

度，与清廷对抗，俨然匹敌之国，原因何在？即以与太平军同时在广西兴兵的群雄而论，太平军之兵力亦非强于他人。负责进攻太平军的清吏对清廷的报告并不确实，他们向朝廷夸大太平军的实力，不过是掩饰败绩的方法。光绪十一年（1885），湖南巡抚卞宝第说：“粤逆金田起事，初不过两千人，广西兵额两万三千，士兵一万四千，以三万七千之兵，不足击两千之贼。”这是事后旁观者的报道，见诸奏章，当然必有所本。《李秀成供状》（被俘后的供词）亦谓太平军初起时，“有大羊头、大鲤鱼、罗大纲三人在大黄江口为贼，即入金田投军。该大羊头到金田，见拜上帝之人不甚强壮，故未投入”。以大羊头等小毛贼对太平军已起事后的势力尚且看不上眼，便可说明太平军之能掀动这一大狂潮，绝不是只靠武力，应该另有原因。

我们试着分析流传到今日的有关太平天国的史料，不由得不钦佩洪秀全、冯云山、杨秀清等人在政治、军事组织各方面的长才，虽然任何人都可以对他们天才运用的方向予以各种不同的批评，但他们确具这类长才是事实。

洪、冯知道秀才不能起事，能够起事的只有以农民为主体的平民。平民只有在荒歉时因饥饿所迫逼上梁山而起事，但仍是一盘散沙，至多是造成叛乱，不能成大事业。要将平民凝聚起来，形成一股坚强的力量，在中国的社会环境之下，唯有靠宗教。旧有的宗教组织，洪秀全思忖他不容易取得领导权，何况其中的组成分子过于庞杂，迷信成分过重，而且根据以往的经验，利用这些宗教起事的全都失败了，且他们给人们留下的印象相当恶劣，不能引起人的共鸣。《劝世良言》这本书为他解决了问题。于是他袭取基督教教义的皮毛，掺杂佛、道以及一些中国社会传统的迷信，创立了一个崭新的宗教——上帝会。他的“三字经”说中国自古即奉“上帝”，到秦以后中国才误入歧途不信上帝。如果中国人能改过，那么可入天堂，否则会被罚入十八层地狱。《尚书》中确常提到“帝”“天帝”，“帝”“天帝”是超越人世的至神，洪秀全附会为同是“上帝”，说明中国圣人均“敬上帝”的事实，又立有十教条，无非教人敬上帝、孝父母、不做坏事等而已。除了敬上帝一项，其他都与民间平常的习俗相似，所以上帝会很容易被人接受。一般人信仰上帝会无裨益于图大事，所以冯云山要到紫金山去苦行六年。紫金山多属贫苦客家的烧炭工人，思想单纯复又秉性强项，又因常受土著欺凌，入会之后信仰坚定，可以团结巩固。再则以“上帝会”名义起兵，颇可予人以新鲜的印象，不担负以往会党所欠的债务。

然“读书明白之士”不愿参加上帝会，洪秀全便掀起历史上的种族仇恨来弥补上帝会之不足。他起兵时布告天下，强调清入关后的暴行，“满虏之世仇，在所必报；共奋义怒，歼此丑夷”。类似的激发满汉仇恨的文告不胜枚举，慷慨激昂之处，确能动人心弦。在太平天国初期，太平军曾因此类种族主义的宣传，吸收了不少抱有“九世怨仇一剑知”心理的知识分子，如黄畹（即黄韬）、钱江等人，是大家所熟知的，甚至左宗棠，据说也曾经到洪秀全那里毛遂自荐过一次。太平军初起兵时，清廷派林则徐赴广西剿办，林则徐致书洪秀全招降，洪秀全的回信说：

满洲人已二百年世袭中国王位矣，抑彼等特异国异民之末裔耳，彼

太平军帽箍

等率其老练之兵，夺吾等之财宝、土地与政府。吾等各村落出租税由北京派官征收之，吾等有何罪哉？而犹向吾等驻防军队，是岂非不正之甚哉？满洲非他国人乎？他国人有搜刮地方之税之权利乎？又得任命官吏以虐待人民乎？今也普通之王位，非属于满洲人乎？支配之权利，非为其所独占乎？（此文见日人稻叶君山所著《清朝全史》，系著者自西文译出。）

以此立论，即令是林则徐也很难回答（林奉命后病死途中）。洪秀全甚至说过："今朕非他，乃大明太祖之后裔，洪光皇帝之七世孙也。……一为祖宗复仇，二为苍生伐暴。"太平天国揭橥种族主义的目标，使"读书明理之士"即使不投奔到他的旗帜之下，也不会积极起而反对他。后来统兵攻打太平军的许多功臣名将，也因为洪秀全提出了这个响亮的口号，常常内疚于心，深恐留下身后骂名。曾国藩晚年总隐隐约约地为自己辩护；湘军名将彭玉麟勋业彪炳，但一生不受清廷的官位；王闿运用洪秀全是明桂王第五子之后裔的谰言，做诋毁曾国藩的口实；以上均足见洪秀全写的那些文章的影响。

进一步讲，洪、冯等人深知读书人中科举如意者所占的比例甚小，他们两人都有屡试不第的经验。人们在失意之余，会另外寻找出路，在失意之余也常常会迁怒孔子和孟子。所以洪秀全提倡打倒孔孟，让天下读孔孟之书而不能沾孔孟之光，被摈斥在功名之外的失意文人得到心理上的满足。因为这种反常心理而加入太平天国的知识分子为数不少。最著名的例子是浙江人钱江，他"少时读书，颖悟冠群"，惜"屡试不第"，才用钱捐了一名监生。鸦片战争期间，朝廷已决定"主抚"，他独煽动民众反对，清廷乃将其监生革掉，并将他遣戍新疆，后赦归。钱江发奋读书，欲博得一第，仍然失败，

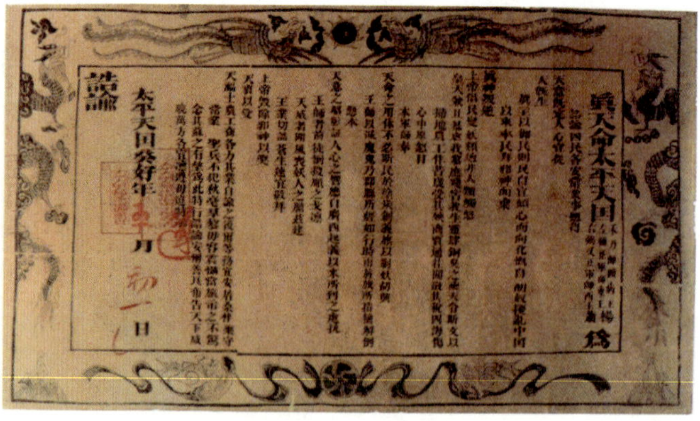

东王杨秀清、西王萧朝贵安抚四民诰谕

这是太平天国开国后首次宣谕四民各安常业的告示。文辞兼用俪语，颇具典则。

闻太平军攻抵武昌，“乃投袂而起曰：此吾锥处囊中脱颖而出之时也”，遂投入太平军，为洪秀全谋主，不久亦逃离太平军。这类人物在太平军中比比皆是，他们都是太平天国的中坚分子。

洪秀全等人深知宗教所能结聚的平民究竟有限，且必须在既入上帝会之后，始能团结一致，要人人都很迅速地变成信徒势不可能。所以他们又提出一种极吸引人的经济政策，即颁布《天朝田亩制度》，试图让天下之人“有田同耕，有饭同食，有衣同穿，有钱同使，无处不均匀，无人不饱暖也”。达到这个理想的办法，是将土地全部归公，按田地每年产粮的多寡分为九等，再将田地分配与平民。“分田照人口，不分男妇，算其家口多寡，人多则分多，人寡则分寡，杂以九等。如一家六人，分三人好田，分三人丑田，好丑各一半。凡天下田，天下人同耕，此处不足，则迁彼处，彼处不足，则迁此处；凡天下田荒丰相通，此处荒，则移彼丰处以赈此荒处，彼处荒，则移此丰处以赈彼荒处。”《天朝田亩制度》对当时的一般平民颇有影响力。他们饱受饥馑的痛苦，一听到“无人不饱暖”的口号便翕然而景从。

太平军以两千人起兵，能造成如此壮大的局面，不能不归功于他们所揭櫫的目标既能吸引各阶层人士纷纷参加他们的阵营，所提出的口号响亮动听又十分吸引人，可获得多数人的拥护。这是他们异于清代其他民变的地方，也是他们受后世之人特别重视的原因。

仅靠政治策略也不能成功，太平军勃兴时的势如破竹以及能延国祚十几年，与他们的军事政策也有关系。

太平军是一支有信仰的军队，他们的信仰是上帝会。军队一停下来休息，便要“讲道理”，即宣传上帝会。在陷永安以前，洪、杨还宣称凡信上帝者，刀枪不入，即便是战死，也可升入“天堂”享福，所以太平军作战勇往直前，毫不退缩。武昌城为清军所破时，太平天国的“儿童军”数百人，一一投水自杀，无人投降。南京城破，太平军除了拼命血战而死者，余多自杀。据曾国荃的报告，“大小酋目约有三千余名，死于乱军中者居半，死于城河沟渠及自焚者居半”，此外“悍贼”被毙十余万人。这种不屈不挠的精神，都与他们的宗教信仰有关。

太平天国的军事制度（大概是杨秀清所订）井井有条，清军亦承认其“蔓延数省，未见穷蹙，所恃无他”，唯军事制度而已。其实岂止军事制

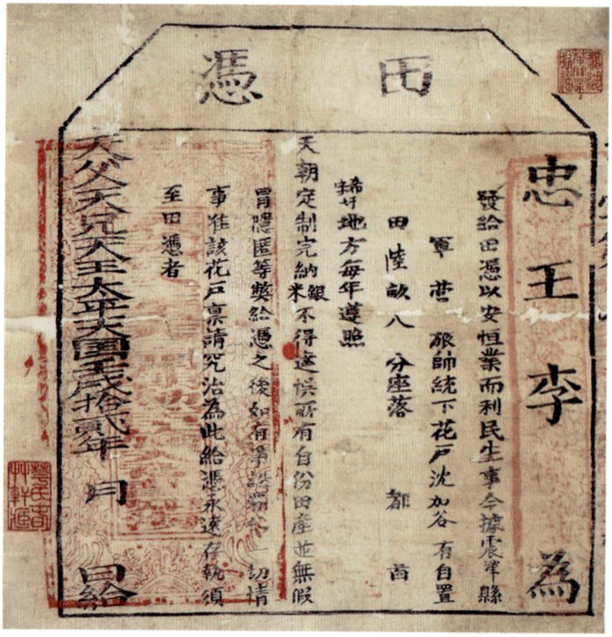
田憑
忠王李 為
發給田憑以安恒業而利民生事今據震澤縣
軍 帥 旅帥統下花戶沈加谷 有自置
田 壹畝八 分座落 都 啚
[illegible]地方每年遵照
天朝定制完納米銀不得違誤所有自份田產並無假
冒隱匿等弊給憑之後如有爭訟霸佔 一切情
事准該花戶稟請究治為此給憑永遠存執須
至田憑者
天父天兄天王太平天國壬戌拾貳年 月 日給

田凭

这是太平天国忠王李秀成颁发的田凭，也就是耕地所有权证。

度，其军纪亦极严厉。凡行军所得金宝玉帛，一切财货，均不许私藏，一律缴归“圣库”，违者死刑。这个办法可以积极地防止军队骚扰民间，因军队既然不得占有私产，士兵无形之中便不热心于掳掠，这是当时民间欢迎太平军，民谣说“贼来如梳，兵至如篦”的主要原因。再则可防止军队逃散或贪生怕死。腰缠财货的官兵，不是怕死，便是饱飏。太平军对奸淫的惩罚亦极严厉，犯者斩首示众无赦。故终太平天国之世，就一般而论，其军纪较清兵为佳。太平军初起兵时，便设有“女营”，凡会众的眷属，一体编入女营随大军行走。此后沿路所过之地，“无论老弱强壮，皆迫为圣兵；无论金银衣服，皆掳入圣库。又分男女为二馆，名曰男营女营”。这种将人家庭分散的办法，当然会引起人们的怨声载道，所以杨秀清要诰谕道：“在尔等民人以为荡我家资，离我骨肉，财物为之一空，妻孥为之尽散，嗟怨之声，至今未息。尔等不知古往今来更换朝代，凡属兴师问罪者，当城破之日，无不斩杀殆尽，玉石俱焚，流血成渠，不留鸡犬，有似我天朝不妄杀一人，犹给与衣食，视同一体者乎？”太平军对这些妇女并非凭空“给以衣食”是有作用的：

一、因家属随军在后，衣食有着，故官兵在前线作战无后顾之忧。

二、官兵作战时勇往直前，如果败溃，其家属亦必蒙灾祸。

三、无论是自愿参加或裹挟而附和太平军的人，因家眷在女营，等于人质，不愿逃亡。

四、女营妇女亦被分派工作，粗壮的妇女须做肩米、开沟、收割、送信等工作，必要时还可做后卫，甚至上阵作战，体质孱弱的则被派入绣锦营或做其他轻巧的工作。

综上所述，我们便可了解太平军的勃兴并不是偶然的。至于一般所谓清的政治腐败、生民痛苦、军队腐化、凶歉连年、将帅失和等，是历代衰乱时的共同现象。就清朝而论，自乾隆中衰以来，大清帝国的实情便是如此，然而只有太平军声势浩大，动摇清廷国本，究其原因，绝不似一般所论那样单纯。

⊙ 太平军的政治策略

因为太平军所揭橥的政策是多方面的，所以后世对太平军的讨论也就各执一词，众说纷纭，因之对太平军的毁誉相差悬殊。不只是一般人被各种说法弄得头昏脑涨，就是研究历史，尤其是研究这一段历史的人士，对太平军的评价也是聚讼多年，纠缠不清。所以我们要想对影响近代中国非常大的太

南京天王府厅堂

平军做一较为冷静持平的分析，并不容易。不过，我们若能明白一个要点，即太平军的诸位领袖不仅有政略，而且懂得如何运用政略。先有了这一点认识，问题就简单多了。

最容易为大家所接受的理论是太平军是汉人反抗清政权的革命运动，洪、杨是种族革命的先驱，是民族英雄。这种看法从太平军起事直到其灭亡便一直潜伏在人的心底，到清末革命运动兴起后遂大为流行，直到现在，持这种看法的人士仍不在少数。

太平军提出种族意识作为兴军的理由是事实，但是洪、杨在本质上并不是种族主义者，倡言打倒清政府只是为了宣传也是事实。何以如此说呢？其理由如下：

一、太平军在紫金山潜伏时期的一切宣传活动，都只有上帝会，丝毫未涉及种族意识。即令是洪、冯、杨等最高级领袖有兴汉排满的思想，但仅暗藏在心头，并未发露，故太平军各层人士的确没有受到种族意识的影响，他们得到动员令到金田村起事，不是为了报复几百年前的种族仇隙，他们舍生忘死的原动力可以说与种族主义无关。

二、既起事之后，他们所发布的文告才揭橥兴汉排满的目标。我们仔细阅读中外所搜存的太平天国史料（在国外以伦敦大英博物馆与巴黎东方语言学校所收藏者为丰），凡属涉及种族意识，揭露历史仇恨的官方文件，都是用文言文写成；凡是宣传上帝会的文件，都是用相当通俗的白话文写成。文言文是给士大夫阶级看的，种族主义只向知识分子宣传；白话文是给一般群众看的，面向群众只谈宗教教义。这很明显地表示所谓宣扬种族主义，仅仅是太平军号召知识分子加入他们阵营的策略。

三、太平军初起时确有下令杀满人的事，这颇与旗兵抵抗较坚强有关。一两年后，便也无所谓满汉了。洪秀全贬直隶为“罪隶”，燕北为“妖穴”，称曾国藩为“曾妖”，对反对太平军者均一视同仁，不分轩轾。至内讧后撑持大局的李秀成，心中更无所谓种族仇恨，他对满人亦一体保护。前面所引洪秀全答林则徐书，固曾强调种族怨仇；石达开（起事前便是参与机密的人物）答曾国藩书，举历代平民起事亦可成帝业，证明“岂草茅下士，遂不足以图大事哉”，亦责曾国藩以《春秋》夷狄之义，不过林、曾都是标准的士大夫。

四、在紫金山时期，上帝会的信徒多为客家人，洪、杨则利用地区观念，使会众团结一致，与土著的团体对抗，互相械斗（李秀成还提到洪秀全只重用广东人而轻广西人的话），土著自然是汉人。上帝会初起时利用客、土仇视以形成武力，到正式起兵，要打倒的当然是北京的皇帝，皇帝是满人，所以要排满；他们仇视土著，与乎宣传排满，其动机与目的，都如出一辙。

根据上列四项理由，笔者认为太平军的所谓种族主义，既无普遍的热情，亦无始终一贯的事实表现，只有许多响亮动人的宣传品。不过，他们的那些排满的宣传品，却贻后世深刻的影响。后来中国国势陵夷，民族危亡，清自是负极大的责任，若干志士听到洪秀全抗清的故事，自然会油然而生仰慕之忱，因此激发起革命的雄心。这不过是太平天国对后世所产生的影响。任何一个行为的动机都极其复杂，它所产生的影响也是多方面的，把动机与影响混为一谈，对于了解历史的真相是极有妨碍的。

认定太平天国是社会经济的革命运动者，亦颇不乏人。关于太平天国所颁《天朝田亩制度》的内容，我们已有分析。姑且无论制度的价值如何，最重要的是太平天国根本没有实行所谓“国库”制度。太平军定都南京之后，杨秀清、韦昌辉、石达开等人曾联名向天王请求：“弟等细思安徽、江西米粮广有，宜令镇守佐将在彼晓谕良民，照旧交粮纳税。如蒙恩准，弟等即颁行诰谕。”

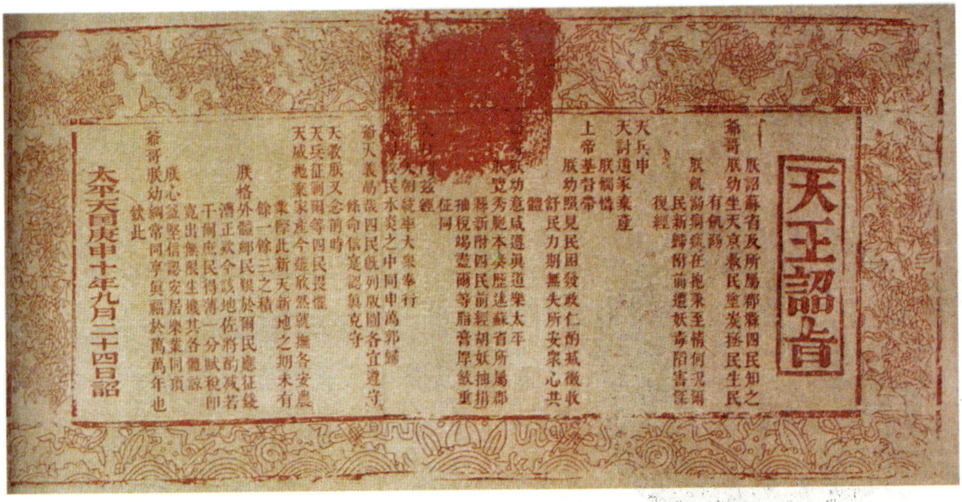

太平天国减税的诏旨

杨秀清等人“细思”之后，仍然只有“照旧交粮纳税”，洪秀全的答复是“御照胞弟所议是也，即遣将佐施行”，足以证明他们并没有实施那个所谓“均田制”。清军方面对于这方面的报道，可自张德坚所编《贼情汇纂》看出：乡民因承平日久，罕见兵革，贼至迁避一空，任贼掳劫，此壬子、癸丑冬（1852—1853）情形。

嗣贼蹂躏沿江，往来络绎，习见不怪。故于每村镇各举数耆老，设一公所，贼至黍使（即抽税之人），耆老周旋其间哀告贫苦，输纳钱数百千，求免穷搜。贼去则按亩而摊之，此科派之始也。最可异者，贼每以豁免三年钱粮惑我商民。逮劫掳既尽，设立乡官之后，则又出示曰：“天下农民米谷，商贾资本，皆天父所有，全应解归圣库，大口岁给一石，小口五斗，以为口食”而已。此示一出，被惑乡民方如梦觉，然此令已无人理，究不能行。遂下科派之令，稽查所设乡官，一军之地共有田亩若干，以种一石终岁责交一千文，米三石六斗核算，注于籍册，布伪州县监军处备查。

太平军在初期漫无标准的搜刮后，始公布均田，但“已无人理”，故杨秀清等“细思”之后，“遂下科派之令”。

太平天国并未实行“土地改革”，尚有三事可资证明：

一、太平军所攻克的地方虽不少，但并无固定疆域，许多地方都是旋得即失，事实上无法实行土地改革。

二、实行《天朝田亩制度》，必须大量的底层官员——两司马。我们在太平军的文献中找不到曾经训练或者大量派遣这类官员到农村去的记载。何况如此重大的改革，一定会遭遇困难，但我们在现存的一切文献中，丝毫未发现关于这类事的踪迹。

太平天国铸造的铜钱

三、留居在太平天国辖区内的中外人士，对于太平天国其他方面的报道都相当真实，但没有提到太平军的“土地改革”。

其实，洪、杨诸人也绝没有实施这一改革的意志。他们提出这一动人的口号，不过是为了号召贫农，一到行不通，自然就放弃了。后世之人，把纸上的命令当作具体的事实，煞有介事地讨论，这未免有些好笑。

有人特别重视太平天国的其他社会改革，如禁止买卖婚姻、纳妾、蓄婢、嫖娼、缠足等恶习与提倡男女平等的政策。这些社会改革与政策固是值得称赞，不过我们也应当持保留态度。洪秀全在永安时便至少有姬妾三十六人，建都南京后，其后宫姬妾的数目不计其数。其他高级首领亦广蓄婢妾。而女营中的妇女则绝对禁止与异性接触，甚至儿子看望母亲，丈夫探访妻子亦“只宜在门首问答，相离数武之地，声音务要响亮”。如果“男有入女馆（定都后，女营改为女馆），无问军民，杀无赦”，所以“虽夫妇同宿，亦认犯奸，治以极刑”，这与天王的后宫佳丽成群恰成一对照。

女馆中的十余万妇女，后来是得到“解放”了，她们解放的情形是这样：及贼粮将尽，驱妇女之无色者出城刈稻，实则纵之使行。逾月，又下指配之令，设伪媒官司其事，凡男女年十五以上皆报名，高格者（官阶高者）配置十余人，以次递减。

无色的还有机会逃命，有色的则被留下分配。分配的方法，是抽签决定，所以“有老父得女妻，童子获鸨母者。……贞节妇女自裁者数千余辈，

南京太平天国的“金銮殿”

女馆遂空”。这种提倡男女平等的方法真是让人不知所云。在太平军的社会改革中，有的只是为了行军和做工方便，如下令禁止妇女缠足。只有禁吸鸦片、禁赌博、禁饮酒等项，颇值得一提。

有少数人因见太平天国主张打倒孔孟，而认为洪、杨等人是“文化革命”的先驱。洪秀全说自己起事前曾梦见孔子被上帝申斥，且被“缚捆而鞭之”，孔子伏地告饶，上帝以其功过相抵，赦免其罪，仍可在天上享福，唯不准下凡问世。起兵之后，凡经书太平军均称为“妖书”，且禁止阅读，又破坏孔庙。一切行径，确实与打倒孔孟的口号相符。“文化革命”并非盲目破坏旧有的文化而已，必须说明旧文化应该被打倒的理由，至少是能够自圆其说的理由。太平军并没有发表打倒孔孟的道理，仅有站在上帝会的立场肆行排斥其他一切宗教的政策。他们将儒家当作儒教，把孔子看成教主，将之与佛、道一起加以排斥。太平军的反孔孟，不是站在文化的角度，关于这一点，我们可用他们的言论为证。洪秀全所作《原道醒世训》云：孔伋曰“天命之谓性”，诗曰“天生烝民”，书曰“天降下民”，昭昭简编，洵不爽也。此圣人所以天下一家，时廑民吾同胞之怀，而不忍一日忘天下。

这是用儒家“圣人”的话来说明他天下一家的教义。他甚至承认“孔丘服教三千，乃以正化不正”。石达开在浙江时的“招贤榜”，竟责备清政府：遂尔窃据我土地，毁乱我冠裳，改易我制服，败坏我伦常。削发剃须，污我尧舜禹汤之貌；卖官鬻爵，屈我伊周孔孟之徒。逼堂堂大国之英雄豪杰，俯首而拜夷人为君，合赫赫中原之子女玉帛，觍颜而惟胡虏是贡。为耻已甚，流祸无穷。由此可见太平军亦为“伊周孔孟之徒”而战矣。

“文化革命”最重要的在于能倡导新文化，以代替旧传统。洪、杨所倡导的仅仅是袭取基督教皮毛，汇合中国民间迷信而成的上帝会，“全国”人民只许读基督教的《圣经》，若将之称作“文化革命”，难符史实。太平军晚期曾颁布，“有孔孟之书不必废”的诏令，当然是有所悟而为之。

然则太平军是否为宗教革命？洪秀全创立上帝会的动机与经过，前已叙述。太平军起事初期，来华的传教士与商人确对之抱有极大之期望，以为此一古老大国已发生基督教所领导的革命运动，及至实地调查之后，才明白上帝会与基督教有天壤之别，这种议论才逐渐消失。更进一步分析上帝会的内容，我们便会发现上帝会根本就不是一个宗教组织，仅是一种地道的中国民间迷信组织。我们不要因为他们提到上帝与《圣经》，便将上帝会与基督教混淆。

凡入上帝会者，先向上帝上“奏章”，章文曰：“小子（小女）△△△跪在地下，真心悔过，……恳求天父皇上帝时赐圣神风，化恶心，永不准妖魔迷。时时看顾，永不准妖魔害。祝福有衣有食，无灾无难。”

神台上用纸书“上帝”二字，台前置明灯一盏、清茶三杯。火化“奏章”后，以清水一杯灌顶，一杯饮下肚，一杯洗心胸，入会仪式结束。会众每逢吉凶、建宅、生辰、弥月等事，均具香烛纸锭及牲醴茶饭，祭写在纸上的上帝，然后上奏章，无非是请求上帝保佑无灾无难等语。教主则佩戴三尺“斩怪剑”，用以除妖怪。难怪“读书明白之士不从”上帝会。这些方法，洪秀全最先是用以凝集愚民，不想后来竟自愚。南京被围时，城内无粮，他叫军民吃杂草合成的“甜露”，要每家“呈缴十担，收入仓中”。李秀成劝他迁都流窜，他说：朕奉上帝圣旨，天兄耶稣圣旨，下凡作天下万国独一真主，何惧之有？不用尔奏，政事不用尔理。尔欲出外，欲在京，任由于尔，朕铁桶江山，尔不扶，有人扶。尔说无兵，朕之天兵，多过于水，何惧曾妖（国荃）者乎。

天兵没有到，洪秀全自杀了。如果将太平军起事视为宗教革命，那么从东汉黄巾军起兵以来，中国历史上的宗教革命实在多不胜数。

总之，太平天国的勃兴，绝不止偶然的机运而已，他们的领袖确有政治与军事的长才，尤其是他们在政治策略上的运用异常成功，令人有神龙见首不见尾的感觉。但是他们仍然不免于覆亡，其原因如下：

一、太平军盛时的声势虽然壮大，但是没有建立坚强的基础。他们除了占有几个据点，并没有占领广袤的疆土。

二、太平军的领袖虽然有政治、军事方面的天才，但智识毕竟有限。他们平时所耳濡目染的，不外是三江五湖豪侠之事，一旦平地青云，便有手足无所措之感。观太平军初陷武昌，将各戏院戏子的服装一律搜去，作为天王与诸王将相的朝服一事，便可想见他们的见识。故他们一到南京，不用主力北伐，直捣燕幽，反淫逸无度，欲从此安享荣华。再加上诸王争权夺利，酿成内讧，互相残杀。内讧后的太平军，已无推翻清政府的可能，只有苟延时日了。

三、太平军勃兴之初，各国均寄予莫大的期望，以为此新兴的势力将推翻顽固保守的清政府，并改善中国的对外关系。咸丰三年（1853）四月，太平军入南京后一月，英国驻上海官员即派人赴南京，致书天王，声明对战争采取中立态度。杨秀清代表天王答称：（天父天兄）助我天王成万国真主以来，六年于兹矣（从道光二十八年算起）。尔远人愿为藩属，天王欢乐，天父天兄亦欢乐。既忠心归顺，是以降旨尔头人及众兄弟，可随意来天京，或效力，或通商，出入城门，均不禁阻，以顺天意。另给书数种，欲求真道，可诵习之矣。

英国人接到这一封信，满腔热望消去一半。太平军“万国真主”的口气较清廷还大。唯太平军不干涉通商，英国人甚表满意。其后美、法各国亦先后遣使至南京，所得结果大致与英国人相同，于是太平军渐失国际同情。同年十月，小刀会起事于上海县城，烧杀淫掠，无所不为，外国人目睹其行径，对太平军的印象遂日趋恶化（小刀会与太平军完全无关，因小刀会自称属于太平军，外国人不察，故尔）。此后，当太平军接近上海、宁波等商埠时，各国即出面干涉，故太平军始终不能攻陷清廷的财源所在地上海。迨咸丰十年（1860）《北京条约》订立，英、法等国对清政府的要求已一一达到，遂转而帮助清廷敉平变乱，以利通商。于是“常胜军”成立，太平军又多一劲敌。倘若洪、杨能于定都南京后立即挥兵东向，攻陷上海，保有东南财富之区，并与各国建立外交关系，吸收西洋军事技术，采购新式武器，则其与清廷谁胜谁负，尚未可逆料。

李秀成的天王袍

按照太平天国的礼制，王爵身份的官员是可以穿龙袍的，比如翼王石达开穿的就是绣着二十八条龙的翼王龙袍。

四、太平天国的诸领袖对中国文化传统与社会背景认识不清，只知道利用上帝会以凝聚群众。其不祀祖先的教条，破坏庙宇的行动，均足以激起民众普遍的反感，何况打倒孔孟，崇奉“夷人”的上帝，更引起绝大多数知识分子的反感。这些反传统的行为成为太平军的死穴。促使太平军覆亡的主要力量湘军，便是中国知识分子为了捍卫中华文化，乡村善良农民为了保持传统社会习俗所汇合而成的一股力量。

太平军虽被消灭，清代的内乱却没有结束。与洪、杨先后起而反抗清统治的起事尚有多处：

一、捻军。在黄河流域数省一带乡村，有一种民间的迷信组织，是为捻。“捻”的起源很久，详情已不可考。其初兴，本是专门捻纸涂油玩龙灯，为乡民禳疫去灾而有的组织。玩龙灯的人，照例要向一般人募捐捻油纸的费用，这些人多半是平素游手好闲、不事生产的无赖子。他们最初向人募捐时能遵守一定的规矩，在政治不上轨道时，他们便开始强迫勒索，遂成为一集团势力。嘉庆时清廷曾下令严禁，但无效果。及太平军崛起，清廷为预

平定太平天国战图（局部） 清代佚名画家绘

这幅画中描绘的是清军水陆并进，夹击江中太平军船只的情景。从中可以看到清军和太平军在服饰上有着明显的差异，清军头上顶戴花翎，脑后留有长辫，而太平军则是布巾包头，耳朵两旁垂下长发，故民间称其为“长毛”。

防变乱，搜捕加严，于是河南、安徽一带的捻党便起事。清廷派军进剿，不能敉平。因为捻军飘忽不定，乡民又畏之如虎狼，不敢协助官军，恐怕捻党再来报复。且其领袖如苗沛霖、张乐行等人，与太平军互通声气，遂声势浩大。清廷命胜保率骑兵往剿，大败而归，马匹损失甚多。捻军得良马之后，如虎添翼，往来纵横河南、安徽、山东数省，官军莫敢撄其锋。清廷命僧格林沁率蒙古骑兵往剿，苗沛霖受抚，张乐行被捕杀（1864）。然不久苗沛霖再叛，张乐行的余众由其侄张总愚（宗禹）带领与石达开部属结合，攻入陕西。

次年（1865），僧格林沁追击捻党中伏死，清廷乃命曾国藩专负剿捻责任。曾国藩用阻水筑墙、坚壁清野的办法，以蹙捻势。朝廷欲其速奏功效，迭次催促出兵，曾国藩乃以疾辞，另荐李鸿章负责。李鸿章仍墨守曾国藩所订战略战术，于同治七年（1868）将捻军平定。捻军波及江苏、安徽、山东、山西、河南、河北、湖北和陕西八省，前后达十六年，以黄淮流域各省所受战祸最惨烈。

二、回民。中国西北及云南等地汉回杂居已久，大致自唐代以来便是如此。民族杂居，冲突在所难免，汉、回之间时有械斗发生，而地方官吏一味以屠杀回民为镇压之手段，于是回民便时思反抗。

云南自道光二十五年（1845）以来便有回乱。道光二十七年，林则徐任云贵总督，抱定“只问良莠，不问汉回”的态度处置云南汉、回纠纷。惜双方积恨甚深，互相大规模焚杀之势已成。两年后，林则徐告病回籍。次年，太平军崛起，清廷自顾不暇，遂任云南汉、回冲突自然发展。咸丰五年（1855），回民马新德率众进攻昆明不克，旋即受抚改名马如龙。回民首领杜文秀占领滇西大理一带，自称元帅，声势壮大。同治七年（1868）清廷任岑毓英为云南巡抚，与杜文秀力战五载才平定（1873）。

陕甘回民自清入关以来即时有变乱发生。同治元年（1862）陕西回民因细故酿成大乱，回汉互相屠杀、焚烧，全省陷入混乱之中。适太平军旧部陈得才与捻党张总愚攻入陕西，甘肃回民亦乘机响应，攻占城镇，戕杀官吏，屠戮汉人。新疆回民闻变，亦纷纷起兵，于是整个西北疆域全部骚动，无论回民还是汉民，俱生活于水深火热的灾祸中。直到太平军被敉灭，清廷始命左宗棠率领湘军赴陕西，统筹处置回民事宜。同治九年（1870）陕西回民变乱组织解体，越三年，甘肃变乱平定。然新疆阿古柏仍据天山南路称王，且与英、俄各国订立通商条约，俨然一独立国，势力雄厚。清廷不敢贸然劳师远征，唯左宗棠力主乘势彻底解决。经过一番激烈辩论后，至光绪元年（1875），清廷始命左宗棠督办新疆军务。两年后，阿古柏兵败自杀（1877），西北全部平定。

三、苗变。贵州苗民自雍正时行“改土归流”政策以来，由于受汉民欺凌与官吏之残暴统治，故叛服无常。方云南回乱大炽时（1855），黔苗亦起事。黔苗四出劫掠，清廷无力兼顾，地方官亦束手无策，只得任其蔓延。至同治二年（1863），贵州全省除了省会贵阳，已全部为苗民攻陷。直到同治十一年全省秩序始恢复，前后达十八年。

从道光三十年起，到同治十二年止（1850—1873），二十四年间，全国十八省中，无一处不遭受战争的灾难。这个长期的、大规模的动荡，表面上虽然是由太平军肇其端，但实际上，乃是腐朽了的大清帝国在遭受鸦片战争的外伤后所不可避免产生的结果。经此一场翻天覆地的大骚动、大屠杀、大破坏，清朝在政治上、经济上、社会上、思想上、外交上都发生了极剧烈的

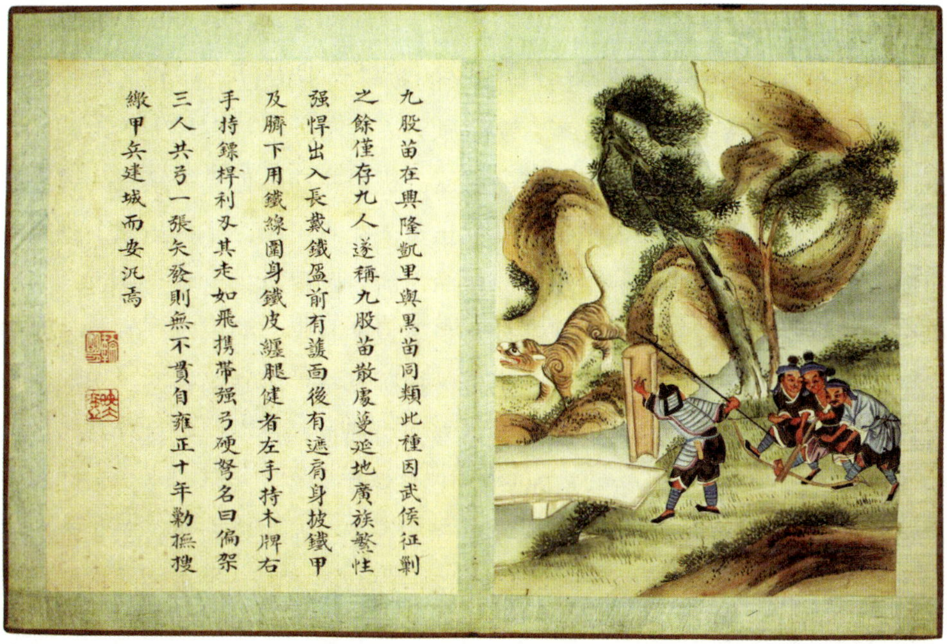

清代苗人的日常生活　出自清代陈浩《蛮苗图说》

时变；许多陈旧的事物，逐渐被淘汰，逐渐起变化，逐渐消逝；许多新的事物，也慢慢开始出现。东方古老的大帝国以及它持续发展了四千余年的文化，经此沉重的一击，已经支撑不住了。

在这种情势下，第一个起而领导创造新局面的，就是曾国藩和他的“湘军”。

⊙ 满汉政权的转移

平定太平军的主力是湘军，湘军的首创者是湖南湘乡的农家子曾国藩。

曾国藩的先世定居在湘乡白杨坪（原住衡阳，清初迁此）已达百余年，一直过着简朴勤勉的农村生活。他的祖父曾玉屏是一个颇有抱负的农夫，因幼年失学读书不多，所以很羡慕读书人。曾玉屏略有积蓄后，便督促他的长子曾麟书努力求学，以博得一份功名。不意曾麟书时运不济，一连考了十七次，到四十三岁才“补县学生员”（秀才），一番雄心只得放弃。此后曾麟书便在家中侍奉父母，教育儿子，将希望全部寄托在下一代身上。他一共有五个儿子，长子便是曾国藩。

曾国藩在祖父极严格的家教与父亲的教导之下度过了他的童年时期，这一段生活对他后来的学术文章、功名勋业、立身处世都有极大的影响。曾玉屏虽然读书很少，却有恂恂儒者的风度，极重礼法。他曾经集资为曾家建立祠堂，以便致祭，并告诫子孙“后世虽贫，礼不可隳，子孙虽愚，家祭不可简”，对于“巫医、僧徒、堪舆、星命之流，则屏斥之，唯恐不远”。曾麟书是一位时乖命蹇的饱学秀才，他在乡下设塾教学，曾国藩八岁时便跟随父亲读书。曾麟书对曾国藩“晨夕讲授，指画耳提，不达再召之，已而三复之。或携诸途，呼诸枕，重叩其所宿惑者，必通彻乃已”。在这种严厉的监督下，曾国藩自较一般儿童的基础坚实。

曾国藩二十岁时才离开父亲入书院学习。他二十三岁时进入岳麓书院学习，次年中举，二十八岁入京会试，中进士，被选为翰林院庶吉士。翰林院是清代用以蓄才养望的机关，极为清贵。他既入翰苑，便得与当时的大儒往来请益，于是眼界大开，得从三家村学究八股文的境界中脱颖而出，进窥学

曾国藩画像

曾国藩，晚清重臣，曾有人用对联：“立德立功立言三不朽，为师为将为相一完人”，总结了曾国藩的一生。

术思想的门径。从那时开始，直到咸丰二年（1852）丁母忧回籍，十三年中（1839—1852），除了道光二十三年赴四川担任乡试正考官，他均在北京供职。他最初致力于历史，求经世致用之学，兼治诗词。两年后，当时的理学大家唐鉴服官到北京，曾国藩乃从之问道，始探究义理之学，重视修己治人之道。是年，他写信给弟弟称：“君子之立志也，有民胞物与之量，有内圣外王之业，而后方不忝于父母之所生，不愧为天地之完人。”

说这些话时，他已经有澄清天下的抱负了。从此，他开始自订“日课”“月课”，并记日记以检讨自己进德修业的工作。同时，他又结交了一些志同道合的益友，互相砥砺学行。他的朋友，如吴竹如（廷栋）格物工夫颇深，一事一物，皆求其理；倭艮峰（仁）先生则诚意工夫极严，每日有日课册，一日之中，一念之差，一事之失，一言一默，皆笔之于书。书皆楷字，三月则订一本。自乙未（1835）年起，今（1842）三十本矣。盖其慎独之严，虽妄念偶动，必即时克制而著之书。故所读之书，句句皆切身之要药。

他为自己立下十二条生活规律：“一曰主敬，二曰静坐，三曰早起，四曰读书不二，五曰读史，六曰谨言，七曰养气，八曰保身，九曰知所言，十曰月无忘所能，十一曰作字，十二曰夜不出门。”当他违反了这些条规时，他便在日记上用“可耻”“盗名欺世”“真禽兽矣”“浮躁”等字句痛斥自己。这种绳检自身、进德修业、不稍掩饰的精神，是他能成大业的主要原因之一。经过这样苦修十余年，曾国藩不仅已进窥学术堂奥，且能合经世、考核、义理于一纽，为学术思想界辟一新天地。

道光二十七年（1847），曾国藩已官至礼部侍郎，不久即身兼数差，然他对于官场“颇厌其繁俗，而无补于国民生计”，很想退休，“以行吾素”。他的志向是“其大者盖欲行仁义于天下，使凡物各得其分。其小者则欲寡过于身，行道于妻子；立不悖之言，以垂教于宗族乡党”。他既不热衷仕途，更不能期望清政府能“行仁义于天下”，自然想摆脱政治生涯，“立不悖之言，以垂教于宗族乡党”。但他的父母尚健在，兄弟都没有成人，素来极孝顺的他，只有在“诸弟稍有进步，家中略有仰事之资”时，再谈“归养”了。他对他的弟弟做这种消极的表示后不过两个月，清宣宗道光皇帝逝世，清文宗咸丰皇帝嗣位，紧接着太平军崛起于金田村。他立刻上书“备陈民间疾苦”，希望皇帝能对天下祸乱采取拔本塞源的措施，可惜没有引起皇帝的注意。咸丰二年（1852），他受命为江西乡试正考官，途中得母丧消息，遂丁忧回籍，从此他的生活、事业开始发生极大的转变，不只旁人想不到，连他自己也绝对料不到。

方曾国藩奔丧回家之时，正值太平军围攻长沙之日。湖南全境骚动，土匪蜂起，横行无忌，民众身家性命全无保障，各地士绅与民众纷纷自动组织团练，以保卫生命财产。是年十二月，清廷命令曾国藩以“在籍侍郎”的身份，办理湖南全省团练事务。这是在正规军被抽调一空后，清廷利用民间武力以维持各地治安秩序的办法。曾国藩最初是拒绝，但经不住他的朋友郭嵩焘的敦促，加之他热爱乡土，于是便在不接受政府任何禄位的条件下，“投袂而起”，为保卫桑梓而工作。这是军事，曾国藩可谓完全不懂，他自述道：“国藩于用兵行军之道本不素讲，而平时训练，所谓拳经棍法，不尚花法者，尤懵然如菽麦之不辨。”

他受过经世致用之学的熏陶，早有“内圣外王”的大志，所以毅然“墨绖从戎”，抱定“我不能有利于民，但去其害民者而已”的宗旨，从一个舞文弄墨的书生，一变而成为叱咤风云的大帅。

害民者是土匪，他办团练的目的是治土匪。其他省区虽有团练，土匪仍然猖獗如故，而且团练本身也成为鱼肉善良的势力。曾国藩办团练自有他的办法。

他将“团”与“练”分开。“团”就是清查户口，使宵小不能立足。团又分为“乡团”与“族团”两种：乡团是按地方区分，负责人是当地善良正直的绅士或者读书人；族团是以家族为单位，以家族中的长辈负责办理。他给负责人颁发“执照”，作为约束同乡、同族的凭据。在地方与家族的严密监视下，匪类无法立身，不是被检举，便是在骨肉的感召下改过自新。

训练武事、制造军械、选择兵丁是“练”。受训练的人必须经过严格的选择，身家清白、品质善良、身体健壮的农民方可做练丁。这个办法的基本原则是“以一族之父兄，治一族之子弟；以一方之良民，办一方之匪类”。

他重视团，因为团才是维持治安、正本清源的办法，用武力的事，是迫不得已为之。所以“团则遍地皆行，练则择人而办”，“乡间团而不练，城乡练而不团”。

乡间原有办团练的人自来声誉不佳，曾国藩为了矫正这个缺点，故改地保的名称为乡约首事，希望“冠带礼乐之士，亦乐就之”。如此一来，负责的人是“冠带礼乐之士”；所统率的兵，是淳朴的农民；湖南的团练，便与众不同。尤其重要的是风气的转变：原湘军创立之始，由二三儒生被服论道，以忠诚为天下倡。生徒子弟，日观月摩，渐而化之。于是耕氓市井，皆知重廉耻，急王事。

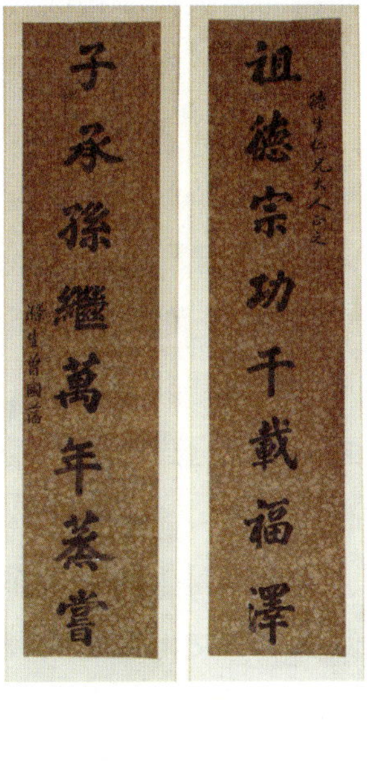

曾国藩的手迹

湖南团练以这种崭新姿态出现，大奏功效，土匪敛迹，治安恢复，但曾国藩马上遭受困难。最大的困难是兵勇不合。兵就是正规军，即绿营或旗兵，勇就是团练。曾国藩的团练既卓有成效，但饷糈困难，湖南巡抚张亮基拟设法淘汰靡费粮饷的兵队。兵营闻之，自不甘心，于是发生兵勇械斗之事，曾国藩及部下名将塔齐布险些死于乱兵之中。事后曾国藩率团练离开长沙，变乱始已，但此后兵勇之间仍然互相仇视不休。

清廷见湖南团练肃清土匪有功而长江下游军事紧急，迭次下令命曾国藩率领团练与太平军作战。曾国藩初以土匪未全靖为由推诿。咸丰四年（1854）二月，曾国藩的在长江作战必不可少的水师练成，有大小战船二百余艘，水兵五千人。适太平军进犯湖南，曾国藩乃率领他所训练的水陆两军万余人出发，正式与太平军作战。三月，曾国藩发布了有名的《讨贼檄文》，申述与太平军作战的理由。

檄文中首先绘述太平军对平民荼毒蹂躏的情形，特别着重叙述“粤匪”对“两湖三江”人士如此；其次再说明太平军对农人与商人的连根拔起之政策；再次则痛斥洪、杨破坏中国礼义人伦，以“外夷”的宗教毁灭中国文化的罪恶，“此岂独我大清之变，乃开辟以来，名教之奇变”等数语，是曾国藩不能“袖手坐观”的理由；最后谴责太平军破坏寺院、学校等处“穷凶极丑”的行动胜过历史上最凶顽的流寇。全文六百余字，只在极不关痛痒的地方提到清政府。他出师的目的在檄文中说得极清楚明白：一、解救被太平军掳去的船只，“被胁之人民”；二、“不特纾君父宵旰之勤劳，且慰孔孟人伦之隐痛”；三、为被太平军枉杀的人报仇，为被辱的神祇雪恨。

总之，从曾国藩讨洪、杨的檄文中，我们决不能贸然断言他讨伐太平军，是为清政府做走狗去残杀汉人；我们也不能不承认，他是为了反对洪、杨以“外夷”的文化代替中华文化而战斗。就汉人的立场而言，即使清是异族统治，但他们已接受中华文化，他们的统治仅是政权的暂时独揽，汉族受压迫，但并非全民族文化的灭亡消失；而洪、杨一面要恢复汉族的政权，一面却要永远连根铲除汉族的文化，而代以“外夷”的文化。将洪、杨同清政府作比较，曾国藩做出了他的取舍。

本来是辅助正规军，纯粹用以维持本地社会秩序的湖南团练，现在怀着保卫中华文化的远大目标，离开本土，走上前线。离开湖南省境作战的湖南

阿玉锡持矛荡寇图

郎世宁笔下的这位蒙古勇士如到了曾国藩时期就会严重落伍，矛早已退出了现代战争。

团练，全军上上下下都是湖南人，所以这些军队被称为“湘军”。从此，太平军便开始与一支有训练、有理想、有巨大凝聚力的军队作战。

湘军与其他军队不同：

第一，湘军中无论将帅、士卒、夫役，都是湖南人（只有极少人是例外），作战时期伤亡后的递补者，也全是湖南人。当时有很多这样的情形，哥哥在前线阵亡，其名额由弟弟递补，再阵亡，其另一弟又继之，有的则一家兄弟都在军中。曾国藩有弟四人，除了大弟一人在家乡料理家务，其他三个弟弟俱从征在外。

第二，湘军中士兵与官佐之间，官佐与官佐之间，士兵与士兵之间的关系与众不同。曾国藩云：臣等一军，勇逾万余，兵仅数百。其管带之员，文职多择取士绅，武职多拔取末弁。有夙昔之恩谊，无军营之气习。不特臣国藩、臣塔齐布二人亲如昆弟，合如胶漆，即在事人员，亦且文与武和，水与陆和，兵与勇和，将与卒和，粮台官绅与行间偏裨，均无不和。全军二万人，几如家人骨肉之联为一体，而无纤芥嫌隙之生于其间。

这种情形，与当时正规军的“訾窳骄惰，闻征调则惊号，比至前敌，秦、越、楚、燕之士，杂糅并进；胜则相妒，败不相救；号令歧出，各分畛

厘金局

厘金实物

厘金，又叫“厘捐”或“厘金税”，是清政府对通过国内水陆要道的货物设立关卡征收的一种捐税。厘金局相当于税务局。

域”的情形相比，迥然有别。盖湘军军营之编制，亦多按地域划分，同队者多有戚谊关系，或彼此世代为邻、守望相助，今同上战场，出生入死，自然其亲有如“家人骨肉”。这种军队团结坚巩，不易溃散。

第三，湘军是以曾国藩个人为中心所组成的军队。部将均由他亲自选拔而出，如罗泽南、杨载福、彭玉麟、李续宾、李续宜等人，原来都是默默无闻之辈，经他赏识而膺重要军职。这些人对曾国藩的道德文章和胸襟气度都万分倾倒，所以他们也只忠于曾国藩一人。湘军中将官的赏罚黜陟之权，实际上操于主将曾国藩手中，因此他们与朝廷的关系很浅，甚至可以说毫无干系。

第四，湘军的将官多是受中华文化熏陶甚深的儒生，他们奋臂而起与太平军对抗，完全是为了保卫民族文化。罗泽南、彭玉麟等人，便终生拒绝清政府的禄位，以明志向。湘军的士兵都是殷实淳朴的农民，他们反对太平军对中国社会传统伦常与习尚的破坏，故奋起从军。所以曾国藩说：“诸公之从我，非利动也。”他们为了义而战，所以湘军是有主义的军队。

当清朝腐败透顶的军队与新兴的太平军对阵时，前者自然只有望风披靡的份。将湘军与太平军相较，二者都是有训练、有理想、有巨大凝聚力而复忠于个人的地方性军队，仅仅是它们的目标、内容与领导人的性质迥然有别而已。两军相战，自是棋逢对手。

湘军的成功经过了一段极艰辛苦斗的历程。在十一年的殊死战斗中（咸丰四年到同治三年，1854—1864），曾国藩因兵败自杀过两次，预自杀者一次，到同治元年（1862）时，他在写给儿子的信上尚说："细观天时，默察人事，此贼竟无能平之理，但求全局不遽决裂，而余能速死，而不为万世所诟骂则幸矣！"

同年他在写给友人朱尧阶的信上说："逆回炽于秦中（陕甘回乱），有苗叛于淮上（捻军苗沛霖）；观其气象，均非仓卒所能戡定。即发逆老巢（南京）或能幸免，亦将变为流寇，贻祸南服。"

曾国藩如此悲观，自有原因：

一、清自入关以来，封疆大吏与统兵大员绝少用汉人充任。太平军初兴时，奉命督办广西军事的钦差大臣李星沅并无实权，实际统兵的向荣与乌兰泰（满人）发生龃龉，李星沅形同傀儡。他报告朝廷"事权不一"，希望皇帝给予实权，结果大受申斥。清廷对汉人的猜疑由此可见一斑。据说湘军的捷报送到北京时，咸丰皇帝大喜，军机大臣祁寯藻进言道："曾国藩以一匹夫在乡，振臂一呼，从者万人，非国家之福。"咸丰皇帝遂为之变色。这一传说是否属实，姑不必论，不过事实上在咸丰十一年（1861）以前，曾国藩并未有管辖地方之权，所用关防亦系木制，地方官吏因他不是直属长官，更不与之积极合作。清廷对他如此猜疑，当然影响其军事行动。

二、清代皇帝总揽军事指挥大权（由军机处负责），随时不顾前方军事实情，任意调度军队，决不让曾国藩有统筹全局和指挥军事的全权。所以曾国藩曾对湖南巡抚骆秉章发牢骚道："京师之人，以耳为目，动辄保奏特出办军事，此事诚不知如何了局也！"他既要针对军情调度军队，又得委婉曲折应付"以耳为目"的清廷，其处境之尴尬，自可想见。

三、兵勇之间自始即极不相容，在湖南时，连曾国藩亦几为绿营兵所害。此后绿营常与湘军并肩作战，嫉功忌能，常有冲突。曾国藩写信给朋友诉苦称："曩者己酉新宁李沅发之变，乡勇一跃登城，将攻破矣，诸兵以鸟枪射击，勇坠死，遂不能入。近者兵丁杀害壮勇之案，尤层见叠出。"

这样在战场上自相残杀，焉得不令人气馁。

四、湘军的饷糈并无确定的来源，最主要的是靠"捐输"。所谓捐输，实际上是强迫殷富之家在交粮纳税之外，再额外缴纳军费。军费的筹措竟用这种漫无标准的办法，所以军中常因饷款不济而发生欠饷的事，而这自然会影响军心。同时办理粮台的人良莠不齐，"劝募"之时未能公平，惹起一般人的反感。王闿运的《湘军志》对这种情形的记载很多，如："令故总督陶澍家倡输万金，以率先乡人，澍子恳于巡抚，籍其田产文卷送藩司，官士大哗，遂以得免。"

用"令"而行的捐输，简直就是勒索，这对湘军的声誉自有不良的影响，常有害于民心的争取。

五、最重要的是兵、勇的纪律都太坏。《湘军志》形容绿营："民间徒知其（兵）扰累，莫肯怜其送死，故征役者益怨恨，雠掠于寇所不至之地，而愚民避官迎贼之义起矣。"

其实勇也是一丘之貉，曾国藩非常清楚这一点。他说：

> 民间倡为谣言，反谓兵勇不如贼匪之安静。国藩痛恨斯言，恐民心一去，不可挽回，誓欲练成一旅，秋毫无犯，以挽民心而塞民口。每逢三八操演，集诸勇而教之，反复开说至千百语，但令其无扰百姓。自四月以后，间令塔将传唤营官，一同操演，亦不过令弁委前来听我教语。每次与诸弁兵讲说至一时数刻之久，虽不敢云说法点顽石之头，亦诚欲以苦口滴杜鹃之血。练者其名，训者其实，听者甚逸，讲者甚劳。……国藩之为此，盖欲感动一二，冀其不扰百姓，以雪兵勇不如贼匪之耻，而转变武弁漫无纪律之态。

这些话由曾国藩亲口道出，便可见太平军的军纪实胜一筹，"愚民避官迎贼"被证明是屡见不鲜的事实。曾国藩并不能用言语感动他们，"以雪兵勇不如贼匪之耻"，仍然是"官兵与贼不分明，到处传入丑声名"（曾国藩作"爱民歌"中的两句）。岂止此也，李秀成被俘后，曾国藩还要惧其"民心之未去，党羽之尚坚"呢！

综上所述五点，宜乎曾国藩在经过八年战争后，要说"此贼竟无能平之理”那种灰心的话了。尽管如此，湘军仍能遏止太平军，也只有湘军能遏止太平军，但他们的确无力平定太平军，要打败太平军，还得靠另外的新因素——常胜军。

外国人对太平军初期所抱的期望消失后，仍对交战双方采取中立的不干涉政策。唯在江南陷于战祸的时期里，各地富商巨贾为避战祸，多逃至上海，托庇于西方势力之下。数年之间，上海遽趋繁荣，十余年前的一个海隅小城，遂一跃而为十里洋场。在外商的心目中，上海已成为彼等在华最重要的经济据点，故对任何足以危及商业利益的战争行动，均竭力反对。咸丰十年（1860），李秀成趁清廷与英、法衅端已开（英法第二次联军）的时机，统率大军攻上海，事前并致书英国公使，邀请英国公使至苏州会议，谋合攻上海，英国人未允所请。时上海中外商人麇集，为了保障生命财产，中国商人遂出资招引各国水兵及冒险家共同组建一支用西式战术训练、配备西式器械的军队，用以帮助清军防守上海，名其军曰“洋枪队”或“常胜军”。常胜军最初人数仅五六百人，由美国水手华尔统率。后常胜军增至四五千人，有欧美人一百、菲律宾人二百，余皆中国人应募组成。常胜军最初仅限于防守上海，后竟在上海商人以金钱为酬赏的条件下，进攻邻近城市（每攻下一城，酬银三万两或三万六千两）。于是各国水兵与游民以利之所在，趋之若鹜（曾有英国海军军官控告华尔引诱水兵逃亡的事件）。

不久《北京条约》订立（1860年10月），清廷已完全屈服于西洋的武力之下，全部答应英法要求。至是英国人遂认定太平军乃发展商业利益之阻碍，一反以往政策，欲帮助清廷速将太平军敉平。适华尔战亡，英国政府乃允许其正式军官为清廷服役。同治二年（1863）3月，江苏巡抚李鸿章委任英国陆军少校戈登为常胜军统帅，受李鸿章指挥，与太平军作战。至同治三年（1864）5月常胜军解散，为期约一年。戈登所统的常胜军约五千人，内有欧籍官佐一百五十余人，全部配备英国武器，太平军自非敌手，故常胜军连下太仓、昆山、嘉兴、常州、苏州等名城。太平军既两面受敌，势力日蹙，最后只剩下南京一座孤城。

常胜军解散后一个月，曾国荃攻克南京。

太平军一告平定，曾国藩立刻将他直接统率的湘军解散，余下的只有左宗棠属下的一部分湘军，后来立功边陲，血溅天山的便是这部分湘军。另一部则是仿照湘军营制，由曾国藩的学生李鸿章统领的淮军（由安徽人组成，故名）。淮军渊源于湘军，同是一种忠于统帅个人、目无政府而复由来自同一省区的同乡所组成的军队。

淮军领袖李鸿章，安徽合肥人，道光二十七年（1847）中进士，曾从曾国藩学。咸丰四年（1854）太平军陷安徽庐州（今合肥），适李鸿章在籍，应诏襄赞安徽巡抚福济军事，立有军功。然因为他才气横溢，矜骄自负，为同事人士所排挤，颇以怀才不遇为憾。咸丰八年（1858），李鸿章投至曾国藩麾下，办理文牍工作。次年，李鸿章助曾国荃肃清江西景德镇的太平军。咸丰十一年（1861），上海军事危急，时曾国藩已受命为两江总督，节制江苏、安徽、江西、浙江四省军事，乃以“才大心细，劲气内敛”的评语，向朝廷推荐李鸿章为江苏巡抚。李鸿章受命后，先回安徽招募六千人，悉照湘军陈规，编制训练成军。次年（1862），李鸿章率军乘轮船赴上海，成为此后三十年清廷国防主力的淮军由是成立。

淮军在表面上与湘军似极为相似，但实质上有很大的差别：

一、淮军在上海时与常胜军并肩作战，其将领目睹西方军事技术之优越与军械之精良，他们都不禁异口同声地承认中国军事落伍。李鸿章即“深以中国军事远逊外洋为耻”。所以从此开始，淮军即大量改用西式枪炮，从而

“洋枪队”将领戈登

戈登洋枪队，1862年，一支由外国人组成抗击太平天国的雇佣军。后更名为“常胜军”，1864年解散编入淮军。最初首领为美国人华尔，华尔战死后由美国人白齐文继任，白齐文因吴煦事件转投太平军，被杀。最终由英国人戈登继任，故称为戈登洋枪队。

成为当时中国战斗力最强的一支军队。所以，我们可以说淮军是湘军与常胜军的结合物，是中西合璧的“混血儿”。

二、湘军各将领是在曾国藩维护中国礼义人伦的大目标下团结在其麾下的，故其将领多为虔笃的学者。他们在太平军气焰万丈之时去为理想而舍命忘生，虽然服从曾国藩的领导，但彼此之间的关系是道义的，除了战阵之事，他们与曾国藩在其他事情上是平等的。淮军是李鸿章受命为江苏巡抚后回乡招募的，当时他的名位已重，太平军的颓势已成，闻风而来投效的人，其动机不如湘军将领之纯正，其流品亦良莠不齐。淮军将领中，仅潘鼎新是举人，其他人的出身都极卑微，其教育程度自然谈不上，他们的从军理想也很难超出升官发财与耀祖荣宗的范畴。他们与主帅之间的关系是功利的，是主从的。他们把主帅当作靠山，视为奥援。这种情形与湘军的迥然有别。

三、李鸿章虽然自称“师事国藩近三十年”，平生治军持事都得益于曾国藩的熏陶，但其学问、道德则不如曾国藩远甚。他是世家子弟，没有曾国藩那种淳朴厚重的农人气质；他中进士、入翰苑的时候不过二十五岁，少年

保定淮军公所

淮军所是李鸿章为纪念淮军在镇压太平天国和捻军阵亡的“将士”而建的昭忠祠。

得志，目空一切，不似曾国藩有北京的益友可以互相砥砺学行。中进士后三年，天下大乱，他便开始汲汲于事功的追求。生活于战乱之中，李鸿章没有曾国藩十余年居京潜心苦读的机会，并无学术修养可言。李鸿章对世俗禄位十分热衷，曾国藩曾批评他“拼命做官”，确是一针见血之言。淮军领袖的气质如此，他部下的习性如何不问可知。

湘军与淮军都是应运而生的新势力，这些新力量酝酿成形后，便开始创造新局面。这批崭露头角的汉人成为清末的砥柱中流，满人的实际政权由是转入汉人手中，故洪秀全的种族主义虽只是号召口号，但它的影响成全了汉人势力的复苏。

第二十一章　自强运动

⊙ “师夷之长”的发端

每一个有文化的民族，无论其文化的类型如何，都必有一种全民族共同秉承的理想为其一切外形活动的尾间。姑无论该民族历史所表现的史事如何错综复杂，人们总能从那些错综复杂的史事中寻究出一些线索，然后以此线索为准绳，去观察或分析其历史，进而探究其所表现于外形者，能否与其全民族所秉承、所追求的理想相契合。据此就其民族历史发展的过程而论断其民族历史之进步或堕落，方不致贻以今非古、以我非他之讥。

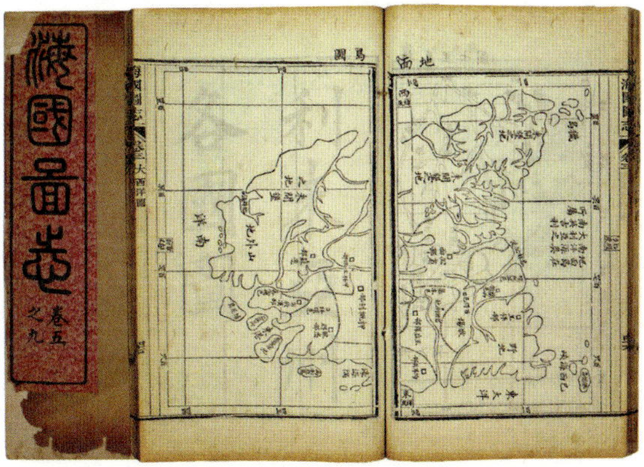

《海国图志》

鸦片战争失败后，被流放的林则徐希望魏源能编写一部合乎中国人需求的世界概览，这就是《海国图志》。而此书传到日本后，深刻启发了日本人的近代意识。

中国历史自秦汉一统以来，大体上即遵循一定之理想鹄的发展，殊少本质上的变异。一切表现于外形事物的价值判断，一切仁人志士毕生所努力不懈者，亦无非为求了解、阐扬和实现此理想而已。然自鸦片战争以还，中国历史演进所遵循之理想鹄的，因在不正常的情况下与另一文化类型截然不同的外力相接触，遂被迫必须变异。欲将积两千余年固守不渝者一举而尽弃之，势有所不能，于是问题丛生。

在中国朝野人士的心目中，鸦片战争不过是堂堂天朝偶尔被夷狄战败，是天朝的奇耻大辱，然而“小屈必有大伸”，今后尚有“以张天讨”的机会。只有极少数明达的人士了解这次战争不过是一切问题的开始。最初接受失败教训而产生警觉的，当推林则徐。他在粤令人翻译《澳门月报》，做“知彼”的功夫。魏源根据他所搜集的材料，撰成《海国图志》。在《海国图志》的序中，魏源声明以往的书都是中国人谈外国，该书则是根据西洋书介绍西洋。而且，魏源说明他编书的目的：“是书何以作？曰为以夷攻夷而作，为以夷款夷而作，为师夷长技以制夷而作。”

这三句话在当时并没有引起人们的注意，不想二十年后（《海国图志》成于1842年，五年后增补十卷）竟成为中国朝野一切自强工作的最高原则。

促使清政府改变以往懵然的政策，转向魏源所揭示之政策的主要原因有二：

其一为湘军、淮军兴起，一批新兴人物步入政治高位，这批人均属汉人，他们的抱负在于挽救中国。太平军要“毁灭中华文化”，所以他们要“投袂而起”；西方势力的入侵，更使他们警惕。有一个关于率领湖北团练与太平军作战立下大功的胡林翼的故事，足以代表当时忧国之士的心情：

> 楚军之围安庆也，文忠（胡林翼）曾往视师，策马登龙山，瞻眄形势。喜曰：“此处俯视安庆，如在釜底，贼虽强，不足平也。”既复驰至江滨，忽见二洋船鼓轮西上，迅如奔马，疾如飘风。文忠变色不语，勒马回营，中途呕血，几至坠马。文忠前已得疾，自是益笃。不数月，薨于军中。盖粤贼必灭，文忠已有成算。及见洋人之势方炽，则膏肓之症，着手为难，虽欲不忧，而不可得已。

恭亲王奕䜣

奕䜣是道光帝第六子，咸丰帝异母弟。他是洋务运动期间清廷中枢的首脑人物，因精通洋务，被称为“鬼子六”，创建了总理各国事务衙门。

曾国藩、李鸿章、左宗棠等人，对西洋“轮船之迅，洋炮之远”自更有极深刻的印象，莫不主张“将来师夷智以造炮制船，尤可期永久之利”。太平军被消灭后，他们在政府中都有很大的发言权，“师夷之长技以制夷”的政策在一般忧国的士大夫的倡导下遂开始实行。

其二是满洲亲贵于咸丰十年（1860）英法联军入北京时，受到西方武力所加诸的刺激，恍然大悟如果长此以往，非特“小屈必有大伸”不可能，简直就有亡国之虞。于是他们改弦更张，放弃以往自尊、自大的观念，成为“师夷之长技以制夷”政策的拥护者。

咸丰皇帝不愿回京接受各国公使的觐见，次年（1861）病死于热河。贵妃叶赫那拉氏所生独子嗣位为清穆宗（即同治皇帝），清穆宗即位时年仅六岁，由载垣、端华、肃顺为赞襄政务王大臣，尊咸丰皇后为慈安太后，生母那拉氏为慈禧太后。载垣等三人欲独揽大权，太后与恭亲王奕䜣密谋杀载垣等三人，并严惩其党羽。后两宫太后垂帘听政，封恭亲王为议政王大臣辅政（四年后取消议政王号），改年号为同治（1862—1874）。

恭亲王与英法联军在北京签订城下之盟，所受刺激甚深，今既掌大权，自思振作。于是以曾国藩为首的新兴的汉人忧国之士，与一般略有觉悟的满洲亲贵合作，开始推行二十年前林则徐、魏源提出的“师夷之长技以制夷”的自强运动。从同治初年开始，直到第一次中日战争（1894）爆发为止，三十余年间，全中国一直处于自强运动的氛围中，形形色色的新事物如雨后春笋般层出无穷，讲求“洋务”蔚然成为一时风尚。由清政府主动推行的自强运动，笔者分别就外交与内政两方面来叙述。

《南京条约》已使中国自视为天下共主的形象破灭，但在主观意识里，清廷仍然自以为“中华世界”即天下，并不承认中国仅是世界上若干国家之一。英法联军入北京才真正是中国在客观环境与主观意识上都转入近代的关键转折点。《北京条约》（1860）订立后，中国开始对内推行自强运动，向近代化迈进；对外则从此被迫置身国际舞台，努力适应新环境，中外关系遂步入一个新的时代。自咸丰十一年到光绪二十年（1861—1894），三十四年间，中外交涉频仍，头绪繁多。就各项交涉的性质而论，大体上可分为四大类，即立约问题、修约问题、教案问题、藩属问题。

自咸丰十年（1860）后，欧美各国先后到中国要求订立通商条约。清廷抱定来者不拒的态度，与他们一一订约。这些国家不费一兵一卒，取得了与英、法等国在中国的特权同样的权利。唯中国与葡萄牙、秘鲁、日本三国订立通商条约时有一些波折。

葡萄牙于同治元年（1862）与中国订立通商条约，言明中国仍可“设立官员，驻扎澳门”。1864年葡萄牙公使来换约，欲取消此条，诡称中国驻澳门之官员为领事官，想乘机取得澳门之全部主权。中国自不答应，加上澳门划界问题（葡萄牙人私自拓占数里地）不能解决，于是葡萄牙公使拒不换约。延至光绪十三年（1887），中国终于放弃在澳门设官后，中葡之间始有通商条约。

总理各国事务衙门

总理各国事务衙门，简称总理衙门，也称“总署”“译署”，是我国首个近代化的外交机构。

秘鲁于同治十二年（1873）来华要求立约，中国以华工在秘鲁受虐待，李鸿章主张先由中国派员赴秘鲁调查华工情形，确定华工在秘鲁享受法律平等之后，再商订条约。次年，秘鲁公使同意中国的要求，先订立保护华工之专约，再订立商约（1874）。

日本于同治九年（1870）派柳原前光到天津，以“大日本”外务卿的名义，致书总理衙门（即1861年成立的总理各国事务衙门），要求订立通商条约。中国认为早在同治元年日本“头目”已带商人来上海通商，证明通商不一定非订约不可，故照会日本只要“彼此相信，似不必更立条约，古所谓大信不约也”。日本特使坚持，并声称如中国不允，便将转请西洋大国介绍。这个狐假虎威的政策果然有效，中国答应了。但是有人反对，认为日本乃“臣服之邦”，不能与西洋各国相比。唯有李鸿章对日本最敏感，他说：

> 日本近在肘腋，永为中土之患。闻该国自与西人订约，广购机器兵船，仿制枪炮铁路，又派人往西国学习各色技业，其志固欲自强以御侮。究之距中国近而西国远，笼络之或为我用，拒绝之必为我仇。将来与之定议后，似宜由南洋通商大臣，就近遴委妥员，带同江浙熟悉东洋情形之人，往驻该国京师或长崎岛，管束我商民，借以侦察彼族动静，而设法联络牵制之，可冀消弭后患，永远相安。

曾国藩的意见与李鸿章的相似，唯主张订约时不可有利益均沾这一

西乡隆盛

西乡隆盛是日本维新三杰之一，可谓改变日本的人。

条款。

次年（1871），日本专使伊达宗臣、柳原前光抵天津谈判。日本人反对中国所提之草约，欲按照西方成例订约，为中国所拒。日本专使恳求英国公使威妥玛协助，亦不成功，最后伊达宗臣只得遵从中国之意旨，订立条约。日本人从这个条约中未占到便宜，因既无最惠国待遇，商务亦受种种限制，所以心怀“不平”。适日本国内因琉球人与日本人船破，漂至台湾，为山地人所杀，加之朝鲜拒绝与日本订立商约，以西乡隆盛为首的“武功派”欲乘机侵略中国及朝鲜。同治十一年（1872），日本外务卿副岛种臣遂借换约之便，来华一窥虚实。副岛与李鸿章谈判，欲修改商约，亦未达到目的。

从中葡、中秘两约订立的经过情形来看，我们可以说当时清廷的外交手法已较以前有进步。从中日交涉的情形来看，同治年间的人至少已经发觉“最惠国待遇”是一种吃亏的条款。这都是花了极大的代价才得到的教训。

英法联军之役便是因中国拒绝每十二年修约一次所引起的战争。因《天津条约》（1858）规定今后每十年修改商约一次，同治七年（1868）即修约之年，总理衙门为事先详为筹措，并收集思广益之效计，乃于前一年（1867）将修约问题提出，由皇帝下谕各省督抚发表意见。总理衙门所提的六项问题为：

一、觐见问题。按照《北京条约》规定，各国派驻北京使节，需觐见皇帝，呈递国书。清文宗咸丰皇帝因不愿接见夷使，拒不回銮。清穆宗同治皇帝嗣位，两宫垂帘听政，清廷以皇帝年幼为理由，拒绝觐见。现穆宗即将成年，觐见势在必行，唯觐见的礼节如何则大费周章，因外国使节一定不行三跪九叩之礼，若行夷礼，则有违中国“体制”。总理衙门非常希望能有一适中办法。

二、遣使问题。总理衙门认为不遣使驻扎外国，使“我于彼之情伪，一概茫然”，有失知彼知己之道。如欲遣使，而谁愿赴外国、费用如何筹措、言语隔阂如何解决等，均属困难。

三、铁路、铜线（电报线）问题。总理衙门认为铁路、铜线“失我险阻，害我田庐，妨碍我风水”，故拒绝各国的请求。今后各国如再请求，应如何驳辩方能杜绝后患。

四、内地设栈与内河驶轮船问题。历年外商屡在不通商之处私行设栈，影响人民生计，应如何禁阻？

五、贩盐挖煤问题。各国公使包庇商人走私贩盐，并迭次要求开煤矿，应如何制止？

六、传教问题。各国传教士“一味袒庇（教民），甚至从旁扛帮插讼，与地方官为难，听之不可，治之不能”。有何良策以禁之？

曾国藩主张应准外使觐见，礼节上也“不必强以所难”。对于遣使，则认为“有人则遣，无人则不遣，其权在我”。至于天主教之传播，只要中国“修政齐俗，礼教昌明”，便可制止其发展。唯有敷设铁路、铜线与内地设栈及内河驶轮船，影响小民生计至巨，应断然拒绝，虽因之引起战争，亦在所不惜。挖煤一事，“借外国开挖之器，兴中国永久之利，似尚可试办”。

李鸿章主张用拖延政策与外国公使谈判礼节，让外国公使自息请觐之举。他对遣使一事颇赞成，认为目前最好暂令外国人充当使节（时蒲安臣正拟代表中国出使各国），以后逐渐用中国人。他认为铁路、铜线“大有利于彼，大有害于我”，不能答应洋人之请求。内地设栈与内河驶轮船，对国计民生都不利，如外国一定强求，则可用倘被百姓拆毁，中国政府不能治罪赔偿之理由以回绝之。贩盐须设法严拒，挖煤可由官试办。

次年（1868），英国使臣阿礼国提出修约节略，要求免抽洋货厘金、内河驶轮船、内地设栈、增开商埠；美国使臣则提出修建铁路、铜线和开煤矿等要求。总理衙门与之往来磋商，至同治八年（1869）中英条约议成，内容有中国对数种入口货物免抽厘金，开芜湖、温州为商埠，在通商口岸创设关栈，九江关督在鄱阳湖设拖船，英国商船航行内河者待遇与中国船只相同，在南方选择三处挖煤，提高生丝出口及鸦片进口的关税。英国人所得利益颇多，但英国商人多数靠鸦片牟利，见鸦片增税便群起反对。英国政府为尊重鸦片贩子的意见，拒绝批准条约，此约遂成废纸。英国政府欲另俟时机与中国交涉。

光绪元年（1875），马嘉理案发生，英国始找到一个借题发挥的机会。马嘉理是英国使馆的译员，他带着总理衙门颁发的护照，到云南去迎接由缅甸到云南的英国军官柏郎。云南巡抚岑毓英遣人将马嘉理杀于腾越，诡称系野人所杀，并调兵阻止柏郎入滇。英国公使威妥玛因此提出许多增加英国商务利益的要求，清廷不愿全部答应，威妥玛肆意恫吓，决不让步。中英之间往返交涉，均无结果。延至次年（1876），英国公使提出最后要求：除了与马嘉理被杀有关的英国人观审、清廷道歉等项，尚有会商滇缅边界商务，英国得派员驻大理、重庆，开奉天（沈阳）、大孤山、岳州、宜昌、安庆、芜湖、南昌、温州、水东、北海等处为商埠，免厘金，各商埠均划定租界等条件。总理衙门除了对开商埠、免厘金、划租界三项表示异议，余皆一一承诺。威妥玛以要挟未全遂，竟通知总理衙门撤回所提要求，然后率领眷属及属员离京赴上海，作欲宣战之姿态。清廷早已成惊弓之鸟，一见英国公使态度如此，唯恐战火重开，遂多方派人赴沪转圜，威妥玛本不过装腔作势，乃允许再会议。9月李鸿章赴烟台，与英国订立《烟台条约》十六款，其要点为：

一、英国得在上海设立公审堂，审理英国人案件。凡各通商口岸有英国人控告华人之命案与盗案，英国人得派员观审。

二、开宜昌、芜湖、温州、北海为商埠，英国可派领事至重庆。

三、洋货入口纳关税与子口半税后，运往各通商口岸之租界的过程中不抽厘金。

四、各通商口岸均划定租界。

五、准英国轮船在内河航行。

六、提高鸦片关税。

英国以一条人命赚得无数权利，真可谓一本万利矣。《烟台条约》生效，从同治七年（1868）便开始的修约问题遂告解决。

既被情势所逼而置身国际舞台，清廷颇思遣使到外国做“知彼知己”的工作，但有四个困难：一、人选难得，因“远涉重洋，人多畏阻”；二、耗费颇多，“筹款亦属不易”；三、“语言文字，尚未通晓，仍倚翻译，未免为难”；四、恐怕出使之人叛国，为中国之患，并举“中行说之为患于汉”的恶例。

汉文帝时遣宦官中行说护送宗室女到匈奴和亲，中行说降匈奴，确实为汉大患（详见《汉书·匈奴传》）。当时总理衙门大臣有此顾虑，可见其对西方了解之一般。因此，同治五年（1866），清廷派年已六十三的卸任知县斌椿率领同文馆学生数人，随同海关总税务司、英国人赫德赴欧，将“一切山川形势、风土人情随时记载，带回中国”。斌椿在国外言语不通，他的《乘槎笔记》仍然“使我于彼之情，一概茫然”。适驻北京美国公使蒲安臣任满归国（1867年11月），总理衙门为之饯行。酒酣耳热之际，一件传奇似的历史事件发生了。中国邀请蒲安臣为中国第一任出使欧美各国的使臣，使团中有汉人、满人、英国人、法国人（其经过详情，可参阅拙著《中美早期外交史》第十二章）。

自强运动对内的工作，是以“师夷之长技以制夷”为目标，但因对“夷之长技”的认识随时间的推移而有所转移，故自强运动大致可分为三个时期：

第一时期为同治元年到同治十三年（1862—1874）。这个时期中枢的主持人为恭亲王。曾国藩、李鸿章、左宗棠、沈葆桢等督抚重臣则各就所治区域推行新政。其重要举措计有：

咸丰十一年（1861）元月，清廷设立“总理各国事务衙门”（简称“总理衙门”），调各部大员组成，均系兼职，在总理衙门“行走”之大臣约十人。次年设“同文馆”，选集直隶十三岁以下学童入馆，学习英、法、德、俄四种文字。并在天津设“北洋通商大臣”，上海设“南洋通商大臣”，分别处理沿海通商事宜。总理衙门颇似外交部，但职掌远过之。当时中国一切近代化的工作，均由总理衙门策划与推行。总理衙门的负责人是恭亲王，他任此职近二十四年，直到光绪十年（1884）被罢黜为止。

金陵机器制造局工人在制造兵器

1865年5月，李鸿章代理两江总督，移营南京，建立了金陵机器制造局。金陵机器制造局是南京第一座近代机械化工厂，也是中国四大兵工厂之一，素有“中国民族军事工业摇篮”之誉。

同治二年（1863），李鸿章设广方言馆于上海，广州亦设馆训练外国语文人才。李鸿章自英国购军舰七艘，因英国人欲任司令而争执不决，兵舰再转卖与英国。

同治三年（1864），曾、李筹设江南机器制造总局（简称“江南制造局”），令容闳出国购机器。江南制造局附设译书局，数年之间，译成书百余种，全属物理、化学、数学等自然科学书籍。

同治五年（1866），左宗棠筹设福州马尾船厂，并附设学堂，分英文、法文两部。左宗棠不久北调剿捻、回，由沈葆桢继之。海关总税务司赫德休假返国，劝恭亲王派同文馆学生出国，斌椿乃率学生数人赴欧。此为中国官方人员首次出国。

同治七年（1868），美国公使蒲安臣任满返国，清廷任其为中国报聘各国之亲善使节。

同治九年（1870），李鸿章受命为直隶总督，兼“北洋大臣”。设天津机器制造局。

同治十年（1871），清廷筹设洋式炮台于大沽口。

同治十一年（1872），曾国藩选派幼童赴美留学，每年三十人，由刑部主事陈兰彬与容闳负责处理留学生在美事宜。李鸿章请开煤矿，并创设官商合营之招商局，沈葆桢赞助之。

同治十二年（1873），时各国修约问题、日本订约问题、觐见问题、中日台湾事件、中英马嘉理案、新疆回乱等问题纷至沓来。以上十年的工作中心，偏重于介绍西方科学知识与军械制造。

第二时期自光绪元年至光绪十年（1875—1884）。本期中枢的主持人仍为恭亲王，但彼因与慈禧太后有龃龉，态度比较消极。重臣中以李鸿章、左宗棠为首，然两人在政策上有冲突。李鸿章鉴于日本维新（1867）后野心勃勃，认为“大约十年后，日本富强必有可观，此中土之远患，而非目前之近忧”，所以他主张扩张海军，以对付日本。左宗棠则主张彻底解决西北回疆变乱，力主借款西征新疆。双方争辩的结果是，西北边防固重要，海防亦不可忽视。于是左宗棠远征新疆，李鸿章发展海军，分道扬镳。经此一事，朝臣中有的拥护左宗棠的主张，有的赞成李鸿章的意见，逐渐形成意气之争，自强运动的主持人遂告分裂。这十年间的重要举措计有:

光绪元年（1875），清廷拨海防军费四百万。沈葆桢派福建造船厂学生赴法留学。

光绪二年（1876），李鸿章派淮军军官卞长胜等七人赴德学习陆军，并派学生赴英、法两国学习海军与制造。

光绪四年（1878），李鸿章合官商资本银二十七万两设开平矿务局。左宗棠设甘肃织呢总局。

光绪六年（1880），李鸿章向德国购铁甲船两艘，设水师学堂于天津，设电报局，请修铁路。

光绪七年（1881），开平矿务局建运煤铁路二十余里。

光绪八年（1882），筑旅顺军港。上海筹设织布局。

光绪十年（1884），铁甲船定远、镇远购到。李鸿章派学生二十余名，分赴英、法、德学习制造及驾驶。

光绪十年中法因越南问题发生战争，恭亲王主张对法让步，与慈禧政见扞格，被罢免，赞成恭亲王意见之四位军机大臣亦同遭罢黜。慈禧以奕劻接管总理衙门，军国大政与醇亲王奕譞会商。李鸿章内失恭亲王支持，外受同僚指责，此后一切作为不免畏首畏尾，无往日之锐气矣。

第三时期自光绪十一年至光绪二十年（1885—1894）。中枢之主持人为醇亲王（1890年醇亲王去世）。左宗棠、沈葆桢均老死，外省督抚张之洞、刘坤一等人声望渐隆，然与李鸿章政见不合。本期的重要举措计有：

光绪十一年（1885），总理海军事务衙门（海军衙门）成立，醇亲王为总

慈禧挪用海军军费修建的仁寿殿（原勤政殿）

理。李鸿章设天津武备学堂，挑选各防营弁勇入学。

光绪十三年（1887），开办黑龙江漠河金矿局。

光绪十四年（1888），北洋舰队成立。慈禧归政于德宗光绪帝，移海军军费修筑颐和园，部议不再增购新舰。醇亲王与李鸿章均不敢提异议。津沽铁路成（百余里）。

光绪十五年（1889），筹建京汉铁路。

光绪十六年（1890），张之洞设大冶铁矿与汉阳兵工厂。

光绪十七年（1891），上海设造纸厂。

光绪十八年（1892），上海设织布局。

光绪十九年（1893），张之洞在湖北设织布、纺纱、制麻、缫丝、针钉、毡呢等厂。

光绪二十年（1894），天津设医学堂（北洋西医学堂）。湖北设火柴公司。

光绪二十年八月，第一次中日战争爆发，由清政府所主持之自强运动至此告一段落。

仔细分析这三十余年来的各项新举措，第一时期的重心偏重西洋军械制造与科学知识的介绍；第二时期已经注意到西洋军事训练以及与国防有关的"铁路、铜线"；第三时期则重视富国之道，开始发展轻工业以挽回权利而裕饷源了。大体上说来，自强运动虽然只着重"船坚炮利"的军事建设，但纯就对军事建设的认识了解而言，却是逐渐进步的。

三十余年洋务讲求的成效，就表面上来看已斐然可观。中国的陆海军已居东亚第一位，朝鲜与越南的"留学生"也到中国兵工厂来学习，举凡当时大家认为西洋各国之所以富强的各种事业，中国能学的，能创办的，都学来，都创办，中国对于制夷似乎已有把握。但实际的成效如何，第一次中日战争中国惨败的事实便足以说明一切。

⊙ 基督教再度传播

自强运动时期最令清廷棘手的是教案问题。教案发生的原因，在于基督教第二次在中国传播与明末清初基督教来华传播的情况迥异。

基督教再度在中国传播，对中国政治、教育、社会、思想等各方面都有极深远的影响。这种影响是多方面的、极其错综复杂的。然就其最显著者而言：一是教案迭起，终至引起八国联军侵华；一是西方新知识的介绍。

自海禁大开，西洋各国的侵略势力用各种不同的方式在中国发展，中国各阶层人士对入侵的势力也有各种不同的反应。一般与西洋有过接触的官员及沿海港口一带的仁人志士，很容易感受到中国国民经济被榨取、国家主权被侵夺、民族危亡日迫的事实。蒿目时艰，他们先后起而从事自认为最有效的报国工作，如曾、左、李推行自强运动，康、梁主张戊戌维新，孙中山先生倡导革命运动等。他们的活动都是受西洋势力激荡而起的反应。

内地一般民众最初很少感受到帝国主义的经济、政治、军事侵略。自咸丰十年（1860）后，基督教传教士大批涌到中国，渗入内陆，虽穷乡僻壤都有教堂设立和传教士的足迹，于是一般民众才普遍领略到西方势力入侵的滋味。限于传统文化及固有的社会习俗，他们对于这种侵扰所产生的反应是爆发层出不穷的教案，最终酝酿成义和团事件，引起八国联军入侵。

鸦片战争后再度来华的西洋传教士所处的情势，与两百余年前利玛窦等人的完全两样。明末清初来华的传教士多属耶稣会会士，都经过教会极严格的选择与训练，所以他们能凭借自己广博的学识、高尚的德行获得中国人士的敬重，从而获得传教的权利，进而吸收教育水准很高的信徒。同时，他们对中国文化有相当的了解，故能尊重中国文化传统和风俗习惯，得以与士大夫交往论道。西洋传教士的再度来华，肇端于道光二十四年（1844）签订的

北京西什库教堂法国主教樊国梁

在庚子事变勒索赔款问题上，樊国梁等传教士还额外列出教会受损清单，迫使清政府增加赔款。

《黄埔条约》，其中第二十二条规定“倘中国人将佛兰西礼拜堂、坟地触犯毁坏，地方官照例严拘重惩”。这不过允许外国人信教自由。次年，清廷在法国人的多方要挟之下，由皇帝下诏准许传教士在五口传教，即中国人亦可信基督教。英法联军之役，清政府在大炮军舰的威胁下屈服，答应外国人可赴内地传教。这对中国来说，是被迫如此，对传教士来说，是战争胜利赢得的权利，与利玛窦时代用学行取得中国敬重而获得传教之权利的情势迥然有别。

在这种情势下，传教事业自然问题丛生。19世纪的欧洲人已经自视甚高，传教士也不例外。他们在国内所受的训练绝对不如此前耶稣会会士之严格，对于中国文化，多数人均茫无所知，他们看到中国武备不修与物质文明落后，便不愿虚心对中国文化做进一步的了解，甚至还抱着传播文明以开化野蛮人的态度传教。等而下之，负有本国政府略取殖民地、开拓市场、调查富源的使命者，更无论矣。其中英、美等国的传教士，多属基督教的新派，因为较重视商业，所以传教士尚有沟通人民情感以利推销的任务，政治野心较小。旧派即天主教，以法国人为主，其宗教色彩特别浓厚，排他性亦较强烈，而当时的法国政府又常利用天主教做侵略的工具。因此，19世纪后半期，中国所发生的教案多与天主教有关，民间对于天主教的反感也最强烈。

传教士在民间引起绝大反感之原因，首先在于他们不尊重中国固有的习俗。凡入教者不祭祖先，不敬神佛，不崇孔子，而复男女混杂同做礼拜，这使得一般士大夫与民众都将教民（信教之中国人）当作丧心病狂之徒，而视传教士为伤风败俗之主使人。《北京条约》允许传教士赴内地传教后，立刻激

清通草画《审案图》

通草画是画在通草纸上的水彩画，在没有相机的年代，世界通过这种“东方名片”了解清朝。

起民间反对。据夏燮所记湖南的情形：当法人之请领执照也，分遣传教之士游行各省，将至楚，楚南长沙、湘潭一带传教之奸民，相与夸耀其事，以为吐气扬眉，复见天日。楚之士绅闻而恶之，乃撰为公檄，议黜天主教。有畀屋居住者，火之；有容留诡奇者，执之；有习其教者宗族不齿，子弟永远不准应试。大略谓其借宣讲为名，裸淫妇女；设女婴之会，采取红丸。其他种种奸恶，描写尽致。

他们对于基督教的印象非突然而发的，自有其历史渊源。自杨光先的《不得已》（参看第十八章第五节）后，又有雍正二年（1724）吴德芝的记载。吴德芝如此描写基督教：

> （凡入教者）必先自斧其祖先神主及五祀神位，而后主教者受之曰“吃教人”。按一人与白银四两，榜其门以赤纸，上画一长圈，内列十字架，刀、锥、钩、槊皆俱。或曰其所奉神以磔死，故门画磔器也。每月朔望男女齐集堂中，阖门诵经，及暮始散。有疾病不得入常医药，必其教中人来施针灸，妇女亦裸体受治。死时主者遣人来验，尽驱死者家属，无一人在前，方扃门行敛，敛毕，以膏药二纸掩尸目，裹以红布囊曰胞衣，纫其项以入棺。或曰借敛事以刳死人睛，作炼银药，前与人四两，正为此也。

湖南士绅的“公檄”传到江西，正好法国传教士到南昌，江西士绅及应试秀才等群起反对，于是发生南昌教案（1862）。天主教教堂、育婴堂、教民住宅齐被拆毁，巡抚沈葆桢认为是国家“二百年养士之报”。郭嵩焘不以这种行动为然，他曾写信给曾国藩讨论此事。

郭嵩焘的智虑高人一等，他的态度可谓正确，但“一二奸顽”能“煽诱”而酿大乱，自必有其原因。沈葆桢派人秘密访问的结果，可见民情之一斑：

> 问（密探）：“你们议论纷纷，都说要与法国传教士拼命，何故？”
>
> 答（民众）：“他要夺我们本地公建的育婴堂，又要我们赔他许多银子，且叫从教的来占我们铺面田地，又说有兵船来挟制我们。我们让

沈葆桢画像

沈葆桢是晚清时期的重要大臣，中国近代造船、航运、海军建设事业的奠基人之一，林则徐之婿。

他一步，他总是进一步，以后总不能安生，如何不与他拼命！”

问：“我从上海来，彼处天主堂甚多，都说是劝人为善，譬如育婴一节，岂不是好事？”

答：“我本地育婴，都是把人家才养出来的孩子抱来乳哺。他堂内都是买十几岁男女，你们想是育婴耶，还是借此采生折割耶？而且‘长毛’（太平军）都是奉天主教的。他们必定要在城内及近城地方传教，譬如勾引‘长毛’进来，我们身家性命不都休了？”

问：“你们地方官同绅士主意如何？”

答：“官府、绅士总是依他，做官的只图一日无事，骗一日薪俸，到了急紧时候，他就走了，几时顾百姓的身家性命？绅士也与官差不多，他有家当的也会搬去，受罪的都是百姓，与他何干？我们如今都不要他管，我们只做我们的事。”

问：“譬如真有兵船来，难道你们真与他打仗么？”

答：“目下受从教的欺凌也是死，将来他从教的党羽多了，夺了城池也是死，勾引‘长毛’来也是死，横竖总是死。他不过是炮火厉害，我们都拼着死，看他一炮能打死几个人。只要打不完的，十个人杀他一个人也都够了。”

这一段对话，差不多将各地层出不穷的教案发生的根本原因做了说明。试想抱如此心情的民众，如得到枪炮不伤身体的法术，他们将会做出什么事情来，便不问可知了。

基督教既为中国社会所摈弃，于是民间稍有知识或安分守己的民众都拒绝与传教士接近。传教士为了快速传播“上帝的福音”，遂用各种方法吸收信徒，不惜以小利为饵招收贫贱的人入教，这更增加了人们对教会的恶感。教民既为乡里所不齿，亦心怀愤恨，于是常与平民发生龃龉，发生冲突。教民寡不敌众，受到欺凌，便向传教士诉苦。传教士当然袒护教民，向地方官陈说，干涉教民与平民之间的诉讼，甚至根据教民的一面之词，要地方官吏枉曲平民。州县官如不循其请，传教士则报告领事、公使，由其外交官直接向总理衙门交涉，地方官往往因之获罪。大多数地方官吏辛苦半生才得到实缺，谁也不愿意为教民的事开罪教士，以致前功尽弃。于是凡遇教民与平民之间的争讼，地方官吏便不问是非曲直，总是让教民满意而去。良民受到欺压，无处伸冤，因此，若干为地方上所不容的流氓地痞相率加入教会，得到教士做护符，横行乡里，鱼肉善良。愈是如此，教会人士的流品愈劣，教民与平民之间的嫌隙愈深，积成水火，只待机会总爆发。

教会虽然兴办了一些慈善事业，如育婴堂之类，但一般民众对教会嫌隙已深，根本不相信传教士会做好事，认为他们收养童男少女一定另有作用。何况百余年来民间对基督教仪节的许多附会之说，早已深入人心。于是民间自然流行一种谣言，认为传教士在炼丹采补，暗中挖眼取心以配药熬银（当时人们相信传教士用中国人的眼睛配成的药，可使一百两铅中炼出银八两，其余仍为铅）。传教士听到这类荒诞不经的流言自是愤懑，更加深了蔑视中国人的心理。

一般士大夫阶层既愤于外国的欺凌，复见传教士诋毁孔孟（传教士曾说孔子被上帝打手心），也群起反对。诚笃的儒者如沈葆桢，同情南昌生员毁教堂的暴动，便是基于这种立场。素以明达外情著称的恭亲王竟向英国驻华公使阿礼国说：“如果英国不贩鸦片，不派传教士到中国，中国人一定欢迎英国人！”他竟将鸦片与传教士相提并论。尤有进者，中国政府素来认定会党是一切变乱之源，几乎倾覆清室的太平军便是信奉“上帝”的叛徒。故就清廷的心理而言，虽然在兵临城下时允许基督教在内地传播，但对传教士仍存疑惧之心，所以并未将条约上答应保护教士与教民的条款向地方官公布，更说不上剀切晓谕。对于士民仇教的言论，清廷亦从未禁止，而且还将那些附会之词信以为真。

低素质的传教士、嚣张的教民、愚昧的平民以及士大夫的煽动、地方官的颟顸、清廷的疑惧等因素互相作用，所以自同治元年至同治十三年（1862—1874），全国几乎年年有教案、处处有教案发生。教案成为当时最棘手的外交问题。每发生一次教案，结果总是清政府屈服，教民与平民仇恨加深。西洋各国并不知道，从鸦片战争到英法联军入北京，他们用大炮军舰所击败的只是清政府，广大的中国民众仍然没有屈服，所以当时流行着“百姓怕官，官怕洋人，洋人怕百姓”一类的话。百姓既然没有屈服，教案便永远无法休止，万一有一天，百姓同“官”合作，同心协力对抗洋人，便要掀起大波澜了。

同治年间最严重的一次教案是“天津教案”，可作为典型教案，险些引起中法战争。其概略经过如下：

天津的法国女修士创有“仁慈堂”一所，因无人愿送子女入堂受育，乃用金钱奖励贫苦之家送儿女入堂，这自然引起社会猜疑。同治九年（1870）

望海楼教堂

此教堂乃“天津教案”发生地。

夏，天津“亢热异常，人心不定，民间谣言甚多。有谓用药迷拐幼孩者，有谓义冢有尸骨暴露者，有谓暴露之尸，均系教堂所弃者，有谓天主教挖眼剖心者，谣言纷纷，并无确证”（三口通商大臣崇厚语）。适“仁慈堂”中日有儿童死亡，天津民众更信谣传，群情大愤，欲派人入堂调查。女修士自然坚拒不允，这更令大家相信谣传。民众呼啸而集，包围教堂，发生口角与殴打，崇厚即派兵前往弹压。不意法国驻天津领事丰大业突“腰间带有洋枪二杆，后跟一外国人，手执利刃，飞奔而来”，见崇厚，一语未毕，竟开枪射击崇厚，幸未射中。崇厚暂时避开，丰大业怒气未消，打毁客室中器物。时街市已聚群众数千，形势汹涌，崇厚再出见法国领事，劝令暂避官署，丰大业不顾而去。丰大业行至中途，遇见前往弹压暴民的天津知县刘杰。丰大业野性勃发，又向刘杰开枪，将其仆从打伤。道旁民众瞥见此事，愤怒不可忍耐，遂蜂起将丰大业痛殴致死。同时，愤怒至极之群众怒不可遏，闯入教堂，将其中教士、教民等五十余人全部扑杀，并波及英美传教士住宅。事态既已严重，朝廷乃命直隶总督曾国藩赴天津处理一切。

天津教案酿成的原因，与其他教案初无二致，唯碰上一位粗野横暴、毫无理性的法国领事，事态遂扩大。曾国藩知事态严重，预立遗嘱，准备一死。曾国藩到天津后，查明谣言全属莫须有，允许惩凶赔偿。然自慈禧以下满朝文武一致相信挖眼剖心之说，舆论沸腾，齐诋曾国藩阿媚洋人。法国本拟乘此时机大肆需索，厉兵秣马，准备一战。幸普法战争爆发，法国皇帝拿破仑三世已成俾斯麦的阶下囚，中国得免战祸，仅仅道歉、赔款、惩凶了事。

中国社会与教会间的仇隙，随着时间的推移愈累积愈深厚，到19世纪的末期，基督教在中国内地差不多必须靠大炮做后盾才能立足，否则便有被消灭的危险。关于这种情势，少数明达事理的传教士相当了解，他们曾努力设法去消除教会与中国社会之间的隔膜，虽然没有成功，但他们对于近代科学知识的传播和社会风气的改革都有所贡献。

传教士为了训练教会人士，使人同情宗教，了解宗教，故创立了许多学校。道光二十五年（1845），美国圣公会首创学校于上海（即日后的圣约翰大学），此为我国最早的新式教育机构。同治十年（1871），美国圣公会复设文华书院于武昌（后日之文华大学）。此外，大家所熟知的齐鲁大学、岭南大学、东吴大学、华西协合大学等以及许多中小学均陆续在同治、光绪年间创立。这些学校虽然是为了宗教的目的而创设的，却为中国培养了很多人才。清政府初兴办外国语文学校时，传教士去当教习者很多，对中国教育也有帮助。

当曾、左、李等人推行自强运动时，各机械厂多附设译书局，译书的方法，多由西方人口述，华人笔录，这些西方人，多属传教士。西方科学技术和文史政教的知识，均赖以输入。清季若干讲求时务人士所吸收的西方知识，泰半是靠这类译书。

在这类传教士中，以英国人李提摩太与美国人林乐知为最著名。李提摩太精通华语，对中国情形相当了解。光绪元年（1875）他与林乐知合创《万国公报》，刊载世界重要消息。光绪十三年（1887），他成立“广学会”，以革新社会风气、启迪中国文化、输入西方知识、辅助中国自强为目的。他们的翻译偏重西洋文史、政治、教育、经济等社会科学书籍。到光绪二十六年（1900年，庚子年）为止，广学会已出书一百四十一种，杂志三种（《万国公报》《中西教会报》《小孩月报》）。李提摩太尝往北京，周旋名卿巨公之间，陈说改革事宜，并献议清廷教民相安之策，颇受欢迎。但他们仍得不到中国士大夫普遍的赞助。原因有三：

第一，他们仍然不能了解中国对孔孟的观念。林乐知曾说：孔子为大圣

李提摩太和家人

李提摩太希望以西方文化吸引知识分子和社会上层人士，与梁启超、康有为、李鸿章、张之洞等都有较深的交往，他还热心于中国教育事业，创办了中西大学堂（后与山西大学堂合并，称西学专斋，即太原理工大学前身），成为中国最早的教会大学之一。

人，生于古之世，亦奉上帝之差使，……真可与西方古圣摩西及苏格拉底等同称为耶稣之前驱矣！但论其实，孔子不过为人中之一圣，有觉世之任，而无救世之力者也。上帝所特立为全世界人独一之救主者，唯有耶稣基督一人而已。

第二，他们鼓吹通商过分露骨，将通商与宗教混为一谈的理论又十分牵强。林乐知说：（凡不通商之人）上之不能与上帝交通，下之亦不能享受上帝所赐予之万物。正如浪子自弃其父家，而陷溺于罪恶之中。……可观传道与通商二端，足以包括一切，而无俟他求矣。这类言论，很难博得中国士大夫的青睐，自不用说。

第三，西方人靠战争胜利取得在中国的传教权，这使得中国人在心理上反感，将基督教的传播视为战败屈辱的象征。李提摩太等人力图弥补，亦不能消除中国人心理上的障碍。

基督教再度在中国传播所引起的教案，是自强运动时期清廷最感头痛的外交问题。

因为若干传教士及西方在华外交人员的倨傲横蛮以及清吏的颟顸昏聩，终于演变成义和团事件。

⊙ 自强运动的阻碍

第一次中日战争证明中国的军事近代化政策成效不彰，其原因何在？若只用“昏庸无能”四个字谴责当时推行新政的主持人则太简单了。事实并非如此单纯。

首先我们得知道，当时了解一些世界情势、明白中国所处地位的人士十分稀少。大多数知识分子、朝廷的主政者，仍然自以为中国是天朝，此外都是蛮夷。这类人物对于一切洋务都反对，都仇视，不仅认为洋务不足以救国，甚至认为自强运动是亡国运动，推行自强运动的人不啻汉奸国贼。他们的势力很大，言论也颇动听。曾国藩的老朋友、名重一时的理学家、位至大学士的倭仁便是这一派的代表人物。北京同文馆拟增设天文算学馆，倭仁竭力反对，他认为：一、天文算学疆臣可行，皇上不可行；二、如势在必行，请将考入同文馆的翰林进士科甲有职事人员的原有名义全部撤销（因为这些人考入同文馆，便有玷科甲）；三、西法本不行于中国，皆总理衙门诱导皇帝行使之，理当得罪。

他还说：窃闻立国之道，尚礼义不尚权谋；根本之图，在人心不在技艺。今求之一艺之末，而又奉夷人为师，无论夷人诡谲未必传其精巧，即使教者诚教，学者诚学，所成就者，不过术数之士，古往今来未闻有恃术数而能起衰振弱者也。天下之大，不患无才，如以天文算学必须讲习，博采旁求，必有精其术者，何必夷人？何必师事夷人？

他的反对并没有动摇朝廷的旨意，但“守旧之徒，群起附和，以新学为诟病，而有志之士，劫于众论，瞻顾而不敢涉足，故馆虽设而不能得人才”。同文馆的成效如何，便不问可知了。另一位大学士阎敬铭谈到外交人才时，竟叹道：“焉有正士而屑为此者。”舆论操在这批人手中，新政的推行自然要受到真正的伤害。

大家反对最激烈的，是修建铁路。他们反对的理由甚多，归纳起来有下列数项：

一、铁路吵闹之声，足以打搅坟墓中人的安宁；

二、修筑铁路必占据田宅、拆毁庐墓，使生者无家可归，死者尸骨暴露；

三、铁路一成功，原有贩夫走卒均因而失业，必啸聚为盗匪；

四、穷乡僻壤必因铁路而染“夷风”“崇邪教”，败坏风俗；

五、铁路使敌人运兵方便，无异于为敌人施“缩地术”。

就连日后赞同康有为维新的翁同龢也认为铁路只能在边疆修筑，李鸿章不知道费了多少唇舌才建成了一条津沽路。

守旧派当然反对一切官商合营或官营事业，认为“官而业商，谓之忘廉，商而预官，谓之越份”。他们认为创立海军是“妄人”在“竭中华凋敝之赋，买狡夷窳下之船；用我之短，争彼之长；其愚已甚”（李慈铭语）。倭仁的学生徐桐仇视洋务可谓登峰造极。他在京的住宅恰巧对面有一座洋楼，每日数见，大不高兴。然其住宅对官运有利，徐桐不愿迁徙，乃另辟一门出入，以免看见洋楼。其得意门生严复奏请开经济特科，徐桐立刻与之绝交，并称：“宁可亡国，不可变法。”名士李慈铭在北京做官数十年，著有《越缦堂日记》，他的言论，大可让今日的我们了解清末自强运动的主持人物是在何等艰难的环境中奋斗。他在日记上批评李鸿章“深信夷人，动效夷法，广作机器，久糜巨资”，虽不可杀，也有重罪。至于张之洞等人“群邪交煽，并为一谈（指主张修筑铁路之事），国不悉法，此辈祸未已也”。曾出使英国的郭嵩焘，其世界知识自高人一等，总理衙门特将其书写出使期间所见所感的《使西纪程》一书印行，欲振聋发聩。李慈铭阅毕此书后，将郭嵩焘痛骂一顿：

> 嵩焘自去年在福建被召时，即上书痛劾滇抚岑毓英（因岑毓英暗中派人杀害英国译员马嘉理，引起严重交涉之事），以此大为清议所贱（“清议”乃守旧派自称）。入都以后，众诟益丛，下流所归（“下流”指主张洋务者），几不忍闻。去年夷人至长沙，将建天主堂，其乡人以嵩焘主之也，群欲焚其家，值湖南乡试，几至罢考（可见民情）。迨此书出，而通商衙门为之刊行，凡有血气者，无不切齿。于是湖北人何金涛以编修为日讲官，出疏严劾之，有诏毁板，而流传已广矣！嵩焘之为此言（主张洋务），诚不知是何肺肝，而为之刻者又何心也！嵩焘力诋议论虚骄之害，然士大夫之冒为此议论者，又有几人哉？呜呼，余特录存其言所以深著其罪。

读完这一段日记，我们可以想见李慈铭义愤填膺的样子。从他的笔端，我们可以了解到在守旧派的心目中，推行自强运动的人们是如何罪大恶极。不过守旧派也有高兴的时候。光绪十一年（1885）二月初八，李慈铭记道：

严复铜像

严复是近代极具影响力的资产阶级启蒙思想家，著名的翻译家、教育家。在李鸿章创办的北洋水师学堂任教期间，培养了中国近代第一批海军人才，并翻译了《天演论》，创办了《国闻报》。

“是日闻英夷巴亚哩（Parkes）死于夷邸，朝野为之相庆。”

曾国藩办理天津教案（1870），因为不信“清议”所称法国传教士及修女会“挖眼剖心，采生配药”，被全国攻讦，“不禁痛哭流涕”。李鸿章受“穷京官烂名士”的“戏弄”更不知有多少次，其内心所怀的悲愤，我们偶尔从他的书信上可以得窥一二。他给刘铭传写信说：“办天下大事，贵实心，尤贵虚心。非真知灼见不能办事，亦不能论事，贵耳贱目，最足误事。鸿章老矣（时年六十八岁）！报国之日短矣！即使事事顺手，亦复何补涓埃！愿当路诸大君子，务引君父以洞天下中外真情，勿徒务虚名而忘实际，狃常见而忽远图。天下幸甚，大局幸甚。鸿章一片愚忱，一腔热血，不自知其言之过也，万罪万罪。”

他在写给王闿运的信中说道：“天下事无一不误于互相牵制，遂致一事办不成，良用喟叹。……今各国一变再变，而蒸蒸日上，独中土以守法为兢兢，即败亡灭绝而不悔。天耶人耶，乌得而知其故耶。”

从这些沉痛的话语中，我们当可了解到自强运动的推行实是困难重重。每一项新兴事业，不知道要经过多少辩论，受到多少阻挠，主持的人也不知道要忍受多少怨恨，承担多少责难，然后才得以推行。

这样一点一滴地逐渐累积，居然使这个古老陈腐的大帝国在三十余年中被装饰得焕然一新。

守旧派对自强运动的阻挠，曾、李、左等人尚可一秉其爱国爱民的热忱，在艰难困苦的环境中奋斗出一点儿成绩，所以守旧派还不算是自强运动真正的阻碍。自强运动真正的最大障碍是主持这项事业的人们的知识受到限制。他们与同时代的士大夫一样，都是在中国旧社会中成长，受中国传统文化熏陶很深的人士。他们对于西方政治、法律、教育等各方面的知识，都茫无所知。至于西洋各国之所以富强，科学机器与政治、教育、法律等之间的关系，他们自然更谈不上了解了。

曾国藩于道光二十二年（1842）在北京给他的父亲写信说道：“英夷去秋在浙滋扰，冬间无甚动作，若今春不来天津，或来而我师全胜，使彼片帆不返，则社稷苍生之福也。”

道光二十九年（1849）徐广缙在广东利用“义民”聚众拒绝英国人入城，曾国藩亦十分佩服，他在家书上写道：“英夷在广州复请入城，徐总督办理有方，外夷折服，竟不入城，从此永无夷祸，圣心嘉悦之至。”

这种见解，与一般士大夫完全一样。不过一涉及治军，曾国藩便深知“夷炮”有用，他曾让叶名琛在广州购买（1854）“夷炮”，并承认“湘潭、岳州两次大捷，实赖洋炮之力”。咸丰八年（1858），他甚至说：“轮船之速，洋炮之远，在英法则夸其所独有，在中国则震于所罕见。”因此他主张速购船炮，使英、法失其所恃，其言外之意，只承认中国船炮不如西洋。不过，咸丰十年（1860）后，英、法愿意出兵助剿太平军时，他坚决反对，又提出“制胜之道，在人不在器”与“真美人不争珠翠，真书家不争笔墨，然则真将士之善战，岂必力争洋枪洋药乎”的理论。他提出这种言论的原因，一方面是防止部下将士羡慕常胜军的武器而懈于作战，另一方面也是为国家前途着想，因为“自古外夷之助中国，成功之后，每多意外要求”，并不是真正反对使用西洋武器，而是仍然主张“将来师夷智以造炮制船，尤可期永久之利”。

曾国藩在写给朋友的信上说到自强之道：“欲求自强之道，总以修政事求贤才为急务，以学做炸炮、学造轮舟等具为下手工夫。但使彼之所长，我皆有之。顺则报德有其具，逆则报怨亦有其具。若在我者，挟持无具，则曲固罪也，直亦罪也，怨之罪也，德之亦罪也。内地之人民媚夷，吾固无以制之；人人仇夷，吾亦不能用也。”又说：“鄙意求胜于洋，全在中国官不要钱、兵不儿戏，不在纳税之盈绌，尤不在体制之崇卑。”由此可见曾国藩认为中国向西洋效法的自强之道，亦仅只限于船与炮。

晚清炮兵

鸦片战争后，李鸿章等人开始了中国近代化军事改革的尝试。淮军改革武器装备的成效引起了曾国藩和清朝政府的重视，清政府开始对原有的八旗军进行改造和整顿，这促进了晚清军队的建设。

曾国藩反对虚骄，与外国人交涉，“根本不外孔子‘忠信诚笃’四字”。他说：“自古善驭外国，或称恩信，或称威信，总不出一“信”字。……中心待他只有七分，外面不必假装十分。既已通好讲和，凡事公平照拂，不使远人吃亏，此恩信也。至于令人敬畏，全在自立自强，不在装模作样。临难有不可屈挠之节，临财有不可点染之廉，此威信也。”

这充分显现一位受传统文化熏陶极深的中国士大夫对外交的基本原则。用这种原则去和早已习惯于纵横捭阖、狡诈矫伪的西方各国公使打交道，焉能不吃亏！但谁也不能令他不如此，因为就他的思想背景与所处的时代而言，这种态度是无可非议的。

从同治九年（1870）起，李鸿章便成为自强运动最主要的负责人。他同曾国藩一样，出身于中国旧社会。同治元年（1862），李鸿章到上海首次与西方人接触后便写信告诉曾国藩，自认“竟如李陵、王嫱之入匈奴”，只得“拼此孔危之躯涉风涛而不撼”。其使用“鬼方”的常胜军，实系俯顺商民舆情，不得已而为之。他说：“未便以外国之法，用我中国之兵，以中国之兵，听外国之命也。”

他安葬华尔时，用中服中礼，“以全其效命中朝之志”。数月之后，他的态度开始转变，对曾国藩“制胜之道，在人不在器”的理论开始微露不满。他已彻底承认西方“大炮之精纯，子药之细巧，器械之鲜明，队伍之雄整，实非中国人所能及”，唯洋兵“独未能扎营住帐房，又临敌审慎，胆气多歉，此则不及中国好兵耳”，因此戒谕部下“虚心忍辱，学得西人一二秘法，期有增益”。又恐怕曾国藩误会，故婉转解释道：“鸿章岂敢崇信邪教求利益于我，唯深以中国军器远逊外洋为耻耳。”

到上海一年后，李鸿章已不顾一切“雇洋人数名分给各营教习”，并向外国购买西洋军器。他写信给曾国藩道：“若火器能与西洋相埒，平中国有余，敌外国亦无不足。俄罗斯、日本从前不知炮法，国日以弱。自其国之君臣卑礼下人，求得英法秘巧，枪炮轮船渐能致用，遂与英法争雄长。中土若于此加意，百年之后，长可自立，仍祈师门一倡率之。”

李鸿章所处的环境加上他个人特别敏锐的观察力，使他的观念在短期之内发生了巨大的转变，他甚至在那时便已注意到要办“海防”。李鸿章接受新知识的速度可谓迅捷，是年（1863）他向朝廷建议在上海设广方言馆时

李鸿章照片

称：“洋务为国家怀远招携之要政”，必须“尽得西人之要领，而思其所以驾驭之，绥靖边陲之原本实在于此”。西人之要领，不仅限于“船坚炮利”，还有“测算之学，格物之理，制器尚象之法”。李鸿章的这种观念已较其他主张自强的人进步。他相当了解中国的处境，在对外态度上绝少虚骄之气。他说“外国猖獗至此，不亟亟焉求富强，中国将何以自立耶”！他痛惜“千古变局，庸妄人不知，而秉钧执政亦不知”的情形；他了解“中原粗定，东南渐习恬嬉，内衅外患，千疮百孔”的“殷忧”；他深知“居今日而曰攘夷，曰驱逐出境，固虚妄之论，即欲保持和局守疆土，亦非无具而能保守之也”的严重局势。但是，他所能做的，所想到要做的也只限于学习西方的科学技术以及一些轻工业与交通建设。我们今日看他固是浅陋，他所接触到的只限于西方富强原因的皮毛，但他在当时已经是“一发狂言，为世诟病”了。

在外交上，李鸿章不似曾国藩忠厚，他已略染“欧风”，懂得一些纵横捭阖的手法。光绪元年（1875），他为了孤立英国公使威妥玛，利用慈安太后的寿辰，在烟台用西餐欢宴各国公使及海军司令，席间并起而致辞道：“一国的见识无多，聪明有限，必须集各国的才力聪明，而后精益日精，强益日强。国与人同，譬如一人的学问，必要出外游历，与人交际，择其善者，改其不善者，然后学问愈进，知识愈开，国家亦然。”

李鸿章的这一席话博得了各国公使及将领的好感，威妥玛知道他的对手已经不是耆英、伊里布、徐广缙、叶名琛之类，也就不再多方要挟（因马嘉理案而有交涉）。以他的言行与同时的倭仁、李慈铭、徐桐相较，真不啻霄壤。可惜的是，他仍然没有机会研究国际法，只是在对外国的态度与交涉的技巧上有所进步，对外国所设的圈套仍然无法识破。

此外如左宗棠、沈葆桢等人，对于“船坚炮利”政策的推行都不遗余力，唯其世界知识则都不如李鸿章。左宗棠虽创设马尾船厂，但禁止其子乘坐轮船。当中俄为伊犁问题争执不决时，左宗棠是主战派，他认为俄国陆军虽强，总不如太平军、捻军、回军之难剿，其见识可知。沈葆桢乃林则徐女婿，为官清廉有名，对外侮的迫亟有极深的印象，马尾船厂差不多由他一手创立，唯他所知的洋务，亦仅止于军事。同治元年（1862）南昌教案发生，生员聚众拆毁天主教的教堂，引起中外严重交涉。沈葆桢内心颇同情儒生的举动，认为系国家“二百年养士之报”。就当时的环境而言，一个受中国文化熏陶很深而又爱国的士大夫，当然要卖力学习夷人长技，同时又反对在他们心目中“伤风败俗”的“邪教”。

漫画《李鸿章访问霍根街》

1896年，七十三岁的李鸿章奉命参加沙皇尼古拉二世的加冕礼，顺访欧美列国。8月28日，李鸿章一行抵达美国纽约。李鸿章是第一位东方访美高官，引发纽约万人空巷。

满人亲贵如恭亲王奕䜣、军机大臣文祥等人，于英法联军撤退后便有省悟，明白“治国之道，在乎自强。而审时度势，自强以练兵为要，练兵又以制造为先”。西洋各国能横行海外的原因，“唯恃船坚炮利”，但其奥妙又不轻易告人。所以他们要曾、李等人趁剿太平军的时机，“托名学制以剿贼”便可得到西洋的秘法。没有想到英、法等国的“秘有技巧”竟完全公开，他们自然喜出望外，于是集中精力学习西洋的“制造”，不遑顾及。

在识见上较曾、李等略胜一筹的只有郭嵩焘一人，但他的卓见遭受时人无情的攻击，没有被朝廷采纳实行的可能。远在同治元年（1862）南昌教案发生时，郭嵩焘的见解便高出时人。他在写给曾国藩的信上说：

国家办理夷务二十余年，大抵始以欺谩，而终反受其凌践。其原在不知事理。天下籍籍，相为气愤，皆出南宋后议论。历汉唐千余年以及南宋事实，无能一加考较，此其蔽也。《传》曰：“唯礼可以已乱”，奈何自处于无礼以长乱而助之披猖乎！至于寇乱之生，由一二奸顽煽诱；愚民无知，相聚以逞，遂至不可禁制。所欲折毁教堂者，无识之儒生耳，其附和以逞，则愚民乘势劫掠为利。民数聚则气嚣，气嚣则法废，而其足以致乱一也。君子不屑徇愚民之情以干誉，故法常伸而民气以肃。欲以此意告幼丹中丞（沈葆桢），视其举国如醒，非疏贱之言所能发其覆也。

光绪二年（1876）他奉派为驻英公使（乃清廷首次派正式使臣驻扎外国），所著《使西纪程》对西方富强之道已有进一步的认识。他说：“西洋立国，自有本末，诚得其道，则相辅以至富强，由此而保国千年可也，不得其道，其祸亦反是。”

他不仅已注意到“西洋立国，自有本末”，绝不限于科学技艺，而且提出只重视科学技艺还会得祸的警语。次年，他写信给李鸿章，更进一步提出立国之本在于政教修明、士民殷富。他说：

西人富强之业，诚不越矿务及汽轮舟车数者，然其致富强，固自有在。窃论富强者，秦汉以来治平之盛轨，常数百年一见，其源由政教修明，风俗纯厚，百姓家给人足，乐于趋公，以成国家磐固之基，而后富强可言也。……亦岂有百姓困穷，而国家自求富强之理！今言富强者，一视为国家本计，与百姓无与。官俗颓敝，盗贼肆行，水旱频仍，官民交困，岌岌忧乱之不遑，而轻言富强，只益其侵耗而已。

他的这番话，无异于将当时的各种新兴事业比作锦绣之中装败絮，沙滩之上筑大厦，恰当之至。一到涉及立国根本，李鸿章只能顾左右而言他。郭嵩焘受尽时人讽评，没有一个同志（曾国藩从前听郭嵩焘提出翰林要习洋务的主张，也不禁为之大骇），他的言论只能供后人欣赏，在当时毫无作用。

自强运动主要领导人的认识，既囿限于他们所处的环境，他们所推行的自强运动不能达到他们预期救亡图存的目的，自不待言。在这种情况之下，他们所推行的新兴事业，自不能有通盘计划和统筹总办，都是各就其力量所及，通过旧制度下的古老机构，运用旧社会所熏陶出来的人士创办新事业。个中困难，仅有处于相同处境的人才可能体会到。虽然如此，他们毕竟做了许多事情，这三十余年并没有白白浪费掉。

⊙ 第一次中日战争（甲午战争）

第一次中日战争（1894—1895）敲响了清末自强运动的丧钟。战争爆发的唯一原因是日本的侵朝政策。明神宗二十年（1592），日本人丰臣秀吉首先暴露其侵韩野心，造成朝鲜历史上的“壬辰倭祸”。明廷仗义出兵援朝，血战六年始将日本人之野心戢止，但日本觊觎朝鲜无日或忘。俟日本习染欧风后，对19世纪帝国主义者建立殖民地以压榨弱小民族而发扬“国威”的风尚更是心向往之，自然视中国为侵略的主要目标，朝鲜便成为其下手的首要对象。

咸丰三年（1853），受中国文化熏陶极深、闭关自守的日本，在美国舰队司令佩里的武力胁迫之下签订《神奈川条约》（1854），开商埠与西方各国贸易。和中国人一样，大多数日本人都反对通商，排斥“夷人”。英法联军入北京之后两年（1862），日本人杀死一名英国人，英国海军炮轰鹿儿岛，

德川家康开创了德川幕府时代

日本人再度感受到西洋武力的厉害，遂开始追求西方科学技艺知识，遣派留学生出国游学。同治六年（1867）日本明治天皇即位，窃据大权的德川幕府及各地藩主，在朱舜水遗留给日本人的“尊王攘夷”思想所形成的舆论严促之下，将中央与地方的权力全部交还天皇，日本始成为一个统一的国家。

政权统一后的日本，鉴于中国拒绝接受西方文明所遭逢的惨运，所以锐意西化，同时打定主意要对外扩张。日本初步对外发展的方向有二：一是中国大陆，一是南洋群岛；前者必须占领朝鲜，后者必须占领台湾；无论如何，都必须与中国发生正面冲突。

同治十二年（1873），日本外务卿副岛种臣借与中国换约之便，到北京一探虚实，发现清廷官员仍然墨守中国传统的宗藩观念，尚未接受西洋国际法上的宗藩观念，认为有机可乘，乃决定先向台湾下手。台湾事件因琉球问题而起。琉球自明初即臣属中国，一直入贡不绝，复以地邻日本，势力不敌，亦向日本进贡。这种情势，日本早知道，中国却茫然。适台湾山地人（即当时所谓“生番”）经常杀害各国航海失事漂流到台湾的人士。同治十年（1871），一群琉球人（内有日本人）乘船途中遭遇暴风雨，漂流至台湾，被台湾山地人杀害数十人（内有日本人四名），日本人便欲借此兴兵。日本一面封琉球为藩王，并照会各国以取得国际社会的承认，一面由副岛种臣向清廷诘询水手被杀之事，清廷答以“生番系化外之民，未便穷治”。日本人将这句话解释为可以自由行动。时日本国内正因朝鲜拒绝与日本通商之事群情汹

长崎唐船贸易绘卷

日本德川幕府于宽永十年（1633）至十六年（1639）间发布一连串限制人民出国，禁止基督教传教的锁国政策，仅允许唐船（中国船）和荷兰船至长崎港贸易。

汹，大唱“征韩”之论。明白国际形势的日本政府力加劝阻，仍不能平息武士们的气焰。为了调和国内的纷争，日本政府乃采取一“巧妙”策略：同治十三年（1874），日本遣西乡从道率兵三千人攻打台湾，如果中国因此对日提出严重交涉，或引起国际干涉，日本政府可推诿称此系个人行动，与日本政府无干；若清廷态度软弱，各国不严责日本的侵略行为，则由日本政府出面，伺机行事。

日军进攻台湾的消息，英国首先通知总理衙门，清廷乃派沈葆桢率兵万余人赴台，英、美等国亦不以日本此举为然。日本人以万一引起中日大战，军事上殊无把握为由，遂遵从英国调停。双方议定由中国赔偿抚恤银十万两，贴补日军在台房屋修建费银四十万两，并承认日军是“保民义举”，日军自台撤退。清廷对日本让步的理由，事后大学士文祥有所说明：

夫日本东洋一小国耳，新习西洋兵法，仅购铁甲船二只，竟敢借端发难。而沈葆桢及沿海疆臣等，佥以铁甲船尚未购妥，不便与之决裂，是此次之迁就了事，实以制备未齐之故。若再因循泄沓，而不亟求整顿，一旦变生，更形棘手。

对日本来说，台湾事件是一项重大的胜利，日本初次品尝到武力侵略的果实。受台湾事件的鼓励，日本此后便迈步向外扩张，持续了七十年。亚洲，甚至世界，从此更加多事了。在这次事件中，中国除了被日本探清底细，还轻易送掉藩属琉球，唯一的“收获”是从此开始兴建海军，以对付这个新兴的敌人。

日本在台湾事件中尝到甜头后，马上转向侵略朝鲜。

朝鲜同日本一样，都是受中国文化熏陶极深的国家。在欧洲势力东侵后，日本已极机敏地放弃中国文化而奋起直追西洋文化，朝鲜则仍抱残守缺，不与外界接触。在日本明治维新以前，日韩关系由对马岛藩主作转介，藩主对朝鲜国王执礼甚恭，双方相安无事。及日本人实行新政，遣使赴朝鲜（1871），使臣身穿洋服，已让朝鲜人觉得不伦不类；复用“皇上”名义诏书，更使朝鲜人觉得荒唐。是时朝鲜国王李熙年幼，由生父李昰应摄政，称号“大院君”。大院君顽固守旧，对日本维新早已深表不满，日本使者既如此表现，故下令断绝两国通商，朝鲜人与日本人交往者处死刑。日本以为受辱，遂有所谓“征韩论”产生。副岛种臣到北京时（1873），便以中国是否管理朝鲜内政外交的话向清廷探询，总理衙门的回答自然是朝鲜虽为我藩属，但清廷向来不过问其内政外交的那一套。

讽刺漫画

漫画描述的是日本脚踩朝鲜、控制清朝，俄国观望的东亚局势。

光绪元年（1875），日本侵台事件解决一年后，日本派军舰到朝鲜沿海测量水位，居心叵测。日本军舰停泊在江华湾，派日本士兵乘小艇入汉江窥探，为朝鲜炮台守兵轰击，日本军舰还炮，毁炮台。消息传到日本，征韩论者之势大炽，他们主张乘势攻韩。伊藤博文等人以日本羽毛未丰，不可轻举妄动为由，力加阻止。日本政府乃派森有礼到北京，表面上请中国调解日本与朝鲜之间的纠纷，实则试探中国的态度。在得知清廷无意积极干涉日本与朝鲜之间的问题后，日本政府便派遣黑田清隆率军舰到朝鲜，直接威迫朝鲜。方李鸿章等人正与森有礼辩论朝鲜是否为中国“属邦”的问题时，黑田清隆已用武力令朝鲜屈服，订立《江华条约》（1876）。《江华条约》的要点如下：一、朝鲜为自主之邦；二、朝鲜开商埠两处；三、日本人在商埠享有领事裁判权。

日本、朝鲜均将条约通知清廷，清廷并不介意，因为他们认定只要朝鲜承认自己是中国的属国便可。

光绪五年（1879），中俄关系紧张万分，日本乘机废琉球王，置冲绳县。清廷已不能再对朝鲜问题视若无睹，恭亲王等人认为“日本恃其奸诈，雄视东隅，前岁台湾之役，未受惩创。今年琉球之废，益张气焰。臣等以事势测之，将来必有逞志朝鲜之一日。即西洋各国亦必有群起而谋朝鲜之一日”。所以他们主张开放朝鲜，让各国与朝鲜通商，使“日本不致无所忌惮”。但朝鲜守旧派仍坚持己见，不愿与西洋立约。李鸿章曾两次函劝，均无效果。朝鲜使者金允植竟称：“与其通洋而存，不如绝洋而亡。”其观念

中日相争漫画

清朝和日本在朝鲜问题上有严重的分歧，面对一触即发的战争危机，清政府寄希望于国际调停，西方人就绘制了这样一幅漫画，河中游弋的鱼代表朝鲜，站在桥上的是居心叵测的俄国调停人。

兴宣大院君

大院君是朝鲜王朝的一种爵位，是入继其他国王大统而即位的国王给自己生父的封爵。兴宣大院君李昰应是朝鲜王朝五百年来唯一生前获得“大院君”爵位的人，所以一般以爵位名来代称李昰应。

之偏激，可谓惊人。

但环境逼人，朝鲜欲闭关自守已不可能。光绪七年（1881），大院君失势，以王妃闵氏为中心的新党逐渐当权，欲维新自强。翌年，李鸿章派周馥、马建忠等人与美国海军将官薛斐尔会议美国与朝鲜的通商事宜（朝鲜国王请清廷代为主持此事），订立《朝美修好通商条约》，并由朝鲜国王照会美国总统称：“朝鲜素为中国属邦，而内治外交，向来均由大朝鲜国君主自主。”这是中国在弥补《江华条约》的损失。此后英、德诸国均用同一方式由中国介绍与朝鲜订立商约。中国对于朝鲜的宗主权，总算在表面上争回来了。

朝美条约订立后不满两个月，朝鲜便发生政变。自朝鲜国王亲政后，属于大院君的旧派与闵妃重用的亲日派人士互相对立，适朝鲜政府减发士兵薪饷，引起士兵怨言，大院君乘机鼓煽，变乱遂生。光绪八年（1882）七月，乱兵暴民闯入宫中，欲杀闵妃未得，转而攻击日本使馆，日本武官多人遭害，日本公使花房义质逃归。日本乃派军舰赴朝鲜。大院君既重掌政权，日本无从与之谈判，故形势紧张，战争有一触即发之势。时李鸿章丁忧在籍，朝廷命其速即北上，处理朝鲜事变。代理李鸿章职务的张树声亦立刻行动，派吴长庆率海陆军赴朝鲜，首先诱执大院君，将之连夜送到中国拘禁，然后捕杀乱党，乱事迅速平定。俟日兵到朝鲜时发现已无事可做。朝鲜国王恢复掌权后，派人与日本公使会谈商议，订立《济物浦条约》（1882），有朝鲜惩凶、赔款、道歉、日本并得驻兵保护使馆等款。事变发生于壬午年，故世称“壬午事变”。

壬午事变之发生，使中国对朝鲜问题更加警觉。是年十一月，李鸿章统筹朝鲜问题，向朝廷提出数事，其要点为：一、中国派商务委员驻扎朝鲜；二、中国代朝鲜练兵；三、中国驻兵朝鲜以防日本；四、增强中国海军实力；五、加强辽东防务；六、防止俄国势力侵入朝鲜。

这几点意见大致都被清廷采纳。李鸿章荐德国人穆麟德为朝鲜改良海关，并由吴长庆所部军官袁世凯代朝鲜训练军队。

两年后（1884），中法战事紧急，日本驻朝鲜公使竹添进一郎认为中国无暇他顾，乃暗中策划政变。他联络亲日派（开化党）金玉均、洪英植、朴泳孝等人，借邮局成立典礼，邀请各国使节及朝臣赴宴（竹添称病未到）。宴终竹添进一郎突率日本人所训练之朝鲜士兵暴动，刺杀守旧派人士，冲进王宫，挟制朝鲜国王下诏请日本兵入卫，矫诏杀大臣数人，并宣布独立。事变后两日，袁世凯、吴兆有等率所训练朝鲜军两营及驻朝鲜清军进攻王宫，血战竟日，竹添知势不敌，乘夜率兵潜回使馆。朝鲜人愤日本兵之助乱，大肆报复，竹添以事已失败，自焚其使馆以毁灭合谋的证据，率兵逃至仁川。金玉均、朴泳孝、徐光范等人在日本人的保护下，逃往日本。朝鲜的这次政变，世称“甲申之乱”。

日本政府以竹添画虎不成，反使日本为国际舆情所非难，只得将其召归，另派员与朝鲜订立《汉城条约》，由朝鲜赔偿银款十三万两，并向日本道歉了事。日本同时向中国表示绝无启衅之意。次年（1885），日本派伊藤博文到天津，与李鸿章会商，订立中日《天津条约》，条约规定中日两国军队均自朝鲜撤兵，由朝鲜自练军队，此后朝鲜有事，一国出兵时，应通知缔约之国，事后仍应撤兵。此约为九年后的中日战争埋下一导火线。

是时英、俄两国正因阿富汗问题冲突，英国为防止俄国人自海参崴南下扰香港，突然占领朝鲜东南海的巨文岛，俄国人则图朝鲜的永兴湾。朝鲜海关总税务司、德国人穆麟德为执行本国政府助俄向远东发展的政策，暗中怂恿朝鲜君臣联俄以拒他国。朝鲜国王心动，秘密派员赴海参崴请求俄国保护。日本探得这一消息，深恐朝鲜落入俄国人手中从而于彼不利，乃转而建议中国加强对朝鲜之控制，以防俄国，英国对此亦有同感。于是中国便得于国际矛盾的局面下，在朝鲜推行积极政策。从此朝鲜的内政外交，全部受中国控制，直到“甲午战争”爆发为止。在朝鲜负责执行这项工作的人，便是二十余岁的袁世凯。

中国在朝鲜的积极经营逐渐引起日本的嫉妒，何况这十年间日本陆、海军实力已大增强，日本自跃跃欲试。光绪二十年（1894）朝鲜爆发的“东学党之乱”恰好给了日本一个占领朝鲜的机会。

东学党是一种半宗教性的民间会党组织，所谓“东学”，是合儒、释、道再加上土著所信的巫教为一体之学。东学党早在同治年间西方势力初次入侵朝鲜时便已形成，旋即为朝鲜政府所镇压。甲申之乱后，朝鲜君臣仍不觉悟，政治腐败、财政困难日甚一日，东学党遂乘势而起。朝鲜政府不能平，乃正式请求中国出兵，中国派兵一千五百人赴朝鲜，并照会日本，日本立即遣派大军七千余人到朝鲜首都。东学党听闻中、日均派兵至朝鲜，遂纷纷作鸟兽散。乱事既平，中国要求日本同时撤兵，日本人不理，反而陆续增兵，蓄意挑起衅端。日本的这种行动，在国际观感上颇居于不利地位，其外相陆奥宗光乃提出中、日两国共同改革朝鲜内政的建议，如中国不接受此项共管朝鲜的办法，日本决意单独行动。

陆奥宗光的策略十分有效。中国坚持日本先撤兵再谈朝鲜之事，日本则抱定朝鲜内政未改革以前决不撤兵的态度，并利用往返争论的时间做战争的准备。李鸿章最初信任俄国公使喀西尼的话，以为俄国人将出面干涉，故未在军事上积极部署。等到日、俄两国达成谅解，日本对俄国保证决不侵犯朝鲜领土后，俄国公使便以“只能以友谊劝日撤兵，但未便用兵强勒日人”的话通知中国。日本在军事上与外交上的布置均成熟后，乃于7月23日用兵占领朝鲜王宫，强迫朝鲜国王宣布独立，废除朝鲜与中国之间的一切条约，同时在朝鲜海面击沉中国运兵兵船，并进攻牙山之清军。8月1日，两国均下诏宣战。

中国陆军在朝鲜境平壤一带布防者，不过一万五千余人，日军却有四万多人，寡众悬殊，加之指挥权事不一，遂为日军所败。日军渡鸭绿江，连陷九连、凤凰、旅顺、大连等城。9月，中国海军主力北洋舰队复败于黄海，退守威海卫，日军攻陷山东荣成，绕攻威海卫后路，海军提督丁汝昌自杀，北洋舰队全军覆灭。至是，中国已告战败，只得求和。

日本不意中国如此不堪一击，野心大增，对中国迭次所提和议均借故拖延，欲获得较多之战果，以使议和条件更为有利。光绪二十一年（1895）3月，清廷在军事上已濒于绝境的时候，只得徇日本人的要求，遣派李鸿章赴日谈判，4月17日，《马关条约》签订。中国为保有最后一个藩属而不得，反而遭受极严重的损失。《马关条约》的主要内容有：

一、朝鲜独立。

二、割辽东半岛、台湾岛及其附属岛屿、澎湖列岛与日本。

三、赔款银两万万两。

四、允许日本人在中国各通商口岸从事商业工艺制造。

五、凡西洋各国在中国所获得的各项特权日本均得享受。

其中割让辽东半岛，因与俄国侵略中国的利益相冲突，故俄国欲联合德、法出面干涉。日本则表示英国可占舟山，俄国可占“北满”，德国可取沿海一岛，以求保有辽东半岛。日本慷他人之慨的政策未生效果，俄国不仅视整个东北三省为其禁脔，且欲染指朝鲜。日本迫于实力，被迫将辽东半岛归还，由中国出银三千万两作为交换条件。

台湾民众听闻政府将台湾割让给日本，群情激愤。巡抚唐景崧、总兵刘永福领导抗日，日军率兵进攻，经过激战后，始占领全岛。甲午战争至是结束。

在甲午战争中，中国之败于日本，事前若干熟悉远东内情的西方观察

丁汝昌以死明志

此图描述的是光绪二十一年（1895），威海卫之战中，丁汝昌未得上峰命令，无奈港内待援，最后在弹尽粮绝、援军未至的情况下，拒绝日军将领伊东祐亨劝降，服食鸦片以死谢国人的情形。

北洋保障碑

此碑是旅顺水师营官兵为北洋海军提督丁汝昌设立的德政碑。

家大致都已料到。日本自信能胜中国，但不意其胜如此之易。中国则除极少数人了解敌我强弱形势，知道战事实无获胜把握者之外，举国上下莫不认为倭人实不堪一击。及至中国海军、陆军均告败绩，大家并不面对现实作一反省，却将战败之罪全部推诿于李鸿章一人。御史安维峻《劾疆臣跋扈疏》所叙事实，虽未为朝廷采纳，然传诵一时。朝野济济多士，咸将安维峻看作直言极谏的英雄。现在笔者且将其奏文节录如下，以见当时大家脑中的观念。安疏谓：

> 窃北洋大臣李鸿章，平日挟外洋以自重，今当倭贼犯顺，自恐寄顿倭国之私财付之东流，其不欲战，固系隐情。及诏旨严切，一意主战，大拂李鸿章之心。于是倒施逆行，接济倭贼煤米军火，日夜望倭贼之来，以实其言。而于我军前敌粮饷火器，则有意勒扣之。有言战者，动遭呵斥。闻败则喜，闻胜则怒。淮军将领，望风希旨，未见贼先退避，偶遇贼即惊溃。
>
> 李鸿章之丧心病狂，九卿科道亦屡言之，臣不复赘陈。唯叶志超、卫汝贵，均系革职拿问之人，藏匿天津，以督署为逋逃薮，人言啧啧，恐非无因。而于拿问之丁汝昌，竟敢代为乞恩，并谓美国人有雾气（意谓蒸汽机）者，必须丁汝昌驾驶。此等怪诞不经之说，竟敢直陈于君父之前，是以朝廷为儿戏也。而枢臣中竟无人敢为争论者，良由枢臣暮气已深，过

劳则神昏，如在云雾之中。雾气之说，入而俱化，故不觉其非耳。

张荫桓、邵友濂为全权大臣，尚未明奉谕旨，在枢臣亦明知和议之举不可对人言，既不能以生死争，复不能以利害争，只得为掩耳盗铃之事，而不知通国之人早已皆知也。倭贼与邵友濂有隙，竟敢索派李鸿章之子李经芳为全权大臣，尚复成何国体。李经芳乃倭逆之婿，以张邦昌自命，臣前已劾之。……而不知李鸿章久有不臣之心，非不敢反，直不能反。彼之淮军将领，类皆贪利小人，绝无伎俩。

谁都知道“怪诞不经”的不是李鸿章，不过安维峻所言也是有根据的，并非凭空捏造。

光绪二十年（1894）十一月，战事正紧张时，有人参奏天津船户运米赴海口，拆开来检查一看，发现其中非米而是火药，上有督署关防，朝廷竟以此下谕质询李鸿章。有人报告津沽铁路会办吴懋鼎以米八千包接济日军，甚至“举铁路以与倭人，亦在意料之中”。类似这种消息在当时层出不穷，此即安维峻的“人言啧啧”也。将战败责任推诿给李鸿章一人，便可见当时大家仍不承认中国会败于日本。光绪皇帝的亲信文廷式等五百余人联名弹劾李鸿章的奏章，最足以代表这种思想。他们责备李鸿章“用一卫汝贵而百战之淮军化为叛卒，用一丁汝昌而大桅之铁甲尽属漏舟。倭国国势兵力不能与西洋各国同年而论，国债重而民力困，则根本未坚也。有快船而无巨舰，则武备不足也。兵出卒募，非素练之师也。权纷于党论，非划一之政也。东事之

北洋水师的海军公所

海军公所，中国清代北洋海军提督办公的官署，中国最早的海军指挥机构办公的营院。

被围攻的定远号

兴，凡曾经阵战之士，通晓夷情之人，莫不以为螳臂当车，应时立碎，虽西人亦凿凿言之，而事竟有大谬不然者”。

被众人指摘的李鸿章认为“此次之辱，我不任咎也”。当中国海战、陆战初挫于日本时，他曾上书自辩道：

> 方倭事初起时，中外论者皆轻视东洋小国，以为不足深忧。而臣久历患难，略知时务，夙夜焦思，实虑兵祸连结，一发难收。盖稔知倭之蓄谋与中国为难，已非一日，审度彼此利钝，尤不敢掉以轻心。凡行军制胜，海战唯恃炮船，陆战唯恃枪炮，稍有优绌，则利钝悬殊。倭人于近十年来一意治兵，专师西法，倾其国帑购制船械，愈出愈精。中国限于财力，拘于部议，未能撒手举办。……无饷、无械、无兵……以北洋一隅之力，搏倭人全国之师，自知不逮。

所以他建议：“不存轻敌之心，责令诸臣多筹钜饷，多练精兵，内外同心，南北合势，全力专注，持之以久，而不责旦夕之功，庶不堕彼速战求成之诡计。就目前（1894年9月）军事而论，唯有严防渤海以固京畿之藩篱，力保沈阳以固东省之根本，然后厚集兵力，再图大举。”

纯就军事而论，李鸿章的“我不任咎”的话是有理的。他从日本入侵台湾之时起，即主张以日本为假想敌扩张海军。但自光绪十四年（1888）开始，海军经费即被挪用修建颐和园，以作为慈禧太后归政后的游乐之处，海军从此未添置新舰。中日战争爆发前六个月（1894年2月），丁汝昌请求改装铁甲船“镇远号”与“定远号”上的大炮，共需银六十一万三千余两，但海军衙门一文莫名。两个月后（4月）海军大校阅，李鸿章发现缺点很多，再向朝廷提出暗示：

> 添置船艇、慎固陆防、推广学堂三端，实为不刊之论。西洋各国以舟师纵横海上，船式日异月新。臣鸿章此次在烟台、大连湾亲诣英、法、俄各铁舰详加察看，规制均极精坚，而英尤胜。即日本蕞尔小邦，犹能节省军费，岁添巨舰。中国自十四年（1888）北洋海军开办以后，迄今未添一船，仅能就现有大小二十余艘勤加训练，窃虑后难为继。

他说这番话后不到五个月，中国海军在黄海败于日本海军。西洋旁观者也认定，日本军舰多系新购，每小时速度超过中国军舰三海里至五海里。军舰的速度与日本的相差过大，是中国海战失败的关键。

李鸿章所建议的集全国之力以进行持久战的计划亦不为当局所采纳。其甚者竟坐观成败，漠不关心。美国传教士林乐知所著的《中东战纪》叙述中国海军分为北洋、南洋、闽洋、粤洋四支，彼此互不相统属，“若彼秦越人之肥瘠，漠然不加喜戚于其心”。该书记有一事，足证李鸿章所求“内外同心，南北合势”之不可能：

> 中国降日十舰中，有广丙一船。实缘甲午春间大阅海军之故，连同广甲、广乙二舰，自南方檄调会操者也。迨操毕，而战氛忽起，遂即并入北军以壮海国之声势。六月二十三日（7月25日）广乙护送高升轮船载兵往牙山，遇敌火攻，全船灰烬。八月十八日（9月17日）鸭绿江之战，广甲逃回大连，中途搁于沙碛，亦告沉没。广丙则独存。华人怜甲乙而重丙，此亦情理之常。然自外人观之，则与定、镇诸舰，同于一丘之貉而已。乃牛道（昶昞）致书伊东提督（日本受降之海军将官）时，忽间以数语云：“广甲、广乙、广丙三舰，向隶广东，冠以广字，可为证明。查广东一省，本与战事不相干涉，今甲、乙遭水火之劫仅存一丙，北洋

已无以对广东。望贵提督念广东为局外之义，并念该舰管带官张副将，日来有往返传语之劳（所谓张副将，即程某人），可否提出该舰，即交与该副将带回广东，俾得于总督前略存体面，不胜感激。”

这样的事情，自然要“万国哗传，引为笑柄”。宜乎西方人要说：“从一义言，非中国与日本战，实李鸿章与日本战。”以李鸿章一人而战日本三千万人，胜负自是分明。

议和之重任亦由李鸿章一人承担。方海陆军初败，慈禧命翁同龢转达旨意与李鸿章，嘱其请托他国调停和议，翁同龢则不愿参与和议，以免遭举世诟骂。及日军陷辽东半岛、威海卫，北京危如累卵之时，李鸿章始奉命赴日本订城下之盟，其不畏使命之艰巨、不计个人毁誉的牺牲精神，与其他士大夫放言高论以邀名阿世相较，自不可同日而语。

光绪二十一年（1895）3月20日，李鸿章与日本首相伊藤博文首次会议于马关，日本外相陆奥宗光参与此项会议，据他记录：

李鸿章与伊藤总理系旧相识，故私人谈话，亘数小时之久云。彼不似古稀以上之老翁（时年七十二岁），状貌魁梧，言谈爽快，曾国藩

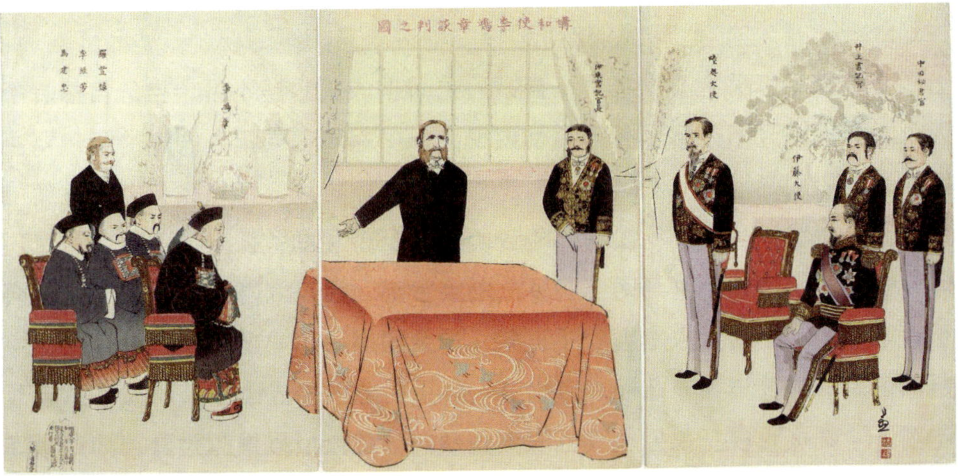

马关谈判图

1895年甲午战败后，七十三岁的李鸿章被迫代表清廷去和日本谈判，谈判过程中被日本刺客刺伤面部，最终签订了“空前未有的亡国条约”，致使国内的社会矛盾急剧激化。

谓其“容貌辞令，足以服人”，诚属确评。然此次使命，彼立于一切不利之地位。彼此会谈中，伊藤总理谓：“曩者中国张、邵两使来时，不特其携带之全权委任状不完全，且当时中国尚无真实求和之诚意，故使命归于无效。”彼答云：“若中国无切望和睦之诚意，当不命余当此重任，余不感媾和之必要，亦不敢当此重任。”暗抬自己之身份，以博我（日本）之信任。彼又谓：“中日两国为亚细亚洲常被欧洲强国猜疑之两大帝国，且两国人种相同，文物制度亦同，今虽一时交战，不可不回复彼我永久之交谊。幸而此次干戈止息，则不特恢复从来之交谊，且冀更进而为亲睦之友邦。抑在今日东洋诸国，对于西洋诸国位置者，天下谁能出伊藤伯爵之右？西洋之大潮，日夜向我东洋注流，是非吾人协力同心，讲防制之策，黄色人种结合以抗白色人种之秋乎！唯信此次交战，当不碍恢复此两帝国之天然同盟。”……更谓：“此次战争，实获得两个良好结果：其一，日本利用欧式海陆军组织，功绩显著，以证黄色人亦不让于白皙人种。其二，依此次战争，中国觉醒其长夜梦，是实日本促中国自奋，以助其将来之进步，利益可谓宏大。故中国虽有多数怨恨日本，然余却多感荷。且中日两国为东洋大帝国，日本有不弱于欧洲之学术知识，中国有天然不竭之富源，若将来两国得相结托，则对抗欧洲强国，亦非难事。”（正式记录中无此段文字）

这一席话，确有真知灼见，然战胜之日本人正骄矜不可一世，自然听不入耳。陆奥宗光唯亦佩服其“纵横谈论，务引起我之同情，间以冷嘲热骂，以掩战败者屈辱地位”的谈吐，对于这位“奉命异域，连日会见，毫无疲倦之容，可谓尚有据鞍顾眄之慼”的七十多岁老翁不胜推崇。

3月24日，一日本人竟于李鸿章结束会议返回府邸时持枪狙击之，李鸿章顿时晕厥。子弹射入李鸿章的面颊，人均劝其开刀取出，而“李（鸿章）慨然曰：‘国步艰难，和局之成，刻不容缓，予焉能延宕以误国乎，宁死勿割。’刺之明日，或见血满袍服而言曰：‘此血所以报国也。’鸿章潸然曰：‘枪予命而有益于国，亦所不辞。’”（梁启超记）。和议成后诟骂猬集，李鸿章曾因此写信给新疆巡抚陶模：

> 十年以来，文娱武嬉，酿成此变。平日讲求武备，辄以铺张靡费为疑，至以购械、购船，悬为厉禁。一旦有事，明知兵力不敌而淆于群哄，轻于一掷，遂至一发不可收。战绌而后言和，且值都城危急，事机万分，更非平常交际可比。兵事甫解，谤书又腾。知我罪我，付之千载，固非口舌所能分析矣！

探求失败的原因，除了李鸿章个人自辩之原因，即以李鸿章而论，他也只看到“平日不讲求武备”，也认为“倘使当时海军军费按期如数发给，十年之内，北洋海军船炮可甲地球矣。何至大败”！其他朝臣，更无论矣。无论众人如何怨李鸿章，无论李鸿章如何为自己辩护，总之，他的事业是被毁败了。甲午战争不仅意味着李鸿章个人事业的毁败，更代表一个旧的时代——船坚炮利的自强运动时代已经过去，一个新的时代即将来临。《马关条约》订立的那一年，康有为已经两次公车上书，孙中山先生也组织了兴中会。

第二十二章　救亡运动

⊙ 开民智运动与百日维新

第一次中日战争中国战败，与以往三次对外战争战败（鸦片战争、英法联军之役、中法越南战争）在中国国内所引起的震撼迥异，其故有四：

一、中日同为东方古国，学习西式军事也差不多同时起步，而日本在军事上轻易战胜中国。

二、日本素为中国所鄙夷的蕞尔小邦，与泱泱天朝相比实微不足道，甚至尚有少数人视日本为中国藩属，今竟为其所败，乃奇耻大辱。

三、《马关条约》的损失之大，令朝野震惊。尤其是割台湾岛及其附属岛屿、澎湖列岛及辽东半岛，以祖宗所遗之国土拱手奉人，令朝野大骇。

四、光绪二十年（1894）冬，当战争进行时，各省举人齐集北京，准备参加次年春举行的会试。举人们是各地的精英，他们对这次战争的反应很激烈，对传闻的议和条件更是义愤填膺，纷纷联名向都察院呈请转奏皇帝，强烈表示反对议和，主张迁都续战。他们的声势很大，与廷臣中若干主战派呼应，更加重了朝野对此次战败的重视。《马关条约》最终还是在日本武力的咄咄威迫下签字（1895年4月17日）。聚集北京的举人，在极度失意与满腹愤

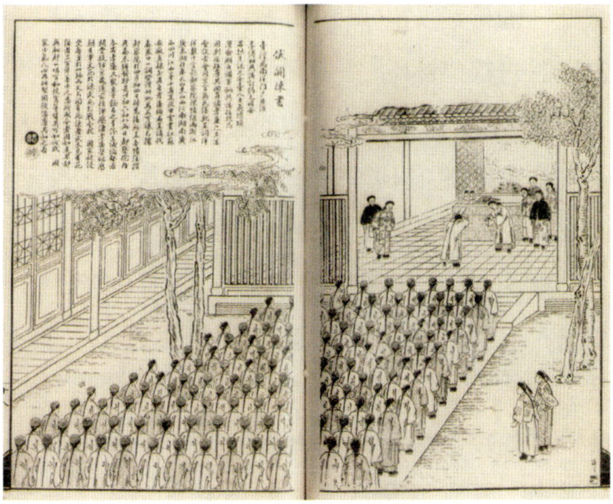

“公车上书” 出自《点石斋画报》

因汉代曾用公家车马接送应举的人，后世便以“公车”泛指入京应试的举人或代指举人进京应试。清代的“公车上书”是指在清光绪二十一年（1895），康有为与梁启超集结一千三百余名举人，联名上书光绪帝，反对签订丧权辱国的《马关条约》的事件。

懑的情况下回到各自的故乡，因此第一次中日战争战败的创痛，也经由他们带到各地，普及全国。

领导“公车上书”的康有为在上书中即提出“才智之民多则国强，才智之士少则国弱”的救国纲领。他在集合各省举人开会时，即大声疾呼这种主张。各省举人出京后，他已中进士，留京创办“强学会”（1895年8月），并创办发行《强学报》，开展“开民智以求富强”的工作。康有为于是年11月到上海成立强学会，刊行《强学报》。此风一经展开，全国各地纷纷响应，展开了中国第一次社会文化的大革命运动，它比“五四运动”早二十四年。“开民智运动”成为中国知识分子主动教授国民新知识、改革中国传统旧社会的运动，它是西洋文化对中国传统的首次正面的全面冲击。

受《马关条约》刺激的中国士人，除了悲痛万分，他们也在不断反省。他们反省“武器西化运动”何以未成功？中国遭受此次奇耻大辱之根本原因何在？如何才能使中国不遭受亡国灭种的浩劫或甚至转弱为强？在探索这些问题的答案的过程中，他们深受西方传教士的影响。

这些问题的答案自然有多种。为大家所普遍认可的是：每一个中国人都应该负起责任来，只要全中国人都能觉醒过来，中国不仅不会亡，而且可以转弱为强。中国最大的问题是“民智未开”，所以他们“救国运动”的首要工作是开民智。《马关条约》签订后，各省入京举人纷纷把这种悲愤的心情以及他们自认为的救国方案带回各自的故乡——中国的每一个角落。

自1895年夏开始，整个中国遂展开了一个由中国传统社会培养出来，并深受中国传统文化熏陶的一批中国知识分子所倡导的反对中国传统文化与社会习俗的救亡运动——开民智运动。

他们推行开民智运动的主要工作方式，大致不外设立“学会”，创办定期或不定期的报刊，在中国旧式书院中传授新知识或设立新式学校，开办讲演会以及成立各种反对传统社会习俗的组织。

学会中以综合性的为主，如“强学会”“粤学会”“闽学会”“蜀学会”“南学会”等。亦有特定目标的，如“西学会”“保国会”“群学会”“农学会”“女学会”“测量会”“算学会”“医学善会”“法律学会”“致用学会”“译书公会”“不缠足会”“不纳妾会”“戒烟会”“知耻学会”等。五花八门，种类甚多。从这些学会的名称我们可以看出，他们一方面要向一般民众传播西方科学技术以及法律政治，一方面要革除中国传统社会的陋习。

报刊以上海创办的最多，如影响甚大的《强学报》《时务报》《苏报》等，此外如《农学报》《实学报》《算学报》《格致新报》等均在上海出版而流通全国。其他各地所创办的报刊，或因寿命不长，或因流行不广，或因地处偏僻而不为人所注意，故我们目前知道的不多，但比较著名的有：天津的《广智报》《国闻报》、重庆的《渝报》、成都的《蜀学报》、杭州的《经世报》、桂林的《广仁报》、澳门的《新知报》、上海的《中国白话报》、长沙的《湘报》、香港的《商报》等。这些报刊的文章包罗万象，一面不遗余力地介绍西方法律、政治及科学，一面对中国传统文化、传统社会大肆批评，其激烈程度令人惊异，例证之多，俯拾皆是。

创立新式学校自非易事，如“通艺学堂”（张元济创办）、“时务学堂”（陈宝箴创办）、“湖北武备学堂”（张之洞创办）等，都是开明官吏所创立的，不过主办及讲授者皆是开民智运动的人士而已。他们另一个推行工作的方法是在中国传统的书院中介绍西方知识，如皮锡瑞之主讲于江西南昌经训书院，沈曾植之主讲于两湖书院，张謇之主讲于南京正文书院等。这是一种令人难以置信的现象，但确在中国发生了。

开民智运动是1895年后中国所有知识分子的一个共同的工作目标，是一个大潮流，没有人能够阻挡它。许多政府官员如张之洞、陈宝箴、孙家鼐、袁世凯等人，都是这个“运动”的积极支持者。

正当这个文化和社会改革运动进行得如火如荼的时候，以康有为为首的一批人士鉴于1897年冬德国强占胶州湾以后的瓜分形势，国势危如累卵，遂欲掌握政权，即行政治改革。1898年9月“政变”发生，西太后下令全国缉拿“康党”，于是各地平素碍于整个大潮流，不敢也不能反对文化和社会改革运动的守旧派，包括官吏与士绅，便利用这个机会将“康党”的帽子戴到所有开民智运动者的头上。开民智运动者如果逃不过各种处罚，便只有逃亡与销声匿迹了。他们中在政府任职的，多数都遭遇到不同的处罚而被逐出政府。这个历时三年余的中国近代历史上第一次文化和社会的改革运动，便在一夜之间戛然中止了。

这次的文化和社会改革运动，在中国近代历史的发展过程中有五点意义值得我们重视：

一、它是开民智运动者在爱国心的驱使下开展的一种自发的、自觉的、和平的改革运动。开民智运动者不谈革命问题。

二、参与的人士包括在朝的和在野的知识分子。

三、绝大多数的参与者，都是深受中国传统文化熏陶而在中国传统社会成长的中国知识分子，他们以教育全国国民为目的，不惜放弃自己所受的传统教育。

四、他们的共同目标开民智是人们所普遍接受的，因此他们的组织虽多，言论虽杂，但彼此之间绝少歧见。我们很难发现他们之间因为主张不同而有互相攻讦之言论。

五、他们之中有些人说过若干很激烈的言论，但一般而论，多数是主张尽可能地学习西方的一切。

中国知识分子的这种普遍地对西方文化的狂热，在1895年以前固不能想象，即使在1898年9月之后，直到1919年“五四运动”为止的二十余年中，也难以找到类似的例子。

这个运动的影响是多方面的、极深远的。具体地说：

一、就中国整体而言，这是中国第一个“近代化”或“西化”的运动，中国国民首次普遍对世界上其他文化有所认识；

二、在这个运动中的人士以及受到它影响的青年，很多都成为日后中国各方面的中坚人物；

三、它的戛然而止，使中国文化的革新与社会的改进工作受到政治上的阻碍而停滞若干年。

研究中国近代史的学者，对这一段时期的历史（1895—1898），因为将目光集中于轰轰烈烈的政治改革——百日维新，而忽视了当时在全国默默进行的一项史无前例的文化与社会改革运动，自不足为怪。

康有为是开民智运动的创始人，这个运动正进行得如火如荼，却因为他进行新政引发政变而被中止。盖甲午战败后，列强眼看这个古老的大帝国已经毫无希望，再也顾不得什么国际法那类虚套，争先恐后地向中国攫取政治、经济各方面的权益，竟和19世纪处置非洲的情形差不多。首先向中国开刀的是俄国。它以干涉还辽有功向中国索取报酬，同时暗示中国派李鸿章赴俄庆贺俄皇尼古拉二世的加冕典礼。李鸿章到俄国后（1896），立即被俄国人包围。俄国利用清廷防日的心理，与李鸿章订立《中俄密约》，取得中东铁路的敷设权。

次年（1897），德国皇帝与俄国沙皇达成默契，借口山东曹州有德籍传教士二人被害，径自派兵占领胶州湾。俄国人“闻讯”立刻占领旅顺和大连。中国用银三千万两赎回的辽东半岛，原来是为俄国准备的一道珍味佳

列强瓜分中国时局图

“俄罗斯，自北方，包我三面；英吉利，假通商，毒计中藏。法兰西，占广州，窥伺黔桂；德意志，胶州领，虎视东方。新日本，取台湾，再图福建；美利坚，也想要，割土分疆。”在著名爱国志士陈天华的《猛回头》中，这样描写帝国主义瓜分中国的狂潮。

肴。1898年，中国被迫将上述被占领地方分别“租借”给德、俄两国。此例一开，遂不可收拾，紧跟着的是法国强租广州湾，英国强租威海卫。到光绪二十五年（1899）止，中国沿海重要港湾，全部被租借出去了。当列强与中国订立沿海港湾的“租约”时，列强们都乘势指定他们在中国的“势力范围”，要求清廷不得将他们的所谓势力范围之内的地方割让与他国，不得将势力范围以内的铁路敷设权、矿产开采权出让与他国。就当时的情形而论，东北三省、内外蒙古与新疆是俄国的势力范围，山东是德国的势力范围，长江流域各省与西藏是英国的势力范围，福建是日本的势力范围，滇、桂、粤、川、黔等省是法国的势力范围。中国被瓜分的形势已经造成，所等待的，仅是一声开刀，便可宰割了。

此时美国刚占领菲律宾，对远东局势已很关心，英国以在中国的经济权益最大，不愿中国被分割以致影响其商业利益，更不愿因宰割中国而引起战争。于是由英国策动与授意，美国国务卿海约翰发表了有名的《门户开放宣言》。该宣言的要点为：一、各国在中国已划定的势力范围，或其他既得权益均应互相尊重，互不干涉；二、各国势力范围内之各港口，对于他国船舶所课之入港税与铁道运输费用，应与本国船所课之入港税及运输费相等；三、各国势力范围内各港口之海关课税，应一律遵照中国海关税率，由中国政府征收。

这些要点，是要打破各国在其势力范围内的经济垄断局面，使各国在中国获得工商业的均等机会，附带的也维持了各势力范围内的中国主权，使中国不致被瓜分。各国以此项宣言并不妨碍其既得利益，遂先后表示赞同。于是中国乃得在列强均势的局面下苟延残喘。不过清廷要侍候许多主子，落到连殖民地也不如的次殖民地地位。

当德国强占胶州湾，瓜分危机初显端倪的时候，康有为痛心疾首，向皇帝上书，分析中国局势已有沦为列强殖民地的趋势。他主张实行君主立宪、整顿吏治与财政、实行新教育、兴办社会福利与工商事业。他要兴办的事项包罗万象，如“卫生、济贫、洁监狱、免酷刑、修道路、设巡捕、整市场、铸钞票、创邮船、徙贫民、开矿学、保民险、罢厘征。以铁路为通，以兵船为护”等。

光绪二十四年（1898）正月，他再次提出设立十二局以统筹新政的计

光绪皇帝画像

清德宗爱新觉罗·载湉，是清朝第十一位皇帝，定都北京后的第九位皇帝。父亲醇亲王奕譞，生母叶赫那拉·婉贞是慈禧的亲妹妹。在位三十四年，年号“光绪”。主持了“戊戌变法”，但仅维持了百日，史称“百日维新”。

划，希望皇帝效法俄国的彼得大帝与日本的明治天皇。直到这时才有人向光绪皇帝推荐康有为，康有为的万言书始上达。年少的光绪皇帝自冲龄即位以来便受制于慈禧太后，抑郁不得伸其志，又值国势阽危，早有发愤图强之心。他读完康有为的历次奏章及其所陈进的《日本明治变政考》《俄国大彼得变政记》等书后，便决心不做亡国之君，而思大加改革了。6月11日，光绪下诏“定国是”称：

数年以来，中外臣工讲求时务，多主变法自强。迩者诏书数下，如开特科、汰冗兵、改武科制度、立大小学堂，皆经再三审定，筹之至熟，甫议施行。惟是风气尚未大开，论说莫衷一是，或托于老成忧国，以为旧章必应墨守，新法必当摈除。众喙哓哓，空言无补。试问时局如此，国势如此，若仍以不练之兵，有限之饷，士无实学，工无良师，强弱相形，贫富悬绝，岂真能制梃以挞坚甲利兵乎？

朕维国是不定，则号令不行，极其流弊，必至门户纷争，互相水火，徒蹈宋明积习，于是政毫无补益。即以中国大经大法而论，五帝三王不相沿袭，譬之冬裘夏葛，势不两存。用特明白宣示，嗣后中外大小诸臣，自王公以及士庶，各宜努力向上，发愤为雄。以圣贤义理之学，植其根本，又须博采西学之切于时务者，实力讲求，以救空疏迂谬之弊。专心致志，精益求精，毋徒袭其皮毛，毋竞腾其口说，总期化无用为有用，以成通经济变之才。

京师大学堂为各行省之倡，尤应首先举办，着军机大臣、总理各国事务王大臣会同妥速议奏。所有翰林院编检、各部院司员、大内侍卫、候补选道府州县以下官、大员子弟、八旗世职、各省武职后裔，其愿入学堂者，均准入学肄业，以期人才辈出，共济时艰。不得敷衍因循，徇私援引，致负朝廷谆谆告诫之至意。

6月11日通常被视作百日维新的开端，但仔细阅读光绪皇帝诏书的内容，首段驳斥守旧派不赞成强国强兵新法的非是，次则说明可变之理，最后只提京师大学堂一具体新政。这与康有为的建议相差甚远，一加比较便知。康有为见诏后马上想离京，经人挽留始止。诏令公布后四日，光绪皇帝的亲信、颇支持康有为的翁同龢奉谕免职。次日，光绪皇帝召见康有为于颐和园，谈话超过两个小时，此时康有为始得到机会倾吐其全部抱负。但最后一切，集中到反对派势力过大的问题上。据梁启超记载：

皇上曰：“国事全误于守旧诸臣，朕岂不知！但朕之权不能去之，且盈廷皆是，势难尽去，当奈之何？”

康曰：“请皇上勿去旧衙门，而唯增置新衙门；勿黜革旧大臣，而唯渐擢新小臣。多召见才俊志士，不必加其官而唯委以差事，赏以卿衔，许其专折奏事足矣。彼大臣向来本无事可办，今日仍其旧，听其尊

京师大学堂匾额

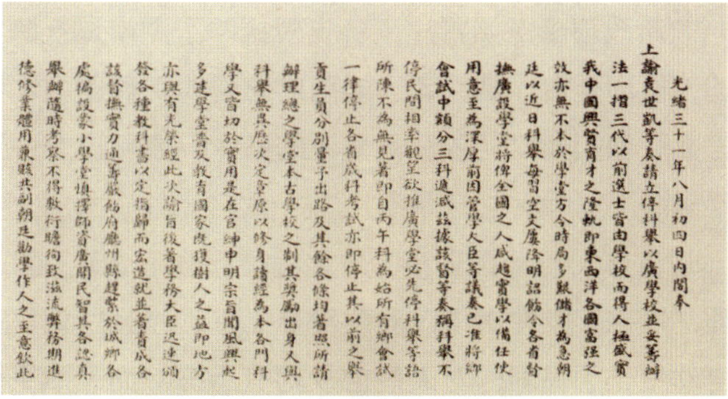

光緒三十一年八月初四日內閣奉
上諭袁世凱等奏請立停科舉以廣學校並妥籌辦
法一摺三代以前選士皆由學校而得人極盛實
我中國興賢育才之隆軌即東西洋各國富強之
效亦無不本於學堂方今時局多艱儲才為急朝
廷以近日科舉每習空文屢降明詔飭令各省督
撫廣設學堂將俾全國之人咸趨實學以備任使
用意至為深厚前因管學大臣等議奏已准將鄉
會試中額分三科遞減茲據該督等奏稱科舉不
停民間相率觀望欲推廣學堂必先停科舉等語
所陳不為無見著即自丙午科為始所有鄉會試
一律停止各省歲科考試亦即停止其以前之舉
貢生員分別量予出路及其餘各條均著照所請
辦理總之學堂本古學校之制其獎勵出身亦與
科舉無異歷次定章原以修身讀經為本各門科
學又皆切於實用是在官紳申明宗旨聞風興起
多建學堂普及教育國家既獲樹人之益即地方
亦與有光榮經此次諭旨後著學務大臣迅速頒
發各種教科書以定指歸而宏造就並著責成各
該督撫實力通籌嚴飭府廳州縣趕緊於城鄉各
處徧設蒙小學堂慎擇師資廣開民智其各認真
舉辦隨時考察不得敷衍瞻徇致滋流弊務期進
德修業體用兼賅共副朝廷勸學作人之至意欽此

光绪三十二年正式废除科举

位重禄，而新政之事，别责之于小臣，则彼守旧大臣既无办事之劳，复无失位之惧，则怨自息矣。即皇上果有黜陟全权，而待此辈大臣，亦只当如日本待藩侯故事，设为华族，立五等之爵以处之，厚禄以养之而已，不必尽去之也。”

光绪皇帝召见康有为后四日，各项新政命令次第颁发。截至9月16日，在三个月内，维新命令有百余道。其大要如下：

一、关于政制者：新设立农工商总局，中央政府裁撤詹事府、通政司、光禄寺、鸿胪寺、太常寺、太仆寺、大理寺等旧衙门。外省裁湖北、广东、云南三省巡抚（因与总督同城）、东河总督。令各省督抚保荐通达时务、勤政爱民之能员，允许低级官吏及士民上奏。

二、关于教育者：令孙家鼐筹办京师大学堂，各地方大小书院一律改设为中学堂；民间祠庙之不在祠典者一律利用为校址，兴办小学堂。举办经济特科；废八股文，改试策论；奖励民间兴学；令华侨设学校。

三、关于军事者：令八旗改习洋枪，逐渐实行征兵制，裁减绿营，变通武科举，改试枪炮，各省切实练兵。

四、关于实业者：令各省学堂编译农务书籍；奖励各项新发明，由政府给予专利权；筹设茶、丝学堂。

五、其他新政：严饬地方官保护教士、教民，选宗室王公游历外国，修筑粤、杭、沪、宁各铁路，改《时务报》为官报（康有为任之），准在京师筹设报馆，许满人经营商业，整顿京师市容，成立译书馆（梁启超任其事），改良司法，令内外臣工除去陋习，不得无故请假。

新政诏令多如雪片，各省督抚除了湖南巡抚陈宝箴，对诏令大都阳奉阴违，借词延宕。其甚者，如两广总督谭钟麟便根本置之不理，电旨催询亦不答复。他们何以竟敢藐视皇帝的命令？要明白个中道理，我们还得追溯数十年来清王室所发生的事情。

自慈安与慈禧垂帘听政之后（1861年冬），朝政表面上是由两宫太后处理，然慈安秉性谦谨，对政治毫无兴趣，且所识汉文不多，慈禧粗通汉文，自幼生长于民间，对人情世故均有历练，而天赋秉性机敏有权谋，喜包揽政事，故庶政裁决，皆由彼一人做主。

同治十三年（1874），同治皇帝病死，没有继嗣，慈禧不愿立年长的人为君，特地选择醇亲王奕譞的儿子入继大统，即德宗光绪皇帝。因光绪皇帝的母亲是慈禧的同胞妹妹，光绪皇帝同她有很亲的骨肉关系，而新皇帝年仅四岁，她自然又可垂帘听政，以达到她专揽政权的目的。

光绪七年（1881），慈安死，慈禧更加专恣无忌，但对恭亲王奕䜣尚略有忌惮。恭亲王为咸丰皇帝最亲密的弟弟（同父异母），英法联军入北京时他于敌兵胁迫下主持和议，咸丰皇帝死后，他复与两宫太后同谋，诛戮擅权的肃顺；且其为人识大体，颇负时望，故慈禧不能不稍微收敛。光绪十年（1884），她借中法战争之故，将恭亲王及其同僚悉数罢免，于是朝廷上下，无人再敢稍拂她的意思，她可以为所欲为了。光绪十四年（1888），光绪皇帝表面上亲政了，实际上一切用人行政大权，仍然操在慈禧太后手中，皇帝不过是一个傀儡。光绪皇帝自幼受她抚养，受其严厉管束已久，从不敢稍事反抗。光绪二十二年（1896），光绪皇帝特别声明道："朕敬奉皇太后宫闱侍养，夙夜无违，仰蒙慈训殷拳，大而军国机宜，细而起居服御，凡所以裨益于朕躬者，无微不至，此天下臣民所共知者也。"无异于公开承认他连日常生活都不得自由。

何况太后专政，难免不宠信宦官。慈禧初最宠信宦官安德海，安纳贿

慈安太后画像

慈安太后，即孝贞显皇后，钮祜禄氏，咸丰的第二位皇后，发起过辛酉政变，诛顾命八大臣，夺取政权，形成"二宫垂帘，亲王议政"的格局，人称"东太后"。诛杀了安德海、为同治立阿鲁特氏为皇后，都彰显了她被慈禧掩盖的理政之才。

乱政，声势烜赫，不可一世，把同治皇帝都不放在眼里。后安因出京招摇，被山东巡抚丁宝桢执而杀之（按清制，宦官不得出京，违者格杀勿论）。后慈禧宠任宦官李莲英，李卖官鬻爵，权倾朝廷，一时夤缘无耻之徒竞相奔走于其门下。光绪皇帝对这种情况自然极不满意，但因对太后“视如狮虎”，所以敢怒而不敢言。光绪皇帝结婚以后，宫廷之中更增加纠纷。盖宦官宫妾镇日无所事事，日常生活琐碎不免时有龃龉，互相中伤挑拨，流言蜚语时有所闻，使太后与皇后之间的情感关系日益恶劣，自然也影响了太后与皇帝之间的关系。光绪二十二年（1896），光绪皇帝的生母、醇亲王的正福晋去世，太后与皇帝之间的唯一可以转圜调停的人既失，从此双方关系日趋恶化。宵小更乘机从中播弄，紫禁城与颐和园两个集团遂渐至极不相容之境。恰好此时，光绪用康有为计实行新政，于是宫廷摩擦与国政斗争合在一起，纠缠不清。

满朝文武大臣以及封疆大吏差不多都知道宫廷内情，都明白光绪是一个有名无实的皇帝，所以大家对他所颁的新政，虽经“诰诫谆谆，仍复掩饰支吾苟且塞责”。就连距京城咫尺的直隶省，其主政者对新政令也是一样置若罔闻。直隶总督荣禄是太后的死党，他对新政令置若罔闻，自有其原因。

不幸谭嗣同等人复轻率联络袁世凯，欲实行流血政变，事机不密，新政

慈禧太后画像

孝钦显皇后叶赫那拉氏，一般根据其徽号简称为“慈禧”“慈禧太后”，又称“西太后”“老佛爷”。清朝同治、光绪时期的实际统治者，前后掌晚清政权近半个世纪。

遂告终结。

关于袁世凯与谭嗣同密约的真情，至今尚为一不易解决之历史公案。袁世凯自甲午战争返国后，即在天津附近练兵，平素言论，颇倾向于革新。其所统属之兵名“新建军”，人数约七千，受直隶总督荣禄之指挥。推行新政诸人，因事事受旧派阻挠，乃欲实行釜底抽薪之策，拟将慈禧等人彻底解决，遂想起袁世凯来。康有为首先派人试探袁世凯的政见，然后疏荐之于朝。9月16日，光绪皇帝召见袁世凯，将他破格擢升为侍郎，命其专责练兵。18日深夜谭嗣同密见袁世凯，告以荣禄等人拟趁皇帝在天津阅兵的时机（预为10月9日）肆行废立，求其以军力“保护圣主，复大权，清君侧，肃宫廷”。据梁启超所记，袁世凯满口答应，但随即向颐和园慈禧太后告密。然据袁世凯所发表的《戊戌日记》，袁世凯称谭嗣同捏造光绪皇帝朱谕，胁迫他进兵围攻颐和园，彼“因其志在杀人作乱，无可再说，且已夜深，托为赶办奏折，请其去”，并未允其要求。次日袁世凯觐见光绪皇帝时，曾劝皇上重用老成持重之人，新进诸臣“阅历太浅，办事不能缜密，倘有疏误，累及圣上”，绝无欺友卖君之事。观袁世凯一生事迹，梁启超的记载似较为可靠，但梁氏晚年亦承认自己当年所记有关戊戌之事，多带宣传色彩，未可尽信。

谭、袁密谋后两日，政变发生（9月20日）。慈禧太后以皇帝有病为理

袁世凯

袁世凯，河南项城人，故人称“袁项城”，北洋军阀领袖。1915年12月自称皇帝，改国号为中华帝国，建元洪宪。由于帝制遭到强烈反对，在做了八十三天皇帝之后，袁世凯宣布取消帝制，在唾骂声中病亡。

由，下诏临朝训政，将变法未成的光绪皇帝安置在三面环水的瀛台中“养病”。康有为于事变前一日，在光绪的严厉督促下离京，梁启超避入日本使馆，均免于难。立刻被捕的有张荫桓、徐致靖、杨深秀、杨锐、林旭、刘光第、谭嗣同、康广仁等人。张荫桓被判戍新疆，徐致靖被判永远监禁，其余六人于9月28日被处死刑，世称“戊戌六君子”。此外株连坐罪的尚有李端棻、翁同龢、黄遵宪、张元济、宋伯鲁、陈宝箴、陈三立等二十余人，或被发配，或被革职永不叙用，或被囚禁，或交地方官严加管束。为推行新政而殉难的六人的简历如下：

杨深秀，山西人，任山东道监察御史。杨对康有为甚倾服，力助新政，如请废八股、遣学生赴日留学等。又曾弹劾守旧派许应骙。

杨锐，四川人，任内阁侍读，为张之洞得意门生，先赞助强学书局，后复加入康有为成立之“保国会”（康、梁创办于北京）。光绪皇帝于9月5日擢其为军机章京。

林旭，福建人，曾任内阁中书，为康有为弟子，曾为荣禄幕客。9月5日被任为军机章京。

刘光第，四川人，任刑部主事，参加保国会，9月5日被任为军机章京。

谭嗣同，湖南人，江苏候补知府，学识才气为诸人之冠。初在湖南倡行新政，徐致靖荐之于朝，9月5日被任为军机章京。

康广仁，康有为胞弟，习西医。因侍兄长之疾赴北京，旋即留京佐理兄长之文书私事，政变竟遭株连。

慈禧训政后，将百日维新期中一切新政全部推翻，裁汰的衙门冗员，一体恢复旧观，八股文仍然走运，武科照旧考箭刀弓矢。守旧派完全胜利，皆大欢喜。戊戌变法所遗留到后世的唯一政绩，只有京师大学堂，即北京大学的前身。

一次由在野知识分子所掀起的救国运动，便这样结束了。关于这次运动，有一些值得我们讨论的地方：

第一，人们通常把戊戌政变当作中国推行君主立宪的运动，认为它的失败表示中国君主立宪运动的失败。这种看法大有可资商榷之处。康有为屡次上书都提到“定国是”，就他的本意而言，毫无疑问是实行君主立宪。他曾再三提到“国事付国会议行”，“采择万国律例，定宪法公私之分”。但是光绪于6月11日下诏定的所谓“国是”，仅指“博采西学之切于时务者”，以求“能制梃以挞坚甲利兵”而已，对于国体问题，一字未提。维新期间的所有新政举措，更是毫无实施立宪政体的迹象。政变之后，康、梁流亡海外所发表的言论以及民国成立以后康有为的言论，都再三强调他们想实行君主立宪。唯根据史实，我们最大限度只能承认戊戌诸子有推行君主立宪的抱负，而他们所实行的，的确与君主立宪无关。康、梁事后的言论，如果解释为纯粹是一种宣传作用，纯粹是为了提高戊戌政变的历史意义，固然有伤忠厚；不过，如果将维新诸人在事前的建议（仅是希望）与事后的言论，当作发生过的事实，便有悖史实。或许有人认为，倘若袁世凯不变节，光绪皇帝握得实权之后，有可能会实施君主立宪政体，我们当然不能否定这种假设的可能性，不过可能性究竟有多大，实值得考虑。光绪皇帝读过彼得大帝的传记，彼得大帝努力西化使俄国国势焕然一新，但并不因而损失他专制君主的权威。日本王室（注意“王室”与“一个皇帝”之间的区别）本无权力，是舆情迫使幕府归还大政，迫使藩主放弃封建割据政权，明治皇帝是从一无所有变成拥有一切，与清皇室有无限权威而皇帝暂时不能掌握的情形不同。光绪皇帝在得到他的皇室所有的权威后，是否能如明治皇帝一样轻易放弃，笔者对

明治天皇画像

明治天皇，日本第一百二十二代天皇，在位四十五年。在其在位期间，日本完成了向帝国主义的转变，走上了军国主义、称霸世界的道路。

此持最大限度的保留态度。一个人还没有占有某种东西时，与占有某种东西之后，对于那种东西的看法是不一样的。除非光绪真如康、梁所描绘的那样圣明，否则我们不敢随便相信假设，更不能将这种假设当作事实去讨论，并记载在史书中。

第二，旧派对于新政的反对，与其谓之反对新法，毋宁谓之反对新人。故戊戌变法时新旧两派的斗争，所争者多属于“人”的问题，“法”的问题反居于次要地位。换言之，是两派人在争夺政权，绝非单纯为了政治理想。

首先旧派反对康有为个人。康有为发表两部奇书（即《新学伪经考》《孔子改制考》）的目的本在于为变法找一历史理论根据，抬出孔子来震慑反对派，不意反因之树敌颇多。据说（梁启超语）曾向光绪皇帝密荐“康有为之才过臣百倍，请皇上举国以听”的翁同龢，也认为《新学伪经考》是经学家“野狐禅”。当他看完《孔子改制考》后，便向皇帝警告“此人居心叵测”。竭力倡导新政的湖南巡抚陈宝箴见反对康有为者举国皆是，遂请毁两书之版，以息纷争而平众怒。与康有为甚接近的孙家鼐亦请旨禁《孔子改制考》。湖南叶德辉认为康有为“其貌则孔，其心则夷”，主张“其言即有可采，其人必不可用”。其甚者，上书请斩康有为。朝廷中如文悌便攻击康有为“欲将中国数千年相承大经大法一扫刮绝”。礼部尚书许应骙称：“康有为与臣同乡，稔知其少即无行，迨通籍旋里，屡次构讼，为众论所不容，始行晋京，意图倖进。终日联络台谏，夤缘津要，托词西学，以耸视听，……其居心尤不可问，若非罢斥，驱逐回籍，将久居总署，必刺探机密，漏言生事。长住京邸，必勾结朋党，快意排挤，摇惑人心，混淆国事，关系非浅。”许应骙则更进一步攻击康有为的品德。

其次是主张变法的绝大多数都是汉人，满人亲贵自不能不疑惧。事实上推行新政的人士，确也有种族旧恨梗在心头，表现得最露骨的如谭嗣同。谭嗣同著有《仁学》一书，该书反对君主专制，又认为比君主专制更坏的事情，便是异族入主中国。

天下为君主囊橐中之私产，不始今日，……然而有知辽金元之罪浮于前此之君主者乎？其土则秽壤也，其人则膻种也，其心则禽心也，其俗则毳俗也；一旦逞其凶残淫杀之威，以攫取中原之子女玉帛，砺猰貐之巨齿，效盗跖之奸人，马足蹴中原，中原墟矣！锋刃拟华人，华人靡矣！乃犹以为未餍，峻死灰复燃之防，为盗憎主人之计，锢其耳目，桎其手足，压制其心思，绝其利源，窘其生计，塞蔽其智术。……夫古之暴君，以天下为其私产止矣；彼起于游牧，直以中国为其牧场耳。……虽然，成吉思之乱也，西国犹能言之；忽必烈之虐，郑所南《心史》纪之。有茹痛数百年，不敢言、不敢纪者，不愈益悲乎？《明季稗史》中之《扬州十日记》《嘉定屠城记略》，不过略举一二事。当时既纵焚掠之军，又严剃发之令，所至屠杀掳掠，莫不如是。……亦有号为令主者焉，及观《南巡录》所载淫掳无赖，与隋炀、明武不少异，不徒鸟兽行者之显著《大义觉迷录》也。

这一段文字将两百余年来汉人对满人仇恨一吐无余。他又说：

若夫山林幽贞之士，固犹在室之处女也，而必胁之出仕，不出仕则诛，是挟兵刃搂处女而乱之也。既乱之，又诟其不贞，暴其失节，至为《贰臣传》以辱之。是岂唯辱其人哉，实阴以吓天下后世，使不敢背去也。

抱有这种思想的人纷纷入掌大权，无怪乎满人要大为恐慌。新政中有诏令满人亲贵出洋考察，亲贵大哗，帝乃取消此令。又令“八旗人丁如愿出京谋生计者，听其自由”，满人表示反对。文悌（满人）曾对康有为说：“勿徒保中国四万万人，而置我大清国于度外”，便是满人竭力反对新政的肺腑之言。满洲亲贵的眷属得以经常入颐和园侍奉慈禧，乘间向太后诉苦这种疑惧的颇不乏人，对太后影响极大。无怪乎政变发生时，慈禧要对光绪说：“痴儿，今日无我，明日安有汝乎？”

再次便是废除八股所引起的纷争。废八股与兴学校，是维新中最重要的政令，也可以说是唯一涉及根本问题的措施。但因此举受影响的人太多，于是仍然牵涉人的问题，即新人与旧人之争。天下济济多士，穷毕生之力才研摹而成作八股文的本领，以求青云直上，光耀门庭，一旦废去，其心中之愤恨自不待言。而康、梁诸人，对废八股一事却非常坚持。觉醒了的在野知识分子的救国运动，竟因此议而失去大多数为个人前途打算的士大夫之支持。

康有为和梁启超

梁启超，号饮冰室主人，资产阶级改良派的宣传家，康有为的弟子。他所说的“少年强则国强，少年智则国智”（《少年中国说》）影响深远。

梁启超戊戌年间在京城鼓吹废八股、兴学校激起众怒，险遭殴辱。反对新政的集团之所以声势浩大，与大家对废八股痛心疾首的心情大有关系。

所以，我们可以说戊戌政变中新旧派的争执，不是变法的问题，而是政权的争夺问题。在摈斥康有为个人、满人恐惧汉人掌权、旧人因进身之阶被中断而反对新人的各种不同的动机之下，各方力量利害一致，结成旧派，对抗以光绪皇帝为首，想夺回皇帝丧失的权力的新派，结果是新派失败。对此梁启超看得最清楚，他说：“今旧党之阻挠新法也，非实有见于新法之害国害民也，实乃为了保持政权而已。”简而言之，戊戌政变不是因为变法而引起的政变，而是因为变人而有的斗争。尽管康、梁等人是为了实现一种救国的理想而以夺取政权为初步手段，但是反对者把保持政权当作了目的。

争夺政权得靠实力，再不然，也得运用极高妙的政治手腕才能成功。光绪皇帝是一个十足的傀儡皇帝，康有为起初对这一点并不了解，他拼命上书想说动皇帝，以为皇帝一采纳他的意见，便可以使自己的理想得以实现。经过十年的奋斗（自1888年第一次上书到1898年维新），他的第一步目的达到了，然后他才发现皇帝是傀儡。事已至此，他只得将理想暂时搁起来，先为皇帝争权。康有为争回帝权的方法，确不高明。康广仁便批评他的哥哥：“规模太广，志气太锐，包揽太多，同志太孤，举行太大。当此排者、忌者、挤者、谤者盈衢塞巷而上又无权，安能有成？”

谭嗣同颇有自知之明，他说：“嗣同之纷扰，殆欲新而卒不能新，其故由于性急，而又不乐小成。不乐小成，是其所长；性急，是其所短。性急则欲速，欲速则躐等，欲速躐等则无所得矣！”

谭嗣同的“性急”之短，与康有为的速变、全变政策相契合。新政诸人大都热情气魄有余、智虑缜密不足，如是艰巨的工作，而操切从事，焉能成功？

百日维新虽然昙花一现，但其影响不容忽视。

一、慈禧重新训政后，一切恢复旧观，视谈新政者如洪水猛兽。戊戌年冬，新授湖北巡抚曾鉌奏请变通成例，被劾为“莠言乱政”，而“革职永不叙用”。戊戌政变以前各地方官吏尚就力之所及推行了少许新兴事业，自后大家对新政噤若寒蝉，无人再敢“莠言乱政”，由是清政府吸收新人物以逐渐改革的希望遂告消逝。

二、经过康有为等人十年的鼓吹，加上外侮的刺激，各地知识分子相率觉醒而讲求“时务”者，颇不乏人。学会、学校、报纸纷纷成立与创办，民智为之大开。北京的新政虽然失败，但讲求新学、热望改革的潮流并未因之而被遏止。这些在野的知识分子，见用改革的方法以达到救亡图存的途径已被堵塞，被迫另谋救国之道，遂逐渐与革命的势力汇合，使革命的势力由单薄而壮大，最终酿成辛亥革命。

三、政变发生时，康、梁在外国人的协助下而免遭毒手，他们逃亡海外后痛诋慈禧及一般顽固守旧大臣。租界内反对守旧派的言论亦很普遍。太后虽有无上威权，但对托庇外国人势力的新党，尽管切齿痛恨，亦无可奈何，遂因之迁怒外国人。基于这种心理，她竟闯下了八国联军侵华的滔天大祸！

⊙ 义和团事件

基督教再度在中国传播，由于种种原因，引发中国对教会的厌弃，激起无数教案（第二十一章第二节），虽有少数教士的努力，但不能扭转大势，挽回大多数民众对教会的恶感，义和团事件终难避免。

中国民间秘密会党组织派别繁多，承平之时，则练拳弄棒，或作法念

义和拳拳民

咒，敛钱为生。每逢政治腐败，凶年饥岁，他们便聚众起事，乃中国历史上习见之事。义和团亦为此种民间秘密会党之一。义和团初名“大刀会”，盛行于黄淮流域各省，乾隆时曾严禁之。至19世纪末期，大刀会势力复盛，自称能使神灵附身，不惧枪炮。民间与教会嫌隙既深，复认为教会所恃者不过枪炮，于是平素受教士、教民欺侮之乡民相率加入，练习拳棒，日念咒语，准备与教会拼杀，一吐数十年郁结的怨气。

光绪二十三年（1897），李秉衡任山东巡抚，见大刀会与教会作对，与其私衷相合，遂对大刀会大加鼓励，大刀会便在山东特盛。是年十月，大刀会杀死德国传教士二人，李秉衡因此事被革职，其志同道合的毓贤继任为巡抚。大刀会此时自称“义和拳”，打出“扶清灭洋”的口号。毓贤改“拳”字为“团”字，“义和团”之名由是而兴。义和团既得地方官赞赏，行动更加积极。他们树立“毓”字旗号，四处焚教堂、杀教士，山东全境骚然，引起各国抗议。光绪二十五年（1899）十二月，朝廷乃以袁世凯代毓贤为山东巡抚，袁世凯率其所训练之新建军痛加围剿，义和团在山东不能立足，遂逃往河北与山西。

时朝廷反对外国人之气氛正浓。自戊戌政变后，因康、梁在海外诋毁旧党，慈禧已深恶外国人。次年（1899）冬，太后欲废光绪皇帝，乃立端郡王载漪之子溥儁为“大阿哥”（即太子之意），欲请外国公使入贺，各国公使置之不理。旧党以舆情不洽，复惧各国干涉，只得将废立之事暂行搁置。慈禧、载漪等人自是更加切齿痛恨外国人。毓贤入京，力陈义和团神术，说义和团不惧外国人枪炮，而复以“扶清灭洋”为宗旨，此言正投合太后等人之心意。于是，清廷授毓贤为山西巡抚，允义和团入北京、天津，时为光绪二十六年（1900）6月。义和团入北京后，除焚教堂、杀教士教民之外，举凡与西洋有关系的新政也一体排斥。

方义和团在北京行动之时，西方各国知事态严重，已准备对中国用兵。中国一般昏庸无识之亲贵大臣，与乎顽固守旧之士大夫，咸认为此乃一雪国耻之良机，一时间群情激昂，竭力主张战争。虽有少数大臣如袁昶、许景澄、联元、徐用仪、立山等冒死力谏，但无济于事。数十年来民间普遍对教会的积怨，士大夫对西方势力入侵的反感，清室与洋人的嫌隙，种种因素汇合成洪水，一发不可遏止。6月21日，据说经过四次“御前会议”后，清廷乃下诏向全世界（凡与中国有交涉的各国）宣战，同时下令围攻各国驻京公使馆，撤回驻外使节，令各省督抚焚教堂，杀教士、教民。清廷欲利用数十万“不期而集”的“义兵”，“慷慨誓师”，对洋人“大张挞伐，一决雌雄”。而全世界强国亦共组联军，向此世界上之大弱国进攻。

清廷的宣战诏书未下之前十日，日本使馆书记官杉山彬已被董福祥的甘军所杀，五日后德国公使克林德离开使馆前往总理衙门途中被袭杀，但甘军（武卫后军）及数十万“义兵”围攻仅有四百余守兵的使馆区，历时八周仍然无功。各国援救使馆的救兵，本可早日赶到，但滞留天津，迟迟不发。延至8月4日，联军始向北京挺进，沿途所遇抵抗甚微。14日，英军首先入北京，慈

义和团的虎头牌

禧与光绪皇帝仓皇西奔。八国联军（英、美、意、德、法、日、奥、俄）入北京后，大肆报复，焚掠屠戮。

当联军向北京进逼时，慈禧已知“义兵”无用，急电粤督李鸿章入京议和。10月，李鸿章抵北京，联军统帅瓦德西拒不与见，并否认其代表中国政府。李鸿章与幕友三人寄身城外贤良寺，状至凄惨。时德、俄两国欲乘势瓜分中国，英、美表示反对，日本国力尚不强大，不欲中国此时被宰割。然形势可能瞬息万变，中国国运已临千钧一发之时机。据胡适《藏晖室札记》所记，八国联军侵华时，美国总统麦金莱召集阁员开会，讨论是否要将美国士兵撤出北京时曾说：

> 吾美虽不贪中国一寸土地，然地势悬隔，军人在外，不易遥制。吾诚恐一夜为军书惊起，开书视之，则胄芬统制（上校查芬，联军中美军统帅）自中国来电，言已占领中国北地某省，已得土地几十万方里，人民几百万矣。事到如此，更不易收束，不如早日退兵为得计也。

麦金莱所述确是当时实情。所幸各国利害不一致，12月杪，联军代表

《辛丑条约》签订

《辛丑条约》，亦称“辛丑各国和约”“北京议定书”，清政府在义和团运动失败、八国联军攻入北京后，在北京签订的不平等条约。《辛丑条约》被认为是中国近代史上失权最严重的不平等条约，标志着中国已完全沦为半殖民地半封建社会。

始将议和条款交与李鸿章，并声称不能更动一字。次年（1901）约成，世称《辛丑条约》，其要点为：

一、中国遣使赴德、日两国道歉。

二、惩办祸首大臣。

三、禁止向中国输入军火两年，期满得再展限两年。

四、赔款银四亿五千万两，分三十九年偿清，合利息共计银九亿八千二百余万两。

五、北京划定使馆区域，区域内由使馆团管理，各国并得派兵防守。

六、毁大沽至北京之间的炮台，天津、北京、山海关间的交通要地允许各国驻兵。

七、清廷张贴严禁仇外之上谕于各地，设立仇外之会党者，立即正法。

《辛丑条约》使中国所蒙受的损失之大，为历次条约之冠。从此京城门户洞开，一国首都之主权亦不完整，国民心理和国家威信都受到极大的伤害。

《辛丑条约》使中国所蒙受的损失固然巨大，但义和团事件遗留给中国的影响更不容忽视：

第一，世界舆论都一口咬定义和团行动野蛮，绝非文明国家所宜有。他们从未冷静分析这次运动发生的原因，亦绝不提八国联军入侵北京后剽劫奸淫的野蛮行动，便贸然断定中华民族是半野蛮民族。自鸦片战争以来，中国虽迭次战争失败，但世界各国尚承认中国是一个文化水准相当高的弱国，他们只能轻侮清政府，但尚未过分蔑视中华民族。政府是随时可能变换的，只要中华民族能发愤图强，国势仍可由弱转强。但经过这一事件，他们对中华民族的看法发生了变化。从某种程度上说，《南京条约》是清政府国际地位低落的开始，义和团事件则是世界各国对中华民族观感改变的转捩点。

第二，前面已经提到，自鸦片战争以来的历次战争，西洋武力所击败的仅仅限于清政府，一般民众与守旧士大夫的心理并未屈服。义和团事件是汇合凝聚清政府、中国卫道的士大夫以及民众三者力量的一次反对西方的运动，但是这一运动彻底失败了。经过这一次惨败，清政府自不必论，从此卫道的士大夫再也不能发表“倭仁型”的言论，一般民众也不再起用符咒抵抗洋人枪炮的念头，无人再敢轻视外国人、仇视外国人。民族自信心丧失的后果，是国民逐渐养成崇洋媚外的心理。日后中国许多社会、政治、教育、经济、军事等方面的改革，都一味东施效颦，对本国文化基础和社会背景丝毫不加考虑，以致造成许多非驴非马的现象，都是这种心理在作祟。

第三，义和团事件发生时，东南各省不奉朝廷焚教堂，杀教士、教民之诏令，李鸿章、刘坤一、袁世凯等人与列强约定，各省坚决保护外国人的生命财产，请列强勿进兵东南，因此义和团运动仅及于河北、山西、东北各省。事后朝廷不特未责备各督抚，反嘉其“老成谋国”。从此以后，各省督抚之权力渐增，地方逐渐形成半独立局面，这对清末及民国初年的政治都有影响。

第四，在义和团事件中，清政府所表现出的愚昧无识的行动，已到令人惊骇的程度。国家的存亡，竟如斯轻率一掷。因此，有志救国之士莫不对清政府感到绝望，开始走上革命的道路，使革命运动增添了许多生力军。清廷为收拾人心，开始支持国内的革新运动，一反昔日的高压政策。

第五，俄国人乘义和团事件之时进兵强占中国东北，激成英日同盟，最终导致日俄战争的爆发。东亚国际形势为之改观，而中国东北从此成为世界的火药库。

俄国乘义和团事件进兵占领东北后，即威胁盛京将军增祺与之订立《奉天交地暂且章程》（1901年1月），将东北置于其保护之下。消息传出，清廷将增祺革职。俄国再与驻俄公使杨儒谈判，提出十二条，较《奉天交地暂且

被俘获的义和团团员

章程》更为苛刻。英、日、德、美、意、奥等国闻之，先后向中国抗议。是年（1901）3月，英、日对俄发表共同劝告。俄国悍然不顾一切，诓骗杨儒到俄国外交部，强迫杨儒立刻在条约上画押，形同绑匪。杨儒未允，竟被俄国人从楼上踢下坠地而死（一说杨儒早已重病，积劳而死于次年），其子亦自杀。中国方面，刘坤一、张之洞亦竭力反对，俄国乃转而在北京向李鸿章施加压力，极尽欺诈恫吓之能事。时李鸿章已七十九岁，不堪俄国人逼迫，吐血而亡。李鸿章临终前一小时，俄国公使尚在他的病榻旁，强迫他签字。

俄国的野心既然毕露，英、日均亟思抵制，乃结为同盟（1902年1月），俄国人始略有顾忌。4月，俄国与清廷订约，分三期自东北撤兵。第一期俄国士兵如约撤退。次年，俄军当作第二期撤退时，突然另提条件，除欲置东北各省于其势力之下外，还欲伸展其鹰爪于外蒙古。英、美、日闻而抗议。俄国态度强硬，更向中国声明，决不无条件撤兵。随即俄国设置“远东大总督”，将中国东北视为自己的殖民地来经营；同时强占朝鲜边境要地，兴筑炮台。日本乃向俄国提出所谓“满韩交换论”，意即日本承认俄国占领中国东北，俄国允许日本在朝鲜自由行动。俄国仍不餍足，要分占朝鲜38度以北地方。时俄国已阴集大军于朝鲜边境，日本见形势如此，遂先发制人，进攻俄国海军（1904年2月）。战端遂开。日、俄两国分赃不均，以中国东北领土为战场，清廷只得划辽河流域为交战区。次年春，俄国海、陆军相继战败，增援之波罗的海舰队又覆没于对马海峡。俄、日双方乃由美国调停，缔结《朴次茅斯条约》。其要点为：

一、俄国承认日本有独立经营朝鲜的特权。

二、俄国将旅顺、大连转租与日本，将长春与旅顺之间的铁路让与日本。

三、俄国割库页岛南部与日本。

四、除旅顺、大连之外，日、俄两国同时撤兵，将行政权交还中国。

日本既胜俄国，复得英国支持，顾盼自雄，不可一世。时美国对亚洲问题已较以前注意。宣统元年（1909），美国国务卿诺克斯主张东北三省铁路“中立”，由国际经营，日、俄两国均表反对。为了对抗美国，两国开始合作侵略中国。早在光绪三十三年（1907），日、俄便订立密约，规定“南满”与朝鲜属日本势力范围，“北满”与外蒙古属俄国势力范围。宣统二年

（1910），日、俄密约以美国为假想敌，协议共同对付。

从诺克斯提出中国东北铁路“中立”起，日本的国策决定者即深知日本如欲鲸吞中国，独霸东亚，免不了要与美国一战。自后，在东亚角逐的主要国家，已由英、俄、日变成英、美、日、俄四国。英国妒忌美国夺取其世界各地的经济霸权，每每利用美、日在太平洋上的矛盾左袒日本，以牵制美国。日本既获英国助力，复得俄国协心合作共侵中国，使美国孤掌难鸣。结果是日本从此取得侵略中国的主动地位，随时伺机而动。自后，日本便对中国发起了一连串的侵略行动，一直到第二次中日战争爆发为止。

义和团事件对中国近代历史还有一重大影响，即已经中断了的开民智运动因此复苏，使中国传统社会文化得以继续近代化。八国联军入侵北京后，西太后率光绪等人逃亡，经山西而抵西安。她除了宣称自6月至9月的诏令均乱臣矫诏，还下罪己诏，命内外臣工直言极谏。于是大臣们纷纷提出改革的主张，她均一一采纳，以收拾民心。对于开民智运动所倡行的兴办学校、成立学会、发行刊物等事，清廷均开放不禁。于是在1898年戊戌政变后被诬为康党而销声匿迹的士人重新活跃，开展他们传播新知识、批评传统文化、向旧习俗挑战的工作。

1901年后，清廷竭力提倡兴办新教育。以湖南省为例，至1907年即有中

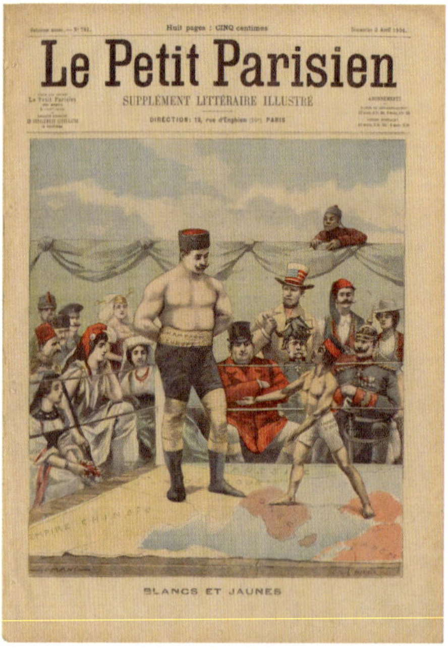

漫画《不公平的擂台》

这张日俄战争期间的讽刺漫画让人心酸不已！在这场战争中，由英美支持的日本和法德支持的沙俄在中国的土地上大打出手，而远处的墙上，一个戴着帽子的瘦小的人，身为主人的清朝，竟然没有入场的资格，所以，只能这样趴在墙外看。

学堂三十九所、高等小学一百二十八所、初等小学四百一十九所、两等小学九十四所。学会更是如雨后春笋般层出不穷，内容包罗万象。这类活动的主持人，日后多成为革命党人，如常德师范学堂的蒋翊武、覃振，明德学堂的张继、苏曼殊，经正学堂的黄兴，渌江学堂的刘揆一，湖南铁路学堂的谭人凤，体育学堂的焦达峰（曾任湖南独立后都督）等［笔者于20世纪60年代开始注意到“开民智运动”。1966年，笔者在“第二十九届世界汉学会议”（在美国的安娜堡召开）上提交《中国近代首次社会文化改革运动》（*The First Cultural and Social Reform Movement in Modern China*）论文。嗣后授课时，笔者鼓励学生研究这一主题，先后指导撰成硕士论文者有李易华《清季四川开民智运动》、周丽潮《湖南开民智运动之研究》、何思瞇《清季江苏省社会运动之研究》，迄今均未刊行。此处所述者，据周丽潮论文］。

两次开民智运动对清末民初社会的影响之大，非楮墨所能尽。开民智者默默工作，埋首耕耘，不似革命派掀起狂飙、波澜壮阔，但他们的辛勤付出，是为中国社会文化近代化奠定基础，这是义和团事件所意想不到的收获。

⊙ 辛亥革命

光绪十一年（1885）中法越南战争时，孙中山先生所领导的国民革命运动已萌芽滋生，但不为人所重视。经过甲午战争、戊戌政变、八国联军入侵北京、日俄战争等事变，清末一切拯救国家民族于危亡之境的运动已全归失败。而国势阽危日甚一日，于是许多仁人志士始逐渐认识到国民革命的重要性，相率接受孙中山先生的领导，从事救国工作。

孙中山先生之前的历次救国运动失败，在其领导者对世界潮流认识不清，或对本国文化了解不够，故所提出之救国方案，不是流于枝节，舍本逐末，便是似是而非，因袭皮毛。能够彻底了解西方文化而吸收其精髓，并配合中国传统文化，以提出渊深的理论与平实致用的救国方案者，首推孙中山先生。

孙中山，名文，字逸仙，因躲避日本警察，留日时化名中山樵，故世称中山先生。孙中山于同治五年（1866）11月12日出生于广东香山县（今改名中山市）翠亨村，家族世代务农。孙中山十三岁以前所受的教育完全是中国旧式教育，他的国学有初步基础。他十三岁随母亲赴檀香山，入教会中学，三年卒业，成绩冠全校，再入阿湖学院学习。年十八始归国。归国后，至香港求学三年。他二十一岁时返广州入美国教会所办的博济学院，次年转香港西医书院，五年半后以优异成绩毕业（1892），时年二十六岁。自檀香山归国到西医书院毕业，计有九年。在此九年中，中山先生除了研习西方科学，还延师教授中国典籍，孜孜勤读，数年不辍。故医校毕业之后，他的中西学识都已打下良好基础。这与曾、左、李等人的纯粹受中国传统文化熏陶，与康、梁的间接接受西洋文化皮毛的情形相比迥然有别。而且，中山先生虽然对国学下过苦功夫，但从未"为八股以博科名，工词句以邀时誉"（自述语）。康、梁等人，在这个时期正研摩八股，热衷场屋之学。两相比较，二者境界之高低自有不同。

从光绪十一年到光绪二十年（1885—1894），中山先生于课余之暇及毕业后往来港澳等地，借行医之便联络同志，秘密进行推翻清朝的革命工作，但他仍未放弃改革现状的希望。因为就中国的国情及所处的国际形势而论，如果爆发革命，即使革命能成功，国家的元气必大受损伤，甚至可能招致列强的乘机侵扰，所以甲午战争爆发时，中山先生并不想立刻组织革命团体。他北游天津，上书李鸿章阐明"欧洲富强之本，不尽在于船坚炮利、垒固兵强，而在人能尽其才，地能尽其利，物能尽其用，货能畅其流"的救国根本大计。遗憾的是李鸿章不能彻悟这几句话的至理。从此，中山先生放弃改革的希望，认定清政府决不能负起救亡御侮的责任，始转而全力从事倾覆清室的工作。

离开天津后，中山先生即赴檀香山组织兴中会（1894年11月）。兴中会的宣言首述中国积弱的情形："堂堂华国，不齿于列邦；济济衣冠，被轻于异族。"其原因在于"政治不修，纲纪败坏"，而"强邻环列，虎视鹰瞵，久垂涎我中华五金之富，物产之多，蚕食鲸吞已见效于接踵，瓜分豆剖，实堪虞于目前"。所以他呼吁国人"亟拯斯民于水火，切扶大厦之将倾，庶我子子孙孙，或免奴隶于他族"。阅读以上所引述的文辞，我们会误以为兴中会仅是一种民间"讲求富强之道"的团体。盖当时风气未开，如果贸然标揭出革命的口号，必定引起许多人的疑惧，且为避清吏耳目及在港澳活动方便

孙中山和宋庆龄的结婚照

计，故宣言中不显露倾覆清朝之意。

兴中会成立之次年（1895），中山先生即谋划在广州举义，事败，陆皓东等人被捕就义。此为国民革命第一次失败。中山先生亦为香港所驱逐，为期五年。中山先生乃东游日本、美洲、欧洲，向各地华侨宣传革命。次年，中山先生在英国有伦敦蒙难之事发生，于是先生之声名大噪，国际咸知其为中国革命领袖。光绪二十三年（1897），中山先生离欧赴日，是时康、梁正奔走维新，甚少人服膺革命理论。戊戌政变后，康、梁在海外组织保皇党，亦处处与革命党为难。据孙中山自述："自乙未初败以至于庚子（1895—1900），此五年之间，为革命最艰难困苦之时代也。适于其时有保皇党发生，为虎作伥，其反对革命，反对共和，比清廷为尤甚。"迨义和团事件发生，清廷大失人心，保皇党之气焰稍杀。自后，在海外之中国留学生始逐渐趋于革命之旗帜下，而中山先生亦于此期揭橥其三民主义、五权宪法的主张。光绪三十一年（1905），中山先生由欧洲赴日本，时留日中国学生最多，革命思潮亦最炽盛，但无统一之组织。中山先生乃联合各革命组织，共组"中国革命同盟会"。至是，国民革命运动的声势始渐趋浩大。

同盟会入会之誓词有"驱逐鞑虏，恢复中华，创立民国，平均地权"等语，此即涵盖三民主义的概念。同盟会并组织军政府，发表宣言，阐述军政府之宗旨及条理，布告国民。这篇宣言很重要，它不特简单明白地道出革命的宗旨在于实行三民主义，而且建国的三个程序即军法之治、约法之治、宪法之治，亦首次标揭于国人面前。同盟会成立后，革命行动日趋积极，革命志士纷纷潜回国内举义，或攻占城池，或暗杀清吏，屡败屡起，前仆后继，终于宣统三年（1911）推翻了清政府，建立民国。时中山先生已四十五岁，距他立志革命已二十六年。

在颠覆清室以前，国民革命运动有十数次失败，迄于辛亥革命（1911）始获得初步成功，究其原因，颇不简单：

第一是华侨社会之保守。许多人都认为华侨是中国革命之母，对革命事业有极大贡献。然华侨之能赞助革命，中间不知经过几许波折。华侨离乡别里在海外孤苦奋斗，虽然身处西洋社会，但多数人均劳苦终日，无暇接受高深教育，对于中山先生所倡导的三民主义，除了尚易接受民族主义所倡导的推翻清政府这一点，其他的则茫然不理解。康、梁在海外组织保皇党，由于康有为是进士，又曾做过“帝师”，比起中山先生的毫无功名来更具有号召力。加上梁启超擅长撰写富有煽动性的宣传文字，在所谓“名为保皇，实为革命”模糊不清的口号的影响下，许多华侨知识分子倾向于保皇，而反对革命。例如横滨的大同学校原是兴中会的势力，但康有为逃亡到日本后，竟使

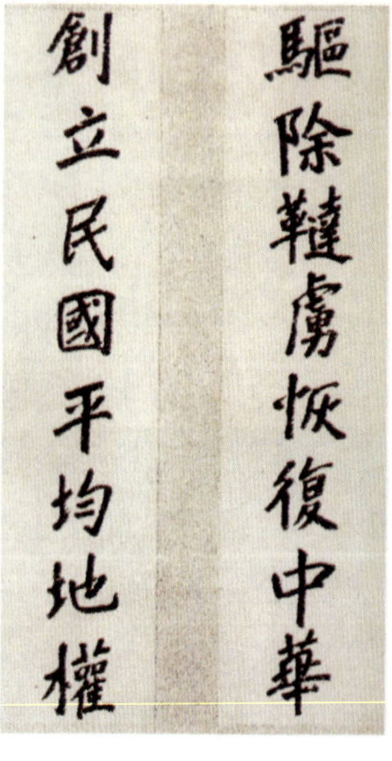

同盟会十六字宣言

该校转入保皇党的阵营。檀香山本是兴中会的发祥地，革命势力很大，而梁启超到檀香山后大力鼓吹保皇即革命，结果檀香山的兴中会会员多半转入保皇党。中山先生辛苦争取的同志竟因此流失。这种情形直到八国联军之役后始有转机。华侨即使信仰革命，但各人在海外均有事业，不能直接参加革命行动，只能捐款支持革命。而华侨出国时均系赤手空拳，在外国人的歧视与凌辱之下凭着力气挣钱，节衣缩食始有积蓄。要他们将胼手胝足所得的金钱捐助给毫无希望的革命事业，确非易事。中山先生要凭他个人的学识、人格以及爱国热忱，去感动华侨捐款赞助革命，断非一般人所想象之易。所以每当中山先生筹计革命时，所需款项往往缓不济急，使举义之事功亏一篑。

第二是会党成员复杂。国民革命运动初期，会党中甚少知识分子，因为当时的知识分子还醉心于改革，将救国的希望寄托在腐朽的清政府上，中山先生只得致力于联络会党，以作举义的基础力量。中国社会秘密会党组织的源起，多带有历史上种族旧恨的色彩，但历时已久，若干会党人士已逐渐忘其本来宗旨，故其成员亦良莠不齐。经过中山先生的宣传，会党人士始觉醒，起而归附革命运动。然中山先生不能个别地向每一会党人士宣传，只能使会党领袖接受感召，其他人士则接受领袖号召，齐集于革命旗帜之下，其心中并无坚定的革命信仰，故其行动亦缺乏持久的热忱。甚至若干会党领袖亦认识不清，如光绪二十一年（1895）广州举义之前，会党领袖杨衢云争任“总办”，否则便不率众行动。中山先生为顾全大局，遂将总办之职让与杨衢云。会党分子对革命的认识不够，是屡次举义失败的主要原因之一。

第三是留学生之意见分歧。自义和团事件后，中国海外留学生相继加入革命阵营，然其中能了解国民革命真谛者亦不多见。如同盟会在东京成立时，大家对会名及誓词便意见不一：有主张用“对满同盟会”者，有主张取消誓词中“平均地权”一语者。后经中山先生详加解释才得以通过。当时人士所了解之革命运动，多限于倾覆清政府而止，对民权主义与民生主义多无信仰，因此对中山先生的领导亦不能全部接受。

第四是革命运动的组织不健全。革命运动必须有坚定严密的组织，但因会党分子复杂，常将革命之机密外泄，几次革命均因此而遭受失败，使革命人士惨遭牺牲。海外知识分子多自视甚高，不愿服从他人。光绪三十一年（1905）春，中山先生在欧洲接受留学生加入兴中会时，若干人对誓词中的

"对天盟誓"四个字表示不满，甚至有向使馆告密之背叛事件发生。因组织不健全，有些会员私自行动，因之危害有计划之举义。如宣统三年（1911）4月8日温生才本意谋刺广东水师提督李准，不意竟误炸将军孚琦。温烈士之舍身为国，自足令人景仰。然因此事刺激，清吏加紧严防，使4月27日广州之役的筹备工作大受影响。倾全党之力以谋一举的有组织行动因之挫败，牺牲惨重，这与革命组织不健全有很大的关系。

从上述四点，我们便可知当时进行革命是如何困难了。

颠覆清政府的革命，称"辛亥革命"，即辛亥那一年的革命（1911）。辛亥年共有两次革命举义：一是广州4月27日黄花岗之役，一是10月10日武昌首义。两次举义合称为辛亥革命，即推翻清朝建立民国的革命。同盟会筹划革命的中心地在香港，中山先生因被香港驱逐，乃将直接推行革命工作交付于黄兴、赵声、胡汉民诸人，自己则在海外筹款。辛亥前一年，黄兴等联络广东新军起事失败，气馁万分，中山先生乃自美国赴马来半岛之槟榔屿，召黄、赵、胡等人赴会，决谋大举。会议决定由中山先生筹款十万元，并以广东偏处南陲，一地起事不足以震撼全国，乃筹划在京沪、武汉等地设置革命机关，准备响应。辛亥年元月，谭人凤由黄兴处携款潜赴武汉，以八百元付居正与孙武，武汉之革命机关遂以成立。4月27日广州起义失败，全党菁华"付之一炬"，为革命运动以来损失最大之一役。盖以往各役，奋勇牺牲者

黄兴

中华民国的创建者之一，孙中山先生的第一知交。

多为会党分子，而4月27日广州之役，参加者多为同盟会的优秀知识分子，为革命阵营之中坚。此役殉难烈士，有留日学生八人，此外多为学校教员、报馆经理、记者、侨商、军官、传教士、农民、工人。其年龄多在二三十岁之间，最幼者仅十八岁。其牺牲之壮烈，殉难之从容，真是“草木为之含悲，风云因而变色”，全国人心之振奋固不待言，清吏亦因之一闻革命便丧魂失魄。4月27日之役失败过速，各地革命党不及响应，然仍暗中进行革命工作，一百六十六日后，遂有武昌首义，一举而将清朝倾覆。

武昌首义成功的原因有四：

一、中山先生云：“武昌之成功，乃成于意外，其主因则在瑞澂一逃。倘瑞澂不逃，则张彪断不走，而彼之统驭必不失，秩序必不乱也。以当时武昌之新军，其赞成革命者之大部分，已由端方调往四川，其尚留武昌者，只炮兵及工程营之小部分耳。”湖广总督瑞澂潜逃之原因有二：（一）广州4月27日之役革命志士舍命忘生，在光天化日、军警林立的广州市区横冲直撞的事实，使瑞澂一闻革命二字便丧魂失魄，毫无抵抗意志。（二）瑞澂本拟逃往租界求援于各国领事，诳称“拳匪之乱”复作。时距义和团事件不过十年，外国人一提此事尚有谈虎色变之感。各国领事开会决议一致行动时，中

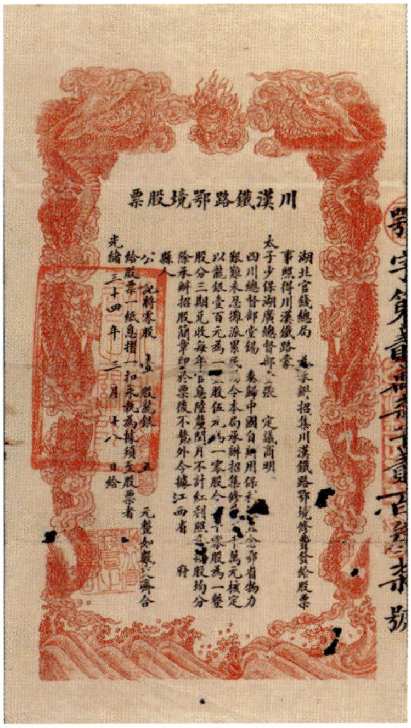

川汉铁路鄂境股票

川汉铁路改为商办后，发行股票，后突然收回，令持股人损失巨大。

山先生的旧交、法国领事罗氏云：民军称乃奉孙逸仙之命行动，孙氏所领导之革命乃以改良政治为目的，绝非义和团可比，于是各国宣告中立。瑞澂求外力干涉不得，远飏上海，民军遂得据武汉。是瑞澂之逃，仍以广州4月27日之役与民军奉中山先生之名起义为关键。

二、武汉地处全国心脏，一旦为民军所占，全国震动。清廷正因将川汉、粤汉两铁路收回国有之事，激起川、湘、鄂、粤四省人民公愤，故全国国民一闻民军首义，莫不纷纷响应。时清廷正打算用预备立宪收揽人心，宣统元年（1909）各省已成立谘议局，中央继而成立资政院。各谘议局议员多为热心立宪党人，不是清廷口是心非之伪立宪，他们屡次派代表向北京请愿，均无结果。清廷竟对请愿代表施行高压政策，因此激起立宪党人的反感。武昌首义，各省潜伏之革命党人乃因势利导，敦促谘议局议员赞助革命。各省纷纷宣布独立之形势由是造成。

三、袁世凯运用其个人实力挟制清室，并暗通民军，固属纯为私利，毫不足取，然而就当时的形势而言，对清室之倾覆亦有影响。袁世凯自义和团事件后，即任直隶总督、北洋大臣，光绪二十七年（1901）复受命练军六镇（每镇约一万两千人），成为清政府的实力派首领。光绪三十四年（1908）冬，慈禧与光绪相继去世，摄政王载沣当政，立即命袁世凯“开缺回籍养

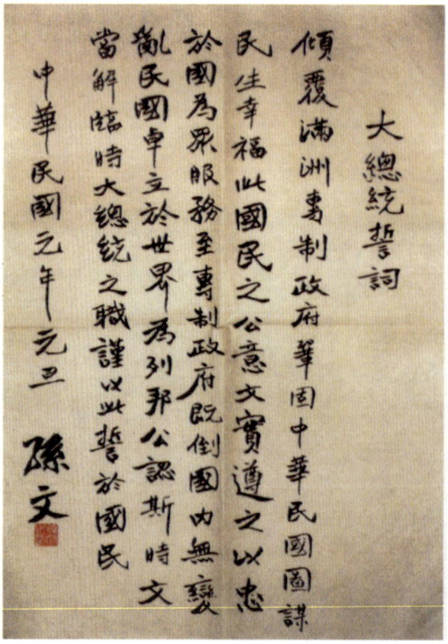
大總統誓詞
傾覆滿洲專制政府鞏固中華民國圖謀民生幸福此國民之公意文實遵之以忠於國為眾服務至專制政府既倒國內無變亂民國卓立於世界為列邦公認斯時文當解臨時大總統之職謹以此誓於國民
中華民國元年一月一日
孫文

《大总统誓词》

此为孙中山就职临时大总统时宣读的《大总统誓词》。

疴”。武昌首义后，清廷派北洋军两镇南下，并起用袁世凯为湖广总督，以便调度军队。袁初拒绝以示要挟，清廷只得承诺将军权全部授予，袁始出而视师。时驻滦州的二十镇统制张绍曾通电要求立即立宪，山西亦宣告独立。清廷震恐，北京人心惶惶，亲贵纷纷携眷避难，摄政王束手无策，乃宣布立宪，任袁世凯为内阁总理。袁始入京，并用出征名义将禁卫军调出北京，清室遂全部落入袁世凯的掌握之中，南北用会议的方式解决清政府之途径才得以实行。

四、武昌首义后，全国各地除直、鲁、豫及东北三省之外，均宣布独立，但无统一之组织。武昌与上海两方的民军领袖对召开各省代表会议的地点意见极不一致。双方坚持不下，最后决定在武昌开会时汉阳复失，武昌危殆，代表们遂在汉口租界开会。幸南京收复，代表们乃议决临时政府设南京。聚于上海之代表亦决定暂以南京为首都，并推选黄兴为大元帅、黎元洪为副元帅。武汉方面通电表示反对，认为不合法。两方几经磋商调解，遂改以黎元洪为大元帅、黄兴副之，然黄兴坚持不受。鄂、沪争持不决，民军不能组织统一政府，国家有分裂的危机。幸此时中山先生归国，民军内部之争执遂迎刃而解。各省代表推选中山先生为中华民国临时大总统，革命力量团结一致，倾覆清室的工作乃得完成。

袁世凯剪辫图

清廷颁布退位诏书后，袁世凯当晚就剪掉了辫子。“袁宫保剪辫子”之事很快传开，军政上层人士纷纷仿效，整个北京城一时刮起了“剪辫风”。

袁世凯任内阁总理后，派唐绍仪为代表与民军代表伍廷芳在上海议和（1911年12月），双方决议停战，召开国民会议，解决君主抑或共和的国体问题。迨中山先生被选为临时大总统，袁世凯甚不愉快，嗾使其部将段祺瑞、冯国璋等电请内阁维持君主立宪政体，反对共和，欲恫吓民军。中山先生固不为所动，然“不忍南北战争，生灵涂炭”，故暗示如清帝退位，决以大总统位置让与袁世凯。故和议表面决裂，实暗中进行。俟条件已谈判成熟，袁世凯再使段祺瑞等人通电赞成共和，清室见徒事挣扎已无济于事，乃于2月12日宣布退位。袁世凯亦通电孙大总统声称“共和为最良国体，……永不使君主政体再行于中国”。中山先生以推翻专制之目的已达，咨请临时参议院允其辞职，并以“此次清帝退位，南北统一，袁君之力实多，其发表政见，更为绝对赞成共和”为理由，向临时参议院推荐选举袁世凯为大总统。2月15日，袁世凯当选，3月10日在北京就职。3月11日孙大总统公布《中华民国临时约法》，4月1日正式解职。经过中山先生二十余年的艰苦奋斗，国民革命的初步工作始告完成。

⊙ 国民革命之顿挫

就中山先生领导的整个国民革命运动而言，推翻清政府仅仅是达到救国目的的必经阶段，国民革命运动的工作尚须继续努力。1912年4月10日，即临时大总统解职九日后，孙中山在湖北各界代表欢迎会上演说时称：

> 仆此次解职，外间颇谓仆功成身退，此实不然。身退诚有之，功成则未也。仆之解职有两原因：一在速享国民的自由；一在尽瘁社会事业。吾国种族革命、政治革命俱已成功，惟社会革命尚未着手，故社会事业在今日非常紧要。今试即（以）中国四万万人析之，居政界者多不过五万人，居军界者多不过百万人，余者皆普通人民。是着眼于人数，已觉社会事业万万不可缓办。未统一以前，政事、军事皆极重要；而统一以后，重心又移在社会问题。前者乃牺牲自由之事，后者乃扩张自由之事，二者并行不悖。仆此次解职，即愿为一人民事业之发起人。

因为国民革命的目的，是“为国民多数造幸福”，所以他决定从事社会事业。社会事业仍嫌空洞，于是他提出修筑铁路一事。1912年9月，中山先生一到北京，即向报界发表谈话，从此不厕身政界，“拟于十年之内，修筑全国铁路二十万里”。他这种不计个人禄位、一心救国救民的宏愿，竟不能得到当时国人的谅解，甚至若干同盟会的会员亦不了解他高瞻远瞩的计划。盖多数革命党人都只抱着狭义的种族主义而参加革命，误把排满当作目的。远在同盟会成立时，中山先生即谆谆训诫各党员道：“革命之宗旨，不专在排满。”他在《民报·发刊词》上即揭橥三民主义，以为国民革命之目标。

> 今者中国以千年专制之毒而不解，异种残之，外邦逼之，民族主义、民权主义，殆不可须臾缓。而民生主义，欧美所虑积重难返者，中国独受病未深而去之易。是故或于人为既往之陈迹，或于我为方来之大患，要为缮吾群所有事，则不可不并时而弛张之。……夫欧美社会之祸，伏之数十年，及今而后发现之，又不能使之遽去。吾国治民生主义者，发达最先，睹其祸害于未萌，诚可举政治革命、社会革命，毕其功于一役，还视欧美，彼且瞠乎后也。（1905）

1906年，他在祝《民报》纪元节的演讲词中，复再三说明“民族主义，并非遇着不同种族的人，便要排斥他”。但抱持狭义种族思想的人仍然很多，如光复会的章炳麟（后参加同盟会）等，宣称要创立汉人政府。他们便是极端的代表。

南京总统府

南京总统府，可追溯到明初的归德侯府和汉王府；清代被辟为江宁织造署、两江总督署等；太平天国在此兴建规模宏大的天王府；1912年1月1日，孙中山在此宣誓就职中华民国临时大总统，辟为大总统府，后为南京国民政府总统府。

存有这类思想的人，一旦看到清政府被推翻，便认定革命已经成功，自不待言。

有人认为中山先生的排满思想亦颇强烈。中山先生发表的排满言论甚多，如光绪三十年（1904）他在檀香山发表《驳保皇报书》一文说：

> 曾亦知瓜分之原因乎？政府无振作，人民不奋发也。政府若有振作，则强横如俄罗斯，残暴如土耳其，外人不敢侧目也。……彼外国知吾民之不易与，不能垂手而得吾尺寸之地，则彼虽贪欲无厌，犹有戒心也。今有满清政府为之鹰犬，则彼外国者欲取吾土，有予取予携之便矣。故免瓜分，非先倒满洲政府，别无挽救之法也。

同年，他用英文写《中国问题的真解决》一文，向西洋人阐明中国历史上素无排外之事：迨自清代建国，政策就渐渐改变，全国对外都禁止通商，教士都驱逐出境，本国的基督教徒常被屠杀；而中国人也都不得移居中国边境以外，如有违犯便处死刑。为什么这样呢？不过因为满洲恐怕中国人与外国人接触后，知识开通而引起他们的民族意识，于是将外国人排斥出中国，并鼓励人民恨外国人。满洲人养成这种排外的精神，最后遂造成1900年义和团之乱的结局。现在都已知道这个运动的领袖，不是别人，而是皇族。由此看来，中国闭关自守政策，并不能代表大多数中国人的意志。

闭关自守，盲目排外，使中国积弱不振，其责均在清政府，唯有打倒清政府，始可免于亡国。我们分析中山先生的许多排满言论，实是视清政府为拯救中国于危亡之境的障碍，排满乃是救国的手段，而非目的。只有同盟会宣言（1905）“驱逐鞑虏，恢复中华”为例外。我们知道同盟会是汇合若干革命团体组成，其宣言自得容纳各方意见。何况中山先生在宣言及加盟誓词中，坚持加上“建立民国”与“平均地权”的主张，且口头告诫同志“革命之宗旨，不专在排满”，故宣言中的民族主义似乎以排满为目的，然排满之民族主义仅为革命宗旨之一，而非唯一。可见中山先生之排满，与一般人之排满相比有极大的差别。所以清帝一退位，章炳麟等人便脱离同盟会，另组“中华民国联合会”，孙武等人亦拥黎元洪另组“民社”也。

由于革命党人将国民革命的目的与手段混淆不清，故清政府被打倒后，革命阵营遂告分裂，已如上述。尤有进者，即平素膺服中山先生的党员，于民国成立后亦有手忙脚乱、自乱步伐的事情发生。其最显著者，莫若黄兴与宋教仁。首先谈一下黄兴。袁世凯不愿南下就职，仍株守其势力根深蒂固的北京，人们从中已可略窥其宅心不良。然民军尚有实力，黄兴任南京留守，统率此辈民军，亦足以使袁世凯有所忌惮。唯黄兴为人忠厚，为表示彻底拥护政府，竟将革命军解散，并亲赴北京劝说北洋军阀、官僚、政客等人参加国民党（1911年8月25日由同盟会合并小党而成），甚至劝袁世凯参加国民党。在黄兴看来，一切旧势力，只要加入国民党，便可改头换面，成为革命之忠实拥护者。中山先生虽不赞成黄兴的做法，但亦禁阻不得。时民国初诞生，基础未固，革命武力一旦被消灭，反动者遂得肆其所欲。那些对革命毫无信仰之辈相率加入国民党，更促使革命力量软化。破坏革命阵营，莫此为甚。

其次是宋教仁。宋教仁于光绪三十年（1904）赴日本，次年加入同盟会，任《民报》经理，擅长文学，娴于辞令，勇于任事，为同盟会中坚分子。南京临时政府时期他任法制院院长，临时政府的法令，多由其擘画而成。是时宋教仁即力主实行责任内阁制，中山先生虽主总统制，但意见不为多数代表所采纳，故南京临时政府通过责任内阁制。迨袁世凯下令选举议员，召开国会制定宪法，宋教仁便提出“毁党造党”主张，欲化林立之小党为两大政党，以实现责任内阁制。民国元年8月25日，在宋教仁的擘画之下，同盟会与其他四党合并改组而成国民党，推中山先生为理事长。中山先生对宋教仁的主张素不赞同，他认为民国开国伊始，民智未开，未经训政时期而贸然实行宪政，必贻国家以无穷之患。早在同盟会宣言中，他已提出建国三程序：第一期为军法之治，以扫除各种积弊为主要工作。第二期为约法之治，“全国行约法六年后，制定宪法，军政府解兵权行政权，国民公举大总统，公举国会议员，以组织国会”。第三期始宪法之治，“一国之政事，依宪法行之”。中山先生的这种见解，在南京临时政府时期已不为大家所接受，故临时参议院所通过的临时约法规定即召开国会。他在《孙文学说》一书中曾感慨系之：

民国建元之初，予则极力主张施行革命方略，以达革命建设之目的……而吾党之士多期期以为不可。经予晓谕再三，辩论再四，卒无成效，莫不以予之理想太高。……呜呼，是岂予之理想太高哉？毋乃当时党人知识太低耶？……此予之所以萌退志，而于南京政府成立之后，仍继续停战、重开和议也。

他既不赞成立即实施宪政，当然更反对筹组政党。宋教仁仍执迷政党政治的理想，故中山先生要说："余为民国总统时之主张，反不如为革命领袖时之有效而见之实施矣！"

中山先生既无法开导当时多数党人的蔽固，乃主张将政权全部交与袁世凯，希能在安定中求进步。所以他退职后即到处发表从事社会建设的言论，想躬率党员，以在野之身份从事谋全民福利的工作，而不以政党之地位与袁世凯争政权。陈其美在写给黄兴的信上曾说：

其后中山先生退职矣，欲率同志为纯粹在野党，专从事扩张教育，振兴实业，以立民国国家百年之大计，而尽让政权于袁氏。吾人又以空涉理想而反对之，且时有干涉政府用人行政之态度。卒至朝野冰炭，政党水火，既惹袁氏之忌，更起天下之疑。

陈其美之言，至足说明中山先生于民国初建时之政策。故中山先生虽被推为国民党理事长，但始终未就职。

宋教仁不听中山先生规劝，欲按宪政常轨与袁世凯抗衡，自招袁之嫉恨。国会议员选举之结果，国民党大胜，在参、议两院中得三百九十二席（参、议两院总计八百七十席）。如果国会召开，宋教仁政见必定胜利，袁世凯乃不惜以最卑劣之手段使人刺杀宋教仁于上海车站（1913年3月20日）。宋案之后，袁世凯撕开假面具，积极备战，三个月后，遂有"二次革命"之举。又三月，袁世凯下令解散国民党。从此，国民革命事业得再从头做起。

中山先生鉴于形势，宁可暂时满足袁对权位的欲望，以维持国家的和平安定，而可为此先天不足的新生儿——中华民国奠定几分基础。他弃大总统之位如敝屣，不惜委曲求全的动机在此。不幸宋教仁被刺，诚是革命阵营的一大损失，然尤其重要者，是革命党人从此失掉在和平中尽瘁建国工作的机会，而被迫再从事流血革命的工作。

本书叙述了中华世界的形成以至壮大，再历尽波涛汹涌之兴衰起伏的过程。其间有光辉绚烂、耀烁千古的时代，也有暗晦腐蚀、堕落恣戾的时代；有血泪交织、可歌可泣的故事，也不乏卑劣残鄙、糜烂贱污的秽事。无论我们从哪一个角度去批判与评估它的价值，也无论这些批判与评估的内容如何纷繁复杂，有一点我们是可以确定的，即它自成一文化体系，独立发展，与古代的印度文化、近世的西洋文化同为人类文化的三大类型，三者对人类均有迥然不同的贡献。辛亥革命之后，中华世界转向一个崭新的途径发展，历史翻开了新的一页。

故宫

故宫是中国明清两代的皇家宫殿，是历史的见证者，时代的记载者。